U0011936

REVELATION

殷周之變與華夏新生

李碩 著

目次

代序：我們陌生的形象

從作品看李碩，以為他的「專業」就是中古史——搞魏晉南北朝的，側重戰爭史。顯然，這是一種自以為是的學術圈視角：哪位學者都得有個「專業」嘛。及至看到《孔子大歷史：初民、貴族與寡頭們的早期華夏》，才知道他的第一本書就是寫孔子的，而《孔子大歷史》已是十年後的大幅增訂本。

真是要對李碩的貫通刮目相看了。從南北朝一下穿越到了春秋，把幾乎寫濫了的孔子又娓娓道來地捋了一遍，從生寫到死，居然又寫出了新意，讓人心生敬佩。在《孔子大歷史》的後記中，李碩曾提到，「之前的商朝和西周歷史記載太少，更不好討論」，但附錄中已收錄〈周滅商與華夏新生〉作為外篇之一：「因為有了周公一代人的歷史，才能更深入理解孔子及其儒家思想。」

顯然，《翦商》就是在這一長文基礎上的巨幅擴寫。追根溯源至此，你不由得感歎並由衷欽佩：他一直跟著感覺走，他的好奇心太強，對於開拓新領域，太不畏難了。

那麼結果呢？先祖露下讀李碩這本書前的真實心跡：既然進入了我們這片撲朔迷離、難啃難纏的上古史與考古領地，就得從專業的角度好好審視審視了。不意，這書讀起來就讓你放不下，最後，我要用「震撼」二字來形容自己的感覺和心情了。

李碩是講故事的好手，從引子開始翻了幾頁，我就被吸引住了。作者認為人祭（殺人向鬼神獻祭）的消亡和周滅商有直接關係，甚至引發了華夏的新生，於是開場就復原了一場殷商晚期的人祭儀式。「然後開始殺人」——「震撼」的感覺就是從讀到這幾個字開始的，「第一輪殺了十九人……這次至少殺了二十九人……然後是第三輪殺人。這次殺了二十四人……」（第一三—一五頁）作者平靜地按時間順序，細緻地描述了殷墟祭祀現場發生的一幕幕。這用的可都是我們頗為熟悉的考古發掘材料啊。在那些枯燥的資料和冷冰冰的敘述面前，我們曾「麻木」地做過「研究」。然而這次，我被震住了。沒有人這麼寫過，怎麼此前沒有讀出畫面感呢：「對商人來說，在聚會典禮時殺戮異族，不僅僅是給諸神奉獻祭禮，也是讓圍觀者獲得精神刺激和滿足的『盛宴』，比如，多處人祭坑留有蓄意虐殺的跡象，尤其當人牲數量不足，獻祭者還會儘量延緩人牲的死亡，任憑被剁去肢體的人牲儘量地掙扎、哀嚎或咒罵。這種心態，和觀看古羅馬的角鬥士表演有相似之處。」（第三六七頁）這種帶有聲音的、殘酷的畫面感，只能用文字來表現。在視頻和音訊節目中，呈現得肯定都是有限的。

說起來，李碩在本書中所描述的，都是我這個在新石器時代至夏商周考古領域熬至「資深」的學者所耳熟能詳的，但他的視角和寫法卻又使我耳目一新：他賦予了我們熟視無睹的諸多場景以畫面感，他推出的若干結論你沒想過，但細想想還真是那麼回事兒。或許，這正緣於李碩與考古學和上古史恰到好處的「距離感」，使得他可以避免我們這些「身在此山中」者的諸多侷限。

乍看書名，以為就是集中於周滅商（殷周革命）這一大的歷史事件呢，但作者卻將其筆觸放大到了這一大事件之前的一千多年，從新石器時代末期說起，這就有點《萬曆十五年》的味道了。對此，我是惺惺相惜的；我曾說拙著《何以中國：西元前二〇〇〇年的中原圖景》就是對黃仁宇先生致敬的效顰之作。沒有一定的宏觀視域，是不可能看清說清一群人、一件事的歷史意義的。畢竟是寫戰爭史的好手，李碩對於長時段、大場景的勾勒，駕輕就熟。「宏大敘事」與細緻入微相結合，構成了這本書的一個顯著特色。

他用幾頁的篇幅，相當克制但又極其清晰地描述出了悠長而發展緩慢的新石器時代唯一明顯的變化——人群「共同體」規模的擴大。距今六千年前的仰韶文化早期，百人級的村落；距今六〇〇〇—五〇〇〇年間的仰韶文化中期，千人級的「部落」；距今五〇〇〇—四〇〇〇年間的仰韶文化末期與龍山文化期，萬人級的早期國家（古國）出現。你看，就這麼乾淨俐落，就這麼雲淡風輕，那麼一大堆亂麻般的史前史頭緒就給你捋清了。

他把從龍山時代到商代的華夏文明的最初階段，稱為「華夏舊文明」，認為周滅商後，周公旦一代人迅速廢除了人祭宗教，並抹去了與此相關的文獻與記憶，從而開創了和平、寬容的「華夏新文明」，其影響延續至今。這一大的歷史認知，構成了此書的立論基礎，「翦商」，則是關鍵性的切入點。李碩有他自己明確的史觀史識。

他的不少提法，鞭辟入裡，一語中的。比如，「甲骨文是標準的『男性文字』，而且是龍山文化之後部落舊習未褪時代的男人們創造的文字。那時還沒有後世人理解的王朝秩序，部族之間的掠奪和殺戮司空見慣，嗜血的諸神主宰著蠻荒大地。」（第一九八頁）「商王需要直接管理的王朝事務比較少，其最重要的事務是組織祭祀和戰爭，而商人各宗族則承擔提供祭祀貢品和戰爭兵員（自帶裝備）的任務。所謂：『國之大事，在祀與戎。』這正是家族分封制而非官僚帝制時代的規則。」（第二〇九頁）「人祭宗教及角鬥產業的消亡，都源於外來文化的干預。……周人並未開創一種新的宗教，而是採用世俗的人文主義立場，與極端宗教行為保持距離，不允許其干預現實生活，所謂『敬鬼神而遠之』。這奠定了後世中國的文化基礎。」（第二四頁）「周文化和商文化很不同，族群性格也差別很大。商人直率衝動，思維靈活跳躍，有強者的自信和麻木；周人則隱忍含蓄，對外界更加關注和警覺，總擔心尚未出現的危機和憂患。這是他們作為西陲小邦的生存之道。」（第四五二頁）「周人謹慎，謙恭，重集體，富於憂患意識，這些都成了新華夏族的樣板品格。」（第五〇八頁）「周公時代變革的最大結果，是神權退場，這讓中國的文化過於『早熟』；戰國時代變革的最大結果，是貴族退場，這讓中國的政治過於『早熟』。」（第五二三頁）

李碩對於考古材料的運用，與古文獻和甲金文字一樣，已達嫻熟的程度，注釋與用圖，都頗為講究。說到這書的專業靠譜，還可以再舉幾個例子。

關於人祭風俗退出歷史記憶，大多數學者認為它是逐漸、自然退場的。一種代表性的說法是，殷商前中期盛行人祭，到晚期已很少了。代表著作是著名學者黃展岳的《古代人牲人殉通論》，該書介紹了殷墟三座多人祭祀坑，認為它們都屬於殷墟前期。但李碩告訴你，「查閱這三座坑的發掘報告便可知，有兩座屬於殷墟末期，一座時期不詳，根本無法確定是否屬於殷墟前期」。（第二一頁）

對二里頭遺址浮選碳化糧食顆粒的統計，稻米「意外」的多，近五〇%，而一般認為，華北地區的農作物應當是以旱作的粟（小米）為主的，故主持這項研究工作的植物考古學家也認為「在黃河中下游地區的龍山時代和二里頭文化時期的浮選結果中屬於異常現象」，推測除自我種植外，還可能是從外地進貢而來的。我們對此不置可否，李碩則窮追不捨，他指出了其中的一個bug（缺陷），就是植物考古學家在給出浮選結果時沒有稱重的報告。而粟米和稻米的顆粒大小及重量差異很大，分析古人的種植規模和食物構成，應當統計的是重量而非粒數。他進而引進了農學上統計不同作物顆粒重量的術語——「千粒重」（在學界，這個概念只有極少數學者提出且未引起重視），指出二里頭出土的稻米重量應是粟米的四倍，如是，稻米折合重量占比可達八四．五%，水稻也就絕對是二里頭人的主糧了。不能不說這一觀點是持之有據的。在此基礎上，他又推論道，「在龍山時代結束後的『大蕭條』中，新砦—二里頭人之所以能夠異軍突起，甚至建立華夏第一王朝，水稻是重要原因」（第四五頁），這當然可備一說。

你看，他鑽進去了，絕不外行。

此外，他還常常點出傳世文獻中某些敘述屬於後人的附會。譬如，「西周之後，人們還創造了那些更古老的半神帝王的『創世紀』，比如黃帝和炎帝，嫁接和混淆了很多周族早期傳說，造成了很多混亂。」

（第二六五頁）「到春秋，後人又創造出了更古老的、《詩經》裡沒有的堯和舜，於是，后稷的經歷再被翻新，增添了更顯赫的內容……以現代學術標準看，《尚書》中那些最古老的篇章，如堯、舜、禹及夏朝，都是不可靠的，只有到了商朝才開始有一些可信的內容，如〈盤庚〉。」（第二八三頁）「賜弓矢和斧鉞並授予征伐之權的做法，並不見於商代的甲骨文和金文，更像是西周以來分封制度的規則，甚至是春秋時期周王室對齊桓公和晉文公等『霸主』的授權。……這種春秋時人的觀念傳到戰國和秦漢以後，成為書寫文王和商紂故事的母題。」（第四〇七頁）針對《史記．殷本紀》中周昌請求紂王不再使用「炮烙之刑」，「紂乃許之」的記載，李碩的評價是：「這實乃後世的一種道德敘事，並不符合當時的規則。」（第四〇七頁）如此種種，都頗有「古史辨」之遺風。

至於「大禹治水」係改造溼地、開發稻田說，二里頭宮殿和手工業族群為二元並立模式（後者或屬商滅夏的「第五縱隊」）說，商代大規模放牧水牛說，商代中期宗教改革失敗說，周原鳳雛村甲組基址係文王大宅說，周昌創作《易經》為翦商說等，皆頗富新意且邏輯自洽，可備一說，當然也有待於進一步的驗證。

「也許，我們至今也還難以完全了解我們自己。考古，就猶如一面深埋地下的鏡子，倒映出我們陌生的形象。」（第二七頁）還是用李碩的話結束這篇狗尾續貂的序，讀者諸君可以儘早進入正文，感知作者給我們描繪的「我們陌生的形象」，感受上古探索與考古寫史的魅力吧。

許宏（考古學家、二里頭考古隊前隊長）

二〇二二年八月八日

於京西門頭溝

引子

本書是關於中國上古時代的文明起源的，始自新石器時代末期（四千餘年前），終於商周易代（殷周革命），時間跨度一千餘年。

為此，須先從上古時代的人祭說起。人祭，就是殺人向鬼神獻祭。關於上古的人祭風俗，直到近百年現代考古學興起，發掘出殷商的大量人祭遺址及商王占卜獻祭的甲骨刻辭，才進入現代人的視野中。

至於這種風俗是如何退出歷史和人們的記憶的，大多數學者似乎默認，它是逐漸、自然、不知不覺地退場的。一種代表性的說法是，殷商前中期盛行人祭，到晚期就很少了。這方面的代表著作如黃展岳的《古代人牲人殉通論》，介紹了殷墟三座多人祭祀坑，認為它們都屬於殷墟前期。但查閱這三座坑的發掘報告便可知，有兩座屬於殷墟末期，一座時期不詳，根本無法確定是否屬於殷墟前期。[1]

根據本書的研究，人祭的消亡和周滅商有直接關係。在周武王死後，輔政的周公旦取締了商人的人祭風俗，並消除了關於人祭的文字記錄和歷史記憶；周公此舉可能是為了防止其死灰復燃，執行得也比較成功，於是留下了三千年的記憶空白。

再現上古時代的殘忍與血腥，並不是一件開心的工作，卻是繞不開的。下面，先來復原一場殷商最晚期的人祭儀式。

殷商最後的人祭

殷都宮殿區以東數百公尺的後岡，是一個很密集的商人聚居區。一九五九年，這裡發掘出一座奇怪的「墓葬」，它和正常的商代墓很不一樣，是水井一樣的圓形而非長方形穴，坑內沒有任何棺木痕跡，只有二十五具屍骨淩亂地堆疊在一起。伴隨出土的，還有青銅禮器和兵器，以及紡織物、糧食等。時任中國科學院院長的郭沫若推測，這是一處特殊的貴族墓葬，墓主可能生前犯了罪，不能享受正常的埋葬禮儀，但仍殺了二十四名奴隸以及用了貴重的銅器陪葬。〔2〕

一九六〇年，在整理這座「墓葬」的時候，考古工作者發現，第一次挖掘並沒有挖到底，在半公尺深的土層之下還有第二層屍骨，共二十九具。〔3〕於是，便建了一座亭子為其提供保護。但有些考古學者心中還是難免有疑惑，是不是第二層屍骨之下還埋藏著什麼。

一九七七年，又進行了第三次發掘，發現第二層屍骨之下還有半公尺厚的堅硬紅褐土，然後是第三層屍骨，共十九具。這一次才算挖到了底。也就是說，這座圓坑墓穴有三層，共掩埋了七十三具屍骨。發掘者認為，這應該不是墓葬，而是一座祭祀坑。

在後岡圓坑之前，殷墟王陵區和宮殿區已發掘上千座人祭坑，但大都是邊長兩三公尺的方形坑，一般埋十人左右（屍骨或人頭），且只有一層，從未發現過多層人祭坑。

一九五九年發掘第一層時，根據出土銅器造型以及上面的銘文特徵，有學者判斷它屬於西周早期。〔4〕後來，隨著殷墟發掘日漸增加，人們才意識到，原來商代末期已經有這些造型的銅器和銘文——它屬於殷商王朝謝幕前夕，很可能是紂王時代的一次隆重獻祭儀式。

這座祭祀坑的發掘記錄比較詳細，從中可以發現整個獻祭過程井然有序，包含著當時的商人對於高級別人祭禮儀的理解，而被殺戮者也給自己做了充足的準備。

讓我們按時間順序再現祭祀全過程，並通過分析諸多細節，復原祭祀場上曾經發生的一幕。

後岡祭祀圓坑編號H10〔5〕，從深灰色的生土層中挖出，地表的坑口直徑二．八公尺，向下稍有擴大，底部直徑二．三公尺，全深二．八公尺，上面一半都是填土，三層屍骨都在下半截，分層清晰。可以說，從一開始，後岡H10圓坑就是為了隆重的獻祭儀式建造的，雖然我們已經無法完全解讀它蘊藏的理念。

坑壁平整光滑，坑底平坦堅硬，應該被修整夯打過。主祭者先在坑底鋪一層很薄的小石子和砂土，再墊一層二三十公分厚的黃土。黃土中有被掩埋的碎片，是打碎了的幾隻陶製炊器和食器，如鬲、簋、罐。

然後開始殺人。第一輪殺了十九人，身首完整的只有兩具，被砍掉小腿或腳的有五具，單獨的人頭骨十枚、上顎骨一塊、右腿一條。能分辨出有青年男子和女子各三名，成年男子兩名，兒童四名，嬰兒兩名。四名兒童皆屍體不全，缺下半段：一名從小腿以下被砍去；一名從大腿以下被砍去；一名只有頭骨；一名被斜向攔腰砍斷，只剩上半身和右側骨盆。兩名嬰兒都只有頭骨。單獨的上顎骨屬於一名三十歲左右的女子，牙齒很整齊。一名二十歲左右的青年男子側身蜷曲，朝上的右胯部有六十枚海貝（商人用作錢幣的貨貝）〔6〕，可能是用線穿起的一團或是裝在腰間的布袋裡的。此外，他的身下還有些散落的海貝。

屍體和頭顱沒有臉朝上的，或朝下，或側方。這些跡象表明，殺祭先是在坑外進行，然後再把人頭和殘碎的屍體扔進了坑內。應該還有人在坑底負責調整，雖然未必堆放得十分整齊，但要保證屍體的臉部不能朝上。大部分死者的軀體並未被扔到坑裡，所以坑內單獨的人頭較多。至於留在上面的屍身作何用處，且看後面的細節。

第一輪殺人結束後，主祭者向坑內撒了一些朱砂（屍骨被局部染紅），然後填土，這次填的是紅褐

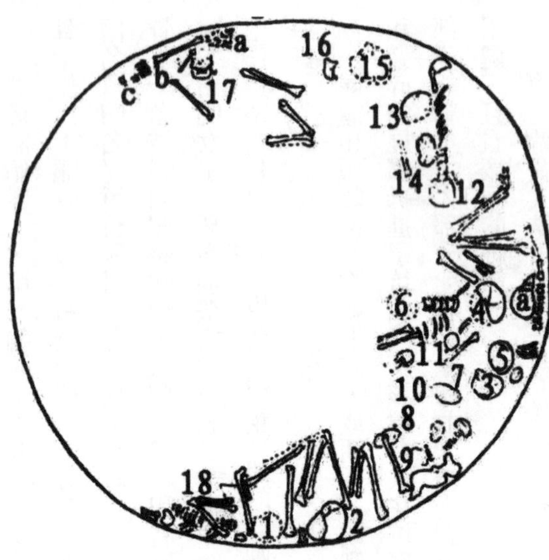
後岡H10第三層平面圖〔7〕

後岡H10第二層平面圖

色的土，厚半公尺多。接著開始第二輪殺人。

這次至少殺了二十九人，身首相連的屍骨有十九具，單獨的頭顱九枚，沒有頭的身軀一具。屍體呈各種姿態，俯身、側身、仰身、直身和蜷身的都有，單獨的人頭貼著坑壁東南側連續擺放，臉朝下，頭頂貼著坑壁。能分辨出有青年男子八人，兒童五人。

這一層隨葬海貝的人更多。一名男青年胯部有兩串，共三十一枚。編號27的屍骨，俯身，稍扭曲，身材較長，伸直後可能超過一．八公尺，胯部右側有三堆海貝，分別是二十枚、十枚、五枚，可能本是三串。此外，這三堆下面還有散落的十六枚。這層的兒童，除一人缺失下肢外，基本是完整的全軀，有一人乳牙尚未脫落，胸前掛一枚玉珠飾。

有兩名青年，編號為17號和21號，性別不詳，姿勢相同，伏地，朝東方跪拜，平行相隔一公尺左右，發掘者推測，這兩人姿勢過於規整，應是被捆綁造成的。21號頭部右側有一枚骨笄，自下而上插入，顯示頭髮盤在頭的右側，可能是處死時髮型被打亂了，右手臂佩一枚玉璜，手腕戴一枚穿繩的玉魚，看來比較富貴且重視形象。和他平行伏跪的17號沒有飾物。

第二輪殺人結束後，主祭者又向屍體拋撒了一層朱砂粉，再撒一層小卵石，大小介於豌豆和核桃之間，平均厚一公分多，然後再把三十一件陶器送到坑內打碎——每件陶器的碎片分布很集中，不像是打碎後扔下去的。有些陶罐的內壁沾著粟米顆粒，有些表面還塗了朱砂。坑底堆積著很多死屍，已經不平整，坑內的作業者還特意把陶器放在較低窪的地方打碎，以使坑底相對平坦，然後再填入一層灰黃色土，厚約三五十公分，混雜少量炭灰顆粒和紅燒土顆粒，說明地面上正在燒火，可能是燒烤祭品，包括沒有扔進坑內的軀體。和第一輪相比，第二輪死者的軀體保全的相對多一些。

然後是第三輪殺人。這次殺了二十四人，全軀的屍骨十五具，單

後岡H10第一層平面圖

獨的人頭七枚，無頭的軀體兩具，其中鑑定出青年男子六人、壯年男子三人和兒童四人。這時，坑已經被填滿了一半，僅剩深度約一．五公尺，所以有些人可能是在坑內被處死的。比如，3號，四十歲左右，男子，背靠坑壁蹲坐，兩手掩面，胸前有一串海貝，十三枚，可能是被割喉或重擊頭部致死；一名三十歲左右的男子上半身趴在一隻銅鼎（戍嗣子鼎）上，右手抓住鼎的口沿；11號，十六七歲，少男，雙手掩面俯臥，腰部壓著一件銅斝；8號，不明性別年齡，雙手掩面，身體被肢解。

這一層攜帶海貝的死者更多。16號，左手腕掛一串，腰間掛兩串，共一百多枚；18號，十六七歲，少男，臀部有一麻布袋，裡面裝海貝三百枚以上；17號，十八九歲，少男，只剩一顆頭骨，口中含三枚貝。上古埋葬的死者往往口中含貝，大多是入殮時後人放入讓死者帶去彼岸世界的，但17號很可能是自己含進去的，看來殺人者並不在意他們的錢財，他只能照顧好自己的往生。這一層中還有好幾處小堆的海貝，大都已經分不清主人。

所有的青銅器都在這一層。禮器有銅鼎、銅斝、銅爵各一件，兵器有銅戈兩件、銅刀一件、銅鏃一枚，不知名的小銅飾物一件。銅鼎上的銘文顯示，它的主人名為「戍嗣子」。

這時已經是獻祭儀式的尾聲，估計坑內作業人員有些懈怠了，所以這一層中有兩人是仰面姿勢，其中15號下頜被砍落，前額上有明顯的刀砍痕跡，應當是仰面躺倒後，被連砍數刀。〔8〕

這層幾乎所有的屍骨都被染成了紅色，應該是第三輪殺人結束之後，主祭者向屍體上拋撒了較多的朱砂粉。坑內還有大量成捆的絲線、麻線、絲綢和麻布，以及一堆粟米，都被放在人頭和屍身之間空出來的位置上。然後填土。這次填入的是摻雜大量炭灰、木炭塊的灰色土，有的炭塊直徑十公分，長四公分，明顯是燒過的樹枝。填土中還混雜著大量燒過的骨頭（報告沒提及是人骨還是獸骨）和貝殼。這層灰土厚三五—六〇公分，應當是祭祀結束後的柴灰和垃圾。

在填入這層炭灰土的同時，主祭者殺掉了最後一個人：側身蜷縮在坑東壁，身上撒了大量朱砂，屍骨被嚴重腐蝕，已無法分辨性別和年齡；身旁有一隻陶鬲，似乎是隨葬品。郭沫若推測，此人就是墓主、青銅器的主人「戍嗣子」，因為只有他被單獨埋在最上面。但問題是，他的身邊只有一隻陶鬲，沒有任何高價值隨葬品，所以還無法完全確定。

殺祭全部結束後，是最後的填埋工作。在炭灰土層的上面，是九十公分厚的塊狀紅燒土層，夾雜少量陶器碎片，直到把坑填滿。這些燒土塊應當也是燒烤祭祀的產物。

以上就是這場殺人祭祀的過程。可以判斷，這不是簡單的屠殺。主祭者準備充分，從祭祀坑的挖掘和修整，到每一個殺祭步驟，比如屍身擺放、撒朱砂、填土、打碎陶器、擺放各種祭品，都執行得有條不紊。而且，地面上還在同步舉辦包含燒烤祭品在內的獻祭儀式。這些都說明當時的人對舉辦此類祭祀活動已經很熟悉，有一套相對固定的操作流程。

發掘報告認為，死者都是奴隸。但從物品看，每層中都有人攜帶貨貝（甚至成串的或是用麻布袋裝的大量貝）或佩戴玉飾，應該是他們給自己準備的「隨葬品」，顯然，這種富裕程度不可能是奴隸。值得注意的是，殺人者並不覬覦死者的財物，大量作為錢幣的貨貝和高價值的青銅器被埋葬在了祭祀坑中。在殷墟的眾多人祭坑中，這非常少見。〔9〕

最上一層死者的身分最高，有一件象牙棒和五件象牙做的笄，更重要的，當然是貴重的青銅禮器和兵器，其中，銅鼎、銅斝、銅爵各一件，最大的是「戍嗣子鼎」，高近半公尺，重達二十一公斤多，底部有煙灰層，說明主人經常用它烹煮飯食。出土時，鼎口部有絲織物殘留，大概是被絲綢裹著帶進坑內的。

鼎內有較長的銘文，共三行，三十字，記載的是某年九月的丙午這天，商王在一座大宮殿裡賞賜戍嗣子貨貝二十朋，為了紀念這榮寵，戍嗣子鑄了這件祭祀父親的鼎。

銘末「犬魚」是由兩個甲骨文象形字組成的族徽，主人自稱「戍嗣子」，戍是他的名，嗣子可能代表他是本氏族的嫡傳族長。

「犬魚」的族徽在商代銅器裡不太多見，甲骨卜辭裡也沒出現過，說明該族不是很顯赫，被王召見一次已經足夠榮幸，所以要專門鑄一隻大鼎來紀念。銅器的型制和銘文風格屬於殷商末期，商朝滅亡的前夕。

朋，甲骨文作，像一個人提著兩串錢。王國維《說玨朋》云：「古制貝玉皆五枚為一系，二系一朋。」也就是說，一串五枚，兩串十枚，十枚是為一朋。《合集》四○○七三曰：「易（賜）貝二朋。」這說明在商代二朋就很拿得出手。[11]按照一九七五年陝西出土的西周中期裘衛盉銘文記載：「矩白庶人取堇章于裘衛。才八十朋。厥賈其舍田十田。矩或取赤虎兩。麀□兩。□韐一。才廿朋。其舍田三田。」[12]按周制，百畝（約合今三一．二畝）為一田，二十朋抵三田（約合今九三．六畝）。

後岡H10被全面發掘後，祭祀坑特徵得到公認，學界

戍嗣子鼎及銘文拓本[10]：「丙午，王賞戍嗣子貝廿朋，在闌宗。用作父癸寶鼎。唯王饗闌大室，在九月。犬魚。」

多已不再把它看作墓葬，但還是有些難以解釋的現象：其一，人牲用了較多「隨葬品」，如銅器、海貝、絲麻織物和糧食，而這在商代人祭坑中很少見到。其二，隨葬的貨貝、青銅器和玉飾像是屬於死者的財物，玉飾戴在死者身上，貨貝由死者成串或成袋攜帶，銅鼎和銅斝也是壓在死者身下，而能擁有這些青銅禮器的，只能是商人貴族戌嗣子家族。

從上述特點看，郭沫若一九六一年的「墓主是貴族」的判斷仍有可成立之處：後岡H10雖然是一座祭祀坑，但使用的人牲與眾不同，並不是常見的戰俘和奴隸，而是中級貴族戌嗣子家族的成員。所以，主祭者破例給了很多優待，比如，允許死者隨身攜帶一些隨葬品，往屍體上撒朱砂粉（夏商時代貴族的墓葬往往會撒朱砂），但在實際執行中，這些優待又落實得頗為草率，很多都是身首分離，屍身可能被獻祭和烹煮分食。

如果被獻祭者是「戌嗣子」家族，那操辦此次殺祭的就不大可能是其他貴族，因為哪怕是高級貴族，也沒有把下級貴族滿門誅殺獻祭的權力。這只能來自王權。

又有兩種可能。一是滅商後，周人對特定的商人貴族的殺戮。周人曾兩次攻克殷都，第一次是武王滅商，第二次是周公平息叛亂，且不管是哪一次，這種可能性都不大，因為周人並不尊重商人的祭祀倫理，不會允許把高價值的貨貝和青銅器帶進祭祀坑，更不會如此認真細緻地執行殺祭全過程。

二是商紂王授意的殺戮和祭祀。《史記》等史書記載，紂王曾經處死九侯、鄂侯、比干等商人貴族。按照商人的世界觀，商王殺人和向神獻祭幾乎是一回事，特別是處死顯貴成員，更是向諸神奉獻高級祭品的難得的機會。

由此觀之，後岡祭祀坑中的戌嗣子一家人可能也是被紂王殺戮獻祭的。殺祭地點在戌嗣子的家宅或附近，操辦和參加祭禮的是商朝貴族，給了死者一點寬待，但仍按照慣例烹食了很多被獻祭的人，尤其是嬰兒和幼兒。

對家族中不同地位的成員，殺戮手段也不一樣。最下面一層，擁有的貨貝和玉器最少，應該地位較低，有較多兒童和嬰兒，主要被分屍、肢解甚至烹食。到中層，多數被砍頭，但還能保留相對的全屍。最上面一層，有些（守著銅鼎、銅斝的成員）甚至沒有被砍頭或以手掩面，應當是受到特殊禮遇的貴族。戍嗣子本人應該就在這層，比如那位以手掩面的四十歲男子（3號）。看來，越是身分高貴的成員，越是被留到後面處死。

郭沫若認為最重要的死者是戍嗣子及其「或因罪而死」的結論，應該是成立的。戍嗣子本是一名級別不太高的貴族，因為某些機緣巧合被紂王接見，甚至可能一度受到信任，卻又因某些原因觸怒紂王，結果整個家族被獻祭——用來紀念受王接見的銅鼎被帶入祭祀坑，也算完成了一個具有諷刺意味的輪迴。

在《史記》等史書中，商紂王殘暴，喜殺戮，曾誅殺多名貴族大臣。後岡H10祭祀坑不僅印證了傳世文獻的記載，而且還有很強的宗教色彩——按照商人傳統的宗教理念，獻祭人牲的身分越高，就越能取悅先王諸神。歷代商王都謀求捕獵異族酋長「方伯」獻祭，紂王則把商人貴族也列入了獻祭名單。紂王以暴君形象載入史冊，但史書從未記錄過其類似H10祭祀坑的殘忍行徑，哪怕是演義小說《封神榜》也無法想像這種情節。這也說明，周朝以後的人已經忘記了商朝的人祭風俗，倘若沒有考古發現，我們可能永遠無法觸及上古時代的這種殘酷。

◆打撈失落的文明

人祭的理念從何而來？這個問題很難回答。人祭宗教屬於渺茫的、缺乏文獻的遠古時代，甚至大部分屬於史前時代，後人早已對那個時代失憶，史書更沒有保存下什麼記錄。

但近百年來的考古發現告訴我們，在新石器時代中晚期（約六千年前），黃河和長江流域的某些人群已經有疑似的、零星的人祭行為，後來則逐漸常見。它應該是早期人群的集體宗教行為，而且和部落間的戰爭密切相關。

四千餘年前，若干地區的新石器人群開始匯聚成早期國家，山西陶寺和清涼寺以及陝西石峁等聚落遺址的人祭（人殉）規模逐漸變大，一直延續到夏朝—二里頭古國。商朝建立後，人祭行為出現爆發式增長，到殷墟階段（約西元前一三〇〇—前一〇四六）登峰造極，不僅留下大量堆滿屍骨的人祭坑，還有數千條甲骨卜辭記錄。

比如，《合集》三二〇九三：「卯三羌二牛。卯五羌三牛。」「卯」是把人或牲畜對半剖開、懸掛的祭祀方式；「羌」是當時的晉陝土著人群，商王祭祀最常使用羌人。「羌」的甲骨文造型是頭頂羊角的人，有時還寫成脖子被捆綁甚至拴在木樁上，表示他們已經被俘獲。

《合集》三二〇九三拓片〔13〕

人祭在商人生活中占多大比重？從參與範圍來說，已發現的多數人祭遺址屬於王室，說明它是商朝一種重要的國家宗教祀典。商代人祭又具有全民性，各級貴族以及有經濟承受能力的民眾也舉行人祭，比如，從事製陶和冶銅的工匠群體尤其熱衷。從殷都各聚落到遙遠的殖民據點，各地的商人部族留下了眾多人祭遺存。

還可以嘗試對其量化，估算一下被獻祭人牲占殷墟總人口的比例。截至目前，殷墟王陵區發現二千餘座歷代商王奉獻的祭祀坑，已經發掘約一千四百座。〔14〕二十世紀的發掘工作大都比較粗線條，人骨統計不太完整，根據二〇一三年對舊坑的抽樣核對，每座坑內有十名人牲。[15]保守起見，即使按平均每座坑埋有五人計，人牲數量也會超過一萬名。[16]而這還只是王陵區批量祭祀坑中的人牲，王陵中的殉葬人、王宮區的各種人牲以及殷都各商人聚落的人牲和殉葬人等，因材料分散暫不列入統計。

先看這一萬餘名人牲在殷都總人口中的比例。祭祀坑的使用時間跨度約兩百年，在這段時間，殷都累計總人口約一百萬。[17]這樣比較，正常死者和人牲的比例是一〇〇：一。但需要注意，考古已發現的人祭坑並不等於真實存在過的數量，被後世破壞以及尚未發現的規模無法估量。[18]所以，我們可以換個方式，用它和殷墟已發現的正常死者（墓葬）數量作對比。

在殷墟範圍內，已發現的正常墓葬約六千五百座，[19]代表正常死亡的六千五百人，那麼，正常死者和人牲的比例是六五：一〇〇，也就是說，在六十五名自由人背後，有一百名被殺祭的人牲。當然，一〇〇：一和六五：一〇〇代表的是兩個極端，真實數值應當在這兩者之間。畢竟，那是個後世人難以想像和復原的時代，但即便這樣粗略的估測也已經讓人心悸。

我們再把視野放寬一點，看看人祭在其他古代人群中的跡象。

很多古人類都有留下用人獻祭的疑似跡象，但大都很零散，難以完全確定，[20]只在一些非常罕見的情況下才會留下比較清晰的現場。比如，希臘考古學家在地中海克里特島發掘出約三千六百年前的一座石砌神殿，裡面保留了正在進行人祭的一幕：低矮的祭壇上側臥著一具人骨，是名十八九歲的男性，身高一．六八公尺，呈被捆綁的側身、屈膝姿勢，一把青銅尖刀長約半公尺，刀尖向上刺入死者胸部。屍骨鑑定顯示，死者的喉嚨已被割開，旁邊放著的是一個接血的陶罐。殿內還有三具人骨，其中一名男子三十七八歲，身高一．八三公尺，手腕戴精緻的石雕印章，還有一枚鐵鑲銀戒指，估計是主持這場儀式的祭司。可能是因一場突如其來的大地震，神殿被毀，祭司和人牲被掩埋在了碎石之中。

另外，克里特島的一座米諾斯文明晚期建築出土有三百多塊人骨，屬於一名八歲和一名十一歲的兒童：二十七塊骨頭上有著清晰且很深的刀痕；一起出土的還有帶刀痕的羊骨，多件陶器，有些陶杯上繪著神像，其中一隻陶罐裡有貝殼、指骨和帶刀痕的椎骨。發掘者推測，這是烹飪獻祭後吃剩的骨頭。〔21〕

除了考古，有些文獻中也有古代人祭的遺蹤。比如《聖經．舊約》中就有用長子獻祭的記載，雖然這種行為在《舊約》時代已經基本消亡，但它反映了中東地區的古老風習。

唐代的玄奘法師在印度求法期間，曾被乘船的土著俘獲，土著每年秋天要捕捉一人殺祭「突伽天神」，而玄奘是這次最合適的人選；不過，玄奘靠他的誦經和傳法能力逃脫了這次劫難。他口述的這段遭遇頗為生動，可能是後世妖魔想吃「唐僧肉」故事的母題：

於林中兩岸各有十餘船賊，鼓棹迎流，一時而出。船中驚擾，投河者數人，賊遂擁船向岸，令諸人解脫衣服，搜求珍寶。然彼群賊素事突伽天神，每於秋中覓一人質狀端美，殺取肉血用以祠之，以祈嘉福。見法師儀容偉麗，體骨當之，相顧而喜曰：「我等祭神時欲將過，不能得人，今此沙門形貌淑美，殺用祠之，豈非吉也！」……於是賊帥遣人取水，於華林中治地設壇，和泥塗掃，令兩人拔刀牽法師上壇，欲即揮刃。（《大慈恩寺三藏法師傳》卷三）

西班牙人殖民美洲時，阿茲特克的人祭宗教正處在繁榮階段。阿茲特克人主要是捕捉敵人敬獻給神，獻祭者也常分食人牲的肉，有些西班牙軍人被俘之後的下場就是如此——當時的西班牙殖民者給後世留下了諸多第一手記錄。〔22〕

殷商的人祭則有甲骨卜辭的記錄和考古發掘的祭祀遺跡，這可以幫助學者識別更早的人祭現象，比如，從新石器到夏和早商階段，人祭遺存星星點點，規模都不太大，倘若沒有殷商階段的參照，很多會被當成特殊形式的墓葬。

同理，借助阿茲特克的人祭記錄，可以識別中美洲更古老的瑪雅文明中的人祭現象，雖然規模要比阿茲特克小得多。曾有人懷疑瑪雅、阿茲特克文化和殷商同源，但這種可能性不大，因為它們的人祭形式大不一樣。阿茲特克人祭的儀式感和表演性很強，有高大的石砌金字塔神廟，獻祭儀式在金字塔頂端進行，屍體從臺階上扔下，由觀眾爭奪分食。此外，瑪雅和阿茲特克還留下了一些關於人祭的雕塑、浮雕和繪畫。相比之下，從新石器到殷商，中國境內從未發現用於人祭的景觀建築。殷商人祭只有甲骨卜辭記載，從未有雕像、鑄造、繪畫等藝術表現。殷商和阿茲特克、瑪雅共有的文化基因並不多。

古羅馬的角鬥士產業存在於西元前二世紀到西元四世紀，它也有一點人祭宗教的淵源，但已經發展成世俗的大眾娛樂產業，集表演、展示和景觀建築於一身，是人類文明旁逸斜出的一種現象。

中國古文明的重要特徵是實用和低成本，不重視公共參與性。商王向鬼神獻祭的宗教活動也是如此。當然，商人各聚落都有自己的人祭活動，可以滿足民眾的參與需求，但這些基層人祭場也沒有發現用於人祭的景觀建築。

歷史上，不同文明的刑罰示眾活動也有這種區別。歐洲的十字架和絞刑架富有展示和儀式性，受刑者位於高處，便於被圍觀；古代中國有公開斬首示眾的司法傳統，但沒有用於展示的相關建築設施。

以上人祭宗教及角鬥產業的消亡，都源於外來文化的干預。羅馬人後來皈依了基督教，傳統的阿茲特克宗教被西班牙殖民者的天主教所取代，殷商則與之不同：周滅商後，人祭被周人消除，但周人並未開創一種新的宗教，而是採用世俗的人文主義立場，與極端宗教行為保持距離，不允許其干預現實生活，所謂「敬鬼神而遠之」。這奠定了後世中國的文化基礎。

◆人祭場之外

周滅商和西周王朝建立之後，人祭現象迅速退場，並從人們的記憶和文字記錄中徹底消失。本書在搜索上古文獻的人祭線索時發現，幾乎唯一正面記載過商代人祭現場的，是周文王創作的《易經》，也就是所謂六十四卦的卦爻辭。

文王周昌曾經在殷都生活，親歷過商王和商人民間的各種人祭儀式——這些都被他寫進了《易經》，不僅有俘虜被屠殺獻祭時的種種慘狀，甚至有祭司穿著紅色祭服的細節。不過，由於某些特殊的考慮，文王保留的記錄非常含糊，只有借助商代考古和甲骨文才能解讀出一部分。

當然，在《易經》中，文王最關心的課題是如何滅商。但這是極度危險的，絕對不能言明。《易經》的〈坤〉卦六三爻曰：「含章可貞。或從王事，無成有終。」據文史大家高亨先生考證，「含章」就是「翦商」二字，所以「含章可貞」的意思是：「翦商之事，可以通過占卜（貞）來預測。」[23]故而，《易經》的內容多是文王的翦商謀略，也正因此，這部分內容最為隱晦。

從龍山時代、夏代（洛陽二里頭古城）到商代，是華夏文明的最初階段，可以稱之為「華夏舊文明」。在周族崛起並滅商後，周公旦一代人迅速廢除了人祭宗教，並抹去了與此相關的文獻與記憶，進而開創了和平、寬容的「華夏新文明」，一直延續至今。

最早對殷商這段塵封的往事進行追索考證的並非現代人，而是殷商後裔、儒家「六經」的編輯者孔子。孔子離紂王和周公的時代僅五百年，他編輯的「六經」保存了一些真相，但也有意地掩蓋了另一些。本書認為，這是孔子在探究到真實歷史之後做出的決定，他要繼續周公的事業，重塑華夏文明。

根據本書正文所述，人祭行為在華夏文明的起源階段非常活躍，這也引出了一個問題：當先民從部落時代走向早期國家和文明起源，戰爭和人祭是不是「必要的惡」？沒有它們，是否人類就無法進入文明時代？

在研究殷商的人祭甲骨卜辭時，以色列考古學家吉迪・謝拉赫（Gideon Shelach）曾經試圖總結人祭繁榮的必要條件。他認為，當早期人類社會有了一定程度的複雜化，開始形成王權和統治階層，但統治體系尚未完全成形和穩固時，統治者需要借用一種強大的機制來維持其權力，這就是人祭宗教和戰俘獻祭行為產生的基礎。這個階段，謝拉赫稱之為「早期國家」或「複雜酋邦」。

當然，殷商時代已經超越了「早期國家」，王權相當穩固，人祭數量也極高，所以謝拉赫補充說，一旦人祭體制化，統治者將不得不長期維持戰爭行動，以保證人牲的來源，這也是殷商一直努力捕捉羌人獻祭的原因。[24]謝拉赫的論文並不涉及「早期國家」階段，所以他的結論有些簡單化，本書將在〈人祭繁榮與宗教改革運動〉一章對此進行分析。

人祭只是本書的部分內容，華夏文明初創期有很多重大現象需要關注，比如，興起於河南洛陽的二里頭—夏王朝，其農業基礎並不是華北傳統的旱作粟米，而是源自長江流域的水稻，顯然，南方灌溉農業對中原文明有重要意義。換句話說，南方的水田灌溉農業雖然沒能在本地生發出文明，卻引發了華北的文明進程。

四千年前，華北地區的小型古國此起彼伏，但只有二里頭成長為早期王朝。二里頭—夏的政治疆域雖不大，也不以擴張見長，卻偏偏是它初步解決了在國家內部實現穩定統治的難題，而這很可能源於青銅技術提供的支撐。

商與夏則完全不同。從建立初期，商就進入瘋狂擴張模式，促發了很多超出我們認知的現象，比如，早商時代就出現了巨型倉儲設施，其規模到殷墟、西周乃至春秋都無法超越。可以說，其超前「現代化」

的程度足以比肩秦漢。

再比如，商人並非一直沉溺於人祭，商王室內部曾經有過不殺生的宗教改革，但此舉引發了激烈的內戰，致使商朝中期一度陷於解體，爾後又再度復興。這其中，從異文化引進的馬車技術成為廣域王朝的統治基礎。商人崇尚暴力和威權，這種文化性格在甲骨文字中有諸多反映，只不過在現代漢字中多數已被遺忘。

目前，借助考古認識上古社會的工作只是剛剛起步，還難以給那個茫昧幽遠的時代歸納出簡潔的「規律」。不僅如此，商紂王、文王周昌、武王周發、周公，甚至孔子，這些史書中的名人以及那些我們曾以為熟悉的先祖往事，有些也在考古發掘中變得越來越陌生，越來越難以理解。

也許，我們至今也還難以完全了解我們自己。考古，就猶如一面深埋地下的鏡子，倒映出我們陌生的形象。

◆附錄：上古人祭行為的分類

考古現場會發現各種非自然死亡（他殺）的屍骨，但不一定都屬於人祭。

廣義的人祭，可以界定為出於宗教理念而殺人奉獻給神靈的行為。這裡的神靈包含上帝（帝和上帝在商人甲骨文中多次出現）、各種自然神以及尊貴的死者亡靈。把人奉獻給神靈的原理，可能是貢獻食物，也可能是貢獻僕役或性奴等。在人祭遺跡中，這些不同的目的都有所體現。

人祭主要表現為以下三種形式：

一，把人夯築在地基內，用作建築物的奠基，可稱之為「人奠基」。其原理可能是把人奉獻給土地之神，用以交換神對建築物的護佑，以及通過施展巫術，被殺者可能也會變成守護建築之鬼。

二，把人作為食物或僕役獻祭給神或祖先之靈，這是狹義的「人祭」。

三，把人作為殉葬品埋在主人的墓穴內，可稱之為「人殉」。其原理可能是當時的人們認為尊貴的人在死後會變為神靈，所以在去往神界的旅途中要給他（她）帶上一些僕役和食物。

第一章 新石器時代的社會升級

進入新石器時代，人類才有了農業和定居生活，不再像野生動物一樣四處流動覓食。這是距今約一萬年前開始的變化。

在人們的感覺裡，新石器時代應當是世外桃源一樣，與世無爭，或者說是落後、停滯的。不過，和生物的自然進化相比，數千年的新石器時代充滿著劇變。下面，我們以千年為時間單位，簡要描述一下新石器時代人群的發展歷程。

做一個穿越假設。如果一群現代人回到六千多年前的仰韶半坡文化新石器時代，比如陝西臨潼的姜寨遺址，他們看到的是，山坡下有一座小村寨，有兩三百名村民生息在這裡，村子的中央是一片小廣場，周圍環繞著幾十座大大小小的茅草屋，豬、狗、雞在草屋之間閒逛，村邊的陶窯冒出淡淡青煙，身穿粗麻布衣的男女用泥巴捏製陶罐坯，在上面描繪黑色圖案。

村落外，是成片的農田，穀穗在風中搖曳，它們產出的粟米（小米）是村民的主糧。幾個男人正在給一隻馬鹿剝皮，用石頭小刀分割皮肉，再用木柄石斧把骨頭砍開，骨渣飛濺，引來幾條狗圍觀爭搶。

穿越而來的訪客發現，有一條四五公尺寬的壕溝包圍著村寨（考古報告一般稱之為「環壕」），溝底有積水和尖木樁防範入侵者，內側還有一道木頭柵欄，只有一座原木搭成的小橋可以進入村落。這群訪客已經餓了，想從村裡交換一餐午飯——在「原始人」眼裡，他們攜帶的小鏡子和打火機等是高價值寶物。

但還沒等來訪者走近小橋，狗已經發現了異常，開始狂吠。所有村民都放下了手中的活計，拿起棍棒或弓箭，叫喊著衝向木柵。射向陌生人的是羽箭，箭鏃用骨頭或石頭磨製，插在木箭桿的頂端，用細麻線綁牢。被射中會很痛苦，即使拔出木桿，箭鏃也很容易留在體內，被肢解的馬鹿就是例子。

第一次嘗試失敗後，穿越者切換了一種模式，這次是下一個千年，距今六〇〇〇—五〇〇〇年之間。

小村落還在原地，只是房屋的布局不再是緊密環繞，而是三五成群，零星分布。村外的壕溝也已經廢棄，被生活垃圾填平，人們可以隨意進入村落。其他的變化似乎不大。

來訪者吸取了上次的教訓，他們不再指望和平交易，而是偷偷靠近，然後齊聲吶喊，衝進村落——有人還點燃了煙花爆竹。村民被這些奇裝異服、掌控著火和雷電的入侵者嚇壞了，奪命狂奔而逃。

於是，這群現代人成了征服者，一切糧儲和禽畜都是他們的戰利品。但好景不長，大半天後，開始有全副武裝的「原始人」成群出現在村外。有上千名手持石斧、石矛或弓箭的成年男女，站在最前方的，是頭髮上裝飾著羽毛的巫師，他正在用咒語高聲詛咒入侵者。一名男子顯然是首領，戴著一串野豬牙項飾，用紅

姜寨一期聚落復原圖，仰韶半坡文化階段，距今七〇〇〇—六〇〇〇年[1]

石粉塗抹臉頰，手拿一柄玉質光澤的石斧，幾名長老簇擁在他身旁，正在合謀進攻方案。

結果是，不論死活，入侵者都將被斬首奉獻給本地的守護神祇。

◆村落、部落到早期國家

上面描述的這兩種區別，是六千年前中國新石器時代發生的變化。

距今六千年前（仰韶文化前期），村落規模不大，是獨立的生活單元，房屋建築或者中心環繞，或者整齊聯排，可能和其他村落貿易、通婚，但固守著本村落的集體自治生活；有自己的防禦體系，村落之間時而爆發衝突，墳墓裡中箭或被斬首的屍骨是己方戰死的勇士，而俘獲的敵人則會被處死扔到垃圾坑中，還可能有一些零碎屍骨被拋撒在村落內外。

比如，寶雞北首嶺77M17，仰韶文化半坡階段，距今六千年，墓主是一名成年男子，可能在對外械鬥中被砍掉了頭顱，族人特意用一個造型奇特、有黑色花紋的陶罐代替，以示哀悼。隨葬器物比較多，還有骨鏃等兵器。

距今六千年後，村落的集體生活特徵逐漸變弱，獨立防禦體系也逐漸消失，出現了更大範圍的政治體——十幾個村落形成的「部落」。這些部落往往有上千人，有世襲的頭人及各村（氏族）長老組成的議事會，還有自己部落的圖騰和英雄傳說。村落沒必要再維持單獨的防禦體系，倘若受到威脅，整個部落都將集體

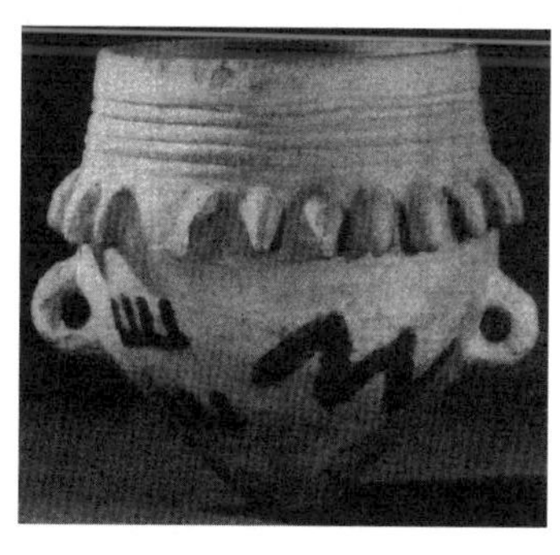

寶雞北首嶺77M17出土陶尖底罐線圖及照片〔2〕

應戰，就像穿越者第二次到訪的情景。

這種由若干個村子組成的部落，面積可能如同今天的一個或幾個鄉鎮。頭人居住的村落是中心，會建造一座比較高級的夯土地基的房子，大約一百平方公尺，作為頭人和長老議事的場所以及舉行集體儀式的會堂。頭人的中心村落可能有防禦工事，如壕溝、柵欄等。

比如，秦安大地灣四期F901，距今五千餘年，主廳面積一三一平方公尺，包括院落在內，則為四二〇平方公尺。房屋地基使用的是特殊的料礓石三合土，平整光滑，硬度接近現代水泥地面。廳內正中有一座圓形大火塘。F901應當是部落的中心建築，具有較強的公共性，家庭生活的遺跡很少，可能並非部落頭人的家宅，主要充當頭人和長老議事的場所。

以上，是距今六〇〇〇—五〇〇〇年間（仰韶文化中期）發生的最明顯變遷。

在千年的維度上，很多變化都是緩慢的。各種技藝的水準，如農作物種植、家畜養殖、製陶、紡織等，一直在緩慢提高著，人口或村落的總量也在緩慢

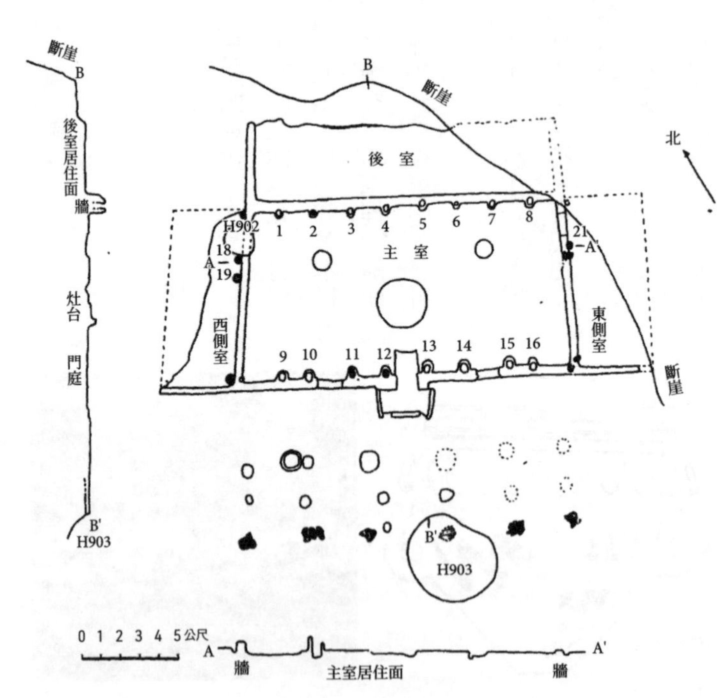

F901平、剖面圖[3]

增長。但這些都是量變，而非質變。

唯一明顯的變化，是人群「共同體」規模的擴大，已經從百人級別增長到千人級別。它帶來的影響也更直接：村落之間的衝突成為過去，和平的日子更多了，但部落間的戰爭規模卻更大了，傷亡也更多。

再到下一個千年，距今五〇〇〇—四〇〇〇年之間（仰韶文化末期與龍山文化期），有些地區的人群共同體則變得更大，幾個或十幾個部落匯聚成了早期國家，如陝西石峁古城、山西陶寺古城，能統治一兩萬甚至三五萬人口，面積相當於今天的一個或兩三個縣。其中，統治中心已經形成城市，面積有兩三平方公里，周圍環繞著數公尺高的夯土或石砌城牆，城內有數百平方公尺的大型宮殿，上層貴族開始使用精美器物，死後的墓葬裡也堆滿了豪華隨葬品，而且經常用人殉葬。

有些較大的都城，居民會過萬，多數是農夫，也分化出了手工業者、世襲統治菁英，以及巫師等專業知識人群。巫師觀察天象，編製早期曆法，研究占卜通神之術。甚至可能已經有了記錄語言的原始符號，初步的冶鑄銅技術也在悄悄流傳。

這時，國家、王朝和文明時代已經不遠了。

石峁遺址城東門址人頭坑（K1）[4]

以上兩千年歷程，是新石器中晚期到文明（青銅）時代前夜的變化大趨勢：從村落到部落再到早期國家。通俗一點說，就是從村級到鄉級、縣級的遞增升級。

對於如何稱呼不同規模的人群共同體，特別是萬人規模的早期國家，中外學者使用過不同的詞，如方國、酋邦、古國等。從便於理解的角度考慮，本書採用「早期國家」和「古國」之稱。

但需要注意的是，村落—部落—古國只是用最簡單的方式描繪的總體趨勢，並不意味著距今六〇〇〇—四〇〇〇年間的所有新石器時代人群都準時加入了這個進程。在有些交通不便的地區，孤立的村落可能存續到三四千年前，而部落共同體可能存續到一兩千年前，甚至一百年前。這首先是地理條件的限制，越是偏僻、交通不便的地方，小型共同體越容易維持，而缺乏天險環境中的人群更容易被裹挾進更大的共同體。另外，也可能會有歷史當事人的主動選擇，但作為現代人的我們已經無法驗證了。

多數早期國家並不能維持長久繁榮。距今四三〇〇—四〇〇〇年間，華北很多地方同步出現了古國興衰的一幕：陶寺（山西襄汾）、石峁（陝西神木）、清涼寺（山西芮城）和王城崗（河南登封）等都曾出現古國氣象，但在繁盛兩三百年後，都發生了解體，重歸部落共同體的水準。

為何邁入文明時代的門檻會如此艱難？現在尚未有確定的答案。

◆水稻帶來和平？

二十世紀與二十一世紀之交，長江中游的兩湖地區陸續發掘出多座距今五千年左右的「古城」，如湖南澧縣的城頭山和雞叫城，湖北天門的石家河……一時間，長江中游似乎要成為中國早期文明的起源地。但後續的發掘並未發現跟早期國家與文明相伴生的更多元素，如巨大的宮殿建築、社會分層現象、金屬冶煉技術等，「長江文明起源說」遂逐漸沉寂。

不過，為何長江流域會產生眾多古老的「城」，卻是個有趣的問題。若要一探究竟，先要理解黃河與長江流域以及旱作與稻作農業的關係。

新石器時代是基本農業的時代，在人類馴化的主糧中，中國占了兩種：黃河流域的粟米和長江流域的水稻，它們分別需要旱地和水田環境。

這兩種作物的人工馴化都發生在一萬餘年前。水稻的考古證據更多一些，因為稻米顆粒大，古人製陶時常在泥坯中添加稻殼，便於考古發現。在長江以南的湖南、江西和浙江，均發現有上萬年前的水稻遺存。

稻田需要灌溉和排水系統，需要平整的水濱田塊，這是北方旱作的粟和黍從來不需要考慮的。長江流域的新石器人群一直忙於水利設施和稻田工程，而水利設施達到一定規模後，無論耕作面積，還是收獲量，都會有實質性的提升。所以，在距今六〇〇〇—四五〇〇年間，兩湖地區出現了眾多繁榮的稻作聚落。

至於考古報告宣稱發現的那些「城址」，其實是為了防洪目的堆築的。所謂的「城牆」，大都寬數十公尺，高數公尺，非常平緩，人可以從容地踱步而上，沒有軍事防禦作用，其用途是防洪，供人們在上面建房定居，躲避南方常見的水患；而挖土形成的窪地水塘，是灌溉稻田的儲水設施，有些甚至直到今天還在使用。這種環形土堤是人們改造溼地的手段，直到近代，湖北還有很多，方言稱之為「垸」。

比如，湖南澧縣的城頭山「古城」，是一直徑三百多公尺的近圓形土圍子，其「城牆」非常寬，且平緩，本質是土堤。距今六〇〇〇—五〇〇〇年間，經歷過多次擴建，取土窪地形成了水塘，有些至今仍在使用。不過，即使城牆不是軍事防禦之用，這些水鄉古城的意義還是重大，說明當時的人為建造大型水利設施，已經形成超出村落甚至部落規模的較大共同體，統一規劃施工，共用水利設施帶來的收益。

這是一種基於集體協作的「小流域治理共同體」，不僅人口密度和數量有了實質性的飛躍，而且由於共同體建立的基礎是水利協作而非軍事征服，所以這些「古城」沒有出現明顯的社會分層和階級分化現象，比如，沒有特別奢華的墓葬和首領宮殿，戰爭和屠殺的跡象很少，人祭現象也一直不多。這些都和稻作文化區依賴協作、聯合建設水利工程有關。

這種比較和平、均等的稻作社會，還有與之「配套」的原始宗教理念。位於長江中游的五千年前的屈家嶺文化，盛行一種埋葬陶器祭祀的風俗，而且是特製的大型陶「筒形器」；後來，又演變成製作巨量的泥塑人偶、動物、小杯子等加以焚燒和掩埋。我們不知道這些行為的具體含義，但它們的社會功能比較清晰，就是群眾參與性強，沒有財富門檻。這和缺乏戰爭與人祭的社會環境比較搭配。

比長江中游稍晚一點，距今五〇〇〇—四九〇〇年間，在今浙江杭州市西北郊的餘杭區也出現了大型防洪「良渚古城」，以及複雜的灌溉堤防體系。這座古城一度接近了早期國家的門檻，有非常明顯的階級分層，貴族統治者有建在土築高臺之上的豪華殿堂，墓中隨葬大量精美玉器，有些高級玉器上還刻著宗教意義明顯的「神人獸面紋」和神鳥紋，可見祭司階層比較活躍。

在良渚古城的繁榮階段，並未見到人祭現象，而且它的繁榮只維持了一兩百年，然後王這一級別的宮殿和墓葬都消失了，社會又退回到部落林立的狀態。〔5〕後來，在今太湖東岸的良渚文化地區發生了頻繁的衝突，伴隨著批量殺人獻祭和人殉現象（今江蘇昆山、上海青浦地區），但這些衝突一直停留在部落間戰爭的層次，從未發展到古國水準。

結合氣候變遷看，在一萬多年前，地球的上一輪冰期結束，氣溫持續上升，開始進入「全新世大暖期」，到距今五千年左右，溼熱氣候達到頂峰，長江流域人群興建水利設施的高峰也恰好出現在此時。

然而，在距今四千五百年之後，長江流域曾經繁榮的古城皆陷入蕭條。有學者認為，是大洪水導致了南方的低迷，但證據尚不夠充足。

再來看人祭宗教現象。

距今六千年前，黃河流域開始有零星的苗頭，如西安的仰韶半坡遺址，村落中心一座半地穴式大房屋Ｆ1的地基中埋了一顆人頭〔6〕：這座房屋是村落的公共活動中心，在地基中埋入人頭應當有宗教用途。

距今四五〇〇—四〇〇〇年間，南方稻作區陷入沉寂，黃河流域則開始進入龍山文化階段，各地出現了很多部落間的衝突或戰爭跡象，證據是批量處死的屍骨以及夯土或砌石的城防等。比如，河南的王城崗古城，宮殿夯土中有十三座人奠基坑，每座坑中都埋有多具屍骨，但由於沒有全部發掘，所以無法統計用人總量，唯一完整發掘的一號奠基坑內埋有七具人骨。〔7〕在河南安陽後岡，發掘出三十九座不大的房屋，奠基童牲二十七人，〔8〕說明這裡修建房屋流行用兒童奠基。〔9〕陝西神木石峁古城東門，至少有五座人頭奠基坑，埋有青年女子人頭近百顆。山西襄汾陶寺古國的宮殿區也有人頭奠基坑，芮城清涼寺墓地中則埋有大量殉葬的人。

此外，在一些部落級別的聚落裡，也有多人一起被殺的現場，從河北、河南到陝西，都發現了此類屍骨坑，如邯鄲澗溝、鄭州大河村、洛陽王灣、西安客省莊等，但屍骨碼放並不規整，也沒有其他的祭祀特徵，所以不能確定是否都是宗教目的的殺人獻祭，也許有些只是對俘虜的批量屠殺。

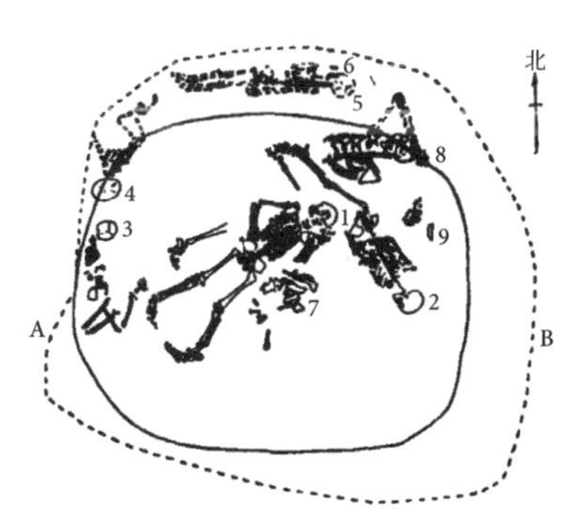

王城崗古城宮殿區的一號奠基坑（二期）照片及平面圖：
埋兩名女性青年、三名兒童、兩名男性壯年〔10〕

在新石器時代，華北地區之所以動輒爆發衝突或戰爭，人祭興盛，可能和旱作農業不需要水利設施、人群之間沒有協作的動因有關。而伴隨著征服的，是人群共同體規模的不斷擴大，從而催生了眾多古城和早期國家。〔11〕

不過，簡單的分類和歸納註定不足以涵蓋複雜的社會現象，任何「規律」都會存在例外。稻作的良渚文化內部也曾有過局部衝突和人祭現象；華北各龍山古國中，人祭和屠殺的數量也不相同，陶寺的人祭可能要比石峁少得多。〔12〕

到距今四千年前，華北地區一度星月同輝的各小型古國陷入沉寂，部落間的衝突現象也已減少，長江和黃河流域則了無生氣。此時的華北地區雖零星地存在兩種技術，一是可能從西北方傳來的處於起步階段的冶銅技術，二是從長江流域傳來的非常成熟的水稻種植，但它們似乎並未引起華北新石器人群的太大關注，還只是可有可無的點綴。

然而，在河南的嵩山腳下，卻有一個小部落意識到了這兩種技術的價值，而且也善於尋找更適合發展這兩種技術的新環境，於是，華夏第一王朝的故事開始上演。

第二章 大禹治水真相：稻與龍

在上古的傳說中，「大禹治水」是人類改變自然界的宏大事業；禹的兒子啟則在隨後建立了華夏第一王朝——夏。兩代人的故事堪比創世史詩，壯麗輝煌。

按照古書記載，在堯和舜的時代曾經發生大洪水，堯帝派禹的父親鯀治水，但沒有成效，鯀被處死；舜帝則繼續任命禹治水，結果禹不僅治理了水患，還開闢了黃河和長江流域的陸路與水路交通網，劃出了九州行政區。〔1〕

遠古歷史總是和神話雜糅。現代學術產生後，有學者開始質疑大禹傳說的真實性，比如開創「古史辨」學派的顧頡剛，他就認為大禹的事蹟是戰國時的人虛構的。

歷史文獻在流傳的過程中往往會被後人加工或改造，甚至被塞進更晚的篇章。現存關於大禹最早的文獻，是《尚書》開頭的幾篇，如〈舜典〉〈禹貢〉，但受到的懷疑也最多。近年，一件流散海外的青銅器「遂公盨」被發現，其銘文中有這樣的敘述：「天命禹敷土，隨山浚川。」但它屬於西周，跟大禹的時代相距甚遠。

傳說是大禹鑿通了長江、黃河、淮河和漢江，但從工程的可能性看，這都不現實。即便是現代國家也不太可能實施這種完全改變大江大河的工程，更何況在四千年前還沒有出現地跨黃河和長江流域的大型國家，其人口規模和技術水準根本不足以改造大江大河。

難道，大禹治水只是西周或者春秋時候的人創造的神話？考古發現能提供解答，雖然它有時會離人們最初想像的「答案」很遙遠。

◆依賴水稻的古洛陽——二里頭

在今洛陽市以東二十公里處，伊河和洛河沉積形成的小平原上，發現了疑似「夏都」的偃師二里頭遺址。它的占地面積、宮殿規格以及手工業的發達程度都超過了以往和同期任何遺址。而且，二里頭遺址距今三九〇〇—三五〇〇年，恰好在商朝之前，所以它很可能就是夏朝的都城。

二里頭考古的成果已經有很多，但留心二里頭人的主食是哪種的還不多，大多數學者普遍預設，按照華北地區的傳統，它應當以旱作的粟（小米）為主。

但事實恰好相反，二里頭人的主食是水稻（大米）。不僅如此，這背後還可能隱藏著「大禹治水」的來歷。學界沒有意識到這個問題的原因，說起來頗為有趣，就是按糧食顆粒數進行統計和排名，而忽視了不同糧食的顆粒其實差別巨大。

歷經上千年埋藏的糧食大都已經碳化，如果不是大量的堆積很難被發現。近年來，考古工作者開始採用「浮選法」來尋找糧食：在遺址中採集土樣，打散後放入水中攪拌，而碳化的糧食比水輕，所以糧食會浮上水面。這樣，人們就可以採集到古人遺棄的糧食顆粒，觀察古人在種什麼、吃什麼。

在一九九九—二〇〇六年的二里頭發掘中，對遺址土樣採用「浮選法」得到的樣本顯示：

表一：《二里頭：一九九九—二〇〇六》中的出土糧食顆粒占比

	粟	稻	黍	合計
粒數	11059	5687	1542	18288
粒數占比	60.5%	31.1%	8.4%	

粟米（小米）數量最多；稻米（大米）其次，約為粟米數量的一半；其他旱作的黍、大豆和小麥數量很少（參見表二）。〔2〕這樣看來，稻米在二里頭似乎不占主要地位。

但粟米和稻米的顆粒大小及重量很不一樣，單棵植株收穫的籽粒數量也相差懸殊。分析古人的種植規模和食物構成，應當統計的是重量，而非粒數。但很可惜，浮選工作沒有稱重的報告，目前還只能通過糧食顆粒數「構擬」它們的重量。在農學上，統計不同作物顆粒重量的術語是「千粒重」，所以，我們可以參考現代糧食的「千粒重」數值進行折算。這也是不得已的替代方法。

粟米平均千粒重一般為兩克，稻米平均千粒重一般為一六—三四克，即使按最低的十六克計算，兩者顆粒重量也相差七倍。根據這個比例，二里頭出土的稻米重量應是粟米的四倍，是當之無愧的最重要的糧食。〔3〕

二〇一九年，一份樣本更多的浮選統計論文發表，包含二里頭各期的二七七個採樣，但仍是按照糧食顆粒數計算的。這次，稻米顆粒數量略超過粟米，位居第一：稻，一四七六八粒；粟，一三八八三粒；黍，二二四八粒。

稻米粒數略多於粟，這讓論文作者覺得難以解釋，便猜測這些稻米是從外地進貢來的：「通過收取貢賦的手段，從當時的水稻種植區域徵集大量稻穀。」〔5〕但稻穀種植區應當在哪裡，古人的交通問題如何解決，這些都還無法解答。

如果把顆粒數折算成重量，稻米的權重還要上升很多，占比八四．五％，在二里頭人的種植面積和食譜中占據絕對優勢（參見表二）。

現在洛陽市周邊，包括二里頭地區，已經很少種植水稻了，但距今四千年前顯然

二里頭出土的粟、黍和稻粒：三者體積差別很大，如果用顆粒數來衡量它們的種植面積，顯然會產生重大偏差。〔4〕

不是這樣。

水稻發源於長江流域，從六千年前以來，一直在緩慢而持續地向華北傳播。在距今四千餘年前的華北遺址中，有很多都發現過水稻粒，但數量占比很低，幾乎可以忽略不計。可見，二里頭發現的水稻不可能是外來的貢品，因為在二里頭人還沒有建立起王朝、無法向外地徵收「貢賦」的時候，他們就以水稻為主糧了。

這就需要說說二里頭人的來歷。

◆移民穿越嵩山

考古發現，二里頭人並非洛河邊的土著居民，他們來自位於二里頭東南方一百多公里的新砦聚落，而新砦和二里頭之間隔著嵩山。

新砦聚落存在於距今四〇〇〇—三九〇〇年間，面積約一平方公里，這意味著聚落人口已多達數千。在龍山時代的繁榮過去之後，這種規模的聚落已經很少見，顯然，新砦人找到了某種可以使人口增殖的祕訣。

考古工作者對新砦遺址也做過浮選，稻米粒數占五

表二：二里頭出土糧食顆粒及折合重量

	稻米	粟米	黍米	合計
顆粒數	14768	13883	2248	30899
千粒重（克）	16	2	7	
折合克數	236.288	27.766	15.736	279.79
粒數占比	47.8%	44.9%	7.3%	
重量占比	84.5%	9.9%	5.6%	

表三：新砦遺址出土糧食顆粒及折合重量

	稻米	粟米	黍米	合計
顆粒數	429	256	98	783
千粒重（克）	16	2	7	
折合克數	6.84	0.51	0.69	8.04
粒數占比	54.8%	32.7%	12.5%	
重量占比	85.1%	6.3%	8.6%	

四．三七％，折合成重量的占比則是八五．一％，和二里頭的資料（八四．五％）非常接近。〔6〕（參見表三）

到三千九百年前，新砦人突然向西北穿過嵩山，進入洛陽盆地，在古伊洛河北岸營建起新的家園，這就是二里頭的來歷。新聚落和新砦規模接近，也是約一平方公里，數千人。

在二里頭遺址最早的地層（一期），考古工作者發現了捕魚用的骨魚叉和陶網墜，很多蚌殼製作的工具，如箭鏃和用於收割的蚌鐮，顯示當年這裡是水濱溼地環境。

二里頭一期（距今約三九〇〇—三八〇〇年）的聚落規模，繼承了新砦遺址，面積約一平方公里，尚未發現大型建築。不過，水稻在二里頭人的糧食中已占據最重要地位：在這一期地層內，發現水稻九五三粒、粟一五五粒、黍三六粒。〔8〕這個比例和新砦可謂一脈相承。值得注意的是，此時的二里頭聚落規模不算大，還不可能統治到較遠的地方，所以水稻肯定不是外來的「貢賦」，只能是自己生產。

洛陽，位於中國地形第三和第二階梯過渡帶上的一個大平原和山地的交界處，被斷續的低山包圍成不太嚴密的盆地，而黃河正是從洛陽北部山地穿過，然後流入開闊的華北—黃淮海大平原。在新石器時代，洛陽盆地一直有零星的聚落，到新石器末尾的龍山文化時代（距今四五〇〇—四〇〇〇年），曾出現部落間劇烈衝突的跡象，如各種

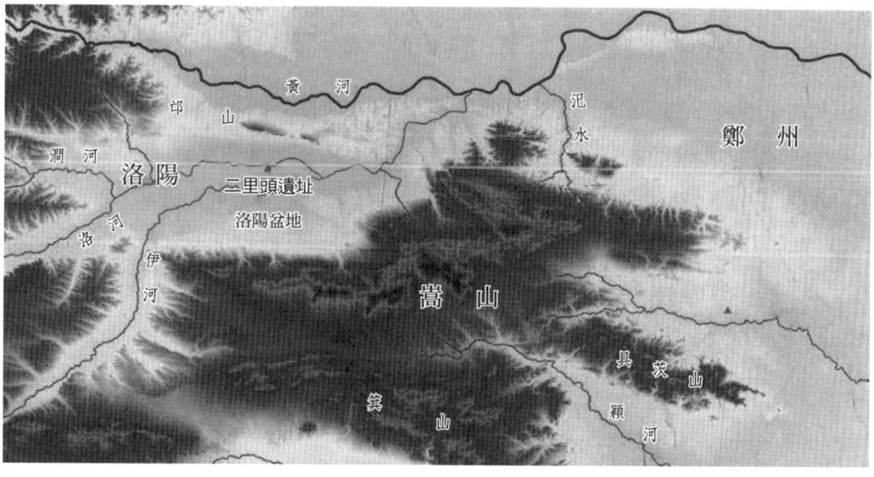

二里頭與新砦遺址方位〔7〕

被殺害後遺棄的屍骨（王灣二期），[9]但並沒有發育出大型城邑。龍山時代的輝煌基本在洛陽盆地之外，比如，在東邊，嵩山東南麓曾出現過一系列夯土小城—小型古國，在西北方，臨汾盆地則有繁榮的陶寺古國。

龍山時代結束後，洛陽盆地才成為孕育華夏文明的溫床。

◆大禹治水真相

《史記·夏本紀》中有一處很特殊的記載，說大禹在治水期間曾經讓他的助手「益」給民眾散發稻種，在低窪多水的地方種植：

以開九州，通九道，陂九澤，度九山。令益予眾庶稻，可種卑溼。

大禹推廣稻作在其他古書中都沒有相關記載，但在《史記》中卻出現過兩次。這應當不是司馬遷的筆誤，而且，在新砦和二里頭考古中也都得到了驗證。

在有關大禹的傳說中，治水的背景是大洪水氾濫，所以有學者認為，龍山時代的華北曾出現過一些古國，但在四千年前陷入蕭條，原因就是那場傳說的大洪水。但這個觀點很難成立，因為在新石器時代，華北以粟、黍等旱作農業為主，基本不需要人工灌溉，從而聚落也就可以遠離河谷低地。龍山時代最顯赫的古國，如山西陶寺、清涼寺和陝西石峁，都座落在山前和梁峁地帶，比臨近的河谷高出數十公尺，不太會遭受洪水威脅。總之，它們的衰落可能各有原因，但不會是因為洪水。

傳說是經過諸多流變、改造的歷史記憶，其最初的「內核」會被層層包裹，甚至改頭換面，難以識別。但參照考古成果，我們還是能發現「大禹治水」的最初內核：一場龍山末期部分古人改造溼地、開發平原的活動。

這涉及上古和後世地理環境的區別，需要多解釋一下。

從歷史時期直到現在，江河下游的平原地帶都是人口最為密集的地區，如華北平原、黃淮海平原、長江中下游平原。但上古的石器時代則截然相反，在沒有人為築堤干預的情況下，江河在平地上容易呈漫流狀態，而溼地沼澤並不適合農業。

《尚書．禹貢》這樣描寫黃河下游的景觀：「又北，播為九河，同為逆河，入于海。」這裡的「九河」不是確切數字，是泛稱，指下游黃河形成多條扇狀分岔，氾濫成為廣闊溼地，與海灘相連。這是上古時代末經治理的下游平原面貌，而內陸的平原地區，其環境也與此類似。比如，關中的仰韶文化遺址就有大量和水有關的元素，捕魚的魚鉤、網墜，用蚌殼製作的各種工具，乃至陶器上畫有大量魚類圖案等。這些遺址大都分布在臺地，遠離溼地水濱，看來古人也會到溼地中漁獵。

而在華北地區龍山時代的遺址中，普遍有少量稻穀，雖然占比很小，但說明黃河流域的人們已經開始嘗試利用溼地邊緣種植水稻。新砦—二里頭人則走得更遠，他們已把水稻作為主糧，而這就需要開發溼地，排乾沼澤，將其改造成擁有灌排水系統的稻田。簡而言之，在龍山時代結束後的「大蕭條」中，新砦—二里頭人之所以能夠異軍突起，甚至建立華夏第一王朝，水稻是重要原因。

這在文獻中也能找到一些旁證。戰國的孟子這樣描述大禹的治水：「當堯之時，水逆行、氾濫於中國，蛇龍居之，民無所定，下者為巢，上者為營窟……使禹治之。禹掘地而注之海，驅蛇龍而放之菹，水由地中行，江、淮、河、漢是也。險阻既遠，鳥獸之害人者消，然後，人得平土而居之……」（《孟子．

滕文公章句下》）

從孟子的描述看，禹的治水工作就是排乾和改造溼地。這其實是新石器晚期以來幾乎全人類共同的事業。比如，古羅馬城是在西元前六世紀王政時期的排乾沼澤工程中初步建成的，甚至直到工業時代初期，巴黎的凡爾賽宮，乃至整座聖彼德堡市，也都是排乾沼澤後營建出來的。

進入現代社會，平原地區的人口最密集，產業也最集中，但這已經不是石器時代的本來面貌，而是後來人工改造地理的產物。新砦—二里頭人可謂這個變化的先行者。

當然，改造溼地、擴大稻田的工作並非新砦—二里頭人的首創，南方稻作的良渚和石家河古國都曾經有過這種工程，比二里頭要早一千年甚至更多，但都還沒形成持續的效果就先後解體了。

但在華北，改造平原溼地的工作，起步雖晚，卻更有成效和持續性。原因何在？

其一，可能是因為比起南方，華北降雨較少，更容易排澇，且糧食作物更多元，既有水稻，也有旱作的黍、粟、豆和麥，這樣的話，改造初期的溼地適合種植水稻，但隨著氣候暖溼程度的減弱，二里頭這種「稻作殖民地」會逐漸回歸旱作，同時，稻田灌溉技術被保留下來，繼續用於粟、麥等北方作物，而這對於旱作農業的增收有重要作用。這可能也是為什麼繼夏朝之後，商朝和周朝都建立在華北的平原地帶，並奠定了此後直至秦漢的「華北優勢」。

當然，和後世相比，新砦—二里頭的人口基數仍然很低，改造溼地平原的工作也很有限。新砦屬於豫西山地與河南平原的交界帶，地勢相對低平，向東就是廣闊的大平原—古溼地，但新砦人卻沒有東進，而是選擇了洛陽盆地的二里頭，究其原因，這很可能是因為：洛陽盆地面積有限，二里頭周邊的微環境更容易改造；他們當時的人口規模也還不足以全面開發大平原。

其二，新砦人有機會擴展稻作農業還有一個重要原因：從陶器器型看，新砦屬於主要分布在淮河、漢江流域以及長江中游北岸稻作區的煤山文化，[10]且位於煤山文化的最北邊，稻作和旱作農業的雜糅地帶。正是在此基礎上，新砦人用水稻開發了二里頭。

其三，新砦人並不是從南方的煤山文化中心區搬遷而來的移民，因為沒有發現他們飼養水牛的證據。水牛是熱帶、亞熱帶動物，直到今天，也還是只能生活在秦嶺—淮河以南地區。新砦和二里頭出土過很多人工飼養的牛骨，但都屬於黃牛，沒有水牛，說明他們並非從南方遷徙而來。新砦人的先祖應當是以旱作為主的本地土著，後來因被南方蔓延來的煤山文化同化，從而學會了水稻種植。二里頭出土過犀牛和鱷魚的骨頭，可見當時華北的氣候比現代更溼熱。至於為何水稻比水牛先傳播到黃河流域，目前還沒有令人滿意的答案。

◆游龍的王朝

距今四千年前，河南平原上有大量水泊溼地，所以新砦人可能是一個生活在溼地中的部族，能很快適應南方傳來的水稻農業。另外，二里頭—夏朝人有崇拜龍的習俗，應當也和他們曾經的濱水生活有關，因為上古傳說中的龍都是水生，形體與蛇接近。

顧頡剛早已發現，「禹」字從「蟲」，也就是蜷曲的蛇形，而在古史中，禹的父親名「鯀」，字義是某種水生之物，據說鯀死後變成了黃龍。（《山海經．海內經》郭璞注）夏朝王室族姓為「姒」，在後世的甲骨文和金文中，它的「以」部的寫法就是蜷曲的蛇形。[11]

這些古史中的信息應當不是偶然，因為在考古中也能找到呼應。二里頭的顯貴墓葬經常隨葬綠松石的龍形器或飾牌。其中最典型的，是一座二期墓葬，編號2002ＶＭ3。[12]墓主上身放著一條綠松石鑲嵌的

「龍形器」，全長約七十公分，由兩千多片細小的綠松石片組成，呈遊動的蛇形，從墓主肩部延伸到腰部。龍頭用兩枚白玉珠做眼，球狀綠松石做成蒜頭鼻，鼻梁是三節柱狀青玉和白玉。這些複雜的綠松石結構可能是粘貼在紡織物上面的，類似掛毯，覆蓋在墓主上半身。出土時，有機物已經腐蝕消失，綠松石嵌片尚保持原位。這位墓主被埋葬在當時的一座大型宮殿院內，還有其他高級隨葬品，顯然是王室成員的級別。由此亦可見，綠松石龍很可能代表的是夏—二里頭人的圖騰。

後來，二里頭顯貴的喪葬習俗發生了一些改變，綠松石鑲嵌的大龍變成了巴掌大小的銅牌飾，上面用綠松石拼成一隻俯臥的動物，但造型比較抽象，不太容易辨認是什麼。但有二期2002VM3中的龍形器先例，學者認為，這些銅牌飾的造型也是龍。[13]

龍一直是二里頭高等級墓葬的標誌，迄今發現龍形器和銅牌飾的高等級墓不超過五座。另外，龍形圖案不止有墓葬中的綠松石飾物，很多陶器上也有龍或蛇的花紋和造型。

在二里頭之前，龍已經有一千多年的歷史。在距今五千多年前的紅山文化中，經常出現玉雕龍，稍後的凌家灘和良渚文化中也有玉龍，陝北石峁古城（比二里頭古城早三四百年）的石牆有浮雕龍形圖案。二里頭的綠松石龍形器造型和石峁皇城台的浮雕龍接近：石峁浮雕龍的頭部為圓弧形，二里頭的初看是方形，但實際上方形只是基座輪廓，其中包含的龍頭仍是圓弧形。石峁的龍元素並不多，到二里頭則蔚為大觀。

比較起來，二里頭的龍的規格更高，出現在最為顯赫的墓葬，且俯臥在墓主上半身。這是其他文化裡的「龍」沒有的「待遇」。可見，二里頭—夏朝王室和龍的關係

2002VM3綠松石龍形器[14]

二里頭發現的龍蛇紋飾[15]

更密切，或者說，龍是他們的象徵和圖騰。

在《易經》的〈乾〉卦中，也多次出現龍。如「潛龍」，即潛在水下的龍；「或躍在淵」，省略的主語也是「龍」；龍還可以飛，所謂「飛龍在天」。

初九：潛龍勿用。
九二：見龍在田，利見大人。
九三：君子終日乾乾。夕惕若厲。無咎。
九四：或躍在淵。無咎。
九五：飛龍在天，利見大人。
上九：亢龍有悔。
用九：見群龍無首。吉。

從《易經．乾》的爻辭可知，古人觀念中的龍主要生活在水中，但也會一飛沖天。

二里頭人有稻作和龍崇拜，這讓他們在普遍蕭條中建立起繁榮的聚落；然而，要超越昔日龍山時代的古國，他們還需要其他的技術，比如青銅。

石峁皇城台大台基8號石雕龍拓片〔16〕

第三章 二里頭：青銅鑄造王權

在「夏都二里頭」遺址公園尚未興建時，作家兼媒體人許知遠曾帶著攝製組造訪二里頭，由二里頭考古隊隊長許宏給他講解古老的王宮基址以及三千八百年前的城建規劃大路。

王權的威勢如堅硬的夯土，似乎已經寫入文化基因，註定主導其後近四千年的中國。鏡頭前的許知遠茫然自語：「是宿命，難道——無法走出去嗎？」

不過，回到二里頭初創的時代，當事人面臨的問題可能完全不同。在二里頭之前的一千多年裡，從江南到華北，已經出現若干輝煌古國——石家河、良渚、南佐、陶寺、石峁、清涼寺……它們一度建立大型的城邑，距離「文明」和王朝似乎只有一步之遙，然而經過短暫的繁榮，又都自然解體，復歸簡單無為的部落時代。

那麼，二里頭是如何走出曇花一現的舊循環的？因為他們有了新的統治技術——青銅。

最古老的「城建規劃」

《竹書紀年》記載，夏朝共有四七一年。[1]新砦遺址和二里頭遺址前後相承，距今約為三八五〇—三五二〇年，恰好和古史中的夏朝基本吻合。

但是，除了這個基本的時段特徵，古史中記載的夏朝往事，諸如后羿篡權之類，在考古中還找不到驗證。而且，二里頭考古呈現的很多現象，在史書中也完全沒有記載。

新砦遺址存在時間較短，只有一百年左右；後繼的二里頭遺址存在時間為距今三七五〇—三五〇〇年，考古工作者將其分為四期。〔2〕二里頭一期（距今三七五〇—三六八〇年）和新砦類似，都是面積約為一平方公里的較大聚落，沒有發現大型建築設施，推測還屬於部落階段。到二期（距今三六八〇—三六一〇年），迅速擴大到三平方公里，出現了社會複雜化的各種跡象，如宏大建

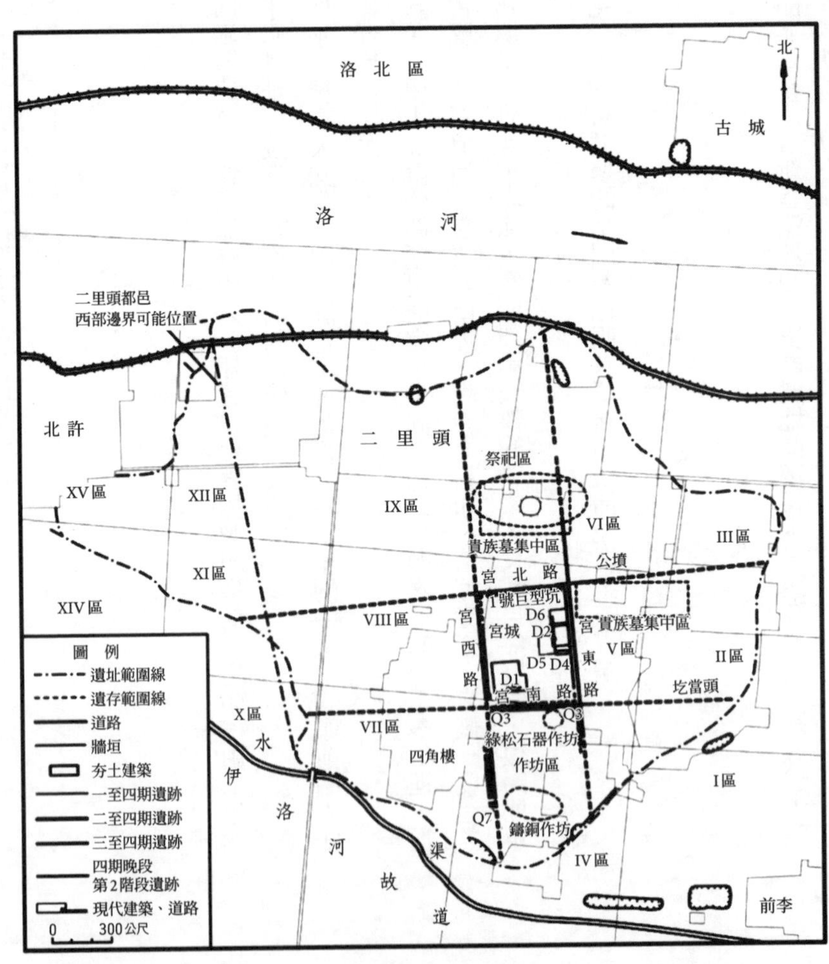

二里頭遺址總平面圖〔3〕

築、財富的集中，這也是之前陶寺和石峁古國的頂峰規模。從這時開始，二里頭成為黃河和長江流域獨一無二的新興早期國家。

在二期，二里頭人規劃了整齊的路網和宮殿區：兩橫、兩縱四條大道，構成「井」字形路網框架；中央是王族生活的宮殿區，東西寬近三百公尺，南北長近四百公尺；宮殿區北邊是祭祀區和貴族墓葬區，南邊是作坊區，東側是貴族居住區，平民可能主要住在西側；大路寬約二十公尺，目前發掘出來最長的是東大路，殘留七百多公尺，一段路面上還有清晰的車轍，兩輪間距一公尺左右，應是人力推拉的雙輪小車。二期出現了兩座大型宮殿D3和D5（D代表殿，編號是發現的順序，不是建造順序），在宮殿區中部偏東，夯土地基，方形大院落。

D5建在約一公尺厚的夯土地基之上，東西寬約四十公尺，南北長近七十公尺，院內有四排平行的房屋，互相用夯土窄牆隔開。D3的院落更大，可能有三排房屋，但後期破壞嚴重，已經難以復原。

在二期，王室有個獨特的習俗：把墓葬埋在宮殿庭院內。D5院落就發掘出多座墓葬，最著名的是出土綠松石龍形器的2002VM3（以下簡稱「M3」），屬於二期的晚段，距今約三六五〇年。這座墓穴面積不大（南北長二．二四公尺，東西寬一．一九公尺），墓主是一名三十多歲的男性，上半身屍骨基本腐朽，頸下掛一條用多枚海貝串起的飾物；沒有殉葬人，隨葬品除了著名的綠松石龍形器，還有多件陶器、紅彩漆木器及少量小型玉器和綠松石串珠，銅器則只有一枚青銅鈴，放在綠松石龍的背上，內有玉石質的穿孔鈴舌。〔4〕這枚銅鈴的造型，與陶寺晚期墓葬中的一件紅銅鈴類似，但側面多了一道扉棱。

M3墓主下葬時，陶寺和石峁古國已經終結近二百年，但它們的高端文化元素——游龍和銅鈴卻出現在二里頭，說明某些掌握這種技術的人群可能被洛陽盆地的繁榮所吸引而加盟了新興的二里頭都邑。

那麼，M3的墓主是某一位夏王嗎？

這座墓的規模不算太大，但二里頭迄今並未發現更大的墓葬，而且，它屬於二里頭二期，彼時的夏王朝還沒有達到巔峰，能擁有這些隨葬品已經極為難得，特別是綠松石大型龍形器，由上千片細小的綠松石嵌片組成，每一片都要經過精心打磨和拼接，需要大量的勞動時間和精湛的技藝，而這些只有在分工程度很高的複雜社會才有可能。這麼說來，它的主人也只能是複雜社會的統治者。因此，M3的墓主即使不是夏王，也應當是王族重要成員。

還有不尋常的現象。M3中沒有發現任何兵器，而在此前和此後的古國都很難發現沒有隨葬兵器的高級墓葬，哪怕只是村落或部落社會的男丁也常常會隨葬一把石斧鉞或幾枚箭鏃。M3被後世破壞了一角，也許有少量隨葬兵器恰好在那一角？但和M3同期發掘的其他墓葬也沒有發現任何兵器。這似乎是一個非常和平的人群。

但隨著二里頭的繁榮和階層差距加大，曾經導致往日古國解體的危機也會降臨二里頭。

◆王家大院

夏王朝的極盛階段，是二里頭文化三期，距今三六一〇—三五六〇年。雖然聚落面積不再大幅擴張，但增加了很多高等級建築。

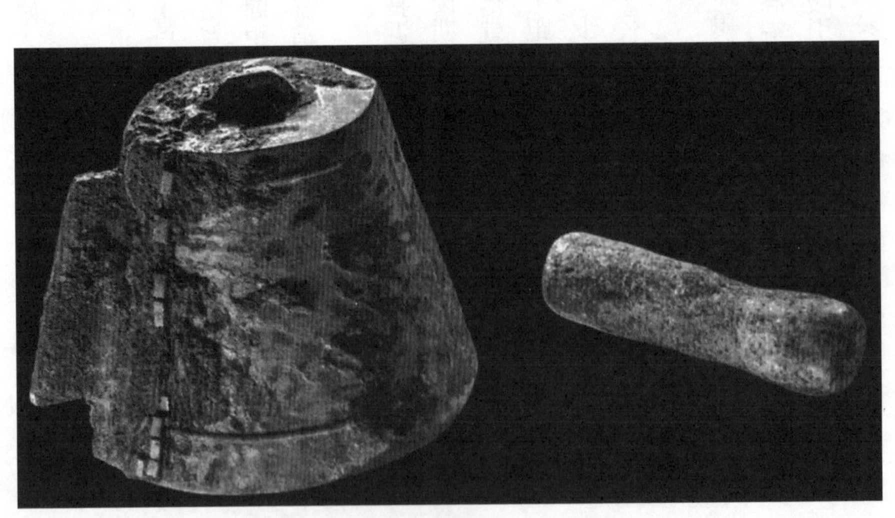

2002VM3出土的銅鈴、銅舌〔5〕

宮殿區大道內側修築了夯土圍牆，圍起的小城面積約〇．一平方公里，被考古工作者稱為「宮城」。宮牆不太高大，發掘的底寬只有二公尺，這意味著牆高可能只有四五公尺左右，而且頂部很窄，不可能有守城的士兵站立其上，可以看作稍加放大的版築院牆。

宮城東牆地基有三個缺口，推測是城門遺跡。在城西南角，南牆的7號基址和西牆的8號基址有夯土地基與很多柱洞，像是兩座「城門樓」造型。

D3和D5被廢棄，新建了多處大小不同的宮殿院落。最顯赫的，是宮城西南角的D1和東部的D2：放棄了之前密集成排的房屋格局，每座建築基本都是一座空曠的大院，院子中央偏北是孤立的主體殿堂，王者氣象十足。

D1的庭院接近正方形，邊長約一百公尺，東北角向內凹進一塊，總面積近一萬平方公尺，比一座標準足球場還要大。因此，院落開工時，得先挖出整體深約一公尺的基坑，然後逐層夯土，打出堅硬的地基，直到整個院落比地面高出近一公尺。這種工程需要調動大量人工，顯然有王權在規劃調度。

院牆內外兩側有柱廊，有陶製的下水管道，可以把院落中的雨水排到東牆外。大門朝南，有大型門房，共三條門道，每條寬度近三公尺。

主體殿堂的夯土厚達四公尺，底部夯築了三層鵝卵石，殿堂高出院落一公尺，東西長三六公尺，南北寬二五公尺，面積九百平方公尺。從柱洞分布看，這是一座周圍有迴廊的大型宮殿。

與二期的D3、D5相比，D1放棄了實用、侷促的多排房屋結構，改為空曠的庭院和大型單體殿堂，凸顯的是禮儀性質和權力的獨尊。之前的各種古國，如華北的陶寺和石峁以及南方的良渚，都沒有如此規模的殿堂，這意味著二里頭統治的疆域和能夠調集的勞動力有顯著增加，儼然具有王朝氣象——雖然還只是雛形期的王朝。

D1院落的具體功用又頗難解釋，它過於空曠，缺少生活設施，不像是王者起居的場所，哪怕是後世的皇宮也少見如此空曠的封閉式庭院，所以比較可能是宗教禮儀性建築，類似明清時期的天壇和地壇。而且，確實在D1院落中發現了幾處用人祭祀的跡象。

在殿堂北側，有三具呈環形埋葬的屍骨，頭部朝著順時針方向，按墓葬編號分別為M52、M54和M55，其中，有兩具是成年女性：M52，仰身，跪姿；M54，俯身，兩腿併直，兩臂緊貼身體，像是被捆綁。M55，則性別未知，姿勢也像是被捆綁，而且埋人的坑穴極窄，整個人應該是被硬塞（踩）進去的，致其兩臂脫臼。

三具屍骨埋在院落夯土中，包圍著一座橢圓形深坑，夯土地基被挖穿，深度在十公尺以上，應當是水井或者是存儲用的「冰窖」，兼有宗教祭祀用途。[8]

此外，殿堂西側還有人祭坑M57，坑穴也極為窄小，寬度僅有三十多公分，死者仰身直肢，

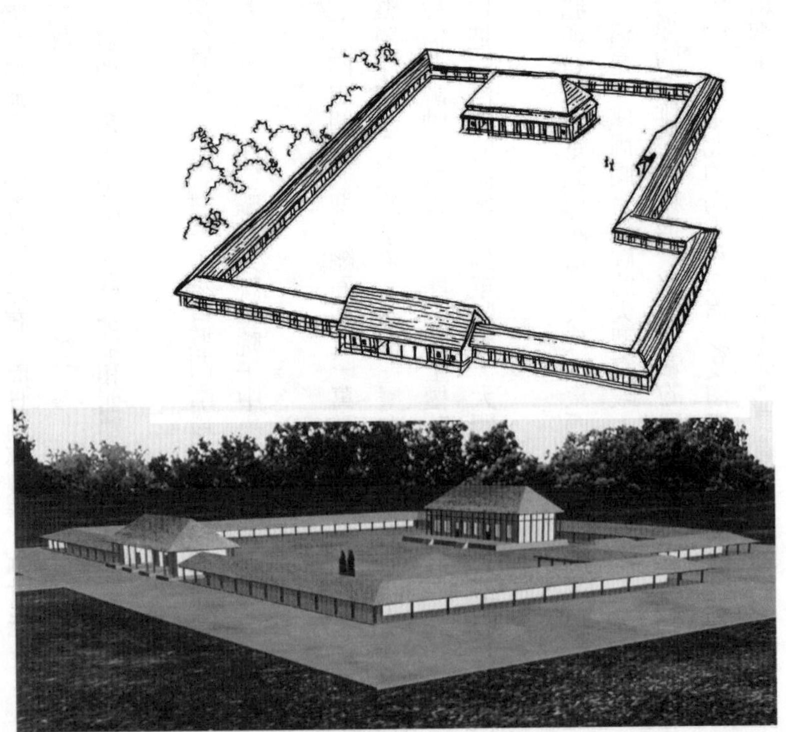

D1宮殿（院落）復原圖[6]

身體微扭曲，發掘報告推測，這應該也是被捆綁後勉強填塞進去的。殿堂東南有M27，死者的手和腳都被砍掉，被折疊成跪坐姿勢。

上述五具屍骨都是在庭院地基上挖坑掩埋的，埋葬的時間和宮殿建設基本同期。為觀察宮殿夯土地基構造，考古工作者對其進行了局部解剖發掘，夯築的地基裡沒有發現屍骨。這說明，二里頭可能還沒有用人給建築物奠基的做法，但在建築落成之後會有小規模殺人祭祀。〔9〕在後來較長的使用期裡，宮殿院落中留下的遺跡並不多，難以判斷舉行過哪些祭祀活動。

D2在D1東北方一百五十公尺處，緊靠宮城東牆，建成於三期末，規模略小於D1，但風格相近：院落南北長七十餘公尺，東西寬近六十公尺，圍牆帶柱廊；院落中央偏北是獨體的大型殿堂，南院牆上有門房和門道；在主體殿堂和北院牆之間，也有一個水井，最初發掘時曾被當成一座大墓（M1）和盜洞。〔10〕D2院落內沒有發現人祭的遺存。

二里頭宮殿區還有一處大型祭祀場所，是一巨大土坑，位於宮城區東北角，發掘者編號為「1號巨型坑」，

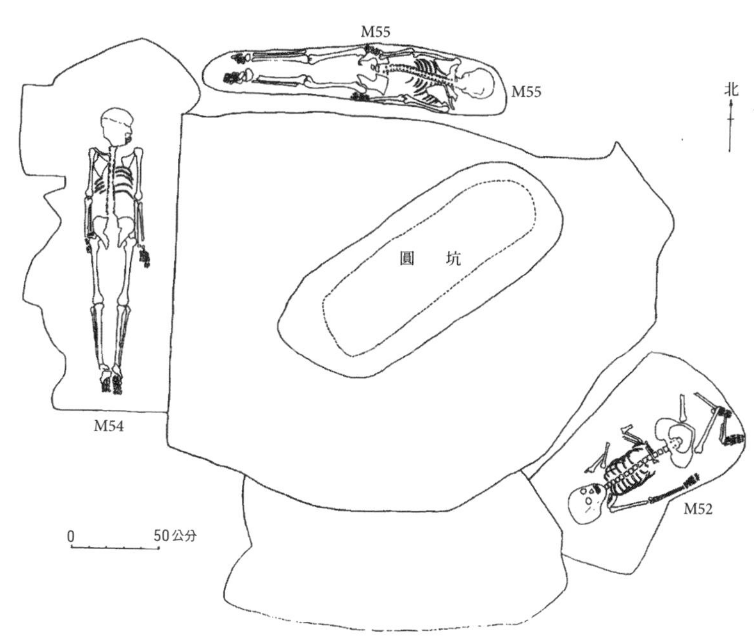

D1主體殿堂北部圓坑及墓葬平面圖〔7〕

是宮殿和宮牆的工程取土形成的，從一期末延續到整個二期，後來則被當作祭祀場所使用。經鑽探，該巨型坑東西長六十六公尺，南北寬三十三公尺，總面積為二千二百平方公尺，約有五個籃球場大。最深處近七公尺，總取土量超過一萬立方公尺。由於面積太大，無法整體發掘，只在東側開了一條解剖性探溝。解剖顯示，坑的邊緣很陡峭，坑底有踩踏形成的路面，有房屋和爐灶，局部有積水溼地，還有幾處用小豬做祭祀的現場，有些埋葬的是整豬，有些是豬頭等部位，集中的一處有三頭完整幼豬。

在三期宮牆建設完成後，巨坑被圍在宮城內東北角。經發掘，坑底出土有多枚橢圓球形的糞便，主要成分是細碎的灰白色骨渣，像是某種猛獸的糞便。從巨坑所處的環境推測，它可能是宮廷顯貴豢養虎豹等猛獸的苑囿。〔11〕把猛獸園和祭祀場放在一起的布局，在上古時代很少見。

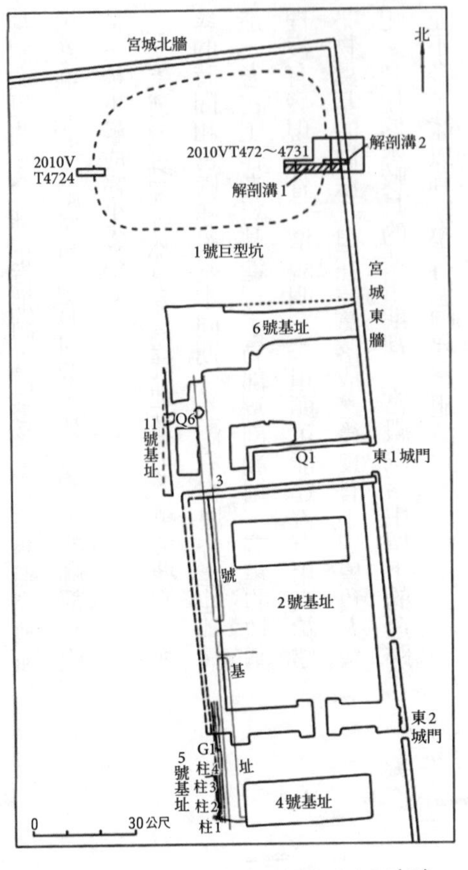

1號巨型坑二〇一〇年發掘探方分布圖〔12〕

目前1號巨型坑只發掘了很小的一部分，還無法總結全貌。從已經揭露的部分看，未發現人祭，相對而言，二里頭宮廷人群更偏愛用豬獻祭。

宮城外的人祭

宮城北側，是二里頭的祭祀區和顯貴墓葬區。在這裡，考古工作者發現了一些規格相對較高的墓葬，大多屬於三期和四期（距今三五六〇—三五二〇年），仍沿襲著2002VM3的一些特點：墓穴面積不大，有綠松石飾物，沒有殉葬人。

有些墓葬埋有青銅兵器和禮器，比如三期的VIKM3，有銅戈、銅鉞和玉戈各一件，銅爵一件，銅戈和玉戈比較大，三十公分左右。〔13〕

墓葬區還有直徑一公尺左右的夯築黏土墩，有的八個一組，有的十八個一組，呈密集的梅花狀分布，殘存高度約二十公分，周圍有多處紅燒土痕跡，發掘者稱之為「祭壇」。二里頭顯貴可能是先點火烹飪祭品，然後放到土墩上面獻祭。

祭祀場旁邊的一條灰溝（94H3）有人祭遺存，主要是散亂的人骨。報告提及，「有不少非正常埋葬的人骨架」，但沒有具體數量。〔14〕從發表的一張照片看，至少三枚人頭骨集中在一起，還有多根大腿骨

灰溝94H3出土的散碎人骨〔16〕

被從股骨頭部位截斷，可能是敲骨吸髓所致。此外，溝內還出土了一件「陶龍頭」，暗示祭祀物件和龍有關，但可惜沒有這件陶龍頭的照片和詳細報導。〔15〕

還有些零散分布的人祭遺跡，難以判斷所處的環境和祭祀過程。比如，在宮殿區西南的VII區發現了一座橢圓形深坑（H10），長徑五公尺，深四公尺以上，出土人骨架三具和狗骨架一具，距坑口三．五公尺深處有大量牛肩胛骨製作的卜骨，上面有排列整齊的燒灼痕跡。〔17〕這很可能是和占卜行為有關的祭祀。

用牛、羊等家畜的肩胛骨占卜，是華北地區自龍山時代以來普遍流行的通靈預測術：先用火炭燒燙骨頭，燙出裂紋（漢字「卜」〔18〕的甲骨文造形就是骨頭上燙出的裂紋），然後從縱橫和連續性來判斷吉凶。直接在肩胛骨上燙紋有點困難，後來又摸索出新手段，在骨片上鑽或鑿出許多豆子大的小坑，而且一片肩胛骨還可以有規劃地多次使用，以物盡其用。

甲骨上燙出的裂紋被認為神靈降示的預兆，所以占卜之前要給神靈獻祭。有些貴族很尊重用過的甲骨，會集中進行埋藏，並殺人和牲畜同埋，這應當也是對降示預言的神表示謝意。

從城市規劃和宮殿建築看，二里頭—夏朝不僅有強大的王權，還掌控著很多對神的獻祭權，而且貴族也有自己的祭祀（包括人祭）活動。

除了特意的人祭，二里頭還有在灰坑（垃圾坑）和地層中隨意拋棄屍首甚至零碎人骨的跡象。根據一九五九—一九七八年的發掘報告，三期和四期中有人骨的灰坑數量大增，比例均超過一〇%；在一九九九—二〇〇六年的發掘中，共發現屍骨灰坑三十九處，絕大多數（三十五處）屬於第四期。

截至二〇二〇年，在二里頭遺址發現的墓葬總數為四百多座，〔19〕代表正常死者的樣本數

表四：一九五九—一九七八年二里頭發掘灰坑中有屍骨的比例

	一期	二期	三期	四期
灰坑總數	36	75	138	129
有屍骨灰坑數	0	4	23	16
屍骨灰坑在總數中占比		5.3%	16.7%	12.4%

量；而據不完整統計，埋有屍骨的灰坑有八十座（處）左右，而且有些坑中不止埋有一具人骨。可見，死於非命且得不到正常埋葬的比例頗高。

有研究者認為，這種灰坑中的屍骨是人祭遺存。[20]但祭祀應當有比較正規的場所和儀式過程，如果屍骨只是隨意拋擲，或者與各種生活垃圾混在一起，則很可能只是身分卑微的人暴屍於街頭。

這反映了新興的「都市現象」：當國家權力和統治階層出現時，也會伴生龐大的賤民群體，或來自被俘虜的異族，或部落和宗族體系因各種原因被打散，而成為豪門貴族的私家奴婢或國家管制下的賤民，以及都市中的乞討人群。而一旦喪失部落和宗族這樣的互助組織，他們往往會被任意虐殺或死於饑病，並被隨意拋屍，從而成為灰坑或地層中的屍骨。

在國家出現之前的村落或部落生活中，也會有人因貧富差距而成為賤民，有些甚至可能會被村落或部落集體排斥而死於非命；但到早期國家出現之後，特別是二里頭這種青銅王朝，都城的貧富懸殊則已經非常劇烈，一面是各種宏大建築和興旺發達的手工產業，一面是大量赤貧者拋屍街頭，各種殘酷現象也最為集中。

◆鑄銅場內的人骨

在夏朝—二里頭之前，各地發現的銅器都是零星小件器物，數量極少，人為鑄造的青銅合金更是稀少。

在夏朝存續的五百年間（這是寬泛的標準，包括新砦的一百年，以及夏商更迭的半個世紀），鑄銅技術持續而穩定地發展了起來，從單純的紅銅，到銅、錫、鉛三元合金的青銅，從小件器物到較大的青銅禮器（容器）、兵器，夏朝開創了中國的青銅時代。

新砦遺址曾發掘出兩塊紅銅小殘片，一塊屬於銅小刀，另一塊可能屬於某種容器。〔21〕二里頭人則繼續發展了冶鑄銅技術：在一期，發掘出一塊銅煉渣和兩件殘損的銅小刀，經鑑定，其中的一件小刀幾乎是純銅，另一件則屬於錫青銅，其中含銅八三·二九%，含錫一六·二八%，含鉛〇·四三%。〔22〕

二里頭人掌握的青銅技術是一個里程碑：添加了錫和鉛的青銅，熔點更低，熔液流動性更好，更容易冶鑄，而且硬度也更高。這兩件殘小刀都是拋棄在地層中的垃圾，二里頭一期墓葬沒有發現任何銅製隨葬品，但有綠松石製作的小珠子飾物，應當是開採銅礦的副產品。

二里頭都邑初具規模後，南側有了專門的青銅冶鑄區，和宮城隔著南大路相望。在二里頭二期，宮城牆尚未建設時，冶鑄作坊區已經建起一·五公尺厚的夯土圍牆，看來這裡的防禦工作更重要。

冶鑄區面積約兩萬平方公尺，比一座標準操場還大。有不止一處作坊，出土有和冶鑄有關的各種物品，如陶範、石範、陶坩堝的碎塊，以及散碎銅塊、礦石、煉渣、錫片、木炭。

一九八三—一九八四年發掘的一處較完整的鑄銅作坊，有一座半地穴式的長方形大房子，編號84YLⅣF9，室內地穴深八十公分，東西長度超過二十公尺，地面上有紅燒土區域，有銅溶液潑灑形成的綠銅鏽面。發掘者推測，這是一座澆鑄工廠，紅燒土面是因工匠燒製陶範形成的。

房子的南側還有三處可能是露天澆鑄的痕跡，分別編號Z1、Z2和Z3。在它們和F9之間，有兩間夯土小房子F2，室內地面上有火塘以及支撐烘焙的泥土柱，應當是熔銅或者燒製陶範的工房。

這處作坊在二期經歷過兩次翻新重建，在三期又重建過一次，所以形成了重疊的工作面地層，每一層都有鑄造遺跡和遺留物。

在作坊F9下面，考古工作者發掘出十三具屍骨：初次建造時，北牆下埋了五名兒童，室內地面埋

了一名成年人；第一次翻修時，工作地面埋入三名成年人；第二、三次翻修時，則各埋入兩人。〔24〕

這些人是正常死者嗎？在二期，二里頭的顯貴人物會被埋在宮殿庭院裡，但鑄銅作坊的特點則是，每次埋人都發生在新建和翻修的時候。所以，這些人應該不是正常死亡，否則很難解釋時間為何這麼巧。

可惜，這處作坊並未留下太多發掘記錄和照片資料，比如，死者屍骨的姿勢、有無傷痕和隨葬品等。但從常識推測，鑄銅作坊煙燻嘈雜，熔銅汁不斷滴落到地面上，顯然不是埋葬正常死者的地方，祭祀人牲的可能性較大。

鑄銅作坊旁邊有一座祭祀坑，編號84YLⅣH99（以下簡稱「H99」），原是廢棄的水井：底層埋了一具被肢解的人的屍骨，被碎屍成很多塊，散落在坑中有八層之多，還伴有獸類（可能是豬）的骨肉碎塊。獻祭者很可能先是將其和豬一起烹飪，分食，然後將零碎的骨頭投進坑中的；在坑的最上層，是一具全屍，雙腿蜷曲側臥，兩手合掌放在腹前，像是腿和手被捆綁著活埋的。

在作坊附近，還發現了一些相對正常的墓葬，隨葬有陶器以及銅爵等少量銅器，應當是冶鑄作坊經營者的墓區。〔25〕

到了三期和四期，鑄銅作坊更加繁榮。此外，臨近宮南路又

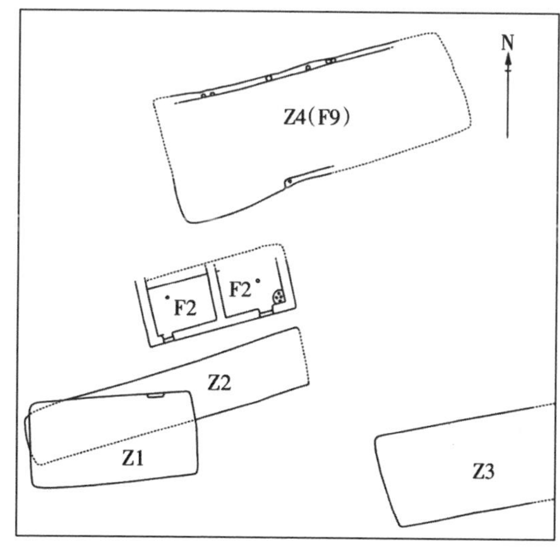

二里頭一處鑄銅「工坊」平面分布示意圖〔23〕

出現了一座綠松石加工作坊。在二里頭，銅器、鑄銅產業經常和綠松石飾物相伴，說明人們對銅礦極為重視，開採銅礦的副產品，自然也要物盡其用。

除了青銅冶鑄技術，二里頭人還創作了一套有禮儀色彩的酒器，如三足的爵、大口束腰的觚、三袋足的斝和盉等。這套酒器被商、周繼承，是中國青銅時代的代表器物。

不過，在青銅技術還沒發展起來的時候，這些酒器都是陶製的。新砦—二里頭人普遍嗜酒，喜歡製造專門儲酒、溫酒、斟酒的器皿，哪怕是寒酸的小墓，也常有陶製酒器。看來，他們糧食充足，普通人也有餘糧來釀酒。

新砦階段已經有了陶盉和陶觚。到二里頭一期，則出現了最早的陶爵，高約二十公分，三條短足，一隻寬頻狀的耳（扳手），口部向兩端外翹，形成「流」和「尾」，腹部和耳上有帶狀紋飾。

爵的造型繁複，且頗為沉重，用它的「流」對著嘴飲用並不舒適。後世人已經不知道它到底是怎麼使用，有人猜測它是調酒的器具。

還有上大下小、呈喇叭口狀的陶觚，它的具體用途也很難判斷。也許張大的口部有「醒酒」作用。無論如何，這些複雜、成套的酒具代表著隆重的儀式感，說明酒不僅是飲料，還是社交禮儀活動的重要內容。

到二里頭後期，青銅鑄造技術突飛猛進，隨葬品中出現了多件鑄銅的爵、盉、斝、鼎，主要是用作酒器，造型模仿陶器，用於彰顯主人尊貴的身分，可以稱為「銅禮器」。

比起之前的小刀、銅鈴之類的小件，銅禮器體型變大（一般高二十公分以上），造型複雜，需要多塊陶範拼接鑄造。基本都沒有紋飾，器壁很薄，厚度只有一—二公釐，可見當時銅料很珍貴，即使統治者也承擔不起厚重的銅器。

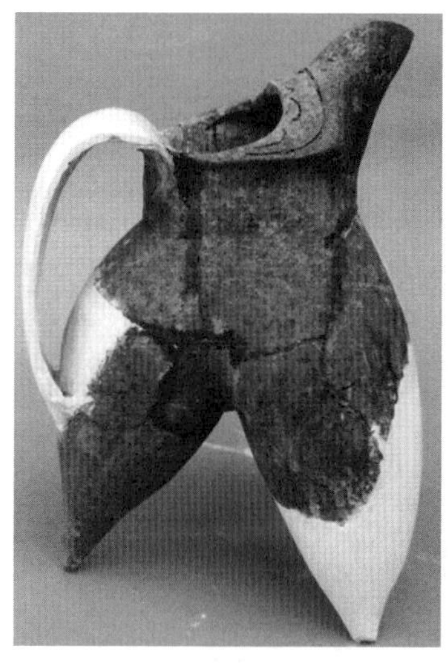

新砦出土的陶盉和陶觚：陶盉有三隻袋足，適合燒煮加熱，但細小的「壺嘴」顯然不適合煮粥，如果只為燒開水，它的複雜造型又有點多餘，所以有學者推測它是用來溫酒的，酒才當得起如此重視

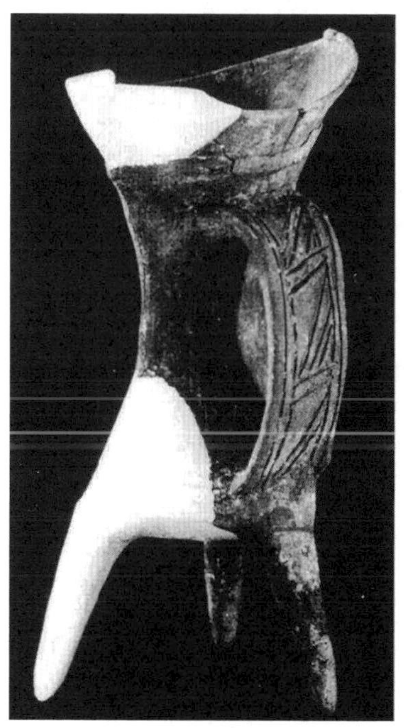
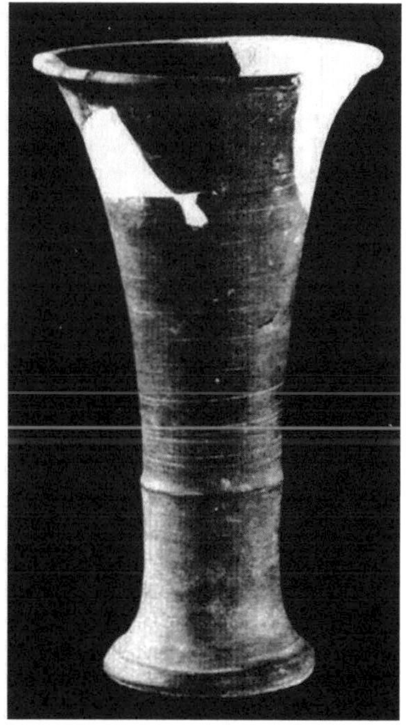

二里頭一期出土的爵（左）和觚，出自M54：在流行上千年之後，酒爵逐漸退場，但它被引申出了「爵位」之意，代表世襲的高貴身分

二里頭遺址已發現的青銅器約有二百件，包括容器、兵器、樂器、禮儀性飾品和工具等。其中青銅容器是迄今為止所發現的中國最早的成組青銅禮器，除一件鼎外，主要為仿造陶器製作而成的酒器。二里頭文化開始的青銅容器的鑄造，需要由多塊內、外範拼合鑄出整器，顯示出原創性與獨特性。這種合範鑄造技術的出現在中國金屬冶鑄史上具有劃時代的意義，開啟了中國青銅時代的先河〔26〕

在三四期階段，還出現了全新的銅兵器，如銅鉞和銅戈。銅鉞的造型可能是從玉石鉞來的，但銅戈比較特殊，此前很少有類似戈的石器，屬於古代中國比較獨特的兵器。

中國的銅蘊藏量不太豐富，銅器成本較高，是上層社會的奢侈品，對二里頭普通民眾來說，使用最多的還是石器和骨器。石器可能是在洛河中採集礫石敲打製造的。到後來的商朝、西周以至春秋，最基本的農具還是石器。石製農具和工具被完全取代，要到冶鐵技術已經普及的戰國。

石器時代和青銅時代都是常用的詞，但這兩個詞的含義並不對等。青銅器從未完全淘汰石器，它更多體現的是上層人生活的改變，就像古人發明文字後，社會上的多數人仍是文盲。社會的發展水準往往是被占人口少數的菁英階層代表的。但我們不能因其數量少而低估青銅，正是它鑄造了華夏的最初文明和第一王朝。

◆青銅催生文明

「文明」是人類學和上古史學者經常討論的課題。石器時代的各種人群現象被稱為「文化」，但它並沒有嚴格的定義，只要是人製造的物品和遺跡都是「文化」，舊石器時代也是文化。中國的新石器文化主要以陶器工藝和造型分類，因為陶器製造量大，在遺址中最常見（多是碎裂的陶片，但有些可以拼合），造型特徵也最明顯。不同地域的人群使用的陶器不同，由此很容易區分出不同的文化；即便同一個人群，在不同的時期，陶器特徵也會進化，由此還可以細分出時段。所以中國的考古學者最重視陶器型制研究。此外，不同文化中的玉器、石器、建築和墓葬也會各有特點。

比起文化，文明則要高端得多。它標誌著人類告別原始狀態，和動物界的距離也更遠了，進入可以加速發展、與現代社會一脈相承的軌道之中。當然，進入文明時代後，以陶器為基礎的文化分類仍然存在，因為它最能反映普通人的生活。

學術界以往對「文明」的界定比較嚴格，其中有三個關鍵要素：城市、冶金技術和文字。按這種標準，商代晚期的殷商階段屬於文明，因為有可以釋讀的甲骨文；後來也發現過早商階段的甲骨文材料，但極為稀少。總體來說，商代符合嚴格的文明標準，爭議不大。

但商代之前的夏—二里頭，缺少文字要素；再早的新石器末期古國，如石峁、陶寺和良渚等，有萬人聚居的大型聚落及明顯的階級分層和宏大建築，卻沒有或極少有銅器。這些都不符合嚴格的文明標準。

近些年，有學者提出了更寬泛的標準，認為只要有大型城邑，或者叫「複雜社會」，就可以稱之為「文明」。它的原理是，大量人群聚集在一起生活，會形成相對複雜的職業分工和社會分層，這種組織協作能力是人群繼續發展的重要基礎。按照這種標準，距今五〇〇〇—四九〇〇年前的良渚古國也可以稱為「良渚文明」。[27]

寬泛或者嚴格的標準各有意義，不必相互否定。但需要注意的是，符合寬泛「文明」標準的多數古國（四〇〇〇年之前的）大都在短期繁榮後凋零了，它們建設「複雜社會」的經驗顯然不夠完善，缺乏長期發展的能力，而且各古國建成「複雜社會」也都是自發的，相互間少有傳承。當然，古國文明也並不是完全孤立的，有些文化元素輾轉在古國之間傳遞了下來，比如良渚古國的幾種典型玉器就傳承到了石峁、陶寺以至商代：石峁的浮雕游龍變身為二里頭的綠松石龍圖騰；冶煉紅銅和鑄造小件銅器的技術也輾轉傳遞到了新砦—二里頭。

草蛇灰線，潛流伏脈，這是四千年前古國文明的「傳承特點」，很不明晰。相比之下，夏—二里頭與後面的商、周王朝一脈相承，沒有斷檔。商人征服二里頭—夏，接受整個夏朝遺產的過程，在考古成果裡表現得很清晰。

在二里頭之前，大型城邑（古國）已經有過若干座，狹義文明標準的第一項要素已經有了，但不夠穩定。二里頭的創新是第二項，也就是青銅冶鑄技術，有了它，大型城邑（古國）才能維持和發展下去，讓第一項要素真正確立，並繼續發展出第三項——文字。

青銅產業需要更龐大的共同體人口基礎和更複雜的分工協作體系。從採礦、運輸、冶煉，到配比合金、製範鑄造，需要一系列專門技術以及眾多人員和組織的協作，而這是複雜社會才能供養、維繫和發展的。

中國的銅礦蘊藏較少，青銅器物很難真正普及千家萬戶，而青銅對於中國早期國家的最重要意義，恰恰在於它數量少，價值高：青銅禮器顯示階級差別秩序，而青銅兵器戈、鉞和鏃對木石兵器有壓倒性優勢，王權借此獲得武力保障。這是「文明」或者「複雜社會」維持穩定、避免解體的基礎。〔28〕

對比之下，石器時代的古國王權，並沒有淩駕於民眾階層之上的武裝優勢，統治者可以用玉禮器表現自己的高貴奢華，但玉兵器的戰鬥力並不能超越石兵器。當良渚、陶寺和石峁這些石器古國走向繁榮時，急劇加深的貧富差距會導致底層民眾揭竿而起，統治階層和初具規模的複雜社會也就毀於一旦。

二里頭以往的一千多年裡，從長江中游、江浙到華北，眾多古國興起又解體。到三期時，二里頭也進入了古國盛極而衰的節點：統治者豪奢營建，底層人群極度貧困，勞役無休，對立情緒終將引爆。恰在此時，成熟的青銅技術讓二里頭得以續命，社會上層繼續維持其統治。

三期之初建設的宮城城牆，保衛的只是居住在宮殿區的上層人群，而非整個二里頭古城。顯然，這是二里頭內部階級矛盾的產物。二期顯貴墓葬中沒有兵器，顯示階級矛盾還不激烈；三期墓葬卻多次發現銅戈和銅鉞，說明上層社會武裝程度明顯提高，及時發展了鎮壓底層社會的能力。

顯貴的武裝優勢也是各種宏大工程的保證。三期聚落面積並沒有比二期明顯擴大，表明人口沒有明顯增長，但宮牆卻在此期完工，多座殿堂也升級換代，青銅冶鑄區顯著擴大。顯然，這是對民眾控制力強化的結果，換句話說，統治者索取的貢賦和勞役更多了。在這些物質基礎上，二里頭才發展成為真正意義上的夏王朝。

石器時代古國繁榮難以超過二百年的週期律，就這樣被二里頭的青銅兵器破解了。

◆有限人祭與二元制社會

在龍山時代的華北，人祭和人奠基現象比較普遍。這種風俗也延續到了二里頭，不過從已有的考古發掘來看，二里頭的人祭行為並不算太氾濫：

一，各期的墓葬沒有發現殉葬人，也沒有事後祭祀和埋入人牲的現象。和墓地有關的遺跡，只有94H3灰溝有人祭遺存。

二，宮殿區建築沒有發現人奠基，只在D1庭院內發現了五具獻祭屍骨。

三，鑄銅作坊F9有用於奠基和獻祭的十多具屍骨，旁邊的祭祀坑H99也有兩具。從時間上，鑄銅作坊的人祭行為出現得更早（二期），宮殿的人祭行為屬於步其後塵。

二里頭—夏朝的規模超過以往任何古國，且穩定地存續了近四百年，而在其中心都邑只發現上述人祭現象，可以說數量是很少的。此外，二里頭遺址整體保存情況比較好，在夏朝覆亡之後，這裡一直沒出現過城市，也沒有大的河流改道和人為盜掘，遺址很少遭到後期破壞。

考慮到上述因素，可以說，二里頭—夏朝的民間雖存在人祭風俗，但尚未建立以人祭為基礎的「國家宗教」，王室統治者的人祭數量並不比民間更多。

縱向對比，二里頭的人祭規模和陶寺古國比較相似，和石峁、清涼寺、王城崗則截然不同。這說明，在華北地區不同的古國—早期文明中，人祭的繁榮程度有所區別。

從人祭地點看，二里頭宮殿區的人祭行為相對較少，東北角的巨型坑中甚至只用豬祭祀。相對而言，鑄銅作坊區的人祭數量較多，形式也很殘酷，有肢解分食現象，而規模浩大的D1宮殿內的人牲數量尚不及鑄銅區的一座廠房。這些區別可能顯示了二里頭內部不同人群之間的文化差異：在宮殿區內的居住者中，人祭文化不太流行，而從事銅器冶鑄的群體比較崇尚人祭。

在現代人的觀念裡，上古的青銅製造業應當在王權的直接控制之下，但這很可能是借後世的官僚制和君主集權制的運行規則來想像上古。二里頭—夏朝還屬於王權肇建、蠻荒未褪的時代，不同行業多屬於特定的族群世襲經營，他們往往擁有較高的自治權。

在宮殿區尚未修築宮牆時，二里頭的手工業作坊區已經建起了圍牆。當時屬於二里頭二期階段，鑄銅作坊規模還不算大，也沒有發現青銅兵器，那為何要把作坊區的安危放在王宮之前？可能的答案是，作坊區的圍牆是手工業族群自己興建的，他們需要承擔自己的防務，並且有這種資源和實力。實際上，青銅冶鑄者的宗教風俗也有別於宮殿區，這也是他們族群整體自治的表現。

二里頭從未發現大型城牆體系，作坊區和宮殿區有各自獨立的圍牆，這種現象被許宏先生稱為「大都無城」。它的根源，很可能是宮殿和手工業族群的二元並立模式：冶鑄人群承認宮廷王權的權威，但自主管理族群。

而且，二里頭的青銅技術一直處在封閉之中，幾乎從未向外傳播。在近四百年裡，二里頭之外幾乎從未出現成規模的青銅鑄造產業，二里頭風格的大件青銅製品（包括禮器和兵器）也很少出現在外地〔29〕

——除了一個遙遠而孤立的南方殖民地。似乎二里頭—夏朝的青銅生產者以及王室和豪門都把青銅器當成祕不示人的寶物，從不與外人分享、交易。

以上是考古提供的二里頭古國概況。

關於夏朝，古史只有少量記載，如《史記·夏本紀》說，大禹準備把首領職位傳遞給益，那位向民眾推廣稻種的助手，但在禹死後，民眾都願意服從禹的兒子啟，於是，啟建立了家族王朝——夏朝。

> 及禹崩，雖授益，益之佐禹日淺，天下未洽。故諸侯皆去益而朝啟，曰：「吾君帝禹之子也。」於是啟遂即天子之位，是為夏后帝啟。

此外，《史記》主要記載的是歷代夏王的名號，其他古書則還記錄了夏朝前期的動盪事件：第四王「相」被有窮氏的后羿取代，后羿又被伯明氏的寒浞篡權，寒浞屠滅了后羿和夏王相家族，而相的遺腹子少康借助母族有仍氏和有鬲氏的勢力，滅掉了寒浞，恢復了夏朝。〔30〕

這起夏朝的「王子復仇記」，在新砦和二里頭考古中難以得到驗證，但在這個故事裡，夏王朝內部有各種部族，如有窮氏、伯明氏、有仍氏、有鬲氏等，且都有自己的世襲首領，應當是當時社會的真實反映。夏朝還不是後世人觀念中的大一統政權，內部族邦林立，二里頭古城實則是夏王部族的領地，因稻作農業而人口繁盛，因青銅兵器、奢侈品而強大且富有吸引力，周邊各部族甘於充當它的附庸；但夏王室—二里頭人對這些臣服部族並沒有太多的直接控制，也未能在語言和文化上把中原地區整合為統一體。夏王朝的故事雖在各部族中流傳，但各部族仍保持著自己的共同體生活。

這也能解釋為何二里頭的青銅器極少出現在古城之外。夏王朝比較保守和封閉，不屑於對外掠奪與擴張，也不想建立廣土眾民的真正王朝。也許，是當初后羿和寒浞的動亂給了夏王室以教訓，儘量不要和其他部族走得太近。

綜上，二里頭—夏朝建成了一個大型聚落和複雜社會，而且倚靠青銅技術保持著長期穩定；由此，一千多年來古國興廢無常的難題終於被破解。但它的保守多少影響了其華夏第一王朝的聲譽，而整合黃河下游形形色色的各族邦的工作，還有待後面的王朝。

◆附錄：青銅祕史

在新石器時代晚期，很多遺址都發現過零星、小件的銅器，如銅片、小銅刀和銅錐等。這應該是古人在偶然狀態下的收穫，比如把含銅的礦石放到陶窯中燒，然後發現了小塊的銅，並進行初步加工，但離實用的青銅還有很遠的距離。

單純的銅是紅銅，熔點較高，熔化後流動性很差，難以鑄造成大件或精細的物品。而且，純銅質地較軟，用途有限。要降低熔點、提高銅熔液的流動性，需要加入錫或鉛；要提高銅的硬度，則需要加鉛。

不同用途的銅器，錫和鉛的比例也不一樣。銅禮器需要有精緻的造型和繁複的花紋，錫的比例要稍高；銅兵器要有較高的硬度，需要提高鉛的比例，但鉛過多又會造成青銅器變脆，容易碎裂。這些比例關係需要技術人員在反覆試錯中摸索。

從礦石中煉出單純的某種金屬並非易事，不過有些礦石是多種金屬共生，幸運的話能遇到銅錫共生或者銅鉛共生且比例碰巧合適的礦石，燒煉這種共生礦石，則有可能得到較硬、較細膩的銅合金。但這種偶然的成功難以複製，當礦石中的元素比例改變，煉出的銅就不符合需要了。所以，青銅的冶煉和鑄造技術有很高的門檻。二里頭鑄造區發現過一小塊錫片，這說明他們已經能單獨提煉錫來與青銅配比。殷墟還發現過超過一噸的鉛錠窖藏，這也是為冶煉青銅準備的原料。

石器時代通往青銅時代的大門看似很寬，實則很窄。這些困難和偶然性，又催生了關於金屬冶煉的神祕玄學觀念，認為某些神靈會影響冶煉的成效，所以人們會用不同的形式進行祈福，請神賜予高品質的產品——從夏到商，冶銅區的人祭遺存都比較密集，直到鋼鐵時代，冶煉仍是充滿著不確定性和神祕色彩的活動，甚至有工匠捨身投入煉爐、獲得高品質金屬的傳說。

第四章 異族占領二里頭

夏朝和商朝的更迭，在史書中有道德評判色彩很強的記載：末代帝王夏桀胡作非為引起天怒人怨，終於被新興的有道之君商湯取代。

> 帝桀之時……桀不務德而武傷百姓，百姓弗堪……湯修德，諸侯皆歸湯，湯遂率兵以伐夏桀。桀走鳴條，遂放而死……湯乃踐天子位，代夏朝天下。〔1〕

但考古呈現出來的過程更為複雜，一些來源各異的落後人群曾侵入二里頭古城，統治時間長達半個世紀。中國歷史上的第一次王朝更迭顯得撲朔迷離。

夏朝的敵人來自哪裡？這需要從二里頭古國的疆域開始考察。

五百里王朝

在二里頭二期，古城擴張到三平方公里後，已經達到一個早期國家的體量。這就帶來一個問題：這個早期國家統治的範圍有多大？

從最低標準看，洛陽盆地是二里頭都邑能夠控制的範圍。盆地東西狹長，跨度約五十公里。有研究者曾統計洛陽盆地內的聚落數量：在二里頭一期，古城之外發現聚落十九個，二期迅速增長到八十三個，到三、四期穩定保持在一百個左右，其中，面積在〇．五平方公里左右的「鄉鎮」級大聚落約二十個，其餘為〇．一平方公里及以下的村落。從「王都」到鄉鎮、村落，等級格局非常明顯，顯然屬於同一個王國政體。〔2〕

至於二里頭—夏王朝在洛陽盆地外能夠控制的疆域，史書和考古都難以給出標準答案。其一，編寫相關史書的主要是戰國到西漢時人，他們還沒有對早期國家的考古知識，只能按自己生活的世界想像三皇五帝和夏商時代，所以孟子會說，大禹治水的範圍遍及江、河、淮、漢：「禹掘地而注之海，驅蛇龍而放之菹，水由地中行，江、淮、河、漢是也。」（《孟子．滕文公章句下》）這是戰國時代華夏人的認知世界，但上古的華夏範圍還沒這麼大。

其二，考古學也很難解答政治史層面的問題。考古的主要對象是古人生產的器物，特別是數量最多的陶器，雖然從陶器風格可以劃出「二里頭文化」分布的範圍，但陶器分布範圍和古國政治體並不是一回事，不然，七八千年前的裴李崗文化和仰韶文化都會是地跨上千里的古國。

以陶器為基礎的二里頭文化分布範圍比較廣，從晉南到關中、河南省大部分，甚至遠及安徽省，但風格並不完全一致，還會按地域分成幾個「類型」，所以陶器文化很難和古國的政治疆域等同。二里頭人對鑄銅技術嚴格保密，製作的銅器很少出現在外地，也難以作為指標。

關於二里頭—夏朝的疆域，日本學者西江清高和久慈大介曾提出一個方法：考察陶禮器的分布。〔3〕二里頭文化擁有獨特的陶禮器（酒器）群，觚、爵、盉、斝、鬹等，只有地位較高的人才能擁有成套的陶禮器。如果這些陶禮器群出現在二里頭古城之外的地方，就可能是二里頭—夏朝的控制範圍，或者是夏王室給外地酋長的賞賜，我們由此可以窺探古國的政治影響力範圍。

從西江清高製作的分布地圖可見，陶禮器出現最集中的地方在黃河南岸以及嵩山東南麓，西起河南陝縣，東到鄭州，東西約二百公里，南北約一百公里。本書推測，這應當是二里頭古國（夏朝）直接統治的區域，比二里頭文化分布範圍要小得多。

在較遠的周邊也有一些零星的二里頭陶禮器出土，如河南省南部的方城八里橋和駐馬店楊莊，陝西商州的東龍山。這些可能是和二里頭古國（夏朝）存在朝貢關係的部落，反映了夏朝的影響力範圍。

這個「王朝」疆域要低於戰國時人的想像，但已經超過以往中國境內的任何古國。究其實質，二里頭—夏朝屬於古國和王朝之間的過渡狀態，或者說在前文明與文明之間的門檻上。

古史有「啟征西河」的記載，即禹的兒子

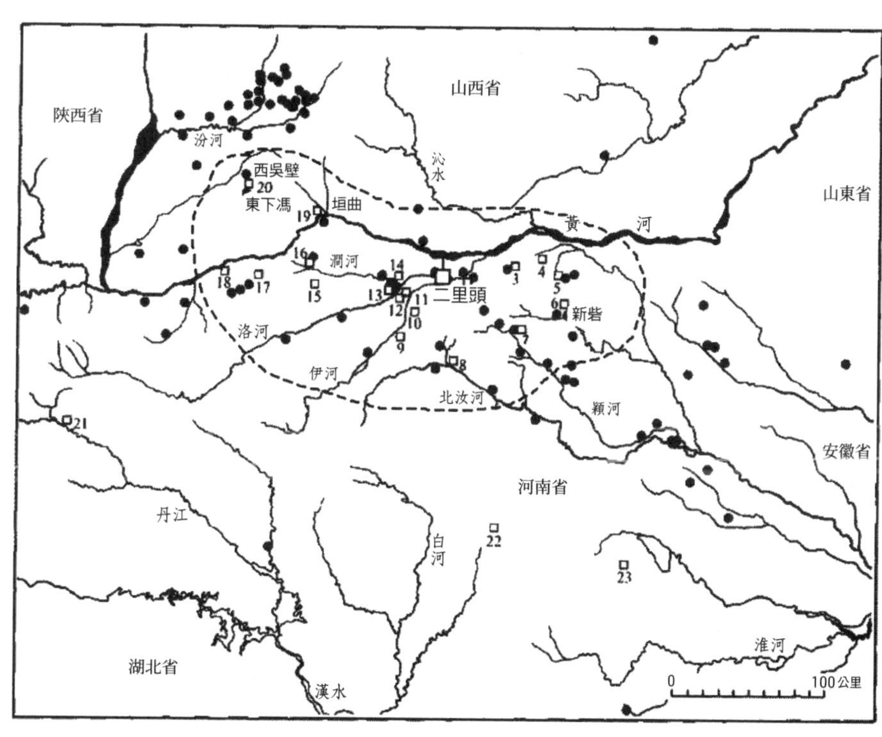

二里頭文化遺址的分布及出土陶禮器的遺址示意圖：黑點是二里頭文化遺址，編號的空心方框是出土二里頭風格陶禮器的地點。

啟曾遠征晉南地區：「（啟）三十五年，征河西。」《帝王世紀》從地理環境推測，夏王朝應當和銅、鹽礦產豐富的晉南有密切聯繫。山西省南部，特別是汾河下游地區，有比較密集的二里頭文化聚落，屬於晉南本地的東下馮類型。[4]

在二里頭—夏朝時期，晉南地區的絳縣西吳壁出現了冶銅工廠，主要是把銅礦石冶煉成紅銅，但沒有在當地發現青銅鑄造技術。發掘者推測，西吳壁可能是二里頭—夏朝控制的一處採礦和冶煉基地，生產的紅銅供應二里頭。但西吳壁尚未發現高規格的城邑、建築和墓葬等，缺少夏朝統治的直接證據；也許，它是由本地部族掌控的，用銅料和二里頭人貿易。

晉南沒有發現二里頭—夏朝建立的城池，直到商朝早期，商人才在晉南建立了兩座夯土小城池，距離西吳壁數十公里，說明商人已經控制西吳壁銅礦。在早商，西吳壁的煉銅爐底部還有人祭遺存，[5]這似乎是當地族群接受商文化的表現。

在東方，夏王朝有兩個比較重要的據點——

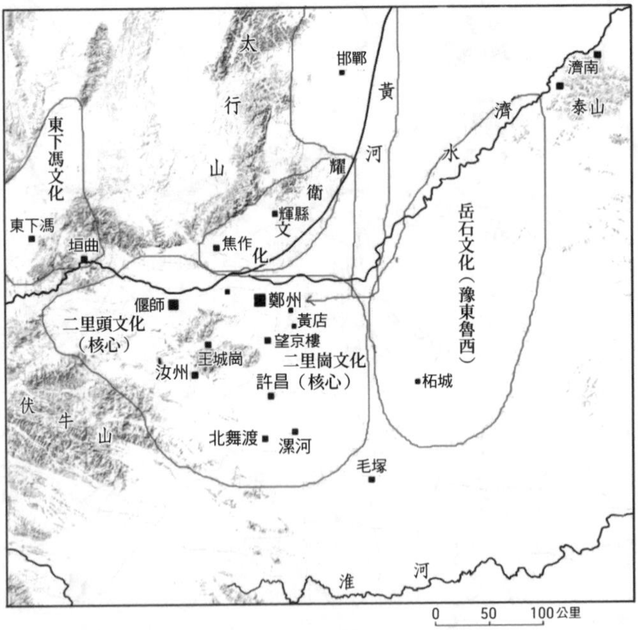

夏末商初中原主要考古文化分布圖[6]：鄭州（大師姑）和新鄭望京樓處在二里頭文化的東部邊疆，其中的二里崗（岡）文化興起較晚，和二里頭是前後承接關係。

鄭州大師姑古城和新鄭望京樓古城，距離二里頭一百公里左右，城池規模不大，邊長僅數百公尺，城內沒有發現高等級建築和墓葬，但拋擲在灰坑裡的屍骨較多，顯示有較強的權力因素和社會衝突，也可能是和異族之間的戰爭比較頻繁。

這兩座小城，意在守衛夏朝的「邊疆」。從這兩地再向東，是山東地區的岳石文化；向北，是輝衛文化和下七垣文化。當然，它們和夏都二里頭的關係也難以確定，也許是二里頭直接管轄的邊疆據點，也許是接受二里頭冊封的地方自治「諸侯」。

◆夏王都淪喪

距今三六〇〇—三五〇〇年間，是二里頭文化的尾聲——第四期。這一百年又分前後兩段：前面半個世紀，二里頭人仍舊按照原來的軌跡生活，沿用著三期建成的宮殿和宮城牆，各種手工作坊都在生產，銅器鑄造技術穩步提高；後半個世紀則發生了劇烈變化，宮城牆開始塌毀，幾座宮殿逐漸廢棄，某些外來者侵入了二里頭。

在後半階段，D1宮殿仍在使用，但明顯更換了主人：院落裡挖掘了很多灰坑（垃圾坑），有些灰坑破壞了柱廊和宮殿台基；院落圍牆下有很多低等級墓葬，有些死者居然被埋在柱廊下；西廊簷下甚至挖出了一座陶窯，說明曾有人在宮殿院裡挖土製陶，生產下等人使用的陶器。

種種跡象顯示，這座夏都最宏大的宮殿已經成了大雜院，主人不再是顯貴豪門，而是一大批外來的鄉土民眾。此外，D2宮殿院落以及南鄰的D4也在發生類似的變化，被外來者粗暴利用，很快就失去了往日的輝煌。

這些鵲巢鳩占，反客為主的外來者是誰？沒有文字記錄，考古學者只能從最擅長的陶片分析入手。

在夏朝最後的半個世紀，二里頭突然出現了來自豫北下七垣文化和山東岳石文化的陶器，特別是D1、D2宮殿灰坑中的陶片，主要是外來風格。這說明，有大量來自東北方向的人群入主了二里頭，他們很多雖只是普通民眾，但作為征服者，入住了D1、D2這種高級宮殿。

宮城西南角的兩座門樓（D7基址和D8基址）在四期晚段也被廢棄，踩踏出的道路覆壓在柱洞之上，說明門樓建築已被夷為平地。宮城東牆也出現了坍塌跡象，有些小路穿過城牆，還有堆積的垃圾。

這一輪變化發生在距今約三五五○年前；對照史書，這正是東方商族崛

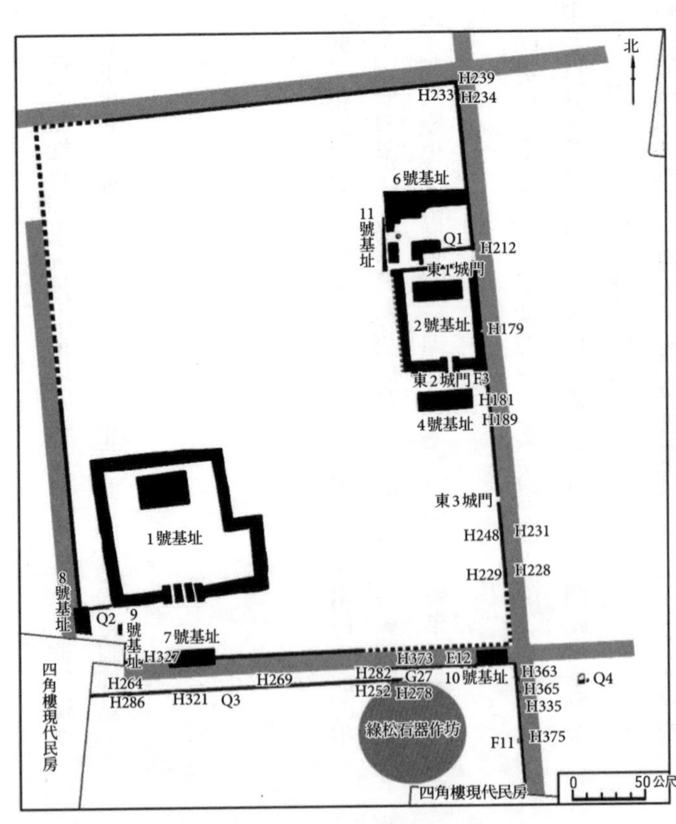

商朝占領時期的二里頭宮殿區平面圖[8]：
6號和10號基址就是在這一時期新建的，昔日的1號和2號基址則逐漸被廢棄。

起、夏商易代的時間，商湯（武王）帶領商人攻滅了夏朝。〔7〕

在半個世紀的「占領期」，商人征服者放任二里頭的宏偉宮殿逐漸失修、損壞，而新建了兩處較大型建築。其中的一座，在宮城東牆下，D2院落北側，借用了一段東城牆，同時封堵了東牆最北的一座城門，被編號為D6宮殿基址。

D6宮殿是分三次逐漸形成的，最早在西端建了一座接近方形的建築，然後分兩次向東擴建，最後和東宮牆連接。它沒有之前二里頭宮殿的宏大和規整，而是更加緊湊和實用。這是典型的商人早期風格：四合院結構，貼著圍牆建房子，不在院落中央建造獨立的主體殿堂。

占領者新建的另一座建築是D10，不太大，在宮城的外側東南角，恰好占據了宮南路大道。可見，此時宮城南牆已經塌毀，可以隨意通行。

商人沒有繼續把二里頭當作都城，而是在二里頭以東八公里的偃師市（區）郊建造了一座新聚落，同時，在現今的鄭州市區也建了一座。這兩座聚落逐漸擴大，並修築了城牆，被考古學者分別稱為偃師商城和鄭州商城。

這說明，商人對二里頭的占領完全是實用和策略性的，新建築也不太重視禮儀性。另一方面，第四期發現的被隨意拋棄的屍骨數量大增，其中大部分應當來自商人入侵和統治二里頭時的殺戮。比如，一座四期晚段的墓葬（1984 VI M5），墓主的胸骨被一枚八公分長的銅鏃射入，埋在宮殿區以北的六（VI）區傳統墓地。他很可能就是被商人占領軍所殺的夏人，但家人還是儘量按正常標準埋葬了他。〔9〕

商人占領二里頭時期的殺戮還表現在灰坑中，不僅坑中的人骨明顯增加，還有長期積累的零碎人骨。比如，有一個深達一．八五公尺的灰坑，在其使用期間，一直有零星的人骨被扔進去，而且坑中其他垃圾主要是各種動物的骨骸以及陶製炊器殘片。這很可能是食人者房屋旁邊的垃圾坑：

人骨在2000ⅢH17的不同層次、不同部位都有出現，似肢解後棄於坑中。出土有包括深腹罐、圓腹罐、鼎、甑、鬲、甗、刻槽盆、大口尊、觚、器蓋等在內的較多陶片，牛、羊、豬、麋鹿、鳥、蚌、麗蚌、圓頂珠蚌、圓田螺動物遺存。〔10〕

再晚一些，作坊區東北側的一座灰坑（2004ⅤH305）有五具較完整的人骨。這座灰坑邊長約二公尺，深約一．三公尺，最底部有一名十六七歲的男性，上面是四名女性，其中一名女性（2號）身下鋪有約二公釐厚的朱砂。這五人的身體多蜷曲，很可能是死於他殺。

二里頭較高級的墓葬中，常給墓主鋪墊朱砂，這是自龍山時代已經出現的葬俗；但2號女性是和其他人一起被拋屍灰坑的，不是正常的死亡和喪葬，為何獨獨她獲得了鋪墊朱砂的待遇？可能她死前有一定地位，負責拋屍埋葬者對她有些同情且也有獲得朱砂的能力，但仍不會（或者說不敢）給她挖一個單獨的專用墓穴。這座坑不太像祭祀坑，因為坑中包含較多生活垃圾。〔11〕

存在征服之後的暴力統治，但也維持著相對穩定的社會秩序，這是被占領下的二里頭的基本狀態。在夏商易代之際，二里頭人的青銅冶鑄技術堪稱獨步中原甚至東亞，商族人自然會非常重視。商人從二里頭鑄銅區調撥了一些人，分配到偃師和鄭州商城建立冶鑄工場，但二里頭鑄銅場的主體仍在繼續生產。

二里頭的鑄銅人群和商人的關係似乎不錯。在商人占領期間，手工作坊區的北牆也有發生損壞，但立刻進行了重建。〔12〕鑄銅場區並未發現太多外來陶片，看來商人占領者比較尊重冶鑄場所，沒有在這裡建立營地。

這也使人產生了這樣一個聯想：也許，鑄銅族群是滅亡夏朝──二里頭的「第五縱隊」，他們不甘心宮殿區族群壟斷權力，坐享統治收益，便聯合外來者商族，一起征服了宮殿區族群。鑄銅族群和商人的協作，換來了二里頭古城半個世紀的壽命。

但二里頭的夏王族群並未被趕盡殺絕。新建的偃師商城發現了一些二里頭風格的陶器，而且二里頭宮殿區的某些規劃特點又出現在了偃師商城的宮殿區。看來，商人征服者把二里頭宮廷人群（或是其中的一部分）遷到了八公里外的偃師商城，讓他們參與建設新城。

而在苟延殘喘近半個世紀後，二里頭的青銅作坊還是被徹底遷移到了鄭州商城。從此，二里頭古城消失，夏王朝最後的痕跡不復存在。

◆遙遠的巢湖殖民地

《尚書．仲虺之誥》記載，商湯滅夏之後，把末代夏王桀驅趕到了「南巢」：「成湯放桀于南巢。」古代注家認為，「南巢」是安徽的巢湖之濱：「廬州巢縣有巢湖，即《尚書》『成湯伐桀，放于南巢』者也。」（《史記正義》引《括地志》）

巢湖，在二里頭東南方五百多公里外，不僅不是二里頭文化區，甚至不屬於二里頭前身（新砦人所屬的煤山文化分布區）。夏桀的逃亡為何指向巢湖？從史書裡再也找不到旁證。

一九七二年，安徽肥西縣的大墩孜村出土了兩件青銅斝和一枚青銅鈴，銅鈴是二里頭墓葬中常見的造型，兩件青銅斝也屬於二里頭晚期特徵。[13]肥西縣在巢湖西岸，似乎和夏桀逃亡「南巢」相呼應。

之後，肥西縣多次出土二里頭風格的青銅器和陶器。在二里頭古城之外，肥西是當時出土青銅器最多的地區。較新的發現是三官廟聚落遺址，有房屋被燒毀後的紅燒土堆積，裡面有十多件青銅器，主要

是鉞、戚和戈等兵器。〔14〕

碳十四測年顯示，三官廟遺址距今約三七〇〇年，正當二里頭古國最鼎盛的第三期，所以，可能是當時二里頭鑄銅人群曾發生內訌，一部分被排擠者被迫南下另謀生路，遷徙到了肥西三官廟定居。從那之後，他們和夏朝的聯繫似乎很弱，其中的一個表現是，他們製作的青銅器逐漸和二里頭拉開了距離，甚至出現了二里頭沒有的造型，比如「半月形銅鉞」。〔15〕

不考慮沿途部落的敵意，從二里頭到肥西的交通算不上太困難：先步行到新砦一帶，乘坐舟筏先後進入潁河和淮河，再溯淝水而上，便可抵達肥西附近。

目前尚未在肥西縣發現冶鑄銅的遺址，也沒有發現高等級的宮殿和大型聚落，但零星發現的青銅器證明，確實有來自二里頭的人長期定居於此。

當夏王朝被商人占領，也許末代王夏桀想起了遙遠南方的那批二里頭鑄銅師，於是南逃尋求庇護，結果商人追蹤而至，毀滅了夏人這個南方據點：房屋被焚毀，被殺者的屍骨和兵器被埋在了灰燼中。

至於二里頭的征服者，滅掉了夏王朝的商人，為什麼他們的陶器分屬下七垣和岳石文化，卻沒有自己的特色？

這群征服者的來歷撲朔迷離。

半月形銅鉞〔16〕

◆附錄：關於夏朝的記憶

目前已發現的殷商甲骨卜辭從來沒有提到過夏朝，這有點不好解釋。有學者認為，從來沒有過夏朝，所以商人沒有記載；也有學者認為，商人肯定知道夏朝，只是甲骨卜辭只專注祭祀神靈和現實問題，不涉及改朝換代的歷史，所以不用提及。〔17〕

《尚書．湯誓》是商湯滅夏時的講話，不過考古學者認為，這篇內容並不可靠，很可能是西周以後的人創作的。

《詩經》裡有一組商人的史詩「商頌」，在歌頌商湯功業的〈長發〉中，出現了一句「韋顧既伐，昆吾夏桀」，大意是，商湯先討伐韋和顧，然後又進攻昆吾和夏桀。對於滅亡夏朝的豐功偉業，「商頌」只有這一處。

而且，《詩經》裡的「商頌」未必是商朝原創的作品。滅商之後，周朝把一部分商王族分封到了宋國，以傳承商朝的世系，但宋國人最初並沒有「商頌」，是春秋初期的宋國貴族正考父從周朝掌管音樂的「太師」那裡得到了「商頌十二篇」。〔18〕

這組「商頌」的最初作者已無從知曉，也許是商朝的史詩被周朝接收，又保存了三四百年才交給宋國人，這中間，周人很可能對它們進行過改編，原創性打了很多折扣。正考父是孔子的七世祖，編輯《詩經》時，孔子把「商頌」也編了進去，遂流傳至今。

在可信的史料裡面，最早提到夏朝的是滅商的周人：

其一，《尚書》中周武王和周公兩兄弟之間的講話經常用夏朝做歷史借鑑。周人認為，晉南地區是夏朝故地，周武王之子成王分封弟弟叔虞到晉國時曾發表一篇訓話，提到當地是「夏墟」；成王還說，應當用夏朝的政治理念（「夏政」）去統治當地土著。（《左傳．定公四年》）但在考古中，晉南尚未發現夏朝的高等級城邑。

其二，周人似乎還記得二里頭古城的存在。周武王滅商後，準備在洛水邊建一座新城，武王說，那裡是夏朝的故地：「自洛汭延于伊汭，居陽無固，其有夏之居。」（《逸周書．度邑解》）所以周朝在這裡營建了洛邑（洛陽），位於二里頭古城以西二十公里處。

在傳世古書中，對夏都記載最準確的就是這一處，出自《逸周書》。這部書因沒有進入儒家「六經」，長期不受重視，但它的很多信息非常獨家，不是毫不知情的後來者能杜撰出來的。

第五章 商族來源之謎

黃河水漫流在綠色大平原上，淤積出一片片沙洲，蘆葦蕩宛若迷宮。偶爾有人駕木筏駛入蘆蕩，設下捕魚籠，用骨頭磨製的魚鉤釣起鯰魚和鯉魚。鱷魚在水草間露出頭，發出低沉而有穿透力的鳴叫。古人認為，牠們在召喚雷雨。

一大群穿著土黃或暗紅色麻布短衣的外來者，從南方緩緩走近，驅趕著褐色的水牛群，甚至還有幾頭高大的亞洲象。大象已經被馴化，恭敬地服從主人的命令。有些牛馱載著包裹，有些拖曳著吱呀作響的雙輪車。

人們在岸邊紮營，砍下蘆葦捆紮成筏子。水牛、大象卸下了重負，愜意地踱入溼地中。

這是近四千年前的古黃河下游，傳說中的河伯部落的領地。新來的陌生人是商族，他們聽說黃河北有茂盛的草場和富裕的部族，準備去那裡放牧度夏，並和當地人交易。

陌生之地也意味著危險。商族人和河伯部族雖然已經比較熟悉，但從未涉足過河北的世界。當時的商族首領是王亥，四十歲左右。他決定把家眷和部落婦孺及大象留在河伯領地內，自己帶男丁趕牛群渡河北上。據說，易水河部落盛產美女，王亥期待此行可以發財，甚至獲得豔遇。

這是中國古史中的一段商族往事。而商族的起源，是中國早期文明中最為撲朔迷離的話題。

◆上帝與鳥蛋

商王朝建立之前（學者稱之為「先商」），商族人究竟生活在哪裡，是一群什麼樣的人，對此，考古學一直沒有答案。發掘工作只能顯示，有一群形象模糊、落後的人居然攻滅青銅王朝夏—二里頭，建立了商朝。

夏都二里頭被外來者占領後，增加了一些外來樣式的陶器，但難以解釋的是，這些陶器並沒有統一的風格，如前文所述，有的屬於河北和河南兩省交界處的下七垣文化，有的屬於山東地區的岳石文化。之後，商人新建了兩座城邑——鄭州商城和偃師商城，但其陶器也分為好多種風格，多樣程度甚至超過被占領後的二里頭古城。

上古時代，即便是同一種陶器文化內部，通常也存在著眾多部落，彼此互不統屬，甚至不共戴天。而來自不同陶器文化的人群居然共同參與了滅夏和建商，這委實讓人難以理解。

這群滅亡夏朝的所謂商人，到底來自哪裡？通過考古能不能找到他們的聚落？

初看起來，這個問題應當不太困難。比如，夏朝—二里頭的創建者來自新砦；再如，滅商之前的周族人曾在陝北山地生活（碾子坡遺址），後來又遷到關中的周原，甚至考古工作者還在周原發掘出了周文王起居的宅院。

關於商人在滅夏前的生息之地，學界曾有過兩種猜測。

其一，受王國維及殷墟發掘的啟發，傅斯年提出了「夷夏東西說」，認為夏朝代表晉南和豫西等地的西部文化，它的對手商人是東夷，屬於東方文化，所以傅斯年猜測，位於豫東的商丘古城應當是商族人的興起之地。[1]二十世紀末，傅斯年的學術傳人張光直借助美國人類學的資源和影響力，曾經和國內考古學界合作，在以商丘為中心的豫東地區尋找「先商」，但沒有發現任何跡象。

其二，隨著陶器「器型學」成果的積累，有些考古學者認為，夏商易代時，來自河南和河北交界處的陶器文化曾侵入中原，所以應該在下七垣文化裡尋找「先商」。[2]但數十年來，考古工作者並沒能找到任何稍具規模的城邑，只有一些不起眼的小型農業聚落，絲毫看不出有滅夏、建立王朝的氣象。

所以，從考古上，商族在滅夏之前的定居地無影無蹤，攻占夏都二里頭的人的來源也很複雜。但是，對於這些考古學難以解釋的現象，古人的史書裡卻可能藏著答案。

《詩經》和《史記》裡就有商族始祖起源的傳說，但也難免摻入一些周朝之後增加和改寫的內容。我們先來看比較古老的。

據說，商人始祖是一名叫簡狄的女子，有次在野外洗澡時，她見到玄鳥產下一枚卵，就吞了下去，結果生下兒子契，繁衍出後來的商族。上古時代，常有女子未婚生育的神話，據說這是母系時代「知其母，不知其父」的特徵。周族史詩也是如此，他們的女性始祖姜嫄在荒野踩到巨人腳印而懷孕，生下棄（后稷），從而繁衍出周族。[3]

《詩經．商頌．玄鳥》對契降生的描寫是：「天命玄鳥，降而生商。」

《詩經．商頌．長發》則是：「有娀方將，帝立子生商。」有娀是簡狄所在的部族，「有娀方將」是有娀氏將要興起之意。玄鳥，喻指上帝（天）和商人之間的獨特媒介，至於是什麼鳥，則有燕子和鳳凰等不同解釋。

契長大後，脫離了母親的有娀氏部族，建立起商族。商之名來源於「商丘」，而這個地名更古老，和代表東方的辰（晨）星之神有關。

據說，上古時代有一位叫高辛氏的半神帝王，他的兩個兒子不和睦，整天打鬥，高辛氏一怒之下把小兒子安頓在了「大夏」（晉南），負責祭祀傍晚的參星；把大兒子安頓在了商丘，負責祭祀黎明的辰星，由此，辰星也被叫作商星。傳說的結尾，諸神已經離開大地，契開始定居在商丘，他的部族也獲得了「商」之名。

昔高辛氏有二子，伯曰閼伯，季曰實沈，居於曠林，不相能也，日尋干戈，以相征討。后帝不臧，遷閼伯于商丘，主辰。商人是因，故辰為商星。遷實沈于大夏，主參，唐人是因，以服事夏、商。（《左傳．昭公元年》）

杜甫詩云：「人生不相見，動如參與商。」商星都是黎明時在東方出現，參星總是黃昏時在西方出現，永遠一東一西，所以人生分離難聚也被稱為「參商」。

春秋的貴族還說，宋國是辰星之族的故地，所謂：「宋，大辰之虛也。」（《左傳．昭公十七年》）宋國的都城在商丘，而宋人是商人後裔，可見，從王朝興起之前到滅亡之後，商丘一直和商人有緣。從神話傳說時代到春秋再到今天，中國唯一沒有變過的地名，可能就是商丘了。

先商的始祖譜系從契開始，到滅夏的武王成湯（甲骨文中的「天乙」），一共有過十四代首領，共經歷八次遷徙：「成湯，自契至湯八遷。湯始居亳，從先王居，作帝誥。」（《史記．殷本紀》）也就是說，平均不到兩代人就要遷徙一次。

當然，上古先民的史事都是靠口耳相傳，會經歷很多簡化。從契到成湯很可能不止十四位首領，也可能不止遷徙八次，但先商族人曾經頻繁遷徙，這一點應當是成立的。

關於商族早期的遷徙範圍，史書記載很少，而且往往超出後人的理解能力。比如商人史詩《詩經．

長發》提到，商族第三代首領相土功業卓著，曾經到海外大有斬獲：「相土烈烈，海外有截。」從河南商丘一帶去往黃海，需要橫穿江蘇省，然後還要在海濱造船筏。相土時代的商族，規模還很小，難以解釋他們為何要進行這種遠征，而且，如果不是在海濱長期生活，熟悉航海規律，也不可能從事航海活動。

另一種可能是，商丘處在溝通淮河和黃河（濟水）的水系中間，從這裡乘上舟筏，向北可以進入濟水和渤海灣，向南可以進入淮河和黃海。也許商族人曾經借助河網水系航行，搶劫過一些濱海人群的聚落。

關於相土還有一個傳說，說他「作乘馬」（《世本·作篇》），意思是發明馬拉的車。這應當是後人虛構的，在夏代和商代前期的考古中，迄今尚未發現有馴化的家馬和馬拉車。

但在商人輾轉遷徙的歷程中，明顯的趨勢是向北方移動。古史記載，在夏朝前期，商族第六代先君冥淹死在了水裡：「冥勤其官而水死。」〔4〕看來他們還在過著舟筏漂泊的生活。冥的兒子是王亥，〔5〕他曾帶領族人趕著牛群北渡黃河，借用河伯部落和有易部落的領地牧牛——有易可能是易水流域，也就是說已經進入河北省中部。

史載，王亥生活不檢點，曾和兄弟一起在有易部落淫亂（可能勾引了當地酋長家的女子），結果自己和兄弟被殺死，牛群也被有易氏占有。王亥的兒子上甲微繼承族長（第八代）後，向河伯部落請求援軍，終於攻滅了有易氏，奪回了牛群。

有人曰王亥，兩手操鳥，方食其頭。王亥託于有易、河伯僕牛。有易殺王亥，取僕牛。（《山海經·大荒東經》）

殷王子亥賓于有易而淫焉，有易之君緜臣殺而放之。是故殷主甲微假師河伯以伐有易，滅之，遂殺其君緜臣也。（郭璞注引《竹書紀年》）

王亥遇害這段，在《楚辭．天問》中也出現過。從文獻的記載看，上甲微帶族人復仇之後，並沒有占據有易氏的地盤定居下來，而是繼續漫遊。

對商族來說，王亥遇難和上甲微復仇是生死攸關的事件，也是商族歷史上的重要分水嶺。

在殷墟甲骨卜辭中，後世商王稱王亥為「高祖王亥」，經常單獨祭祀他；而上甲微多是和之後的歷代先君、先王一起接受祭祀，卜辭寫作「自上甲」或者「自上甲至（某先王）」。

至於河伯，甲骨卜辭裡給他的獻祭也很多，有時還稱為「高祖河」，也把他納入了歷代先君的譜系。有時，商王會聯合祭祀河（河伯）、王亥和上甲微。比如，某個五月的祭祀裡，給這三位先君一起奉獻的祭品是：「燎于河、王亥、上甲十牛，卯十羊。五月。」（《合集》一一八二）意思是焚燒（燎）十頭牛，剖開十頭羊。商王還會占問：「王亥、上甲即宗于河？」[6]意思是，王亥、上甲微會進入河伯的宗廟嗎？

商末，周文王研究《易經》占算方式時，王亥事件也被他作為重要事例收入卦爻辭推演之中：

喪羊于易，無悔。（《易經．大壯》六五爻辭）

喪牛于易，凶。（《易經．旅》上九爻辭）

但史書中並沒有王亥牧羊的記載。周族人原本在西部高地放牧羊和黃牛，所以，周文王可能是用自己熟悉的生活來想像王亥時代，錯誤地增加了一條「喪羊于易」：羊不適應潮溼環境，不適合王亥時代的商族人。這也說明，《易經》卦爻辭中的商代史事並不完全可信，周文王可能會基於西土周人的環境錯誤地理解商人歷史。

◆水牛背上的遊牧

先商族屬於上古時代特殊的「遊牧族」，流動性很強，以牧牛為主，而聯繫其在當時的技術條件下竟還可以北渡黃河，說明放牧的是水牛，而非黃牛。

在殷墟甲骨卜辭中，商族始祖契被寫作「兕」，意為水牛，字形是一個人頭頂水牛角。看來，他們從一開始就和水牛有緣。〔7〕商族人當初生活的地方偏南，有較多水牛，不僅畜牧業收益頗豐，而且牛群也賦予商族人以機動性，可以活躍在潮溼的大平原，遷往更遠的地方。

再結合考古，商族人也是一直和水牛分不開的。在夏代的二里頭遺址，只發現過黃牛的骨骼。而到商族人滅夏之初，鄭州商城和偃師商城的遺址則既有黃牛，也有水牛的骨骼——水牛很可能就是商族人帶來的。到商代中期，石家莊市郊的藁城台西商人遺址也有完整的水牛骨架祭祀坑。這是夏商以來水牛分布的最北邊界。此外，安陽殷墟遺址也大量出土有水牛骨。當然，現在的石家莊、安陽和鄭州都已經不適合水牛生存了。

遊牧和農耕需要的環境很不一樣。三千年以來，遊牧地區多是較乾旱、氣溫低，不適合農業種植的地域；但在夏商，情況恰好相反，當時氣候比現代溼熱，平原地區大多是溼地沼澤，反而不適合人類居住和活動。大禹和夏人的溼地改造只是局部的，還不能改變黃河下游的整體面貌。在這種背景下，借助水牛群，商族人恰好可以活躍在黃河下游的大平原和溼地。

古書還記載是王亥發明了用牛拉車：「胲作服牛。」（《世本·作篇》）結合考古來看，夏都二里頭已經有了人力推拉的兩輪車，用牛來拉兩輪車也屬順理成章，畢竟牛車速度比馬車慢得多，對車輛的製造工藝要求較低，王亥時代的商族人完全有可能勝任。這樣，水牛群可以穿行於泥沼溼地，牛拉雙輪車可以在旱地陸路從事運輸，商族人由此獲得了「兩棲」行動能力。

除了畜牧業，商族人此時可能還從事貿易，這是流動性強的部族天然具有的特長。雖然沒有直接的文獻材料，但有些間接證據，比如，周公在商朝滅亡之初談到有些商族人的生計方式時，就曾經說他們牽著牛車到遠方貿易掙錢孝敬父母：「肇牽車牛，遠服賈，用孝養厥父母。」（《尚書·酒誥》）

商朝滅亡後，很多商族人從事的便是貿易行業，所以，在部族、王朝之名外，「商」還衍變為行業、職業之名，結果，本來代表貿易的「賈」字被「商」所取代。

在早期商族的畜牧遷徙和商貿生活中，也可能有一些農業經濟。上古時期還欠缺農田施肥技術，往往因肥力耗盡而需要休耕或輪耕，因此，商族可能會在一處新定居地停留數年或數十年，利用周邊草場放牧，同時開發一些農田，所以有學者推測，商人過的是「遊耕」生活。〔8〕

先商族活動的地域，主要在黃河下游以及黃河南流入淮的流域範圍內（秦漢時期的「鴻溝」水系），是一條南北狹長的溼地「走廊」。張光直已經注意到，在漫長的新石器時代，溝通黃河與淮河的狹長地帶（近代所謂「黃泛區」）屬於難以開發的溼地，一直少有聚落遺址，所以豫西和山東的新石器文化一直存在涇渭分明的區別。〔9〕而商族出世不久就已成為這片蠻荒溼地上的活躍因素。

這一地帶的北端是下七垣文化和輝衛文化範圍，向西是夏人的二里頭文化，向東是山東的岳石文化。因頻繁遷徙，商族人很難留下定居城邑遺址，但也使他們有機會見識各地的族群以及夏王朝。

繁榮的夏王朝需要東方物產，特別是海產品，而夏朝的產品，特別是一些小件銅器，如刀和錐等，則可以銷往東方。雖然夏朝嚴密保守青銅技術，但這類小件商品的流出應該難以完全阻止。而且，商族人很可能就是在經營貿易的過程中發現夏朝有機可乘，與下七垣、岳石文化中的一些族群建立起緊密聯繫，逐漸形成了同盟勢力。

結合二里頭遺址後期的現象，可以合理推測：因夏都的王族和鑄銅族群的矛盾日漸激化，二里頭鑄銅人應該是在危急之中聯絡了商族，於是，商湯帶領東方同盟各族大舉西征，攻占了夏朝。但在管理王朝和青銅技術方面，商族和它的東方盟友都缺乏經驗，用了半個世紀左右才完整吸收了夏朝的遺產，並融合各原有文化，形成了新的、更廣泛意義上的商族。

在滅夏之前，商族人很可能已經發明了最初的文字。商業貿易需要記帳和遠端傳遞信息，而這都會刺激數位和文字的發明。在商人創造文字之前，很多部落已經有了初步的記事符號，比如，對良渚文化和龍山文化的考古，就曾發掘出一些刻畫符號的陶片。而商族人在遷徙和貿易中與較多部族打過交道，有機會見到各種記事符號的用法，所以，在此基礎上進行匯總是完全有可能積累起完整記錄語言的字元體系的。

在商人創造的「甲骨文」裡，暴力、征伐和殺戮是最常見的字形。這是因為在國家和王朝統治秩序尚未建立的東方，部落之間充滿敵意，動輒發生衝突，商人的遷徙和貿易很少能在和平氛圍裡進行，需要部落武士的武裝保護。

有些甲骨文字顯示的，則是先商人的水上生活：由部首「舟」構成的字就特別多，而且很多是常用字，只是在後世的字形演變中，很多「舟」旁發生了改變，現代人已經看不出和舟船的關係。比如，常用的「受」字（這也是末代商王紂的名字），甲骨文寫作，字形是兩隻手在交接一條舟船，意思是「接受」。在後世，「舟」部則變成了「又」部，甲骨文的含義也就丟失了。

再比如「南」，甲骨文寫作[illegible]，「木」在上，「舟」在下，大樹下面有一條船，可能代表的是商族人對南方的印象：那裡樹木繁茂，舟船是生活之必需。至於「北」，甲骨文寫作[illegible]，本意是「背離」的背：對商人來說，去往北方是離開自己原本熟悉的家園。

早期商人的生活中，大象（亞洲象）曾經起過重要作用，漢字「為」是常用字，其甲骨文字形是一個人手牽一隻大象的鼻子，說明在發明文字時，商人已經馴化和役使大象。而且，這種馴養象的習慣一直持續到殷商：王陵祭祀坑中不止一次出土過整具的象骨。

◆鳥神崇拜

商人崇拜的神有多種，最崇高的是「帝」，此外，還有鳥，而這應該跟商族的創始神話和早期圖騰有關。〔10〕

在上古時代，鳥崇拜主要存在於東部沿海地區。河姆渡文化（距今七〇〇〇—五六〇〇年）中有很多刻畫鳥類圖形的骨雕和木雕，良渚文化（距今五三〇〇—四三〇〇年）也有明顯的鳥崇拜，如古國王族最高級的玉器上刻畫的神人獸面紋，神人頭戴羽冠，旁邊相伴的是鳥形圖案。

春秋時期，山東南部的土著小國郯國的一個著名傳統就是用鳥來命名各種官職。郯國國君說，自己的始祖是「少皞氏」（少昊），而少皞氏建立的國家的各種官職都是鳥名。（《左傳·昭公十七年》）這也是東部沿海崇拜鳥的記憶和表徵。

商族始祖契是簡狄吞玄鳥之卵後所生，說明鳥是天帝和商人聯繫的紐帶。《山海經》這樣記載商族第六代首領王亥：「有人曰王亥，兩手操鳥，方食其頭。」看著很含糊，難以確定是人要吃鳥的頭，還是鳥要吃人的頭，但王亥和鳥的聯繫在甲骨卜辭中有證據：「辛巳……貞：王亥、上甲即於河……」（《合集》三四二九四）其中，「亥」的甲骨文寫作。

這條卜辭占問的是王亥、上甲微父子是否和河伯在一起，以便商王舉行合祭。其中，「亥」字有非常明顯的鳥形，而那些與王亥無關的，比如地支記日之「亥」，則不會有鳥形。

《易經》中也多次出現過鳥。周人和商族起源不同，並不崇拜鳥，但在創作《易經》時，周文王引用了一些與鳥有關的商人的歷史掌故，如〈旅〉卦上九爻辭：

> 鳥焚其巢，旅人先笑後號咷。喪牛于易。凶。

這條爻辭涉及王亥在有易氏喪牛和被殺之事。「旅人先笑後號咷」是關於王亥旅行在外的遭遇；而鳥巢被焚毀，則象徵王亥的命運。長期以來，人們都沒有發現《易經》裡隱藏的這段掌故，直到民國時期才被顧頡剛破解：「喪牛于易」是說王亥在有易氏部落遇難，牛群被奪走。[11]

在殷墟甲骨卜辭中，也有商王祭祀「鳥」的內容，如焚燒「一羊、一豕、一犬」和「三羊、三豕、三犬」獻祭給鳥，[12]但不知道接受祭祀的是隨機飛來的野鳥，還是商王專門飼養的神鳥。此外，商王還多次從鳥鳴中占卜吉凶。

《史記．殷本紀》記載，某次祭祀商湯時，一隻野雞落在鼎的耳上不停鳴叫，高宗武丁非常緊張，大臣祖己趁機發表了一番道德說教，最終「（武丁）修政行德，天下咸歡，殷道復興」。

此事的道德元素應是後人添加的，但野雞引起武丁緊張之事應當有原型。只不過，這需要放在商人崇拜鳥的背景中才好理解。

商代晚期的青銅器銘文中曾出現「玄鳥婦」三個字，可能是通靈降神的女巫，負責在王族祭祀中召喚玄鳥之神降臨。

那麼，商人這種崇拜鳥的宗教，對現實生活有什麼影響？

其一，在甲骨卜辭中，有多條商王捕獵野雞「雉」的記載，但未見捕獵其他鳥類，而且從來沒有用禽類和蛋類獻祭或食用的記載。其二，在商人的遺址和墓葬中，食用家禽的現象雖不能說完全沒有，但的確比較少。殷墟宮殿區灰坑中曾發現猛禽和孔雀的骨頭，王陵區的少數祭祀坑中也有猛禽骨，可能是王室豢養的獵鷹和珍禽，但不清楚是否有供奉崇拜的神鳥之意。總之，商人對禽和蛋的禁忌要多於別的族群。

「玄鳥婦」銘文拓片

在甲骨文中，最神聖的是「帝」字，寫作，但其含義不明。有人認為，它是各線條匯合到一起，象徵天地間的中心；也有人認為它是一捆支起來進行燎祭的柴堆，用燎祭的造型代表接受祭祀的帝神。[13]卜辭中，帝也稱「上帝」，有時會在帝字上面加一短橫，是為「上帝」二字的合文，寫作。這一短橫在現代漢字中演變成了點，所以現代的「帝」字，其實是甲骨文的「上帝」二字。

不管「帝」字的具體含義是什麼，其關鍵肯定是神聖之意。作為一個偏旁，它也被用於其他帶有神聖含義的文字，一般只保留上半部分的倒三角形狀。

比如，龍，甲骨文寫作，是頂著帝字頭的龍形；鳳，甲骨文寫作，是頂著帝字頭的鳥形；商人自己的「商」，甲骨文寫作，帝字高高站立於一座大門（牌樓）之上，有時上面還會有兩個並列的帝字頭，寫作。

殷墟出土的武丁夫人婦好的墓，就隨葬有多件龍鳳造型玉器，而且龍和鳳頭上都有如甲骨文中的角（帝字頭），特別是三五四號標本，「為一龍與怪鳥的形象，頗似怪鳥負龍升天的畫面」〔14〕：龍頭上有一隻「角」，怪鳥則有兩隻。此外，婦好墓三七一號玉器是跪坐的人形，身上雕刻出衣飾花紋，身後伸出如同羽毛的鳥尾。這些玉器可能都反映了商人對鳥的崇拜。

商族人有奇異的來歷，他們開創的王朝也註定不會平凡，特別是王朝建立之初，產生了諸多現代人匪夷所思的奇跡。

第六章 早商：倉城奇觀

商代可能是中國歷史上最為奇異的一段，如果將其分成早、中、晚三期，人們最熟悉的是晚商（殷墟階段）。殷墟發掘最早，有精緻的青銅器、甲骨文和大規模殺祭場。

但其實，早商的奇跡更多，它在二百年左右的時間裡創造的成就，其後一千年都難以再現。那是一種幾乎抵達秦漢大一統王朝的氣象。比如，它擁有地跨千里的遙遠殖民城邑，有規模龐大到脫離當時人口總量和經濟水準的大型倉儲設施。

可以這麼說，在早期青銅時代，早商堪稱一場「現代化」奇跡。

東西兩都

在古史中，夏和商經常被相提並論，但從考古來看，它們幾乎是兩個截然不同的政治體。

夏朝—二里頭文化保守，並不熱衷對外擴張，雖發展出東亞最為領先的青銅技術，但一直將其封閉在二里頭作坊區厚重的圍牆之內，很少轉化為用於擴張的軍事實力。

但商朝不同，經過開國之初的數十年整合和同化，商族開始大規模擴張，到開國二百年時，商的統治範圍已經超過夏十倍以上，包含無數語言和風俗不相同的族群。從這個層面來說，早商才是中國歷史上的「第一王朝」。

不過，如果回到開國之王商湯的時代，形勢還沒有這麼樂觀。就如二里頭考古顯示的，夏朝的征服者並不是一個統一的族群或國家，而是來自不同文化區的鬆散同盟，因此，需要先把他們整合成一個新族群（新商族），並確保繼承夏朝的一切技術積累。為此，商湯應當花費了很多思慮：他和後世兩三代商王都致力於此；他們的努力及成效雖然沒能載入史書，但被兩座大城的遺址記錄了下來。

從考古提供的信息看，商族人滅亡夏朝之後，一度保留了二里頭古城，並同時開始興建兩個中心城市：一座是在二里頭以東八公里處的偃師商城；另一座是在二里頭以東一百公里處的鄭州商城——堪稱早商的東西兩都。

西都位於昔日夏朝的核心區，似乎有拆分二里頭舊民的考慮：偃師商城以舊有的二里頭陶器文化為底色，外來文化不多，初始階段的主要居民應當是被遷來的二里頭古城人群，以及少量商人征服者。〔1〕

鄭州商城則建立在舊有的二里頭文化村落基礎上，是商王安置各路同盟軍的主要據點，外來文化因素更多，有北方的下七垣、輝衛和東方的岳石等陶器文化類型，也有從二里頭遷來的鑄銅作坊。一座城邑竟能在中短期內匯聚如此之多的陶器文化類型，在此前和此後的歷史中從未有過。

顯然，這是一個為攻占夏朝而形成的「東方部落聯盟」：各自使用的陶器風格不統一，語言或方言的差異也很大，充當「凝結核」的是規模很小的（先）商族。

夏都二里頭固然繁華了數百年，但內部一直是二元分立結構：宮殿區和鑄銅作坊區長期保持共治，而且彼此的矛盾還是夏朝滅亡的直接根源。征服二里頭後，商人對這兩種人群加以分化、拉攏，並拆解到二里頭和偃師兩座古城中，最終把他們同化入自己的王朝之內。

在商朝早期，偃師商城和鄭州商城都不大，只營建了小型的宮城。但幾十年後，二里頭古城已被完

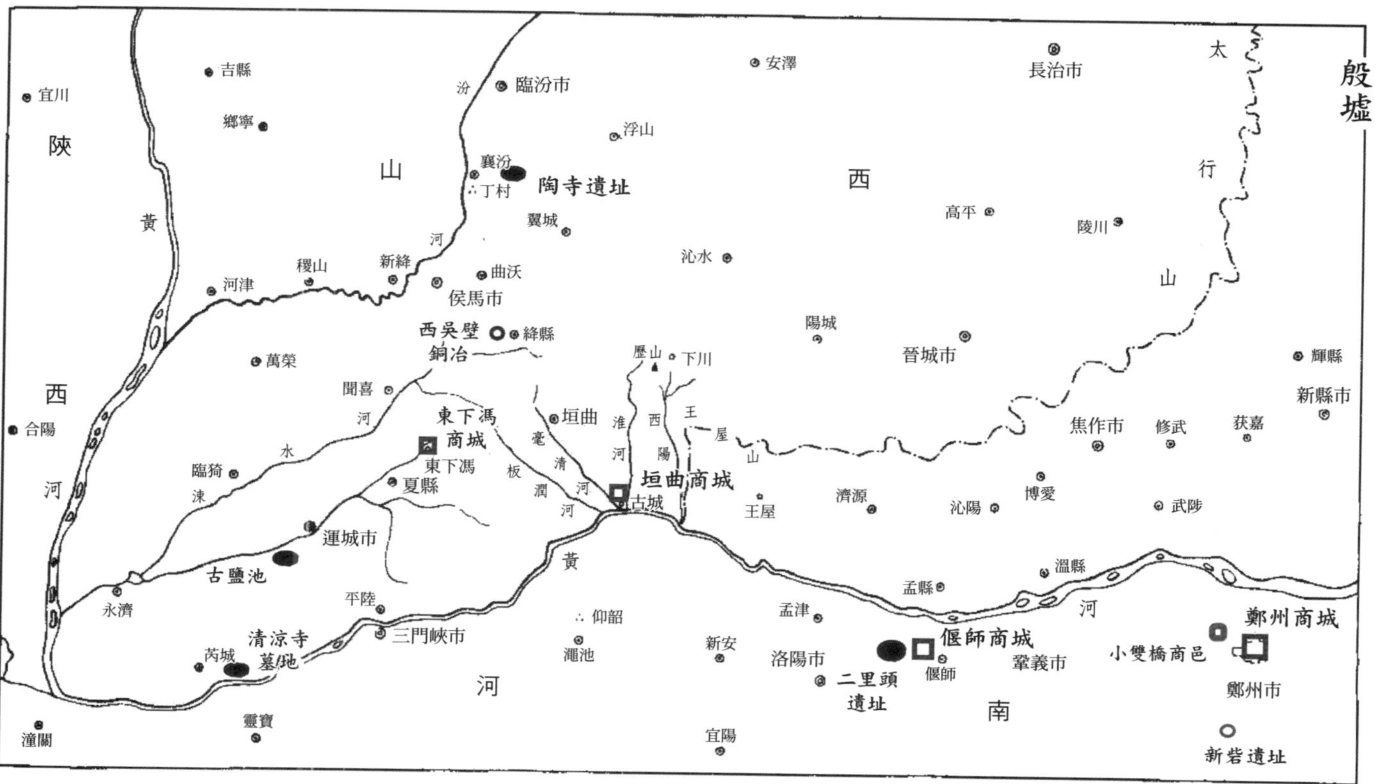
殷墟
吉縣
宜川
鄉寧
陝
山
汾
臨汾市
安澤
長治市
太
浮山
襄汾
陶寺遺址
丁村
西
行
黃
翼城
高平
陵川
河
新絳
稷山
河津
曲沃
侯馬市
沁水
山
西吳壁
銅冶
絳縣
陽城
晉城市
萬榮
歷山
下川
輝縣
西
聞喜
新鄉市
合陽
東下馮
商城
垣曲
淮
河
西
陽
王
屋
山
焦作市
修武
獲嘉
水
亳
清
河
臨猗
東下馮
夏縣
板
澗
河
垣曲商城
古城
王屋
濟源
沁陽
博愛
武陟
涑
運城市
古鹽池
黃
溫縣
孟縣
永濟
平陸
仰韶
孟津
河
鄭州商城
清涼寺
墓地
芮城
三門峽市
澠池
新安
洛陽市
偃師商城
偃師
鞏義市
小雙橋商邑
二里頭
遺址
鄭州市
河
南
潼關
靈寶
宜陽
新砦遺址
0
20
40
60
80
100公里

早商部分城址示意圖〔2〕

全廢棄，人口全部遷入了偃師和鄭州商城，所以兩都迅速膨脹了起來：修建有城牆和規模更大的宮殿，以及興旺繁榮的各種手工作坊和平民居住區。這兩座商城的壽命都有二百年左右，是商朝前期的統治中心。

二里頭古城被廢棄時，商族統治區內多元的陶器文化融匯成了一種新風格，至少是二里頭、下七垣、岳石和輝衛四種成分的雜糅和發展，被考古學家命名為「二里岡文化」。二里岡是鄭州商城南側一處小遺址的名字，和「二里頭」只有一字之差，事實上，它也的確繼承了二里頭陶器的很多特點。

由此，來自各地的陶器工藝在鄭州發生融匯，並迅速向外蔓延，說明製造和使用這些陶器的人群已經同化到一起，是新的商民族誕生的標誌。它比之前的（先）商族規模大得多，可以稱之為「王朝商族」。至此，商朝的多部落聯盟體變成了一個整體民族。

當然，舊有的下七垣、岳石和輝衛文化依然在各自故地延續著，它們也許會被新興的早商（二里岡）文化蠶食和吞併，但那還是以後的事。在早商階段，迅速消亡的只有夏—二里頭文化，因為商朝最優先占領的就是昔日夏朝的疆域。

二里頭的衰亡和偃師、鄭州商城的興起，顯示了夏商交替之際空前劇烈而複雜的族群整合運動：自新石器以來的漫長歷史中，從沒有哪一場部族征服和改朝換代，能帶來如此劇烈的日用陶器的異地匯聚與風格轉變。

商人對待夏人和盟友的手段也很高明。至於背後的原因，可能在於他們曾經長期遊牧和貿易，在東部平原遷徙遊走數百年，積累了足夠多的關於東方各族群的知識。這是其他任何人群都不具備的優勢。

滅夏時，商人已有了初步的文字。這是建立真正王朝統治的必要工具。商人應當也會利用宗教的神祕感和威懾力，雖然我們目前對於商初宗教的了解還很少，但從後來其在商朝的重要地位看，早期的商王們肯定在宗教上投入過相當大的精力。

待東西兩都初具規模後，鄭州商城和偃師商城的主城面積（不包括外郭城）分別約為三平方公里和二平方公里。其共同點是，都有寬約十公尺的夯土城牆，城內有宮城，有大型夯土宮殿區，而且宮殿區北側都有石砌的長方形人工池塘；不同點是，偃師商城內有好幾處大型倉儲區，但鑄銅等手工業規模不大，鄭州商城則面積更大，人口和各種手工業設施也更多，周邊還有一圈外郭城。

兩座商城的保存情況也不一樣。在後世，鄭州商城一直是重要城邑，到現代更被市區占據，遺址破壞嚴重，各發掘地點比較零散，難以重現商城的整體風貌。偃師商城則一直是農田，所以保存相對完整，比如，有石砌的城市供排水系統，排水溝寬近一公尺，從西到東貫穿整座城市。

但新石器以來，早商的東西兩座龐大都城，可謂絕無僅有。它們都有厚重的夯土城牆，顯然是要防禦外來威脅，但從當時的形勢看，似乎沒有什麼勢力能威脅新興的商王朝：夏都二里頭人不重視城防，一直只有小規模的宮城，沒有修築大城；相比之下，新興的商人更有危機感，可能是擔心被征服的夏人聚落以及土著部族隨時會揭竿而起，所以不遺餘力地修築了兩座大城。

更早的石家河、良渚和石峁古城，雖然面積接近鄭州商城，但內部有很多不宜居的部分，比如，石峁城內梁峁坡地起伏，石家河和良渚的城牆本質上是防洪堤與建築臺地，城內有很多溼地和河汊。而鄭州和偃師商城，則方正規則，內部多是宜居的平坦土地，能容納的人口更多。

二里頭出現的各種現象顯示，早期王朝內部大都是自治部族，和王權的關係相對鬆散，而偃師和鄭州商城則規劃嚴密，內外分明，呈現的是早期商王整合各部族的決心：在聚族而居的狀態下，一個部族聚落（族邑）就是一個獨立的經濟體，有自己的手工業和農牧業，而入住到大城內，需要放棄很多傳統的自給自足生活，融入王室主導的更大的經濟和政治體中。

相比偃師，鄭州商城更特殊，其主要的手工業都在城外，如鑄銅和製骨作坊，而城內很可能主要是為王室服務的人群，提供武裝力量和管理、差役等。

早商王朝應當已經使用文字和文書。鄭州商城範圍內曾發現少數幾件殘破的刻字骨片，其中一片牛肋骨上有若干個字元，被釋讀為：

又，乇土羊，乙丑貞，比（及）孚，七月〔3〕

它的行文風格和殷墟甲骨卜辭很相似，但這幾片卜骨的原物和地層信息已經缺失，無法判斷更精確的時代。據推測，屬於商代早期〔4〕，比殷墟早一百年以上。這說明，早商已經有了成熟的文字，而且還出現了在卜骨上刻占辭的做法。

◆青銅擴張潮

早商階段，商朝的擴張極為迅猛。就連上千里外的長江邊（今武漢市郊黃陂區），都出現了一座繁榮的城堡盤龍城；而在中原地區，商人城邑更是星星點點。

先商族的貿易游商生涯，使他們比其他族群更了解各地的交通地理和物產民俗，不僅如此，新王朝的成員來自周邊各文化圈，對於擴張疆域也有很大幫助。而且，商王家族擅長用生意人的思維來管理新王朝，擴張目標主要指向礦產資源豐富的地區，如鹽礦和銅錫礦產地。對商朝的遠端擴張來說，貿易是和征戰同樣重要的手段。

商人很重視夏朝的青銅冶鑄技術，偃師和鄭州商城初建時，還沒來得及建城牆，就從二里頭古城移植了鑄銅作坊。鄭州商城的鑄銅業尤其發達，當城南的鑄銅場不敷使用時，又在城北的紫荊山新建了一座冶鑄場。這些冶鑄場沿襲了二里頭的遺風，在鑄銅工作區地面下均埋有人牲。

青銅技術曾長期被圈禁在二里頭，而商人則更現實，各商人部族均掌握了冶鑄銅技術，而且不僅是在偃師和鄭州兩座核心商城，每一支向遠方征伐的商人隊伍也都有鑄銅技師。他們攜帶著鑄造銅鏃、銅戈的石範，一旦發現小規模銅礦，便可以就地生產兵器。在早商階段，銅兵器的生產數量急劇上升，出土地點遍布中原各省，甚至蔓延到長江流域，促使一些南方土著族群也借機學會了鑄銅。可以說，是商朝人真正普及了青銅冶鑄技術。

王朝擴張的基礎是人口數量，而這需要農業的支撐。在這方面，商朝也超越了夏朝。熟悉商貿和水牛養殖的商族人一旦經營農業，就表現出超常的能力：夏朝—二里頭古城主要依賴水稻，這是夏人改造洛陽盆地沼澤的成果；而商人興起於黃淮溼地平原，對水稻不會陌生，但他們的農業更為均衡。對鄭州商城糧食浮選的一篇統計論文顯示，樣本中，粟、水稻和小麥各有一五七六粒、一九一粒和九一粒，統計者的結論是：「至少在商代早期，粟仍是鄭州地區古代先民種植的最重要的農作物種類。」〔5〕

小麥顆粒的千粒重接近稻米，把各種糧食籽粒折算成重量，粟米只比水稻略多，小麥則占到了一八．三%，也很可觀。

表五：鄭州商城出土糧食顆粒及折合重量

	粟	水稻	小麥	黍	合計
粒數	1576	191	91	44	1902
千粒重（克）	2	16	16	7	
粒數占比	82.86%	10%	4.78%	2.3%	
折合克數	3.152	3.056	1.456	0.308	7.972
重量占比	40.5%	38.3%	18.3%	3.9%	

如前頁表所示，和二里頭時代相比，水稻的比例下降得很明顯，旱作的粟和黍則明顯回升。小麥更特殊一點，雖然屬於旱作莊稼，但在春末灌漿季節需要的水量大，而華北春末時節少雨，要在華北地區大面積種植小麥，需要更成熟的灌溉知識和設施。因此，小麥應當是水稻種植的衍生產品。此外，這個階段的氣候溼熱程度可能比二里頭時期有所下降，也可能導致水稻數量減少。

鄭州商城的糧食樣本顯示，商人已熟練掌握了各種主要作物的種植技術，而其意義不僅是人口增殖，也便於商人向各地殖民擴張，因為他們擁有適應各種自然環境的糧種和技術。

◆晉南的殖民城壘

早商王朝的擴張軌跡，在山西南部表現得最明顯。

從偃師商城向西北，逐漸進入丘陵山地，二百公里後渡過黃河，便是山西省垣曲縣的古城鎮。黃土臺地上有一座夯土小城，控扼黃河渡口，是溝通豫西和晉南的要塞，考古學者稱其為「垣曲商城」。從垣曲古城繼續向西北，翻越中條山脈，進入開闊的運城盆地，又出現了一座夯土小城，這便是夏縣東下馮商城。垣曲和東下馮商城都不大，城牆邊長三四百公尺，城池面積約〇．一平方公里，建造時間也接近，都在商朝開國之後近百年。

晉南中條山區有零星的銅礦，夏朝時，夏縣東下馮和絳縣西吳壁都出現了冶銅工廠，應當和二里頭夏都存在銅料貿易，但還無法確定是否屬於夏朝直接統治。而在商朝初期，關於王朝統治的鐵證出現了。

在早商，東下馮不但建起了夯土城牆，還有密集的大型倉庫建築：位於城內西南角，每座建築的夯土地基皆圓形，直徑十公尺左右，中央有柱洞，十字形夯土牆基把建築分成四個扇形隔間，圓形地基外緣還有外牆的一圈柱洞和牆基。總體來看，倉庫是圓形的造型。

圓形建築成排分布，密集而有序。有限的發掘區內已經挖出十幾座，而根據鑽探跡象推測，這組建築至少有七排，每排六七座，總數近五十座。

二〇一九年，東下馮發掘四十年後，在偃師商城也發現了同樣的大型倉儲區：地基呈圓形，室內有十字形木骨土牆，和東下馮的建築完全一樣。由此，證實了東下馮和商朝的直轄關係。

偃師商城內的這片倉儲區，緊鄰西城牆，編號為VIII基址群，區域面積達四萬平方公尺，接近三個標準操場，估計有圓形倉儲建築一〇〇—一二〇座。

偃師和東下馮的圓形倉儲區基本同時建成，造型和整體布局完全一致，說明出自同一群規劃者，是商王朝主導之下的產物；尤為重要的是，它也顯示了商王朝的政治控制範圍。這是僅靠陶器「文化」難以確證的命題。而且，東下馮和偃師商城的政治關係一旦確定，處在它們之間的垣曲商城的歸屬也就解決了。

以上說明，在商朝早期，王朝的統治已伸入晉南運城盆地。這段路程不算太遙遠，但隔著黃河和中條山脈，地理環境和之前商人習慣的東部大平原很不一樣。可見，商人在努力探索新的地域。

◆ 巨型府庫之謎

接下來的問題是，這種圓形建築的功能是什麼？有學者認為是糧倉，也有

東下馮倉儲區F501、F502圓形建築發掘照片[6]

認為是存放食鹽的倉庫。中條山北麓有一片鹹水湖泊形成的古鹽池——解州鹽池，距離東下馮商城僅有六十公里，路程地勢平坦，交通便利，而再去往垣曲和偃師商城，則需要翻山和渡過黃河，交通比較困難。所以商人很可能在東下馮設立了龐大的食鹽倉儲和轉運站。有學者稱，已經對東下馮商城倉儲區的土樣做過鑑定，這裡的鈉離子濃度遠高於其他地點。這似乎也證明了圓形建築是食鹽倉庫。〔7〕

西都偃師商城並不只有這一處倉儲設施。在它之前，已經發現兩處長方形的大型倉儲建築群，分別編號為II區和III區：南北狹長，呈網格狀緊密分布，每座建築南北長約二十五公尺，東西寬約七公尺。數量同樣驚人。II區有六排，每排約十六座，總數近百座。III區的規模類似。倉儲建築中間還有水池的遺跡，可能是為滅火儲備的水源。

東下馮和偃師的這些倉儲區，環境都很類似：有院牆環繞的封閉空間，戒備較嚴；使用時間可能近百年，有修補和重建的痕跡；倉儲區內少有生活垃圾（陶片），說明幾乎沒人在裡面生活，應該屬於守衛森嚴的王朝禁地。

偃師II區和III區的倉儲區裡藏的到底是什麼，目前還沒有答案。遺址破壞比較嚴重，保留下來的只有夯土地基，基本沒有留下牆垣和室內設施。有學者推測是兵器庫，但規模過於龐大，當時應當沒有如此多的兵器需要集中存放。

從空間和需求等因素看，糧倉的可能性比較高。但當時的糧儲很難裝滿如此巨大的空間：以單個建築容積長二十公尺、寬五公尺、高三公尺統計，這二百座建築的容積為六萬立方公尺，可儲糧七萬餘噸。當時的偃師商城總人口不可能達到六萬，即使以六萬計，這些糧食也足夠吃四五年。在以自然經濟為基調的上古時期，如此巨大的糧儲設施很不可理解。

從糧食來源估算，哪怕是當時洛陽盆地的所有聚落繳納的糧賦，也難以填滿這些倉庫；也許還有外地繳納，但在當時的交通條件下，糧食並不適合陸路遠距離運輸——除非借助黃河—洛河航道。從商族人習慣溼地生活和行船來看，這種可能性是存在的。在東漢時期，都城洛陽東郊就有巨大的國家糧倉「常滿倉」：「永平五年作常滿倉，立粟市於城東，粟斛直錢二十。」（《晉書．食貨志》）常滿倉位於偃師商城以西近十公里，其運輸也大半倚靠洛水—黃河水道。

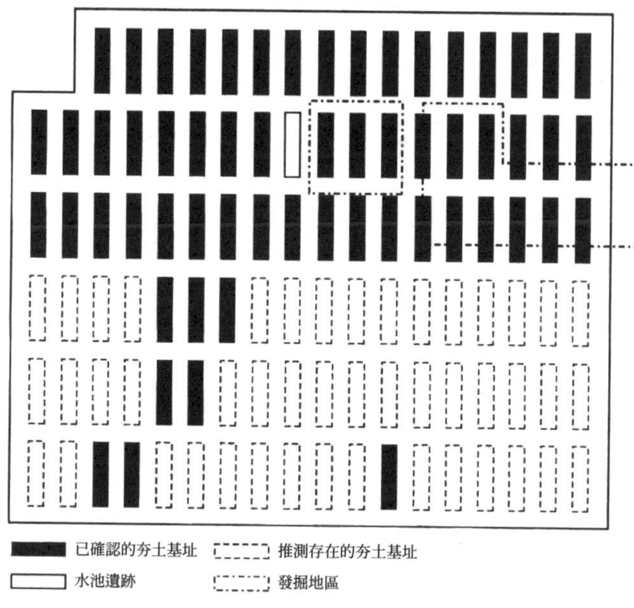

偃師商城II區長方形倉儲建築分布平面圖

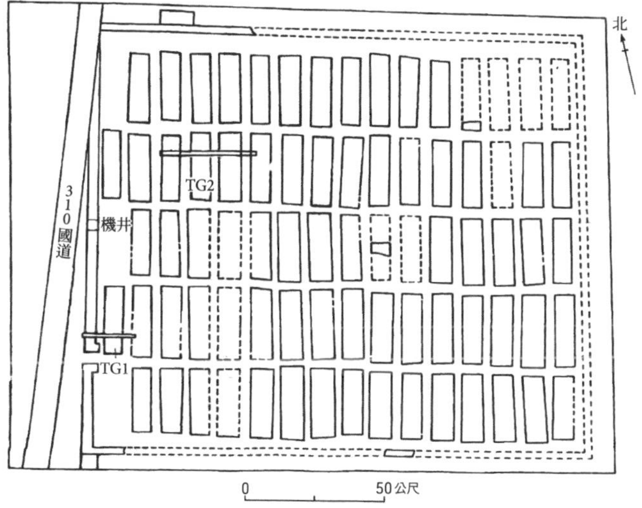

偃師商城III區長方形倉儲建築分布平面圖〔8〕

再來看圓形倉庫。如果東下馮和偃師商城的圓形建築確實是食鹽倉庫，就會帶來另一個問題：食鹽庫存遠遠超過了當地的需求總量。不考慮十字形隔牆，按直徑十公尺、高三公尺計算容積，一百座圓形鹽倉的總容量可以達到五萬噸，扣除掉隔牆、廊道等空間，容納一二萬噸食鹽綽綽有餘。而以每人每年需要食鹽一公斤計算（比現代平均消費量略低，上古時代食鹽比較奢侈，普通人很難滿足需求），這些鹽可供一二千萬人吃一年。在早商，黃河和長江流域的總人口不會有這麼多，商朝也不可能把食鹽銷往這麼大的地區。

且不論偃師和東下馮的大型倉儲區的具體作用，到晚商殷墟時期，甚至後來的西周和春秋，都沒有發現過如此規模的倉儲設施。直到戰國時期的洛陽，才出現了堪與早商偃師相比的糧倉。〔9〕也就是說，在之後一千年裡，偃師商城的倉儲區規模都沒有被超越。

如此巨大的倉儲區說明，早商時期的王權有極強的控制力，甚至需要一個專業的官僚機構負責營建和管理。可以和它進行類比的，是戰國秦漢時期的君主集權國家機構。但很可惜，早商時代沒有留下任何文字記載，宏大王權像是曇花一現，然後就消失在了人們的記憶中。即便是殷墟晚商的甲骨卜辭，也沒有任何關於早商政權和社會形態的記錄。考古發現的這些現象，給我們提供的疑惑多於解答。

第七章 人祭繁榮與宗教改革運動

在中國的城市中，很少有鄭州這樣的巧合：它完整地覆壓在了三千五百年前的商代城址之上。

現代鄭州的城市建設，伴隨著與商城的試探和糾纏，也難免無意中的破壞。一九七四年，當地水文站準備擴建一座辦公樓，院落正好位於商城宮殿區的中央。施工之前，考古工作者先進行鑽探發掘，結果發現了一座大型宮殿基址，還在東側發掘出一條人工壕溝：溝內堆積著近百顆人頭蓋骨，被加工製成碗的造型，邊緣切割平整，甚至打磨光滑。

為保護遺址，基建工程被取消，水文站把院落轉讓給了考古部門，畢竟很少有人願意和三千多年前的頭蓋骨做鄰居，從此，鄭州商城的考古工作者有了專用辦公場地。當然，人頭骨坑上面建了一座保護房，現在，這裡是河南省文物科技保護中心。〔1〕

宮殿區壕溝堆積的這些人頭骨，很符合現代人對商代文化的印象：以血腥著稱，到後來的殷墟更是登峰造極。不過綜合來看，考古提供的現象更為複雜：其一，商人並非生來就熱衷殺戮和人祭，只是隨著王朝步入擴張軌道，殺祭行為才陡然增加起來，成為蔚為大觀的國家級宗教活動；其二，開國近二百年時，商朝內部可能發生過一場王室「宗教革命」，提倡不殺生而掩埋青銅器的新祭祀方式；其三，改革失敗後，則是動盪和內戰，早商極盛時代宣告終結，隨後是蕭條、短暫而殘酷的中商，而這更是人們不了解的商朝的另一面。

早商時期，東西兩都並存，讓我們先從西都偃師商城開始講起。

◆偃師：從豬到人的獻祭

偃師商城的人口數量和繁榮程度雖不如鄭州商城，祭祀遺存也不如鄭州商城多，但遺址整體保存較好，由其可以觀察到早商時期祭祀行為的變化軌跡。偃師商城地層分為三期，時間跨度約二百年，我們下面按七十年為一期進行估算。

商朝剛剛開國時，偃師商城宮殿區建起了幾座大宅院，並在宮殿北側規劃了兩處祭祀區：B區和C區，呈東西狹長的長方形，面積均超過一千平方公尺，四周有夯土圍牆，構成兩座「祭祀大院」。這兩處祭祀區主要用豬獻祭，比如C區，目前發掘了三分之一，埋豬超過一百頭，據推測，祭祀區使用的豬可能超過三百頭。

這些豬有整隻活埋的，也有去頭的或剖成兩半的，有多隻一起埋的，也有單獨埋的；有豬、牛、羊埋在一起的獻祭組合，甚至有鹿的軀體。從某些痕跡判斷，這些祭牲和祭肉被放在漆木容器之上，祭祀禮儀非常恭敬。

也有多層、多次獻祭掩埋的，如H124，堆積分為五層，每層都會埋入若干豬頭、整豬或肢解後的豬骨，甚至和一些兔子的骨骼混在一起。

還有的祭祀坑內埋的不是食物，而是用具，如H460，面積超過四十平方公尺，深度超過一．五公尺，埋有一百五十多件完整的和可復原的陶器，還有大量竹席、草編筐和植物的莖葉堆積。〔2〕

在B、C祭祀區建成近半個世紀之後，商人又在宮殿區東側開闢了D祭祀區（一期）。這原本是建設宮殿取土形成的一個大坑，深五公尺，面積約二百三十平方公尺，埋有七十二隻、分六十四處埋葬的整豬，並伴有一些牛角和牛下頜骨。〔3〕

以上是商朝開國七十年內偃師宮殿區的祭祀遺存，明顯繼承了夏都二里頭宮殿區的祭祀禮儀，以埋豬祭祀為主，沒有人豬混埋現象，甚至用工程取土坑作為埋祭場的做法也被模仿了過來。

商朝開國近百年時（偃師二期），在B、C祭祀區的東側，出現了長方形的A祭祀區，面積八百多平方公尺，相當於兩個籃球場，內部有各種形式的祭祀現場和祭祀坑，用人和牲畜獻祭。

容量較大的是H282祭祀坑，長方形，深三公尺，近三十平方公尺，接近一間普通客廳。根據發掘現場，偃師商人應該是在土坑剛挖好之後，先在坑底堆積柴草，用大火烘烤坑底和坑壁，然後在南北兩壁上挖出很多放置祭品的「壁龕」。

用來獻祭的主要是人、牛和豬，肢解、腰斬或全屍的人牲被擺放在坑底，與豬和牛的骨肉一起掩埋，還會鋪墊一些石塊或陶片，形成坑內堆積。這種堆積一共有十四層，基本填滿祭祀坑。

坑口邊緣處有木樁痕跡，發掘者推測是「用於懸掛祭祀儀仗之物」：獻祭時，剁開的人、牛和豬的肉體可能先

偃師商城整豬祭祀坑局部照片〔4〕

懸掛在坑壁的木樁上展示，最後才放到坑底掩埋。

目前對該祭祀坑只做了局部發掘，而且發掘報告過於簡單，沒有祭祀用的人牲和牲畜的數量統計，也沒有各層的平面圖和照片，但獻祭的原理基本清晰，就是向神靈奉獻肉食。

除了人、豬和牛，A祭祀區使用的祭品還有很多種。比如，有一片祭祀場，深約一．四公尺，面積約有一百三十平方公尺，主要使用的是焚燒的稻穀。也有用狗、魚類和小麥獻祭的。有座用水井改造的祭祀坑，每間隔一定深度埋入一條狗，並擺放一些石塊。還有的埋的是牛頭和大量的魚，甚至陶製的烏龜。〔5〕

這些祭祀區一起使用了約半個世紀。偃師商城二期結束時，B區和C區堆積飽和，D區大坑也逐漸被生活垃圾填滿。到第三期，祭祀活動主要集中在A區進行，直到商朝進入內亂蕭條，偃師商城被廢棄。〔6〕

A、B、C、D祭祀區附屬於偃師商城宮殿區，只有商王和高級貴族能在這裡舉行典禮。但宮殿之外的平民區也有各種祭祀遺跡，說明隨著宮殿區人祭的普及，平民中的殺人獻祭現象也多了起來。

從夏都二里頭和偃師商城宮廷區的祭祀行為看，商朝和夏朝存在非常明顯的繼承性。偃師商人學習了夏朝的宮殿區建設和祭祀方式：祭祀區集中在宮城北側，以豬為主要祭品；開始時以幼年豬為主，國力強盛後升級為成年豬。在這方面，夏商兩代的歷程如出一轍。

但不同之處也很明顯。二里頭—夏朝宮廷區的人祭行為一直不太普遍，祭品也相對單調；偃師商人則在開國近百年後，越來越多地用人獻祭，並摸索出了用牛、狗、魚、鹿、兔以及稻穀等糧食混合獻祭的方式——他們可能是認為神靈和人的口味應當是一樣的，食譜花樣應該多一些。

再來看偃師商城民間的人祭行為。

偃師沒有很集中的墓區，墓葬零星分布在城內各地，特別是城牆內側。在東城牆下的一小片墓葬區，有一座祭祀坑K1，建造於三期（商朝開國約一百五十年），坑口呈橢圓形，長徑約三公尺，向下逐漸變成長方形，整體深近二公尺，坑底鋪約十公分厚的紅褐色土塊，沿坑壁有一具十來歲少年的屍體，仰臥，身上壓著多塊石頭——坑中其他位置也鋪滿了石塊。

在石塊層之上，又有兩具少年屍骨，其中一具的兩手反剪交叉在身後，小腿也交叉，應當是被捆綁活埋的。兩人臀部都壓著石頭。坑中央埋的是一頭豬。擺放好人和豬之後，坑內填進了約半公尺厚的土，其中有一塊人頭骨碎片，寬約十公分。

然後又埋入兩名少年，其中一人俯身屈膝。兩人身上也都壓著石塊，還擺放了陶盆和蚌刀各一件。這一層有大量碎陶片，屬於很多種陶器，包括造型很大的鬲和鼎。

綜上，整座祭祀坑分三層，共埋入五名少年，身長都在一．三公尺左右，但有兩人小腿反折，全長不到一公尺。〔7〕

祭祀坑附近的墓葬等級不高，隨葬品較少，很難判斷K1祭祀坑是為哪位墓主建造的。也許，它是向某種自然神獻祭。這片墓地緊鄰著一片製陶作坊，坑中也有來自多種陶器的大量碎片，所以K1可能是製陶部族的集體祭祀行為。

偃師商城宮殿區的H282和H124祭祀坑以及東城牆下的K1祭祀坑，都是分多層、多次掩埋人牲和祭品，整體造型猶如巨大多層漢堡。在商朝後期的殷墟，這種祭祀方式變得少見，主要是在方形坑單層埋入一人或多人。但殷墟末期的後岡H10祭祀圓坑也是分三層埋入七十三人，說明偃師多層祭祀坑的做法並沒有失傳。

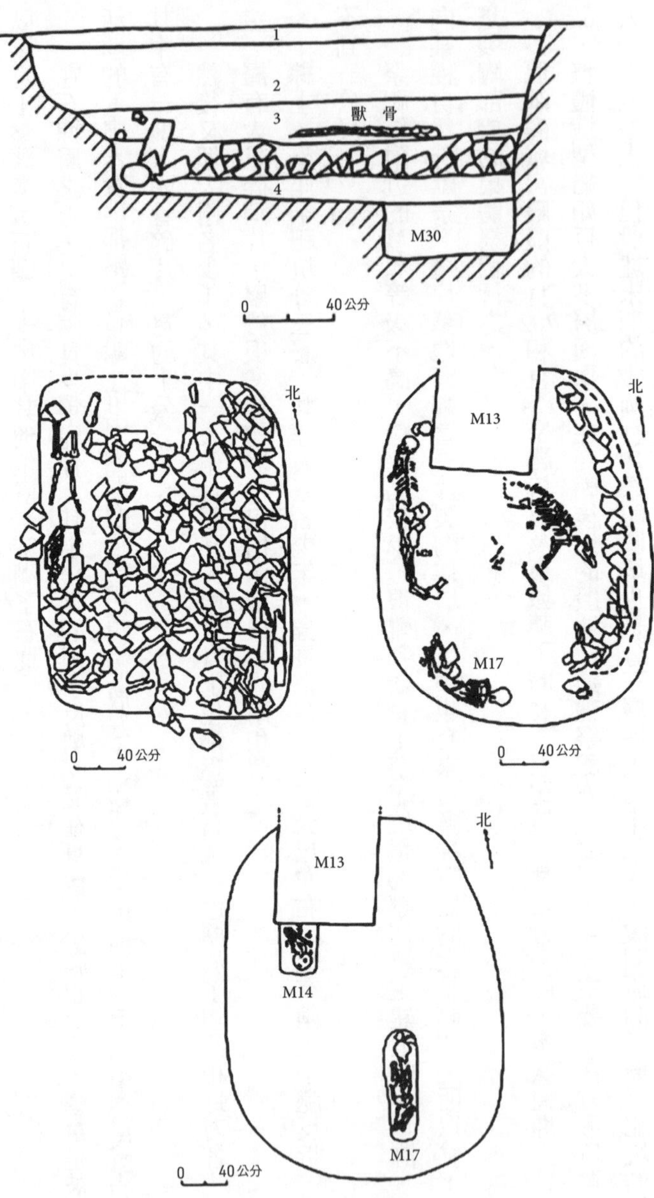

偃師K1祭祀坑剖面圖和三層平面圖

◆鄭州二期的民間祭祀

再來看鄭州商城。它的地層分為四期，前三期和偃師商城基本同步。〔8〕在商朝開國最初的七十年左右（一期），鄭州商城的主城牆尚未建造，只有宮殿區有少量夯土建築，很少發現祭祀遺址。〔9〕當然，這也可能是遺址被現代市區疊壓而發掘面積有限的緣故。

到鄭州商城二期，城牆和宮殿區相繼建成，人祭現象也多了起來。但這一時期的人祭地點主要不是宮殿區，而是普通商人的居住區和作坊。

南城外的二里岡地區有一座繁榮的聚落，座落在一片緊鄰小河的高地上。在這裡，有很多埋有人屍骨的灰坑。發掘報告用了「擲埋」一詞，意為死者軀體或零碎人骨被隨意投入坑中。有三座擲埋多人的坑集中在一起，情況比較複雜，我們這裡主要介紹其中兩座。

H171，開口為橢圓形，直徑約二．八公尺，坑底有兩名即將成年的人的骨架，其中，一人的兩臂被反綁，手指和腳趾被砍掉，另一人兩腿被捆綁，兩手被砍掉；此外，他們身下還壓著幾塊別人的腿骨，而再到三公尺深處，還埋有一顆人頭骨。這座坑沒有挖到底，因為地下水湧出而中止，所以不確定下方還有沒有埋人。

坑內填土中有大量碎陶片，以及獸骨、牛角、骨簪和骨匕等雜物，但在埋人的層位，「多是堆積比較純淨的黃沙層與灰白硬土層」。發掘報告認為，這些人和零碎人骨被埋入時，「是有意而從容的，其埋葬原因，可能與祭祀後的填埋有關」。

再看西側的H111。這是一座南北向的長方形坑，至少深六．四公尺，填土有十多層，其中六層有大量人骨和豬狗等家畜：最下面一層，埋一隻大豬；向上一層，埋大豬、小豬各一隻；再上一層，埋成年人骨架一具、兒童骨架三具，大、小豬各一隻，還有人的零碎盆骨、股骨；再上一層，埋兒童骨架一具，大豬一隻；再上層，埋成年人骨架一具，大、小豬各一隻，狗頭一顆；最上層，埋狗一隻。多數人和豬的姿勢都很不自然，像是被捆綁之後投入坑中的。

此外，在二里岡聚落還有多座只埋一人或者埋零碎人骨的灰坑。在二期鄭州商城內外，有多座人和豬、牛或狗混合埋葬的祭祀坑。比如，北城牆外的一處製骨作坊遺址，曾發現五具擲埋的人骨架與五具豬骨架。

從上述情況看，商人民間的人祭行為在鄭州商城二期已經很流行，而且多和牲祭（牛羊豬狗）混合掩埋。結合偃師商城二期宮殿區的祭祀情況，此時鄭州商城的宮殿區應當也有了人祭和牲祭活動，只是可能已被後世破壞。

◆王室：人狗混合獻祭與頭蓋骨加工

到鄭州商城三期，宮殿區出現了人和狗的混合祭祀。

宮殿區東北側一百五十公尺處，有一片以「神石」為崇拜物件的祭祀場：場地中心直徑五公尺範圍內，有幾塊扁平的紅色砂石塊，其中三塊堆在一起，最大的一塊高約三十公分（底部埋入地下），寬約四十五公分，厚約十五公分，猶如一塊扁平石碑；在西南側，另有三塊列成一條線。發掘報告將其稱為「埋石」，認為它們是接受祭祀的物件。

環繞著這些紅石塊，有多座埋有狗和人的屍骨的祭祀坑，其中，埋狗坑八座，裡面重疊埋入大量完整的狗骨骼，有些狗的腿呈捆綁掙扎狀，其中兩座坑的底部有散碎人骨以及完整的人骨架兩具。多數坑未發掘到底，用狗總量估計應該會超過一百隻。

有一座狗坑還出土了一件黃金薄片夔紋飾物，可能是目前發現的中國最早的黃金工藝品。在這座狗坑的外側，則有十四座各埋一人的坑，都極為狹窄，人是勉強塞進去的，沒有隨葬品，有的手腳呈捆綁狀。和狗一樣，他們也是獻給「神石」的祭品。

「神石」東西兩側各有一座五邊形土坑，相隔一公尺多，坑內堆積著深灰色的油膩灰燼，坑壁呈灰黃色，且含有大量油脂，「手觸異常光滑」，可能是主祭者割取狗和人牲的油脂在坑中焚燒「燎祭」所致。

在這之前的夏商遺址中，很少看到這種大量用狗和人共同獻祭的場景，但稍晚的殷商階段的銅山丘灣（今徐州市北郊）有一片埋狗和人的祭祀場，場地中心也是幾塊堆積的大石頭。至於這種風俗源自何處，丘灣和鄭州之間是什麼關係，還有待更多的考古發現來印證。

此外，鄭州商城宮殿區曾興建過多座大型夯土建築，到三期時，建築被廢棄，在地基上挖了一條南北走向的壕溝，寬二公尺，裡面堆積和掩埋了大量的人頭蓋骨。壕溝東壁有三個南北走向的柱洞，柱洞之間相距一公尺多，地面上有很多生活垃圾和加工骨器的殘餘物，還有很少見的青銅簪以及玉簪和玉鏟。據推測，溝的東側可能有一座工棚。

從這些跡象看，壕溝東側工棚區並非生產某種特定的產品，而是給宮殿區用戶隨時加工和改製各種生活用品，也可稱為「修理區」。頭蓋骨應當也是在工棚內加工的，但不知出於什麼原因，又堆積到了旁邊的壕溝中。

溝內頭蓋骨從南到北堆成三堆，北堆和中堆相對完整，南堆殘破，可能有人為破壞。有四十多枚頭蓋骨出土時較完好。沒有發現人體其他部位的骨頭。

這些頭骨的加工方式是：沿著眼眶和耳孔部位鋸開，只保留碗狀的頭蓋骨部分，再用石頭把鋸割面打磨光滑。沒有發現鋸下來的面骨、下顎骨和牙齒等，看來工棚內有分揀處理常式，無用的殘骨被運到了別處。

經鑑定，這些頭骨均來自男性，主要是青年，也有少量中年和少年的。和人頭骨堆在一起的，有一具帶兩角的牛頭骨。從照片看，有些頭骨上好像存在人為的鑿孔，但發掘報告沒有對此加以詳細介紹。目前，商朝只發現這一處批量加工頭骨的遺跡。有學者認為，它們是「飲器」，有原始宗教用途，可能是充當某種巫術法器。〔10〕

這些頭蓋骨被扔進即將填平的壕溝，然後加以掩埋，顯然是遺棄物。但是，它們當中很多都是完好的、經過加工的碗狀頭骨，而且這條溝也不是拋棄廢骨料的場所。這很可能跟鄭州商城三期末尾的一場大動盪和風俗變革有關。

在三期的繁榮階段，宮殿區的頭骨製作場並不是特例。鄭州的商人還會用人骨製作生活用具，比如，商城北牆外的紫荊山北側就有一座骨器作坊，從鄭州商城二期開始運營，最初只用獸骨，到三期大量出現用人骨加工製作骨器的現象：先把人的肢骨兩端的骨臼鋸掉，只留下中段骨管，再鋸成約八公分長的骨條，用來磨製骨簪、骨鏃或骨針。

這片製骨作坊區因被河南省多家省直單位的建築覆壓，考古發掘工作只能見縫插針。目前，已經發現很多製骨半成品和廢骨料，沒有

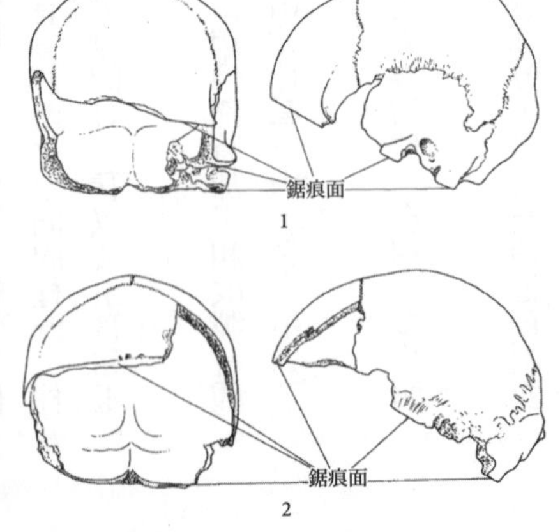

頭骨堆積照片以及兩件頭骨的鋸痕線圖〔11〕

發現頭骨，而隔著僅僅一公里多的宮殿區內，則只有人頭蓋骨。

除了王室高層，鄭州商城三期的普通族邑也大量用人獻祭。比如，在南城外的鑄銅場就發現了兩座祭祀坑：M172，南北正向，長方形坑，東側緊挨著鑄銅操作區，形狀像一個標準墓穴，坑底並列埋著四具成年人骨架，頭朝正北方，有三具上半身已腐朽。發掘報告推測，「似為殺死後依次並列放入坑中」；M167，造型與M172類似，也埋著四具成年人骨架，多數骨骼已腐朽。

此外，商城內外還有很多零散分布的祭祀坑：西城外曾發現四座牛祭坑，每座埋入一頭牛；城外西南角發現一座較深的坑，在深約三公尺處埋有兩具男子屍骨，骨架不完整，發掘報告推測，「可能與舉行祭祀後的殺殉有關」。

◆人祭成為國家宗教

綜合偃師和鄭州兩城的祭祀歷程可見，在商朝一期（最初七十年），宮廷和民間祭祀以豬為主，用人的現象很少。但也不能斷言完全沒有人祭，畢竟自龍山時代以來，華北各地的人祭已經很常見，很可能只是偃師和鄭州商城目前尚未發現而已。

商朝二期（開國七〇—一四〇年間），偃師的王宮區開始批量用人獻祭，鄭州的普通商人族群也出現大量人祭現象。用牲畜祭祀的現象繼續存在。

商朝三期（開國一四〇—二〇〇年間），兩城宮廷和民間的人祭數量空前增加。三期結束後，兩座商城逐漸蕭條，人祭現象也同步消失，如後文所述，轉移到了商人新的統治中心。

總的來說，商朝開國百年，王室開始大量殺人獻祭，從而在偃師和鄭州商城的宮殿區形成密集的人祭遺存。而一旦王室獻祭的人口數量遠超民間祭祀活動，則標誌著人祭成為商朝的國家宗教形態。

相比之下，在夏朝—二里頭古城，王室的人祭活動並不多，目前只在三期D1宮殿庭院內發現五具屍骨，其他地點的人祭活動則都比較零散，看不出和王權有直接關係。也就是說，夏朝尚未把人祭作為國家宗教。二里頭宮殿區的「1號巨型坑」埋有大量獻祭用豬，規模已經超過民間，說明夏朝王權對於宗教的依賴已超過民間，只是統治者尚未特別重視人祭。

人祭的迅速增長，和商朝的擴張有同步性。開國五十多年後，商人的擴張觸角開始伸向晉南、關中東部，甚至湖北省。在新征服地區，商人可以俘獲大量人口，除了被用作強制勞動的奴隸，也可以作為獻祭材料。

另外，商人的人祭宗教也和他們的複雜來源有關。滅夏初期，來自多個文化的人群融合成新興的「王朝商族」，因此，他們需要構建一種維繫自我認同的宗教文化，而用人獻祭是最為明晰和便捷的方式：借此區分執行獻祭的「我們」（商族人）和用來獻祭的「他們」（非商族群），由此，商族人獲得了獨一無二的優越感。換句話說，他們用「野蠻」的異族人敬獻諸神和先祖，祈求天界的福佑，從而獲得君臨大地和統治列族的權柄。

在商人的人祭宗教興盛之際，王室成為人祭活動最大的主辦者。這代表著王權和神權的高度融合。〔12〕比起二里頭—夏朝，這是一個新變化：人祭是商朝的國家宗教，也是商族人的全民宗教。人祭行為不僅出現在偃師和鄭州商城的宮廷與民間，也被商人帶到了各殖民城邑，比如，晉南的垣曲商城和夏縣東下馮商城以及老牛坡，不僅有人祭和人殉現象，而且有埋入多人的圓形袋狀祭祀坑：

一，夏縣東下馮商城的H550，埋入人的屍骨五具、羊和狗各一隻。〔13〕

二，垣曲商城的H353，多具屍骨無序疊放，其中一人小腿骨嵌入一枚柳葉形銅鏃，顯然是被射傷後

俘獲；M16，用了一名青年女子殉葬。〔14〕

三，在西安的老牛坡商人據點，一座三角形小坑夯築了三顆兩歲左右幼兒的頭骨。〔15〕

然而，正當早商國運和人祭宗教雙雙空前繁榮之際，一種新的宗教理念輸入鄭州商城，結果引發了非常複雜的後果。這是一場尚未引起注意的商文化革新運動。

◆被隱藏的宗教改革運動

商朝開國二百餘年，鄭州商城第四期初葉，鄭州和偃師商城發生嚴重蕭條，偃師商城迅速被廢棄，鄭州商城則在衰微中維持了數十年。

剛剛進入中商階段時，鄭州商城出現了一種全新的祭祀方式——埋藏青銅器。發掘者在城牆外側發現了三處這一時期的銅器窖藏坑：張寨南街窖藏坑，一九七四年發現，有三件銅器；向陽回民食品廠窖藏坑，一九八二年發現，有十三件銅器；南順城街窖藏坑，一九九六年發現，有十二件銅器。

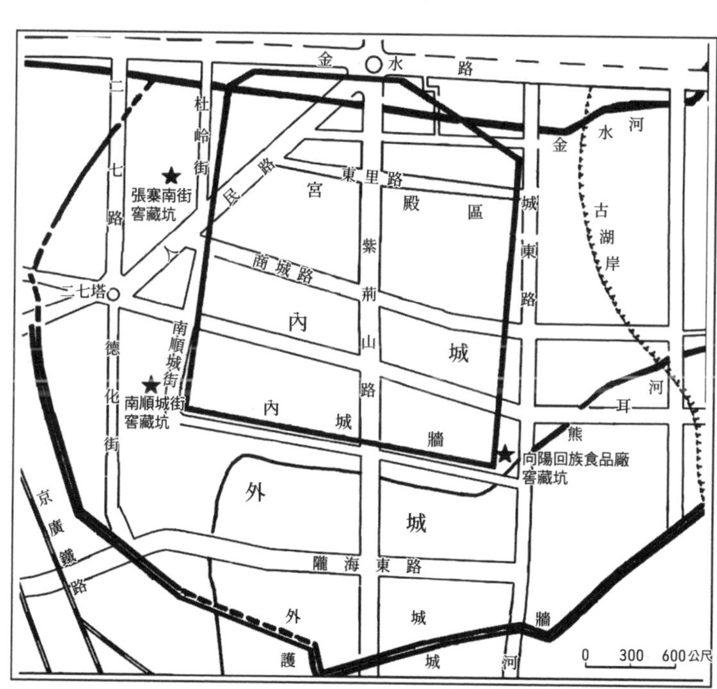

鄭州商城三處銅器窖藏坑分布示意圖〔16〕

這三座窖藏坑中都埋有成組的鼎，其他小件銅禮器和兵器則整齊碼放在大鼎腹中。銅鼎體型重大，鑄造工藝精良，外側有乳釘紋、夔龍紋和獸面饕餮紋。這些成套銅器的主人顯然不是一般貴族，只能是商王。

二里頭—夏朝的青銅禮器很少有紋飾，而鄭州三座窖藏坑的銅器屬於迄今發現最早的商代有紋飾青銅重器，銅鼎上的獸面饕餮紋和良渚古國玉器的神人獸面紋高度相似。

南順城街窖藏坑出土銅鼎拓片〔17〕

在上古，青銅器非常貴重，一般只有發生戰亂或倉皇逃命時才會挖坑掩埋。鄭州商城這三座窖藏坑並不符合「逃亡藏寶」的特點：掩埋得非常從容，器物擺放整齊，且伴隨著一些儀式性工作。比如，張寨南街窖藏有大小兩件銅鼎，為了讓兩件鼎的口沿一樣高，操作者還特意把大鼎底部的地面挖低了一些；向陽廠和南順城街的窖藏不僅數量多且碼放整齊，坑內地表還進行了整理，有鋪設木板和撒朱砂的痕跡；南順城街窖藏坑分兩層，底層埋了幾件完整的陶器，第二層才放置青銅器。

這不會是逃難之前埋藏寶物的行為。「逃亡藏寶」一般出現在王宮或貴族生活區內，但鄭州商城的三處窖藏都在主城牆外側，地勢高，視野好，逃難者不會在如此醒目的地方埋藏寶物。所以學者多認為它們是商王舉辦祭祀的產物，而祭祀的物件可能是地神或天神。〔18〕

這三處窖藏以青銅器為主，只在張寨南街窖藏坑中埋入少量獸骨和人骨，另外兩座沒有任何人畜遺存，只有器物。對此，發掘報告沒有詳細介紹。本書認為，這少量獸骨和人骨應該是有意放置的，可能代表了從人牲、牲畜獻祭到器物獻祭的過渡。

這種擺放器物並埋藏祭祀的活動，在古老的新石器時代曾有先例。比如，距今八千年前，河北易縣北福地遺址的祭祀坑，就埋有陶器、玉器和石器，其中有體型非常大、沒有實用價值的石斧，完全是禮儀用途；[19]五千年前的長江中游的屈家嶺文化，也有埋各種陶「筒形器」的祭祀現場，到四千多年前，屈家嶺文化已演變為石家河文化，但仍在埋葬大量陶塑小動物和人偶獻祭。

鄭州的銅器窖藏坑距離商朝開國二百餘年，朝野上下的人祭活動曾達到史無前例的規模，而此時，商王居然開始嘗試不殺人、不殺牲的祭祀活動，這著實讓人難以理解。按照商人的觀念，如此奢華的祭祀物品不搭配一些人牲，肯定屬於「暴殄天物」。

但就在早商與中商之交，即商朝開國二百年左右時，某位商王可能曾試圖改革人祭宗教，用埋葬器物獻祭代替殺人和殺牲。這場革新運動的另一個表現是，王宮區鋸製頭蓋骨的工作場戛然而止，大量即將完工的成品被投入壕溝埋葬，似乎商朝上層一夜之間皈依了「不殺人」的新宗教。

變革來得很突然，但仍有先兆可尋。

埋設器物的獻祭方式，曾出現在商人遙遠的南方據點盤龍城商城。在王家嘴聚落，有H6和H7兩座只埋葬器物的祭祀坑，埋有銅器、陶器和玉石器，屬於盤龍城文化五期，比鄭州商城向陽廠和南順城街窖藏約早六七十年。這應當是商人征服者受到當地土著文化（屈家嶺和石家河文化遺存）的影響。盤龍城商人的墓葬有人殉，但人祭和隨意殺人（灰坑葬）的現象很少——這是和中原商人比較大的差別。

盤龍城這一支征服者可能和鄭州王室聯繫密切。在鄭州商城曾發現有湖北特徵的印紋硬陶和原始瓷殘片，[20]很可能就是盤龍城征服者向王都輸送了製陶工匠的緣故。可以合理推測，受盤龍城商人貴族的影響，某位商王突然接受了不殺人的埋祭理念，開始推行宗教革新，這才有了鄭州城外的青銅器窖藏以及被掩埋在壕溝中的頭蓋骨堆積。

幾乎和這場「埋祭改革」同時，商王室內部爆發了激烈衝突和戰爭。結果，早商極盛時代終結，不僅鄭州和偃師商城，各地大大小小的商城也相繼淪為丘墟，如垣曲、東下馮、盤龍城等。鄭州商城內應該還維持著一個慘澹的朝廷，舉行過幾次埋祭儀式，但已經失去對王朝的控制力。這段蕭條期屬於鄭州商城第四期。〔21〕

《史記．殷本紀》記載，在商朝第十王仲丁時期，王朝發生了「九世之亂」，此後連續五代（九位商王）王族兄弟或叔侄不停內戰，商朝從而中衰：「自中丁以來，廢適而更立諸弟子，弟子或爭相代立，比九世亂，於是諸侯莫朝。」但史書記載很有限，不清楚到底是王室的哪些成員發生了爭鬥。

結合考古發現的青銅器窖藏坑，有可能是仲丁或者其父親太戊（第九王）發起「埋祭改革」而引發了內戰和蕭條：改革派朝廷在鄭州商城苟延殘喘了一段時間，堅持人祭傳統的反對派則在外地重新建都，與鄭都商城分庭抗禮。雙方的內戰持續了一段時間，最終，改革派被徹底消滅。

《史記》記載，自商湯開國，商朝一直在「亳」建都，到第十王仲丁「遷于隞」，第十二王河亶甲「居相」，第十三王祖乙「遷于邢」，接連三次遷都皆發生在「九世之亂」前期，可見當時商朝上層的鬥爭和內戰動盪。但這些都城地名目前還難以和考古發現的商城準確對應。

發生九世之亂的中商可能持續近百年時間，這期間，另一座疑似都城小雙橋商邑出現。似乎是出於對「埋祭改革」的敵意，這裡的人祭活動不僅格外多，而且殘酷。

◆中商：殘忍小雙橋

在鄭州商城西北約十四公里處的小雙橋村，有一座巨大的人工土台。當地人傳說，它是西漢開國功臣周勃的墳塚，名為「周勃墓」。

一九八九年，當地村民在「周勃墓」以西數十公尺的農田耕作時，挖出了一塊鞋盒大小的立方體青銅框，上面鑄著獸面和複雜的花紋。幸運的是，它被捐獻給了考古部門——考古專家這才發現，原來「周勃墓」的年代比周勃要早一千多年。由此，這座中商時代的城邑終於被揭開了面紗。〔22〕

九世之亂後，鄭州商城逐漸被毀棄，小雙橋成為商王朝幾乎唯一的繁華都邑。和鄭州、偃師商城相比，小雙橋的聚落規模要小一些，留下的文化層也比較薄，說明使用時間不太長。〔23〕

上古時代的小雙橋，東側緊鄰一片巨大的湖泊溼地，考慮到偃師和鄭州商城的東部也是溼地，看來商人選擇都城時有東面臨水的習慣。

對「周勃墓」的鑽探勘察發現，這是一座中商時代的大型夯土建築，東西長約五十公尺，南北寬約四十公尺，夯土高九公尺以上，頂部可能有過宮殿，有被焚毀之後的紅燒土堆積。新石器時代以來，還從沒有發現過這麼高大的夯土台基——良渚古城雖然有更大的人工堆築土台，但沒有經過逐層精細夯打。在之後的很長時間，它創造的紀錄也未被打破。沒人知道當時的商王為何要建造這座巨大土台。或者這麼說，即便在國力衰微的時代，商人仍會做出各種匪夷所思的行為。

小雙橋考古發掘最集中的地區在「周勃墓」夯土台基的西側。這裡有宮殿建築和大量祭祀坑遺存，被劃分為「宮殿區」和「祭祀區」。其實，兩者是混合糾纏在一起的，難以截然分開。

考古工作者在宮殿區周邊發現了一些宮城牆的遺跡，夯土牆基寬度只有四公尺左右，推測是長和寬均為三百公尺左右的宮城。此外，沒有發現更大的城牆遺跡，所以小雙橋還不能稱為「商城」。

截至目前，宮殿－祭祀區的發掘面積不太大，基本侷限在南北二百公尺、東西一百公尺範圍內，從南到北被分為四個發掘區（IV、V、VIII和IX），有若干夯土建築基址，還有柱洞、石柱礎等，但由於後期破壞嚴重，難以復原出建築原貌。

小雙橋宮殿區的特點是有大量的人祭坑和隨意拋擲的屍骨。看來，這裡是鄭州商城「埋祭改革」對立面的大本營，是商朝內戰的勝利者，商朝的人祭文化也因此傳承了下去。

有些人祭坑屍骨太多，發掘報告稱之為「叢葬坑」。

先來看V區的H66叢葬坑。它的規模很小（長一．八八公尺，寬〇．八五公尺，深〇．六公尺），只相當於一個極為狹窄的單人墓穴，但裡面卻分三層堆積了大量人骨，以及少量陶

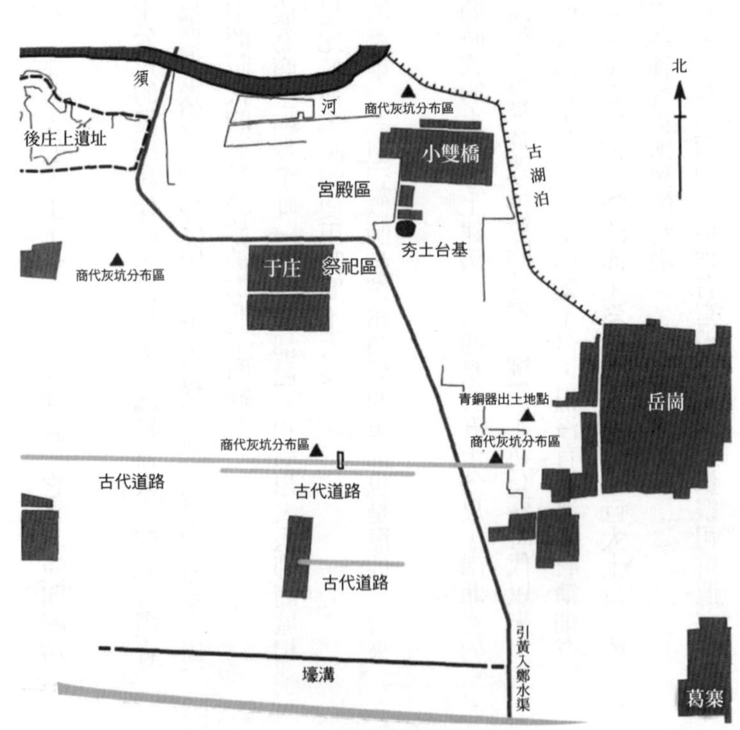

小雙橋遺址主要遺跡分布[24]

炊器殘片和獸骨：人頭骨數量最多，有三十一枚，還有些被肢解的其他部位，比如單獨的胳膊、肋排等，有些砍斷的大腿骨還連著骨盆，但手指和腳趾骨較少，似乎肢解時已經被剁去。

鑑定顯示，這些人骨屬於青年男性，多數頭骨有擊打傷痕，有些是鈍器造成的裂紋，有些是銳器穿孔，直徑在一—三公分間，有各種形狀。

這些打穿顱骨的銳器，多數不像是商人常用的銅戈，戈刃較薄，按理應當形成狹長的創口；更像是某種銅鑿，固定在木柄上，像戰斧一樣揮動。目前還沒有出土過這種兵器。也有個別可能是用戈砍的，如7號頭骨，創口大小為二．五公分×〇．九公分。

多數傷痕在頭骨的左側，也有部分在顱頂正上方，推測人牲死前是跪地姿勢，行刑者（獻祭者）站在人牲面前，右手執兵器猛擊人牲頭部：很多頭骨有兩三個不同大小的穿孔，或者兼有銳器穿孔和鈍器裂痕，可能會有兩名獻祭者同時處死一名人牲的情況；有些頭骨有兩個穿孔，發掘報告推測是某種「雙齒」銳器造成的。〔25〕但有些孔的形狀、大小和距離並不一致，很難斷定是「雙齒」兵器一次打擊所致。從這些傷痕看，多數足以一擊致命，不知獻祭者為何二次、三次打擊。目前這還不太容易解釋。

有些傷痕有助於還原屠殺的細節。比如18號頭骨，左耳後有一個栗子大小的穿孔，應該是兇器鑿穿頭骨後被卡住，獻祭者可能需要踩住頭顱用力向外扳才能拔出來，從而造成了骨壁的向外掰裂。此外，頭骨下部還連著一截被砍斷

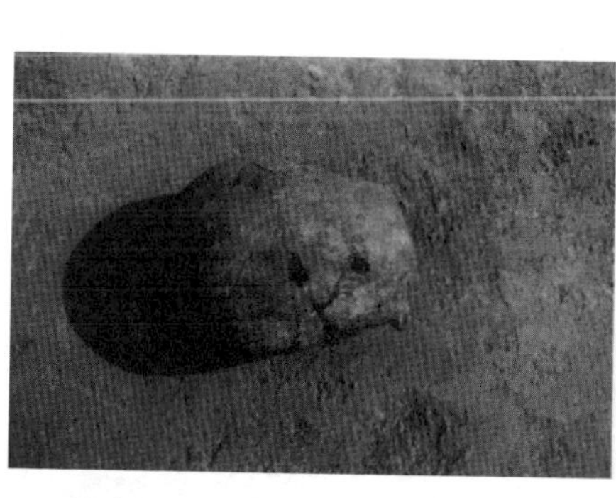

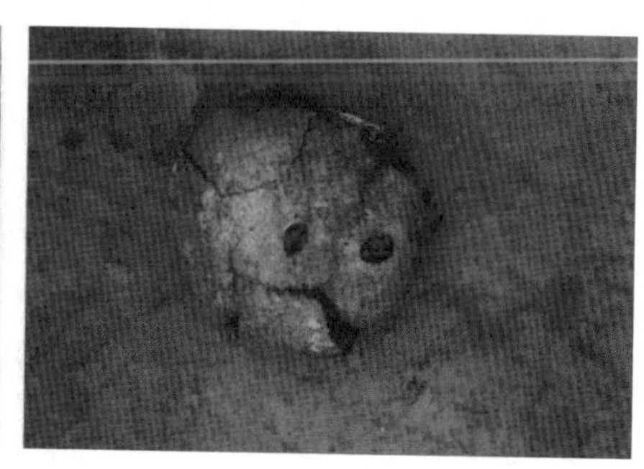

H66坑內的兩枚穿孔人頭骨：穿孔過於規整，像是採用加工玉石器的管鑽技術，但發掘報告沒有詳細信息

的頸椎。

這些男性青年的屍骨坑中有一小段三歲幼兒的肢骨，可能是無意中混入的，也就是說，H66至少埋了三十二人。但從其尺寸看，難以裝下三十一名成年人的屍骨，即使肢解碼放也不可能，所以，坑中的體骨不會是全部，而且很可能被剔去了肉，否則骨骼堆積不會如此密集。再看VIII區H18叢葬坑。該坑坑口呈不規則橢圓形，長徑約一八〇公分，短徑九〇公分，從二十公分深處開始有零星的人骨堆積，主要是頭骨和肢骨，沒有其他部位的骨頭；和人骨混雜在一起的有陶製盆、鬲、甕等炊器碎片，還有零碎的豬骨等獸骨。

這座祭祀坑保存得比較完整，挖掘者決定將其整體轉移到室內展示，所以只發掘了坑內最上層。在最上層，死者已不低於三十人。從人骨的零碎狀態以及和炊器碎片、豬骨等同埋來看，這些人牲應當是和豬一起被殺死的，然後被獻祭者烹飪並吃掉了部分，剩餘的骨頭連同用完的陶製炊器和食器也被打碎投入H18叢葬坑。

IX區的H63更特殊。這座坑比較大（長一〇．五公尺，寬六．八公尺，深一．七公尺），平面近似水滴形，最底部挖了一小型圓坑，裡面碼放了九枚不含下頜骨的人頭骨，再向上一層，則埋藏著大量頭骨、零散人骨和幾具基本完整的人骨架，以及大量陶器殘片和獸骨。死者至少有五十六人。這座坑使用了較長時間，有過多次祭祀。

H63部分相對完整的屍骨照片以及底部的頭骨堆積

除了上述三座「叢葬坑」，宮殿區中部還有三十座埋葬一到四人不等的祭祀坑，以及拋擲在地層或普通灰坑中的六十多具屍骨。一般來說，零散拋擲在地層中的屍骨多是青年女性，「叢葬坑」則多是青年男性。這些屍骨和人祭坑多數在V區，少數延伸到西側的VIII區。如同上述H66，很多頭骨被銳器砸穿，有些屍骨被剁去手腳，或呈捆綁姿勢。

位於宮殿區最南端的IV區也有很多座祭祀坑。這個區有冶鑄青銅器遺跡，人祭數量不多，主要是各種動物被混雜埋入同一坑內，發掘報告稱之為「綜合祭祀坑」和「多牲坑」。

比如，H6有牛頭骨、牛角、牛骨，還有豬、鶴、雞等動物的骨頭，以及大量碎陶片、原始瓷片、綠松石嵌片、骨器、蚌器、石器、殘銅器和殘玉器，坑中填土含有大量紅燒土顆粒、黑色燒土塊和炭黑，說明獻祭時一直在燒火烹飪食物。

H29有大量煉銅殘渣、孔雀石（銅礦石）、各種小片殘銅以及石器和骨器，動物骨骼有大象、牛、豬、狗和鹿等，象骨主要是象牙和頭骨，有牛角四十餘隻，經統計，至少來自三十多頭牛。此外，還有一倒扣的泥製熔銅爐。

在IV區的祭祀坑中，埋葬牛角和牛頭的數量最多。跟之前的偃師與鄭州商城相比，小雙橋商邑用豬祭祀的現象急劇減少，用牛獻祭則顯著增多，但祭祀坑中少有其他部位的牛骨，獻祭者可能會分食牛肉，只把牛頭和牛角埋入祭祀坑。

從發掘跡象看，IV區有一座大型夯土建築基址，東西長五十多公尺，南北寬近十公尺，可能是小雙橋城邑的青銅冶鑄區。在夏朝—二里頭古城、早商的偃師和鄭州商城以及晚商殷墟遺址中，青銅冶鑄區和宮殿區都相隔一定距離，而小雙橋的青銅冶鑄區卻和宮殿區緊密相連，說明冶鑄銅從業者和王室宮廷關係更為密切。但奇怪的是，小雙橋的冶鑄銅區少有人祭現象，這和之前、之後都不一樣。

綜上，小雙橋聚落存在時間不長，規模也不太大，但已發現很多人祭屍骨，說明中商王都的人祭數量空前增加。

目前小雙橋的發掘還不太全面，已發現的平民聚落、作坊和正常墓葬較少，完整的青銅禮器也很少。最典型的青銅器是在「周勃墓」旁邊發現的兩件青銅方框形構件，有學者推測是安裝在木梁柱頭部的裝飾物。

除了正面的獸面紋飾，方形青銅構件開方孔的側面還有複雜圖案，發掘報告稱之為「龍虎搏象圖」。龍形長而肥大，和二里頭墓葬中的綠松石龍造型接近；「象」是長鼻獸造型，體型較小，但和大象有一定相似，結合IV區H29出土的象骨，小雙橋人對大象應該比較熟悉。

此外，小雙橋遺址的有些陶器和石器，與同時代岳石文化的器物比較相似，比如黑皮陶器（在IV區祭祀坑中還多次發現一種類似石鋤的長方形穿孔石器，但具體功能不詳）。《竹書紀年》中有「仲丁即位，征于藍夷」的記載，現代學者一般認為藍夷屬魯中南地區的岳石文化，所以，中商王朝可能發動過征討山東地區的戰爭。[26]不過，早在商朝開國時，岳石文化就是商文化的來源之一，到小雙橋時期，很可能另有一批東方人群加盟中商，從而帶來了新的陶器和石器風

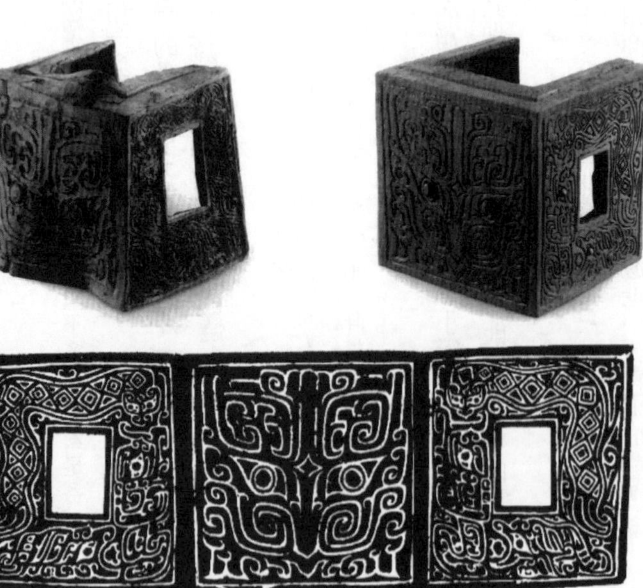

方形青銅構件及紋飾拓片

格。總體上，小雙橋王室和東方族群的關係應當以和平合作為主。

和早商相比，小雙橋時期的商朝比較衰弱，突出表現就是小雙橋聚落缺乏龐大的城牆、宮殿建築和倉儲體系，晉南和湖北的商城也被放棄。但考慮到小雙橋的商王朝能夠建造所謂「周勃墓」這種巨大的夯土台基，舉行人祭的規模也更大，說明商朝的人祭文化此時已基本定型。

考古工作者在小雙橋也採取了糧食浮選法：顆粒數量仍是粟米占絕大多數，〔27〕折算成重量，粟米居首位，接下來的排名依次是小麥、水稻和黍米。這說明夏朝—二里頭時期水稻獨大的格局已漸行漸遠，溼熱氣候的頂峰正在過去，黃河南岸逐漸回歸旱作農業。

比起殷墟，早商和中商的考古起步晚，成果也很有限，比如，一直沒在鄭州和偃師商城發現王室和貴族墓葬區。從殷墟考古看，晚商最盛大的人祭場在王陵區內，所以我們目前見到的早商和中商的人祭場可能還不是當年的主體。

早商和中商共約三百年，在這期間，商人的人祭行為迅速增加，屠殺方式也越來越殘忍，雖然可能有過用銅器代替人獻祭的改革嘗試，但也只是曇花一現。商文明的基本特徵已經定型：文字、青銅技術、巨大城池，以及崇尚暴力、熱衷人祭的文化。此外，早商的神奇擴張和龐大的倉儲設施也是獨一無二的，只是那個時代的輝煌和野蠻已經無法完整復原。

以色列考古學家吉迪．謝拉赫認為，在「早期國家」或「複雜酋邦」階段，社會開始變得更複雜，王權剛剛出現，統治者發現自己的統治體系還不夠發達，急

表六：小雙橋遺址出土糧食顆粒及折合重量

	粟	水稻	小麥	黍	合計
粒數	1409	94	127	51	1681
千粒重（克）	2	16	16	7	
粒數占比	83.8%	5.6%	7.6%	3.0%	
折合克數	2.8	1.5	2.03	0.36	6.69
重量占比	41.9%	22.4%	30.3%	5.4%	

需借用一種強大的機制來維護權力，從而導致人祭宗教和戰俘獻祭行為的產生。〔28〕不過，為何戰爭與人祭可以鑄牢新興王權，謝拉赫卻沒有多談。結合前文對新石器末期到中商這上千年人祭歷程的梳理，本書認為可以從兩方面來理解：理論層面，王的大量獻祭（意味著他獲得神的福佑）是王權融合神權的標誌；現實層面，戰爭讓本國族的民眾團結起來一致對外，從而更鞏固了王的權力。

對於謝拉赫的論述，我們還可以補充一個背景：「早期國家」之前的部落甚至村落階段，人祭行為已經廣泛存在，原始時代的宗教（或者稱之為「巫術」）並不缺乏人祭理念。比如，在龍山文化時期的華北地區，部落間的戰爭衝突頗為劇烈，多地孕育出「早期國家」的雛形，而且伴隨著較多人祭現象。這有謝拉赫總結的「統治者希望獲得牢固統治基礎」的因素，但似乎戰爭本身是形成「早期國家」的主要原因，人祭則更像是戰爭的副產品。

謝拉赫的「早期王權傾向乞靈於人祭」的結論，雖符合大多數「早期國家」的特徵，但也難免有例外。比如一度非常輝煌的「良渚古國」就並未發現人祭遺存，反倒是解體之後，人祭才在良渚文化的局部地區多了起來。〔29〕龍山時代，陶寺和石峁這兩個古國幾乎同時並存，石峁的人祭很密集，陶寺則比較稀少，但後來卻還是同步解體，也就是說，人祭宗教並沒有能夠保障石峁的持續繁榮。在當時的華北，像石峁這種熱衷人祭的早期古國要占多數，但都沒有逃脫衰亡的命運。

夏朝—二里頭古國的人祭遺存也不太多，而且王室的人祭行為還要比民間少。這種情況一直持續到商朝初期，直到又過了近一百年，人祭行為才出現爆發式增長。

總之，從新石器晚期到商代，人祭是比較普遍的文化形態；這方面的特例，是長江中游地區。

第八章 武德淪喪南土：盤龍城

早商王朝的擴張能力往往出人意料，向南方，最遙遠的城市是盤龍城，位於今武漢市郊黃陂區一片湖水環抱的半島上。

在二里頭—夏朝時期，盤龍城已經是一座小有規模的本地聚落，居民幾乎完全使用石器，只有極少的小件銅器。製陶業發達，能生產當時獨步天下的硬陶和原始瓷器——和常用的陶器相比，它們堅硬光潤，燒製溫度更高，陶土配比和工藝也更複雜。

那時這裡已經有燒製大型陶器的「長窯」，刷新了人們對夏商時代的認知：地下窯穴長達五十公尺，中間有幾個窯門，一次可以燒製大量產品。顯然，這是一種專業化的生產，而且本地也有充足的森林充當燃料，河道可以連通長江和漢江，便於陶器產品通過水路銷往外地。〔1〕

約三千五百年前（盤龍城文化四期），一支商人遠征隊出現在盤龍城繁忙的陶器碼頭。他們裝備著鋒利的青銅兵器，如矛、戈、刀、鉞、弓矢等，而滿身煙塵的土著卻只能任由外來者安營紮寨，發號施令。南中國長江流域最早的冶銅基地和銅交易中心，就這樣出現了。

此時，商朝已經開國數十年，但統治中心在鄭州商城，長江流域的居民很少有人聽說過這個北方王朝的聲威，更不知道這些人為何來到這遙遠的南土世界。

長江中游有高品位銅礦，還有生產青銅必需的錫礦和鉛礦，而這正是商人遠征隊一直尋找的東西。

他們跋涉了無數河流和山地，可能花了不止一代人的時間才來到此地。雖然盤龍城本身沒有礦藏，但它位居漢江和長江交匯之地，是長江中游通往北方的樞紐，也是各種冶銅原材料最方便的集散地。

當然，長江和漢水的支流眾多，交通便利並非盤龍城獨享的優勢，商人之所以選擇在這個小小半島立足，還因這裡一直有大規模的製陶產業。製陶和冶鑄有相通之處，便於商人利用當地居民發展冶銅產業。此外，盤龍城此前的陶器外銷，也使本地人比較熟悉長江商路，對商人來說，這些經驗很有價值。

而江漢地區不僅有悠久的新石器文化，有過大型水利設施和繁榮的稻作城邑，還有民眾參與度很高的鄉土宗教，所以商人在這裡設置據點，長期經營，自然和當地居民之間的相互影響越來越深。只不過，雙方都難以預料它的結果：一百多年後，如日中天的早商王朝會因南土的影響而崩潰。

◆長江邊的青銅產業基地

立足盤龍城後，商人逐漸向周邊地區擴張，待冶銅產業初具規模，便開始建設夯土城池和宮室。此時，屬於盤龍城文化第四期末段。

盤龍城的內城不大，東西寬二六〇公尺，南北長二九〇公尺，面積七．五四萬平方公尺，尚不如夏都二里頭的宮殿區。城的四面各有一座城門，城牆採用版築法，寬和高都在十公尺左右。〔2〕長江流域原本沒有版築工藝，這應該是商人帶來的。此外，內城也沒有發現製陶和煉銅的遺跡，這些設施都分布在城外。

城牆外是一圈城壕（護城河），有些殘留的木結構碼頭遺跡，發掘者推測，城壕水系聯通長江，應該有航運功能。二〇〇一年，發掘者又發現了一處斷續的外城遺跡：南面臨水，圍起一塊半月形陸地。

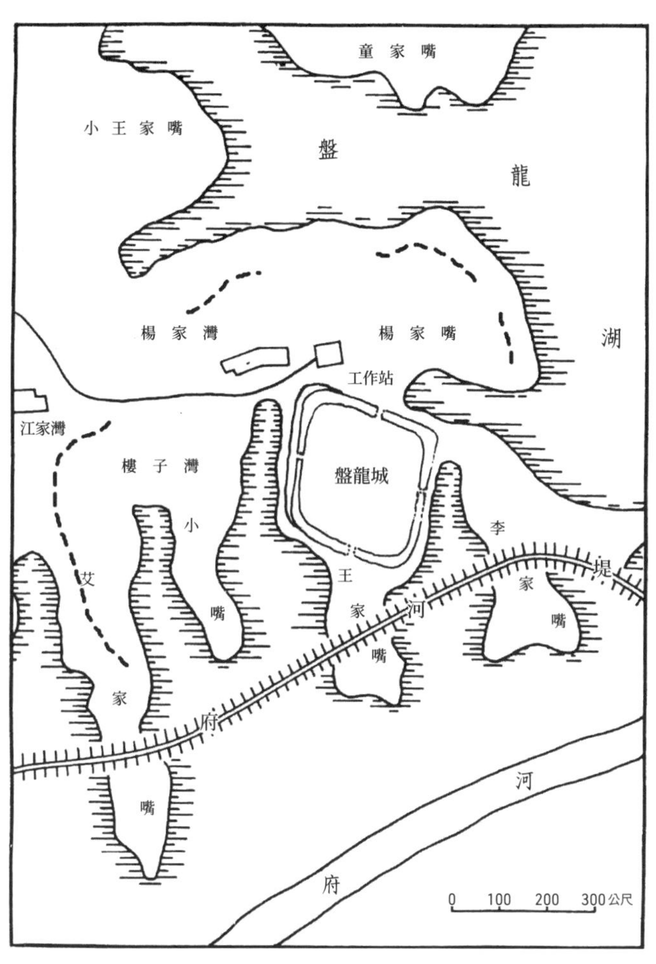

盤龍城遺址平面圖

這種外城接水、環抱內城的構造和鄭州商城非常相似，堪稱鄭州商城的四十倍縮小模型。

內城的「宮殿區」有兩座大型建築建在夯土台基上，長四十餘公尺，寬六—七公尺。牆體是新石器時代長江流域常見的木骨泥牆結構：用原木做骨架，塗抹很厚的稻秸泥做牆體，並用白灰粉刷；屋牆外有密集的木柱，支撐起巨大的「四面坡」屋頂和廊簷；屋簷下的地上鋪一圈碎陶片「散水」，防止雨水沖刷地面；有陶製的下水管道把雨水排出院落。南側的建築F2是沒有隔間的大廳，可能是處理公務的會議室；北側的F1有四間正屋，是主人家庭的起居場所。〔3〕

商人到來後，原本生產陶器的盤龍城地區立刻布滿了青銅元素。考古工作者在墓葬和灰坑中頻頻發現各種青銅製品，有酒器、容器、炊器、兵器……內城外數公里內的聚落，如樓子灣和楊家嘴，都有大規模煉銅及鑄造場，木炭灰的堆積範圍達數十公尺。

楊家嘴遺址五期，有一條三十多公尺長的灰燼溝，內部有陶坩堝和陶缸，還有殘銅片、銅渣和孔雀石（銅礦石）；樓子灣遺址五期，有一處十平方公尺左右的圓坑，裡面有石塊和銅煉渣，還有沾著銅渣的陶缸碎片，發掘者推測，這座圓坑是煉銅的工棚；楊家灣遺址六期，有一條堆滿灰燼的淺溝，長三十公尺，分布著三組共十件陶缸，均被三四塊石頭支起，像是架起的鍋灶。

發掘報告記錄的這些炭灰冶煉痕跡，都是露天工作場，還沒有發現二里頭遺址那種鑄銅「廠房」建築。

盤龍城的土著居民擅長製作一種大陶缸，高度在〇．五—一公尺之間，底部呈圓弧形，外表有凸起的棱塊，發掘者稱之為「侈口斜腹陶缸」。它可以追溯到五千多年前的湖北天門石家河古城，那裡的居民經常製作大型陶筒形器和陶缸，然後成組埋入祭祀場。這種缸兼有

盤龍城出土陶缸以及考古人員用陶缸做熔銅澆鑄實驗

祭祀功能和實用性，可以盛糧食或水，可以炊煮，而在商人到來、冶銅產業興起之後，大陶缸又有了煉銅的功能。

從盤龍城的冶鑄現場來看，應當是先從外地運來各種礦石，在城外冶煉成銅錠，或者繼續澆鑄成銅器，然後銷往中原的商朝腹地。盤龍城人隨葬的各種銅器和同期中原的造型與紋飾基本相同，但也有少許本地特點：銅器上沒有文字，也沒有族徽等符號。

那麼，盤龍城的銅礦來自哪裡？

湖南岳陽銅鼓山遺址有和盤龍城造型類似的系列陶器，但沒有古代採礦和冶煉的遺存，不過從地名推測，這裡應當有過銅礦；〔4〕江西瑞昌的銅嶺遺址有古代礦井、冶煉爐和各種設備，最早的開採時間為商代前中期，和盤龍城基本同時，但陶器型制和盤龍城聯繫不大；〔5〕距離盤龍城更近的，是湖北大冶的銅綠山遺址，雖然目前只發現了西周的採礦遺跡，但很可能盤龍城時期已經有開採。

從這些零散的材料看，盤龍城的銅礦基本來自當時水路交通相對發達的鄂、湘、贛三省範圍。這些礦產未必由盤龍城人直接開採，他們很可能是通過貿易獲得礦石的，比如，用鑄造好的銅器和當地人交換。尋找銅礦產地並不是太困難，銅礦表層有精緻的綠松石，經常被製作成飾物流傳，只要探聽到這些綠松石飾物的產地，很容易順藤摸瓜找到銅礦帶。

至於盤龍城和商王朝之間到底是什麼關係，學者們有不同的判斷。有人認為，它由商王朝直接管轄。這意味著本地生產的部分銅錠和銅器要無償進貢給商王。也有人認為，它是從商王朝裂殖出去，但政治上自主的方國。畢竟，它和黃河邊的商朝腹地距離上千里，途中要穿過山地和大小河流，還有無數土著部族領地，在當時的交通條件下，王朝難以直接統治這麼遙遠的地區。還有人認為，它是由長江流域土著族群建立的原生態國家，和遠在北方的商朝沒有任何關係。〔6〕但不可忽視的是，這裡出土的銅器和陶器與鄭州商城類似，屬於二里岡文化的分支；出土的卜骨上有鑽孔，也和商朝腹地的占卜方式相同。當然，器物造型未必能完全代表政治關係，還要看其他證據：一，盤龍城人的墓葬中有一部分是用狗殉葬的，而這是中原商人特有的習俗，先在墓穴腰部挖一個土坑，埋下一條狗，然後安放棺木。在考古學上，這被稱為「腰坑殉狗」。此外，在墓室和墓穴填土內也會埋入狗。二，有些墓主頭朝北方。商朝遠方城邑的墓葬，墓主往往頭朝商都方向，比如，石家莊台西遺址（頭朝南方）和陝西老牛坡遺址（頭朝東北方）都指向商朝後期的殷都。

關於盤龍城統治者的族屬特徵，墓葬提供了很多信息。在已發掘墓葬中，李家嘴PLZM2的規格最高，和城牆建成時間接近，隨葬了較多青銅器，還有三名殉人，其中一名是兒童。這是一座非常典型的商式墓葬，有腰坑殉狗，二層台放置隨葬品和殉人，甚至棺槨木板上雕刻了經典的商式饕餮紋。

和盤龍城同期的鄭州、偃師商城均尚未發現高級的墓葬，很難和盤龍城進行對比，但殷墟時代的商人貴族墓葬很明顯和盤龍城有相同的淵源，所以盤龍城的統治者肯定屬於商王朝上層。

李家嘴PLZM2隨葬了五十件銅器，主要是成套的各類銅禮器；兵器則有銅鉞兩件，銅矛和銅戈各一件，長三十公分左右的銅刀四把；玉器，除了裝飾品，還有玉戈四件。這位墓主應該來自負責興建城池和

李家嘴PLZM2槨板的夔龍饕餮紋在泥土上留下的印痕[7]

宮殿的統治家族。

此外，盤龍城還有些中小型商式墓葬。這些墓主應該屬於同一商人部族，整體遷徙到盤龍城，並在此建立了一個繁榮的遠方侯國。

盤龍城商人墓中隨葬兵器的種類和數量都不少，除了常見的戈和鏃，還發現了兩把「銅鉤刀」，刃長約四十公分，刀背有幾個穿孔，方便固定在長木柄上。這是較早的一種砍刀，到殷墟時期，刀身進化得更寬，被稱為「卷頭大刀」。

◆不嗜血的商人

雖然有種種證據證實盤龍城的商文化特徵，但它和商王朝的差異之處也不容忽視，尤其是，這裡沒有殺人祭祀行為：城內和城外都沒有發現人祭坑，城牆和宮殿區也沒有發現「人奠基」。在中原地區的商代遺址中，人祭、人奠基、製骨作坊批量加工人骨、任意殺人行為和灰坑中的遺棄屍骨都很常見；但在盤龍城，目前還沒有發現這些跡象。

盤龍城唯一保留的人祭特徵是使用殉人，比如，前述李家嘴PLZM2墓中有三名殉人，稍後發掘的楊家嘴M14和楊家灣M13（兩座中型墓葬）各有一名殉人。[8]目前，盤龍城已經發掘了三十多

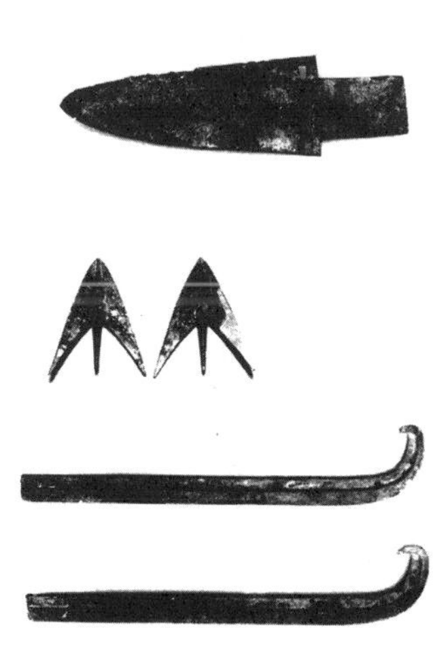

盤龍城出土的部分銅兵器，上為銅戈，中為銅鏃，下為銅鉤刀，三者比例不同。

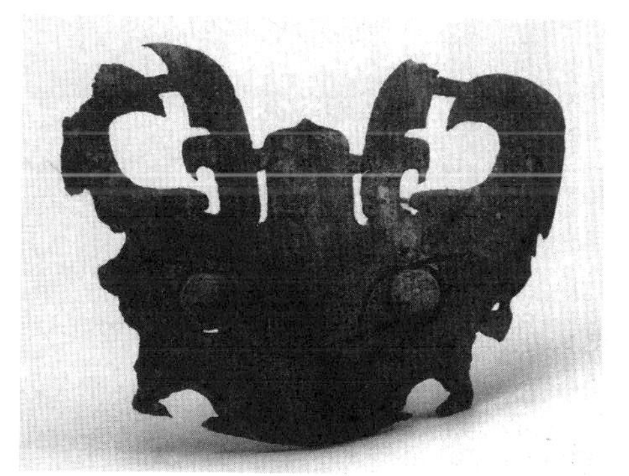

青銅「馬面」，可能是皮質頭盔上的裝飾。盤龍城沒有發現馬車和馬骨，當時的商人還沒有養馬和馬車技術。

座墓葬，殉人比例並不算低。

盤龍城的統治者是商人，也是青銅冶鑄行業的經營者，這兩種身分和人祭宗教有著密切聯繫，但為何和中原相比，他們變得更和平了（雖然還有人殉）？

長江流域是稻作農業，受水土條件制約較大，稻作聚落往往在小流域內密集分布，而不同的小流域之間往往距離較遠，所以稻作聚落呈「大分散，小聚居」模式；而華北主要是旱作農業，受地形影響小，聚落分布不太集中。

這種人口分布對商人統治者有直接影響。在繁榮的盤龍城小流域中，這些外來統治者只是人口中的極少數，必須顧及本地土著的感受，否則，一旦周邊土著同時揭竿而起，他們根本無法抵抗——這裡離商王朝已經太遙遠，難以獲得王朝的軍事支持。由此，他們就不可能像北方的邊防城邑的統治者那樣，對周邊居民殘暴而恣意（如後面即將登場的藁城台西和西安老牛坡），而只能放棄過於暴力的宗教祭祀和統治方式，儘量避免激起土著族群的反抗。

從盤龍城土著的立場看，他們之所以接受這些外來者的統治，除了青銅兵器的威懾力，更重要的應該還是青銅產業帶來的利益。外來的商人有青銅冶鑄技術，但他們的人數並不足以在新環境中搭建起整個產業，所以從一開始就需要與當地人合作，建立從找礦、採購、運輸礦石、冶煉、鑄造直到外銷的整條產業鏈。這意味著本地人也能從新產業中獲利，商人和土著可以合作共贏。盤龍城古國應該一直建立在這種產業合作的基礎上。

在當時族邦林立的大環境下，盤龍城人不得不重視武備，從夯土城池到頻頻出土的各種青銅兵器都說明了這一點；但與此同時，青銅產業的運營又需要有一個和平環境，不管是外來商裔與土著居民的合作，還是和周邊族群的商業交換（購入銅、錫、鉛礦石，出售銅錠和銅器），盤龍城人也基本做到了這一點——盤龍城內外沒有發現亂葬屍坑以及帶傷或被肢解的零碎人骨，就是明顯的證據。

可以這麼說，盤龍城的商人不僅主動放棄了中原傳統的人祭和人奠基等宗教儀式，還接受了本地土著族群的宗教理念——一種比中原更和平的文化。

◆南土和平祭祀

從五千多年前的屈家嶺文化到四千多年前的石家河文化，盤龍城所處的江漢地區出現過很多防洪用途的「古城」和稻作水利設施，尤以天門石家河古城規模最大。然而，江漢地區卻一直沒有發生階級分化，也沒有出現早期國家與文明。其中的一個重要原因，應該就是當地的宗教形態：祭祀方式以擺放和掩埋器物為主，很少有殺人和殺牲畜的行為。

比如，五千多年前的屈家嶺文化以埋葬陶筒形器和陶缸為主，四千多年前的石家河文化則製作大量泥塑人偶、動物和杯子等，然後燒製成粗陶並掩埋。這樣一種和平的宗教理念，不僅有助於維持族群間的合作關係，在一定程度上代替了早期國家的暴力統治功能，而且還能消耗社會剩餘產品，避免了因財富的過度集中而出現職業統治階層。〔9〕

當商人到來之後，國家權力雖已不可避免，比如，盤龍城的城池和宮室顯然代表了財富和權力的集中，但本地民間宗教仍起著融匯和同化的作用。發掘顯示，盤龍城商人經常舉行一種不殺人的祭祀：在土坑或灰燼裡擺放陶器、銅器或玉器，然後掩埋。

盤龍城外的王家嘴有兩座祭祀坑H6和H7，屬於盤龍城文化五期（此時，城牆和宮殿剛建成不久）。兩者相距一．五公尺，呈南北向並列，緊鄰一座數十年前建成的大型長陶窯（Y3），附近還有陶窯經營者的房子。當時，主祭者應該是先挖了一條數公尺長的淺坑，在坑中堆放柴草，點火敬神，等灰燼冷卻後，再在坑底挖一個深且陡的小坑，然後往裡面放置祭祀器物，最後則是用混合灰燼的泥土掩埋。

H6出土銅錛兩件、銅刀一件、銅鈹一件、銅鏃十件，都是武器和工具，沒有酒器和食器；陶器則有鬲、斝、盆、壺、罐、大口尊和甕等。

H7出土有銅爵、銅觚、銅斝、銅戈、銅錛和銅刀，還有玉戈、玉柄形器以及石斧，但沒有陶器。這些物品呈環形放置，沿坑壁還有三塊石塊。尤其值得注意的是，銅斝內藏有一塊使用過的卜骨，上面有鑽好的圓窩和燒燙裂紋，很可能是用來占算這次祭祀的，所以被一起埋入了祭祀坑。

甲骨占卜是典型的中原—早商文化，在長江流域很少見，所以，和鑄銅技術一樣，應該也是商人帶來的。不僅如此，來自北方的甲骨占卜還被南方的埋物祭祀儀式所吸收，這顯然反映了南北、主客兩種文化間的融合。

此外，考古工作者還在盤龍城外的楊家灣發現了另一座祭祀坑，編號H6（為與王家嘴H6區別，下文稱為「楊家灣H6」），屬於盤龍城文化七期（商文化晚期），大概在城池和宮殿體系建成後一百餘年。

楊家灣H6位於三座房子和一大片灰燼地帶之間，灰燼可能是冶鑄銅器形成的，呈不規則方形，邊長二公尺多，深六四公分，坑內填的是混合灰燼的黑灰土，坑底鋪朱砂，有獸骨，應當是作為祭品的肉食。

埋藏的器物多達五十八件，主要是銅製酒器和食器（禮器）；其次是陶器、玉器和石器；坑口位置集中擺放的是銅兵器，有鉞一件、矛一件、戈二件、鏃十五件以及玉戈一件。其中，銅鉞造型誇張，刃部呈半圓形，兩刃角鉤狀上翹，鉞身中部有一邊緣較厚的大圓孔。這種銅鉞在中原地區很少見，屬於盤龍城最晚期發展出來的獨特型制：美學功能增加，但實用性降低，難以深入地斬劈。楊家灣七期墓葬M11中，也有一件與此類似。

在這之前，盤龍城人還沒有這種不實用的銅鉞，比如，城池興建階段（四期）的李家嘴M2隨葬的銅鉞還是實用的商式特徵。在商人文化中，鉞是軍事權的象徵，也是殺俘獻祭的重要工具。盤龍城人到晚期還在生產銅鉞，說明他們的商文化血脈仍在延續，部族軍事體系也一直存在。但是，晚期銅鉞卻變得不實用和卡通化，又說明他們已經很少殺戮人或牲畜。而把銅鉞和各種兵器作為祭品埋入祭祀坑，則幾乎是對商人殺祭宗教的一種諷刺了。

這三座祭祀坑是發掘報告確認的。此外，王家嘴遺址（地層不詳）還發現了十多座密集的小坑，每座〇．五平方公尺左右，裡面埋有木炭黑灰、完整的陶缸或碎片以及很多盛放食物和酒的陶器。這些坑無法用於冶鑄，所以也可能是祭祀場所。

目前，盤龍城城外一共發掘四座埋藏物品的祭祀坑（場），數量似乎不大，但考慮城內和城外發掘的墓葬總量也不過三十多座，這樣算下來，平均不到十位死者就會有一座祭祀坑（場），而且每座祭祀坑內還會有多組器物，由此，盤龍城人的埋祭儀式之多和

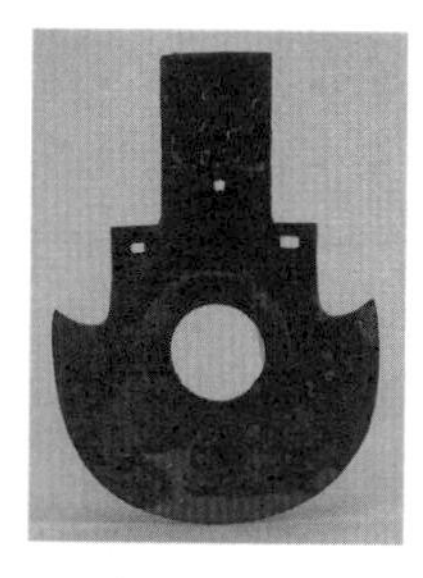
楊家灣M1銅鉞

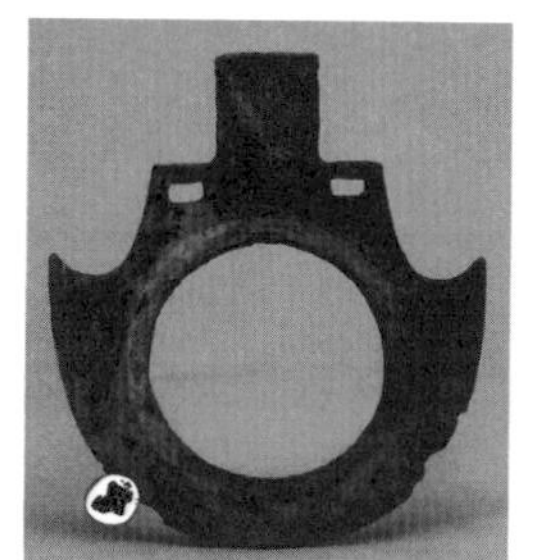
楊家灣H6銅鉞

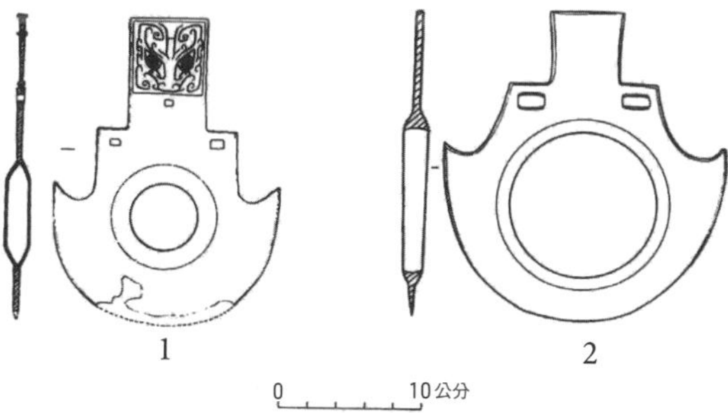

楊家灣盤龍城七期的卡通化銅鉞

物資消耗之大就可見一斑了。

如前文所述，河北易縣北福地遺址（距今八千年前）有將大量石器和陶器、玉器擺放在祭祀場並加以掩埋的現象，而考慮到北福地是石器製作工廠，盤龍城是銅器冶煉場，它們之間很可能有類似的宗教邏輯：石器和銅礦石原料來自大地，將製成品埋入地下，是表達對大地的感恩；這也是一種「播種巫術」，把物品想像成種子，種子會在土壤中發芽成長，結出更多果實。

盤龍城距離鄭州商城很遙遠，但兩地之間仍有很多聯繫。比如，盤龍城發達的製陶工藝已輸入鄭州商城；約三千四百年前，鄭州商城還出現了王室級別的埋葬青銅器的祭祀活動，而這很可能是盤龍城商人對「母邦」的影響，致使商王朝一度曾考慮放棄人祭宗教。

但商朝腹地旋即發生大動盪，鄭州商城和偃師商城被毀棄，繼起的小雙橋朝廷再次回歸人祭宗教。這意味著商王朝內戰的勝出者是盤龍城的對立面——盤龍城和王朝腹地的聯繫就此徹底斷絕。

這之後，盤龍城（商人）又維持了數十年時間，而且和長江流域土著族群的融合程度越來越高。最終，盤龍城消失了，青銅技術卻在南土擴散開來。

◆ 青銅技術擴散江南

很難追索盤龍城消失的原因，也許是周邊部族攻滅了它，也許是盤龍城人遷徙到了別處。長江流域一直很難出現權力集中的政權，哪怕北來的青銅技術和文字書寫技術（雖然尚缺乏直接證據）輸入後，也沒有太明顯的改觀。

而在北方，殷墟時期的商朝實現了穩定和復興，對銅料的需求量越來越大，這也拉動了長江中游的銅礦開採和冶煉行業。由此，南土的銅、錫原料便一直可以輸往中原，同時，有些商朝高端青銅器也被販運到長江流域。當然，雖然南北之間有貿易和技術上的交流，但殷商王朝此後再也沒有嘗試把統治觸角伸向這裡。

長江流域的江西、湖南和四川都大量出土過商代後期（殷墟時期）的青銅器，有些出自窖藏，有些是隨葬品，商代風格和本地元素雜糅，當地語系化特徵普遍高於盤龍城：

一，江西新幹大洋洲鎮發掘的一座墓葬，隨葬銅器多達四百八十多件，比盤龍城的高等級墓葬要高十倍，其中，銅鼎有三十一件，銅戈二十八件，銅矛三十五件；此外，還有大量青銅農具和工具，如犁鏵、耒、耜、鍤和鐮刀等。在中原地區，青銅農具從未普及，但大洋洲卻因靠近銅產地，銅價低廉，甚至奢侈到用青銅製作農具。到晚商，江西的吳城還出現了夯土城池，很可能有盤龍城人輾轉融入當地，但該城址缺少高等級宮殿和墓葬的信息，很難判斷它作為早期國家的發達程度。

二，湖南零散出土過多件商代晚期青銅器，大都做工精良，造型奇異，著名的有四羊方尊和虎食人卣。尤其是寧鄉縣張家坳出土的一件銅鼎，口內有「己丙」二字銘文，屬於典型商族人的特徵（天干銘文），說明殷商和湖南地區有密切聯繫。此外，該縣還出土有人面方鼎以及獸面銅瓿，銅瓿內裝著二二四件小銅斧。目前，在湖南發現的晚商銅器多是零星出土，應當是出於祭祀目的而埋的。〔10〕

三，四川廣漢的三星堆祭祀坑也有出土密集的青銅器，以及本地風格的青銅面具、神樹和神人像，時代屬於殷墟前期。但沒有發現殺人祭祀現象，以及和王權有關的大型工程。這些都屬於長江流域的宗教—社會傳統。

盤龍城距離黃河邊的商都鄭州足有五百公里，是早商王朝宏大擴張運動的產物。在三千五百年前，世界上還沒有哪個政權能夠達到這種規模的疆域。在今天，五百公里不算太遙遠，但要注意，盤龍城和鄭州分屬長江和黃河流域，並沒有水路航運的便利，只有分水嶺的阻隔。下一次再把這兩地同時納入統治範圍，則要等到戰國晚期的秦國，而那已經是一千餘年之後了。

過度擴張給早商帶來了榮耀，但更有隱患和教訓。後來的商王逐漸開始考慮如何讓商人免受異族文化的侵蝕，避免早商王朝的覆轍，而這奠定了晚商（殷商）時代的基調。

第九章 三千三百年前的軍營：台西

滹沱河從群山中流出，與黃河最下游的溼地融為一體。麋鹿在淺水草灘覓食，一旦受到驚嚇，便會迅速藏身到蘆葦蕩中。

草莽和溼地中點綴著小小的農業聚落，農民住在狹窄的半地穴式窩棚裡，種植穀子、豆類、麻和桑樹，也捕魚射鳥，採摘野果，用麻皮和桑蠶絲紡織衣物。按《禹貢》的說法，這裡屬於「鳥夷皮服」的蠻荒之地，但進入王朝時代後，也開始出現顯貴的統治者。

在石家莊市東郊藁城縣的台西村有一處商代遺址，是滹沱河的沖積平原，有三座土丘高出地面數公尺，長約百餘公尺，可以暫避週期性泛濫的洪水。土丘之上遍布商代遺跡，一九七三—一九七四年，考古隊在其中的「西台」周邊發掘了一批房屋和墓葬，就此，一個商代小型聚落逐漸被揭開了部分塵封的面紗。

在諸多商代考古遺址中，台西的規模很小，「知名度」也不算高，但它是商王朝權力體系最末梢的完整個案。可以說，關於商王朝如何統治幅員上千里的遼闊疆域，台西是最難得的縮影。〔1〕

屋簷下的人頭

發掘顯示，最早在台西生活的是貧窮農夫，他們住在狹小的半地穴式窩棚裡，使用石頭和骨頭做的農具，在地上挖掘不大的窖穴儲存糧食，用粗糙的夾砂陶器烹煮食物。這種新石器時代的生活場景已經延續了數千年。

然後，一群使用青銅武器的外來者占據了臺地，建立了對周邊農業聚落的領導權。沒有發掘到他們住的房子，但在西台土丘邊挖到了他們的家族墓葬。

這是三千三百年前，商王朝已經建立近三百年。此前，商朝的統治中心一直在黃河之南，直到商王盤庚把王都遷到黃河北岸的殷地。遷都後，王朝需要調整防禦圈，特別是要加強對蠻荒北方的防禦，於是，一批批商人部族從殷都遷往北土，沿著太行山建立軍事聚落。

來到石家莊台西的這幾十名武士以及他們的家眷和僕從，要為王朝守衛滹沱河南岸——新營建的殷都在南偏西方八百里外。這是一個和盤龍城完全不同的據點，更接近商王朝的常態。

這群武士在台西立足數十年，第三代人已經出世。之後，滹沱河的一場大洪水淹沒了一切，包括武士和農夫們的房屋，地勢較高的墓區還淤積了一層厚厚的細土，夾雜著河蚌和田螺。

當洪水褪去，武士們需要建設新居。這次他們把房址定在了西台邊的高地。這裡是他們的父輩和祖輩的墓地，不過現實的需求更重要，更何況，墓地已被覆蓋在淤積的泥土之下。

發掘顯示，青銅武士們認真考察了西台周邊的地勢，先是用白石粉畫

台西遺址復原圖

出新居牆壁的輪廓，接著平整土地，開挖基槽，夯築起半公尺多厚的土牆，牆體用土坯壘砌，高二公尺以上（當地簡陋的版築技術似乎不支援築太高），然後在土牆之上安放木頭檁條和椽子，鋪墊蘆葦束，抹草拌泥，屋頂就宣告建成了。

到這裡，一切似乎都很自然，但考古發掘揭開了驚悚的一幕。一座兩間連體的房子（F2）西牆的基槽裡，埋著一件陶罐，裡面是一具不滿三歲的幼兒屍骨。顯然，這是給新房奠基的巫術，用幼兒向土地之神獻祭，以保佑家宅平安。獻祭的死者不止幼兒，朝東的屋前還有四座祭祀坑，其中三座各埋入一隻豬、牛、羊，第四座坑（H104）埋的則是人。

H104的邊長二公尺左右，方形，深約一．五公尺，底部埋有三人。一名十四歲的少年可能先被殺死，被扔在坑角；然後是兩名成年男子，被捆住兩腿扔進坑內，胳膊呈掙扎狀，但屍骨並不在坑底部，而是彎曲在從二十公分到一百二十公分高的曲面上，說明當獻祭者向坑內填土時，兩

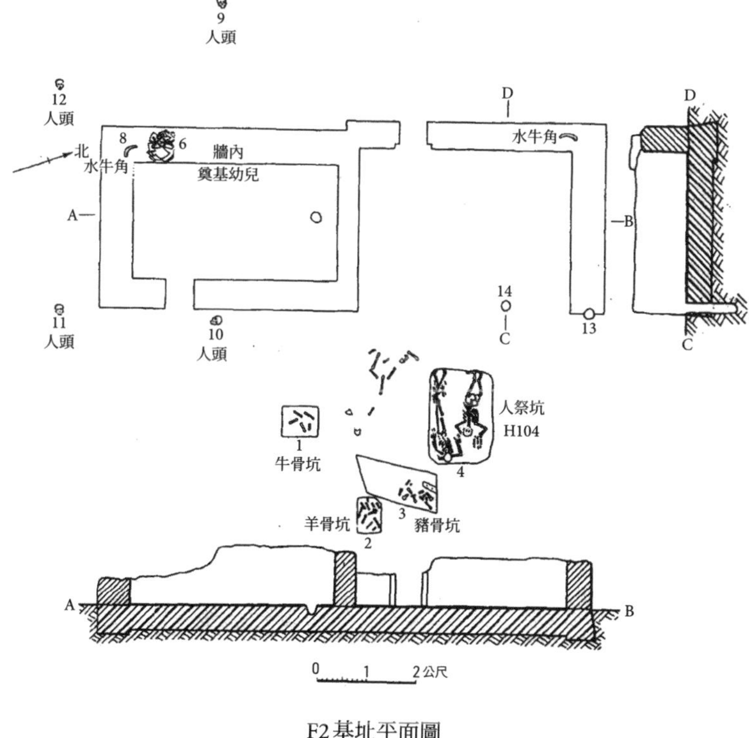

F2基址平面圖

名男子曾努力從土中蠕動鑽出，直到力氣耗盡，才被活埋。

從骨架姿勢看，他們都是捆綁後被推入坑中活埋的。南側的男子，三十五歲左右，兩腳被捆，兩手撐地，頭仰起，呈掙扎反抗狀；北側的男子，年滿二十五歲，兩腳亦被捆綁，頭朝下，兩臂張開，亦呈掙扎反抗狀。兩具骨架幾乎平行，可能是同時被推下坑的。

這座房子還有更匪夷所思的現象：在廢棄後塌落的土坯中混雜著四枚人頭骨，分別散落在東、西、南三面牆外。這些頭骨沒有被夯築在土牆中，也沒有埋在室內，這就只剩下一種可能性：它們被掛在室外的屋簷之下，最後隨著房子的坍塌而被掩埋。

在其他的商代遺址中，人祭和人奠基很常見，但都沒有發現房屋上懸掛人頭的。這也可能是因為多數遺址的保存情況並不好，加上後人的耕作破壞，只剩下了房屋的地基和牆基，難以發現地面以上建築的各種現象。人祭坑和人奠基因為埋在地下，所以能一直保存到現代。

而台西遺址不同，房屋坍塌後，廢墟被掩埋而變成了當地土台的一部分，沒有發生後期破壞：有些房屋殘牆甚至還保留著兩三公尺的高度，牆體上開的風窗亦清晰可見。

台西的地下埋藏和各地已知的商文化遺址很相似，如人奠基、人祭和人殉，但其保留在古地表之上的建築遺跡卻給我們補上了難得的一課：原來與人祭有關的不僅是墓葬和祭祀坑，還有地上的展示。

那麼，台西的房屋廢墟為何能被完整掩埋，是風吹來的沙塵堆積，還是洪水氾濫造成的淤積？對此，發掘報告沒有提及。

從祭祀坑和懸掛的人頭來看，Ｆ2可能是座神廟：北屋有一面沒有牆，是敞廈，適合安放某些被崇拜和獻祭之物；有一面對著四座祭祀坑，被幾座房子從三面圍成一個小院落，應當有某種特殊地位。

屋簷下懸掛人頭的不止Ｆ2，緊挨著的Ｆ6亦是如此：Ｆ6由兩間北屋和四間西屋構成，西牆內夯築了一顆人頭，是一名大約十八歲的女性的；在房子坍塌的泥土中散落著五枚人頭骨，之前應當也是懸掛在屋簷之下的。

F6並不像是神廟，似乎是權力中心。它有五間互不聯通的獨立單間，以及一間單面無牆的半敞廈，四個房門兩側都有安放木柱的洞，發掘報告推測，這些柱子支撐的可能是某種「門樓」式的裝飾結構。而那些散落的人頭，當初可能就懸掛在門樓上。

那麼，居住在這些房子裡的是什麼人？坍塌的房屋內並沒有發掘出太多文物，無法提供答案，但主人的墳墓就在房子周邊，它給我們提供了一幅朦朧的青銅武士群像。

◆青銅武士群像

台西遺址共發掘一一二座商墓，隨葬青銅器的只有十八座，平均每座埋銅器五件，說明貴族統治者在本聚落人口中只占少數。有十一座使用了殉人，殉二人的有兩座，其餘的殉一人，共殉十三人。

貴族墓葬大多有青銅兵器，如鉞、戈、戟、矛、刀、鏃等，有圓形的青銅泡，可能是綴在牛皮鎧甲上面的，但皮甲本身已經腐朽無存。還有成套的青銅酒器，如斝、觚、爵等。稍有身分的商人都會用一套青銅酒器殉葬，只不過多數質地粗糙。可能這個據點太小且資源貧乏，貴族們的家境不算豪奢，只好專門採購成本低廉的隨葬銅器，兼顧階級禮俗的面子與生活的裡子。

F6復原圖

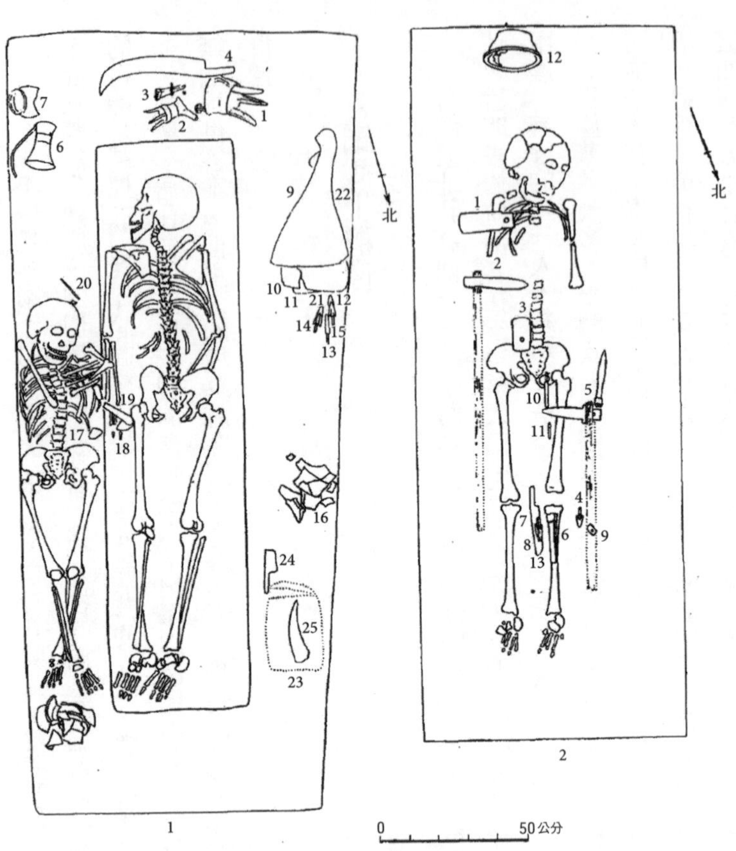

M14和M17平面圖

M14隨葬的獠牙銅鉞

台西的商墓也多有「腰坑殉狗」。這裡食用狗肉的風氣更盛，隨葬的食器中多數盛有狗肉，主要是狗頭和狗腿。更體面的墓葬有殉人，男主女殉、男主男殉和女主男殉的都有，但沒發現超過兩名殉人的墓，畢竟，武士們的經濟不太寬裕。

下面，我們來看幾位典型的墓主。

M17，一名早夭的武士。這座墓穴比較簡單，沒有二層台和殉人，只在腰坑殉了一條狗。墓主是名大約二十二歲的男子，頭部和胸部的骨骼大都腐朽。隨葬的用具只有一隻陶鬲，其他都是兵器：銅鏃四枚，銅匕首、銅鑿、銅戈和銅戟（矛和戈的合體）各一件。

難得的是，銅戈和銅戟都帶著木柄，雖然已經腐朽，但通過痕跡測量，戟八十公分長，戈八十七公分長，都是短柄徒步作戰兵器。台西遺址沒有發現馬車遺存，還處在徒步作戰時代。墓中還有玉質石頭磨製的鉞和斧各一把，沒有使用痕跡，屬於專門隨葬用的。

從隨葬品看，M17的墓主屬於貴族統治階層，父親可能是擁有銅鉞的軍事頭領，但這位墓主青年早逝，還沒來得及分家獨立，所以沒有屬於自己的奴婢隨葬。除了本人擁有的兵器，父親沒捨得給他隨葬太值錢的物品，但用了一枚石鉞，象徵死者本可能繼承父親的銅鉞和軍事頭領身分。

M14，一名四十五歲左右的中年男子，軍事貴族、巫醫兼占卜師，身高約一．七公尺，骨骼粗壯，葬在一具黑漆底、紅色繪圖的棺木中，棺木已經朽爛。

二層台上殉葬了一名二十歲左右的女子，身高接近一．五公尺，可能是被捆綁住手腳活埋的，還保持著張嘴呼喊的姿勢。除了一支束髮用的樸素無紋飾的骨笄，沒有其他的首飾和飾物。

此外，二層台上還擺放著主人的隨葬品：一件貼著金箔的漆盒；作為體面商人必不可少的青銅酒器組合；兩件實用的煮飯炊器（陶鬲）；一把青銅大刀，連柄長約半公尺，刃部寬闊，刀頭上翹，適合劈砍而不是刺殺；幾件銅鏃和一件獠牙紋飾大銅鉞。

特殊的是右邊的二層台上，有三片牛肩胛骨加工成的卜骨，上面鑿好了占卜用的坑窩，沒有刻寫文字。還有小銅鋸和銅鑿，可能是修整牛骨的工具。

墓主左腳邊有一件漆盒，裡面放著一把手掌長的石頭鐮刀，考古學家推測，這不是農具，而是一種醫用手術刀——石砭鐮。古代戰場上最常見的是箭傷，多數箭矢有倒鉤，深陷在皮肉之中難以拔出，需要用砭鐮先割開傷口，小心拔出箭頭。另一種是被鈍器擊傷後的淤血，穿皮甲的戰士常有這種傷，也要用砭鐮劃開皮膚，將淤血擠出來。可能古人不習慣青銅手術刀，覺得銅性惡，容易引起壞血，古老的石頭工具反倒更有親和力。

從卜骨和石砭鐮看，台西M14的主人應該是一名占卜師兼軍醫。上古時代，這兩種身分經常重合，被稱為「巫醫」。但這還不是他的正式身分，因為他有一件大銅鉞，鉞身長三十多公分，在台西遺址出土的銅鉞和玉石鉞中，尺寸最大。

鉞是軍事首長的身分標誌，也是獻祭時砍頭的工具。商代銅鉞的刃部，多數並不左右對稱，但砍剁時更便於用力。M14主人的銅鉞型制威猛，鉞體用朱紅色裝飾，造型酷似張開血盆大口的獸頭，嘴裡還有一對尖利的獠牙。

在台西墓葬中，還有一座隨葬三片牛肩胛骨的M103。墓主高約一．七公尺，用了兩名矮小的男僕殉葬，其中一名是十五歲左右的少年，雙腿在膝蓋以下被砍去，似乎生前就已經殘疾。在甲骨文中，砍掉小腿是「刖」：對那些有可能逃跑的奴隸，砍掉小腿是最好的預防手段，但死亡率也高。據殷墟卜辭，商王會一次對多名奴隸（僕）實施刖，還要卜問在哪天砍腿的死亡率會比較低。

上古時代，用甲骨占卜是一種高深的技術，往往在家族內部傳承。如果台西的占卜技術也是如此，

M103的墓主很可能是M17的父親，因為M103下葬要早一些，在發生大洪水之前。

M38，一名飲酒習兵的少婦，三十歲左右，身高約一．五公尺，葬在黑漆棺材中，向右側臥，面向二層台的殉人。這名女墓主沒有戴束髮的笄，可能披散著頭髮。殉人是名十五六歲的少年，比墓主矮，也有自己的小棺材。

M103墓穴照片

墓主的棺材中隨葬了幾件銅器：酒器有銅觚和銅爵各一件，但缺少銅斝，無法構成完整的「三件套」。隨葬銅器用絲織品包裹著，其中還有一種特製皺紋絹——「縠」。兵器有銅鏃和銅戈各一件，戈刃纖巧，長約二十二公分，最寬處約五公分。這在台西遺址乃至在整個商周青銅時代，都算是比較短小的，有可能是為女性武士特製的兵器。

商代女性貴族普遍飲酒，甚至參加戰爭。和台西遺址基本同時，殷墟婦好的墓葬也隨葬了大量酒器和兵器，並且，甲骨文中還有婦好帶領軍隊遠征的記載。

這名女武士應該是一位妻子和母親，丈夫也是台西青銅武士，但死後都是單獨埋葬，各自擁有自己的殉葬奴僕。

從墓葬可見，台西聚落青銅武士屬於低級貴族，普遍擁有男女奴婢，用來殉葬的只是他們擁有奴婢的一部分，而非全部。武士們都隨葬有兵器和酒器，但沒有農業生產工具，顯然，他們不事生產，靠從周邊村落徵收糧食和各種產品生活。墓中的武士，各年齡層都有，還有武裝的女性，他們可能屬於同一個氏族。這種家族血緣單位構成商朝最基本的軍事和政治單元。

台西發現的青銅箭鏃數量很多，而且造型各異，明顯不屬同一批次鑄造。台西本地沒有發現鑄銅作坊，武士們的銅鏃等兵器應當是購買的，且來源比較廣。很多商人族邑都有鑄銅作坊，銅鏃是最常見的產品，可見當時商人聚落之間的銅器貿易應該比較活躍。

在台西墓葬區還發現了一支完整的羽箭，全長八十五公分，桿已腐朽，但遺留的痕跡明顯，可能是某種藤條製成，尾羽已經完全消失，發掘者繪製復原圖時，參考後世文獻增加了尾羽。

◆宿舍與伙房

住宅區的復原圖可以提供一些武士們的生活信息。

發掘出的住宅區有連片的房屋七組，二十餘間，所有的房間都有單獨朝外的門，內部互不相連，開門的方向也不一致，一座房子的兩個房間，可能一個向東開門，一個向西開門。總的來說，這片住宅區更像一組「單身宿舍」。

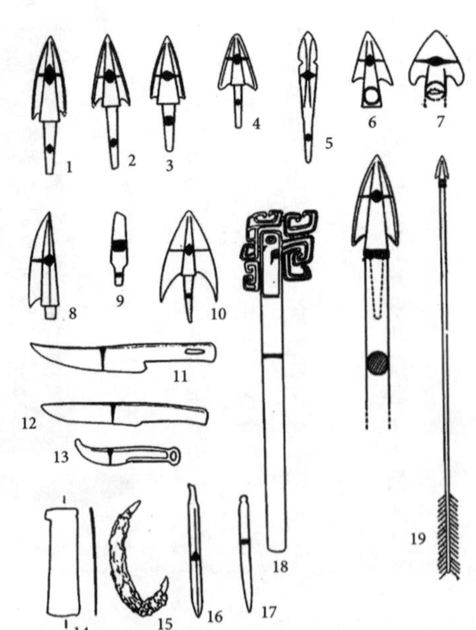

台西出土箭鏃及復原圖

這些房子並不是用於日常生活的家宅，因為幾乎所有房間都沒有做飯的陶鬲等炊器，也沒有爐灶火塘（爐灶的燒土和炭灰本是最容易保存下來的），只在住宅區最北邊有兩間「公共伙房」。

所以，這片住宅區可能是某種軍營性質的公共建築，供武士們定期在這裡住宿和值班。他們應當另有私家住宅來安頓老人、妻兒以及奴婢和牲畜。幾乎所有的青銅武士墓葬都隨葬有做飯的陶鬲或銅鼎，這說明他們有自己的家庭生活，但目前尚未發掘到他們的私宅。從軍營宿舍的規模判斷，他們的家宅也不會太豪華，可能也是數十平方公尺的夯土房屋。

來看兩間編號F14的「公共伙房」：兩間敞廈式房屋，南室靠牆是爐灶，木柱下半截用草拌泥包裹，以防止被爐火引燃。

兩間伙房出土有大量陶製炊器，從大型盆罐，到小型的鬲、豆。其中一件大罐內有重達十七斤的「灰白色水鏽狀沉澱物」，經化驗，是製作黃酒的酵母。看來，伙房也兼作釀酒作坊。另外，出土器物中還有陶製的漏斗形器，應是灌酒之用。

F14房屋（伙房）復原圖及部分陶器

伙房的幾件大陶罐內，儲存著很多乾果，有李子和桃子的果仁、棗子以及大麻和草木樨的種子，有學者推測，它們可能是用來炮製有治療疾病作用的藥酒的。

◆ 華北亞熱帶時光

台西遺址出土的野生動物骨骼主要是鹿角製作的工具，其中麋鹿多於麅鹿。從生活習性看，麋鹿主要生活在溼熱地帶的沼澤，麅鹿則主要在較乾旱的草地和稀疏林地，這說明當時台西地區以沼澤溼地為主，間有部分乾旱草地和樹林。

如前文所述，在商族人崛起和建立商朝的過程中，水牛一直伴隨著他們，甚至當青銅武士來到遙遠的北土建立軍事據點時，還驅趕著這種熟悉的家畜。台西遺址的房屋和墓葬中大都出土過水牛骨。比如，西台東側的一座祭祀坑H50，就埋有一具完整的水牛骨架；M102也隨葬有一對水牛角，以及羊肩胛骨和豬腿，用來代表豬、牛、羊「三牲」；F2東牆的南北兩端，也各夯築了一隻水牛角。

在商人的傳說中，先祖王亥曾經趕著水牛群到河北有易氏之地（台西遺址以北二百五十公里處）。但另一種重要的家畜——馬，卻在台西遺址難尋蹤跡，只在像是指揮中心的F6西門外的垃圾坑H3中發掘出一根馬

H50祭祀坑中的水牛骨架

的肋骨。它可能是作為食物吃剩的。〔2〕馬和馬拉戰車在中國出現得比較晚，到商代後期才普及。和台西同時的殷都雖已有馬車，但台西聚落級別較低，應該還沒有。

此外，M112的隨葬品中有鐵刃銅鉞和銅瓿各一件。銅鉞較小，接近成年人的手掌，主體為青銅，刃部是鐵質，已經失落，但斷口處還保留了較多鐵質。為什麼用這把沒有刃部的鉞隨葬，畢竟碳化的鐵遠比青銅堅硬和鋒利？這不好解釋。可能是鐵刃過於珍貴，後人敲了下來繼續使用，只用青銅鉞體給先人隨葬。銅瓿則比較精緻，做工比台西其他墓葬中的銅器都要好。看來，這位墓主是台西最富裕的人物。這座墓是一九七二年農民取土時挖出的，沒有經過專業發掘，只知道墓葬有殉人，很多信息已經無法復原。

曾有學者認為，商代還沒有冶鐵和鍛鐵技術，這把銅鉞的鐵刃應該是隕鐵。但也有學者從其所含的微量元素推測，這不是隕鐵，而是人工製作的熟鐵。在「伙房」F14前面，出土有一些冶煉過的殘鐵渣和兩小塊鐵礦石，顯示台西人也許已經掌握初步的煉鐵技術。但因為沒有發掘到冶鐵和鍛鐵的工作區與產品，目前還無法確定。

台西遺址並非只有青銅武士，還有普通農民。發掘雖集中在「貴族營區」極為有限的空間，但還是在最邊緣處挖出了一座窮人的房基，這便是F10。

F10在武士營房後面十幾公尺處，東西長二．六公尺，南北寬一．六公尺，室內只有四平方公尺的空間，極為狹窄侷促。它的建築方法是，先在地上挖出半公尺深的半地穴，形成居室的輪廓，然後加蓋草木窩棚。

室內屋角有一直徑和深均五十公分的圓形儲物坑，裡面有做飯的陶鬲和殘破的石質農具。儲物坑的旁邊是灶坑，有燒土和灰燼，「除去藏穴和灶坑以外，僅能容兩人棲息。這種簡陋的房屋，自然與居住者社會地位的低下有關」。這是在新石器和青銅器時代極為常見的農舍。

農民的墓葬散布在青銅武士營區周圍，大多沒有隨葬品，或只有一兩件粗糙的陶器。台西目前發掘一一二座大小墓葬，「人架除完整的和腐朽成粉的以外，還有十座墓人架的股骨或脛骨全部或一半被截去。其中有的截面上有刀砍或鋸的痕跡，似乎是受過刖刑」。

被砍掉腿的人數占墓葬總數的近十分之一，考慮到有些墓葬屍骨已完全腐朽，無法觀察和統計，實際比例應當更高。這也是青銅武士統治農民的方式之一。

台西遺址還出土了大量用石頭和骨頭磨製的箭頭（鏃），有些是底層農民的捕獵工具，有些則屬於青銅武士。這些貴族一般只用三四枚青銅鏃隨葬，看來再多就負擔不起了。

台西遺址沒有留下文字，青銅器上也沒有族徽銘文，所以我們無法知道台西商人氏族的名稱，也不知道他們如何稱呼駐防的這片土地。商人把定居點叫作邑，台西遺址則是一座湮沒在歷史中的無名之邑：它只是一座規格不太高的軍事聚落，主人也只是沒有留下姓名的地方軍事貴族，在他和安陽殷都的商王之間，應該還隔著至少一個指揮層級。

雖然距離殷都有些遠，但台西商人並不孤立，他們使用的銅器和殷都完全同步，屬於典型的殷都初期風格，禮器的花紋繁多，幾乎遍布全身，而早商鄭州和盤龍城的銅禮器大多只有一條紋飾窄帶。這說明台西商人和都城的聯繫很密切，商王朝也比較重視這些北方邊疆的守衛者。

這座軍事營地後來被廢棄了。發掘顯示，部分房屋毀於火災，比如最大的連體建築F6。但這並不意味著營地被廢棄全因火災，即使被火焚毀，重建也不是難事，況且這座營房本就是在水災之後重建起來的。

被廢棄的真正原因，應該是青銅武士們移防了。在盤庚遷都之後，商朝對黃河北岸的統治日漸穩固，邊防線也就逐漸向北推移。到殷墟後期，北方防線已經推進到今河北定州（距離台西遺址約八十公里），甚至更北。

或許，部分房屋的焚毀被台西首領解讀為神降的啟示，故而放棄舊居，繼續向北遷徙。在青銅武士匆匆離去時，有些笨重物品被放棄，比如公共伙房內幾個裝著釀酒原料的大陶罐。對於周圍的農民而言，軍營裡遺留的物品頗有價值，看來他們並沒有進入這座懸掛著人頭的營地，於是，房子在年久失修中陸續坍塌，最後被掩埋了起來。

與此同時，殷商王朝正在走向中興繁榮。

附錄：北土食人部落

在燕山南麓，有一個經常吃人的聚落，這便是今北京昌平區的張營遺址。〔3〕

在相當於夏朝—二里頭時期，張營聚落已經存在，但那個階段的遺跡很少。到了早商後期（張營遺址三期，二里岡文化後期），張營出現了一些商族風格的陶器，比如所謂「癟襠」造型的陶鬲，但仍以本地陶器為主流。

新的改變是銅器製造。張營遺址發掘出的石頭和陶製的鑄銅範皆為製作小件銅器的雙面範，如鏃、針、錐、魚鉤和小刀。此外，還有銅製的耳環、鑿、魚鏢和梳子。有煉銅的銅渣出土，說明本地用銅礦石冶鑄。但沒有發現任何銅容器的鑄範和實物，也沒有銅戈、銅矛和銅鉞等兵器。檢測發現，多數銅器是銅錫合金，基本沒有鉛，但這種合金硬度較高，只適合製作小件銅器。可能張營人的銅器以自用為主，外銷較少。

張營聚落只發現幾座很小的房屋遺址，沒有明顯的階層分化，仍處在部落生活階段。截至目前，發掘一二三座灰坑（垃圾坑），其中，有十二座埋有零碎的和殘破的人骨，[4]跟豬、牛、羊、鹿的骨頭混雜在一起，沒有完整骨架或肢體，頭骨也都被砸開。

有些人骨製成的工具，主要是用股骨（大腿骨）製作的骨錐，它們應該是用壞之後被扔進垃圾坑的。此外，在F1中還發現一塊人股骨，可能也是製作工具用的。

在發現的六十塊人骨中，只有兩塊屬於夏末商初（張營二期），其餘屬於商代中前期（張營三期）。發掘報告推測，灰坑H84中的人骨至少來自七個人，H105至少來自兩個人。人骨過於零碎，多數無法鑑定年齡和性別，只有幾枚牙齒屬於一名二十歲左右的青年。

有些骨頭，特別是股骨上，有敲砸和刀砍斷痕，可能是敲骨吸髓所致。約一半骨頭被燒過，應是燒烤食用。發掘報告推測，當時這裡應該存在食人風俗，戰俘或奴隸可能會被殺死後肢解分食。

三期（商代中前期）的張營人雖然能夠冶鑄銅器，但還無法完全取代石器。發掘出的最主要的農具和工具都是石頭做的：石斧三十二件，石鏟十三件，石鐮五十六件，石刀二十三件，石錛

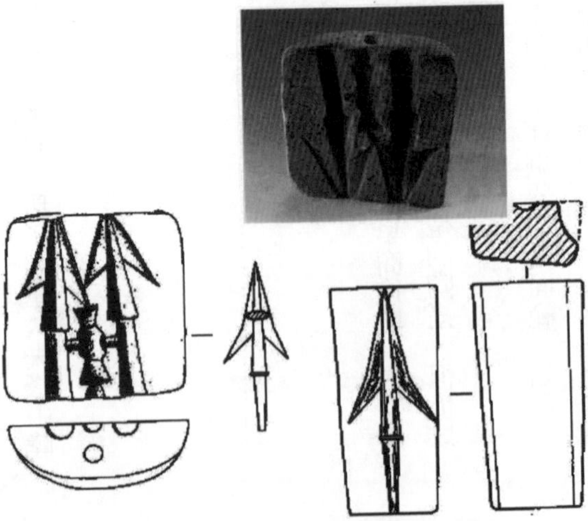

兩件鑄造箭鏃的石範：分別只能鑄造一枚和兩枚箭鏃。西安老牛坡二期發現的陶範一次至少能鑄造五枚箭鏃，鄭州商城的陶範一次能鑄造十幾枚，張營聚落規模較小，銅器產量也低得多。

十件，石鏃十件，石磨盤十一件，石磨棒十四件。除了飼養家畜，狩獵占的比重也比較大，灰坑中有較多鹿類的骨頭，還有虎、豹、棕熊、馬、驢等。

那麼，在張營人勢力最盛、食人行為最多的三期，他們和商朝是什麼關係？

這個階段，早商王朝的擴張正達到頂點，但張營聚落到鄭州商城的路程超過七百五十公里，比湖北盤龍城還要遠二分之一，所以很難斷言早商王朝的勢力能直接控制這裡。不過，冶鑄銅技術和商式陶器顯示，張營人明顯受到了商文化的影響。

張營人的食人風習應該是自身固有的傳統，和商族關係不大，但新傳來的鑄銅技術卻可以讓他們更容易擊敗周邊部族，使得食用人骨的數量大增。這是一個被技術改變過的人群，但終究沒有擴張成為早期國家。看來張營人比較安於部落生活，後來又遷移到了別處，消失在三千多年前的迷霧中。

對於蠻荒的上古時代，我們現代人能理解的實在很少。

第十章 殷都王室的人祭

小雙橋遺址代表的「中商」不算長，可能不足百年，有殘酷的人祭儀式，有巨大夯土台「周勃墓」，但商朝總體仍呈現衰微不振的跡象。直到從第十九王盤庚遷都殷地，這才算走出中商的低迷。

商王朝前後存續五六百年，殷商大約占了後一半，約兩個半世紀，因此學界也稱之為「晚商」。殷墟考古比較豐富，出土有大量的商王占卜刻字甲骨，發掘了王宮、王陵和多處商人的族邑及墓地，有屬於王族的，也有普通商人族邑社區的。

殷墟保留的人祭活動的數量和種類最多，本章主要介紹殷都王族的生活區和人祭場：王宮（宗廟）區和王陵區。

盤庚王的訓誡

後世的遷都往往只是換一座都城，對全國的影響一般不太大；但在國族一體的上古時代，國都是統治者族群最集中的地方，除了那些散布在遠方的零星據點，整個統治族群，或者說國家和王朝，都要整體搬走，不僅是王宮，還有所有的商族部落和家支，以及他們的牲畜、家奴。所以，遷都動議充滿爭論，多數商人並不願搬遷。

這正是盤庚王當時面臨的困境。

儒家經書《尚書》有若干篇歷代商王的講話記錄，雖然難免有後人的改編和再創作，但仍有個別篇章基本保存了原貌。其中，最可信，篇幅也較長的是〈盤庚〉：在這篇講話中，商人的精神氣質和世界觀體現得頗為充分。

在商人的觀念裡，喜怒無常的諸神主宰著人世間，所以為了推動遷都，盤庚的講話所表達的神權理念非常直白，充滿著恐嚇和威脅，不僅距離儒家描述的古聖先賢實在太遠，也突破了後人對上古時代的想像力。〔1〕

〈盤庚〉的行文古奧、艱澀，這是商人的語言特色。但它用的畢竟是和後世一脈相承的文字，就像是聽某種漢語方言的談話，我們還是能基本判斷其大意的。

〈盤庚〉記錄了盤庚王的三次遷都講話，第一次在搬遷之前，後兩次是遷徙到新都之後。

第一次，盤庚把貴族召集到王宮庭院做了一番長篇演講，大意是，遷都之議不容更改，必須執行。講話一開場，盤庚就引用祖先的權威說，是先王奠定了今天的王朝，如今，商朝不幸遭遇大災，先王卻沒有出手相救，正是想讓我們離開此地。如果你們心懷不滿，不服從我的搬遷命令，我家先王會從天上給你們降下懲罰，他們會說：「為什麼敢不服從朕的幼孫！」一旦先王們不開心，從天上懲罰你們，你們就不會有好下場！

……先後丕降與汝罪疾曰：「曷不暨朕幼孫有比！」故有爽德，自上其罰汝，汝罔能迪！

按照商人的宗教觀念，歷代商王死後會升到天上陪伴上帝，一直監護和保佑著自己的子孫，也就是後代商王，並隨時對人間降下福佑或者災禍。按照同樣的邏輯，貴族死後也會進入天界，有一點點干預人間的能力，自然也要保佑自己的後代。人間的分歧，似乎由此將發展成天界爭端。面對這個悖論，盤庚必須強調神界的規則：天界的貴族們必須服從諸位先王，不能偏袒自己的子孫；倘若現世的貴族違逆商王，你們的先祖自會大義滅親。

盤庚說，「當年，我家先王接納了你們先祖的投靠，所以到今天，你們才能做我（像牲畜一樣）養活著的人民。你們心裡有惡，會遭到刑罰和殺戮，我先王會（在天界）追究你們的先人，所以你們先人不會出手相救，只會拋棄你們，看著你們死掉！」

> 古我先後，既勞乃祖乃父，汝共作我畜民。汝有戕，則在乃心。我先後綏乃祖乃父，乃祖乃父，乃斷棄汝，不救乃死！

盤庚繼續說，現在，那些負責祭祀的人員已經準備好了祭品（貝和玉），「你們的先祖（跟著先王享受了我的祭品）就會告訴我家先王：『快給我孫子降下刑罰吧！』我家先王就會給你們降下不祥之災！」

> 茲予有亂（司）政同位，具乃貝玉，乃祖先父，丕乃告我高後曰：「作丕刑于朕孫！」迪高後丕乃崇降弗祥。

但在先王降罰之前，盤庚還要動用現世的刑罰殺戮。他用了生活中的事例來警告那些不安心搬遷的人：「你們思想頑固，不體諒我的苦衷，還試圖改變我的想法，都是在給自己找麻煩和痛苦。就像大家要坐船過河，就你不願意，在船裡繼續搗亂，不安好心，那我就只好把你扔到水裡去。你不好好反思，自己生氣又有什麼用？」

> 汝不憂朕心之攸困，乃咸大不宣乃心，欽念以忱，動予一人，爾惟自鞠自苦。若乘舟，汝弗濟，臭厥載。爾忱不屬，惟胥以沉。不其或稽，自怒曷瘳？

最後，盤庚恩威並施，用誘導和威脅結束了第一次講話：「嗚呼！如今我跟你們說的，都不要忘了。永遠感念我的大恩吧，別做自絕於我的事情。你們只要在自己心裡找到公平，就能懂我的道理，老老實實服從。再有不安心、不聽話的，想搞點為非作歹的壞事，我會切掉你們的鼻子，然後再殺掉你們全家，一個不留，那樣的話，新都城裡面就沒有你們的子孫後人了！去吧，你們這些活人！現在我就要讓你們搬遷，給你們建個長久的家！」

> 嗚呼！今予告汝不易，永敬大恤，無胥絕遠。汝分猷念以相從，各設中於乃心。乃有不吉不迪、顛越不恭、暫遇奸宄，我乃劓、殄滅之，無遺育！無俾易種於茲新邑！往哉，生生！今予將試以汝遷，永建乃家！

遷都大業終於完成。後面兩次講話都發生在新都城，因為意見分歧已經不太嚴重，所以盤庚發出的威脅少了，鼓動更多一些。他還是拿「上帝」當自己遷都的理由：「你們說我：『何苦震動萬民搞搬遷？』這並不是我的意思，而是上帝要回報我家高祖的好心，幫我家振興起來。朕只能虔誠地服從，老實承擔你們萬民的命運，在新都城永遠安家。」

爾謂朕：曷震動萬民以遷？肆上帝將復我高祖之德，亂（司）越我家。朕及篤敬，恭承民命，用永地於新邑。

在講話中，盤庚還特別提到了受上帝重視的「高祖」：「肆上帝將復我高祖之德，亂越我家。」在後世商王的卜辭中，「高祖」一般是指王亥。可能因為王亥曾首次帶商族北渡黃河，而盤庚王這次也是向黃河北遷都，所以會重點受到高祖王亥的福佑。

從〈盤庚〉講話來看，商王的權威來自天界的上帝，但商王並不和上帝直接溝通，而是由列祖列宗代表上帝干預人間。面聆盤庚講話的，應該都是商朝高級貴族，但盤庚對他們並沒有太尊重的稱呼，直呼其為「民」「汝萬民」「我民」，還有「眾」「汝眾」「爾眾」。至於王和這些高級「民」的關係，則是畜牧的畜——「汝共作我畜民」，「奉畜汝眾」——動輒以殺戮和神靈的懲罰相威脅，少有溫情，刻薄寡恩。

王還稱貴族們為「生生」，直譯為「活人」。這也是個提示：生殺予奪的權力在王手裡，所以任何人活著都是王的恩賜，再高級的貴族也不例外。

兩百多年後，商朝滅亡，當周公旦提出搬遷殷都的要求時，他也將和盤庚王一樣，對殷商貴族發布一番動員講話。而殷都的誕生與毀滅，就在盤庚和周公的這兩次講話之間。

◆洹北商城半途而廢

盤庚從哪裡搬遷，目的地又是哪裡？《史記．殷本紀》說是從黃河北遷到了河南：「帝盤庚之時，殷已都河北，盤庚渡河南，復居成湯之故居，乃五遷，無定處。」而事實正好相反，根據現代考古，實是從鄭州小雙橋遷到安陽殷墟（殷都）。

殷都地處古黃河西北側，太行山東麓的平原。洹水從太行山流出，向東注入古黃河，而洹水兩岸就是殷地。在殷墟甲骨卜辭裡，曾出現「殷」的地名，寫作「衣」，字形是一件寬領長袍，屬於音近的借字；不過它更常見的名稱是「大邑商」，在甲骨文中，「大」和「天」通用，所以也被釋讀成「天邑商」。商族人管自己的都城叫「商」，不管搬遷到何地，這個地名會一直隨行。

至於盤庚為何要遷到黃河北的殷地，史書和考古都沒有提供解答。《尚書．盤庚》曾提及商人在昔日的都城遭遇過一些困難，不夠安定。不過，從考古看，小雙橋時期的中商雖然稱不上宏大，但並沒有什麼勢力能威脅它，特別是在小雙橋的西方與南方，並不存在強大的族群，所以難以解釋盤庚為何向東北方向遷徙。

小雙橋都邑有一些來自山東地區的岳石文化元素，這似乎標誌著小雙橋朝廷和東方有著較為緊密的聯繫，按理盤庚應遷往山東。但事實卻又相反，之後的甲骨卜辭顯示，山東地區的土著（東夷）和商朝的關係並不算好。看來，融入小雙橋的岳石文化因素並不代表商朝和東方有著一種持久親密的關係。

也有學者從躲避水患和尋找銅礦等角度尋找遷都原因。〔2〕確實，殷墟比小雙橋地勢略高，也遠離大河，且西部的太行山還有銅礦；但問題是，滿足這些條件的地方還有很多，比如關中盆地的老牛坡商文化遺址以及晉南地區的垣曲和東下馮商城遺址也都遠離水患，臨近銅礦。

殷墟的考古發掘提供了一條線索：在這個階段，商人掌握了一種重要的技術——馬拉戰車，而這種技術可能是從北方傳來的。因此，盤庚向北遷都也許是為了更接近馬的產地。

上述這些，都是從「理性」層面尋找盤庚遷殷的原因，但在商人的時代，「理性」只是影響決策的一部分原因，還有相當部分是由鬼神和占卜決定的。這些「非理性」因素雖然無法復原，卻不能忽略。

洹北商城是盤庚王在洹河北岸規劃的一座大型城池，基本是正方形（邊長約二千二百公尺），夯土城牆底寬十餘公尺，規模超過早商的鄭州和偃師商城。顯然，盤庚試圖重建早商的黃金時代。

洹北商城的王宮區在城內中央偏南，有兩座大型宮殿基址，閉合的四合院結構，主殿堂在北面。一號宮殿基址很大，總面積近一．六萬平方公尺（東西長約一七三公尺，南北寬約九〇公尺），猶如一座標準操場。這座宮殿的規模打破了以往的紀錄，之後幾百年內也無法被超越。由此亦可見盤庚王當時的野心之大，所以商人貴族乃至民眾對遷都的牴觸情緒並非毫無道理，畢竟新都和宮廷的建設成本會落到所有商人身上。

宮殿正室內有埋狗的奠基坑，有多座臺階通往庭院，且多數臺階東側也都挖一座坑，埋一名奠基人。目前發表的簡報信息有限，還不清楚到底有多少座坑，以及坑內人的特徵。其他的房屋和門房旁邊也有奠基或祭祀坑，坑內主要是羊，或者是空坑，發掘者推測，可能是用酒和血祭祀。門房邊的奠基坑也埋了一個人。〔3〕

二號基址規模略小，面積約〇．六萬平方公尺，目前只發掘了一小部分。它的祭祀坑內沒有發現殉人。一口水井中有大量動物殘骨，黃牛和水牛都有，黃牛占絕大多數。〔4〕

洹北商城使用的時間不長，很多城牆段落還沒有完工，整座城池就被廢棄了。然後，商人在洹河南岸營建了新的王宮區，多數族邑聚落也都座落在洹河以南，這便是後世著名的「殷墟」。只是洹北商城

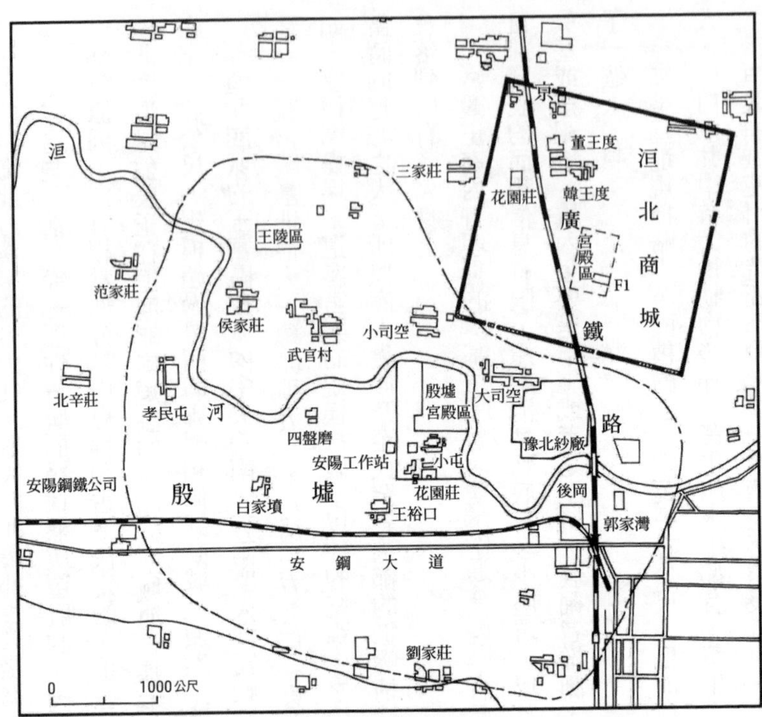

洹北商城與殷墟遺址群範圍

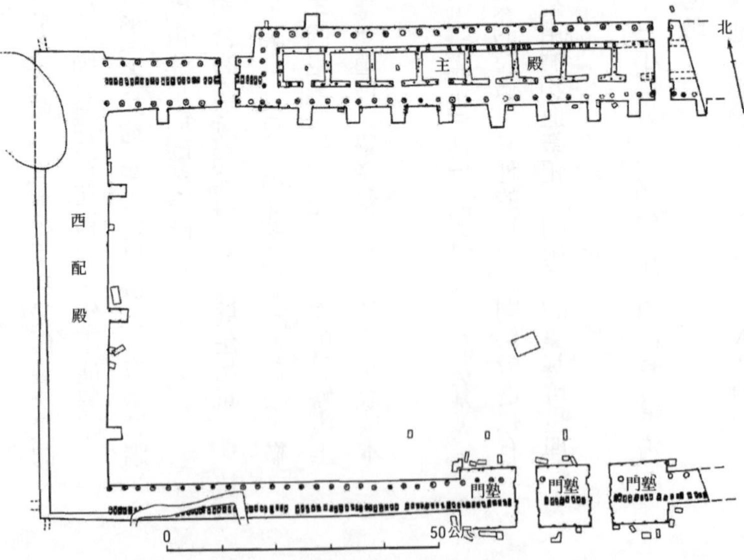

洹北商城一號宮殿發掘平面圖〔6〕

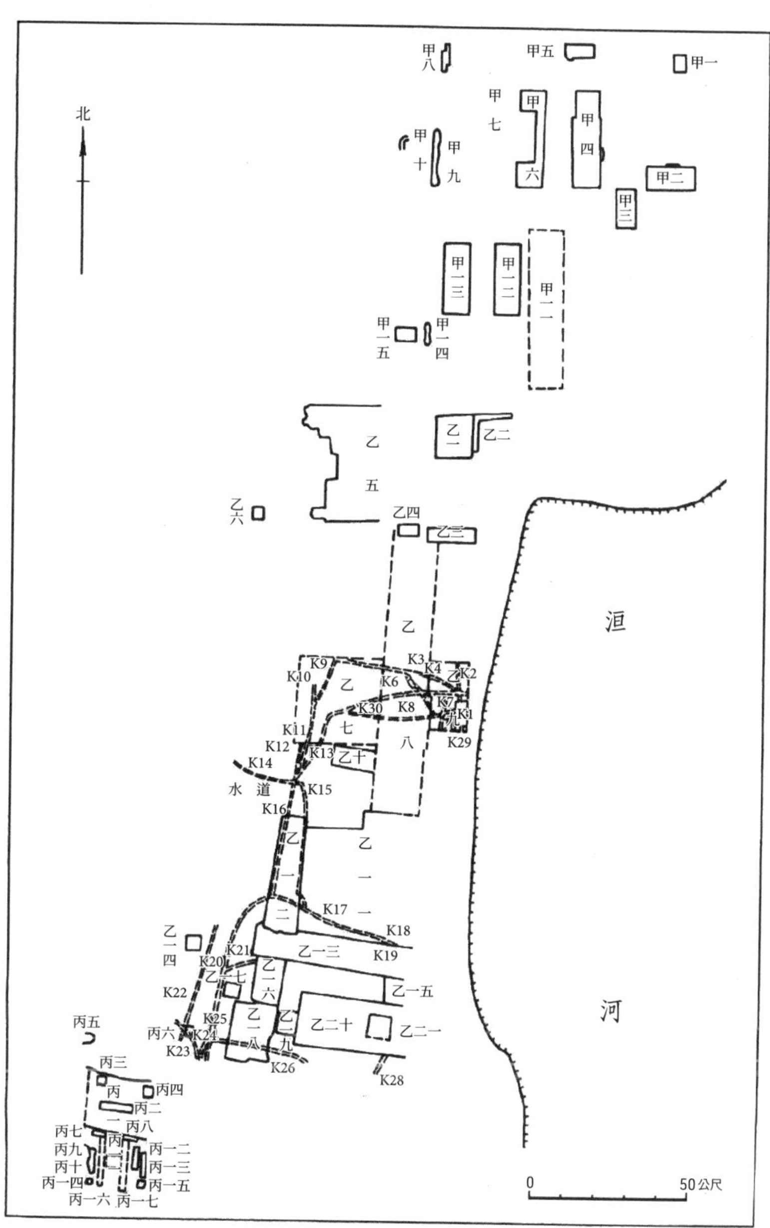
北
甲八
甲五
甲一
甲七
甲六
甲四
甲二
甲三
甲十
甲九
甲一三
甲一二
甲一一
甲一五
甲一四
乙五
乙一
乙二
乙六
乙四
乙三
乙
洹
河
K9
K10
K3
K4
乙K2
K6
乙七
K30
K8
K7
九
K1
K11
K12
K13
乙十
八
K29
K14
水道
K15
K16
乙一一
乙一二
K17
K18
乙一四
K21
乙一三
K19
K20
乙一七
乙一六
乙一五
K22
K25
乙一八
乙一九
乙二十
乙二一
丙五
丙六
K24
K23
K26
K28
丙三
丙一
丙四
丙二
丙七
丙八
丙九
丙十
丙一二
丙一三
丙一四
丙一五
丙一六
丙一七
0
50公尺

殷墟宮殿區建築〔7〕

被遺忘了三千多年，直到二十一世紀才被重新發現。

那麼，商人是何時開始搬遷到洹河南岸的？從殷墟出土的甲骨卜辭看，最早屬於第二十二王武丁時代。武丁是盤庚的侄子，他們中間還有兩位商王，盤庚的弟弟小辛和小乙（武丁之父）。所以，洹北商城可能只經歷了盤庚、小辛和小乙這三代，時間不超過五十年。

洹北宮殿區有大量燒毀跡象，如燒過的牆壁和屋頂倒塌形成的燒土堆積，有學者據此推測，可能洹北宮殿會發生火災，損失慘重，武丁王認為這座遲遲未能完工的大城不吉利，便廢棄了它，在洹河南岸建造了新的宮殿區。〔5〕

◆武丁王的新殷都

新宮殿區座落在洹河彎內側，今安陽小屯村北，「殷墟博物苑」所在地。

營建新宮殿時，武丁拋棄了之前的「城池」都城模式。他可能不相信商朝都城會受到外來威脅，認為與其耗費龐大的人力夯築城牆，不如主動對外擴張。武丁規劃的宮殿也不再是封閉的大院落，而是若干座彼此獨立的大型建築，皆有厚達一公尺的夯土地基、木柱框架結構和厚重的夯土牆，足以抵抗地震，且分散的單體結構也更利於防火。

王宮建築大多面對著洹河和太陽升起的東方，南北狹長。最北端被劃為甲區，是商王的主要生活區，有五六座主體殿堂，還有飼養禽鳥的苑囿，可能喻示商人的鳥崇拜信仰。宮廷雜役人員住的小房子則星羅棋布在周邊。

在甲區，甲十一宮殿基址最大，南北長四六．七公尺，寬十．七公尺。最大的木柱安放在圓形鑄銅片上，而不是常見的柱礎石。夯土中有一枚人頭骨，但因為沒有挖開宮殿的夯土地基，尚不知道用了多少顆人頭奠基。

甲十一西側是甲十二基址，南北長二十．五公尺，東西寬八．七公尺。兩圈柱洞遺跡顯示，這是一座有重簷結構的殿堂。在兩個柱洞旁邊，各發現一枚頭骨，其中一枚是沿耳和鼻砍下來的半截人頭。〔8〕

甲區面積不大，南北跨度一百公尺左右。它的南端是乙區，這裡殿堂更多，也更宏大，且每座大殿周邊都有多座殺祭坑。考古學者推測，乙區是商王的宗廟區，供奉自商族始祖契以來的歷代先王和先妣。

最大的祭祀區在乙七基址南側空地。這裡密集排列著一百多座祭祀坑，用人數量超過六百，還有馬車五輛，馬和牛數十頭，羊和狗過百隻。有些坑中埋的是被砍了頭的密集屍骨。也有些是單人坑，人牲攜帶兵器，被擺放成跪坐、手持戈盾造型。殷墟博物苑復原了部分乙區祭祀坑，還加了玻璃頂蓋做露天展示，以方便參觀者直面商王朝的獨特氣質。〔9〕

乙區也是商王議事辦公的主要場所，因為重大決策需要用甲骨占卜請示歷代先王，所以宗廟也是議政堂。有些御用占卜師也住在這裡，以隨時給商王提供服務。緊挨著人祭區的乙十二殿堂旁邊，有一座窖穴ＹＨ127，裡面堆放著一．七萬多片甲骨，主要是龜甲，經過釋讀，是武丁王時期的卜辭。這裡可能是一座卜甲儲藏室，過期之後被填土埋藏。甲骨堆裡還有一具完整屍骨，發掘者推測是甲骨保管人，最後被「隨葬」給了甲骨檔案，成為守護窖穴之鬼，保護著這個祕密長達三千多年。武丁王留下的甲骨很多，在殷墟的散布範圍也更廣，遠不止ＹＨ127。

乙區祭祀坑大都是供奉給先祖的，但王宮區面積有限，幾次祭祀就可以用掉這片廣場，武丁只好在洹河北岸規劃新的王陵區和祭祀區。此後，乙區殿堂的宗教職能減少，功能上逐漸向甲區靠攏。占卜師家族的繁衍也很快，他們向南搬遷了數百公尺，在今小屯村一帶形成了新的占卜師聚落。〔10〕

在乙區西南側十餘公尺處，是被發掘者稱為丙區的部分。這塊基址範圍很小，方圓不過三十公尺，而且遺跡很特殊，只有一些窄小的夯土台和祭祀坑。有五座祭祀坑埋有被砍了頭的人，其中一座埋有二十人，其餘四座都是三人；有些祭祀坑埋的是狗和羊；有八座則填滿黑色灰燼，混雜著羊骨；還有些是空的。灰燼是焚燒祭品的「燎祭」遺存，空的坑裡獻祭的應該是酒和血。由此推測，這些窄小的夯土台不是普通建築，而是獻祭的祭台，用來屠殺、分割人和牲畜，擺放祭品。

商王的祭祀有很多種，直接埋入地下的只是一部分。在甲骨卜辭裡，商王也常祭祀自然神，有四方風、鳥、河、岳等，對這些神，經常使用燎祭。丙區的祭台和祭祀坑可能主要供奉自然神。〔11〕

乙區和丙區的東南側，也就是發掘者稱為「丁區」的部分，有一組大型建築，可能是商朝王室的「大學」，我們後文會詳細介紹。

商人各族邑聚落星羅棋布在王宮周邊，形成直徑達五六公里、廣闊而鬆散的「殷墟遺址群」，地跨洹河南北，面積超過三十平方公里。每座族邑聚落都是一個基本獨立的經濟單位，周邊是自己的農田和牧場，也大都有自己擅長的手工業作坊，如鑄銅、製骨、製陶等。此外，肯定還有不容易留下遺跡的產業，如紡織、印染、木器（造車）、皮革和食品加工等。

武丁王建設的殷都使用了二百年左右，雖然有過小規模的改建和擴建，但基本格局一直未變，直到商朝終結。

剛對殷墟進行考古發掘時，還沒有人意識到殷都如此龐大而鬆散，畢竟，最初的「殷墟」概念只是小屯村北出土甲骨的王宮區。所以，初期的保護區範圍非常有限，甚至安陽市西北郊還被規劃為鋼鐵工業區，結果，大量商代遺址遭到破壞。

在工廠、樓盤、鐵路和機場的縫隙中，仍不時有商代族邑被發掘出土，它們普遍用人祭祀、奠基和殉葬。這是商文化，也是中國上古人祭文化最後的「輝煌」。

◆王陵與殉葬人

宮殿區向西北方五公里外，是殷都王陵區。

從一九三五年開始，王陵區的大規模考古發掘已發現十多座王級墓葬，墓穴的邊長都超過十公尺，有的甚至二十多公尺，深度也超過十公尺。這是迄今發現的最古老的王級墓區，有些因地下水湧出而無法發掘。

墓穴在建造過程中，一旦挖得過大過深，運土和安置棺槨等工作就會變得很困難，為此，需要建造緩坡形的「墓道」以方便進出。王陵區的大墓中，四墓道的有八座，雙墓道的有三座，單墓道的有兩座。〔12〕

從空中俯視，四墓道大墓呈十字架造型，其中，M1576的挖掘尚未完工，只挖出部分方形墓穴，沒有墓道，也沒有埋藏物。有學者推測，它是末代紂王帝辛給自己建造的墓穴，但後因紂王身死國滅，墓穴沒有被使用。

這些王級大墓周圍，還分布著一些王族顯貴的墓。

商人高級墓葬的建設程序是，先挖掘墓穴和墓道，然後在墓穴底部挖出方形的墓室，裡面用木料搭建槨室，猶如一座木房子。槨木往往雕花，刷紅漆，造型美觀，槨室內則放置棺木和最珍貴的隨葬品以及墓主最貼身的殉人。墓主入葬後，槨室頂部會蓋上木料，接著在墓穴二層台繼續放置隨葬品和殉人，然後填土，逐層夯築，直至大墓完成。

有些埋葬在王墓二層台上的殉人地位較高，有自己的棺材，也有青銅兵器和禮器以及玉器隨葬，甚至還有屬於自己的一兩名隨葬人。可惜的是，王陵區所有的高等級墓都遭到嚴重破壞，不僅隨葬品基本被洗劫一空，墓穴結構和棺槨構造也多被挖毀或焚燒，基本無法判斷這些王陵屬於哪一位商王。

王陵的墓穴和墓道裡還殘留著大量殉葬屍骨。殉人的程序是：一，先在槨室底部挖若干坑，分別埋入一人或一狗，人多持青銅和玉石兵器，身分是墓穴守衛者。這是商人「腰坑殉狗」葬俗的豪華版本。二，安置完這些殉人和殉狗後，再搭建槨室。三，在墓中各處擺放殉葬人，如棺槨外、墓穴內、墓穴邊緣土台和墓道，甚至對墓穴填土夯築時，也會繼續埋入完整或被肢解的殉人。每座王陵的殉葬者至少有數百人，這還是被嚴重破壞之後的數字。

有些墓穴和墓道因裝不下過多屍首，所以會只埋入人頭。比如，M1550大墓埋有二四三枚人頭骨，北墓道擺放二三五枚，南墓道擺放八枚，多數都帶著幾節頸椎骨，發掘報告認為，這「證明當時是將人頭砍下，連皮帶骨地埋在夯土中」。[13]這些殉人的屍骨，則被埋入依附於王陵的殉葬坑群：王陵旁有成排的長方形坑，尺寸類似單人墓穴，每座坑裡都密集埋有十來具無頭屍骨。其他王陵也有類似現象。

在王陵區大墓中，最東端的50WGM1遭受的破壞稍輕一些，還能看出一些基本的墓葬結構。它有南北兩條墓道，在王陵區屬於規模較小的王級墓葬。槨室內部雖然已經被破壞，但東西二層台上的殉人基本完好：東側葬十七人，其中E9棺隨葬銅戈三件，銅簋、銅爵、銅斝和銅觚各一件，以及駕馭馬車的銅弓形器一件，說明這位殉人擁有自己的車馬。西側葬二十四人，其中W8棺隨葬銅戈一件，銅鼎一件，銅觚和銅爵各兩件，此外，還有玉器和各種小件銅器。發掘者推測，E9和W8分別是東西殉葬隊伍的首領。

比較可見，西側二十四人共隨葬玉器十件，小巧的銅戈三件；東側十七人共隨葬玉器五件，厚重實用的銅戈六件。西側，人骨多腐朽；東側，人骨多健壯，保存完好。他們可能分屬墓主的兩種家僕，東側負責保衛和戰鬥，西側負責家務。此外，北墓道內埋了二人、四犬和十六匹馬，是墓主的出行車馬隊。

整座墓發現殉葬者全屍四十五具，頭骨三十四枚，還有犬、馬、猴、鹿以及難以辨別種類的動物骨骼。該墓也在後期被破壞，這只是殘存的數量。[14]大破壞前，破壞者在50WGM1墓穴口挖了一個直徑六公尺的破壞坑，向下直達槨室，先是洗劫了所有物品，然後點燃了棺槨，大火燒紅的槨室土壁足有二公分厚。

雖然被嚴重破壞，有些王陵裡還是能發現一些出人意料之物，如巨大的鯨魚骨頭，看來商人與海洋一直有某種聯繫，只是現存的甲骨文從未記載這些，我們也就無從知曉細節了。

發掘中的王陵區M1550大墓[15]

剛發掘完的雙墓道大墓50WGM1[16]

◆密如繁星的人祭坑

除了王陵下葬時的殉葬者，商王每年都要祭祀歷代先祖，而這需要大量人牲。在王陵區的東半部分，有成排、密集的小型墓坑，裡面填埋了多具身首分離的屍骨。一九三四—一九三五年，中央研究院的考古隊在這裡發掘了一二二一座「小墓」，其中少數是殉葬坑，多數是祭祀坑，但發掘的詳細資料一直沒有發表。

此後，王陵區又多次發掘出祭祀坑，如一九五〇年、一九五九年、一九七六年、一九七八年，每次都發掘數十甚至上百座，加上已經鑽探定位、未經發掘的七百多座，累計發現祭祀坑二千二百座左右。直到二〇二一年，還有新的祭祀坑陸續被發現。

一九七六年，在50WGM1南側發掘出一九一座祭祀坑，被完全破壞、屍骨無存的有二十二座，局部被破壞的有二十一座。這次發表的信息稍微多一些，可以據此了解商代王陵祭祀的一些細節。〔18〕

一，這些祭祀坑分兩種：一種南北朝向，占大多數，埋的是斬首的青年男性；另一種，東西朝向，埋的主要是全屍的青年女子和幼兒。從疊壓次序來看，東西向祭祀坑要晚一些。根據坑中器物，發掘者推測，南北向坑是武丁王時期的，東西向坑是武丁的兒子祖庚和祖甲，甚至祖甲之子廩辛王時期的。總的來說，這些祭祀坑的使用時間跨度近百年。

二，在甲骨卜辭中，砍頭獻祭多稱為「伐」，這是商王獻祭時使用最多的方

墓道裡成排的人頭，每排10個〔17〕

式。就發掘的南北向祭祀坑看，多數砍得頗為草率，「有些人的頸椎上還殘留有下顎骨，或上顎骨。在有的下顎骨上亦可以看到刀砍的痕跡」。一九五九年發掘的祭祀坑也有這種現象：「人骨架……存上下顎骨，牙齒俱存，斬殺時慘狀可想！」[19]在砍頭之前，有些人牲可能經歷過虐殺：「有的骨架上肢骨或下肢骨被砍，有的人架手指被砍去，有的人架腳趾被砍去，還有的人被腰斬……M161內埋奴隸遺骨八具，頭皆被砍去，而且大部分手指和腳趾被砍去。」

三，還有些人牲甚至被肢解。甲骨卜辭中有攺祭，有學者認為，這是一種剖腹取腸、剝開肢體的祭祀。[20]此外，還有「歲」(歲)祭，甲骨文字形是用斧鉞剝開肉塊，也是一種肢解獻祭。所以，一些祭祀坑中填滿了被分屍後的殘骨。比如，M141，亂骨「重疊三四層，堆積高達一公尺」，應當包含數十人；M137，有四具肢解後的殘骨，有的骨頭有刀痕，似經歷過剝皮剔骨等操作，此外還有人牙四顆、狗牙五顆和豬牙三顆，發掘者推測，可能有些人牲是和豬狗一起被屠剝、烹食和獻祭的。

四，在稍晚的東西向祭祀坑中，人牲主要是青年女子和幼兒，大多被捆綁活埋，很多人保持著掙扎的姿勢。少數坑也混雜被斬首的男子。個別坑以埋葬器物為主，如M229，埋有大小銅鼎兩件，銅斗一件，陶器兩件，以及兩腿被綁、俯身活埋的幼童屍骨一具。

五，上述這些祭祀坑中，只有極少數有「隨葬品」，主要是一些隨身佩戴的小件玉飾，如玉簪和玉魚，說明個別人牲並非赤貧的戰俘或奴隸。其中，在八名有較高級飾物的人牲中，屬於早期南北向坑的兩座，晚期東西向坑的六座。這樣看來，好像武丁朝後用相對有些身分和財產的女性獻祭的現象增加了。但這種區別未必是祭祀禮儀的變化，畢竟一九七六年發掘區面積和樣本有限，並不能代表總體情況。

六，經統計，這一九一座祭祀坑共埋有屍骨一一七八具，但這並不是完整數字，除了有些坑被破壞，還因一九七六年的發掘比較倉促，統計有疏漏。二〇一三年，考古隊再次挖開了當年發掘過的三座祭祀

1. M26　2. M1　3. M39　4. M161　5. M6　6. M139

部分祭祀坑平面圖

坑（M57、M58和M208），原報告中，這三座坑分別埋有六人、八人和七人，但經過重新核對，每座坑均埋有十人。〔21〕按照這種漏計比例，一九七六年發掘的屍骨總數會達到一六八三具，減去二十二座完全被破壞的坑，按一六九座統計（包含二十一座被局部破壞的），則平均每座坑內大約埋葬十名人牲。此外，王陵區有些地段還沒有進行探查，而且很多坑已被農業活動平毀。一九七六年發掘時，考古隊從村民中調查得知，以往該地棉田內時常挖出成堆掩埋的人頭骨。這應當是無意中挖毀的祭祀坑。

七，按位置和尺寸，一九七六年發掘的這一九一座祭祀坑可分為二十二組，每組代表一次單獨的祭祀活動。坑數最多的一組有四十七座，最少的有一座。照此計算，則平均每次獻祭挖坑八．七座。目前，王陵區已經發現祭祀坑約二

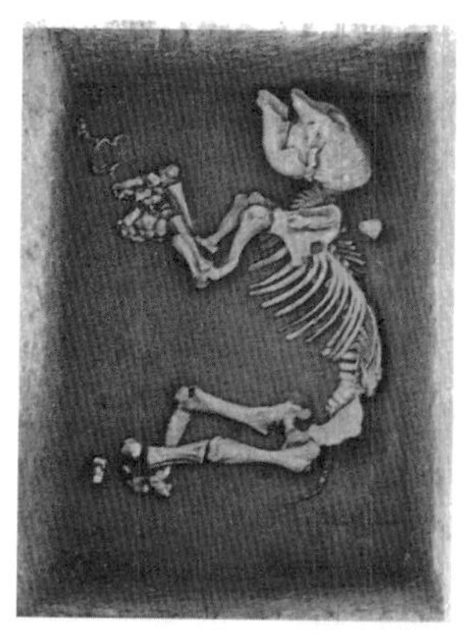
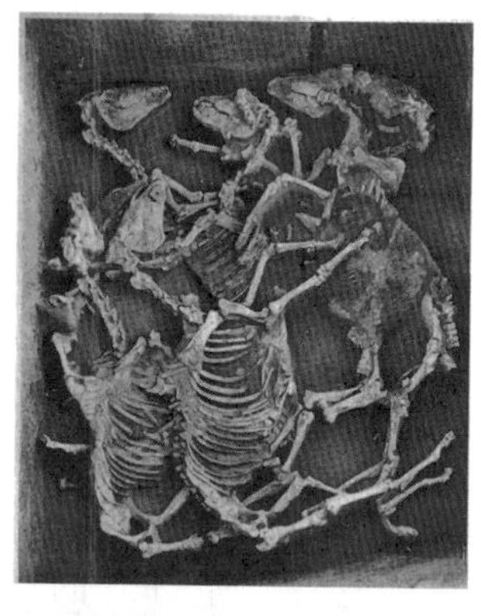
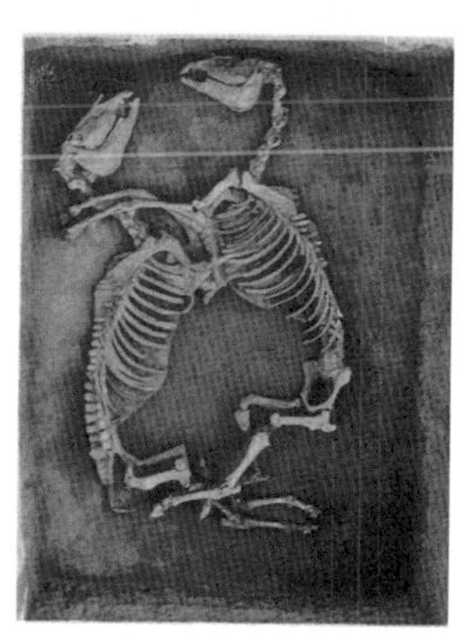

一九七八年發掘的馬坑和象坑〔23〕

千二百座，按上述規模計算，應當有二五三組，恰好和殷墟王陵區的使用時間接近，照此推測，王陵區大概平均每年會舉行一次大型祭祀，並埋下一組祭祀坑，如此持續了約兩百年。

八，王陵區祭祀坑內埋的並不都是人牲，還有少數「牲祭坑」。一九七八年，祭祀區南側發掘出四十座祭祀坑，其中，有三十座埋馬一一七匹，有五座各埋一人，還有五座埋的是各種家畜和獸類，除了豬狗牛羊，還有亞洲象、狐狸、獼猴和河狸。[22]牲祭坑排列嚴整，各種動物的擺放也非常整齊規範，甚至有種美感。其中，亞洲象很年幼，尚未長出門齒，背部有一枚銅鈴，顯然是人工養殖的。在它的前方坑角，擺放的是一頭幼豬，大小相對，構圖感很強。由此，我們可以合理推測，豬狗牛羊屬於商王奉獻給先祖的食物，馬和各種野生動物是給先祖的生活用品和玩物。比如，一九七六年發掘的一座坑中，就埋有一人和五隻鷹，這應當是把馴鷹師和鷹都獻給了先王和先妣。

◆砍頭的認真程度

王陵大約二十年左右增加一座，祭祀坑則每年都會增加。雖然王陵中的殉人和祭祀坑中的人牲大都被砍頭，但這兩者間還是存在著細微的區別。

如前所述，王陵墓穴中的人頭骨多數連著幾節頸椎骨，說明屠殺時有人專門負責拽住人牲的頭髮，使其脖子伸長受刃。

這種殺祭方式在甲骨文中有專門的字，除了「伐」，還有一個字：𢧵，寫作[甲骨文字形]。學界普遍認為，該字像一人雙手反縛，髮辮直豎，一把斧鉞正砍殺人頭之形。[24]有些甲骨卜辭的𢧵，人頭上方還會畫一隻手，寫作[甲骨文字形]，表示砍頭時有人用手拽著受刑人的頭髮。[25]

把頭髮編成束狀的用途很明確，顯然是為了防止人牲縮脖子。伐是用普通的戈砍頭，鉞則是用尊貴的鉞，所以砍頭的過程也更認真，有可能是由王或王后等領袖人物親自執行。

王陵墓道中擺放著比較完整的人頭，以示對剛去世的先王的尊重。這是孝子的人之常情。至於每年向歷代先祖的獻祭，就沒有這麼講究和投入了：祭祀坑中的無頭屍身，往往連帶著下顎甚至上顎骨，說明每年例行的祭祀的隨意性更大。

殷商的王陵祭祀對男性人牲和殉人多用斬首，甚至肢解，而女性則多能保存全屍。這背後的宗教思維可能是：男性俘虜和奴隸具有反抗能力，砍頭可以使其靈魂徹底馴服；相對而言，女性奴隸和戰俘則缺少攻擊性，甚至也有給男性先王和諸神充當性奴之用，自然需要保存全屍。當然，性別不全是區分用途的標準，無論男性還是女性人牲（殉人），都可能被肢解、剔剝，甚至烹飪加工。

殷墟宮殿區發現近千名人牲，王陵區則有上萬，這說明商王室獻祭的主要場所是王陵區。而目前在早商的鄭州商城和偃師商城以及中商的小雙橋遺址尚未發現王陵區，這意味著它們的大規模獻祭區可能還未被發現。

早商和中商宮殿區的獻祭人牲，頭骨經常被銳器戳出孔洞，但到殷商時期，這種現象已經很少見。這是祭祀方式的重要轉變。

甲骨卜辭中記錄的很多祭祀現象，在考古中還難以找到對應。比如，「沉」祭，是指把祭品投入河中，祈求河神的庇護，自然難以留下考古現場；還有用血或內臟獻祭的字，但它們也不可能在地層中保留下來；幾乎沒有用馬獻祭的記錄，但祭祀場中卻有數以百計的馬牲，這也是考古和卜辭不能對應的地方。

以上是商王室的人祭和人殉。而王室之下，還有為數眾多的貴族，他們的人祭和人殉雖然不如王室集中，但分布範圍更廣，隨時代升級的趨勢也更加明顯。

從考古來看，在盤庚遷都前，殷地已是一座比較繁榮的商人聚落，不僅有隨葬銅禮器的墓葬，還有超過二百平方公尺的夯土建築。

發現兩座早於盤庚時期的庭院建築（分別編號為F1和F2），其中，F1有奠基人七名，F2則至少有五名（發掘不完整）；主要是幼兒，超過一歲的，腿或下半身會被砍掉。F2東側還有一座祭祀坑，裡面有兩具屍骨和一枚頭骨，與散亂的紅燒土塊堆積在一起。[26]這是典型的商人宗教遺存，所以，對於盤庚朝廷來說，殷並非陌生的化外之地。

在殷都早期以及宮殿區從洹北遷到洹南的前後，商人似乎嘗試過一些奇異的占卜方式。在洹南宮殿區南方一公里處的苗圃北地遺址，發掘出一些這個時期的灰坑，其中有各種動物和人的零碎骨頭。一期的H19有大量占卜用牛肩胛骨和六塊人髖骨殘片，而且人髖骨被鑽鑿出圓坑和長方形坑，還有灼燙之後的裂紋。顯然，這是操作者在嘗試用人骨預測的準確性。

在H19及旁邊的灰坑一共發現一百五十多塊人骨，大都是殘碎的，有髖骨、臼骨、脊骨、肢骨、顱骨和顎骨等，占獸骨總量的十分之一。這片區域有可能是座骨器作坊，H19則是一位占卜師的工作地點，他應該就住在作坊旁邊，以方便揀選、加工和實驗各種骨頭占卜的準確性。

殷墟苗圃北地的人髖骨卜骨碎片[28]

製骨的下腳料則被扔到了灰坑之中。人骨的預言效果似乎不如牛骨，所以並沒有普及開來。再以後，商人用龜甲占卜的現象明顯增多，這應當也是商人反覆試錯之後的收穫。〔27〕

◆附錄二：第一顆蒸鍋人頭……………

一九八四年，考古隊又一次發掘了幾座殷墟王陵區的墓葬，包括曾經被盜出過「司母戊方鼎」的M260——它可能是武丁王的一位夫人「婦姘」的墓。

這座大墓旁邊，還有些相對較小的貴族墓葬。這些墓主應當是王室近親，所以獲准埋葬在王陵區。其中的M259，從地層和隨葬器物看，屬於殷墟二期，約在武丁王中晚年。

M259墓室內的二層台上有一具兒童屍骨，頭被砍下，壓在自己身下；沿著東西兩側的二層台，順序擺放成年人頭骨十四枚，其中一枚盛放在銅甗（蒸鍋）內，銅甗是躺倒的，局部被壓扁，可能是木槨室塌陷所致；墓室腳端的二層台上有牛腿等食品。此外，墓穴填土過程中還殺了一人埋入。

人頭骨所屬的軀體不在墓穴內，可能因為墓穴面積有限，便在墓穴兩側各挖了一座坑：東側坑埋無頭骨架六具，西側坑埋八具，

M259出土的銅甗和裡面的人頭

正好和墓穴內的十四枚頭骨對應。〔29〕銅甗是蒸食物的炊器，裡面的人頭會不會是被作為食物蒸熟的？在當時，考古工作者從未想過這種可能性。直到十幾年後，在另一座殷墟貴族墓葬也發現了銅甗人頭組合，而且人頭所屬的軀體就在旁邊，人們這才對商朝的人殉行為有了新的認識。

◆附錄三：甲骨卜辭中的獻祭人數

胡厚宣先生根據甲骨卜辭統計過殷商諸王的獻祭人數。他共找到有關人祭的甲骨一三五〇片，卜辭一九九二條，合計共獻祭一三〇五二人。此外，還有一一四五條人祭卜辭未記載人數，即便按最少一人計算，甲骨卜辭記載的獻祭總人數也會超過一．四萬。

按卜辭所屬時代劃分，殷商各期的人祭數量是：

一，屬於武丁王的人祭卜辭一〇六〇條，獻祭九〇二一人。另有五三一條卜辭沒有記載人數。

二，在武丁之子祖庚（第二十三王）和祖甲（第二十四王）期間，有人祭卜辭一一一條，獻祭六二二人。另有五十七條卜辭未記載人數。

三，在廩辛（第二十五王）、康丁（第二十六王）、武乙（第二十七王）、文丁（第二十八王）期間，有人祭卜辭六八八條，獻祭三二〇五人。另有四四四條卜辭未記載人數。

四，在最晚期的帝乙（第二十九王）和帝辛（紂王，第三十王）期間，有人祭卜辭一一七條，獻祭一〇四人。另有五十六條卜辭未記載人數。〔30〕

上述統計中，武丁王獻祭的人數最多，占殷商諸王的六九%；不過，這只是出土甲骨的樣本，未必完全代表實際發生人祭的比例。最明顯的是在祖甲、帝乙和帝辛時期，人祭卜辭數量很少，而這很可能是因為祭祀制度不同造成的。

在武丁等多數商王的時代，王的祭祀有較大的不確定性，每次獻祭之前都要占卜詢問獻祭的方式和數量是否符合神靈的意旨，這自然會留下大量關於人牲的記錄。但祖甲、帝乙和帝辛三王實行的是所謂的「周祭」，方法是按照天干順序，為所有需要祭祀的先王和先妣制訂一年週期的祭祀表，固定每次祭祀的時間和形式，所以卜辭中便不再記載獻祭用人和動物的種類與數量。〔31〕關於「周祭」到底使用哪些和多少祭品，目前還沒有準確的結論。

第十一章 商人的思維與國家

商王朝留下了眾多遺址、文物以及纍纍白骨，那麼，這個身居華夏文明源頭的王朝是如何運作的？商王如何解釋自己的權力來源？他的臣民對此又是如何理解的？

商朝已經有了文字，即使按最嚴格的「文明」標準，它也完全符合。商代甲骨文和後世的漢字一脈相承，從未中斷，這自然會給現代人釋讀甲骨文帶來天然的便利，但也會有誤導，容易讓現代人以為商朝的文化和政體很容易理解。其實，它和西周之後的華夏文明很不一樣，和戰國之後的中國更是判若雲泥。

假設一位戰國時代的思想家，如孟子或者荀子，親身訪問商朝，其所見所聞將會徹底顛覆那些從史書中獲得的認識。現代考古學也只是揭開了真實商代的一個小角，不僅如此，如何解讀考古發現甚至復原真正的商文化，卻是更加困難的工作。

冷酷而暴力的世界觀

殷墟雖然出土了十多萬片甲骨卜辭，但它們都是商王針對特定問題的占卜記錄，並沒有宏觀的自我陳述。相對而言，《尚書．盤庚》記載的盤庚王的遷都講話在這方面有不可替代的價值。

盤庚的講話中，頻頻出現「德」字，似乎商人已經有了一整套道德觀念。其實，商人的「德」和後世的意思還不太一樣，它不是客觀的行為規範，而是具體的「給好處」之意。王的「德」是給臣民好處，它的反義詞是懲戒，是「罪」和「罰」，兩手都不可少：「用罪伐厥死，用德彰厥善。」〔1〕直到周公在西周初期發展出「敬德」的理念，「德」才逐漸被當作一種通行的價值觀。

在商人的眼裡，世界是冷酷的，充滿暴力、殺戮、掠奪和不安全。他們不認為鬼神有明確的善惡觀念，或者說，商人本沒有明確的善惡觀念，自然也不會想像鬼神能有。商人認為鬼神會隨時、隨意給任何人降下災難，大到災荒和戰亂，小到生活中的各種不如意，都有鬼神在背後操縱，即便是商王也難免。為獲得鬼神的恩寵，或者不降禍，商王一直在向鬼神奉獻大量祭品。但這仍不能保證有效。在甲骨卜辭中，商王頻頻占卜詢問：「帝其降我旱？帝弗害年？唯帝令作我禍？唯帝肇王疾？帝其作我孽？」翻譯成白話就是，上帝最近會不會降下旱災？會不會損害年成？上帝會不會保佑我？會不會讓某個異邦起兵攻擊我？會不會讓我生病？

除了上帝和大大小小的自然神，直接影響商王生活的是天界的列祖列宗。但凡商王有任何不適，包括牙痛、耳鳴或者噩夢，都要先預判是哪位先王或先妣在作祟，然後用占卜確認，並決定舉行哪種祭祀，以消弭祖先祖神的憤怒。

上帝和先王不僅需要人牲在內的各種祭品，還垂涎著世間的活人，包括商王的夫人。武丁王最倚重夫人婦好，但她不幸早逝，於是武丁王占卜詢問：「是上帝要娶婦好嗎？還是唐（商湯）、大甲、祖乙、父乙（武丁之父小乙）要娶婦好？」

最後，占卜的結果刻在了甲骨背面，但似乎並不是上面列舉的幾位，而是商族建立王朝之前的第八代酋長上甲微。〔2〕

惟帝取婦好？（《合集》二六三七）

惟祖乙取婦？惟父乙？（《庫》一〇二〇）

惟唐取婦好？惟大甲取婦？惟祖乙取婦？婦好有取上。王占曰：上惟甲。（《合集》二六三六）

商人對世界秩序的理解，也表現在他們創造的甲骨文裡。甲骨文裡最常見的是和殺人有關的字，其意思不僅是殺戮，更是儀式化的殺人獻祭。

戈，是商人使用最多的兵器，甲骨文寫作。而以戈為部首，又有一系列會意字，如伐，甲骨文寫作，在甲骨卜辭中出現極多。用戈砍一個人，是伐；砍兩個人（象徵多個），則是「殲」，甲骨文寫作，至今繁體的「殲」字還保留著原字形。殷墟祭祀區出土的大量身首分離的屍骨，大都是伐祭的遺留。

殷商的人祭多用羌人，可能是為書寫方便，占卜師甚至給「伐羌」專門造了一個字，甲骨文寫作，字形是用戈砍一名羌人。

職務的「職」，甲骨文寫作，隸定為戠，繁體的「職」即從此來。的字形是「戈」＋「石」，顯然，石頭是磨礪戈刃用的。在卜辭中，這個字的意思是等待的待，因為磨礪戈是為了砍殺，本身就是個需要等待的過程。卜辭中經常出現「戠，亡尤」，意為「等一等，不用擔心」。由此，又引申為「職務」的「職」字，因為職務本身也是待命狀態。

戍，甲骨文寫作，像一個人扛著戈，代表出征和戍衛。戎，甲骨文寫作，是「戈」和「盾」兩個字的組合，意為戰爭。西部周族語言中的「戎」字有野蠻人之意，如「戎狄」，被後世一直沿用，但商族人的戎字本無此意。

翦，甲骨文寫作，像一撮羽毛裝飾刃部的戈，意為攻占和普遍性的殺戮。羽毛的意義不詳，也許商人崇拜鳥，就將鳥羽作為神聖的標誌。但在甲骨卜辭裡，不僅有商人「翦」別族，蠻族也可以「翦」商的城邑。後來的周人史詩把他們的滅商事業稱為「翦商」，也是取其宏大之意。

除了大量「戈」部的字，類似兵器造型的還有天干的「戊」，甲骨文寫作；地支的「戌」，甲骨文寫作；甚至第一人稱的「我」，甲骨文也是寫作。由此，便又造出一些常用字，如歲、義、咸、成等，其本意是什麼已經很難判斷，但肯定都和殺伐有關。甲骨文的「王」字，甲骨文作，一把戰斧（鉞）的刃部，象徵軍事征伐是王專有的權力。〔3〕

除了對敵人（外族）的殺伐，在商人自己的生活裡也不乏暴力。如「教」字，甲骨文寫作：右邊是攵，手拿一根棍子；左上是「爻」，一種用擺放草棍計數的方式；下面是「子」，也就是幼兒。顧名思義，用棍子督促孩子學習算數，就是教。爻字可能讓人聯想到八卦，不過早期的爻還沒有八卦占算之意，只是單純的算數，但更晚的八卦的確是從草棍算數發展來的。

手拿棍子的部首或偏旁，不僅有「攵」，還有「攴」，都表示威脅和驅趕之意。此外，還有手拿戰錘的「殳」部，寫作，比如甲骨文，就是一種用棍棒擊打人牲頭部致死的祭祀方式，在祭祀北風之神時會用：「〔北方曰〕伏風曰。」（《合集》一四二九四）

甲骨文是標準的「男性文字」，而且是龍山文化之後部落舊習未褪時代的男人們創造的文字。那時還沒有後世人理解的王朝秩序，部族之間的掠奪和殺戮司空見慣，嗜血的諸神主宰著蠻荒大地。

當然，甲骨文裡也有女人的形象。「女」，甲骨文寫作，像一個跪坐姿勢的女子，以馴服的造型和較大的胸部為特徵。手抓一名女子，則是「妥」，甲骨文寫作，一種用女子獻祭的方式。「母」，甲骨文寫作，在女字的胸前加兩點，突出其哺乳的特徵。商人稱尊貴的女性為「婦」，如著名的商王夫人「婦好」和「婦姘」。

「婦」字的帚部，甲骨文寫作[illegible]，一把掃地的笤帚，由此可見商人默認女性的職能是做家務，用笤帚即可代表婦女。至於當時和女人有關的工作，如紡織、縫紉和製衣，在甲骨文裡很少有相關的字，看來它們不屬於製造、使用文字的男人（武士）關注的內容。

當然，王的夫人（王后）會很有權勢，經常主持戰爭和祭祀，但這並不代表商朝總體的性別秩序。

◆外來技術與殷商中興

早商的擴張，主要倚靠的是青銅技術；而到晚商—殷墟時期，商人又獲得了一種對王朝至關重要的技術：馬車。

雙馬拉的雙輪輕型戰車是如何進入商朝，或者說如何進入東亞的，至今還是個歷史謎團。這種技術來自五千年前中東地區出現的牛拉、驢拉輪式車輛，以及黑海北岸的草原人馴化的馬匹。三千多年前，駕駛著馬拉戰車的「印歐人」四處擴散，遠及南亞次大陸和希臘半島，比如，古印度梵文史詩或荷馬史詩中就曾多次歌頌這種英雄的座駕。

除了駕車，騎馬也是快速的交通方式；不過，在距今四〇〇〇—三〇〇〇年前，人類還很少有騎馬的嘗試。這背後的原因很難說清楚，也許有生活習俗的慣性，也許有馬匹品種進化的因素，比如，越是古老的葬馬坑，馬的個頭往往越小，可能並不適合長途騎行。在上古時代，馬拉雙輪戰車是唯一可以提升陸地交通速度的工具。

在商代，有些殉馬坑中也有殉人，有學者因此推論說，商代已經有了騎馬行為和騎兵。但這種推論未必成立，商人很擅長用象形原理造字，如果商代已經有騎馬行為，按理說他們應該會造出人騎馬造型的字，但目前發現的甲骨文中完全沒有這種字。

和人力車輛、牛拉貨車不同，製造雙馬拖曳且高速奔馳的輕車，需要很高的製造工藝。不僅如此，馴化馬和駕車的技術也非常複雜，都不是一朝一夕能發展出來的。戰國時期的《莊子》有「輪扁斫輪」的寓言，說這位工匠製造的車輪可以用於高速馬車，可見其技術細節之精妙。

在商代前、中期，從未發現馬車的蹤跡，只有人力推拉的小型雙輪車轍痕。夏—二里頭和商代前中期遺址中幾乎從未發現馬骨。華北北部有些族群遺址中發現過馬的骨頭，但也只是將捕獲的野馬作為食物，從沒有馴化馬的跡象。

到盤庚王遷都殷地後半個世紀，武丁在位時期，卻忽然出現了成熟的雙馬拖曳雙輪戰車，比如，殷都宮殿區乙區埋祭了四輛雙馬拉戰車，武丁的夫人婦好的墓中有六件駕馭馬車用的銅製弓形器，武丁的甲骨卜辭中也頻頻出現馬車。可以說，馬車在殷商出現得非常突然，而且似乎從一開始，技術就已經完全成熟。這很可能是外來輸入。

也許是某個中東地區的馬車族群進入了中亞和蒙古大草原，又南下穿過燕山，在山西或河北地區遇到了商族人，然後，商人迅速掌握了駕馭戰車、繁育馬匹和製造車輛的技術。另一種比較緩慢但可能性更大的方式，則是馬車技術自西向東，在若干個族群之間經歷了「接力」式的傳播，最終到了商人手裡。

在俄國西伯利亞地區，考古學家已經發現了擁有馬車的聚落，但在從西伯利亞到中原的漫長之路上，目前還沒有發現馬車技術傳播的中繼站點。這些謎團還要留待未來揭開。

中國最早的馬車實物和文字記錄出現在武丁朝，但這不代表武丁時期是商人引進馬車的起點。因為哪怕是技術移植，也需要一定時間的學習和積累。這個過程可能需要數十年乃至上百年。由此，在武丁的伯父盤庚王時期，商人應當已經引進馬車技術。倘若真是如此，盤庚北渡遷殷就很可能是為了更方便地引入和繁育馬匹。

在商代，中原的氣候比較溼熱，本不適合馬的繁育，但殷地緊鄰太行山，山間草甸相對高寒，不僅適合養馬，而且也更方便從冀北和晉北草原地區購買馬匹。商人雖然習慣的是中原溼地環境，但殷都還屬於他們可以接受的足夠靠北的地域，這樣，傳統的水牛以及新來的戰馬均可兼顧。

由此，在殷商早期的石家莊台西商人據點發現的那塊馬骨，也可以獲得解釋：台西商人聚落雖還不夠配備馬車的資格，卻是北方馴化馬匹銷往殷都的所經之路，所以不排除個別馬匹有可能病死在這裡，從而變成灰坑中的骨頭。

殷商階段，馬車還不太多，還不足以改變陸地戰爭形態，但它有更重要的價值，這便是作為通信的手段和王朝上層人物的交通工具。馬車可以加快殷都和數百里外的商人侯國間的信息溝通，而且侯國的君長們也可以更方便地往返都城，朝見商王。當然，這也有利於他們保持商族特性，避免因終年僻處一隅而逐漸被異族同化。而且，駕乘昂貴而罕見的馬車奔馳，本身就是一件榮耀之事，不僅能讓沿途的化外異族驚懼，車上的商人貴族也可以獲得充足的優越感。這也是王朝菁英認同的一部分。

在具體用途上，倚靠馬車的快速通信能力，相距上百里的商人軍事據點可以保持有效聯絡，一旦某個城邑遭到土著部落威脅，周鄰據點可以儘快參戰，戰報也可以迅速送到殷都，以便後方組織增援力量。馬拉戰車比徒步快三倍以上，這意味著傳遞戰報和命令的時間只需原來的四分之一，而王朝可以有效管理和及時反應的面積則擴大了不止十倍。

甲骨卜辭就記載過一場使用馬拉戰車的戰爭，講的是武丁對一個叫宙的部族的征討。

卜辭上說，在癸丑日，一名叫「爭」的占卜師為武丁王卜問：從今天到丁巳日，我軍（在哪一天適合）

攻擊宙人？

武丁王解讀說：丁巳日不合適，要到下一個甲子日。

十一天之後的甲子日，龜甲刻上了戰鬥結果：癸亥日，戰車沒投入戰鬥，從這天夜裡到第二天的甲子日，（可能因為戰車投入使用）確實消滅了宙人。

宙地環境應當比較平坦，適合戰車奔馳作戰。武丁王在占卜中否決了在前面四天進行決戰，應該是在等待戰車集結。

有學者認為，宙地在山西南部的長治一帶，從殷都到這裡需要翻過山嶺。商人的戰車可能需要拆解，然後用馬馱運，翻過山嶺再組裝起來投入戰鬥，所以商王的主力需要多等待七天。至於這場戰鬥投入了多少戰車，卜辭中沒有記載，估計最多有數十輛。

宙應該是個不大的部族，在殷墟卜辭中出現的次數不多。這場戰鬥可能是武丁王比較集中的一次使用戰車的嘗試，其卜辭用異常粗大的筆畫刻在了一片龜甲的正面，說明武丁王對戰事非常關心——與此同時，武丁可能也在發動對「缶」部族的戰爭，但相關占卜卻只是用細微小字刻寫在「宙」的邊緣。二者差別極大。這應當不是因兩個敵對部族的實力區別，而是對戰車實驗的強調。

武丁王還經常乘馬車打獵，比如「逐兕」，也就是追獵野生水牛。

在某次癸巳日，占卜師「㱿」為商王卜問：下一旬不會有災禍吧？武丁王解讀說：好像有些不順利。第二天甲午日，武丁去捕獵野水牛，一名「小臣」（王的私家奴僕）為王駕駛馬車，結果，奔馳中王的車撞到了一塊石頭，車軸被撞斷了，整輛車都翻了，武丁的一位親戚、重臣「子央」也從車上摔了下來。王和子央可能不是乘坐同一輛車。

這起事故超出了占卜預測的結果，被補刻在了前一天的卜辭後面。

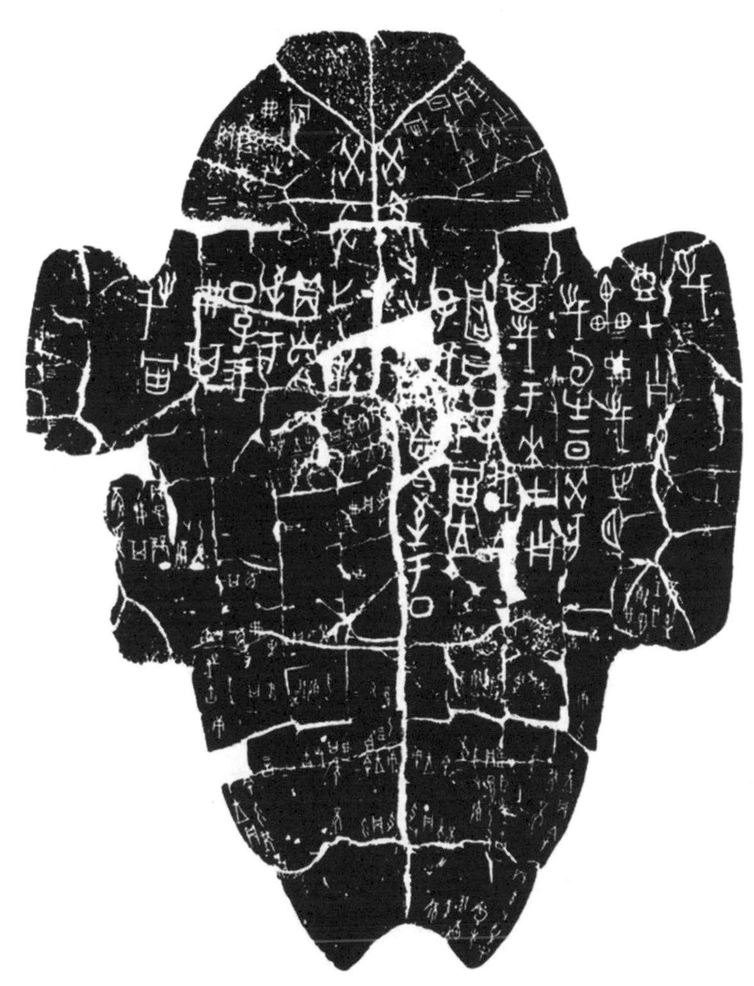

《合集》六三八四正
癸丑卜，爭貞：自今至於丁巳，我翦（𢦏）宙？王占曰：丁巳我毋其翦（𢦏），於來甲子翦（𢦏）。旬有一日癸亥，車弗翦（𢦏）。之夕向甲子，允翦（𢦏）。

《合集》一〇四〇五記載的武丁王馬車事故

癸巳卜，㱿鼎（貞）：旬亡禍？王（占）曰：乃茲亦有咎，若偁。甲午，王往逐兕，小臣葉車馬，硪，𡥈（壞）王車，子央亦墜。

目前發現的甲骨卜辭中，關於馬車的記載主要屬於武丁王，但這不等於武丁時期使用馬車次數最多。從考古發掘可見，武丁之後，馬車數量一直在增長，到殷商晚期，車馬坑的數量大大超過了武丁時期，不僅王室祭祀、殉葬要埋車馬，殷都內外越來越多的商人貴族也開始流行殉葬車馬。

因此，殷商晚期能夠投入作戰的馬車數量應該已經遠超武丁王時期，可能達到數百輛規模。至於為什麼武丁之後的甲骨卜辭中少見馬車記載，很可能是出土甲骨數量不均衡所致：武丁時期的甲骨僥倖保存下來的較多，後世諸王的則較少，這是考古工作難以避免的偶然性。

大約和盤庚王遷往殷都同時，在中東地區，古埃及和古赫梯（西臺）兩國發生了一場著名的大戰——卡迭石戰役，雙方投入的馬拉戰車均超過一千輛。這次戰役被古埃及文和赫梯人的楔形文字記錄了下來。兩相比較，商代的戰車數量應該還達不到這種規模。

◆ 商人社會的基本單位：「族」

商王的權力來自神界，貌似對人間的一切都有生殺予奪之權，但現實呈現得更為複雜。

早商時代的考古資料較少，文獻史書又不可靠，直到發掘出垣曲和偃師商城的巨大倉儲建築群，我們才得以窺見早商王朝巨大的控制力。至於這種控制力是如何實現的，目前還無法回答。

經歷衰落和模糊不清的中商後，晚商殷墟時代的信息開始多了起來。殷墟沒有發現早商那種超級倉儲建築群，從甲骨卜辭等各種材料來看，殷商並沒有現代人熟悉的各種政府體系，如完備的國家機構和層級政府等。商人社會的基本單位是血緣關係的「族」，甲骨文寫作 ，字形是戰旗和一支箭，直觀表現了它的戰爭屬性。商人的族，可以理解成宗族、部族或氏族，每個商人宗族都有自己的領地，統治著耕作的土著農民。

每個族有自己的「邑」，即農業居民點。相對而言，在殷都範圍內，因為人多地少，族邑很密集。邑未必有級別高低的統屬關係，商王都城雖然稱為「大邑商」，但在字面上也只是個較大的邑而已。

那些都城之外的部族可能占地數十里，算得上一個小邦國，它們的主人（族長）可能有「侯」的爵位，統治區就是侯國。「侯」，甲骨文寫作，望樓下面的一支箭，意為擔任警戒任務的哨所，所以分封在邊地、保衛商朝的部族首領就是侯。在甲骨文裡，侯只能是商族人，投靠商朝的異族方國首領不可能被稱為侯。只是商朝以後的人已經不了解這種分別。

商人的族不僅是血緣家族，也是政治和經濟單位，有自己的家族武裝力量，還可以有畜牧業、漁業、手工業和商業。有些族的某種產業較為發達，如鑄銅或製骨，或者販運某些商品，但他們仍有自己的農莊產業，自然經濟占很大比重。

從神權法理上說，商王可以剝奪任何一個族長的土地和屬民，但在現實中，這種情況極少，除非該族長有明顯的罪錯。在商人生活中，傳統習慣法很重要，王不能隨意介入各部族的事務。

有些族是歷代商王的王子們繁衍出來的，由此獲得一塊封地和上面的農夫，或者是從王室直轄區分割出來的，或者是新征服的，從而建立自己的族邑。

還有些族更古老，在商朝開國之前或者在滅夏的過程中，和商湯王建立了同盟或依附關係，從而在商朝建立後，被吸納、同化到廣義的商族之中。從商初考古來看，當時的加盟者非常多元，分別來自岳石、下七垣、輝衛等文化。在殷墟時代的卜辭中，商王會祭祀一些來自商王家族之外的「大臣」，如伊尹、巫咸、黃尹，這些人應當是早期加盟商族的各部落酋長。隨著商王家族繁衍得越來越多，這些老資格的加盟族也就變得疏遠了，但仍屬於商的政治和文化圈。

商人的族在歷史文獻裡的記載很少，但在考古發現裡很多。比如，商王的甲骨卜辭經常會命令某個人去外地征戰，卻沒有說撥給他多少兵力，說明此人是族長（侯國之君），理應帶自己的家族武裝出征，不需要特別寫出。

卜辭裡常出現「多子族」出征的記載，「子」特指商王家族的子弟，「多」是眾多之意。王族子弟是和商王親緣最近的，所以他們的家族武裝也比較好。不過，一位王子繁衍幾代之後，會形成一支獨立的族，就不再屬於「多子族」序列了。

商代貴族重視青銅器，有些禮器和兵器上會鑄造主人的名字或宗族圖騰（族徽）。一旦家族繁衍擴大，往往會分成幾個不同的家支，從而族徽也會產生相應的變化，比如，加上一些小符號以區別。

商人以族為基本社會單元，這在墓地上表現得非常明顯。正所謂聚族而居，聚族而

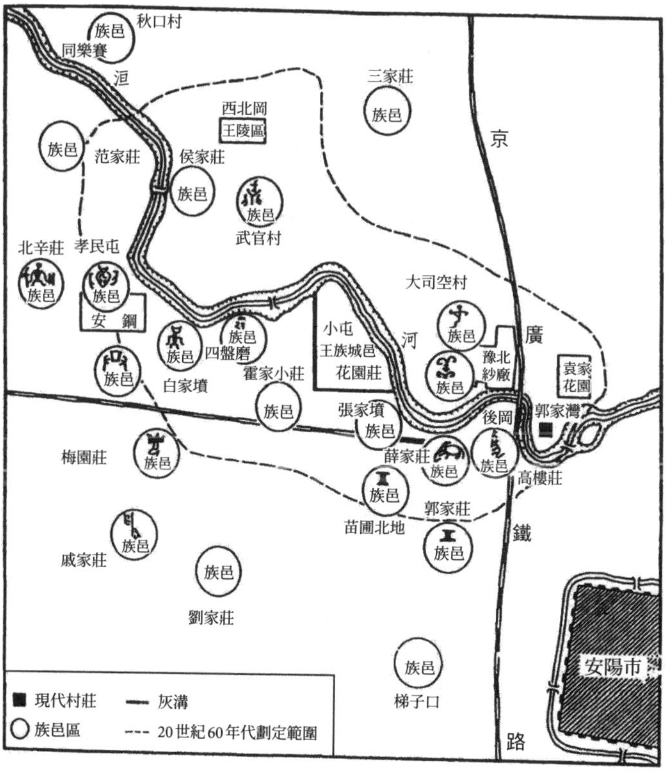

殷墟範圍內的各族邑分布圖，圓圈中的族邑符號來自出土青銅器上的「族徽」〔4〕

葬，族墓地一般排列有序，族長與同族成員葬在一起，位於靠前或居中較尊貴的位置，一般不會脫離族人單獨埋葬。男性族人往往有兵器隨葬。族墓地的成員，雖然彼此之間貧富差距可能較大，但都享有同一塊墓地，出土的青銅器上也往往有同樣的族徽。那些被統治的農奴不可能葬入主人家族的墓地，除非作為殉葬人。

在政治、經濟和軍事上，商人的「族」有很大的獨立性和世襲性。有些外地的族也是侯國，這屬於「分封制」或「封建制」的社會規則。其基礎原理是，因社會發展程度低，交通和通信手段落後，很難採用官僚制的直接管理方式，故而王權只能承認各商人部族或家族世襲的權力結構，遵循傳統習慣法中的權利和義務原則。商文化有殘暴血腥的一面，但內部的社會又是分權運行的。

商代青銅器上的部分族徽符號〔5〕

◆王權與家族分封制

由於社會以族為基本單位，沒有完備的政府體系，也就沒有賦稅和兵役制度。殷商王室和朝廷的開支不是靠在王朝境內普遍徵稅，而是由王室自己的產業承擔。貴族們會向商王進獻各種物品和人員，但沒有量化要求。甲骨卜辭中有各種貴族向商王進獻的記錄，如牛、羊、犬、戰俘、奴隸、玉石、甲骨、貝和鹽（鹵）等，但從未提及有額定的賦稅指標。

這種規則之下，商王需要直接管理的王朝事務比較少，其最重要的事務是組織祭祀和戰爭，而商人各宗族則承擔提供祭祀貢品和戰爭兵員（自帶裝備）的任務。所謂：「國之大事，在祀與戎。」這正是家族分封制而非官僚帝制時代的規則。

甲骨卜辭對祭祀的記載都很簡單，一般只記載王的參與，很少記載其他的參加者。但在實際操作中，在殷都的相關宗族應當都會有代表出席。比如，祭祀某位先王時，這位先王後人形成的各宗族應該都要派代表並攜帶祭品參加。越是祭祀古老的先王，參與者就越多。祭祀商王家族之外的先代人物，或者河、岳等自然神，相關部族應該也會派員參加。

一旦發生戰爭，商王會直接命令某個或某幾個宗族參戰，有時則會集結編組。比如，「登旅萬」〔6〕，意思是召集一萬人的軍隊，這應當是先確定需要的兵力總數，然後向各宗族分攤兵員。有時還要編組成三個支隊，所謂「王作三師，左中右」〔7〕。從春秋時代的戰事來看，各家貴族的武裝不會被打散，只是被編組到更大的作戰單位中。各宗族參戰，既是對王的義務，也是搶掠戰利品和人口的機會。

因為沒有稅收體系，所以商王的宮廷開支主要靠王室自己的產業。商王擁有很多邑（田莊），由王任命的管家（小臣）經營，收穫物屬於王室私產。這些王家田莊可能分布在殷都附近，乃至周邊數十、上百里內。殷墟卜辭中經常有祈禱風調雨順的內容，這應該主要是商王在關注自家田莊的收成。

商王也有放牧牛羊的牧場。牧工「芻」多是戰爭中捕獲的奴隸，常有逃亡的記錄。王家的邑設有糧庫（廩），商王時常會派人視察。王宮內還有鑄銅作坊，但規模不如宮外的大。關於商王的田莊如何經營，雖然甲骨卜辭中有些王命令眾人耕作和開墾的記錄，但更細緻的管理工作應該是由基層小吏來做的。

殷墟的考古還提供了一些頗難解釋的現象。比如，商王宮殿裡儲存著大量的石頭農具。在甲九宮殿基址旁邊的窖穴E181中，出土收割用的石刀四四四件；[8]此外，宮殿區的「大連坑」中有石刀過千，石鐮也有多處集中出土，共三六四〇件。[9]這些石刀和石鐮應是集體保存的農具，多有使用磨損痕跡，使用人可能是王室蓄養的奴隸。也就是說，這些人連屬於自己的農具都沒有，生存狀況接近家畜。

E181窖穴的埋藏物極多，除了石刀，還有大量卜甲、卜骨、小件銅器、大量綠松石塊，以及金箔（原報告稱為「金頁」）和金箔製作的「金花」。[10]這都是王室才會有的財物，看來王室和奴隸們居住的地方相隔並不遠。

需要注意的是，只有殷墟王宮區發現有大量集中存放的石頭農具，其他任何商代聚落，包括殷墟範圍內的，都沒有類似發現。這意味著在王室之外，各商人族邑並不採用標準的「奴隸制」勞動形式，而是由各家農奴自己製備農具。

那麼為何只有王室使用這種野蠻且低效的生產方式？這也是一個歷史謎團。

在以「族」為基本單位的社會結構中，商王朝內部的階級差異和族群差異往往混雜在一起。都城及周邊是商族人最為集中的地區，但也會有各種來歷的賤民部族，以及商人貴族擁有的奴隸。這些奴隸來自邊地戰俘，隨時會被用來獻祭，只是我們還很難確定奴隸所占的人口比例有多少。

離開都城越遠，各地土著人群和商人的語言、風俗差異就越大。他們多數被本地的商人宗族統治，屬於人身權受限制的農奴。在商朝勢力的周邊，土著人群開始有自己的首領和部落組織，他們往往要接受鄰近的商人侯國的統治，為侯國繳納貢賦和服勞役。

這些異族首領，被稱為「伯」，甲骨文寫作[glyph]，其來歷不詳，和「百」音形近似，有可能是商人習慣認為異族頭領都是百人規模的領導，但實際上也有大得多的，堪稱「方國之君」。「伯」並非商族人。比如，甲骨卜辭中常出現的「羌方伯」，指的就是羌人方國的首領。周族的首領，則是「周方伯」。《史記》記載，周文王曾被商紂王任命為「西伯」。這個稱呼是有所依據的，只不過在周滅商後，後人已不了解「伯」在商文化中的意義了。

異族方伯不一定臣服於商朝，有些還自恃險遠，長期和商朝敵對。商朝亦經常征伐這種異族方國，並用捉獲的方伯首領獻祭，尤其在殷商後期，商王對此更是重視。可能商王認為，人牲的地位越高，作為祭品的價值就越高。

甲骨卜辭顯示，長壽的武丁王經常親征異族地區，特別是西部的羌人（今山西和陝西地區的土著居民），並用羌俘獻祭。武丁王的卜辭經常記載獻祭人牲的數量，相比之下，武丁之後的八位商王都沒有這麼活躍，這很可能是因為那時的獻祭人牲已越來越倚靠邊地的侯或者臣服的伯來提供。但親征異族一直是商王的榮耀之舉，每一位商王都必須履行，以證明自己是合格的王者。

商王有一種軍事征伐的儀式，名「步」，甲骨文寫作[glyph]或[glyph]，字面意思是步行，可能是指商王全副武裝帶領部隊行軍。甲骨卜辭中有大量王「步」的記載。在殷都時代，商王行獵或出征一般會乘坐馬車，但「步」這種古老而威嚴的儀式一直存在。

在少數情況下，比如身體不適，商王會指定某個貴族代替自己履行「步」的儀式。卜辭中從來沒有其他人自行「步」的記錄。在周族崛起時，周人也學習了「步」的儀式，比如，有些文獻就記載過周武王「步」而行軍，和甲骨卜辭很相似：「王乃步自于周，征伐商王紂。」（《逸周書．世俘》）

◆被異族同化及傳統淪喪的危險

憑藉獨步天下的青銅技術，早商王朝曾經擴張到無以復加的程度，最典型的例子，便是長江畔的盤龍城商城；但早商的迅猛擴張，也蘊含著未知的風險。

軍事上，遠方的殖民城邦雖然可能足以自保，但畢竟和王朝腹地山河懸隔，身處異族土著的包圍之中，由此，商人征服者難免和當地人互相侵染、同化，從而丟掉商人的精神內核——勇武和人祭宗教，甚至接受詭異的異族宗教。這是盤龍城發生過的教訓。更不可容忍的是，南土的異族文化還向鄭州都城倒流，汙染商朝王室，引發了王朝內戰——九世之亂。外來精神汙染雖然最終被肅清，但早商的擴張成果也大半化為泡影。

商朝不可能被武力摧毀，卻可能會因異族薰染而墮落。如何維持地跨千里的廣域王朝，讓商族保持自己的高貴特性，是早商時代留下的命題。對此，除了前文所述及的馬車技術，武丁王還需要用其他手段保持商王朝的文化特質，避免被異族腐蝕。

早商不僅疆域過大，殖民城邑前出太遠，而且王權也過於發達，其標誌就是鄭州和偃師商城龐大的城池與倉儲體系。這就需要職業化官僚團隊，而「職業」則意味著脫離原生態的宗族生活，只對雇主，也就是商王負責，從而喪失傳統文化特質。

早商王權還改變了商人的社會結構，特別是偃師和鄭州這兩座龐大的城池。傳統的商人宗族共同體和城市生活存在矛盾，城內宗族只能放棄舊有的農業、牧業、手工業兼營的自足模式，成為王權遊戲規則中更為專業化的人群。這是商人傳統精神淪喪的起點。

在王權和官僚體系主導的社會規則中，倘若某位商王突發奇想，要放棄傳統的人祭宗教，就像鄭州商城晚期曾經發生的一幕，那麼，唯命是從的官僚體系是難以起到糾正作用的——它只能充當王的工具。幸運的是，鄭州最發達的鑄銅和製骨作坊都在城外，它們所代表的群體才是商人傳統的保存者，並在內戰中挫敗了城內欲廢人祭的「改革派」。商族傳統精神離不開那些分散而自治的商人族邑，就像美國的白人精神離不開南方種植園的「紅脖子」一樣。

經過九世之亂，當盤庚遷都殷地，開始建造龐大的洹北商城，歷史似乎要複製早商時代的循環。但武丁意識到了這種危險，轉而放棄洹北商城的營建，讓各商人族邑自行其是，自由發展，以維持商族舊有的小共同體社會結構和傳統部族生活方式。由此，商人的宗教文化才能得到維護和傳承。

盤龍城的腐化，以及它引發的鄭州商城朝廷對傳統宗教的背叛，是武丁王的警鐘。或者說，武丁的主要政策都源自對早商朝廷崩潰的反思。

哪怕獲得了馬車這種新的統治技術，武丁王也儘量把疆域保持在可控的安全規模內。過大的疆域會包含太多各色異族，而這會稀釋商族人口，從而帶來諸多風險。武丁雖然四面出擊，開疆拓土，但他儘量穩定地推進商朝的勢力範圍，不做盤龍城那樣遙遠的跳棋式布局。王朝統治的異族不需要太多，關鍵是獻給諸神的祭品要足夠。

武丁的擴張戰爭總是伴隨著大規模的人祭典禮。那些異族俘虜本可以作為勞作的奴隸，但人祭宗教是商王朝的精神支柱和商族獲得諸神眷顧的根源，所以，捨棄一點現實的物質利益，也要取悅諸神，維護商文化的興旺。

武丁王奠定了殷都的布局和之後二百年殷商文化的基調，其陵墓雖然已經被毀棄，無法確認，但他的夫人婦好的墓穴卻被完整地發掘，由此，現代人亦可以見識商代王室生活之一斑。

第十二章 王后的社交圈

遊客走進安陽殷墟博物苑（宮殿宗廟區）的大門，向左轉，能遙遙看到一位女子的大理石像，手執銅鉞，全身戎裝，站立在自己墓穴的展示廳旁邊。她就是武丁王的夫人婦好。

一九七六年，婦好墓被發掘出土，殷商王族的生活由此首次完整地展示在現代人眼前。商王陵區的墓葬大都已被嚴重破壞，但位於宮殿區西南側的婦好墓卻躲過了各種盜墓者的探尋，保存得非常完整。在武丁王的甲骨卜辭裡，經常出現婦好的身影，故而，這位殷商王后的生前身後事，有很多可以講述。

僥倖保全的王后墓

殷都王宮區西側，是洹河溢出的湖沼。湖沼的西南有一片略微高起的臺地，在武丁王營建新王宮時，這裡也出現了繁榮的聚落。它距離王宮只有二百公尺，在這裡安家的人，肯定和王室關係密切。這應該就是婦好的家族，她死後也埋葬在了這裡。

婦好墓，長方形墓穴，南北長五．六公尺，東西寬四公尺，深七．五公尺。發掘時，墓穴底部已經被地下水浸泡，很多隨葬品和骨骸是從泥水中撈出的。共用十六人殉葬，墓穴底部的腰坑埋有一人，槨內、棺外埋有八人，槨室頂部埋有四人，墓穴壁龕埋有三人。此外，還有殉狗六隻。婦好本人的屍骨已經完全腐蝕不見，〔1〕在商代墓葬中，這比較常見，很可能是受鋪撒的朱砂腐蝕所致。

隨葬品保存得非常完整，共有一千九百二十八件，其中，銅器、玉器和骨器都各有數百件，銅器總重量達三千二百五十斤。很多銅器上有銘文「婦好」字樣，直接證明了墓主的身分。還有銘文「后母辛」：「辛」是婦好的出生日，用天干日起名是商人的習俗；「后母」，則是她為商王生育過子女後獲得的尊稱。

在銅禮器中，僅鼎就有三十一件，最大的是一對青銅方鼎，高八十公分，重量分別是二百五十六斤和二百三十五斤。至於商人最重視的酒器，則有銅觚五十三件，銅爵四十件，還有各種盉、觥、壺、斗、斝、卣、罐等。比較獨特的炊器是一件三聯甗，它與燒水的底座是一體的，上面有三個可以單獨取下的蒸鍋（甑）。還有一件「偶方彝」，表面鑄有鳥形、夔龍紋，以及長鼻大耳的象頭，器物整體像一座殿堂，頂蓋如「兩面坡」式屋頂，下方有屋椽頭造型，底座形似房屋的台基。

早商和中商時代，銅器表面的紋飾很少；但到婦好時代，青銅器表面開始鑄滿紋飾，顯示了殷商時代的藝術和技術的提升。

婦好也是軍事統帥，隨葬的青銅兵器有鉞四把，戈九十一件，鏃五十七枚，其中的兩件大銅鉞有「婦好」銘文，一件有雙虎食人頭花紋，重十八斤；一件有龍紋，重十七斤。加上木柄，這兩把銅鉞都會超過二十斤，顯然禮儀性更強，並不適合做實戰兵器。兩件小鉞鑄有「亞啟」銘文，屬於實用兵器。部分銅戈體型輕薄，是專門用以陪葬的低成本兵器。

三聯甗

偶方彝

雙虎食人頭大鉞

玉器中也有兵器，其中玉戈三十九件，玉戚九件。玉戚的造型接近鉞，可能是為了增加新意（和銅鉞造型有所區別），商人在其兩側增加了若干道鬚狀裝飾。有兩件「玉援銅內戈」，用玉作刃部，銅作尾部。這些玉兵器的用途主要是儀式性的。

還有一件玉扳指，表面有容納弓弦的細槽，還有鑽孔用來穿繩攜帶，便於戴在大拇指上拉弓開弦，屬於實戰兵器。

此外，玉器還有大量璧、玦、璜、琮。有些玦和璜做成了龍虎等藝術造型。玉琮則保持著良渚文化的基本形狀，也有些出現了變異，如邊緣造出扉棱。和良渚古國時期的經典玉琮（瑤山、反山墓葬）相比，婦好墓的琮形體要小一些，也沒有了良渚古國的經典神人獸面紋飾——只有一件還有良渚獸面紋的簡化遺留（編號1003），但也有了較大變化，比如獸面出現在玉琮的平面上，而良渚獸面占據的是棱角的兩側。

商文化和良渚文化到底有多少聯繫？這是個很難回答的問題。畢竟，從良渚文化結束到商朝建立，中間有七百多年，到婦好時代，則是一千年。但婦好墓中出土的這些玉琮，卻又似乎暗示著某些可能性。

作為女性，婦好的墓中還有玉梳兩件，以及大量束髮的笄，其中玉笄二十八枚，骨笄四九九枚，笄的頂部多雕有鳥、夔龍或人形。紡織工具則有玉紡輪二十二件。此外，還有大量玉質動物形小刻刀和動物造型青銅尺，也和女紅織紉工作有關。

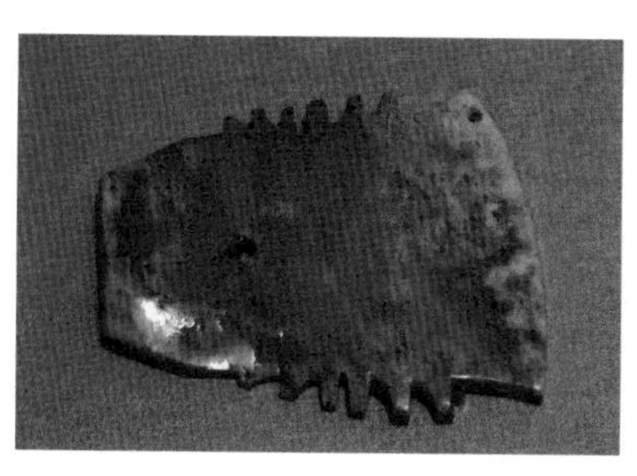

玉戚

玉援銅內戈

婦好墓還出土有六件銅製「弓形器」。考古學者起初不知道這種器物的用途，後來發現它總是和馬車一起出現，於是推斷，它應當是掛在馭者腰前用來繫掛韁繩的車馬器。看來婦好本人至少擁有六輛馬車。此外，墓中還隨葬一對小型玉馬雕塑。

除上述禮器、兵器和飾物，墓中還有各種質地的工具，比如，銅製的斧、鑿、錛、鋸、鏟、鐮、小刀、簸箕，以及「多鉤形器」和「雙角形器」（這可能是掛物品用的）；石製的，則有石鏟、石錘、石杵、磨石等。

婦好墓有大量玉石雕塑工藝品，如玉雕的容器（禮器）簋。玉飾體型都很小，屬於日常的玩物，或者綴在紡織品上的裝飾。有些人和動物雕像是三維立體造型，發掘報告稱之為「圓雕」，這在殷商之前比較少見。

玉器中還有一對玉杵和玉臼，臼直徑約三十公分，杵長二十八公分，應該是研磨朱砂顏料用的，紋理中滲入了朱紅色，研磨面非常光潤。下葬時，這套杵臼是分離的，玉杵放在槨內，臼則是在墓穴上層的填土中發現的。它們應當不是製作日常化妝品的用具，因為體型比較大，位置離墓主也比較遠。商人崇尚紅色，在某些重要場合，如祭祀和戰爭，人們可能會在臉上塗抹朱紅色。這套杵臼應該是為婦好的部下提供朱砂染料之用。

商人是用熱帶海洋的貨貝做錢幣的，婦好墓內一共發現了六千八百八十枚貨貝。這些貨貝都放在棺材內的墓主腰間位置，說明貨貝是墓主人去往天界時最重要的財物，一定要隨身攜帶。

墓中的銅器銘文，除了「婦好」和「后母辛」，還有一種是「后㚸母」。發掘報告

玉琮（編號1003）

婦好墓玉扳指

認為，㚸也是婦好的名。其他銅器銘文，則還有「亞其」「子束泉」等人名。他們可能是婦好的親人或同僚，把自己的銅器贈送給了婦好。

和王陵的對比

王陵的規格比婦好墓大得多。僅從墓穴面積來說，王陵大墓邊長多在二十公尺左右，墓穴底部面積也會超過一百平方公尺，而婦好墓僅接近四十平方公尺（七公尺×五．六公尺），要小很多，而且也沒有墓道。王陵內發現的殉人動輒過百，甚至數百（這還是被破壞之後的殘餘），婦好墓則只有十六人，相差很多。可以想像，如果王陵區大墓沒有被破壞，隨葬品肯定比婦好墓豐富華貴得多。

王陵大墓劫餘的文物，有些和婦好墓類似。比如石雕，M1001出土有蹲坐石獸（虎首人身）像、石梟；M1500出土有石龍、石牛和石虎各一對。它們的造型和婦好墓中的玉石雕塑有些類似，但體型較大，長度為三四十公分。這種石雕工藝品在後世的西周和春秋亦很少見。

婦好墓出土銅戈九十一件，王陵區的隨葬兵器規模則更大。比如，M1004大墓出土銅盔超過一百件（已全部破碎），銅戈七十二件（多數帶約一公尺長的木柄），銅矛頭七三一件；M1001大墓盜掘後的填土出土骨鏃六五八三枚。這些是破壞後的殘餘，不代表完整數字，更可見王陵大墓

「后㚸母」銘文拓片

之豪奢。〔2〕

此外，王陵區的M260並非商王墓葬，它比各商王墓的規模小得多，著名的「后（司）母戊」大鼎，便是當地村民一九三九年在此墓盜挖出土。有學者據此推測，它應當是武丁王的另一位王后「婦妌」的墓。

M260只有一條墓道，一九八四年發掘時，發現殉三十八人，比婦好墓多一倍以上；〔3〕「后母戊」大鼎重達一千六百多斤，而婦好墓中最大的方鼎僅重二百五十六斤。對比可見，這位「后母戊」的墓葬規格比婦好要高很多。至於原因，可能是婦妌死得較晚，彼時殷商國力已經更為強大，或者婦妌之子可能成了王儲或下一代商王，所以她的墓葬要更豪華。

◆商王夫妻的生活

從甲骨卜辭可知，武丁至少有過三位夫人，分別是妣辛、妣戊和妣癸。「妣」是後世商王對她們的尊稱，其中，妣辛就是著名的婦好。婦好是武丁的第一位夫人，在武丁王時期的甲骨卜辭裡，她出現過二百多次。武丁剛把王宮

《合集》一三九二五正

丁酉卜，□貞（占）：婦好有受生？王占曰：吉，其有受生。

從洹北商城搬遷到洹河南時，大約二十來歲，所以他可能是一邊發動對西部山地族群的戰爭，一邊確定王后人選的。

在為此占卜時，武丁最關注的是婦好能不能生育繼承人。一個丁酉日，一名叫穷的占卜師為武丁王卜問：婦好能不能受孕生育？似乎牛肩胛骨燙出的裂紋不太理想，占卜師不太敢寫出結果，於是，武丁自己解讀裂紋的預兆：吉利，婦好會受孕生育。

從《合集》一三九二五看，武丁王迎娶婦好的動機，似乎主要不是來自占卜，而是他預先做出了決定，占卜只是完成必要的程序而已。婦好曾幾度懷孕，為了預測能否生出兒子，武丁做過很多次占卜。

某次甲申日，占卜師 㱿灼燙甲骨後為武丁王卜問：婦好生育是否「嘉」（生子）？武丁解讀說：丁日生育，可以生子；庚日生育，同樣吉祥。結果，三十一天後的甲寅日，婦好生育了，不是兒子，是個女兒。

還有一次，婦好的兒子因流產或難產而死，武丁在占卜中提出懷疑：是不是自己的祖母「妣己」之靈害死了這個兒子？〔5〕

「妣己」是商朝第十六王祖丁的夫人。據《史記・殷

《合集》一四〇〇二正

甲申卜，㱿貞：婦好娩嘉？王占曰：其惟丁娩嘉。其惟庚，娩，弘吉。三旬又一日甲寅娩，不嘉。惟女。二告。〔4〕

本紀》，祖丁有四個兒子接連為王，分別是陽甲、盤庚、小辛和小乙。看來列祖列宗並不會無條件地保佑後世商王家族，他們可能會因為各種原因作祟，而禳解之術是及時獻上祭品。

根據甲骨記載，婦好是武丁非常得力的助手。比如，婦好參與王朝禮儀活動時，會接見過「右老」：「婦好允見右老。」（《合集》二六五六正）「右老」是指貴族長老代表。婦好還在「徉」這個地方接見過「多婦」：「貞乎婦好見多婦于徉。」（《合集》二六四二）「多婦」可能是指各貴族家族的主婦們。在外地時，婦好還會搜羅各種禮物送給武丁王，比如，武丁占卜用的有些甲骨上就刻著「婦好入」。（《合集》一〇一三三反）

給列祖列宗獻祭是商王的重要工作，作為王后，婦好也要分擔一部分。武丁的卜辭裡就時常出現婦好受命主持祭天、祭先祖、祭神泉等各類祭典的記載，比如，祭祀「妣癸」和「多妣」（多妣，意為歷代女性先祖）：「乙卯卜，□賓貞：乎婦好有□于妣癸。」「貞：婦好有紃于多妣。」獻祭方式是「□」，有學者認為，通「服」字，也就是獻祭戰俘。〔6〕

尤其是，婦好還會主持「伐」祭，即用戈或鉞等砍下人牲的頭顱向神靈獻祭，是人祭中最為常見的殺人牲法，不過，現存卜辭並沒有記載婦好獻祭用人的數量：「貞：叀婦好乎㥿（禦）伐。」

婦好墓出土有「婦好」銘文字樣的兩把大銅鉞，其重量並不適合實戰，但又都有使用痕跡，比如，重達九公斤的那把已經缺了一角，所以，它們很

《合集》二六三一
貞：叀婦好乎㥿（禦）伐。

可能是用來砍殺獻祭人牲的。武丁曾占問婦好「肩凡有疾」，我們可以據此推測，這大概是揮舞銅鉞砍殺人牲過度而引發的。〔7〕

武丁時期，擴張戰事頻繁，婦好也經常帶兵出征。

甲骨記載，婦好曾作為武丁出征的先導，從「龐」這個部族徵集兵員：「甲申卜，殼，貞乎婦好先登人于龐。」（《合集》七二八三）其中最著名的，也是徵召人數最多、規模最大的一次，一共集結了一萬三千人：「辛巳卜，貞：登婦好三千，登旅萬，乎伐（羌）。」在甲骨文中，動員和編組軍隊稱為「登」，也就是說，婦好集結三千人，其餘一萬人（應當）由武丁王集結。

因甲骨殘碎，敵人不詳，曾有學者猜測，「乎伐」後面應當是「羌」字。在另一片甲骨上，婦好確實參與過對羌人的戰爭：「貞戉不其獲羌。貞呼婦好執。」（《合集》一七六）大意是說，一位名叫「戉」的將領在捕獵羌人，武丁命令婦好也去「獲羌」。

婦好還討伐過土方和巴方，〔8〕這兩個方國皆在殷都西部，今山西和陝西兩省境內。此外，她也曾經征討尸（夷）方，也即東夷，今山東省境內。

武丁還有一位夫人，名叫婦姘，年齡應當比婦好小。和婦好一樣，婦姘也經常主持祭祀，〔9〕也曾帶兵出征。〔10〕此外，她

《合集》一三九三一
□申卜，爭貞：婦好不延有疾？
貞：婦好其延有疾？癸未卜，
殻貞：婦姘有子？貞：婦姘母其有子？

《英藏》一五〇正
辛巳卜，貞：登婦好三千，
登旅萬，乎伐（羌）。

還有一項卜辭記載中婦好很少參與的工作，就是管理商王的農莊——卜辭裡有多次提及婦姘監督收穫穀物，祈禱豐年。

婦好最後死於疾病。在她病重期間，武丁曾頻繁地向各位祖先獻祭，祈禱他們保佑婦好健康。而在婦好病重時，婦姘剛好懷孕了，於是，武丁占卜婦好病情和婦姘孕產的內容出現在了同一片龜甲上。

龜甲左右兩邊占問的是同一件事，但分肯定和否定兩種結果。右側是武丁希望出現的結果，「婦好不延有疾」（病情不會加重），以及「婦姘有子」；左側是不希望出現的結果，「婦好其延有疾」，以及「母（毋）其有子」（婦姘不會生兒子）。

有卜辭顯示，婦姘被後世商王尊稱為「妣戊姘」。（《屯南》四〇二三）這說明她出生日的天干是戊，也是著名的「后母戊鼎」和王陵區M260墓的主人。

◆《帝王世紀》記載的婦好之子

武丁是商朝歷史上一位很重要的王，奠定了殷都的格局以及商朝後期的疆域，遂被後世稱為「高宗」。甲骨卜辭沒有記載他的在位時間，但《尚書．無逸》記載，周朝建立後，周公在一次對殷商遺民的講話中會提到高宗武丁「享國五十有九年」。〔11〕我們不知道他幾歲繼位，即使只有十歲，也意味著活了近七十歲。

在殷商，從盤庚到紂王，中間一共有十二位商王，歷經二百多年，〔12〕可見，武丁王在位時間幾乎占了四分之一。而在傳世的史書裡，完全沒有出現過武丁的夫人，倘若沒有殷墟甲骨和墓葬，我們將完全不知道婦好和婦姘的存在。

不過，婦好有個兒子「孝己」曾經出現在西晉皇甫謐的《帝王世紀》：「初，高宗有賢子孝己，其母早死。高宗惑後妻之言，放而死，天下哀之。」〔13〕

關於王子「孝己」，更早的史書從未有過記載，但出土甲骨能夠證明。在武丁之子祖庚和祖甲兩位王的卜辭裡，曾經祭祀一位「兄己」；〔14〕到祖甲的兒子庚丁（康丁），又稱父親的這位「兄己」為「小王父己」；〔15〕到最末兩代商王帝乙和帝辛（紂王），又稱之為「祖己」。〔16〕看來，後世歷代商王皆承認這位太子的商王身分和接受祭祀的資格。

武丁王實在太長壽了，他的夫人和兒子大都死在了他的前面。至於孝己是不是被流放而死，已經難以證實，但從時間順序來看，他有可能是婦好所生。

至於「孝己」中的「孝」字，在甲骨卜辭裡面沒有出現過，不僅這位王子，卜辭中所有商朝帝王，都沒有用「孝」做稱呼的。這或許是到更晚的時代，比如秦漢時期的人加上去的。

《帝王世紀》的信息來源也是一個謎。這本書寫作於四世紀初，比司馬遷晚了四百年左右，沒人知道它為什麼能提供司馬遷沒有記載的史事。看來，有些歷史碎片雖然沒有進入儒家的「六經」，也沒載入《史記》，但從商周到秦漢三國，它們一直在陰影中流傳。

婦好去世時，武丁王還在世，並在洹河北的王陵區為自己建造了墳墓，但為什麼王后不埋葬在王陵區，而留在自己娘家，這似乎有點不好解釋。不過，這也讓她幸運地躲過了商朝滅亡時王陵區遭受的大洗劫。

◆婦好家族的生活

婦好墓不是一個孤立的存在，它位於一片家族墓地之中，有些墓葬已經被盜，有些則被村民院落壓住而無法發掘。

一九七六年，安陽考古工作隊在婦好墓周邊的小屯村北發現殷商大墓六座，隨後發掘了其中相鄰的兩座（在婦好墓以東二十二公尺處），編號為小屯村北M17和M18。兩墓保存較好，和婦好墓時代接近，應當屬於婦好家族的成員。

M17墓主的屍骨已朽，墓內有殉人兩名，狗兩隻。

M18墓主是年齡在三十五歲到四十歲間的貴族女性，墓內有殉人五名，狗兩隻。可識別的殉人，都是男性青壯年。有一人埋在填土中，其餘四人則在槨內，其中，有兩人肩部各扛銅戈一件，一人的銅戈邊有銅鏃十枚，顯然，這二人是墓主的衛士。

M18隨葬有銅禮器二十四件，兵器則有銅戈九件，玉戈和玉戚各一件。和婦好墓相比，規格要低得多，隨葬銅器的總重量為一百七十八斤，只是婦好墓的約二十分之一，但這位女墓主應該也是擁有家族武裝的政界活躍人物，隨葬的朱書玉戈援部尚存墨筆書寫的七個字（見下圖），大意為在「北」捉獲或獻祭了某些敵人。

此外，墓中還有一件重八斤、口徑約三十三公分的銅盤，盤內刻有一條蟠龍紋，龍的身邊還有一條小型夔龍紋，外圈則圍繞著一周魚紋。

在商代貴族墓葬中，龍形並不算普遍，基本只有和王室有親緣的墓主才能使用。M18的這件銅盤，不僅與四千多年前陶寺貴族墓中的彩陶龍盤造型相似，而且還有甲

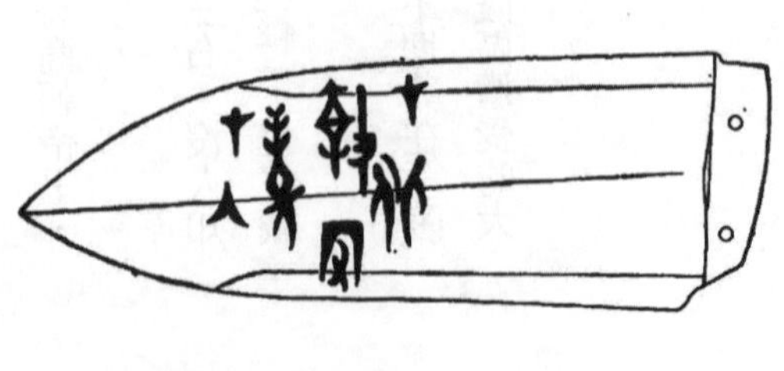

M18所出朱書玉戈細部及摹本〔17〕

骨文裡特有的代表神聖意義的角，這說明龍崇拜一直輾轉延續千年。

M18隨葬的銅禮器雖不太多，但族徽銘文有好幾種。屬於墓主本人的，可能是「子↑母」（參M18拓片10－13）：「子」，表示墓主的先祖是一位王子；↑，應該是她的名。其他銘文的銅器，可能是親友贈送給墓主的。其中，有一位叫「子漁」的，「漁」字是三股水流裡的四條魚（參M18拓片9），造型複雜而精美。「子漁」經常出現在武丁王時期的甲骨卜辭中，〔18〕可見是王朝重臣。由此，這位「子漁」可能和M18墓主有親戚關係，所以贈送給她銅尊和銅斝各一件。在M18的隨葬青銅器中，這兩件比較重，也比較精緻。〔19〕

婦好墓所在這片墓區的西側和南側是居住區，密集分布著多座面積一百平方公尺左右的房子。在武丁王時期，殷商的經濟水準還不算太高，可能中級以上的貴族才能住這種房子。

其中有一座近方形的建築F29，離婦好墓約五十公尺，可能是婦好家族的宗廟。它的南邊庭院內有兩塊方形夯土基址（F30和F31），上面沒有柱洞等建築遺跡，但有多座祭祀坑，應該是人們祭祀先祖的場地。婦好死後，她的族人可能就是在這裡為她獻祭的。

這裡共發掘十七座祭祀坑，除有一座埋了一隻狗外，其餘皆埋一到三人不等，共二十七人。

人祭坑分為兩種。一種埋的是全軀的兒童，共十三名，其中，有五座坑埋的是單人，有四座坑埋的是兩人。這些兒童多為俯身，多佩戴簡單的玉飾或蚌片胸飾、小骨珠和綠松石飾物，沒有明顯捆綁和掙扎的痕跡，像是處死後放進坑內的。婦好和M18墓主都是女性高級貴族，可能生前都喜歡孩子，所以後人會給她們獻祭一些打扮得漂漂亮亮的兒童。

另一種埋的則是男性青壯年，每座坑埋一到三人，都是被砍了頭後埋入的。砍頭的過程應該頗為粗野，有些人體的頸椎上還帶著顎骨，有些人頭上則有很多砍痕，如M53中的兩顆人頭的砍痕主要集中在

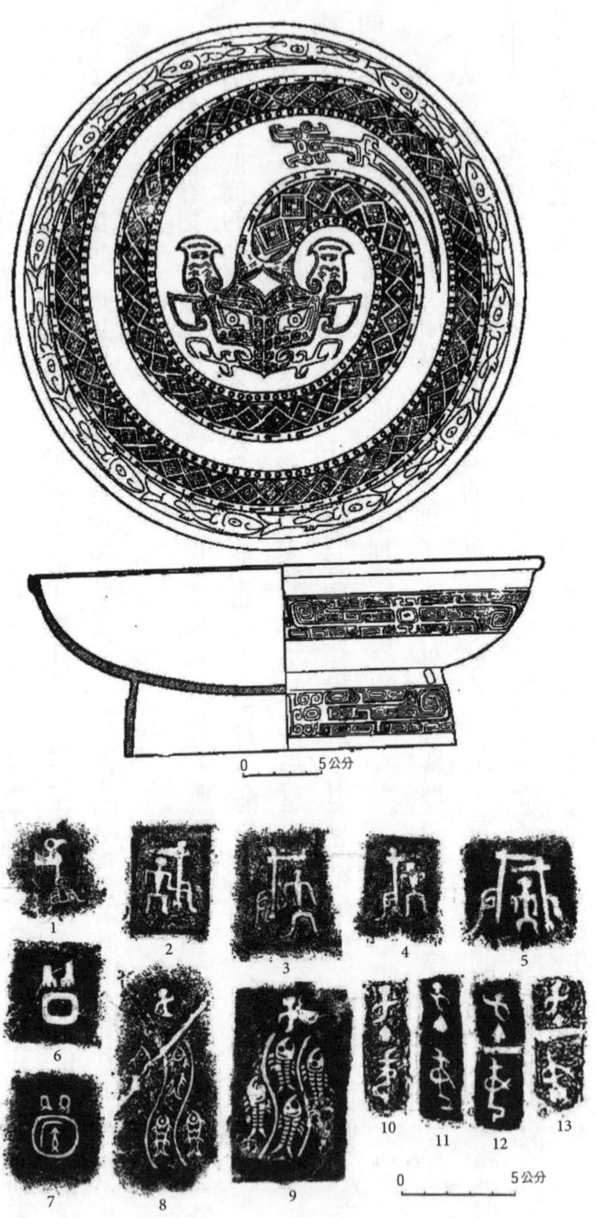

M18隨葬銅盤拓片與隨葬銅器銘文（族徽）

0 1公尺

臉頰和下顎部分。這些跡象表明，人牲被砍頭時應該沒有被扯住脖子，刀斧遂頻繁地砍到了臉上。

比較特殊的是埋單人的M64。人牲的兩臂被反綁在背後，只砍下了他的頭蓋骨，大部分頭骨還和身體相連，包括臉部、眼眶和後腦勺。他被扔進祭祀坑時可能還沒有死，因為其他被砍頭的屍骨都是直身，而他呈側臥欠身掙扎姿態，頭蓋骨就在自己的胸前。這很可能是蓄意地虐殺，獻祭者想要欣賞人牲被砍掉頭蓋骨之後的掙扎和喊叫，由此獲得刺激和滿足感。不管是用刀或鉞，能如此整齊、完整地砍下人的頭蓋骨都是一件很困難的事，所以又有兩種可能：一，獻祭者是用鋸子開顱的；二，操作者已經熟能生巧，可以順利地砍下完整無缺的頭蓋骨。

婦好家族這片聚落沒有一直繁榮下去。婦好死於殷墟二期的早段，此後四五十年，商朝開始進入殷墟三期階段。從此，王宮西南這片高地上已經沒有大型房屋，也不再有貴族墓葬，居民似乎換成了普通人。

到殷墟四期，這裡出現了一些窖穴，發掘報告推測，它們應該是王宮儲存穀物的倉庫。但這些窖穴規模很小，直徑只有不到二公尺，最深處也不過三五公尺，而且數量很少，不超過十個。商王朝的倉儲區顯然不會這麼寒酸。

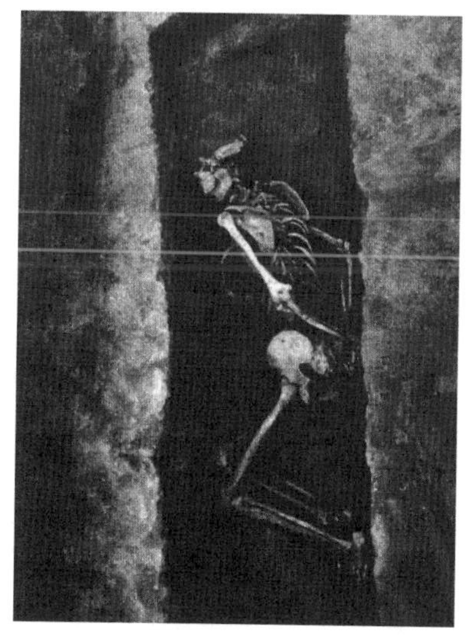

M64人牲照片

婦好家族出自王室，且又和王室聯姻，按照商代的世襲原則，應該不會在幾十年內家道中落成一般民眾，所以，他們很可能是搬走了，去了稍遠的某個地方重新建立族邑。而他們曾經生活過的這塊小高地，則成了王宮某些下等差役人員的住所。婦好和「子↑母」這些貴族的墳墓，也就逐漸被人遺忘。[20]

周滅商後，已經沒人記得這裡曾是王后及其家族的墳墓，從而幸運地躲過了周人對商王宮和王陵的報復性破壞。

第十三章 大學與王子

一九九一年，在商王宮殿區不遠處，今花園莊東側的農田裡，發掘出一座填滿甲骨的窖穴，編號H3。[1]這些甲骨的主人，是一位名「子」的年輕王族，生活在殷都格局初定的武丁王前期，家宅位於王宮以南四百多公尺處。

H3的甲骨卜辭記錄了「子」不算長的一生：從他開始接受教育和嚴格而殘酷的戰爭訓練，到長大後征伐異族，為王朝興盛而東征西戰的過程。這是商代王族最常見的人生軌跡。而且，他受教的大學[2]的建築也被發掘出土。

王族學生的訓練課

殷墟出土的甲骨卜辭絕大多數屬於商王，很少記錄其他王族成員和高級貴族的生活，而且，由貴族自家占卜的更少，可見，花園莊東地的這位「子」的身分比較特殊，可能是武丁王的弟弟或堂弟。[3]在他年幼的時候，父親已經去世。我們也不知道他的真實名字，「子」可能是他在卜辭裡的自稱，或是占卜師對他的稱呼。

「子」自少年時代「入學」，在王室大學裡學習各種貴族技能，比如「舞戉」。商人的「舞」並非後世意義上的表演性舞蹈，而是團體實兵演練，甚至有傷亡的可能。

有一條卜辭顯示，「子」這次不應該去參加舞鉞，因為隊員們會遇到災害：「子弜（勿）叀（惠）舞戉，于之？若用，多萬有災……」〔4〕

商人稱團隊舞鉞為「萬」，各位隊員就是「多萬」。為避免在操練銅鉞的萬舞中傷亡，「子」或其他人可能都曾占卜應站在隊列的哪個位置，是左邊，還是中間或是右邊？

丁亥卜，子立于左。〔5〕

甲午卜，弜（勿）立中，叀（惠）學，弜（勿）示伐。〔6〕

第二條是其他人的卜辭，顯示的是，這次不應當立在隊列中部，也不適合砍殺。至於萬舞操練為何會有危險，後文會有答案。

除了舞鉞，「子」還學習射箭。在成長的過程中，他曾使用不同力度的弓，如「二弓」和「三弓」。後世的《紅樓夢》中，也有這種數字劃分的弓力：

賈母笑問道：「這兩日你寶兄弟的箭如何了？」賈珍忙起身笑道：「大長進了，不但樣式好，而且弓也長了一個力氣。」賈母道：「這也夠了，且別貪力，仔細努傷。」

某天，「子」有生病，曾占卜：今天不用上學了吧？不過，這可能是管家替他占卜的。

己卜：子其（疫？），弜（勿）往學？（《花東》一八一）

甲骨文中的「疫」字，字形是一個人躺在床上，身下正在出汗，有人手拿錘子打擊其腹部，象徵病痛的狀態。另有一種解釋則為手拿砭石為患者做按摩治療。無論哪種，它反映的都是臥床生病。

卜辭裡的「往學」兩字很重要，它表明「子」是去家外面的「大學」學習，而非在家中接受私教。此外，卜辭裡還曾多次出現過「學商」，以及出現過一次「學羌」，這可能是模擬羌人和商人之間的戰鬥，當然，兩方戰士都由學生扮演。

甲骨文的「學」字，寫作，上面是兩手在擺放計數的草棍（爻），下面是一所房子，意為「學習算數的地方」。

上面的兩隻手有時會被省略，寫作，爻也可以從兩組省略為一組，寫作，但下面的房子不能省，它代表學習的場所。不過，在卜辭裡，殷都的「大學」似乎沒有教過算數。也許因為這是很初級的學習內容，不值得用占卜來記錄。至於殷都的大學都有哪些建築，課程又是怎麼開設的，「子」的卜辭裡並沒有太多信息。

一九七三年，在「子」的甲骨窖穴西北四百公尺（今小屯村南）發現了大量刻字甲骨，其中的一片牛骨卜辭（《屯南》六六二）上有關於大學的課程安排，是大學的總教官留下的。而總教官很可能就是商王本人。

第一條卜辭是：丁酉日占卜，今天是丁日，（學生們）是否應該學習萬舞呢？第二條卜辭是：還是應該在下個丁日學習？

後面的兩條卜辭是關於萬舞學習場地的占卜：在「右宋」學？還是在「內」學？〔7〕看來，大學的建築分左右大廳，還有位居中後部的「內」。

一、丁酉卜，今日丁，萬其學？

二、于來丁乃學？

三、于右宷學？

四、若內學？

商王會親自關注大學的課程，這也很正常，因為裡面的學生都是王的親戚。另一條王室卜辭顯示，商王曾在「入」地建設大學：「乍（作）學于入，若。」（《合集》一六四〇六）這個「入」，有學者解釋為「內」，王宮之內。不過，它可能還有「汭」之意，即水濱。

一九九六年，在王宮區南側，緊鄰洹河邊，考古隊發掘出一處大型建築基址，它很可能就是殷商時期的王族大學。

如果參觀殷墟博物苑的宮殿區，朝北走進大門之後，右手邊是一組「54號」建築基址。它是一座凹字形大型建築，發掘時被命名為「丁組」。這裡是王宮區地勢最低的地方，東邊緊鄰洹河，所處環境和建築構造很接近甲骨卜辭中描述的「子」曾經學習舞鉞的大學。它的北面緊鄰著王室宗廟乙區和祭祀自然神的丙區；向南四百公尺，是「子」的家宅，花園村東甲骨出土地；向西南二百公尺，是發現安排大學課程甲骨的地方。

考古發掘的地層顯示，在武丁王即位初年，也就是他準備在洹河南岸建設新王宮的時候，先在丁組這裡建設了一組中小型房舍，而且沒有用人奠基。對於商人來說，這意味著它並非長期專案，只是過渡

《屯南》六六二

性的臨時校舍而已。

大概二十年之後，武丁的新王宮相繼落成，丁組大學區也進行了大規模的改擴建：南北各新建了一排平行的殿堂（丁二和丁一），長度分別為七十五公尺和六十五公尺，連接和貫通它們的是西端的一列廳堂（丁三），從而形成一組「凹」字型建築，並圍起一片庭院，對著東邊的洹河。

按照那片安排大學課程的甲骨的描述，丁三就是「內」，在這裡朝東望，右側的丁二就是「右宋」。而在甲骨文中，宋字的造型，上面是屋頂，下面是捆束起來的羽箭。所以，它有可能指的是室內射箭場館。射箭是大學的重要課程之一，而且射箭館空間大，還可以用以練習「萬舞」。

丁組建築面對著洹河，周邊環境是河灘的蘆葦溼地，可能還有水溝環繞在建築的西面、南面和北面，甚至還會有碼頭供大學生們練習駕船和水戰。「子」的卜辭裡，就有命令下屬準備船的內容（《花東》一八三），或者說，這所貴族大學也是商人對祖先生活的南國水鄉環境的再現。發掘報告對它的描繪是：

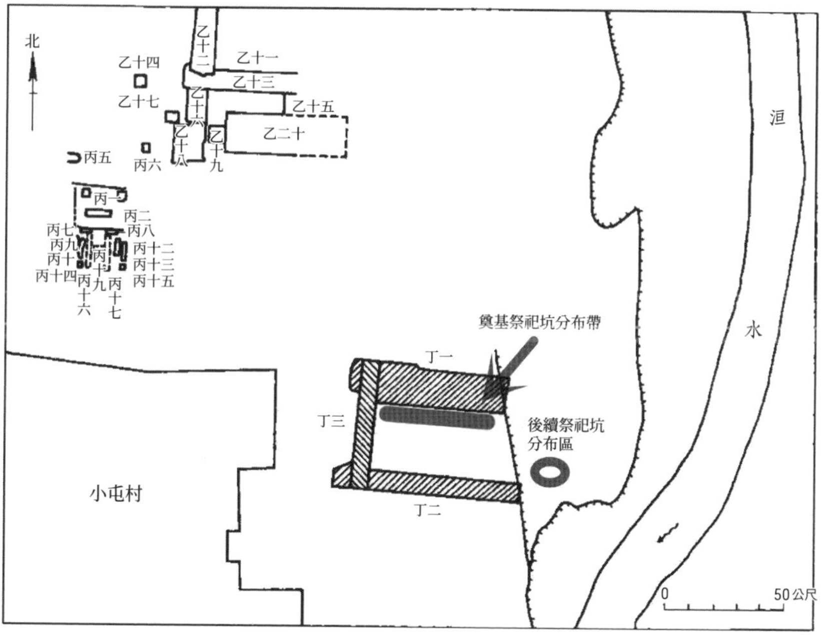

丁組建築平面圖〔8〕

三座建築之間有較寬闊的活動空間，建築群的整體輪廓呈長方形，東面是由北向南流去的洹水……如果我們認真體驗這一古老的建築群，就會感到它既要給人以宏偉壯觀之感，又給人以環境優美、富於生活情趣的感受。

這片地區低窪臨河，土質多沙，並不適合營建大型建築。但武丁王卻不惜工本，工程之初就先挖下二公尺多深的基坑，填入黃土，逐層夯實，然後才開始埋設木柱和版築牆體。從柱洞看，最粗的柱子，直徑接近一公尺。

北面的丁一體量最大，是主體建築，室內出土了一件銅盉，上面有銘文「武父乙」，發掘者推測，它是武丁給自己的父親小乙王製作的祭器。這件銅盉被裝入陶缸埋進了一個挖在地基上的小坑，看來武丁王對這座建築很是重視，希望父王的靈魂能保佑它。〔9〕

發掘報告稱這座建築為供奉武丁「三父」的宗廟，很可能，裡面還供奉著小乙王的兩位兄弟（盤庚王和小辛王）的靈位。花園莊東地的那位「子」的卜辭顯示，學生們會帶著人牲或畜牲到這裡獻祭。這很好理解，這三位先王也是這些貴族學生的先輩。

武父乙銅盉及銘文〔10〕

◆陪練角鬥士

丁一有一系列朝南的門，門的兩側皆挖有祭祀坑，共十座，發掘者用墓葬M編號。目前已發掘其中八座，每座埋有斬首的三四人，多為俯臥，人頭在死者肩部。能夠辨識的死者，皆為青壯年男性。

一個比較特殊的現象是，有一半的祭祀坑發現骨製的箭鏃，其中兩坑分別埋有一枚和三枚，另兩坑則各埋有兩枚。

以M18為例，共埋有四人。坑底埋有三人，俯臥，頭骨被夯碎，頸部朝東；後又在其腳端的坑壁上挖出一個壁龕，裡面是呈跪坐姿勢的一人，但頭骨沒有夯碎，而是放在了壁龕裡。該坑埋有三枚骨鏃，其中一枚在北側俯臥之人的腿部，另外兩枚分別在中間人的上臂和肋骨部位，肋骨上的已經殘斷。其他三座坑中的骨鏃，有的在人牲的腿部（M3和M2），也有的在腰部和前臂（M15）。

這些骨鏃的出現頗難解釋，並非每座坑都有，也並非每個人牲都有。

箭的木桿會因腐朽而消失，那麼，這些鏃最初是帶著箭桿埋下去的嗎？M2北側人牲的腿部有兩枚箭鏃，其中一枚橫在小腿部位，尾端朝坑壁，說明它沒有連著箭桿，不然，桿會觸及坑壁而改變方向。這些箭鏃應當是射到人牲身體上的，只是有些還能被主人完整地拔出來再利用，而另一些因嵌入人骨或筋肉，主人只能把箭桿拔出，箭鏃則隨著人牲被埋進了坑中。

由此可以推論：可能多數人牲都中過箭，只是有些被拔掉了而已。那些帶箭鏃的屍骨很多也是被射在腿部或胳膊等非致命部位，說明他們生前並不是在靜態而是在奔跑逃命中被射中的，也正因此，中箭的才會是非要害部位。

歷史學者李競恆有注意到殷墟人牲帶箭的現象，他的推論是，這是商人為活捉羌人等俘虜而故意射擊其非致命部位所致。〔11〕本書認為，這種推測難以成立，在真實的戰鬥中，沒有哪一方可以如此從容地選擇命中部位，而且中箭之後，俘虜也很難身著箭頭被帶回殷都，在傳統時代，外傷往往會引發致命的感染。

因此，這只能是發生在祭祀場附近。而且，這四座祭祀坑中的箭鏃是同種規格，骨質三棱形鋒，型制較大，長度超過十公分，發掘者稱之為「大三棱」，其特點是，沒有倒鋒，容易拔出來繼續使用。故而，這些人牲應當是大學生們練習射箭和搏殺的陪練。

商朝王室和「大學」不會缺乏青銅箭鏃，但為何不對人牲使用銅鏃呢？這可能是基於「訓練」的考慮，畢竟鋒利的銅鏃更容易致命，而骨鏃則致死率較低。另外，出土骨鏃的鋒刃多有磨損也說明，它們是被多次使用的練習品。

丁一南簷下的祭祀坑是統一製作和填埋的。先是挖掘堅硬的夯土，有二公尺多深後，放進人牲的屍體，有些還會打碎幾件陶器放進去，象徵人牲在地下也會有些生活用品，以讓其靈魂更安心地守衛殿堂。然後，填土夯打。人牲的頭骨應該就是這麼被夯碎的。填滿土後，為使祭祀坑不那麼容易被發現，又在地面整體鋪了一層二十公分厚的黃土。

後經鑽探發現，南簷下並不止十座祭祀坑，但為保存房基的完整性，考古隊沒有繼續發掘。據推測，人牲不會少於四十人。

丁組建築全部完成並投入使用後，大學生們還要反覆用人牲練習射擊和搏殺，這樣便會不斷地出現新的祭祀坑。這些後期坑建在丁一東南方的空地上，目前已發現成排的六座。其中，M10埋有三具俯身的屍體，沒有被砍頭，其中一人缺失了手和腳。此外，坑角還發現了兩處散落的牙齒，發掘者推測，這應該是「當時被打掉的」。

這座坑最特殊之處在於，不僅有陶器碎片，還有四件小巧的青銅斧、三件環首銅小刀以及兩塊不及巴掌大的長方形磨刀石。銅斧的整體長度在七－十四公分之間，銅刀長二十公分左右，刀斧基本完整，刃部略有殘缺，是使用過的。兩塊磨刀石上有穿孔，當是為繫繩之用，便於隨身攜帶。

與前述M18不同，M10中的這三名人牲的身上沒有箭鏃，但攜帶了近戰用的刀斧。他們可能是大學生們練習萬舞（短兵近戰）的陪練，這種高度模擬的肉搏戰訓練也可以看作一種角鬥，比賽規則自然對人牲不利。卜辭中，用鉞的「萬舞」練習者要分左、中、右站立，可能是眾多的學生列隊圍攏對付少數幾名陪練角鬥士。

另外，這四件銅斧的型制比較特殊，並不是商式風格，而是燕山以北草原地帶流行的「管銎斧」：頂端鑄造出圓管形的銎，銎管上還有一個小孔，將木柄插進去，釘入一枚釘子固定木柄。商式鉞則是整體片狀，在木柄頂端開槽，把鉞上端的凸起部分插入槽中，再捆綁固定。

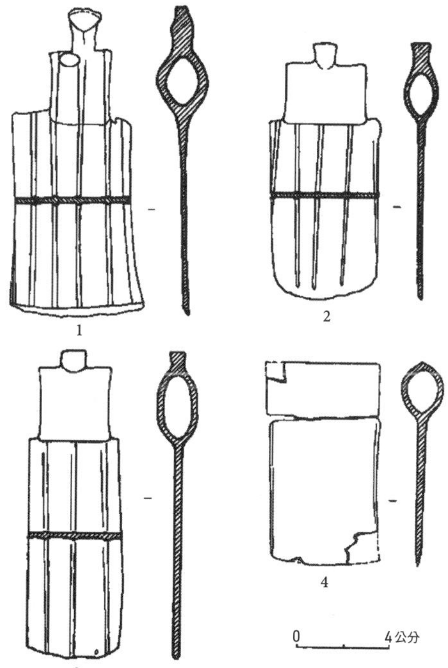

M10出土的四把管銎斧線圖

殷墟地區較少發現這種管銎斧。發掘報告推測，坑中三人可能是來自北方草原的戰俘。倘若丁組建築是王族大學，那麼這些北方戰俘就是貴族學生們的陪練。花園莊東地的「子」的卜辭裡的「學商」和「學羌」也表明，大學裡經常組織對抗性演練，有時甚至要靠商人學生來扮演假想敵。

後期的這些祭祀坑中沒有發現骨鏃，屍骨也大都有砍傷痕跡，可見人牲皆被砍殺而死。比如，M11中的無左手，M13中的左手和左腿被砍斷，M12中的無右手。無手者可能是用胳膊抵擋刀斧所致，這說明人牲可能沒有裝備盾牌。

人牲幾乎都被砍頭，但也有相對完整的屍骨的，如M9中的甲，雙腿被從膝蓋部位捆在一起，雙手亦被反縛，而且是該坑三名人牲中第二個被扔進坑的。只是我們已經不知道為何偏偏是他被活埋而不是被砍殺。

如前所述，殷都大學所在地稱為「入」，這裡也是大學生們祭祀其先祖（先王）的地方。在「子」的卜辭裡，有兩次提及在「入」祭祖：第一次，是𠜱一頭牛，再「伐」一人（夷）；第二次，是伐羌一人。

甲午：宜一牢，伐一夷？在入。一二三。（《花東》三四〇）

己酉夕：伐羌一？在入。庚戌，宜一牢，彈。一。（《花東》一七八、三七六）

從「子」的卜辭可見，有些人牲並非學校提供的，而是學生自備，可能先進行搏鬥訓練，最後把處死的人牲奉獻給祖先。在殷都大學長達二百餘年的歷程中，因作陪練角鬥士而死的人牲肯定不止已發掘的六座坑中的這些，許多屍體可能另有處理，或者只有具有特殊紀念意義的才會被葬入祭祀坑。

◆「子」的貴族人生

在「子」的眾多卜辭裡，他最日常的工作是向先祖先妣獻祭。多數是用豬牛羊和酒（鬯），也有少數是用人，如為了祭祀祖庚和祖辛，「子」分別「冊羌一人」（《花東》五六）。在甲骨文裡，冊，是剁成塊的意思。此外，他還祭祀過與商族始祖有關的「玄鳥」。（《花東》一五五七）祭祀經常在一個名為「來鹿」的地方舉行，這應是「子」的莊園領地。

他的射獵活動也很多，主要在「品鹿」，這應該是私家獵場。馬車是「子」的生活中一項很重要的內容，他曾多次占卜左馬或者右馬有沒有災病。看來拉車的馬各司左右，一般不混用。

「子」很關心自己的健康，多次因為耳鳴、做夢、心疾、首疾、目疾占卜。他經常有頭疼症狀。

「子」和武丁的夫人婦好關係密切，他們應當是親屬，後來成為婦好的侍衛官。在他的卜辭裡，「王」只出現過兩次，而婦好出現過幾十次。「子」經常占卜是否應該到某地見婦好，是否應該和婦好一起舉行祭祀。他常向婦好貢獻禮物，有一次貢獻了六人（《花東》二八八），還貢獻過一名「磬妾」，應當是擅長演奏磬的女子。（《花東》二六五）

婦好應該會負責為商王採購馬，因為有些馬販子（多御正、多賈）多次通過「子」向婦好送禮，希望得到參見的機會。「子」安排過不止一次集體參見，每次都由馬販子拿出十捆絲綢作為覲見禮物。

有一個叫「彈」的馬販子，經常到「子」的家裡奔走服務，想通過「子」送給婦好三捆絲綢，以獲得單獨接見的機會。「子」就占卜問：是否應該轉達這個禮物？占卜結果是「用」，也就是可以。「子」又占卜：是否應該向婦好引薦「彈」呢？占卜結果是「不用」。（《花東》六三）

「子」自家也經常買馬，他常到馬販子處看「新馬」。看來他相馬的技術不佳，卜辭裡記載說：「自買馬其又死。」意思是說，有一次，馬剛買來不久就又死了。

武丁王時期，商朝對外戰爭頻繁，「子」曾經考慮是不是應該跟隨一位叫「白」的將領去征伐「邵」地。他還曾試圖通過婦好和「白」拉近關係，向「白」贈送過占卜用的龜殼。但最終他應該還是沒去，因為卜辭裡沒有進一步的資訊。（《花東》二二〇、二三七）

在卜辭裡，「子」的妻子被稱為「婦」，妻子的母親被稱為「婦母」。看來這位岳母喜歡對「子」的事務發表意見，比如「子」在卜辭裡曾詢問：「婦母讓我和某甲在一起，不要和某乙在一起，是否應該聽從？」（《花東》二九〇）卜辭裡沒有出現「子」的子女信息。

「子」的壽命可能不長，畢竟當時成年人的平均壽命只有三十歲左右。在他死後，他占卜過的甲骨被埋入了二公尺多深的窖穴之中。一九九一年，因修築通往殷墟博物苑正門的公路，考古隊決定對工程用地進行考古調查，這才發現「子」的甲骨坑（編號Ｈ３）。其中，有龜甲一千五百多片，刻辭的五百多片，還有少量卜骨。

由於從未被盜掘者發現，坑內甲骨保存得非常完整。許多整版的龜甲雖然遍布裂紋，非常脆弱，但經過技術處理，基本保持了原貌。倘若是被非法盜掘，絕大部分甲骨都將變成碎片，無法識別。歷代商王留下的甲骨卜辭雖然數量多，但大都是盜掘出土，非常淩亂，很多同屬一王或同一批次的卜辭都喪失了聯繫。考古學者們希望通過字體和占卜師的名字對零散的卜辭進行分組、劃分年代，但結論往往充滿爭議。這是盜掘帶來的無法挽回的資訊信息。

五年之後的一九九六年，「子」曾經受業的大學所在地丁組基址也被發掘出土，這位殷商王子的生平這才展現在了世人面前。這是殷商時代關於一個人的獨家而完全的記錄文獻。

「子」的住宅和墳墓沒有被發現；但一般來說，他使用過的甲骨不會被丟棄到遠處，應該是在自家院內挖坑埋藏。很可能，他的宅院基址已經被後世破壞。

◆戰死的族長「亞長」

「子」的甲骨坑（H3）被發掘十年後，在它的西北側數十公尺處又發現了一片墓葬，其中有一座比「子」晚兩三代人（殷墟二期末）的貴族墓，編號M54。商人都是聚族而居，居葬相鄰，所以M54的主人很可能是「子」的後裔。

二〇〇〇年冬季，在花園莊東的農田裡，考古工作者用洛陽鏟進行鑽探調查，初步確定了M54的位置。由於一九九一年這裡出土過「子」的甲骨坑，人們判斷可能會有高等級大墓，計畫二〇〇一年開春解凍後發掘。結果盜墓者一直追蹤著考古隊的進展，趁夜間找到了墓穴位置，好在有村民發現異常，將此事報告給了考古工作站。於是，考古隊決定趕在盜墓賊之前進行發掘。就這樣，在二〇〇一年初的大雪中，墓穴內的槨室得以揭開。由於從來沒被盜墓賊光顧過，大量隨葬器物和殉人還保持著下葬時的布局。[12]

這座墓穴，口部南北長五公尺，寬三公尺多，向下逐漸擴大，深約六公尺。墓底四壁有高約一．八公尺的夯築二層台，中央是黑漆木板搭成的槨室，裡面放著雕花夔龍紋、鑲金箔的紅漆棺木。

很多隨葬銅器鑄有「亞長」族徽。「亞」，表示主人有軍事首長身分；「長」，是家族的族徽，字形是一個人側面站立，腦後有很長的頭髮，手中扶杖，像是個老人。可能是「子」的後人繁衍出了「亞長」氏族。

墓主是一名三十五歲左右的男子，頭骨面部略有女性特徵，俯身直肢而臥，右腳掌骨有長期跽坐（臀部坐在腳上）形成的磨痕。這是上古人習慣的坐姿。在殷墟發掘的貴族墓葬中，M54主人的死因比較特殊，屍骨上有多處傷痕：一，左上臂肱骨上有三條銳器砍痕，長度都在一公分左右。「這三處砍痕均未見骨骼自我修復痕跡，說明砍痕形成於墓主人死亡之前的時間很短，即墓主人遭受連續打擊後不久即死亡。」二，一根左肋骨的中前部位，有明顯的銳器砍痕。三，骨盆中部靠右側被刺穿一孔，深約二公分，寬一．一五公分，「……內部呈圓孔洞。從創口形狀推測，應是矛戈類刺兵形成」。四，大腿骨後方也有很深的砍痕。

這位「亞長」氏的族長很明顯是在戰爭中受傷而死的。敵人未能對其頭部一擊致命，可能是因為他戴了銅盔（冑）。打鬥的時間可能非常短暫，其左臂被連續砍傷，說明此時他尚能站立，但已無力格擋或逃避。

我們可以對當時的現場稍作復原：在戰鬥過程中，他應該是衝在前方，又因為其服飾屬於貴族長官，所以受到多名敵人的攻擊。首先是被迎面敵人的銅矛刺入右下腹，矛鋒深入骨盆。雖穿戴半身鎧甲，但這個部位很難防護，而且矛鋒也足以貫穿常用皮甲。他被迫用雙手抓握矛桿，以防對手再刺，但銅矛已嵌入人骨，不容易拔出。此時，又有敵人從左方靠近，揮刀連續砍殺，在他的左上臂和左肋造成多處傷口，致使左臂肌肉斷裂失能。從股骨上的傷痕看，應該還有一支戈至少兩次砍或勾在其左大腿和臀部。

他之所以未被敵人斬首，應該是己方士兵上前把他救了下來。但在隨後不到一天的時間裡，「亞長」會因失血和創口感染而昏迷，這時，軍中巫醫會對他進行急救，但也無力回天。最終，他的屍體被馬車拉回了殷都喪

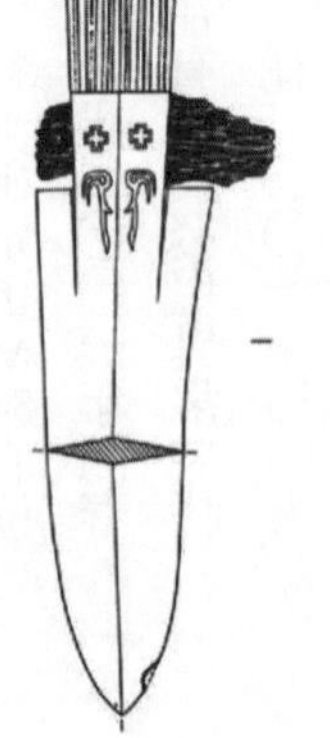

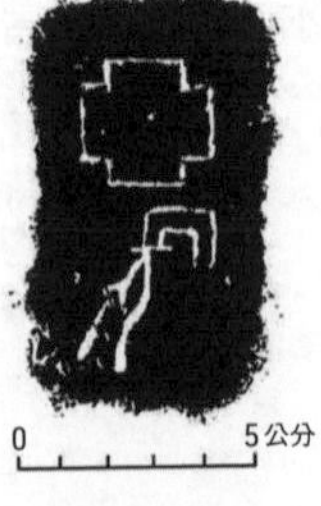

「亞長」族徽銘文

葬。為了減輕腐爛的氣味，他的屍體被撒上了大量花椒粒。對他的戰死，商王也可能會表示慰問，並賞賜一些錢物。

在王陵區之外的商代貴族墓葬中，花園莊東M54的隨葬品比較豐厚。首先是有大量的銅禮器。知名度比較高的是一件重達十四斤多的「亞長牛尊」。這是一頭站立的水牛，造型圓潤可愛，嘴微張，全身布滿龍、虎、鳥形花紋，尤其牛背上還有一個帶把手的蓋子，可能是為了便於在牛腹中存放貨貝。

墓中共有四十件銅禮器和銅容器，有些稍薄的銅器在入葬時被打碎了，出土後，考古工作者儘量把它們拼貼復原了起來。這頭著名的「亞長牛尊」就是復原的產物。

大件的銅兵器有一六一件，其中，鉞七件，矛七十八件，戈七十三件，卷頭大刀三件。除了主人自己使用的鉞，其餘的戈、矛和刀能裝備超過一百五十人的部隊，而這肯定還不是主人家的全部兵器。考慮到氏族成員自家的裝備，亞長氏族的兵力應該會有上千人。

較厚重的一件銅鉞重十二斤左右，其他的較薄，多在一．四斤左右。多數的戈和矛都連接著一段木柄（柲），只有十幾公分，但最長的一件卻有三十八公分。這可能是為了節約空間，入葬時把木柄鋸斷了。

銅鏃有八八一枚，分好幾處成束擺放。從殘留痕跡看，有些下葬時帶有木桿，是完整的羽箭。墓中還有些盾牌和弓的遺跡。

車馬器有銅策（馬鞭桿）兩件和弓形器六件，說明主人擁有至少六輛馬車。弓形器上鑄有繁複的花紋，有的還用綠松石鑲嵌。考

復原後的「亞長牛尊」

慮到其他氏族成員，亞長氏族應該擁有不少於十輛戰車。

樂器有銅鐃一套。銅鐃是軍事首長發布命令的工具之一，所謂「鳴金收兵」。此外，還有各種銅工具和雜物，其中，圓形銅泡有一四九件，可能是綴在皮甲上的。

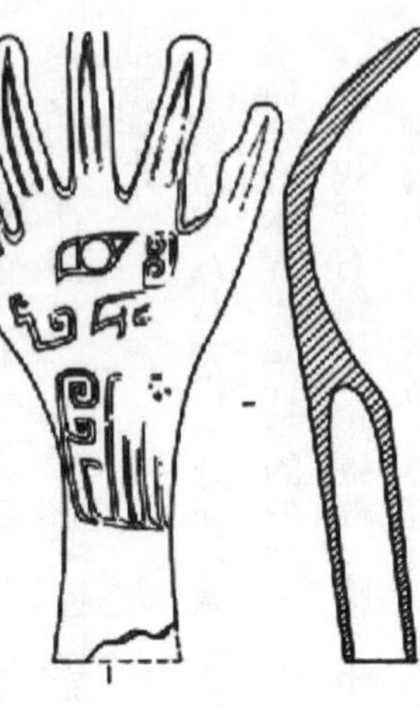

亞長銅手形器線圖

比較特殊的是主人棺內的一件銅「手形器」，比正常的右手略小，長十三公分，呈微彎曲的半握姿勢，上面鑄有目形紋飾，甚至有指甲的紋理。它的小臂部分中空，用來容納插入的木柄，但木柄已經腐蝕消失，無法確知其具體長度。

和其他的青銅器不同，這件手形器被放在主人的棺內，靠近左小腿處。墓主的兩手基本完整，手形器也不在主人右手處，所以並不是義肢。有學者推測，它是用來在鼎內撈取食物用的，類似餐叉。但餐具似乎並不需要單獨放入主人棺內。從它與墓主的親密程度看，應當經常被主人握在手裡，有點類似權杖。

銅工具中有小刀五件。有兩件的手柄末端鑄造的分別是馬頭和鹿頭，刀柄的紋飾則類似長脖子。還有一件整體呈虎形（發掘報告認為像狗），

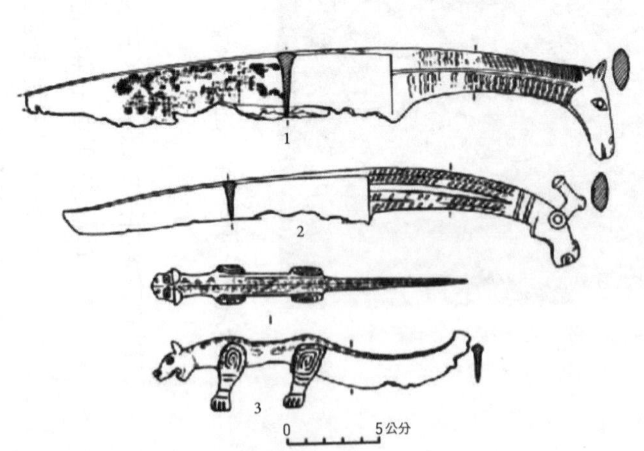

亞長墓銅小刀線圖

長尾延伸成刀的刃部，有完整的四腿，可以站立在桌面上。隨葬的玉石器，除了小件的玉飾和玉雕，還有些玉兵器，但實用價值不高，主要作為軍事首長身分之象徵：玉鉞一件，玉戚六件，玉矛兩件，玉戈八件；此外，還有玉質刃部和銅質裝柄結合的「銅骹玉援矛」兩件和「銅內玉援戈」三件。

隨葬的骨鏃有四十三枚，沒有鋒刃，前端平整。發掘者推測，這是為了射獵時不損傷獵物的皮毛。本書認為，這也可能是訓練品，非致命箭鏃可以減低人牲的致死率，士兵可以獲得更多的訓練機會。

在墓室二層台上，有大量木棍，共四十七根，長度在一・三—三・六公尺之間，直徑約三公分。有些木棍刷紅或黑色漆。發掘者推測，這是部分銅戈和銅矛的木柄，因為太長難以放進槨室，就被截斷放在了二層台上。

發掘出海貝一四七二枚，幾乎都是經過研磨的貨貝。

陶器不多。有些陶器內部有大量梅子核，可能是熬製的果羹；還有的裡面有較多碎骨，發掘者推測是肉羹。

墓穴內用了十五名殉人和十五隻狗隨葬，其中一隻狗在墓室底部正中的腰坑內，這是商人「腰坑殉狗」的傳統禮儀。離墓主最近的六名殉人，在槨室內的棺材外，左右各三人，全屍，但骨骼保存較差，可能是槨內的某些隨葬品有較強的腐蝕作用。這些人應是先被處死，然後用草席包裹身體放入槨室之內的。槨室外的墓底有四名殉人，能鑑定性別的有三人，全是男性，只有一人在二十五歲左右，其餘都是十幾歲。

上述所有全軀的人牲，姿勢和墓主一樣，都是俯身直肢。在殷墟的墓葬中，這頗為奇特。可能是因為墓主死於兵災，頗不吉利，所以用這種方式來禳解。

二層台內有三顆人頭，〔13〕一顆是一名二十歲左右的男性的；其餘兩顆則都是女性的，年齡分別為三十歲和四十歲左右。值得注意的是，三十歲左右的這名女性，應該自幼就拔掉了下牙的兩顆門齒。這屬於「東夷」習俗，自大汶口文化以來，在山東及膠東某些地區一直存在。墓主生前很可能參加過征討東夷的戰爭，並從當地帶回了一些俘虜。

和人頭同一層面的二層台內，還有牛腿和羊腿，以及陶製的豆、觚、爵，它們應當是用來盛放食品和酒的。

放置完隨葬品和人牲後，開始往墓穴裡填土夯築。夯填的過程中，還會埋入殉人和殉狗：到一半深度時，殺了一名兩三歲的幼兒，將其頭顱面朝下扣在了土中。到距離地面一公尺左右時，又殺了一名二十五歲左右的女子，將其頭顱側放在了填土內。對頭骨和牙齒的鑑定表明，這名女子生前應該營養較好，屬於物質生活比較豐富的人群。根據發掘報告，共埋入四名成人和一名幼兒的頭骨，但沒有發現他們的身體，而且該墓周邊也沒有發現人祭坑或者無頭屍坑。

在墓葬填埋數年後，墓主的家人為其建造了一座墓上「享堂」：先是在墓穴正上方築起一公尺多厚的夯土台基，並築進一枚成年人頭骨和一名全軀的少年，然後在台基上建造亭子式享堂。

若干年後，享堂塌毀，有人便在它的基礎上挖了一座近方形坑，坑底埋入一名被砍頭的仰身直肢的男子，人頭放在身體的左側，右側則是兩具兒童的屍體。這座祭祀坑，可能出自「亞長」的後人。

在M54附近，考古隊共發掘出四十座豎穴墓，大多數是隨葬品較少的小墓，有殉人的只有兩座，其中一座殉二人（M82）。這些墓葬可能多是亞長氏族的成員或者屬民的，看來他們多數人並不富裕。

「子」和亞長的後人應該繁衍了很多代。周滅商後，其後人和其他王族被遷到了商族人的起源地——商丘，並在那裡建立宋國，繼續傳承商王家族的血脈。至於他們能否放棄血腥的殺祭宗教，這就是一百多年後的故事了。

第十四章 西土拉鋸戰：老牛坡

關中盆地在群山環抱之中，猶如一片東西狹長的柳葉，渭河從盆地中央流過，沿途接受灃河、灞河、涇河和北洛河等支流匯入，最終注入黃河大拐彎處。

在漫長的新石器時代，關中盆地內一直有眾多繁榮的小村落，但到了四千多年前的龍山時代，華北各地開始進入普遍的動盪和戰亂。關中也不例外。今西安市西郊的客省莊（二期）就出現了大量殺戮、衝突甚至人祭的跡象。

但不知何故，關中的新石器人群未能「進化」到早期國家。龍山動盪期過去之後，這裡又回歸仰韶時代那種與世無爭的社會狀態。在關中之外，南佐、石峁和陶寺等古國興廢倏忽，夏、商文明迅速迭代升級，卻都沒影響到關中的寧靜生活。

這是上古時代的常態：並非所有的人類社群都會自動進化成更大的共同體和國家；事實是，多數會一直停滯無為，直到被強大的古國或王朝吞併，被強行裹挾進人類的「發展」大潮中。

王朝擴張也會引發土著的反抗。關中是商王朝的「西土」邊疆，也是獻祭人牲的重要來源。商朝的勢力雖在這裡活躍數百年，但從未占領整個盆地。西安市東郊灞橋區老牛坡村的黃土地層，記錄著商朝對關中數百年的經營史。

商朝通過設立城邑或侯國管理外地和邊疆，本質上，這是一種分封建國的制度。後來的西周也同樣實行封建制，但不同的是，商朝的城邑或侯國很重視商文化的獨特性，與土著人群涇渭分明，很難出現文化和民族融合現象。當然，對於商朝來說，湖北盤龍城是特例，也是一個教訓。

老牛坡是商朝設在外地侯國的典型個案，顯示了商族人祭文化和土著部族文化之間的激烈衝突。

◆早商的入侵者

二十世紀，老牛坡的村民耕作時還偶爾會挖出商代青銅器，這引起了考古工作者的注意。一九八五—一九八九年，考古隊對這裡進行了多次發掘，由此，一個從新石器時代發端、跨越整個商代的聚落逐漸露出部分真容。〔1〕

老牛坡村接近關中盆地中心，背靠驪山，面對灞河。在商人到來之前，本地土著還生活在石器時代。他們在黃土坡地上開墾出農田，用石刀和石鐮收割穀物，在灞河中用網捕魚，留下了很多拇指粗的石製漁網墜。他們也做些藝術工作，比如，在陶罐的口沿捏出花邊，用石頭磨製成巴掌大的環形「石璧」。土著墓葬的隨葬品很少，沒有任何兵器，說明他們的生活中少有暴力衝突，也幾乎沒有權力組織和社會分化。那麼，又是什麼引來了商人征服者？

墓葬裡埋藏著答案：發掘的七座墓中，四座隨葬有綠松石。也就是說，附近的山中有銅礦，這正是商人搜尋的目標，而且也只有在能生產銅器的地方，商人才能建立穩固的據點。

可能在剛剛滅亡夏朝—二里頭古城之後，新興的商族人就乘勝進入了關中。他們沿著黃河南岸古道而上，穿越豫西的山澗和密林。這一路雖頗為艱辛，但並不缺少人煙。在仰韶時代，農業聚落已經遍布這裡山間的各處臺地。

關中盆地雖然開闊，但尚未進入古國時代，並沒有值得擄掠的繁榮邑聚，所以這批商人並未把關中視作久留之地。直到開國百年，鄭洛地區開始面臨人口增長的壓力，關中地區這才成為商朝擴張的新大陸，一批又一批商人進入潼關，在盆地東部擴散開，建起一系列大大小小的據點。其中，老牛坡規模最大，延續時間也最長。

老牛坡商代地層分為四期。一期還是本地土著的生活世界，到二期，開始出現冶鑄青銅的遺跡，並伴隨著大量早商式（二里岡文化）陶器碎片。這是商朝人入侵和定居的證據，湖北的盤龍城也在這一時期形成。關中周邊的銅礦少而零散，雖難以形成盤龍城那種規模的青銅產業，但已經足夠征服者自用。

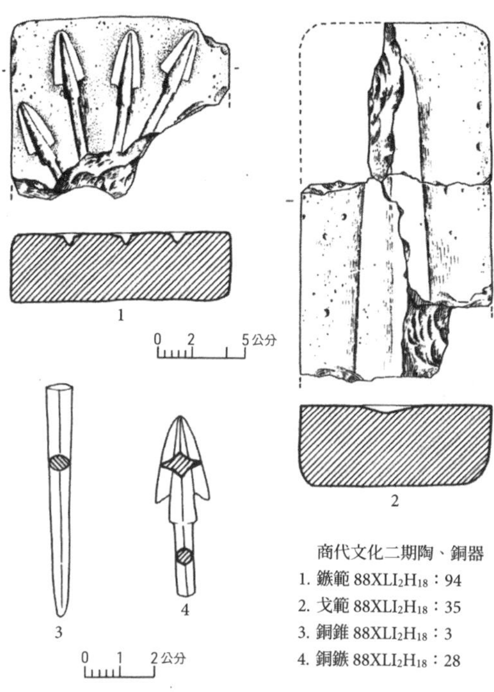

老牛坡商代二期的陶製鑄範和銅器

二期仿銅陶簋，有商代銅器常見的饕餮夔龍紋飾帶

老牛坡二期的生活—作坊區布滿了大大小小的灰坑，考古工作者在裡面發現了兩塊銅煉渣、兩枚銅鏃和一枚銅錐，還有鑄造銅鏃和銅戈的陶質殘範各一塊——是鑄造小件銅器用的「雙面範」，兩塊範拼合，可以多次使用。在半塊磚頭大小的鏃範上，五枚箭鏃呈扇形分布，其中四枚完整，無倒刺，兩翼三角形；戈範刃部平直，鋒利。這都是早商時代青銅器的特徵。

沒有發現任何稍大的銅器和鑄銅範，比如商族人常見的銅酒器。由此可見：一，這批征服者地位不太高；二，軍事需求最為迫切，必須用有限的銅資源鞏固新據點。不過，他們還是仿照銅器的饕餮花紋製造了陶器，試圖效仿故鄉顯貴們的生活。

商人常見的殺人獻祭自然不會缺席。一座邊長約半公尺的三角形小坑，裡面埋著三枚完整的幼兒頭骨，但沒有任何軀幹骨和肢骨。填土經過夯打，頭骨非常破碎，無法分辨性別，只能判斷他們的年齡在兩歲左右。這些幼兒可能是用來向鑄銅設施獻祭的，因為人頭坑緊挨著一座大灰坑（$88XLI_2H_6$），從中發現了兩塊銅煉渣，說明銅爐應該在不遠處。

在出土了銅鏃和銅錐的$88XLI_2H_{18}$灰坑，還發現了兩片由人頭骨磨製成的橢圓形「骨餅」，直徑約三．五公分，比硬幣略大，沒有穿孔和紋飾，不知有何用處。

由於發掘範圍有限，沒有發現商人的房屋和墓葬，只有一些灰坑。從這些信息看，在二期，商人征服者數量不多，生活也不算奢華。

綜上，老牛坡二期只發現有鑄造工具，但沒有冶煉銅的跡象，比如大量的銅煉渣。那麼，用於冶鑄的銅料又來自哪裡？

沿灞河向上游二十公里，藍田縣的懷珍坊村有這一時期堆積的銅渣、木炭屑以及冶銅爐的殘跡。比如，有草拌泥的紅燒土塊，一面粘有一層綠色凝結銅汁，發掘者推測，這可能是煉銅爐的爐壁碎塊。

和同期的老牛坡一樣，懷珍坊沒有發現大件銅容器（禮器），但出土有早商式陶器，以及一些小件銅器，如銅戈、小銅刀、銅錐、銅鑽、銅鏃和銅環等。此外，還有一塊重三斤的銅圓餅（用於鑄造的銅錠）。

也沒有發現鑄銅設備，比如鑄造用的鑄範。看來，這裡和老牛坡正好互補，冶煉出的銅錠會被送到老牛坡投入鑄造。只是本來可以整合在一起的冶鑄工作，為何要分在相隔二十公里的兩地？

其一，可能是銅礦石不易運輸，且冶煉場地離銅礦越近，則成本越低；其二，這兩種工序都有很特殊的條件，冶銅需要有礦石來源，鑄銅則還需要鉛和錫，以及合金配比技術。兩種工序分離背後的原因可能是，這是兩個不同的商人部族各自擁有的產業，懷珍坊這家有礦山，老牛坡則有鉛和錫以及鑄造技術，他們可以分工合作，卻不願合併成一家。

和冶銅設施同期，懷珍坊遺址還發掘出五座低等級墓葬，屍骨大多殘缺，下葬時應該已被砍去肢體。M1墓主缺頭骨和右半身骨骼，有右小腿骨。從骨架觀察，頭骨及右半身骨骼應該在埋葬時就缺了，足骨有明顯截斷的痕跡。M2墓主是一名兒童，「坑內僅有兩根小腿骨，有明顯的截痕」。M3墓主的骨架缺上肢骨和肋骨等，發掘報告認為，下葬時屍體就已經不完整了。M4墓主的骨架缺右上肢骨、左股骨及其他小件。〔2〕

這是伴隨商人而來的征服和殘酷統治，自給自足的土著村落成為商人統治下的奴隸莊園。一方面，開採和運輸銅礦石需要較多勞動力，懷珍坊的這些死者可能是被奴役和虐殺的本地勞工。另一方面，這些人仍然擁有比較正規的墓葬，墓穴裡有幾件簡陋的隨葬品，說明他們還生活在自己的村落和家庭環境中，死後也由親人安葬。

懷珍坊的早商文化層很薄，沒有更晚的（殷商時期）陶器和銅器，說明這個據點只是曇花一現，然後被永遠廢棄。

◆第二輪西進運動

不止懷珍坊聚落，甚至不止關中，在商朝中葉，商人在各方向的擴張潮都在凍結和收縮。此時，並未出現強有力的外敵，正如前文所述，商人的挫折來自內部的九世之亂，這造成了王朝近百年的停滯。然後是盤庚王遷殷。之後，殷商終於穩定了下來。經過幾十年休養，王朝實力逐漸恢復，到長壽的武丁王在位時期，又開始了對四方的征伐。而且，殷商已經有馬拉戰車，王宮和上千里外的戰線的聯絡得以解決，征伐已不再是盲人摸象般的自發擴張，而是由商王統一指揮的軍事行動。

第二輪「西進運動」是武丁開啟的，重點指向晉南和關中盆地。商人入侵者持續向關中西部推進，與各種土著部落頻繁發生激戰。這是上一輪自發擴張潮從未能抵達的地區。

關中西部有一個叫「周」的羌人部族。有一條甲骨卜辭的內容，就是武丁占卜要不要親自去征討周方：「丙辰卜，賓貞，王惟周方征。」（《合集》六六五七正）此外，武丁還多次占卜需要派哪些武裝去「寇周」，寇也釋讀成「璞」，都有征伐之意。這種卜辭多達九條，預備動用的武裝則有「多子族」：「己卯卜，允，貞：令多子族從犬侯寇周，葉王事。」還有犬侯、尹侯、崇侯虎以及一些字形無法釋讀的侯和人名。[3]可見，武丁動用的兵力非常強大，尤其是「多子族」，它是商王族的武裝，陳夢家將其比作清代的八旗軍隊。

需要特別強調的是，武丁這裡討伐的羌人周族（姜姓周族），和後來周文王的姬姓周族不一樣。[4]武丁王時期，周文王的先祖姬姓周族還生活在偏遠的陝北山地，而非關中盆地，商朝還不可能知道他們。當然，羌人周族和姬姓周族還有血緣上的聯繫，後面我們會對此詳細介紹。

商人軍隊消滅姜姓周族後，占據了岐山之南、渭水之北的周原地區。然後，武丁王冊封了一名王族顯貴統治周原，在甲骨文裡，他被稱為「周侯」。注意，這是商人建立的周原侯國。

周原地區出土過幾次商代青銅器，[5]有窖藏，也有墓葬。多數銅器造型屬於殷墟前期，恰和武丁時期的西進運動吻合，但也有少數銅器時代更早，屬於遷殷之前的商前期。這少數的商前期銅器可能是被主人從商朝核心區帶到新征服的周原的，保存和使用了好幾代，最後被隨葬埋入地下。

這些銅器表明，占領周原後，商朝便試圖在此建立穩定的據點和擴張基地。顯然，新冊封的這位周侯和王室關係密切，武丁時期的卜辭裡有很多關於他的內容，比如，「令周侯今生月亡禍」（《合集》二〇〇七四），意思是，武丁祈禱周侯這個月沒有災禍。

再到幾代人之後，商朝授予周文王的封號則是「周方伯」。[6]伯是異族酋長，商朝是不會給異族頭領「侯」的稱號的。

武丁曾占卜一位「婦周」的病情會不會延續。[7]「婦某」的稱呼專用於商族血統的后妃，比如著名的婦好。倘若是異族女子，哪怕成為商王寵妃，也不會享有這種稱呼，比如末代商紂王寵愛的妲己，她來自「己」姓的蘇國，而非「子」姓的商族，所以不能稱「婦妲」。

武丁死後，西進運動再次式微。結果，西部土著羌人和商人的衝突日益頻繁，關中西部的商人據點還沒來得及穩固就紛紛淪陷。在周原，雖然發現過多組武丁時期的青銅禮器，但沒有發現任何高等級建築。這說明，這個商人侯國可能立國不久就被消滅，或者被迫離開了。

一九七二年，在周原範圍內的岐山縣京當村出土了五件有「目」形紋飾的商式銅器。它們被保存在一個「用圓石頭砌成的窖穴」中，村民挖掘時沒有發現人骨，說明這批銅器不是隨葬品，而是戰亂來臨時埋藏的，很可能是主人發現自己遭到羌人圍困，來不及帶走財寶，只好在突圍之前先埋了起來。

商人對待異族過於殘忍，俘獲的羌人被一批批送到殷都獻祭，故而許多羌人寧願戰死或逃亡，也不願在商人的統治下苟活。所以，僅靠武力，商人一直難以統治整個關中盆地。

更複雜的是，動盪甚至形成了一種虹吸效應，更遙遠的西北方土著部族，正在緩慢而持續地翻過隴山和六盤山朝關中遷徙。他們可能是被商人新奇的青銅產品吸引，同時試圖占據因戰爭而荒蕪的土地。比如，以「分襠袋足」陶鬲為特徵的劉家文化，有學者認為，它是從西北方進入關中的，屬於甲骨文中的羌人群體。〔8〕

武丁死後，他的兒子祖庚和祖甲相繼為王。《史記·殷本紀》記載，祖甲「淫亂，殷復衰」，周侯之國遂被廢棄。自此，商人勢力撤出關中西部，這裡徹底蕭條，連青銅器也很少被發現。但商人還是固守住了關中東部的老牛坡，在這裡，武丁王新冊封了一位商人貴族，他就是《史記》和《封神演義》裡鼎鼎大名的崇侯虎。

◆崇侯虎早生了二百年

據《史記·周本紀》，文王周昌被商紂王囚禁羑里的起因是：

> 崇侯虎譖（誣告）西伯于殷曰：「西伯積善累德，諸侯皆向之，將不利於帝。」帝紂乃囚西伯羑里。

從此，周昌經歷了一系列遭遇和幸運。獲釋後，他開始積蓄力量，密謀翦商，並在其去世前一年，窮周族之全力向崇國發動進攻，終於攻滅了這個仇敵之國。

《詩經·大雅·皇矣》對崇國的滅亡有生動描寫。「帝謂文王：詢爾仇方，同爾兄弟；以爾鉤援，與爾臨衝，以伐崇墉！」翻譯成白話就是，上帝命令文王：「召集你的同盟，集合你的族人，帶上你攻城的鉤梯和衝車，去攻打崇國的城牆。」

那麼，讓文王如此咬牙切齒，以致動用上帝來詛咒的崇國，究竟在哪裡？對此，史書卻語焉不詳。

其實，在比周文王早二百年的商王武丁時代，甲骨卜辭中就已經出現了崇侯虎。（《合集》六五五四）

1. 貞：令從崇侯虎伐髳方，受有佑。

2. 貞：勿從崇侯。〔9〕

武丁讓崇國伐髳方，說明它們之間比較近。後來，周武王滅商，盟軍之中也有「髳」。（《尚書．牧誓》）可見，周原和髳方距離不遠。據此推測，崇國和周原之間也不會太遠。

從甲骨文字形看，崇字中間是一張豎立的床，上下各有一個類似方括號的符號，「床」可能是音旁，和「崇」發音接近。在卜辭中，這個崇字經常被寫得非常瘦高，超過正常的兩個字的高度，可能用來表示它有「高」的含義。從音和意來看，它都很接近「崇」字。

《合集》六五五四

1. 貞：令從崇侯虎伐髳方，受有佑。

2. 貞：勿從崇侯。

崇侯虎為何會出現在文王之前二百年？很可能是因為，作為崇國的開國之君，他在武丁王時期就非常活躍且顯赫。胡厚宣先生就總結說，武丁時有捍衛商王朝的鼎足三大將，崇侯虎就在其中。這可能導致名人效應，使得後人在講述文王經歷時，把晚近的「崇侯」誤記成了「崇侯虎」。

此外，開國之君的名字也可能成為後世歷代國君的代稱。比如，西周建立後，周文王的兩位弟弟虢仲和虢叔的後人的封國皆名為虢，這兩國後世的國君便也繼續分別被稱為虢仲和虢叔。按這種邏輯，崇國歷代國君也都可以被稱為崇侯虎。

至於崇國在何地，老牛坡遺址提供了答案。

《詩經》和《史記》有記載，攻滅崇國之後，文王立刻把駐地從周原遷到了豐地：「文王受命，有此武功。既伐于崇，作邑于豐。」〔10〕古代已有學者猜測，崇國應該離豐地不遠：「崇國蓋在豐鎬之間。」（《史記正義．周本紀》）豐地，在今西安市西郊，而老牛坡在東郊，兩地相距僅約五十公里。所以，發掘報告推測，老牛坡可能就是崇國都城：

> 若老牛坡遺址所在地果為崇國都邑舊址，則豐、鎬一帶地屬崇國勢力範圍或政治轄區，是完全可能的。〔11〕

考古發掘顯示，在老牛坡三期（相當於殷墟前半期，武丁王的西部擴張開啟之時），一批身分更高的商人來到這裡定居，興建起高等級建築，老牛坡因此從普通據點擴大為城邑和侯國。這可能是崇侯虎建國的開端。

商朝需要在關中建立穩定的前進基地，而老牛坡位居關中盆地中心，有銅礦資源，還有商人征服者上百年的經營史，各方面條件都最合適。

◆崇國食人者

大約在武丁時代，老牛坡出現了兩座大型建築。

一號基址東西長三十公尺，南北寬十五公尺多，夯土地基厚一公尺，上面曾有多座分體建築。能識別出三座建築痕跡，其中的F3相對完整，長十一公尺多，寬近六公尺，是「一座面闊四間、進深二間、面東二門、前有走廊、屋頂為兩面坡式的中型房屋建築」。它很可能是崇侯虎家族成員的住宅。

二號基址與一號相距一百公尺，被雨水沖毀了一部分，南北長二十三公尺，東西寬十二公尺，夯土地基厚一．三公尺，復原出的柱子，有南北五排，東西八行，是一座大型單體殿堂建築。這裡可能是崇侯辦公理事的朝堂。

為保護房屋遺跡，考古隊沒有發掘夯土地基，所以無法確定是否有人奠基。但在發掘之前，村民曾在這裡修建一座磚窯，留下的土崖斷面上恰好有「小兒骨架一具」，被壓在室內地面之下。如此偶然的機會都能發現屍骨，看來用人奠基的數量應當不少。

在夯土台基宮殿區的東側，是土著農夫的房屋，還延續著製造花邊陶罐和石壁等傳統。武丁大擴張時期，因到老牛坡定居的商人越來越多，一些農夫遂被驅逐，供新來的商族人營建新居。而土著們的房屋，則正好用來做垃圾坑。這是黃土地帶特有的「地窨」式房屋：地上挖一出近圓形坑（直徑三—五公尺，深一．五—二．五公尺），坑口搭草棚遮擋風雨，坑壁上挖出供上下出入的階梯。

從關中到伊洛和晉南是黃土分布帶，而黃土有較好的垂直層理，不容易倒塌，適合挖掘地窨，而且

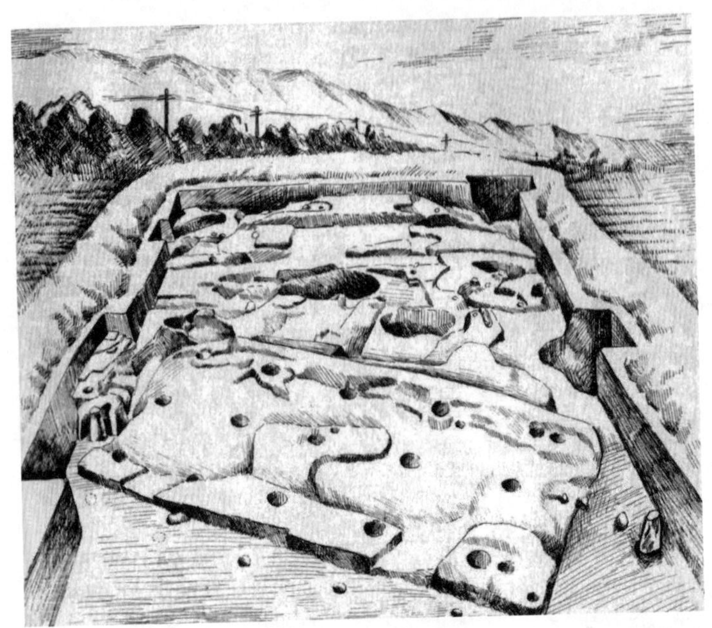

一號基址F3房基發掘繪圖

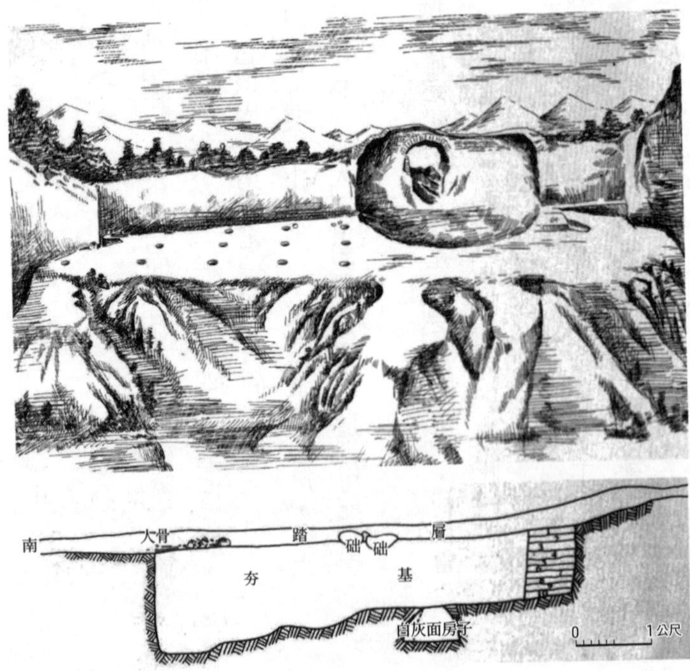

二號基址發掘繪圖

保溫性好，比較宜居。這種地窖式房屋使用了上千年，從仰韶文化晚期直到商周。

但自商人大量來到老牛坡後，這種地窖灰坑就不僅埋有陶片等生活垃圾，更還有人骨。比如：

H5底部有人骨架兩具，人骨很不完整，且和豬、狗的骨骼混雜在一起。發掘報告推測，「顯然是死者被砍殺後而隨意扔入的」。

H19底部有人骨架一具，「除頭骨外，骨骼亦殘缺不全，顯系非正常的死亡現象……同時還發現有鹿角、碎骨、大小不等的河卵石、已經成堆的燒土灰燼」。

H17底部「緊靠坑壁發現一個完整的人頭骨，近頭骨處有大量草木灰，在草木灰中還有燒過的動物骨骼、鹿角和紅燒土塊」。

H19平面及剖面圖

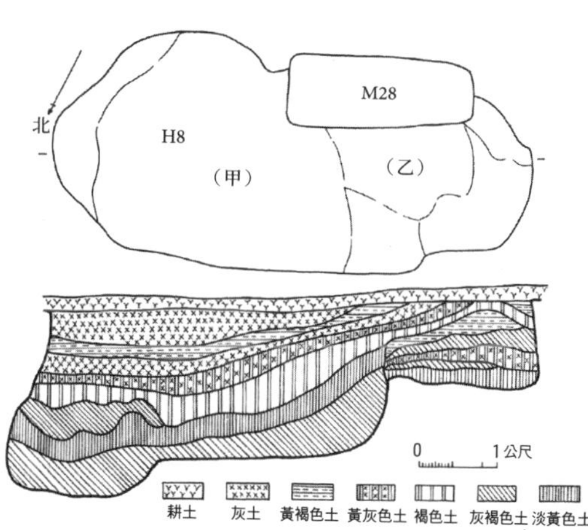

H8平面及剖面圖

上述三座灰坑，人骨都在底部，顯然是垃圾坑剛使用時扔進去的。坑內有大量家畜骨頭和人骨混在一起，還有灰燼和燒土塊。所以，它們也可能是祭祀坑，但發掘報告中的信息較少，難以確證。

H8更特殊，是一座連體大灰坑。它不是窖穴改建的，而是先挖了一座專用垃圾坑乙（長二．六公尺，寬二．三公尺，深一．八一公尺），當快被填滿時，又緊挨著它挖了一座更大更深的垃圾坑甲（長三．七公尺，寬二．九公尺，最深處有二．四公尺），最後，甲坑也被填滿。

甲乙兩坑內埋有各種生活垃圾，還有「許多人骨和牛、狗、豬等動物骨骼混雜在一起」。和其他灰坑不同的是：一，這兩座灰坑不止底層有人骨，而是各層都有，說明殺人行為伴隨著垃圾坑的使用全程；二，人骨都是零碎的，且和其他家畜骨骼混雜在一起，應該是吃完以後被遺棄的特徵。或許H8周邊的人家有吃人肉的習慣，而且持續了很多年，否則難以形成這種遍布垃圾坑的人骨堆積。

但另一方面，往H8裡傾倒垃圾的，應該不僅有貴族肉食者，還有本地土著居民，因為坑中還出土有石刀、石鐮、石鑿以及本地傳統的花邊口沿陶罐。

這個居住區共發掘三期灰坑十九座，有人骨的只有上述四座，並不占多數。這說明商人統治者的殺人行為還是有所區別，嗜殺和吃人肉的應該只屬於少數人，或者特定場合。

◆崇侯的青銅產業

建立崇國，是商朝向西擴張的保障，由此，武丁先後滅亡羌人周族和分封商人周國。但武丁去世後，周原的商人侯國未能保住。在武丁王的兒子祖庚或祖甲時期，一片關於「周」的甲骨卜辭中又出現了「崇侯」等人。〔12〕

甲骨磨損過於嚴重，難以判斷商王到底讓他們做什麼。從時間看，祖庚和祖甲時期，商朝勢力衰退，商人的周侯正遭受土著的威脅，為此，商朝很可能要調動周邊諸侯救援。但此舉無效，土著勢力又淹沒了關中西部。

商人的周國滅亡後，老牛坡對於商朝的重要性得到了進一步提升，功能布局也隨之發生了變化：殷墟前期的大型夯土建築被廢棄，改建為冶煉鑄造區；崇侯的新宮殿區可能移到了遺址西北側，也就是考古劃出的第四發掘區。目前，這個區的發掘還比較少。

到殷墟末期（老牛坡四期），崇國更加繁榮，青銅產業的規模也更大了：有很多冶銅的煉渣堆積，填滿了一條至少長十八公尺，最深處可達二公尺的土溝。距離銅礦渣不遠的山坡上，有四期鑄銅作坊的垃圾堆積，裡面埋有很多熔銅陶缸碎片和殘陶範。

與二期那種鑄造小件銅器以及可以多次使用的雙面陶範不同，四期的陶範多用來鑄造相對較大的器物，且只能一次性使用。目前發現的鑄範可以製造各種容器和兵器，如鬲、戈、鉞、皮角上綴的圓銅泡，還有類似面具的所謂牛面和人面形飾，但尺寸略小，不適合戴在臉上，可能是繫在皮質頭盔的額頂部位，起威嚇敵軍之用。〔13〕

從老牛坡二期的冶鑄設施分離、規模很小，到四期的冶鑄一體、規模增大，意味著權力結構已經發生重組：原來分散且互不統屬的商人據點，以及基於自然資源和商業交換的產業布局，被整合到更大的政權體系中，形成了方國政治體。

懷珍坊相對偏僻、封閉，而老牛坡更接近關中盆地中心，控扼渭河南岸的交通幹道。因此，把銅的冶鑄設施集中到老牛坡，更便於軍事防禦，避免被對手分割擊破。雖然銅礦石的運輸里程要多二十公里，但冶銅和鑄銅兩道工序卻可以無縫銜接，免去了再次熔化銅錠的成本。

雖然尚未發現殷商晚期的宮殿區，但從鑄銅業的興盛程度看，這一時期肯定有更大的核心建築群，甚至還可能有夯土城牆。後來的周人史詩說，攻打崇國時，他們面對的就是牢固的城牆，正所謂「崇墉仡仡」。〔14〕

崇國商人的墓葬還使用大量殉人，等級稍高的殉人數量更是要十人左右，比多數商人侯國和據點都要「奢侈」。只是在商朝末期周文王滅崇國後，這些墓葬被嚴重破壞，相關細節我們會在後文商周易代的部分介紹。

崇國—老牛坡後期的安定繁榮，和商人招降了一支北方山地部族有關，這便是周文王祖父一代的姬姓周族。他們被安置在土著和商朝反覆拉鋸的周原地區，而改變上古華夏文明歷程的大轉折，也自此開啟。

第十五章 周族的起源史詩與考古

周，是一個興起於西土的部族。

和商人的傳說類似，周人的始祖也是未婚女子遇到神跡而生下偉大的兒子，但比起夏商兩代的族源，周人史詩包含的信息量要多得多。可以說，從一開始，周族的來源就相對清晰可靠，不僅後世考古有發現周族開國三百年前的聚落，亦和文獻中的很多記載有呼應。

但是，講述周族的起源也有很大的困難。周族本來沒有文字，只有口頭的傳說，是滅商之後才開始用商人發明的文字記錄自己的歷史，難免會滲入一些商文化元素。而且，西周之後，人們還創造了那些更古老的半神帝王的「創世記」，比如黃帝和炎帝，嫁接和混淆了很多周族早期傳說，造成了很多混亂。

所以，我們需要剔除那些西周以後附會的故事，「正本清源」地講述周族的起源。

周族出自羌人

《詩經．大雅》中〈生民〉，記載了周族的創始傳說。

厥初生民，時維姜嫄。生民如何，克禋克祀，以弗無子。履帝武敏，歆，攸介攸止。載震載夙，載生載育，時維后稷。

誕彌厥月，先生如達。不坼不副，無菑無害。以赫厥靈，上帝不寧。不康禋祀，居然生子。

誕寘之隘巷，牛羊腓字之。誕寘之平林，會伐平林。誕寘之寒冰，鳥覆翼之。鳥乃去矣，后稷呱矣。實覃實訏，厥聲載路。

誕實匍匐，克岐克嶷，以就口食。蓺之荏菽，荏菽旆旆。禾役穟穟，麻麥幪幪，瓜瓞唪唪。

誕后稷之穡，有相之道。茀厥豐草，種之黃茂。實方實苞，實種實褎，實發實秀，實堅實好，實穎實栗。即有邰家室。

誕降嘉種：維秬維秠，維穈維芑。恒之秬秠，是獲是畝；恒之穈芑，是任是負。以歸肇祀。

誕我祀如何，或舂或揄，或簸或蹂。釋之叟叟，烝之浮浮。載謀載惟，取蕭祭脂。取羝以軷，載燔載烈，以興嗣歲。

昂盛于豆，于豆于登，其香始升。上帝居歆，胡臭亶時。后稷肇祀，庶無罪悔，以迄于今。

這篇史詩說，周族的始祖是一位叫「姜嫄」的女子，她生活在一個定居村落裡，有房屋院落和小巷，有放牧的牛羊，村外平地上生長著樹林，村民在林中伐木建屋。看來，這是一座位於平原，至少不是崎嶇山地的小村落。

姜嫄曾經向神明獻祭，祈求自己婚後能生育兒子。然後，她便踩到了上帝留下的巨大腳印（鄭玄注疏說，是大腳印上的拇指部分），從而懷孕，最終順利生下了一個兒子。姜嫄非常緊張：「還未結婚就生下孩子，難道是我的祭品沒能讓上帝滿意才導致這結果嗎？」

她試圖扔掉這個嬰兒，結果一系列神跡保護著嬰兒活了下來：被扔在小巷裡，有牛羊來給他餵奶；

被扔在平曠的樹林裡，結果遇到村民們來伐木；被扔在寒冰上，鳥群飛來用翅膀給他取暖。嬰兒的哭聲響亮，一直傳到大路上，所以總會有人發現和照顧他。等到他能夠爬行，就可以自己找食物吃了……

姜嫄最終是否「收回」了兒子，史詩裡一直沒有提及。等這個兒子長大之後，他開始從事農業種植工作，播種大豆、粟米、麻、麥、瓜，還掌握了一系列管理莊稼的技術，比如除去雜草以讓各種作物長得茂盛，培育出各種莊稼的優良品種。

這個兒子，名為「后稷」，字面的意思是「穀物首領」。在上古，「后」的意思是首領，「稷」是穀物。《史記．周本紀》說，因為兒時被母親遺棄，所以他的名字是「棄」。這應該是較早的本名；〔1〕等他壯年事業有成後，才有可能被尊稱為「后稷」。

在史詩的最後，是棄—后稷用自己的收穫向上帝獻祭。他舂糧食去皮，簸揚淘洗乾淨，蒸出香氣（用的應該是新石器晚期常見的陶甗）；還屠宰公羊，在香蒿上塗抹羊脂，放在柴堆中焚燒；所有的飯食都盛在高足陶盤（豆）裡。上帝正在天上安居，聞到了祭品的香氣，感歎：「哪裡來的香味這麼及時！」后稷靠祭祀得到上帝的保佑，一直沒發生災禍。周人的祭祀從此一直持續下來。

同樣是未婚生子，簡狄繁衍出商族，姜嫄繁衍出周族。有學者認為，這是人類早期母系家族的表現：女子不出嫁，男子到外部落約會臨時性伴侶，所謂生子「知其母，不知其父」。不過要注意，在〈生民〉裡，姜嫄發現自己未婚先孕後，還是會感到恐懼。而這是父系家族時代的觀念。所以，〈生民〉反映的應該是母系家族和父系家族正交替的時代，在當時，兩種家族觀念還雜糅並存。這也正是男性始祖領袖產生的背景：從母系家族誕生，然後建立起自己的父系家族與國族。

在〈生民〉裡，「上帝」頻繁地出現。通過殷墟甲骨卜辭可知，「帝」或「上帝」本來是商人的說法和宗教概念，也就是說，這是後來的周人從商人那裡學來的，並非周人自有。在〈生民〉史詩的最初版本裡，這位周族之神應當有另外的名分，比如當地的某個山神或天神。

〈生民〉還說，在經營農業獲得成功之後，棄—后稷在母親的有部氏部族建立了家庭。古代注家說，部在陝西的武功縣，屬於關中盆地內的平坦地區，地貌接近〈生民〉中的描寫。而且，武功縣距離周原地區很近，也可以說是廣義周原的一部分，所以后稷的後人有了「周」族之名。[2]但古代史家忽略了一點，姜嫄的姓是「姜」，其本意是女性的羌人。這意味著，姜嫄是羌人，周族是從羌人繁衍出來的。當然，這不是說我們比古人聰明，只是因為我們今天可以借助殷墟甲骨卜辭知道，關中地區的居民主要是羌人。

后稷成年之後，需要按照父系家族的規則娶妻。他的妻子是個姞姓女子，後世的周人也因此形成了一種觀念：「姬姞耦，其子孫必蕃。」意思是說，姬姓和姞姓通婚能生育很多後代。[3]但這背後還隱藏著一個問題，就是西部族群的「同姓不婚」禁忌（商族人很可能沒有）。后稷此時還身在姜姓有部氏部族，屬於姜姓成員，不適合在母親的姜姓部族裡找配偶，而附近有一些姞姓族群，可以和姜姓婚配。

◆農牧兼營與遷徙

〈生民〉裡還藏著一個大問題：后稷之前有沒有農業？如果有，后稷就只是農業的改良者；如果沒有，他就是農業的創始人，地位更加重要。

從〈生民〉的預設環境來看，並沒有渲染后稷生活在過於遠古、蠻荒的世界。《史記．周本紀》記載的周族歷代首領，從始祖后稷到文王，一共有十五位。這個數位也許不是全部，但至少說明后稷時代並非過於久遠和洪荒，換句話說，〈生民〉並未預設是后稷發明了農業。

再從考古來看。周族起源的關中地區，在后稷之前的三四千年裡，大地灣和仰韶文化遺址已經星羅棋布，新石器農業發展興盛。在如此悠久的農業文化圈中，周人也不大可能想像是自己的先祖發明了農業。

〈生民〉說，后稷被丟棄時，有成群的牛羊保護和哺育了他。本書認為，當時畜牧業的繁榮更值得關注。

從距今四千年開始，全新世大暖期逐漸結束，中國西北部海拔較高的地區首先受到影響，氣候呈現從暖溼轉向乾涼的趨勢。這種變化更適合畜牧，所以高地居民的糧食種植逐漸減少，牛羊畜牧業比重則緩慢上升。

到商代，山西和陝西的很多土著被商人稱為「羌」。羌的甲骨文寫作 ，羊頭人身，說明畜牧業在其生活裡占重要地位。但這些人仍然有農業經濟，並未變成完全倚靠牲畜的遊牧人。商朝滅亡後，周人和羌人學習商的文字，把羌人的族姓寫作為「姜」——女性的羌人。周人之所以強調后稷精於農業的形象，應該是為了強調自己和羌人舊鄰的區別，讓自己顯得更為「進步」和「開化」。在畜牧和農業之間，后稷選擇了優先發展農業。那麼，這兩者到底有何區別？

動植物的自然繁殖週期告訴我們，相比畜牧業，農業的收穫週期短，投入產出比高，「周轉」增殖更快。牛、馬以及未經現代改良的羊，一年只能生一胎，每胎生一隻，不僅如此，牛羊還需要數年的生長期才可以繁殖。這些都決定了畜牧業的增殖速度較慢，即使有無限充裕的草場和人力，也無法加速循環。在家畜當中，相比牛羊，豬每胎產仔數量多一些，增殖更快，但豬的食物主要依賴農業，單靠養豬無法形成畜牧業。

跟牛羊相比，哪怕是傳統低效的糧食品種，收穫和播種的比率也很容易超過十倍（一顆粟米種子能收穫上千顆粟米），而且，糧食每年至少可以收穫一季。這意味著，在土地和人力足夠的情況下，農業的規模和提供的食物數量可以高速遞增。因此，少年時代的后稷勤於農作，很快便發家致富。當然，在史詩裡，他被賦予了無窮的精力和豐富的經驗值。

關中盆地的面積不太大，四周被山地環繞，宜農的平地和宜牧的山地相距很近，所以后稷（及早期周族人）有機會深入了解這兩種經濟形態，並作出自己的選擇。

◆到「野蠻人」中去

《史記》說，后稷曾經在堯帝的朝廷擔任「農師」，負責農業指導工作，一直供職到夏朝。后稷的兒子叫不窋，後遭遇夏朝的動盪，丟掉了農師的職位，只好帶著一批族人離開周原（以及關中盆地），遷徙到戎狄野蠻人中謀生，繼續繁衍。從此，周人在陝北山地生活了十一代，直到文王的祖父亶父一代才遷回周原。

> 后稷卒，子不窋立。不窋末年，夏后氏政衰，去稷不務，不窋以失其官而奔戎狄之間。
>
> 古公亶父復修后稷、公劉之業，積德行義，國人皆戴之。……乃與私屬遂去豳，度漆、沮，逾梁山，止于岐下。豳人舉國扶老攜弱，盡復歸古公于岐下。

上述傳說中關於堯帝和夏朝的內容已經無法驗證，二里頭文化並沒有延伸到周原地區，很難證明早期周人和夏朝—二里頭古國有什麼聯繫。

至於不窋向北方遷徙的時代，很可能是在商朝前期，正值商人征服者侵入關中。不窋家族雖然還未必全面了解擴張中的商朝，但很顯然，那些使用青銅兵器、到處抓捕俘虜的人讓他們感到非常可怕。而且周原地區過於平坦，完全暴露在入侵者的視野中，所以為了安全起見，他們只好選擇躲到北方山地。

後來，周人稱這段流亡為「竄于戎狄」。現代史家經常誤以為戎狄就是遊牧族，其實不然。這需要解釋戎和狄在周人眼裡的含義。

在商人的甲骨卜辭裡，沒有戎和狄。周人說的戎，是地域和文化與周族比較接近，但略微「野蠻落後」一點的族群。最明顯的是，戎人也有族姓，比如姬姓和姜姓，從這裡也能看出來，他們和周人有淵源。實際上，在商人看來，周與戎區別不大，都屬於廣義的羌人。

而在周人眼裡，狄則是個更野蠻的族群。春秋之前的文獻，幾乎沒有關於狄人的記錄。春秋的狄人，族姓是「隗」，而商代甲骨卜辭中有「鬼方」，也許他們之間有些關係。

故而，不窋「竄于戎狄」，並非投奔遊牧族，因為當時還沒有純粹的遊牧族；不窋去的，實是關中盆地以北的山地，在那裡生活的是姜姓戎人（羌人），他們的畜牧業經濟雖多一些，但也有農業，過的是定居生活。

不過，不窋和他的兒子鞠具體生活在哪裡，史書中沒有記載。這個空白期，也可能不止兩代人，畢竟對於遙遠的古代，口耳相傳的先民傳說難免會有脫漏。脫離姜姓有部氏部族的生活圈後，后稷的後人

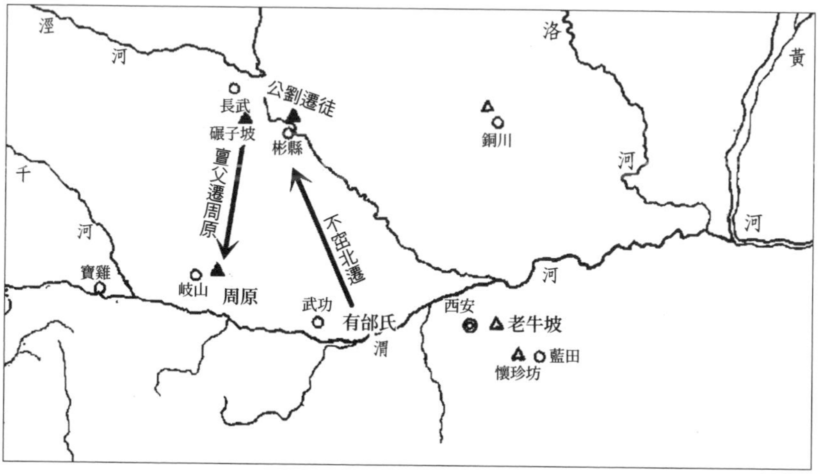

先周部族遷徙圖示

為自己選擇了一個新的族姓——姬，以表示他們和姜姓群體的血緣關係已經足夠遙遠，可以通婚了。這就是後來建立周王朝的姬周族。

《詩經》中，有一首鞠的兒子公劉帶領族人再次遷徙的史詩——〈公劉〉。

篤公劉，匪居匪康。乃埸乃疆，乃積乃倉；乃裹餱糧，于橐于囊。思輯用光，弓矢斯張；干戈戚揚，爰方啟行。

篤公劉，于胥斯原。既庶既繁，既順乃宣，而無永嘆。陟則在巘，復降在原。何以舟之？維玉及瑤，鞞琫容刀。

篤公劉，逝彼百泉。瞻彼溥原，乃陟南岡。乃覯于京，京師之野。于時處處，于時廬旅，于時言言，于時語語。

篤公劉，于京斯依。蹌蹌濟濟，俾筵俾幾。既登乃依，乃造其曹。執豕于牢，酌之用匏。食之飲之，君之宗之。

篤公劉，既溥既長。既景乃岡，相其陰陽，觀其流泉。其軍三單，度其隰原。徹田為糧，度其夕陽。豳居允荒。

篤公劉，于豳斯館。涉渭為亂，取厲取鍛，止基乃理。爰眾爰有，夾其皇澗。溯其過澗。止旅乃密，芮鞫之即。

這次遷徙的目的地是豳地，過程隆重而歡快。他們已經提前做好了準備，把收穫的糧食裝進口袋和筐裡，族人拿著弓箭、戈和盾戒備而行。一路時而翻過山梁，時而下降到低窪的平地，涉渡眾多泉水，終於看到一片平坦的山間谷地。然後，他們在高地上安家，搭起草棚，在臨水的平地上開荒，還殺豬備酒舉行宴會。作為部族首領，公劉受到眾人景仰。

那麼，豳地在哪？《漢書．地理志》認為，在旬邑縣。據後世考古，位於今陝西咸陽城西一四八公里處的長武縣碾子坡村，有一處先周文化遺址，應當屬於公劉開始定居的豳地時期。在後世周人的回憶裡，那還屬於「竄于戎狄」的歲月；而從考古看，則屬於半農半牧的經濟形態。

◆窯洞與高粱

今陝西省長武縣，屬於關中盆地北緣的黃土高原溝壑區。一九五九年，中國社科院考古所在這裡發現了先周碾子坡遺址，一九八〇—一九八六年，考古所涇渭考古隊對遺址進行了十多次發掘。〔4〕這是涇河支流沖刷出的一條大型溝谷，碾子坡遺址就位於向陽的山坡上，而且有多個不同時期的文化地層。

最早的遺跡距今六千年左右，生活著仰韶半坡文化晚期的居民。半坡文化遺址已經發掘過很多，而碾子坡的特殊之處是，這裡的居民留下了用馬骨製作的器物：兩件骨錐和一件骨笄。而同時期的華北新石器遺址還很少出土有馬骨，小小的碾子坡卻能發現三件，且還出自不同的灰坑。這說明，這裡的人經常捕獵和食用野馬，用馬骨製作器具。

這些半坡文化和後來的姬周族可能沒有關係，但它展示了公劉和周族人到來時的環境：這裡比關中更有北方特徵。

從地理上看，碾子坡雖距離農業繁榮的關中盆地不遠，只有一百公里左右，但它已屬於陝北黃土高

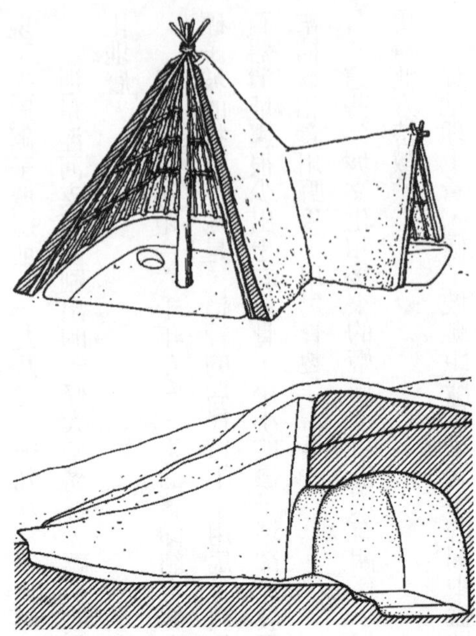
碾子坡的先周半地穴房屋和窯洞復原剖面圖

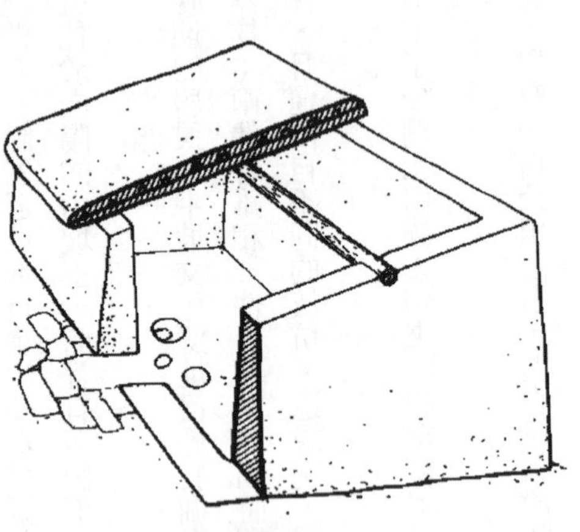
碾子坡夯土房屋F1復原圖

原地貌，從此向北到鄂爾多斯、蒙古草原，地形開闊，屬於後來的內亞遊牧地帶邊緣。碾子坡的海拔接近一千公尺，比關中盆地氣候乾爽，更適合野馬生存。

半坡時代之後，碾子坡有一段長達二五〇〇年的空白期。到商代，這裡出現了繁榮的村落，碳十四測年距今三五〇〇—三一〇〇年，發掘者稱之為「先周」文化，並把它劃分為早期和晚期兩段。這裡的「先周」指的可能就是遷到豳地的公劉部族時期。

先周階段的碾子坡出土了很多農具，有用石頭或骨頭做的鏟、鐮，收割用的穿孔石刀，以及石臼，等等。農作物應該有粟和黍，但碾子坡遺址發掘得比較早，當時還沒有使用「浮選法」收集細小的植物種子。

先周碾子坡人有好幾種房屋，最常見的是黃土坡上的「窯洞建築」。當時的上古人應該還沒有能力把土坡削成垂直面，他們會先向土坡裡面挖一條一公尺多高的巷道，深入內部之後再向周圍掏挖以擴大居住面積，從而形成一間穹頂的窯洞居室。巷道就是進出的門道。窯洞牆壁上還挖掘出壁龕，作為儲藏收納的空間。

後來，周人的史詩《詩經．緜》回顧了這段住窯洞的生活：「陶復陶穴，未有家室。」這是新石器晚期黃土地帶的常見民居，再早一千年，山西陶寺古國的普通居民也是住這種窯洞。

比窯洞數量少一些的是半地穴式房屋，先挖約一公尺深的坑做居室，再用樹枝搭起牆體和屋頂，最後抹黃泥覆蓋。在華北新石器時代，這種半地穴式房屋很常見。

碾子坡還有一座夯土版築的地面房屋F1。它坐西朝東，房基為整體夯築，土牆厚約一公尺，室內空間不大：長五．四公尺，寬約三公尺。門外地面鋪墊著多塊石板，還有呈品字形的三個灶坑。普通民居不大可能同時使用三個灶坑，它應當是村落集中活動的場地——可能是敬神的祠廟。

F1後面有一座坑（H189），坑底是一處高粱作物的堆積：東西長一．八公尺，南北寬一．二公尺，面積和形狀近似一口棺材；厚度五—二十公分，這是被土層壓實之後，估計掩埋之前厚度在半公尺左右。

這些高粱不是單純的種子，而是整個穗子連帶二三十公分長的莖稈，還帶著少量葉子。它和F1前後相鄰，而且都指向東方。這恐怕不是巧合，很可能是一處祭祀遺存。

在中國上古時代遺址中，極少有高粱出土。距今約五千年前，鄭州大河村遺址仰韶文化晚期房址中曾發現一隻裝滿糧食的陶罐，經鑑定是高粱種子。但此結論仍有爭議。碾子坡的這處高粱遺存距今約三千三百年，則完全沒有爭議，因為它有完整的高粱穗、稈和葉子。另外，在一所窯洞式房屋（H823）的壁龕裡也發現了一小堆尚未去皮的高粱種子。

周人始祖名后稷，在古代，稷泛指穀物，但也有狹義的高粱之意。[5]碾子坡遺址有掩埋高粱祭祀的遺存，說明在早期周人的觀念裡，高粱與周始祖有著密切聯繫。

碾子坡的房屋（窯洞）和糧食作物顯示的是一種定居農業生活；而它的垃圾坑，則又顯示了畜牧業的發達：

> 我們在發掘中收集到大量的獸骨，主要是牛、馬、羊和豬等牲畜的骨頭，其中又以牛骨為最多，它們顯然是這個遺址中的先周居民的食後殘餘。該現象充分表明，以放養牛群為主的畜牧業生產在當時是很發達的……

除了大量牲畜骨頭，還發掘出土了很多屠宰和剝皮的工具。各種骨製工具裡面，用馬骨製作的占了很大比重；除了常見的骨錐和骨匕，還有一種用馬的下顎骨磨制的鏟形骨刀，多達二十七件，發掘報告認為，它是一種加工肉類的工具。看來碾子坡先周居民不缺乏肉食。

用石頭和骨頭製作的箭鏃數量也很多，但很少有食餘的野獸骨骸。從地理環境看，古碾子坡周邊應該有各種野獸，但他們的捕獵行為應該不多，這可能是因為飼養的家畜已經足夠肉食之需求。

在其中的一座灰坑（H2018）發掘出一具完整的馬骨架，發掘報告稱，沒有發現捆綁的痕跡，應是死後埋進去的。灰坑縱軸和馬頭都朝東，聯繫前述宗教性建築F1和高粱祭祀坑H189也都是朝東，這很可能也是座祭祀坑，背後應該有先周居民的宗教信仰因素。

除單獨的葬馬坑，還有用馬殉葬的做法。在先周晚期墓葬中，有一座女性二次葬墓（M195），墓主四十歲左右，墓穴深近三公尺，在墓穴上層有一匹獻祭的小馬。在碾子坡兩百多座先周墓葬中，殉馬墓目前只發現這一座。

在碾子坡，在食用和利用皮、骨之外，馬還有沒有其他用途？此時的碾子坡還沒有掌握馬拉戰車技術，因為製造馬車需要發達的青銅工具，而且這裡屬於黃土高原丘壑環境，垂直高差大，溝谷縱橫，並不適合馬車行駛。

碾子坡人飼養的馬、牛、羊很多，這些牲畜需要較大的草場，僅靠農作物秸稈和村落附近的草地應該很難維持。為了放牧，他們需要在一二十公里的半徑範圍內移動放牧。而牛羊容易走失，還要防範野獸和異族人的襲擊，所以最合適騎馬放牧。碾子坡人很可能已經學會了騎馬。

◆商人難民帶來銅器？

在先周碾子坡，沒有發現煉銅和鑄銅的遺跡，但有少量銅器。這顯示了碾子坡和外界（很可能是商王朝）的聯繫。

最大的銅器來自一座先周前期的窖藏坑，共有三件，一甗、兩鼎。窖藏坑呈橢圓形，長徑超過二公尺，深約一．一公尺，坑挖好之後，先在坑底鋪了一層三十公分厚的土層，然後呈品字形緊貼著放置三件銅器，都是口部朝下倒放，最後，填土掩埋。

埋葬過程比較從容，儀式感很強，因躲避戰亂而藏寶的可能性不大。發掘報告推測，這處銅器埋藏可能具有祭祀性質。

在關中和陝北地區，較少發現埋葬器物的祭祀。這不屬於本地宗教儀式，容易讓人聯想到鄭州商城晚期的三座青銅器窖藏祭祀坑。也許，鄭州商城的「宗教改革」曾經波及這座遙遠的山村聚落？

從時間上看，磧子坡埋祭坑只略晚於鄭州商城的那場「宗教改革」，而且其墓葬也顯示有商文化移民的存在，這就是先周晚期的M163墓。墓主是一名五十歲左右的男子，墓穴中央挖有一臉盆大小的坑，裡面有獸骨，發掘者推測是狗骨，其上先是被一塊石板蓋好，再安放棺木。這是典型的商人「腰坑殉狗」葬俗。

在磧子坡墓區，目前只發現了這一座商式墓。但這名商族男子肯定不是孤身一人，至少得是一家人，因為給他構築墓穴的人顯然也懂得商人的墓葬習俗。

故而，上述青銅器埋祭遺存和商人葬俗顯示了這樣一種可能性：在鄭州商城的宗教改革引發內戰後，可能有少量失敗的「革新派」商人逃亡到了遙遠的磧子坡，並把鄭州商城新生的（從長江流域盤龍城引進的）埋祭宗教理念帶到了這裡。西土沒有殺人獻祭的宗教，這些流亡商人容易得到土著的接納。

再來看這三件銅器。其中，瓿是青銅鑄造，沒有銘文和族徽，做工較精細，顯然是從商朝境內輸入的高端商品。兩件銅鼎則不同，都是紅銅鑄造，沒有紋飾，不含鉛和錫，所以銅液流動性差，致使器物表面有很多沙眼和褶皺。此外，足跟不平整，其中一隻的足底呈疙瘩粘連狀，發掘報告推測，這應該是第一次鑄造失敗再次補鑄所致。

雖然技術不佳，但這兩件鼎的分量不小，都重約十公斤，口徑約三十

M163出土銅鼎

公分。看來主人並不缺銅料，但缺相關技術。主人應該還長期用它們炊煮食物，因為在鼎足及鼎的下部有約二公釐厚的煙灰層。青銅甗是盛食器而非炊器，所以沒有煙灰。

兩隻紅銅鼎有可能代表的是流亡商人的鑄造技術。鑄造銅鼎需要製作好幾塊外範、內範和芯範，這不是揣摩成品實物就能獲得的知識，必須曾經參與過鑄造才能仿製。這些操作者很可能只知道鑄銅工藝，但缺乏關於青銅的配方知識，或者是因為西部山地難以獲得鉛和錫。

總之，外來者未能使陝北土著成功生產青銅製品（至少是大件青銅器）。碾子坡發現的其他銅器都是小件工具，如銅製的小刀、匕首、錐和銅泡，且都出自垃圾坑。先周墓葬中，隨葬銅器的極少，只有晚期墓出土有銅鏃兩枚和銅鈴一枚，還分別出於三座墓葬。其中，有一位墓主是中箭身亡的，一枚銅鏃射入了他的右大腿骨（M1169），顯然，銅鏃的真正主人屬於敵對部落。

◆安寧部族

目前，已發掘分屬先周碾子坡早期和晚期的兩片墓地，都沒有發現人殉和人祭的現象。

這些墓葬很簡單，多數死者有木棺材，幾乎看不出貧富差異：前期墓葬幾乎沒有隨葬品；後期平均每座墓有一件，基本都是煮飯的陶鬲。可見，碾子坡—周族幾乎沒有產生貧富分化。均等並不意味著貧窮，從遺址的家畜骨頭看，碾子坡人的肉食攝入量遠超任何已發現的古代農業聚落，他們甚至都懶得去射獵和捕魚。

此外，先周墓葬還有兩個特點：一，男人和女人下葬的姿勢不同，男人俯身直肢，女人仰身直肢。二，有很多「斬肢葬」，死者的部分手或腳被砍掉，有些砍下的肢體放在了墓穴裡。斬肢葬在仰韶半坡文化中曾頗為流行，從半坡到先周長達三四千年，中間經歷過好幾輪新石器文化更替，但斬肢葬卻一直保留了下來。考古學者迄今還未能讀解其背後的原因。

再來看部落生活中的暴力因素。墓穴中的屍體基本完整，沒有發現被砍頭或分屍後埋葬的現象。有極少數是用灰坑或廢棄的水井和窯洞埋人的，死者直身，兩手交叉，身邊放有一件隨葬品。很明顯，這不是被殺死後的拋屍，而是由家人正常殯葬，只是可能因為某些原因而不宜埋入部落公墓。

碾子坡的灰坑中沒有發現散碎的人骨，但有一件經過切割的人骨，像是肢骨一端。發掘報告說，它不是用刀具切割的，而是採用了一種類似加工玉器的線切割工藝。

比較特殊的是利用廢棄灰坑埋人的M501。這座灰坑比較大，在快被填滿時，埋進了兩具成年人屍骨：一具相對完整，是一名二十五歲左右的男子；另一具則性別不明，只殘留部分四肢骨，且擺放淩亂。在兩具屍骨旁邊，還各擺放了一件隨葬的陶豆。看上去，這兩具屍骨像是在野外被野獸咬死後吃剩的。

H318是一口廢棄的水井，後被當作灰坑，在較深處埋有一枚人頭骨，中間段有一具俯身直肢且缺手的十八歲女性屍骨。在碾子坡先周時期發現的所有屍骨中，這具看上去最接近非正常死亡。

總體上，碾子坡遺址的非正常死亡和被隨意或惡意拋擲的屍骨極少，占比非常低，甚至遠低於仰韶半坡文化時期的典型遺址。可以說，這裡的生活非常和平。後來周族之所以能夠消滅商朝的人祭文化，建立起全新的周文明，很可能有些文化基因在碾子坡時期就已經決定了。當然，碾子坡先周遺址只是一座小村落，充其量有數百居民，並不能代表豳地時期的整個姬周族（部落）。當時的姬周應當有幾座甚至十幾座這種規模的村落。

〈公劉〉中說，姬周族人在豳地定居後，還會南下關中盆地，渡過渭河，以獲取一些小件銅製品：「篤公劉，于豳斯館。涉渭為亂，取厲取鍛。」這其中就應該包含著姬周族對商朝據點的最初印象。看來，商人在渭河南岸的城邑（如老牛坡）生產的銅器對遠在山地的姬周人有很強的吸引力。而「取厲取鍛」，說明這些銅器還需要磨礪和鍛打，顯然，這不是大件容器，而是小件的刀、錐等工具。這也正是蠻荒的姬周人最需要且能交換得起的銅器。

那姬周族人拿什麼交換呢？商人城邑統治著周邊土著居民，應該不太會缺糧食，所以姬周最適合用來貿易的商品是牲畜，尤其是馬和牛。史詩裡之所以沒有提及這些，有可能是因為在他們看來，牲畜容易和受歧視的野蠻人身分聯繫在一起。

自始祖后稷以來，周族一直有謹小慎微的自我保護意識。周是小族群，生長在羌人為主的大環境裡；自命姬姓，以顯示自己和羌人不同；未參與西土族群抵制商朝的戰爭，而是躲進山地，遠離衝突。他們知道，和強者保持距離才是最好的生存之道。

在陝北山地，周人寧靜地生活了三百多年，歷經十幾代人。直到周文王的祖父「古公亶父」一代，周族才和強大的商王朝建立了聯繫。從此，周族人的命運發生了劇變。

而關於周族和姬姓的起源，以及與黃帝傳說的關係，因為還有許多學術爭論尚未釐清，所以本書暫把相關討論作為本章附錄。

◆ 附錄：華夏起源故事的來歷

◆ 炎、黃來自羌和周

在《詩經．生民》裡，棄—后稷的結局只是家業興旺，受上帝福佑，成為家鄉頗有威信的長老。但到春秋，後人又創造出了更古老的、《詩經》裡沒有的堯和舜，於是，后稷的經歷再被翻新，增添了更顯赫的內容：堯帝聞知棄的才能後，舉薦他擔任「農師」，教導天下百姓農業；到了舜帝，則更受重用，還獲得「后稷」的稱號。

但讓后稷給堯舜效力，時間上很難對應。堯舜被安排在夏朝之前，而夏朝和商朝加起來有一千年左右，在這期間，周族首領卻只傳了十五代人。這樣算起來，平均每代首領要在位七十年。這不符合常識。〔6〕不僅是后稷，商族的始祖契也被拉進了這個半神偉人們的職場，成為大禹治水的助手。其實，周族和商族剛誕生時距離遙遠，不太可能知道彼此的存在，其始祖更不會發生聯繫。只有到了西周，商周各自的始祖傳說才被改編整理到一起，分享身分認同。某種意義上，這也是一種對失去王朝的商人的安撫。

春秋末年，孔子編輯《尚書》，他認為，那些最古老且可靠的半神帝王是堯、舜和禹，后稷和棄則是他們的部下，這構成《尚書》敘事的起點。以現代學術標準看，《尚書》中那些最古老的篇章，如堯、舜、禹及夏朝，都是不可靠的，只有到了商朝才開始有一些可信的內容，如〈盤庚〉。

關於周人更古老的始祖，或者說商、周等各民族的始祖，春秋時還出現了黃帝和炎帝的說法。有一種說法是：「黃帝以姬水成，炎帝以姜水成。」意思是說，黃帝住在「姬水」旁邊，所以用「姬」姓；炎帝住在「姜水」旁邊，所以用「姜」姓。〔7〕這其實是把羌人和周人曾經的共生關係推到了更古老的時代：炎帝成了羌人的始祖，黃帝則成了周人、商人以及其他各族群的始祖。

史學大家顧頡剛稱這種現象為「層累地造成的中國古史」，意思是說，越晚產生的傳說，反倒在神譜裡面越古老，就像人們堆柴堆，「後來者居上」。因為時代越晚，各族群的祖先傳說就越是逐漸匯總到一起，這時，各自的先祖孰先孰後以及誰比誰厲害就成了問題。因此，為了製造更大範圍的身分認同，就只能創作更古老的先祖，給各族群增添一位共同的始祖。先祖諸神的關係和諧了，世間各族群的關係才能和諧。

這種創造各族共同祖先「黃帝」的工作，從春秋就已經開始。孔子編輯《尚書》時，比較謹慎，沒有採用。但到西漢時，黃帝的故事已經有了各種版本。司馬遷認為，這些都不太可靠，有學問的人不應該輕信它們：「然《尚書》獨載堯以來。而百家言黃帝，其文不雅馴，薦紳先生難言之。」（《史記・五帝本紀》）

但司馬遷還不可能有顧頡剛所說的那種科學認知方法，也沒有孔子的自信心，他只能選擇把相對顯得不那麼荒誕的黃帝及其他四位古帝的傳說編排起來，寫成《史記》第一卷〈五帝本紀〉。

再來看周人「姬」姓的來歷。它應當和後來被創造的黃帝沒關係。有古代經學家解釋，姬字是女字旁加一個腳印的造型，象徵姜嫄踩到的上帝足跡。東漢許慎的《說文解字》則認為，姬是形聲字，右邊是它的音旁。確實，它和「巨」字造型很像，但問題是，姬字來自商人的甲骨文，而商人是不太可能關注一個遙遠的小部族的族源神話的，所以腳印的說法應該不實。

那麼，周人的這個姬姓到底是怎麼來的？應該是來自居住的地名。剔除後起的黃帝傳說，可以推測，后稷的某一代後人應該曾經居住在一條姬水附近，故而給自己的部族冠以了姬姓。從這以後，他們就可以和姜姓部族通婚了。

長期以來，周人都是只有口頭語言而沒有文字，直到商朝末年與商朝接觸後，周族上層族長才開始學習商人文字，並從中選了音近且帶女字旁的「姬」字，從此一直沿用下來。商人姬字的本意，可能是女子梳頭用的篦子，其實也是一種人祭方式。上古的族姓多用女字旁的字，如姜、姞、姒等，這可能和他們的女性始祖傳說有關。

◆三個「周」的糾纏

武丁時期的殷墟卜辭裡有「周」，但卜辭裡關於「周」的事件，從未出現在周文王族人的記憶裡，也沒有進入《詩經》等文獻。這有點難以解釋，因為商末的周族很熱衷攀附商朝，不應當遺漏掉武丁王時期的榮耀。

其實，這背後的問題是，「周」本來只是一個地名，生活在這裡的族群曾經發生過更迭變換，先後有三個人群生活在周原地區，彼此區別很大，不能混淆。

先來看最早的。后稷的兒子離開故鄉周原和有邰氏部落後，那塊土地上還有居民嗎？當然，有邰氏的多數人還是會在故鄉繼續生活，不僅如此，他們在周原還形成了以「周」為名的部落。《山海經．大荒西經》記載說，是后稷之弟台壐的兒子叔均繼承了后稷的農耕事業，建立了一個「西周之國」：

> 有西周之國，姬姓，食穀。有人方耕，名曰叔均。帝俊生后稷，稷降以百穀。稷之弟曰台壐，生叔均。叔均是代其父及稷播百穀，始作耕。有赤國妻氏。有雙山。

這裡說的「帝俊（嚳）生后稷」，不再是姜嫄未婚生子，顯然屬於後人加上去的附會之辭。根據《詩經．生民》，姜嫄生后稷之後，應該還會繼續生育，所以后稷會有同母弟弟台壐。台壐的台就是邰，說明他屬於姜嫄的有邰氏部族，而台壐的兒子叔均自然生息在周原，並將其發展為「西周之國」。這個「西周容易和後來的西周王朝混淆，實際上，《山海經》之所以稱其為「西周之國」，可能是為了和后稷、不窋後人那一支遠行的周族相區別：后稷和不窋的後人（姬周）遷入了戎狄山林；台壐和叔均的後人則開發故鄉周原，沿襲后稷的農耕事業。

另外，《山海經》可能還混淆了一點：叔均這支周族未必是姬姓，很可能沿襲的是姜嫄舊有的姜姓。

只是后稷那一支姬姓周族後來建立了周王朝，名氣太大，使得後人誤以為周人必然大都是姬姓。

在不窋「遠竄于戎狄」期間，周原的姜姓周族應該一度比較繁榮。如前所述，武丁時代的甲骨曾多次記載對「周」的討伐（「寇周」），光卜辭就有近十條，說明商人對其印象深刻。當然，結局是姜周被商人征服，大多數人可能被押送殷都成了武丁卜辭中的祭品。從此，這一支姜姓周族就在歷史上永遠地消失了。

這之後，武丁王應該是把周地分封給了一位商人貴族，建立了一個商人的「周侯之國」。甲骨卜辭裡也有關於它的記錄，都是一些和王室關係親密的內容。武丁朝後，商人勢力退潮，這個商人的周國也隨之消失，周原遂成為荒蕪之地，只有少數族屬不詳的人群在這裡活動。

總結一下，「周地」只有一個，就是周原地區；但名為「周」的人群，則有三個：

一，姜姓的周族。這是台璽和叔均的後人形成的族群，可能從夏代起就一直住在周原，到商王武丁時被剿滅。這裡說的夏只是時間概念，夏朝並不能統治關中。

二，武丁王分封的商人周侯之國，存在時間很短。

三，后稷和不窋的後人形成的族群。他們從夏代就離開周原，遷入山林過戎狄的生活去了，但到商朝末期，又遷回周原（叔均後人曾經的生息之地），成為後世熟知的姬周族，並且滅商建立了周朝。

長期以來，人們都沒有意識到前面兩個周族（國）的存在，只知道后稷後人這支姬姓周族，所以容易產生這樣的疑問：在武丁時期，后稷和不窋的後人形成的這支姬姓周族還是深山戎狄，不但根本沒有和商朝作戰的能力，更主要是也沒這種機會，為什麼當時的甲骨卜辭裡還經常出現「周」？再有，倘若姬姓周族在武丁王時期就和商朝頻繁地發生戰爭，那滅商後的周人為什麼沒有大肆宣揚，把這些事蹟寫到史詩和史書裡去？

最先意識到這個矛盾的是徐中舒，他推論說，在姬姓周族來到之前，在周原生息的是「姜族女國」，也就是姜嫄部族的後人，曾和姬姓的周族長期保持通婚關係。〔8〕這個推論非常重要，本章就是對徐中舒觀點的深化。

「周」字的甲骨文寫作[glyph]或[glyph]，古文字學家認為，這是耕作的農田的形狀，因后稷以來的周人擅長耕作，所以便用農田的造型來表示周。但這個說法其實是有問題的。甲骨文是商人創造的，在商人眼裡，西土的羌人是野蠻人，所謂周人的農業水準高也只是就西土的環境而言，和商王朝相比，他們的農業技術不值一提，商人不可能為遠方蠻族專門造一個表示農業的字。

所以，甲骨文裡的「周」可能就是周圍、周邊之意，屬於生活中常用的會意字。而周人自稱的「周」，可能只是個地名發音，沒有文字，也沒有明確的含義，也或者我們迄今還不知道。

◆神農是炎帝，也是羌人

不窋為什麼離開周原？很可能是因為和自己的堂兄弟叔均不睦，只好遠走他鄉，重新立足。〔9〕

姬和姜這兩支周族，雖然很早就分家了，但姬姓周族應該仍保留著對台璽和叔均這支親族的記憶。特別是，當他們遷回周原定居時，叔均一支雖早已絕跡，但姬姓周族知道，周原這塊土地本是叔均的族人耕種的，於是叔均被抬升為「田祖」之神：姬姓周人以彈琴和敲鼓的方式來祭祀田祖，祈求降雨；當莊稼發生蟲害，會捕捉害蟲投到火堆裡，以此祈求田祖幫忙除蟲，所謂「田祖有神，秉畀炎火」。〔10〕

大約是春秋以後，因為人們要創造更古老的帝王傳說，叔均的地位又有了上升，成了神農。〔11〕而在傳說裡，神農和炎帝經常被糾結為一個人，這就出現了一個有趣的現象：從春秋始，人們創造的更古老的帝王傳說（黃帝和炎帝）的素材主要來自后稷和叔均這伯侄二人，結果，后稷化身成了黃帝，叔均化身成了炎帝（神農）。甚至在有些版本裡，黃帝和炎帝還成了兄弟，這又是后稷和叔均之父台璽關係的翻版。

姜嫄生的這一對兒子，不僅分化成為兩支周族，也被後世創造為黃帝和炎帝，成為整個華夏世界的共同祖先。這背後的原理是，自西周以來，姬周文化成為正統，他們的族源故事自然成為重新創作古史的首選素材。當然，其他東方部族的族源傳說也會是素材，但地位遠不如周族始祖化身那樣處於核心地位。

了解了叔均這一支姜姓周人，不僅可以解釋武丁卜辭中的「周」，還有助於理解《詩經．大雅．文王》中那句著名的「周雖舊邦，其命維新」。對於姬姓周族來說，稱為「舊邦」不太確切，他們並沒什麼太顯赫的歷史，但姜姓周族不一樣，至少武丁王的卜辭能證明，他們曾經是商朝比較重視的對手。所以，這個舊邦應主要是指早已滅亡的姜姓周族。

第十六章 成為商朝爪牙：去周原

在商代諸王之中，紂王的知名度最高，他有著亡國之君的各種經典表現。其實，還有一位比紂王行為更誇張的商王，這就是紂王的曾祖父武乙（第二十七王）。而且，武乙還把周族納入商朝的附庸之列，這是姬周和殷商之間長達半個多世紀故事的開端。

在史書中，武乙王是個非常另類的商王。他兇悍強健，不遵守商人傳統的宗教原則，甚至對至高的「天神」不敬。《史記》對他的描寫近乎漫畫：武乙下令製作了一個叫「天神」的人偶，然後表演和人偶摔跤搏鬥，結局自然是武乙王大勝，人偶慘遭蹂躪。當然，他更有創意的戮神行為是「射天」，命人用皮袋裝滿血並懸掛在高處，放箭射去，鮮血淋漓而下，象徵天神被射死。〔1〕這種荒唐表演的背後，是人類原始宗教中的「交感巫術」，一種用殺死象徵物達到殺死本體的魔法。

不過，司馬遷寫《史記》時，商朝滅亡已經有一千年，他對商朝的描寫難免會有些走樣。在甲骨卜辭裡，商人崇拜的並不是天，而是上帝；到西周，人們才把天和上帝等同起來。所以，還原到武乙時代，他毆打和射獵的是商人敬畏的上帝。〔2〕

武乙時期的甲骨卜辭顯示，商王朝最主要的軍事對手有兩個：一個是北土的「方」人；一個是西部的「刀方」人，刀可能通「召」，即屬於西部羌人的召部族。

當初，武丁王開啟西部擴張，在老牛坡分封了崇侯之國；近百年後，武乙王的重歸，則讓崇國更繁榮。此外，武乙王還做了一個當時看似微不足道的決定：接納了一個從北部山地遷來的小部落，也就是姬姓周族，允許他們在周原定居，充當商朝的微末附庸。

◆不速之客來到窯洞

對周族人來說，從豳地—碾子坡遷居到周原是件大事，後世的史詩經常歌頌此事。當時的周族首領，是古公亶父。不過，後世周人並不願提及此次遷徙的商朝因素，需要我們從文獻裡抽絲剝繭進行還原。

先來看周人的官方敘事。

亶父為何要帶族人離開豳地，去往周原？史書的說法是，周族受到了戎狄的威脅。孔子之孫孔伋（字子思）曾講過一個掌故：當初，狄人來攻擊豳地的周人，勒索財物，族長亶父命令族人滿足狄人的要求；但狄人還想獲得豳的土地和人口，又發動進攻，周族人決心抵抗，但古公說：「土地、民眾屬於我，或者屬於戎狄，又有什麼區別？如果為了我開戰而死人，我這首領又有什麼意義？」於是，亶父拄著拐杖離開了豳地。他翻過梁山，來到了周原。豳地有很多人都追隨著老族長，跟著搬家而來的有三千輛馬車。從此，周人便在周原定居了下來。〔3〕

這裡記載的三千輛馬車，實在過於誇張，因為從碾子坡的考古看，豳地時期的周人還沒有馬車。《史記・周本紀》就刪去了三千馬車的說法，只保留了豳人「扶老攜幼」追隨亶父。

這個版本的遷居故事明顯經過後世儒家的加工，突出了仁義的力量。不過，它還是給我們提供了一些信息：一是周人遷居的時候，亶父拄著拐杖，說明他年紀已經比較大了，而他的幾個兒子應該都已經成年；另一個信息則是，並非所有的族人都追隨亶父到了周原，還有部分的人留在了豳地。碾子坡的墓地布局表明，先周晚期墓的北側是西周和東周墓地，說明這裡一直有人居住，聚落生活一直保持著連續性；明顯發生變化的是墓葬的數量：先周早期墓葬有九十三座，晚期墓葬有一百三十九座，相比之下，西周時期的墓葬僅有四十五座，比之前少了很多，說明當時聚落人口規模發生了驟減，而原因可能就是，在亶父時代，多數居民都追隨族長遷徙到周原去了。

子思講的這個版本，雖然有後人添加的道德色彩，但仍顯露了周人早期部落時代的特點：族長沒有絕對專斷的權力，部落民眾有較大自主權，他們可以決定是否遷徙。

但史書所說的戎狄襲擊豳地，在考古中則找不到跡象。碾子坡聚落一直在延續，墓葬隨葬品還有增加，每座西周墓一般都隨葬有幾件陶器，說明在亶父帶部分族人遷走之後，豳地並沒有發生過外來征服和劇變，甚至居民的生活水準還在持續提高。

既然豳地—碾子坡並沒有什麼外來威脅，為什麼亶父和族人還要遷徙？其實，這是武乙王西部大擴張的副產品：商朝希望招募一個僕從部族，讓他們定居到周原，充當商朝的附庸和馬前卒。這才是姬周族來到周原定居的根本原因，因而也是周人滅商後不願再提起的黑歷史。

但有一份文獻暗藏著這段往事。在周文王創作的《易經》中，有些卦的爻辭涉及當年亶父遷徙周原這一事件。至於《易經》為何會有如此翔實的周族歷史信息，後面我們會對此進行分析。

這裡先來看益卦。這個卦名，顧名思義，就是獲得利益。它的六四爻辭是：「中行告公從，利用為依遷國。」高亨認為，「依」是「殷」的通假。[4]和周人首領打交道的這位「中行」，在《易經》中出現過好幾次。「中行」的字面本意是行軍最中間的行列，可能代指戰車，因為戰車走在道路中間，步卒走在兩邊。所以，整句翻譯為白話是，有人乘著戰車來告訴公（亶父）：「跟我走，為了殷商朝，你們這個小國搬遷一下，這對你們也大有好處。」

這位乘馬拉戰車深入豳地、勸說姬周族首領搬遷的人，很可能是崇國的國君——崇侯。崇國是商朝經略西土的基地，武乙王親征關中自然需要崇侯提出各種具體方案。

接著看需卦。該卦的主要內容是周人投靠商朝之後為商朝捕獵俘虜的各種經驗。它的上六爻辭比較特殊，記載的不是捕俘，而是幾位貿然來訪者：

入于穴，有不速之客三人來，敬之，終吉。

穴，是亶父在豳地的窯洞。《詩經．大雅．緜》描寫過豳地生活：「古公亶父，陶復陶穴，未有家室。」[5]意思是說，亶父住在從黃土上掏出的洞穴裡，還沒有建造房屋。在爻辭裡，三位不速之客來到了族長的窯洞，雖然亶父不知道這三人的用意，但還是以禮相待，最終的結果是，大吉。

不速之客為什麼有三位？因為殷商時代的馬車只能承載三個人。需卦把這一條放在了最後（上六爻），因為全卦主要是講周人為商朝捕俘的經歷和經驗，而這條則是追溯他們為商朝服務的起因：當初乘馬車而來並鑽進亶父窯洞的那三個陌生人。

再看升卦。該卦的內容都是關於遇到機會而獲得升遷的。它的卦辭是：「元亨，用見大人，勿恤。南征吉。」意為，舉行大祭祀，去拜見大人物（商王），不需要擔心，去南方的征途吉利。

對於豳地—碾子坡來說，周原在南方，亶父去往那裡就是南征。可能當時武乙王駐紮在周原，正在研究如何利用這塊荒廢的土地。至於亶父具體的行程，應當是沿著涇河河谷向東南方向，出了山地之後再折向西，然後到達周原。

◆老族長的新領地

升卦的六四爻辭是：「王用亨于岐山。吉，无咎。」說的是亶父到達岐山下的周原，拜見了武乙王，武乙舉行祭祀，同時招待了這位異族番邦的小頭領。

周人的史詩《詩經．緜》，記載的就是亶父帶領周族遷居到周原的大事件。

緜緜瓜瓞，民之初生，自土沮漆。古公亶父，陶復陶穴，未有家室。
古公亶父，來朝走馬。率西水滸，至于岐下。爰及姜女，聿來胥宇。
周原膴膴，堇荼如飴。爰始爰謀，爰契我龜。曰止曰時，築室于茲。

開頭部分，是亶父和夫人對周原的首次考察。他的夫人是「姜女」，也就是在豳地娶的姜姓（羌人）女子。豳地周邊是姜姓戎人，這種姬姜聯姻很正常。後世周人尊稱亶父夫人為「大姜（太姜）」，她生了泰伯、仲雍和季歷。

亶父夫婦可能是騎著馬跟隨「中行」的戰車出發的，所謂「古公亶父，來朝走馬」。去拜見王才是「朝」，史詩中雖略去了商王武乙，但用詞仍留有痕跡。他們出山地之後，沿著一片水泊向西走，就到了岐山之下的周原。

益卦的六二爻和六三爻也是記錄這次朝見的。六二爻曰：「或益之十朋之龜，弗克違，永貞吉。王用享于帝，吉。」說的是有人贈給（亶父）一隻占卜用的龜甲，價值二十串海貝，用它占卜得到的結果會很吉利，不可違抗；（武乙）王還在這裡祭祀了上帝，很吉利。羌、周等西部族群本來沒有用龜甲占卜的習慣，他們只會用牛馬的肩胛骨，碾子坡雖出土了很多這類卜骨，但從沒有龜甲。龜甲占卜是商人帶來的習慣。

六三爻記載的是亶父朝見武丁王的細節：「中行告公用圭。」意思是，那位招募他來的「中行」教他如何用玉圭朝拜王。這條爻辭還說，用益卦來占卜戰爭，沒有災禍，會捕獲俘虜。〔6〕

到了周原後，亶父認真地觀察環境，發現這裡有廣闊而平坦的草場和樹林，很容易開墾成大片農田，長出的苦菜也像麥芽糖那樣甜，正所謂「周原膴膴，堇荼如飴」。總之，周原比豳地—碾子坡偪促的溝谷好得多，占有和開發這裡，周族人口會增殖很多倍。於是，亶父開始考慮遷徙大業。他在龜甲上鑿了小坑進行占卜（爰契我龜），結果是，就在這裡留下，現在正是好時機，應當在這裡修建房屋，正所謂：「曰止曰時，築室于茲。」

其實，亶父和姬周族在這之前對周原也會有所了解，畢竟碾子坡到這裡不算太遠。但之前這裡不安全，不僅有滿懷敵意的野蠻部落在此活動，強大的商朝—崇國軍隊也時而前來屠戮破壞。如今有了商王的首肯，這就完全不同了。

迺慰迺止，迺左迺右，迺疆迺理，迺宣迺畝。自西徂東，周爰執事。
乃召司空，乃召司徒，俾立室家。其繩則直，縮版以載，作廟翼翼。
捄之陾陾，度之薨薨，築之登登，削屢馮馮。百堵皆興，鼛鼓弗勝。
迺立皋門，皋門有伉。迺立應門，應門將將。迺立冢土，戎醜攸行。
肆不殄厥慍，亦不隕厥問。柞棫拔矣，行道兌矣。混夷駾矣，維其喙矣！
虞芮質厥成，文王蹶厥生。予曰有疏附，予曰有先後。予曰有奔奏，予曰有禦侮！

最後，《詩經．緜》用了很大的篇幅來記錄周原的建設工作。亶父一路安慰追隨他的民眾，最後在周原停下來。他先在原野上規劃，確定各宗族占有的疆界以及村舍和田畝的方位，然後是各種分工和任命，如司土（司徒）和司工（司空），讓他們帶領民眾建設家宅。最先建好的是周族的宗廟，供奉自姜嫄、后稷以下的歷代族長。

和〈生民〉歌唱后稷的農耕事業以及〈公劉〉頌揚公劉遷居豳地一樣，〈緜〉也洋溢著歡快、昂揚的情緒。這些史詩都喜歡用排比，羅列先民的種種勞作場景。幾乎所有的建築都是版築夯土牆，先拉繩子畫出筆直的牆基，再埋柱子，固定兩面木版，中間填土夯築牢固，然後固定更高一層木版，繼續向上夯築。

夯土版築需要密集的協作勞動，周人便唱起節奏明快的歌謠來協調動作。周人史詩的四字句，很可能就源自集體勞作時的「夯歌」。當上百堵土牆同時動工，轟隆隆的夯築聲比鱷魚皮鼓還響亮：「捄之陾陾，度之薨薨。築之登登，削屢馮馮。百堵皆興，鼛鼓弗勝。」

周人還建起「皋門」和「應門」，說明中心聚落有兩層土牆和環壕防禦。周原考古還沒有發現先周夯土城牆，甚至連亶父時期的建築遺存也沒有。可能在立足之初，周人的工程建設規模還很有限，能留下的遺跡更是微乎其微。但亶父時期的周族，像是一顆種子，體量雖小，但只要落在合適的土壤裡，就有長大的可能。

《詩經》還記載說，周族初到周原時，這裡的原野上長滿了樹林和灌木，並且有和周人敵對的土著部族「混夷」和「串夷」。[7]所以，周人在砍伐樹林上投入了很多勞作，他們挖掘土壤裡的樹根，平整土地，開墾農田，而當樹林消失，串夷部落就逃竄走了。

作之屏之，其菑其翳。修之平之，其灌其栵。啟之辟之，其檉其椐。攘之剔之，其檿其柘。帝遷

明德，串夷載路。天立厥配，受命既固。（《詩經．大雅．皇矣》）

在後世周人的史詩裡，亶父被尊為「大王」（太王，古老的王），他遷居岐山之陽的周原，也被描述成周人「翦商」事業的開端：

后稷之孫，實維大王。居岐之陽，實始翦商。（《詩經．魯頌．閟宮》）

但在亶父的時代，周族還完全沒有挑戰商朝的可能性，也不可能有稱王的非分之想，這應該都是周朝建立之後對歷史的改造。不過，這首史詩措辭頗有些狡猾，它說亶父「事實上開始了翦商大業」（實始翦商），其實正是為了遮掩當時還沒有這種現實可行性。

遷居周原之後，周族並非一切順利，尤其族長家還發生了分裂。

◆出走的兄長，遠來的妻子

史書記載，亶父至少有三個兒子：泰伯、仲雍和季歷。亶父想把族長之位傳給幼子季歷，於是兩位長兄高風亮節，離開周族去了南方蠻族之中生活，後來，他們的後裔建立了吳國。

太伯、仲雍二人乃奔荊蠻，文身斷髮，示不可用，以避季歷。（《史記．吳太伯世家》）

這段記載引發了很大的爭議，因為關中的周原和江南的吳相隔太遙遠了。有些史家認為，泰伯和仲雍逃往的應該是山西南部的虞國，也有人說是關中西端的寶雞一帶。〔8〕

兩位兄長的行蹤難有定論，但兄弟三人決裂的原因，很可能比史書記載的要複雜。

武乙王恩準姬周族遷居到周原是有條件的，立足安居之後，周族人需要承擔相應的義務，這便是替商朝捕獵人牲，以供商王獻祭。

甲骨文中用於獻祭的羌人，是周人的同宗、近鄰和聯姻盟友。因此，為商朝捕獵羌人（周人文獻裡的姜姓戎人）並不符合周人的傳統倫理。這可能是泰伯、仲雍與父親決裂的根源，他們希望躲開這件可怕的事。

而幼弟季歷則和父親站在一起。畢竟，只有依附強大的商朝，周族才有發展的機會。或者說，通過亶父的朝見，周族上層在見識了商朝發達的戰爭和統治技術後受到巨大震撼，他們已無法滿足那種蠻荒深山中的生活。

後來，季歷繼承了父親的族長之位。對季歷來說，在作為繼承人和族長的時期，他最主要的工作是征伐各種戎人，給商朝繳納俘虜。傳世的史書雖沒有記載這些，但四世紀初（西晉）的《竹書紀年》裡記載了一些季歷的事蹟。〔9〕

據《竹書紀年》，武乙王三十四年，季歷到殷都朝見，被王賜予土地三十里，玉器十套，馬八匹。這三十里土地很可能在商都近郊，以作為季歷在殷都生活的封邑。看來季歷獲得了武乙王的賞識。

為了持續獲得商朝支持，周族必須為商王征戰，繳納「血稅」。季歷在主持周族的十幾年裡，幾乎一直帶著部屬在外面征討，這也使周族變成了一個高度武裝化且熱衷於戰爭與劫掠的部族。

武乙王三十五年，這位好戰且慢神的王再次親征關中，周族則為商王充當馬前卒，大力征討周邊部族。據《竹書紀年》，在這一年，季歷的征伐獲得重大戰果，他率軍進攻「西落鬼戎」，可能是山西和陝西兩省之間的土著部落，戰果是俘獲了二十位「翟（狄）王」。

文王的未濟卦九四爻涉及了這一事件：

> 貞吉，悔亡。震，用伐鬼方，三年有賞于大國。

這句爻辭的大意是說，季歷的征戰雖然艱難，但戰果頗豐，周族也因此更得到商王朝（大國）的賞識，似乎前途一片光明。但武乙王卻在此次巡視和親征中離奇地死亡，據《史記·殷本紀》：「武乙獵於河渭之間，暴雷，武乙震死。」「震死」，就是被雷電劈死。未濟卦九四爻辭中的「震」似乎也與此有關。

武乙王暴死之後，其子文丁（第二十八王）繼位。〔10〕

文丁二年，季歷再次帶領族人遠征，「伐燕京之戎」，結果遭遇慘敗。「燕京」，古代注家解釋為山西太原一帶。對於周族來說，這是一次跨越黃河、進入汾河上游的遠征，所以周人不可能占領如此遙遠的土地，戰爭目的應當還是捕獵當地土著向商朝上貢。

文丁四年，周人又進攻「餘無之戎」，獲勝，商朝授予季歷「牧師」頭銜。周人史詩雖一直強調自己是農耕文明，但在商朝看來，它的特點還是畜牧業比較發達。

此後，季歷接連取得戰果：七年，伐「始呼之戎」，獲勝；十一年，伐「翳徒之戎」，俘獲三名酋長。

季歷還從摯國迎娶了妻子。摯是個東方小國，族姓為「任」。這位妻子被後世周人稱為「大任（太任）」，她是當時摯國國君的二女兒（摯仲氏任）。後世注家解釋，摯國在今河南省汝南一帶，屬於殷商的南土，一個附屬於殷商的土著小邦，知名度很低，記載非常稀少。不過在亶父和季歷時代，這大概是

周族能攀附的離商朝最近的婚事。〔11〕

在《詩經．大雅．大明》中，周人向西土各部族宣稱，這位新夫人是從殷商王朝嫁過來的，暗示她是來自商王家族的公主：

> 摯仲氏任，自彼殷商，來嫁于周，曰嬪于京。乃及王季，維德之行。大任有身，生此文王。

但周人這個說法有很多漏洞。商王家族的族姓，是「子」；而摯國的族姓，卻是「任」。這說明摯國和商王沒有同宗關係。從甲骨卜辭來看，商王家族基本實行族內婚，極少和蠻族藩屬通婚。

自從遷居周原，亶父和季歷先後帶領周族四處擴張和捕捉俘虜，自然和周邊族群的關係很差。為此，他們急需用商朝的旗號壯大自己的聲勢，以震懾周邊各族。如此，從東方娶來的夫人自然要派上用場。西土各族群對商朝內部情況很不了解，周人的吹噓也許能起到一定作用。

從另一面說，迎娶摯國的公主，是周族頭領有心向化的表現。在商人看來，剛從豳地─碾子坡遷出來的周族，近乎生番；而摯國，則更接近中原文化圈，國君家族應當比較商化，可能會使用商人的文字和官方語音，如此，新娘大任給季歷和周族帶來的影響是深遠的，特別是她生了一個叫周昌的兒子，也就是後來的文王。

母親對兒子的影響是全方位的。周昌成長的環境，肯定兼有商和周兩種文化氛圍，尤其是自幼就可以說商朝語言，書寫商人的文字，甚至晚年還沉迷於占卜和易卦占算，這應該都和母親帶來的文化影響有關。

但季歷時代的周族尚未脫離野蠻色彩，因此，從相對繁華開化的中原遠嫁荒僻西土，這讓大任一直難以適應。後世經過改造的歷史說，大任在懷胎（周昌）之後，「目不視惡色，耳不聽淫聲，口不出敖（傲）言」，全面符合儒家的婦道禮儀，是胎教的創始人。其實，這很可能是和丈夫疏遠而造成的家庭生活冷淡所致。據說，大任是到豬圈裡小便時生下文王的。可見，此時周族首領家的生活條件與部落普通民眾並沒有太大差別，從東方邦君家族嫁來的女子自然難以適應。〔12〕

周昌還有兩個弟弟，後世的稱號分別是虢仲和虢叔，但這兩人知名度極低，可能是季歷與其他女子所生。

文丁王在位時間不長，可能只有十一年。〔13〕在他駕崩前不久，季歷到殷都獻俘，卻詭異地被殺死。《竹書紀年》的記載是：「文丁殺季歷。」此外，沒有更多信息。事實上，文丁王和季歷可能都是死於商朝內鬥。下一位商王是文丁的兒子帝乙（第二十九王），他一上臺就廢除了商朝傳統的祭祀方式，改用了一套被現代研究者稱為「周祭」的制度。

當然，這個周祭和姬周族毫無關係。它的特點是不再祭祀上帝及山嶽河川、龍、鳳、四方等自然神，只祭祀歷代先王；而且，統一規定給各位先王獻祭的時間和方式，形成一張一年週期的巨大值日表，不必再臨時占卜決定。而這限制了占卜師和祭司的權力。

「周祭」是商代第二十四王祖甲最先發明的，被董作賓先生稱為商人的「新派」宗教。〔14〕但祖甲死後，舊宗教迅速回潮，直到末代二王帝乙和帝辛（紂王）時期，新派的「周祭」才算正式確立下來。新派宗教甚至不僅稱先王為「帝」，也稱在世之王為帝，所以商朝末代兩王的稱號分別是帝乙和帝辛（紂王）。按照商人的傳統宗教，這肯定觸犯了天界上帝的獨尊地位，幾乎是大逆不道的僭越。

商朝上層的這場宗教改革可能伴隨著宮廷內的派系鬥爭和政變。文丁王的死因難以確定，但季歷屬於老王親信，自然是新王帝乙的對立面，所以他很可能是與文丁王的勢力一起被消滅的。帝乙初年重啟革新，新舊兩派爭的就不僅是儀式，也是權力分配。老派宗教祭祀的各種自然神，可以包含一些非商族起源的神靈，這為商王拉攏異族提供了操作空間。新派卻是一個更加保守的王族小群體，排斥一切沒有商王族血統之人，因而季歷這種當紅的蠻族酋長自然下場堪憂。

季歷死時，周昌可能還不到十歲，應當會有老練的家族成員「輔政」。《竹書紀年》記載，帝乙二年，「周人伐商」。這顯然是不自量力之舉，所以，現實地看，也許是周人不得已介入了商朝內戰。

周族的直接領導是老牛坡的崇國，而武乙王也數次親征關中，應該和崇國關係非常密切。也許在文丁王死後，崇國曾糾集周之類的番邦介入朝廷內戰，但帝乙的地位已經不可動搖，這次勤舊王之舉也就只能是半途而廢。

帝乙似乎沒有報復西土的這些侯和伯的舉動。他和父親不一樣，對西部的擴張事業可能並不感興趣，只要羌人俘虜能一直按期送到殷都獻祭給列祖列宗就行了。而且，像周這種蠻族的首領也很可能不再有獲得重用的機會，並被禁止進入殷都，畢竟崇國這種西土侯國足以管理他們。所以，在甲骨卜辭裡，帝乙上位之後的三四十年中，周族上層再沒有獲得商王賞識的記錄。

幼年的周昌只能安於他的西土生活。這個小邦又經歷了四十餘年沉寂的時光，直到因為周昌晚年發生的某些事變，才再次進入龐大商朝的視野。彼時，商王已經換成了帝乙的兒子帝辛，也就是後世著名的商紂王。

第十七章 周文王地窖裡的祕密

上古時代的歷史人物的家宅，極少有機會被發掘到，或者即使發掘到了，也缺乏相應的記載。比如，殷墟發掘了很多宮殿基址，但我們無法確定商王們到底居住在哪座建築。即便是秦皇漢武、唐宗宋祖，我們也無法指認他們住在遺址建築的哪間殿堂。

只有周文王是特例。一九七六年，他居住的宅院被完整地發掘了出來，而且有甲骨卜辭為證。這座宅院不僅展示了周族首領的生活空間，還隱藏著文王的驚天祕密：和諸神共謀的翦商事業。

讓我們從青年時代的文王開始。

文王是紂王的姑父？

渭河上喧囂了起來，很多條小木船被繫在河中，上面鋪有木板，一座浮橋就這樣搭了起來。青年族長周昌，後來的周文王，帶領著族人在渭河邊迎接從東方遠道而來的新娘，隆重地宣揚這場婚姻帶來的榮耀。新娘來自姒姓的莘國，後人稱為「大姒」。

《詩經．大明》曰：「文王初載，天作之合。」這是上帝（天）親自撮合的婚事，而這位來自大國的女子簡直就像是天帝的妹妹：「大邦有子，俔天之妹。」文王晚年創作的《易經》有兩個卦的爻辭出現了「帝乙歸妹」，意思是時任商王帝乙（紂王之父）下嫁了妹妹：「帝乙歸妹，以祉元吉。」按照這種說法，文王成了帝乙的妹夫，紂王的姑父。

不過，這顯然不是事實，因為姒姓並非商朝王族，更不可能是商王帝乙的妹妹，估計周人自己也不會當真。那麼，大姒的莘國在何處？有舊說是今陝西省合陽縣，但未必成立，因為合陽縣和周原都在渭河北岸，往返不需要渡過渭河。莘國應當和摯國類似，也在河南地區，新娘的車隊從豫西古道駛向關中，然後向北渡過渭河，才抵達周原。〔1〕

莘國姒姓，據說是夏王室後裔。這個小國似乎以女子著稱。商代開國君王商湯的夫人出自莘國，再後來，周昌被商紂王囚禁，臣僚們為營救主公，搜羅各種名貴禮物進獻商紂，其中就「有莘氏美女」。也許正是文王的夫人出自莘國，才引發了後來各種附會的歷史創作。

和文王母親的摯國相比，莘國的知名度更高一點。這也是周族勢力上升的體現，它已經是西土一個頗有前途的新興小邦國。莘國嫁來的有姊妹兩個，所謂「纘女維莘」。「纘」，連續、不止一個之意。周昌還暗中懷疑，好像姊姊的衣服不如妹妹高級：「帝乙歸妹。其君之袂，不如其娣之袂良。」（《易經》歸妹卦六五）妹妹可能嫁給了周族另一個重要人物召公奭。召公奭的年齡比周昌小，在周昌晚年以及武王的滅商事業中，作用非常重要，他的頭銜是「太保」，意為「國君的監護人」。

商周時代，職位多是世襲。召公奭的父親可能輔佐過少年周昌，才使自己的家族得到了「太保」的殊榮。正如前文所述，周昌童年喪父，過早地登上了族長之位，〔2〕應當有長者替他管理周族事務，召氏家族的可能性很大。

召公家族雖也是姬姓，但和周昌家族似乎沒有太近的親緣，至少史書中沒有這方面的記載。〔3〕武乙王時期的卜辭經常出現討伐「刀方」的記載，陳夢家認為刀即是「召」，〔4〕本書推測，「刀方」可能是召公所屬的召部族，他們因遭受來自商人的沉重打擊，僥倖殘存的成員（如召公奭的祖父輩）後來投靠了周族。這位沒能進入史書的召公奭之父，這裡可以暫時稱其為「召祖」。

召氏有和商人長期作戰的經驗，召祖也比較熟悉商朝的情況，並輔佐少年周昌直到成年。周昌的婚事很可能也是召祖奔走操辦的，還順便給自己的兒子、後來的召公奭娶了一位莘國公主。周昌因此又和召公奭成了連襟。

《易經》歸妹卦顯示，妹妹的嫁妝似乎更豐厚。也許是因為她在娘家更受寵愛，也許是因為召祖在周族「輔政」多年，女方家族更重視這位實權人物。來自東方的新娘也造成了召公奭家族的某種商化，比如，他或者他的孩子就有名「辛」的，而用生日的天干作為名字是商人的習俗。〔5〕

結婚後的周昌很快便開始「親政」，新一代周族人的歷史就此開啟。和父親季歷相比，周昌的夫妻生活要幸福得多。這部分是因為周族上層已逐步商化，族長家也闊綽起來，有了體面的大宅院，族長夫人已不用再把豬圈當廁所。

周昌這一代的首領和東方貴族的交流已經沒有大的障礙。他以多子著稱，有所謂「文王百子」之說。僅他和大姒生下的兒子就有十個左右，此外，還可能有幾個庶出的兒子，但沒有任何女兒的信息。

商王帝乙可能在位二十六年，〔6〕然後由兒子帝辛繼任，這便是末代商王紂。他名為「受」，也稱「辛受」。「紂」可能是後世周人給他的貶義稱呼。

這一次商王更迭時，周昌大概三十歲稍多，而周族人最重要的工作仍是為商朝征戰和捕俘。從《易經》的一些內容來看，周昌年輕時經常帶領族人遠征羌戎部落，積累了很多捕俘經驗。不過隨著兒子們逐漸長大，周昌開始脫離征戰廝殺，由長子伯邑考和次子周發（後來的武王）更多地承擔軍事工作。

伯邑考後來死於殷都，在史書中，他的信息很少。文王諸子都是單字名，比如，武王叫發，周公叫旦，只有伯邑考的名字比較奇怪。其實，這背後有很多隱情。

他原名應該叫邑。「伯」，表示他是嫡長子，這是周人的家族排行用語（伯仲叔季）；「考」，意為父親，但伯邑考沒有後嗣，實是後世周王室祭祀時對他的尊稱。從這個不同尋常的稱呼也可以看出來，他本應是周昌的繼承人。

《詩經．大明》曰：「長子維行，篤生武王。保右命爾，燮伐大商。」這裡，長子（周邑）的名字被隱去，且暗示死在了外地（維行），二弟周發這才成為周族繼承人。伯邑考之死是商周關係的重要轉折，讓文王的翦商決心從此不可動搖。

文王是何時萌生翦商之意的，已經無法確定，但至少在他有機會去往商都之前，對商朝的認識肯定非常模糊，應該不會有明確的計畫。最早開啟文王想像力的，是占卜。

當兒子們能夠替自己分擔一些工作後，周昌便開始研究占卜、祭祀、通靈等巫術。他這方面的興趣，最初可能來自占算捕獵羌戎的方法，諸如在何時或何地設伏。甲骨占卜技術的起源很早，從四千多年前的龍山文化開始，華北地區就已經流行用牛或羊的肩胛骨占卜吉凶。而隨著研究的深入，周昌開始進入危險的禁區。

甲骨占卜的表面原理是觀察骨頭或龜甲上燒灼出的裂紋（兆紋），解讀吉凶；但其深層原理卻是通靈，即向某些特定的神靈詢問神意。比如，商王會向歷代先王或上帝提問，然後神的解答會表現在骨頭的裂紋上。而比商王地位低的人，無權請教高級神靈，只能求助於低級的鬼神，比如自家先祖或本地土地神，乃至家裡的灶神等小神。

而且，普通人不能把占卜內容用文字刻寫在甲骨上。殷墟發現的甲骨卜辭，絕大多數都是歷代商王的，只在武丁時期有極少數的王子卜辭。這可能是商人的一種宗教觀念，認為刻在甲骨上的文字可以傳達給諸神，是人神溝通的唯一通道，所以嚴禁王之外的人採用。商朝分封在外地的重要侯國，如盤龍城和老牛坡，都沒有發現刻字的占卜甲骨。

周昌還想盡辦法搜羅來自商朝境內的人，以獲取和利用商朝上層的占卜通神技術。《史記．周本紀》

說，文王禮賢下士，為了接待外來的有才之人，經常到中午還顧不上吃飯，所以從商朝投奔他的人逐漸多了起來，有太顛、閎夭、散宜生、鬻子、辛甲大夫等人，甚至遠在孤竹（據說是遼西）的伯夷和叔齊兄弟也來到了周原。不過，這些人的身分來歷大都不可考，只有辛甲大夫可能是商人——因其名字中有天干，這是商人的起名習俗，但連用兩個天干的也很少見。

◆周族首領的四合院

文王宅院位於岐山腳下的周原，今陝西省岐山縣鳳雛村北側，編號為鳳雛村甲組建築基址。院落坐北朝南，東西寬三二．五公尺，南北長四十五公尺，總面積一四六九平方公尺，相當於三個並列的標準籃球場。有三排房屋、兩進庭院和東西廂房，圍攏成一個標準的四合院，大門外有一堵影壁。〔7〕

整個院落為夯土木結構，夯土台基厚約一．三公尺，牆壁厚〇．六—一公尺，屋頂檁條上鋪緊密的蘆葦捆束，再抹泥構成屋頂。所有地板、牆面和屋頂都塗抹了一公分厚的白灰砂漿，室內牆面的白灰比例略高，呈發白的淺黃色。影壁上不僅塗白灰砂漿，可能還有繪畫。

南面第一排是門房，住著負責迎賓和警衛的人員。左右門房之間的門道寬三公尺，勉強可以通行一輛馬車，但考慮到大門外的影壁，應該極少有馬車入院。

進了大門是前院（報告稱為「中院」），兩側是廂房，院內三座臺階通往正廳大殿。正廳跨度較大，不分間，內部有兩排木柱支撐屋頂。這是族長平日議事和接見賓客的場所，周族的很多大事都是在這裡謀劃的。

正廳朝南的一面可能沒有牆，只有木柱，構成一面敞廳，來人稍多時，可以聚集在前院，聽族長站

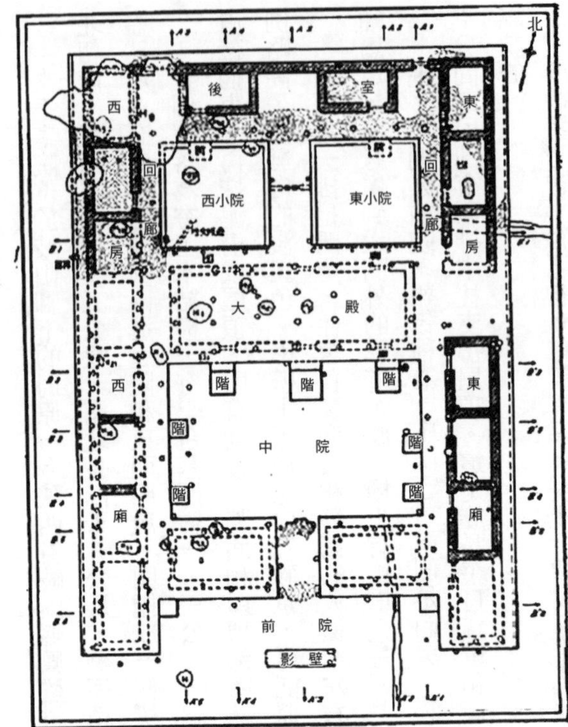

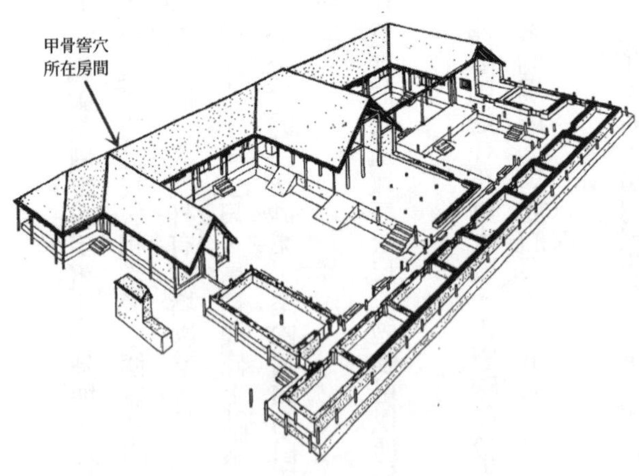

鳳雛村甲組基址平面圖及復原解剖圖〔8〕

在簷下講話。正廳後面，一條過廊分割開東西兩個小院，北房（後室）和東西廂房圍攏起小院，這是族長家眷們的起居場所。

院落的東西兩面是兩排廂房，各有八間，進深都是二．六公尺，寬度略有區別，使用面積在十一—十六平方公尺之間，不算大。兩間廚房都在東廂房，一間在從南數第三間，面對前院，一間在從北數第二間，面對東小院，廚房內各有一個寬約一公尺的灶坑。

幾乎所有的房屋都有探出的屋簷，有專門的擎簷柱支撐，簷下用小石子鋪成散水面，防止雨水沖刷地面。

正廳是公務議事的場所，主人家平時起居主要在東西廂房內。除了正面大門，門房和東西廂房之間也各有一座小門，方便家人低調進出院落。

前院和東小院內有下水管道通往院外，以便排出雨水。前院用套接的六節陶製排水管，穿過東門房地下到院外；東小院則是石砌的下水道，穿過東廂房的地下。

總體上看，這座宅院四面圍攏閉合，且有影壁遮擋外來視線，很重視私密性，且有兩個不起眼的東西小門方便進出，低調、審慎、私密、便利，堪稱後世中國民居的典範。

相比之下，商朝建築很不一樣。殷都時代的商朝，王宮區建築多採用分散的單排結構，彼此間很少圍攏，呈現出不重視防禦和隱私的自信。普通商人貴族的院落，多是完全圍攏起的「回」字形布局，猶如一座全封閉的碉樓。文王大宅則更接近後世的「四合院」。

文王這座宅院似乎很闊大，但因多數房屋開間都比較小，若親臨實地，還是會讓人覺得有些侷促。考慮到文王有至少十幾個兒子，算上女兒的話應該會有三十人左右，再加上不止一位夫人以及家僕，這座宅院很難容納。這樣看來，成年的孩子可能另有住處。

經碳十四測年，鳳雛村甲組基址（文王大宅）的建築時間為西元前一〇九五年（誤差範圍正負九十年）。從這個年代值看，它建成於周滅商之前半個世紀，當時的文王剛接近成年，或者說，這座宅院是為他的婚事準備的，而周族滅商的事業也將從這裡萌芽。

◆地下工作室

表面上看，文王大宅只是一位西土酋長的體面院落而已，但在不起眼的西廂房，南起第二間，還埋藏著更深的祕密。

從這間廂房的牆壁下挖出了兩座窖穴，較大的H11（一．五五公尺×一公尺）在屋子東南角，底部逐漸增大，堪稱一座微型地窖。向下挖了一．九公尺，挖穿了一公尺多厚的夯土台基，然後朝東西兩邊擴展出一段，形成了一個底部長三公尺，寬一公尺，向上逐漸收攏的扁瓶形空間。

對周人而言，這種地下室生活方式不算陌生，在豳地—碾子坡時，他們就主要居住在窯洞或窖穴裡。不過，文王在世時，這座微型地窖應該有木製的梯子供人上下，入口可能有木地板或家具提供隱蔽遮擋，是專屬於主人的密室。

H11地窖中存儲的不是普通物資，而是用來占卜的甲骨，一共發掘出一．七萬多片，絕大多數是龜甲，但都是散碎的小塊。這些殘碎龜甲中，刻字的只有二八二片。

當然，這座地窖不僅是甲骨儲藏室，也是祕密工作室。它的北邊土壁上鑿出了一個床頭櫃大小的壁龕，距離地窖底面四十公分，構成一個簡易工作臺：把油燈放在壁龕裡，席地而坐，就可以趴在壁龕裡占卜或鐫刻甲骨文字。

第二座窖穴H31緊貼北牆，更為隱蔽，初次發掘的時候並沒能發現。這座窖穴直徑約一公尺，深約一．六公尺，只是儲物而不能容人。裡面保存的甲骨很少，有數片刻有卜辭。

考古學者多認為，這座鳳雛村甲組基址是周族人的宗廟，依據的是後來《周禮》中「藏龜於廟」的說法。但在周昌時代，周族還沒有這種嚴格的禮制，甚至西周中期的垃圾坑裡也還是會發現占卜後的甲骨，所以《周禮》的說法並不符合先周和西周的實際。

而且，宗廟是公共建築，需要有較大的公共空間，但鳳雛村甲組建築則不同，它的正廳和庭院都不大，而且大門前還有一堵影壁。這都是居家宅院的特徵，至少在使用初期，這座建築就是周昌的家宅。而比地窖更隱祕和難以解釋的，是裡面收藏的甲骨。

在殷都，商王都是在整面的牛肩胛骨或龜甲上占卜刻辭，但在文王大宅的兩座地窖裡，刻字甲骨都是小碎塊，刻痕比蚊子腿還細，文字極為細小，小得像粟米粒，必須借助高倍放大鏡才能看清楚：多數

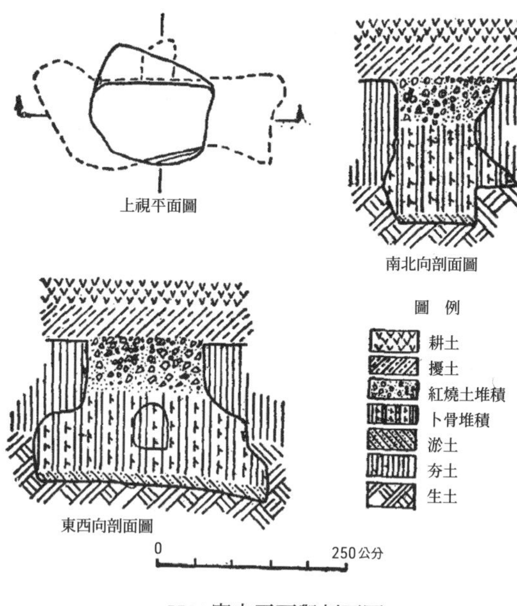

H11窖穴平面與剖面圖

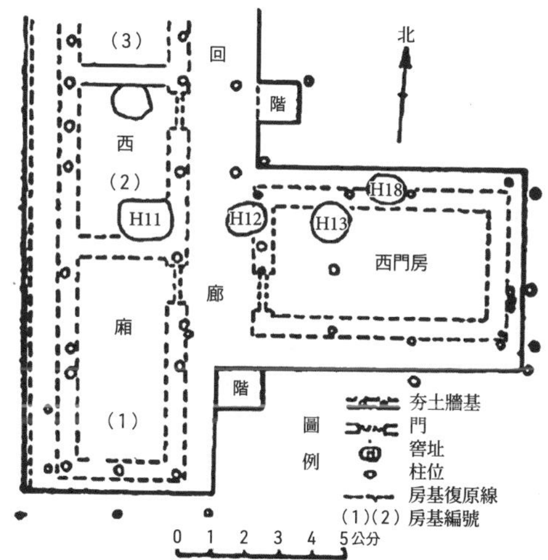

H11與H31窖穴的位置

文字只有一公釐見方，一片拇指蓋大小的甲骨就可以刻寫二十多個字。

在最初發掘時，考古隊並未識別出這些刻字甲骨，以為它們只是混雜在泥土中的細碎骨片而已。這種細微的文字難以拓印，所以周原甲骨文都是放大的照片，或者由整理者對著放大鏡臨摹下來。

為什麼要把卜辭刻得如此細微？李學勤先生認為：「甲骨字刻得小如粟米，便是為了把辭侷限在相關的兆旁邊，不與其他的兆相混。」〔9〕意思是說，必須在燙出的裂紋範圍內刻字。不過，從這些甲骨殘片看，刻字的空間是充足的，大量殘片都是空白，而且，殷墟的甲骨卜辭也都不存在這個問題。所以，我們可能還是要從周昌所處的現實環境尋找答案。

實際上，周昌要做的事情，是祕密學習商王的通神占卜之術。而這在商朝過於僭越，而且後來周昌又萌生了翦商造反的念頭，就更是大逆不道，超出所有人的想像力。一旦這個陰謀洩露，不僅自己在劫難逃，整個周族也會陪著他一起殉葬。

所以，周昌必須保密。為此，他把自己關在不起眼的西廂房，躲進暗無天日的地窖，做各種占卜推演和刻字，而且故意把文字刻得很細微。畢竟，這是文王最為隱祕的事業。

沉迷占卜算命的人，大都信仰各種超自然能力和現象，包括那些神異的傳說。根據商人傳說，玄鳥（燕子）是商王的祖先。在《易經》裡，有「飛鳥以凶」和「飛鳥遺之音」之類的說法。也就是說，周昌已經注意到飛鳥會給敵人傳遞信息，他應該是認為，倘若燕子發現自己的祕密，就會報告給商紂王。而燕子喜歡在屋簷下或屋梁上做巢。所以，為了躲開這些隨時飛來的耳目，周昌只能躲進地窖，蓋嚴木板，點起油燈。

◆文王微雕卜辭的記錄

周昌禮賢下士的故事背後，其實是他在努力刺探商朝的信息，而商王家的占卜技術是他關注的重點。傳世文獻雖不會描寫這些內容，但考古可以給我們提供另一種完全不同的認知。

周昌需要完成向商朝繳納人牲的工作，所以他很關心如何捕獵俘虜。西廂房地窖的甲骨刻辭中，有一條（H31：3）是占卜到哪裡能俘獲人的。這條的釋文是「八月辛卯卜曰：其夢啟；往西，亡咎，獲其五十人？」[10]大意是，八月辛卯日占卜，做夢得到啟示，往西方沒有災禍，能捕獲五十個人嗎？[11]

五十人是殷墟甲骨中常用的獻祭人數。武丁王和武乙王親征的時代已經成為過去，對如今的商朝而言，人牲主要靠周這種附庸小邦來提供。為此，周昌應該很緊張：為完成商王下達的任務，他必須想盡一切辦法尋找預測手段，就連做夢的啟示和甲骨占卜都用上了。

有些甲骨卜辭就更是奇怪，內容竟是祭祀商朝先王，特別是最晚近的文丁和帝乙，也即紂王的祖父和父親。祭祀的形式也完全是商式的，不僅使用牛、羊、豬，還使用人牲。

甲骨H11：1記載，癸巳日占卜如何祭祀「文武帝乙宗」（紂王父親帝乙的宗廟），同時占卜是否適合一起祭祀成唐（即成湯，商朝開國之王，生日也是乙日），方式則是「報」祭（可能是在大鼎裡煮熟）兩名女子，還有豬和羊各三頭，用血獻祭。

甲骨H11：112記載，準備第二天（乙酉日）彝祭「文武丁」（紂王祖父文丁），因為刻字磨損，用的祭品不詳，方式是「裂」（肢解），還有「卯」（對半剖開）。

那麼，周文王為何要祭祀商王的先祖？這是個很難回答的問題。

其一，按照當時人的觀念，神靈有選擇祭品的能力，商王的先祖肯定不會享用周這種蠻夷小邦奉獻的祭品。而且，周人也不可能公然給商王的先祖建立神廟，在當時，這屬於悖謬和僭越之舉，消息一旦傳到商朝，會給周人招來殺身之禍。

其二，無論史書還是考古，都沒有發現周人有人祭的記錄。文王大宅內外從未發現有人奠基和人祭現象，垃圾坑裡也沒有拋散的人骨，整個周原都是如此。

其三，文王大宅地窖裡的卜辭用的都是非常細微的刻痕，和殷墟甲骨很不同，所以這兩片甲骨也不會是從殷都（商人）那裡帶來的。也許，這是文王有機會去殷都時，偷偷地觀察和學習了商人占卜和祭祀的全過程，回到周原後模仿商人的做法刻寫的卜辭。

倘若真是如此，那他為何要這樣做？今人已經無法找到標準答案，因為占卜預測和祭祀本身就是非理性的產物。而且，周昌對此還有一種異乎尋常的興趣和探索精神，他不僅學習商人的甲骨占卜，還改造了易卦預測技術，創作了《易經》文本。

有些學者認為，文王大宅地窖裡的甲骨含有更晚的內容，如周武王時期以及西周初期的成王和康王的卜辭。但這些卜辭數量很少，更缺乏直接證據：對周朝來說，滅商是最為重大的歷史事件，不僅沒有內容相關的卜辭，也沒有後世子孫祭祀周文王的卜辭。

要知道，周昌在去世前才把都城搬到了豐京（今西安市西郊）；之後不久，武王就開始建設鎬京，滅亡了商朝。也就是說，到這時，周原的文王大宅才變成王室家廟和周文王的紀念館。結果，到西周末年，整座建築毀於一場大火（坍塌的土牆和屋頂殘塊呈現火燒後的磚紅色），甲骨因保存在地窖裡，才僥倖躲過火焚。

保留在文王大宅甲骨上的文字，總量並不太多，且過於零星，但周文王另有一部傳世著作《易經》，其包含的周人早期歷史更多，只不過，需要新的解讀方式，方能還原部分真相。

第十八章 《易經》裡的獵俘與獻俘

自遷居周原，周族始為商朝的附庸族邦，代價則是捕獵周邊山地的羌人獻給商朝充當人牲。

商與周的這種關係，從古公亶父晚年開始，歷經季歷和周昌兩代人，甚至可能持續到滅商之前的周武王初年。同期的商朝，則經歷武乙、文丁、帝乙（小乙）和帝辛（商紂）四代商王，跨度超過五十年。

在史書和文獻裡，周人的這段歷史被抹去了，幾乎沒有留下任何痕跡。和這段歷史一起被遺忘的，是商朝的鬼神血祭文化。自周朝建立，人們的記憶裡便再也沒有了那個血腥、恐怖而漫長的年代，「歷史」成為一連串古代聖王哺育和教化群氓的溫情往事。

但即便如此，仍有些蛛絲馬跡被保留了下來，這便是文王周昌創作的《易經》。周昌一直生活在暗黑的商代，沒能等到商朝滅亡便已死去，但他在《易經》裡給後人留下了很多珍貴的記錄，其中就包括商人的血祭儀式和周族充當人牲捕獵者的經驗。

周朝建立後，商朝的甲骨檔案庫被徹底毀滅，但沒人敢銷毀文王留下的《易經》，只是，其所記錄的殘酷事實變成了庸常的內容。這確實奏效，一晃就是三千年。

只有當殷都遺址被考古發掘，出土甲骨文獻被釋讀，真實的商朝往事才漸漸得以復原，《易經》裡那些被誤讀了三千年的詞句才能得到重新的詮釋，從而，周文王和商紂王的時代開始復活。

◆作為俘虜的「孚」

文王周昌所作的《易經》，大量地出現「孚」字。它的含義頗為詭異，戰國以來，經學家多把它解釋成信用的「信」，結果造成大量語句難以解釋。[1]其實，據研究《易經》的高亨先生，這個「孚」乃是俘虜的「俘」之本字。

> 《說文》：「俘，軍所獲也。」軍隊虜獲敵方之人員財物謂之孚……古人認為此乃光榮之事，故曰「有孚光」，未濟六五云：「君子之光有孚。」句意同此。[2]

只不過，高亨撰寫研究《易經》的相關著作時，商朝殺人獻祭的考古成果尚未引起足夠的注意，周人曾長期替商朝捕俘的歷史也尚未被揭露，所以學界對《易經》中的「孚」還不夠重視。《易經》是商朝末年的產物，釋讀其中的文字，需要參照商人的甲骨文。甲骨文的「孚」，寫作，字形是一隻手抓住一個兒童，乃俘獲之意，且特指捉來獻祭的人牲。

如殷墟甲骨占卜辭：「貞：我用罔孚？」（《合集》九〇三正）翻譯為白話是，「占卜：我要不要用獵網捕獲俘虜（並獻祭）？」這個「罔」是象形字，字形為一人雙手舉網。這說明商人捕俘用的網具，造型是一張網繫在兩根長木柄上。此外，甲骨卜辭裡還有「用孚」，即殺俘虜獻祭。

用獵網（罔）捕獲俘虜之事，在《易經》中也有記載，如晉卦初六爻為：「罔孚，裕，无咎。」意為，用網捕獵俘虜，有大收穫，沒有災禍。此卦名「晉」，本意是進攻，甲骨文寫作，字形是兩支箭射中同一個靶子。

此外，在《易經》多個卦，如大壯、解、損、益、井、革、豐、未濟等的爻辭中，都有「有孚」，即占卜顯示會有所俘獲。自亶父遷居周原，周人一直為商朝捕獵羌人，所以周昌在研究《易經》占算方法時，很關注預測捕俘的結果。

全是捕俘技術的，是需卦。周人捕獵俘虜的經驗，在需卦中有很多記載。「需」通「須」，字意是等待。這個卦主要是有關設伏和誘敵的技巧的。

有孚。光亨，貞吉。利涉大川。

初九：需于郊，利用恒。无咎。

九二：需于沙，小有言，終吉。

九三：需于泥，致寇至。

六四：需于血，出自穴。

九五：需于酒食，貞吉。

上六：入于穴，有不速之客三人來，敬之，終吉。

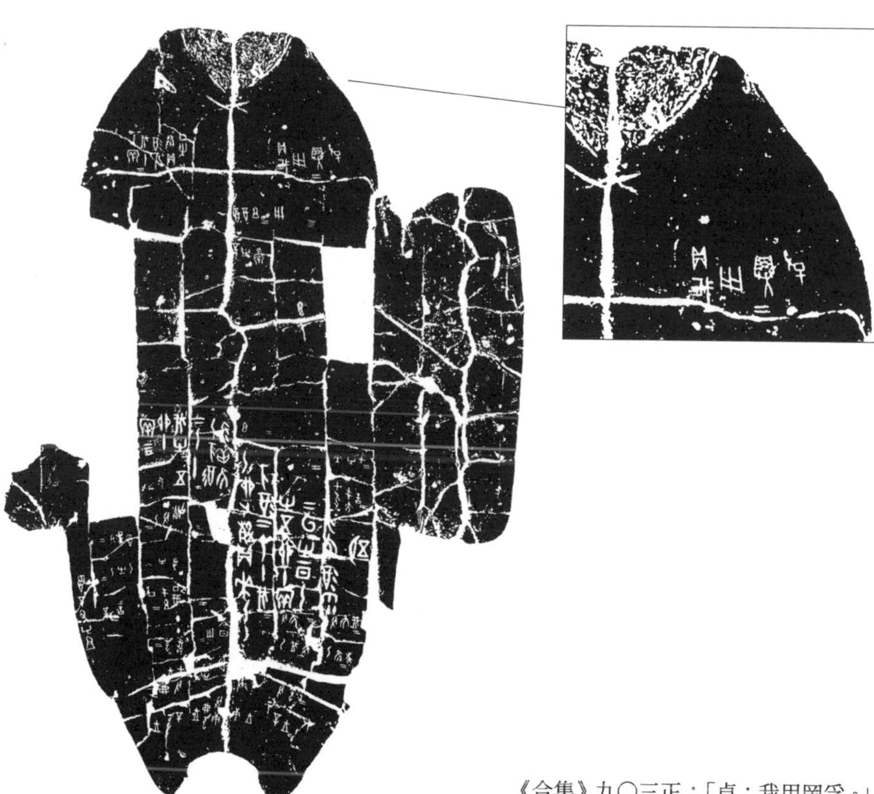

《合集》九〇三正：「貞：我用罔孚。」

先看卦辭：「有孚。光亨，貞吉。利涉大川。」意為，會有所俘獲，很榮耀，舉行祭祀，占算的結果吉利；有利於渡過大河。

前面三條爻辭有「需于郊」「需于沙」和「需于泥」，分別是講在郊野、沙地和泥濘中設伏。

初九爻曰：「需于郊，利用恒。无咎。」大意是，在郊野設伏，必須有耐心，結果沒有災禍。

九二爻曰：「需于沙，小有言，終吉。」大意是，在沙地設伏，但周人為此發生了小的爭論（可能是對設伏地點有不同意見），最終的結果吉利，有俘獲。

九三爻曰：「需于泥，致寇至。」大意是，在泥濘中設伏，終於等到敵寇進入伏擊圈。

六四爻曰：「需于血，出自穴。」可能是說，在襲擊敵村落的戰鬥結束後，地上還有流血的伏屍，但有些周軍不急於撤走，並在村內再次設伏，等藏匿者（逃入地窖中）出現時將其捉獲。

九五爻曰：「需于酒食，貞吉。」可能是說，假意舉行招待宴會以誘俘對方，占卜的結果吉利。

顯然，上述這些戰術來自很多成功的戰例，應是自亶父以來周人積累的捕俘經驗。

最後一條上六爻曰：「入于穴，有不速之客三人來，敬之，終吉。」如前文所述，這句爻辭的意思大致是說，周人的捕俘生涯始於三位不速之客到豳地窯洞裡拜訪亶父，邀請周族定居周原。

《易經》裡為何會有這麼多周人生活的真實記錄？這便涉及周昌創作《易經》的目的：研究各種事物背後的因果聯繫，最終建立一套翦商的理論和操作方法。對此，我們後面會專門介紹。

《易經》從未記載過周人捕俘的數量，但前述文王大宅地窖的一片甲骨（H31：3）給我們提供了難得的信息：「八月辛卯卜曰：其夢啟；往西，亡咎，獲其五十人？」顯然，這是文王為捕捉五十人而占卜。看來，周人每次捕俘的數量在數十人範圍，不算太大。

◆逃脫的公羊，頑抗的羌酋

《易經》的大壯卦也是關於捕獵俘虜的，而且爻辭中多次出現了公羊（羝）被捕獲和逃脫的場景。

大壯：利貞。
初九：壯于趾。征，凶。有孚。
九二：貞吉。
九三：小人用壯，君子用罔。貞厲。羝羊觸藩，羸其角。
九四：貞吉，悔亡。藩決不羸，壯于大輿之輹。
六五：喪羊于易。无悔。
上六：羝羊觸藩，不能退，不能遂。无攸利，艱則吉。

周人捕俘的對象是羌人。甲骨文「羌」的字形，羊頭，男人身，所以大壯卦裡的公羊應是羌人的代稱。爻辭中頻繁出現的「壯」字，高亨解釋為「戕」，也就是傷。〔3〕

初九爻曰：「壯于趾，征，凶，有孚。」意思是，腳會受傷，出征的結果兇險，但有所俘獲。

九三爻曰：「小人用壯，君子用罔。」意思是，對地位低的羌人（小人），可以打傷以後俘獲（用壯），但對於部族的酋長（君子），最好用獵網捕獲，以避免其受傷。這自然是因為，在商人那裡，人牲的地位越高越珍貴，最好保證其無傷損。殷墟甲骨顯示，商王會用「羌方伯」獻祭，這種羌人首領也最受商王列祖列宗的喜愛。

此外，有些還有利用價值的俘虜，可能會被周昌釋放，委以某些職務。《墨子．尚賢上》有一處記載說：「文王舉閎夭、泰顛于罝罔之中，授之政，西土服。」意思是說，閎夭和泰顛都是文王在獵網中發現的人才；文王讓他們管理政事，於是西土部落皆歸附周邦。

這可能是周昌為爭取某些特定部落的歸附，對俘獲的上層人物的一種利用。但有這種好運的俘虜肯定是極少數。此外，《墨子》的這處記載也頗為詭異，不知它是如何獲取蠻荒時代的周族信息的，所以它的本意也可能是說，閎夭和泰顛原本就是用網捕獵的獵人，後來得到了周昌的重用。

回到大壯卦的九三爻，爻辭繼續說，「貞厲」，即占卜的結果不太順利；然後，「羝羊觸藩，羸其角」，即公羊衝撞到籬笆上，羊角被籬笆絆住。這似乎是比喻羌人首領被獵網捕獲。

九四爻曰：「貞吉，悔亡。藩決不羸，壯于大輿之輹。」意思是，占卜結果吉利，沒什麼後悔的；公羊又撞破了籬笆逃走，還破壞了大車的輻條。這可能是隱喻被網住的羌人首領又逃走了，還在抵抗乘車追逐的周軍時打壞了車輛。可見，周人是駕著馬車捕俘的，而且捕捉完整且沒受傷的首領的難度要大得多。

六五爻曰：「喪羊于易。无悔。」顯然，這裡用的是商朝先祖王亥「喪牛于易」的典故，但用代表羌人的羊替換了牛，應當是隱喻某些差點被捕獲的羊（羌人）逃脫了。占卜的結果是不需要後悔。可見，周昌在使用商人先祖的掌故時，未必忠實於原意，或者說，他更重視古為今用。

上六爻曰：「羝羊觸藩，不能退，不能遂。无攸利，艱則吉。」意思是，沒能逃脫獵網的羌人首領，就像羊角被纏住的公羊一樣無法進退。占卜的結果是沒什麼收穫，經歷一番艱險，反倒有吉利的結局。那麼，大壯卦為何要用公羊代表羌人，還寫得這麼隱晦？本書認為，這可能是因為周人和羌人有古老的同宗親緣，對周族來說，替商朝捕獵羌人在道義上是一種恥辱。所以，即便創作《易經》時，周昌已經比較商化，使用的也是商人的語言和思維，但他還是表達得非常隱晦，甚至不願寫出「羌」字。而且，在《易經》中，周昌記錄捕羌用的都是「孚」字——這個字不帶族群含義，應該也有不觸及周人隱痛之意。

◆押解俘虜的經驗

除了捕俘經驗，《易經》的內容更多是有關如何捆綁和養活羌俘的，既要保證他們不能逃跑，也要讓他們不至於因為傷痛和饑餓而死。

睽卦九四爻中有「交孚」二字。甲骨文的「交」字，寫作，像人的雙腿呈交叉之形，所以「交孚」可能是指在押送途中宿營時，要把俘虜的雙腿捆綁起來以防止其逃走。從龍山時代到殷墟的各種人祭坑，常見有綁起雙腿活埋的屍骨，可能也屬於「交」。

小畜卦六四爻曰：「有孚，血去惕出，无咎。」[4]意思是，有俘虜，為他們止血，消除他們的恐懼，就不會有麻煩。

大有卦六五爻曰：「厥孚交如，威如。吉。」意思是，有俘虜被綁了起來，但還是氣勢洶洶。這是吉利的卦象。另，家人卦的上九爻「有孚威如，終吉」描繪的也是類似場景。

「吉」和「終吉」顯然不是說俘虜的命運，而是說占算者周昌：商朝喜歡接收精壯的人牲，倘若捉到的俘虜英武健壯，就更容易押解到殷都而不至於死在路上，周人自然能得到更多嘉獎。

姤卦初六爻有「孚蹢躅」，說的是俘虜走路蹣跚瘸腿。這可能是在被抓捕中受的傷，也可能是不聽命令被毆打所致。該卦九三爻為「臀无膚，其行次且。厲，无大咎」，意思是，（俘虜）臀部被打得潰爛，致使走路困難；占算的結果是有磨難，但沒有大的災害。另，夬卦九四爻也有「臀无膚，其行次且」，看來這種情況很常見。

前述需卦的內容是關於設伏和偷襲，但周人也有和敵人正面交鋒的時候。中孚卦六三爻曰：「得敵，或鼓或罷，或泣或歌。」這應該是指雙方有準備的會戰，會敲鼓以助軍威。「或」表示兩種選擇，或者擊鼓進軍，或者倉皇撤退（罷）；結果也有兩種，或是戰敗，倖存者哭泣，或是勝利，戰勝者高唱凱歌。

中孚卦九五爻說的就是戰勝的場景：「有孚攣如。无咎。」「攣如」是俘虜捆成串的樣子。甲骨文的「攣」字，寫作[illegible]，像一手提兩串或三串絲繩之形，可引申為牽著成串的俘虜。小畜卦九五爻也曰：「有孚攣如，富以其鄰。」這個「富以其鄰」可能指捕獲了大量俘虜，自己和鄰居們都會富裕起來。看來，周人是部落武裝出征，捕俘、進貢之後獲得的賞賜，全族人都能分享。

比卦初六爻曰：「有孚，比之，无咎。」意思是，有俘虜之後，把他們排隊（綁起來）就不會有麻煩。而且，「有孚，盈缶。終來有它，吉」，是說還要用陶盆盛滿飯給他們吃，即使發生什麼變故，最終也會吉利。

泰卦則記載了另一種情況。九三爻曰：「勿恤其孚，于食有福。」似乎是說過於吝惜食物，不肯給俘虜吃。接著，六四爻則曰：「翩翩，不富以其鄰，不戒以孚。」意思是說，倘若因沒有看管好俘虜致其伺機逃跑，那大家就都沒有了發財的機會。

隨卦的內容更複雜，主要是講追捕逃跑的俘虜。

隨：元亨，利貞，无咎。

初九：官有渝，貞吉。出門交有功。

六二：係小子，失丈夫。

六三：係丈夫，失小子。隨，有求，得利。居貞。
九四：隨有獲，貞凶。有孚在道，以明，何咎。
九五：孚于嘉，吉。
上六：拘係之，乃從維之。王用亨于西山。

六二爻為「系小子，失丈夫」，即捕獲並捆綁了男童，但成年男人逃跑了。六三爻則相反，「系丈夫，失小子」。周人捕俘經常是偷襲羌人的部落和家宅，所以捕獵物件會有成年男女和老弱婦孺各種人。甲骨文的「系」字，寫作，像一個人被綁住脖子，或者雙手和脖子綁在一起。武丁的甲骨卜辭中，有「羌系」「十羌系」(《合集》一〇九七)的記載，指的是商王捕獲並捆綁羌俘。到商代晚期已很少見商王親自捕俘的卜辭了，因為此時捕俘的工作主要是由周人這種附庸部族來完成的，已不需要商朝親自動手。

九四爻和九五爻的「有孚在道，以明」「孚于嘉」，像是在推算俘虜逃跑的去向，然後加以追捕。本卦名「隨」，本身就是追捕之意。

上六爻說的則是捉住了逃俘，更結實地捆綁起來（從維之），並押到殷都：「王用亨于西山。」按高亨的解釋，「亨」通「享」，即向神靈獻祭，貢獻飲食。殷都西邊緊鄰太行山脈，可能商王會定期進山祭祀，而周昌這次押送來的俘虜正好用上了。〔5〕

關於周昌如何獲得去往殷都的機會，以及到殷都後的遭遇，《易經》裡還有

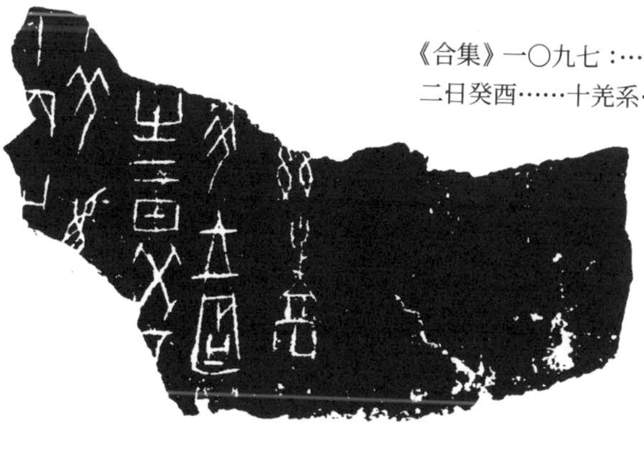

《合集》一〇九七：……羌。王占〔曰〕……㞢（又）二日癸酉……十羌系……十丙㞢（又）……

一些記載，我們後面會詳細介紹。

當然，頻頻外出捕獵俘虜，並不意味著周人已經是西土最強大的部族，可以高枕無憂了。因為結怨太多，周族人也會遭到其他部落的報復，導致他們時刻生活在驚懼的警戒之中。這在《易經》中也有反映。

比如，蒙卦上九爻曰：「不利為寇，利禦寇。」意思是說，不利於入侵別人，但有利於防禦別人的入侵。再如，鼎卦九二爻曰：「我仇有疾，不我能即，吉。」意思是說，我的仇人生病了，無法來攻擊我，占算的結果吉利。這都是周昌在測算周族會不會遭到敵對部族的進攻。

此外，《易經》中有三個卦都包含「匪寇，婚媾」，意為不是入侵者，而是來尋求締結婚姻的（外族）人。賁卦六四爻和屯卦六二爻的場景都是聚落外出現了陌生的人群，還有人趕著馬車，被懷疑是入侵者到來。

賁如、皤如，白馬翰如，匪寇，婚媾。（賁卦六四爻）

先張之弧，後說之弧。匪寇，婚媾。（睽卦上九爻）

屯如、邅如，乘馬班如，匪寇，婚媾。（屯卦六二爻）

可見，周族人生活得相當警覺。

當時，西土還沒進入國家時代，部族間的劫掠戰爭頻頻發生。另外，這也說明，周人及鄰近各族都奉行族外婚制，但即便是部落間的通婚也難以避免戰爭發生。

◆面見紂王的機會

在文王生命的前五十年裡，日子一直過得還算正常。那時，他是一位臣服於商朝的部族長老，除了時而沉迷於隱祕的占卜實驗，這樣的生活還看不到有什麼突變的可能。

本來，自季歷死後，周族首領就再沒有去殷都的記錄，這一時期的商王卜辭裡也從未出現過周族。然而，某些巧合還是讓周昌有了見商王的機會。史書裡沒有記載此事，但出土的甲骨文提供了線索。

在文王大宅窖穴裡挖出的甲骨（H11：3）上，刻寫著三行細如蚊足的微雕小字，從左到右依次是：「衣王田；至于帛；王獲田？」和在殷墟發現的甲骨一樣，「衣」通「殷」，「田」是田獵、狩獵。卜辭解釋為：「殷（商）王來打獵了；到了帛地；王打獵會順利嗎？」

殷王就是商紂王。至於帛是何地，有研究者認為在今陝西省大荔縣羌白鎮，〔6〕也就是渭河與黃河的交匯處稍北。這是當初武乙王（紂王曾祖父）「獵于河渭」、被雷擊而死之處。紂王這次西巡可能是要祭祀武乙王。

此次關中之行，在殷墟出土的甲骨卜辭裡沒有記載，但大概是紂王在位第十幾年的事情。看來，周昌極度關注紂王的駕臨，不然不會偷偷占卜。畢竟，商王已經有兩代人、幾十年沒來過西土了，而這可能會給周族帶來災禍，或者機會。

周原甲骨 H11：3放大後的照片

文王大宅的另一片微雕甲骨（H31：2）卜辭，則涉及另一位商朝重要人物「衣雞子」，也就是殷箕子。

周昌先占卜：「殷商的箕子要駕臨（周原），會被他逮捕嗎？還是可以侍奉他？」接著，周昌又在名「旂爾」的地方占卜：「讓南宮部負責吧？」

這條關於箕子的卜辭，學者一般解釋為：周武王滅商後，箕子來到關中投降周朝時，周武王占卜應如何接待。但這種解釋未必成立。

據《史記》，箕子是商紂王的近親（後世注家說是庶兄或者叔父）。在周武王伐商之前，箕子曾經觸怒紂王，被關進了監獄，靠裝瘋才活下來（「乃被髮詳狂而為奴」）。〔7〕而據《尚書．洪範》，周武王滅商、進占殷都之後，「命召公釋箕子之囚」，還當面向箕子請教治國之道。從《史記》和《尚書》的這些內容來看，剛占領殷都時，武王和箕子已經有交往，按理說不需要箕子捨近求遠，再到關中投降一次。

所以，H31：2的「雞子來」卜辭應當是周昌時期的，和紂王到帛地行獵是同一事件：紂王駐蹕在關中東部，派箕子再向西視察周族等關中番邦。在殷墟卜辭中，「降」一般指神靈降福或親自降臨人間。而箕子是商朝重臣，對周邦來

周原甲骨H31：2摹寫本：

唯衣雞子來降，其執？暨厥史（事）？在旂爾卜曰：南宮部其作？

說自然非常尊貴，所以「來降」並非來投降，而是駕臨之意。同時周昌也非常緊張，擔心箕子此行會逮捕自己（其執？）——他可能是聯想到了父親季歷在殷都的下場。

至於南宮郜，史書中查無此人，但武王滅商時，有位將領叫南宮括：「命南宮括散鹿臺之財，發鉅橋之粟。」（《史記·周本紀》）所以，「郜」和「括」也許是同一字的不同寫法，也許兩人是同一家族之人。

從這些零散的信息推測，周昌應該是在接待箕子時贏得了這位商朝重臣的好感，這才獲准到帛地拜見紂王。對周昌來說，這是個求之不得的機會：往常，他能見到的最高級別的商人是老牛坡的崇侯，現在則先是接待商朝大臣，接著還要去朝拜商王，自然有受提拔的機會。

目前尚未發現關於周昌首次朝見紂王的記載，但肯定比較順利，因為周昌又獲得了去殷都的機會。這次他可能還押送著一批羌人俘虜。對此，《易經》裡有多處記載。

關於周昌去殷都獻俘途中的經歷，前面已做了介紹。這裡再補充一點關於箕子的分析。在《史記》等文獻裡，箕子是商朝忠臣，因忠言逆耳而招來紂王的震怒和牢獄之災。但實際情況可能要複雜得多。作為王室宗親，箕子地位極高，倘若王朝形勢有變，他是離王位很近的人——商朝一直有王位兄弟相傳的做法（雖然最近幾代都是父子相傳，但傳統並非沒有再現的可能），所以他和紂王的關係比較微妙。考慮到紂王在統治後期經常壓制王室近親，並因此招致越來越多的反對，不排除箕子巡視關中，對周族等番邦潛在的軍事實力有了一些了解後，暗中萌生拉攏番邦想法的可能，以備萬一王朝有變時，可以糾集起忠於自己的武裝。

但箕子和周昌應該都不會想到，他們的這次偶然相識會帶來什麼樣的後果。

◆目睹殷都獻祭儀式

周昌押送俘虜到殷都後，自然會目睹商人的各種殺俘獻祭儀式。先是在商王宮廷中舉行獻俘儀式。夬卦曰：「揚于王庭，孚號有厲。」「揚」，是臣民頌揚王的偉大，「揚于王庭」是商周時臣下參見王的習語。「孚號有厲」意思是，有俘虜大聲慘叫，說明可能同時有殺祭舉行。《禮記·郊特性》記載：「殷人尚聲，臭味未成，滌蕩其聲。樂三闋，然後出迎牲，聲音之號，所以詔告於天地之間也。」商人祭祀最重視聲音，所謂「殷人尚聲」。獻祭的動物大聲地嚎叫，是在向天界神祇報告祭品強壯、合格，所謂「聲音之號，所以詔告於天地之間也」。《禮記》是東周時人編寫的，當時的人已經不太知道商人的人祭行為，所以才會以為商人和周人一樣都只用家畜獻祭。還原到商代的真實場景，這顯然包含人牲的叫喊。

觀卦曰：「盥而不薦，有孚顒若。」「盥」，本意是禮儀性地倒水洗手，也指用酒灑地、告慰地神之禮。但不管是洗手還是倒酒，都是獻祭儀式開始階段的程序。

「薦」是指殺人獻祭，後世「薦俘」一詞即從此來，如《逸周書·世俘》有「薦俘殷王鼎」。但觀卦的內容有點奇特：這次不知何故，在「盥」的程序後，卻遲遲沒有開始殺俘，所謂「盥而不薦」。這應該是周昌初次參加殷都的獻祭儀式，雖不懂其中的操作原理，但卻在緊張等待中牢牢地記下了自己的見聞。〔8〕

「顒」，本意是頭大的樣子，但不知為何，給《易經》做注解的唐代孔穎達將其解釋為「嚴正之貌」。其實，它在這裡是翹首觀望的樣子：儀式開始後，有些俘虜在緊張地顧盼。

萃卦也是周昌到達殷都後的見聞，卦辭中有商王殺牛祭祀（用大牲）的內容：「亨，利貞，用大牲吉。」

其中，初六爻曰：「有孚不終，乃亂乃萃，若號，一握為笑。勿恤。往，无咎。」意思是說，有些俘虜精神崩潰，試圖逃走，或者聚攏在一起，大聲嚎叫，還有人因精神失常而狂笑。但結論是，不用擔心，應當繼續進行下去。

六二爻曰：「孚，乃利用禴。」意思是說，俘虜正好用於禴祭。在商代，禴是一種在春天舉行的祭祀儀式。此外，升卦九二爻曰：「罕乃利用禴，无咎」，也是同樣內容。

兌卦九二爻曰：「孚兌，吉，悔亡。」「兌」，即「悅」，開心。這是說，在殷都的日子裡，有些俘虜似乎看到某些生機，變得樂觀了起來。但到九五爻，就是「孚于剝，有厲」，被剝皮，慘叫。

坎卦曰：「有孚，維心，亨。」意思是說，掏出俘虜的心臟，燒熟後獻祭。心臟是人體供血中樞，古人對其非常重視，認為是人的心智和魂魄集中之地，最適合敬獻神靈。比如，瑪雅文明和阿茲特克文明的人祭儀式就最為重視剖心獻祭。除了坎卦，《易經》其他卦也有用人心獻祭的記載。《史記》亦記載，商紂王「剖比干，觀其心」。看來，這種行為在商人獻祭中比較常見。

除了捕俘和獻祭，《易經》裡還有周昌初到殷都的諸多觀感和經歷，特別是他被紂王囚禁之後的生活。

第十九章 羑里牢獄記憶

周昌這次到殷都後，作為來自西土的小番邦頭領，自然要參加商朝的一些典禮。他見識了洹河彎內的商王宮殿區，自然也見識了洹河北岸經常舉行大祭祀的王陵區。此外，他應當還見到了帝辛—紂王正在營建的沙丘宮等離宮苑囿。

自武丁王以來，殷都的宮殿區一直少有擴建，但到紂王時，已過去近兩百年，此時，殷商國力（及人口）膨脹了數倍，對於自視甚高、精力過剩的紂王來說，建造新宮殿是他為數不多的揮霍方式之一。

根據《竹書紀年》和《史記》等後世史書的記載，紂王很熱衷營建事業，建造的新王宮苑囿，北到今河北邢台市的鉅鹿沙丘宮（殷都東北一五十公里），南到今河南鶴壁市的朝歌（殷都南五十公里）：

> 紂時稍大其邑（殷都），南距朝歌，北據邯鄲及沙丘，皆為離宮別館。（《竹書紀年》）
>
> 以酒為池，懸肉為林，使男女裸相逐其間，為長夜之飲。（《史記．殷本紀》）

從考古可知，商人酗酒的風氣很盛，獻祭的牲畜和人的肢體很可能會懸掛展示，這或許就是後世「酒池肉林」傳說的來源。當然，這未必是紂王首創，但只有紂王時期才讓周人有機會見識並記錄下來。紂王沒有計劃新建一座都城，他的新宮室散布在太行山東麓約二百公里長的狹長地帶，這可能是商王私家采邑和獵場最集中的範圍。不過，使用時間越短的遺址留下的痕跡越少，在殷墟範圍之外，現代考古尚未發現紂王的新宮殿。

到殷都後，周昌接觸到了商人的另一種預測技術，這就是六十四卦占算，所謂的「易卦」。和傳統的甲骨占卜相比，易卦占算只使用草棍進行數字推演，不需要龜甲或牛骨等耗材。

在殷都，鑄銅業人群常用易卦占算。在宮殿區以南一公里的苗圃北地鑄銅作坊區，M80墓穴隨葬有一塊磨石，上面刻寫著多組數字，每組都是六個，發掘者認為，數字的奇偶代表陰陽，每一組數字是「易卦」的一個卦象。[1]這座墓屬於殷商中葉（二三期之交），比周昌要早近一百年。

M80磨石上的幾組卦象，只有數字，還沒有後世《易經》的卦名和陰陽卦象。學者嘗試做出的解讀是：[2]

一、「六六七六六八」，為豫卦，卦象為䷏。

二、「七六七六六七」，為頤卦，卦象為䷚。發掘簡報第三個數字似乎有筆誤，應為「七六六六六七」。

三、「七六八七六七」，為賁卦，卦象為䷕。

四、「六六五七六八」，為小過卦，卦象為䷽。[3]

五、「八一一一六六」，為咸卦，卦象為䷞。

六、「八一一一一六」，為大過卦，卦象為䷛。

商朝王室的占卜師也會使用易卦占卜，並按傳統把結果刻寫到龜甲上。宮殿區南側的小屯村是占卜師的集中居住區，這裡發現過一整片龜甲，上面刻著幾組易卦數字，並刻有占算結果：「貞吉」。第一組、第二組和第四組數字分別被釋讀為後來的「漸卦」「蹇卦」和「兌卦」。〔4〕

周昌一直熱衷研究預測未來的巫術，這次來到殷都給他提供了一次很好的學習機會。他迅速掌握了用草棍運算的「易卦」原理，並試圖發展出一套更完善的預測體系。但不久之後，他就被投入羑里監獄，差點成為被獻祭的人牲。

◆從方伯到囚徒

《史記》對此事的記載有些參差。《殷本紀》載，九侯和鄂侯觸怒了紂王，被製成肉醬（醢）和肉乾（脯），周昌聞訊後「竊嘆」（私下嘆氣），結果被崇侯虎告發而進了羑里監獄。

> 以西伯昌、九侯、鄂侯為三公。……西伯昌聞之，竊嘆。崇侯虎知之，以告紂，紂囚西伯羑里。

這是典型的傳統敘事版本，在其中，文王是商朝的忠臣。而《周本紀》則完全沒有周昌擔任商朝三公的記載，其所以被囚禁，是因為崇侯

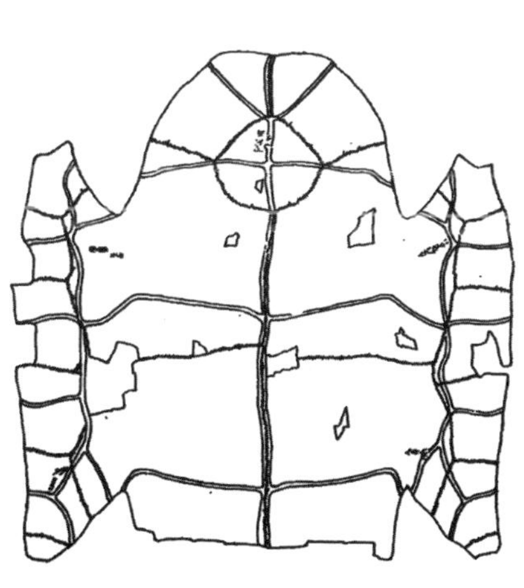

小屯南地出土「易卦」卜甲

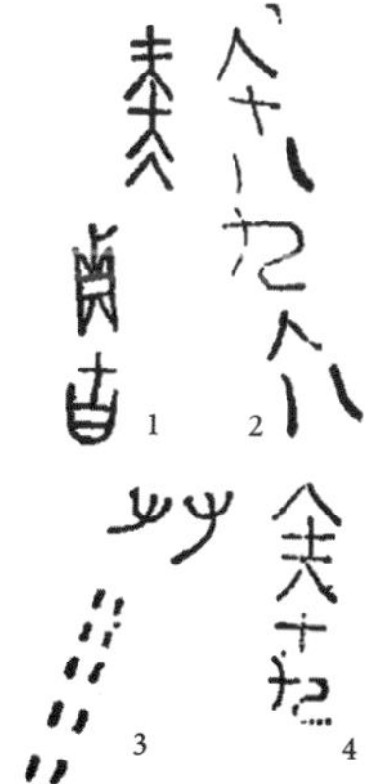

「易卦」卜甲上的文字與符號（放大）

虎向紂王報告周昌在收買人心，各地諸侯都嚮往他，是王朝的重大威脅。

> 西伯……禮下賢者，日中不暇食以待士，士以此多歸之。……崇侯虎譖西伯于殷曰：「西伯積善累德，諸侯皆向之，將不利於帝。」帝紂乃囚西伯羑里。

可能司馬遷採用了不同版本的傳說，因而形成了不同的記錄。至於用大臣製作肉食，則應該是後世對商代人祭宗教的一點殘留記憶和改編。

從時代背景看，周昌不可能有在商朝擔任「三公」的經歷，況且商朝也沒有這種官職，甲骨文裡更沒有這個詞。「公」是周族人發明的詞，指族長或頭領，如公劉和古公亶父；用於非族長的，則有召公和畢公。雖然周朝建立後確實有「三公」之官職，是王朝最高級的大臣，但這是和商朝很不一樣的制度，來自不同的語言傳統。再者，作為番邦首領，周昌也不可能在商朝擔任高級官職。商朝有自己的王族後裔「多子族」，任何一位族長都比周昌地位高，他不太可能進入商朝的正式權力核心。

現代史家一般不採用《殷本紀》的說法，認為是周族的強大引起了紂王的警覺。這種解釋離現代常識更近一些。不過，周昌被捕時，周族還沒開始大肆擴張，商人在老牛坡的崇國完全有實力管控或消滅它。

雖然商王的很多行為未必有理性的原因，但我們只能在常識層面重建歷史。本書的一個推測是，作為番邦酋長，周昌此次殷都之行自然會結識一些王朝上層人物，無論主動還是被動，都很難獨善其身，難免被牽扯進派系鬥爭。此外，從周原到殷都，本身就已經超出崇侯虎的傳統管轄範圍，可能會引發他的不滿進而找機會向紂王進讒言。

紂王應該是對周昌產生了懷疑，故而這個老酋長需要證明自己沒有二心，不然，周昌的下場很可能和獻祭的人牲一樣。比如，《易經》中訟卦的內容，就全都是關於周昌遭遇的一場官司的。「訟」，即官司、獄訟之意。此卦很可能是周昌對羑里囚禁過程的回顧，但內容多隱晦，遭遇訴訟的原因更不清楚。

該卦的卦辭是：「有孚，窒惕，中吉，終凶。利見大人，不利涉大川。」「有孚」是《易經》中常見的內容，意為有所俘獲。「窒惕」，意為因閉塞而產生恐懼。[5]「中吉」和「終凶」，應該是說中間階段有些吉利，但最終的結果兇險。「利見大人」，可能是指周昌在關中參見箕子和紂王，但「不利涉大川」，也即渡過大河（黃河）是不吉利的，這可能是指後悔來殷都。

《史記》記載，周昌被囚禁的地方是羑里，但沒介紹具體方位。更晚的史書說，羑里在殷都以南上百里的今河南省湯陰縣，[6]但並沒有其他文獻旁證，也沒有在湯陰發現商代的典型遺址。

從《易經》的文本看，周昌被囚禁之地應該距離人祭場很近。商代的大規模人祭場在殷都王陵祭祀區，位於洹河北岸，和南岸宮殿區遙遙相望，所以，這是羑里所在方位的一種可能。另一種可能是，紂王還在殷都周邊修建了許多離宮別館，不排除其中有新的祭祀場和關押人牲的監區，只不過尚未被考古發現。

《易經》的很多內容都和周昌的囚禁生活有關。對他來說，這是最為惶懼的一段日子，而監禁中的閒暇，則促其潛心研究六十四卦占算之術。六十四卦只是數字運算，用草棍和土塊等最簡單的計數工具就可以進行。周昌密切地關注牢獄生活中的各種事件，不僅試圖占算其吉凶含義，還要驗證六十四卦占算體系是否靈驗，並對其規則進行完善。因此，這段生活被周昌比較詳細地記載了下來。

◆ 地牢中的人肉餐

《易經》的坎卦是關於牢獄生活的。坎，古人注解為「坎陷」，即挖掘的壕溝或地洞。六十四卦中的坎，是兩個八卦的坎卦☵相重疊，所以卦名叫「習坎」。習是兩重之意，《彖辭傳》解釋為「重險」，即兩重險阻，[7]可能是指監獄外還有兩道壕溝起隔離作用。

習坎：有孚，維心，亨。行有尚。
初六：習坎，入于坎窞。凶。
九二：坎有險，求小得。
六三：來之坎，坎險且枕。入于坎窞，勿用。
六四：樽酒簋二，用缶。納約自牖。終无咎。
九五：坎不盈，祇既平。无咎。
上六：系用徽纆，寘于叢棘，三歲不得。凶。

上六爻曰：「系用徽纆，寘于叢棘，三歲不得。凶。」這是說被人用繩索捆綁起來，關進荊棘叢環繞的監獄，三年無法脫身，結局兇險。看來包圍著監區的不僅有壕溝，還有荊棘叢。

初六爻曰：「習坎，入于坎窞。凶。」「坎窞」，說明牢房是很深的地穴。殷墟考古發現過很多較深的儲藏窖穴，往往寬一公尺多，深五六公尺，而關押犯人的可能會更寬大一些，並在地面加蓋屋頂，有窗戶給窖穴內的犯人投放食物。

雖然牢房和監區防衛森嚴，但周昌可能通過某種方式賄賂了看守，能滿足一些小需求，所以九二爻曰：「坎有險，求小得。」險，可能是地牢陡直，難以攀爬。六三爻也是類似內容：「來之坎坎，險且枕。入于坎窞，勿用。」〔8〕意為被投入陡而深的地牢之中，心中驚惶不安，看不到獲釋的希望。

六四爻曰：「樽酒簋二，用缶，納約自牖。終无咎。」這應該是說曾有人來探望周昌，還送來了一罐酒（樽酒）和兩陶盆食物（簋二）。這些酒食被裝在一個大陶罐（缶）中，從窗戶放進地牢，可能是用繩子繫著放下去的，但沒有記載送餐人的信息。

九五爻有「坎不盈」，可能是說沒有逃走的機會；但如果想好應對的口供，也能平安，所以「祗既平。无咎」。〔9〕

以上是坎卦各爻辭，但卦辭卻反映了有俘虜被挖心獻祭：「習坎：有孚，維心，亨。」這名俘虜應該就是被關押的囚徒，或者說，關押周昌的這座羑里監牢本就是囚禁備用人牲的場所。目睹這些慘劇時，周昌認為應當注意自己的言行舉止，以免招來災難，所以「行有尚」。〔10〕

和坎卦類似，噬嗑卦也是關於牢獄生活的記錄。噬嗑，意思是吃東西，但含在嘴裡尚未下嚥，或者難以下嚥。該卦的內容都是關於在獄中吃飯的。

噬嗑：亨。利用獄。

初九：屨校，滅趾，无咎。

六二：噬膚，滅鼻，无咎。

六三：噬臘肉，遇毒。小吝，无咎。

九四：噬乾胏，得金矢。利艱，貞吉。

六五：噬乾肉，得黃金。貞厲，无咎。

上九：何校，滅耳，凶。

卦辭曰：「亨。利用獄。」是說占算入獄的前途，結果順利。該卦的六爻中，有三個爻有佩戴刑具和受刑的內容。

初九爻有「屨校，滅趾」，是說有人腳上戴著刑具，然後被砍掉了腳。「校」是木頭刑具，「屨」是穿在腳上，說明是木腳鐐。此爻的結局是「无咎」，沒有災難。這應當不是指被砍腳的人，而是目睹並占算此事的周昌本人。

上九爻曰：「何校，滅耳，凶。」是說有人脖子上戴著刑具，然後被割掉了耳朵，凶。「何校」，意為把木頭做的枷扛在肩上。

六二爻的「滅鼻」，是指有人被割掉了鼻子；而且，此爻中還出現了「噬膚」，指吃肉皮。

六三爻曰：「噬臘肉，遇毒。小吝，无咎。」是說吃臘肉而發生食物中毒，有些小麻煩，但沒大災難。看來，吃東西的是周昌本人。

在牢獄中能吃到肉，似乎頗為奢侈。但九四爻則開始透露吃的是什麼肉：

噬乾胏，得金矢。利艱貞，吉。

「胏」是骨頭上的乾肉；「得金矢」，是說居然吃出了銅箭頭。這很可能說的是被射死的人牲的主要部位被烹飪獻祭，下腳料（肉皮和筋骨等）則被送到監所充作犯人的食物，而且給犯人（候補人牲）吃的都是乾肉，沒有經過烹飪。「利艱貞，吉」則是說這一爻適合用來占算艱辛的生活，結果是吉利。

到六五爻，內容還是吃乾肉：「噬乾肉，得黃金。」黃金指黃色的銅，應是被殺者身上佩戴的某種小銅飾。

◆刑罰與殺祭

《易經》的困卦也是關於牢獄生活的。

困：亨。貞大人吉，无咎。有言不信。

初六：臀困于株木，入于幽谷，三歲不覿。

九二：困于酒食，朱紱方來，利用享祀。征，凶。无咎。

六三：困于石，據于蒺藜，入于其宮，不見其妻，凶。

九四：來徐徐，困于金車。吝，有終。

九五：劓刖，困于赤紱，乃徐有說，利用祭祀。

上六：困于葛藟，于臲卼。曰動悔，有悔。征吉。

初六爻曰：「臀困于株木，入于幽谷，三歲不覿。」株木，可能是指用來打人的木棍，「臀困于株木」，則是說臀部被打得很慘。前述姤、夬兩卦有「臀无膚，其行次且」（臀部被打得皮開肉綻，走路困難），和此爻內容接近。「入于幽谷，三歲不覿」，是說被關押在地牢中三年見不到想見的人。從這句再聯繫坎卦的「系用徽纆，寘于叢棘，三歲不得」，說明周昌可能被關押了三年之久。《左傳》曾有一處說：「紂囚文王七年。」〔11〕這屬於春秋晚期的傳說版本，和三年相差很多。考慮到周昌被囚前後都生活在殷都，這裡也可能是說周昌總共在殷都待了七年，其中包括三年的牢獄時光。

六三爻曰：「困于石，據于蒺蔾。入于其宮，不見其妻。凶。」石頭和蒺蔾應當是監所的隔離設施，但「入于其宮，不見其妻」不知何意，因為周昌獲釋回到周原後，其妻子大姒仍在世。也許這裡是說他剛回到周原時，家中曾發生某些變故，家人不得不避禍在外。

還可以對照訟卦的九二爻：「不克訟，歸而逋其邑人三百戶。无眚。」「不克訟」，是說審訊中辯護不成功，被監禁；「歸而逋其邑人三百戶」，則是說釋放後回家，發現自己統治的民眾有三百戶逃亡。可能訟卦九二爻和困卦六三爻說的是同一件事。

上六爻的第一句是：「困于葛藟，于臲卼。」葛藟和前面出現過的蒺蔾、叢棘類似，都是起隔絕作用的荊棘；臲卼，指的是驚惶不安的樣子，和前面的坎卦意思相同。第二句是：「曰動悔，有悔。征吉。」根據孔穎達的解釋，這是有人勸告周昌：應當悔罪，認錯；最後的結果是吉利的。從常識判斷，周昌肯定不會承認自己有謀逆的想法，但他可能需要承認一點輕微小罪來換取開恩釋放。

除了在地牢內的生活，《易經》裡還有囚犯被押送到監所的記載。困卦九四爻曰：「來徐徐，困于金車。吝，有終。」這是說被裝在車上的銅囚籠裡。「徐徐」，是車行駛得很慢；「吝」，孔穎達解釋為「可恥可恨」；不過最後的結局是「有終」，壞運氣總有過去的時候。這裡可以對照大有卦的九二爻：「大車以載。有攸往，无咎。」大車是牛拉的貨車，而非馬拉的快速輕車，可能裝了銅囚籠而成為「金車」，然後「有攸往，无咎」，意思是，此行沒有大災難。

九二爻的內容更複雜。第一句是：「困于酒食，朱紱方來，利用享祀。」據孔穎達注解，「紱」是祭祀時穿的衣服，朱紱就是穿紅色祭服的祭司。[12]但「困于酒食」有點不好解釋，因為其他的「困于」都是和監禁、刑罰有關的設施。這裡說的有可能是給人牲的最後一餐，因其要成為諸神的祭品，應當吃點好的，但人牲不怎麼會有心情吃，所以也是「困」。然後，「利用享祀」，也就是適合獻祭的時間要到了。

九五爻的內容與之類似：「劓刖，困于赤紱，乃徐有說，利用祭祀。」劓刖，是指被割掉鼻子和砍掉腳的人，故而這句是說噬嗑卦中被「滅趾」「滅耳」的人將被殺死獻祭。「赤紱」和上述朱紱一樣，都是穿紅衣的祭司。「乃徐有說」，就是慢慢變得開心。[13]也許，這是描述有些人牲在喝醉之後的解脫狀態，而這種比較開心的人牲肯定更適合用來獻祭，所以叫「利用祭祀」。

商人的祭祀坑中經常有被砍掉小腿的人牲屍骨，所謂「刖」；至於割掉鼻子的「劓」，則不見痕跡。不過，考古發掘出的人牲往往經過肢解、剁去手指和腳趾等折磨，正和此條爻辭呼應。

困卦的卦辭是：「亨，貞大人，吉，无咎。有言不信。」意為，舉行祭祀，如果是占算和大人物有關的事，結果吉利，沒有災禍，有些話沒有被相信。至於這些沒被相信的話是周昌自己的辯護詞，還是告發者一方的言辭，就不太好判斷了。[14]

在殷都期間，周昌也能觀摩一些商人殺俘獻祭的儀式，而當他作為一名候選人牲被囚禁在羑里，見到的自然更多。這些恐怖的經歷也被他隱晦地寫入了《易經》之中。

比如剝卦。剝的意思是剝皮，它的甲骨文字形是一隻懸掛起來的獸，一把刀正在剝牠的皮。該卦的卦辭是「不利有攸往」，即此行不吉利。

> 剝：不利有攸往。
>
> 初六：剝床以足，蔑，貞凶。

六二：剝床以辨，蔑，貞凶。
六三：剝之，无咎。
六四：剝床以膚，凶。
六五：貫魚以宮人寵，無不利。
上九：碩果不食，君子得輿，小人剝廬。

「剝床以足，蔑」，是說在案板上割下了人牲的腳。床的本意是睡覺的床榻，這裡是屠剝人牲的案板；「蔑」，孔穎達注為「削也」，甲骨文的字形是用戈砍人的兩腳，被砍的人瞪大眼睛張望。這是一種先把腳砍下的殺人祭祀方式。一塊牛肋骨的中段卜辭為：「戉有蔑羌。」（《合集》六六一〇）戉是鉞的本字，這裡可能是指執行蔑祭的人。

剝卦中這些可怕的內容應該跟此卦的卦形有關，䷖ 正是架起來的案板形狀。

六二爻「剝床以辨」中的「辨」，王弼的注解是「足之上也」，即小腿部分被割開；六三爻的「剝之」，應當是說切下腳和小腿之後，開始剝軀幹的皮；六四爻的「剝床以膚」，是說在案板上剝下了人皮。

六五爻「貫魚以宮人寵」中的「貫魚」，字意是用魚叉捕魚，

《合集》六六一〇

這裡是人名，全句的意思是說，貫魚是宮人（宦官），受到王的寵愛。這可能是周昌結識的商王宮廷內侍，借助他也許有脫離牢獄的機會。

上九爻的「碩果不食」，是說樹上的果子長大了還沒有被吃掉。這應該是指周昌慶幸自己沒有遭到前述人牲的命運。@[15]「君子得輿，小人剝廬」，則意為君子得到馬車，小人在草棚下被剝剔骨肉。這似乎是說身分地位的差別導致命運不同。

◆蘇妲己的另一面

在周昌被囚的過程中，他的兒子們可能也找到了探視的機會。

損卦的卦辭曰：「利有攸往，曷之，用二簋，可用享。」即出行有利，去探訪的話，用兩個簋的食物是可以的。聯繫前述關於牢獄生活的坎卦中說到有人探訪周昌並帶來了「樽酒、簋二」，似乎說的是同一件事。

羑里囚禁中的周昌雖沉迷於《易經》推演，但其中並沒有讓他獲釋的祕訣，最終還是要靠他的臣僚和家人的努力。《史記．殷本紀》載，周昌手下的閎夭等人收集了各種寶物和美女進貢給商王，如「有莘氏美女，驪戎之文馬，有熊九駟」等，以及散宜生物色的「黑豹」，並說紂王收到後很開心，立即下令釋放了周昌：「此一物足以釋西伯，況其多乎！」（《太平御覽》卷八九二引皇甫謐《帝王世紀》）

對此，春秋時的人還有一種更戲劇性的說法：「紂囚文王七年，諸侯皆從之囚，紂於是乎懼而歸之。」說周昌被紂王囚禁七年，各地諸侯皆同情他，紛紛趕來要求一起接受囚禁，結果紂王壓力很大，只好釋放周昌，讓他回了周邦。（《左傳．襄公三十一年》）

以上這兩種敘事，因果關係都很簡單，而且有後世加工的成分。從當時的現實情況看，紂王對西土沒有太大興趣，所以只要那裡不發生叛亂，能定期送人牲到殷都，維持現狀是比較好的方案。後世史書雖把紂王描繪成一個荒唐徹底、殘暴無比的末代之君，但也強調了他的過人之處。《史記・殷本紀》有載：「帝紂資辨捷疾，聞見甚敏，材力過人，手格猛獸。」然而，他的缺點可能也正在於此：過於自信，認為世人能力皆不如己，從不聽取別人的意見，哪怕做錯的事情，他也有給自己辯解的才能，正所謂：「知（智）足以距（拒）諫，言足以飾非；矜人臣以能，高天下以聲，以為皆出己之下。」

對周族來說，紂王的狂妄也有好處，這便是只要不引起他的警覺，就還有希望。而且，周昌當時已年過半百，按古人的標準已算高壽，因此，周族的未來主要還得看周昌已經成年的兒子們，特別是他的繼承人伯邑考是否可以讓紂王安心。

此時的周族，有周昌的夫人大姒，兩位弟弟虢仲和虢叔，以及長期為周族擔任管家的「太保」召公奭家族，他們足以保持周邦穩定。散宜生等外來臣僚的作用，則主要是打探商朝以及東方列國的信息，為營救周昌提出建議。只進貢禮物顯然不夠，文王的兒子們還需要找機會去殷都當面向紂王求情。

關於周昌在殷都的遭遇，古書記載較多，但從未提及他的兒子們。文王最年長的四個兒子分別是長子伯邑考、武王周發、周公旦、管叔周鮮。從常識推測，當周昌獲准前往殷都時，因長子伯邑考要代理周族事務，周昌或許帶上了另一個兒子出行；而當他被捕的消息傳回周原，伯邑考和兩個弟弟應該也會帶著行賄的禮物趕往殷都。

只是這段經歷過於慘痛，後世周人諱莫如深，故缺乏記載。不過，商朝終結之後的一些事情，暗示了周昌諸子是如何找到門路求見紂王的。當時，商朝的附庸小邦中有個蘇國，可能在黃河北岸，今河南省焦作市一帶，國君名叫蘇忿生。周滅商之後，武王任命蘇忿生擔任周朝的司寇，主管王朝刑法：「昔周克商，使諸侯撫封，蘇忿生以溫為司寇。」〔16〕史家以往很少注意這個任命。當然，它也很難解釋，因為蘇國和周邦本沒有任何瓜葛。

進一步的信息是，著名的紂王寵妃蘇妲己就來自蘇國。《史記》說，紂王曾討伐蘇國，蘇國國君被迫將公主妲己進獻商紂，結果妲己成了紂王寵妃。這個被迫貢女的說法，可能只是為了突出商紂好戰且好色的獨夫形象，未必可靠，但妲己確實來自蘇國。這個家族，己姓，蘇氏，蘇忿生可能是妲己的兄弟。

看來，有一種可能是，伯邑考到達殷都後，先是和蘇忿生家族建立了聯繫，並通過蘇妲己見到了紂王，最終使父親獲釋。

如前文所述，剝卦六五爻曾說：「貫魚以宮人寵，無不利。」這裡說的宮內宦官貫魚到牢獄探訪文王可能就是蘇妲己授意的。在後世的演義文學中，蘇妲己是可怕的狐狸精，一心謀害周昌，而真實的歷史很可能是，蘇妲己才是讓周昌獲釋出獄的關鍵因素。

這段恩情對於周族非常重要，妲己雖背負諸多惡名而死，但周人奪取天下之後，武王還是重用了她的家人。紂王自殺後，商朝並未完全滅亡，周武王指定了紂王的兒子武庚（祿父）繼續在殷都擔任商王。這個武庚很可能就是蘇妲己生的。周人對蘇氏家族的倚重，和後世的演義文學可謂大相徑庭。

接下來，我們再看《易經》中的觀卦，記錄的可能就是周昌諸子初到殷都時四處打探門路的情景。「觀」本身就是探查和審視之意。雖然卦辭「盥而不薦，有孚顒若」說的是周昌對獻祭儀式的回憶，但之後的六條爻辭卻都是和他的官司有關的。

初六爻曰：「童觀，小人无咎，君子吝。」說的是據童子（周昌的兒子）觀察，小人沒有麻煩，但君子受委屈。

六二爻曰：「闚觀，利女貞。」說的是從門縫偷偷地觀察，如果占算女子之事，順利。

六三爻曰：「觀我生，進退。」說的是觀察我的生命前途是進還是退。六四爻曰：「觀國之光，利用賓于王。」說的是觀察（商朝）國都的榮耀，去拜見王是有利的。

九五爻曰：「觀我生，君子无咎。」說的是觀察我的生命，君子（我本人）沒什麼罪過。

上九爻曰：「觀其生，君子无咎。」說的是觀察對方（也許是紂王）的生命，君子（我本人）沒什麼罪過。

周昌這次似乎因禍得福，伯邑考受到了紂王青睞，在殷都宮廷裡擔任質子，並給紂王駕駛馬車：「質於殷，為紂御。」（《太平御覽》卷八四引《帝王世紀》）要知道在商周時期，凡為王駕車的人，地位都很高。作戰之前，統帥經常占卜選擇御者，因為這個職務能決定王的安危生死。周人在豳地—碾子坡時期就熟悉養馬，遷居周原後又從商朝引進了馬車，所以伯邑考擅長駕馭馬車是很自然的。

至於周昌，他在獄中修煉的易卦占算能力，此時則在商人上層引起關注，經常有顯貴請他算命。《易經》的六十四卦體系不涉及溝通鬼神和先王之類，不僅避免了僭越之嫌，而且解釋空間也大。周昌又是來自西土的異族酋長，這種陌生的身分也可能會使商人對其頗有新鮮感。

比如蒙卦的卦辭曰：「匪我求童蒙，童蒙求我。初筮告，再三瀆，瀆則不告。」是說不是我去求這個傻孩子（童蒙），是這個傻孩子來求我；第一次，我會給他占筮，告訴他結果；如果他不滿意，還第二次、第三次找我，這就是不尊重我的職業，我不會再替他算。

這位請周昌算卦的孩子肯定不是周族人，他們沒人敢如此煩勞老族長，所以只能是殷都王族中人。而滅商後，武王任命紂王的兒子武庚繼續擔任商王，可能也與在殷都期間少年武庚已經和周昌父子有頻繁交往並結下私人交情有關。

《易經》中，周昌曾多次記載自己受紂王賞賜。在當時，紂王是天下共主，唯一的王者，《易經》中的「王」和「大人」以及「大君」，應該主要指紂王，而非作者周昌。比如，「王假有家」[17]「王假有廟」[18]，以及「受茲介福，于其王母」，[19]這句應該是說從王的先母那裡獲得大福佑，看來周昌曾隨商王祭祀某些先妣。

此外，周昌父子可能在殷都還有過婚事，只是限於商人的習慣法，他們不大可能和商族通婚，卻可以和摯國、莘國以及蘇國這類非商王血統的藩屬之國聯姻，而且生活在殷都的異邦君長和顯貴很多，親事談起來也比較方便。當然，妻和妾的地位差異很大，正夫人要門當戶對，妾則要找地位低的。比如，大過卦九二爻曰：「枯楊生稊，老夫得其女妻。」這可能說的就是周昌納妾（老夫娶少女）。九五爻則相反，是少男被老婦所娶，應是上門女婿：「枯楊生華，老婦得其士夫。」這可能說的是周昌某個兒子的婚事，女方雖老，但身分頗高，為了擴大同盟，只能攀附這門親事。

更重要的是，被囚羑里期間，周昌還從易卦占算體系中獲得了神啟：商朝的統治不會永遠延續下去，周族很有可能會取代它。這是《易經》創作的起點，林林總總的細微事件背後，隱藏著周昌一心要尋找的翦商之道。

第二十章 翦商與《易經》的世界觀

《易經》記載的獵俘和人祭完全超出了後人的想像，那麼，周昌為什麼記錄這些？難道他就是想要寫一本日記或者回憶錄？

卦爻辭紛繁雜亂的現象背後，其實是周昌對世界運行規律的探索，通過卦象排列組合的變化，他發現，現有的世界秩序不是永恆的，而是可以改變的。尤為重要的是，商朝的統治也是如此。

在講述這些之前，我們先要講一講《易經》最基本的原理：陰陽、卦象、卦辭和爻辭。

易卦占算傳承自商人

上古時代，人們曾發明一種用草或竹子的小棍來算數的方法：把它們在地上擺放成不同的形狀，用以代表不同的數字，然後進行計算，有點類似後世的算盤。用來計數的竹棍，叫「策」或「籌」，比如，流傳下來的古語中就有「運籌」和「策畫」等。

當積累了一定的算數知識，古人發現，數字雖然有很多，但都可以被分為奇數和偶數兩大類。這恰好和日常生活裡的「陰」「陽」觀念搭配：太陽曬到的地方是陽，曬不到的就是陰；奇數是陽，偶數是陰。然後，有天地、山水、男女、雌雄、上下……幾乎所有的事物，都可以分為陰性和陽性。

這是早期人類發展出的一種簡單歸納思維，甚至直到現代，有些語言的名詞還會分成陰陽兩性，比如法語和俄語。而初步的算命理論就是將用草棍運算出的數字歸納成陰或者陽，以代表世間不同的事物，乃至命運的吉凶。

用甲骨預測，稱為「卜」；用草棍預測，則稱為「筮」。「筮」，上面的「竹」字頭代表占算用的草（竹）棍，下面的「巫」字表示只有溝通鬼神的巫師才有占算能力。〔1〕

據說，半人半神的伏羲最先畫出「八卦」，然後，由周昌在被商紂囚禁羑里期間把八卦推演成了六十四卦。所謂：「其囚羑里，蓋益《易》之八卦為六十四卦。」但司馬遷這裡用的是「蓋」字，表示不太確定。

先說最古老的所謂伏羲「八卦」。有四對卦，分別是乾和坤，坎和離，震和艮，巽和兌；各有代表圖案，被稱為「卦象」，由三根表示陰陽的「爻」組成，一根直線代表陽爻，兩段半截的線代表陰爻。

乾 ☰　坤 ☷　坎 ☵　離 ☲

震 ☳　艮 ☶　巽 ☴　兌 ☱

東周時的學者說，這是宇宙間的八大元素：乾代表天，坤代表地；坎代表水，離代表火；震代表雷，艮代表山；巽代表風，兌代表澤（沼澤）。（《周易正義．說卦卷九》）至於伏羲或者周昌時代的人是不是這麼理解的，就不好說了。

再來說六十四卦。卦象由兩個八卦上下重疊組成，一共有六十四種，都有六個爻。假如是兩個八卦的乾疊加，就仍叫乾卦，以此類推。但不一樣的八卦互相疊加，就需要起新的卦名了，比如，震下坎上，叫屯卦，卦象是䷂；坎下艮上，叫蒙卦，卦象是䷃。

用草棍占算的陰陽八卦體系，和華北地區自龍山時代以來的甲骨占卜體系，是分庭抗禮的關係，很難說哪一種出現得更早，因為甲骨容易保存下來，但草棍占算不容易留下遺物。

到了商朝的殷都時期，有些占卜師已經習慣了在甲骨上刻字，所以他們也會把用草棍占算出來的數字刻到甲骨上。而三個數字組成的刻辭在殷墟前期武丁王的時代就有了，比周昌要早二百年。它是三個數字重疊，比如「六六六」，這三個偶數代表三個陰爻，便是八卦中的坤卦。

到殷商中後期，出現了六個數字的甲骨刻辭，時代也比周昌早一些。比如，「六七八九六八」，對應「陰陽陰陽陰陰」，這便是《易經》中的蹇卦。從這可見，六十四卦的基本原理並不是文王發明的。

關於竹草棍如何被用於六十四卦算命，最早的記載來自春秋戰國之交的《易傳．繫辭》：按照特定的流程，將五十根草棍用兩隻手拆分若干次，最後剩在手裡的數量就是得到的數字，它的奇、偶就是陰、陽，這算第一個爻；如此反覆演算六次，就得到六個爻，也就是一個完整的卦。這種擺列陰陽爻的順序，必須從下往上，不能顛倒。

當然，《易傳．繫辭》這個記載已經比周昌的時代晚了五百多年，至於周昌到底是不是這麼占算的，也無法確定。

上面所述便是六十四卦卦象的來歷，那麼，六十四卦的卦名，諸如乾、坤、屯、蒙等，又是什麼時候產生的呢？商代的甲骨文裡沒有發現卦名，它們首次出現是在《易經》裡。所以，也許的確是周文王命名的，至少目前還沒有反面的證據。

比起古老的甲骨占卜，用草棍推演更容易，所以文王被囚禁在羑里監獄的時候，可以因陋就簡進行六十四卦占算。而為了讓這套占算體系更適合自己的需要，他又總結和編寫了卦辭和爻辭，由此形成了《易經》的基本內容。

但這還不是文王周昌青睞六十四卦體系的根本原因。

◆文王寫作卦辭和爻辭

六十四卦的每個卦都有一條簡短的解說詞，這被稱為「卦辭」；相對的，卦裡的每個爻也都有一條「爻辭」。概而言之，《易經》是由六十四卦的卦名、卦象、卦辭和爻辭組成的。

唐代給《周易》做注的孔穎達說，最早是伏羲畫出了八卦，後來有人（不知道是誰）把八卦重疊成六十四卦，可以涵蓋各種「天地變化，人事吉凶」；再後來，周文王寫了卦辭和爻辭，來解釋每個爻和卦的吉凶含義：

> 蓋伏犧（羲）之初，直仰觀俯察，用陰陽兩爻而畫八卦，後因而重之為六十四卦，然後天地變化，人事吉凶，莫不周備，縕在爻卦之中矣。文王又於爻卦之下，繫之以辭，明其爻卦之中吉凶之義。
>
> （《周易正義．說卦卷九》）

看來，孔穎達不同意《史記》說的「其囚羑里，蓋益《易》之八卦為六十四卦」。而現代的考古發現也證明，孔穎達的確是對的。

孔穎達還說，卦辭和爻辭是周文王寫的。在古代，這個說法也缺乏直接證據，一直有學者質疑。而結合甲骨文等殷商考古成果，我們會發現，孔穎達這麼說的證據是比較充分的，因為卦爻辭只會是在商朝的環境中產生，不可能更晚。

最早從《易經》的卦爻辭中探尋歷史的學者，是顧頡剛。一九二九年，他考證了幾條卦爻辭中蘊藏的商周時期的歷史事件，並撰成〈周易卦爻辭中的故事〉一文發表。[2]比如，據顧頡剛推測，歸妹卦和泰卦爻辭的「帝乙歸妹」，其中隱含的歷史是：帝乙把自己的一個女兒嫁給了周文王，但這位王室公主沒能生育，最後，或是早逝，或是離婚回了娘家，文王又續娶大姒。

就這樣，顧頡剛開啟了從《易經》探尋晚商歷史的先河。當然，他對「帝乙歸妹」的解釋未必正確，畢竟當時商周力量對比懸殊，商王不大可能把妹妹嫁給周族，所以這很可能是周人為誇耀自己而做的吹噓。但它的真實背景仍是晚商時代的商周關係。

六十四卦的卦爻辭裡含有很多商代特有的事件，比如，捕捉俘虜獻祭；而從周朝建立開始，這些做法就消失了，後代的古人也就不再記得這些事。

這裡再舉個例子。《易經》的卦爻辭裡經常出現「貞」字，比如坤卦的卦辭「利牝馬之貞」，後世學者都不知道這個字什麼意思，包括孔穎達，也只能猜測它和「堅貞」有關，解釋成：「貞，正也。」其實，商代甲骨卜辭裡就頻繁地出現這個「貞」字，現代學者也早已確定，它就是占卜的「占」，故而甲骨占卜師也被稱為「貞人」。由此，《易經》中的「貞」也就好解釋了。比如，坤卦的「利牝馬之貞」的意思是說，占算結果對母馬有利；相對的，否卦的「不利君子貞」的意思則是說，占算結果對君子不利。看來，倘若沒有發現甲骨文，我們對《易經》中「貞」字的理解很可能還會一直錯下去。

《易經》的卦爻辭所記載的事件，有些肯定是只有周文王才經歷過的，所以，它們的價值非常獨特。[3]從孔子時代以來，解讀《易經》的著作很多，但因為沒有甲骨文知識的基礎，所以搞錯了很多基本概念，這些「算命技術」自然也就成了無根之木。而用甲骨文和商代考古知識研究《易經》的，高亨先生可謂開先河者，他的著作《周易古經今注》就是只討論文王的《易經》，而不涉及東周時人寫的《易傳》，以避免讓後世的誤解逆行侵入商代歷史。在這個意義上，本書算是在高亨先生開創的方法基礎上的一種繼續。〔4〕

◆卦爻辭裡有什麼

《易經》卦爻辭中，除了和商代的捕俘及人祭有關的內容，還包含很多周族人的活動。這應該也是周文王比較關注的內容，否則他不會一一記載下來。

先來看第十三個卦，同人卦：

同人于野，亨。利涉大川。利君子貞。

初九：同人于門，无咎。

六二：同人于宗，吝。

九三：伏戎于莽，升其高陵，三歲不興。

九四：乘其墉，弗克攻。吉。

九五：同人先號咷而後笑，大師克相遇。同人于郊，无悔。

「離下乾上」，這是解釋同人卦的卦象圖案——䷌。它有六個爻，下邊三條是八卦的離（☲），上邊三條是八卦的乾（☰）。

按八卦的釋義，離是火，乾是天，火在天的下面燃燒，就是〈同人〉。但〈同人〉與天和火有什麼必然聯繫嗎？從卦爻辭裡看不出來，這裡也就不再妄加揣測。

「同人」的意思大概是集結（同）盟軍（人）。它的卦辭是：「同人于野，亨。利涉大川。利君子貞。」意為，在原野集結起我方的盟軍，舉行祭祀；利於渡過大河；結果對君子有利。

從卦辭看，這很像是周文王晚年在準備滅商的工作：要集結起各部族的盟軍，用祭祀取得諸神的支持，團結盟軍，順利渡過黃河（這樣才能打到商朝腹地）；這個卦象對「君子」有利，前景比較好。

再來看六個爻的爻辭。

每個爻辭前面有兩個字的序號，其中的「九」代表奇數、陽爻；「六」代表偶數、陰爻。

按照從下往上的順序，最下面的第一個爻叫「初」，按陰陽，只能有「初六」或「初九」兩種；最後一個爻在最上面，叫「上」，分為「上六」或「上九」。

中間二、三、四、五爻的名稱，則是表示陰陽的六或九放在前面，序號放在後面，所以同人卦中間的四個爻依次是六二、九三、九四、九五，順序仍是從下往上。

第一個爻（初九）的爻辭：「同人於門，无咎。」意思是，在大門口集結盟軍，沒有災禍。

第二個爻（六二）：「同人于宗，吝。」意思是，在宗廟集結盟軍，前途不太光明。

第三個爻（九三）：「伏戎于莽，升其高陵，三歲不興。」意思是，在叢林裡埋伏軍隊，登上高高的山頂眺望敵人，三年內無法戰勝敵軍。〔5〕

第四個爻（九四）：「乘其墉，弗克攻。吉。」意思是，登上了敵人的城牆，沒能攻打下來，但結果吉利。

第五個爻（九五）：「同人先號咷而後笑，大師克相遇。」意思是，盟軍先是號啕大哭，又變成大笑，會遭遇敵人的大部隊。

第六個爻（上九）：「同人于郊，無悔。」意思是，在郊野裡集結盟軍，沒有什麼後悔的。

看來，同人卦皆與戰爭有關，但各爻的結果不太一樣，有很順利的，也有很艱難和危險的。

不過，《易經》的卦並非都是軍國大事，有些卦看上去只是些偶然的、彼此無關的日常小事，各爻之間也看不出，至少我們看不出有什麼明顯的關聯。這又是為什麼？探尋這背後的原因，要從文王研究「易」的目的開始。

◆六十四卦為何成對？

商王進行甲骨占卜時，會把需要預測的問題刻在甲骨上。這裡，我們用前述武丁關於婦好生育的一次占卜為例說明：一，武丁先刻下了「婦好這次生育是否順利」的問題，這是「命辭」。二，然後，從甲骨裂紋走向判斷結果，這是「占辭」：「丁日或庚日生育的話會吉利」。三，最後的結果也可能會補刻到甲骨上，這是「驗辭」。比如，武丁這次占卜的三十一天後，婦好生育了一個女兒，「驗辭」便是：「甲寅娩，不嘉。惟女。」

甲骨文的這些刻辭不太複雜，背後的原理也很簡單，基本不涉及事物的因果關係：先是給諸神獻祭並詢問問題；然後，諸神的回答就會傳遞到甲骨的燙紋上；最後，占卜者將其解讀出來。也就是說，這是一種單一的因果敘事：諸神的決定是因，表現到人間就是果，甲骨占卜是讀取這種因果關係的工具。至於人類有時候占卜錯了，那也是誤讀了神的旨意，錯在人而不在神。

但六十四卦則與此不同，它的原理更複雜。它認為，世間的一切並不都是由神直接決定的，而是各種事物會發生互相影響並形成一種因果發展的鏈條，其對應的就是卦裡六個爻的陰陽順序。換句話說，對於每一個主題的卦，周文王都需要找出與之相關的六個事件或現象作為六條爻辭，從而構成一個完整的因果發展鏈。而且，事物的因果關係不會只有一種模式。在某種環境下，甲是乙的原因，而在另一種環境下，則可能變成乙是甲的原因，甚至原本沒有因果關係的兩個孤立事件，在另一種時空環境下也可能會發生聯繫。

所以，文王在《易經》中梳理了他親歷和認知的各種事件，並試圖用不同的因果發展鏈來串聯和解釋它們。比如，有些相同的爻辭（事件），比如「帝乙歸妹」，就出現在了不同卦的不同爻位，這其實是文王在設定不同的占算情境。因此，同一事件會具有不同的前因後果，以及不同的含義和指向性。

換言之，文王的爻辭雖都是發生過的或者預測要發生的具體事件，但在他看來，這些事件未必是單線性的，它們完全可能按照不同的時間順序再次發生，從而使因果關係發生顛倒。

一切事物都是無常和可變的，六爻的不同組合對應著不同的卦象，哪怕只變換一個爻，也會變成另一種卦象，這就是「易」，變易無常。由此，六十四卦就是文王對可能性做出的六十四種探索和六十四個模型。或者說，文王是在用各種無常的可能性重新組織世界，重組頭腦中的各種認知。

這樣一種思路，可以從六十四卦的「組對」規律中發現一些痕跡。六十四卦皆有卦名，且是成對組合，比如，「乾」和「坤」，「震」和「艮」，「同人」和「大有」，「噬嗑」和「賁」……是誰給這些卦起的名字並編組成對，史書中沒有記載，但文王的可能性很大——考古發現的更早的數字卦象並沒有附帶卦名，更沒有成對出現的記載。

其中，有些成對的卦名比較好懂，比如，「乾」和「坤」，「否」和「泰」，「損」和「益」，「即濟」（已經渡河）和「未濟」（尚未渡河），都是反義詞；有些卻未必是反義詞，比如，「井」和「困」，「小畜」和

「履」，看不出彼此之間有什麼對立關係；還有一些則更模糊，比如，「噬嗑」和「賁」，更難判斷它們之間的關係。

我們先擱置對卦名的解釋，來看卦象，看看它們的組對規律是什麼，以及是否一定會具有相反的關係。

有人說，乾卦和坤卦最是簡單明白，乾卦都是陽爻，坤卦都是陰爻，看來，卦象組對的規律是每個位置的爻都陰陽相反，乾的第一個爻是陽，所以坤的第一個爻是陰，以此類推……

乾 ䷀　　坤 ䷁

其實不然。乾和坤這一對卦的卦象比較特殊，不代表普遍規律。六十四卦分為三十二對，其中只有四對是這種情況：同位之爻，陰陽相反。

還有一種可能性。六十四卦的卦象是兩個八卦上下重疊而成，那是不是這兩個八卦互換位置就構成一對相反的卦呢？

也不是。比如，屯卦，卦象是震在下，坎在上；和它成對的是蒙卦，但卦象並非坎在下，震在上，而是坎在下，艮在上。

從這也可見，六十四卦的意義未必跟組成它的兩個八卦有關係。至於六十四卦的成對原則到底是什麼，我們這裡隨便選個例子。

比如，无妄和大畜這一對卦：

无妄 ䷘　大畜 ䷙

可以看到，這兩個卦象，並不是同一個位置的爻必須陰陽相反，也不是上下兩個八卦位置互換，而是六個爻呈現「顛倒」關係：无妄卦的第一個爻（最下面的），和大畜卦的最後一個爻（最上面的）相同；无妄卦的第二個爻，和大畜卦的倒數第二個爻相同……

六十四卦裡面，有二十八對都是這種「顛倒成對」原則。但也有極少數例外。就像上面說過的乾卦，它的六個陽爻形成上下對稱，如果把它們上下顛倒一遍，還是完全同樣的卦象。這就沒辦法了，只好讓它和六個陰爻的坤卦結成一對，不然，六個陰爻的坤卦，上下顛倒之後也還是自己，所以它倆正好結對。

這種因為自身對稱而只能「相反成對」的卦，除了乾和坤，還有三對：

坎 ䷜　離 ䷝　頤 ䷚　大過 ䷛　中孚 ䷼　小過 ䷽

總結一下，在《易經》中，每卦六個爻都是自下而上的順序，而六十四卦組對的原則總體上是六爻「顛倒成對」；只有八個上下對稱和無法顛倒的卦，才按「相反成對」的原則組成四對。

研究《易經》的美國學者夏含夷（Edward Shaughnessy）很重視「顛倒成對」原則。他推測說，《易經》中每一對卦的內容都基本相似，比如，對於泰卦中的「帝乙歸妹」，夏含夷認為，泰卦以及與泰卦成對的否卦，都和這樁婚姻有關。但這種推論還缺少證據，至於每一對卦探討的內容都是什麼，多數還難以解釋。〔6〕

其實，不必急於追索每一卦的具體含義，而是應當先明白卦象「顛倒成對」原則的本質是什麼。綜合前述，本書認為，它是文王發現的世間規律，或者說，一種被稱為「易」的思維方式：世間的一切都不是永恆和持續不變的，它們都可以有另一種相反的存在形式，一切也都可以顛倒重來一遍。否，顛倒重來就是泰；損，顛倒重來就是益……一切事件的發展過程，都可以「倒放」一遍，從終點回到起點。這意味著，一切皆有可能。

◆翦商，可占

按文王《易經》的「顛倒成對」原則，世間一切既有的事實都能用相反的方式再現一遍。商族曾經很弱小，就像爻辭裡的「喪牛于易」，但他們後來卻建立了強大的商朝；然而，這個過程同樣是可逆的，目前強大的商朝也終將滅亡。

這種思維方式可謂石破天驚。當時的人還沒有走出神權時代，普遍認為世間一切都被天界的鬼神主宰：商王家族世代向上帝和諸神獻祭，從而得到天界的福佑，因此和商朝作對，就意味著違反鬼神世界的意志，不可能成功。

然而在羑里的地牢裡，周昌的身體雖無法逃離，但他推演的六十四卦組對原則卻自行打開了一扇通往新世界的大門，這便是：「翦商」是有可能的。

雖然當初，是上帝指示和支援商人滅夏建商的，但上帝的心意也是可以更改的，它不可能永遠充當商人的守護神，周族也可以獲得上帝的垂青，並在它的保佑之下滅掉商朝，取而代之。

在當時，這個想法實在是大逆不道，文王更不敢明白地將其寫出來，哪怕當他獲釋回到周邦之後，也要祕而不宣，故而《易經》中的多數內容只能用含糊其辭的隱語來表達。

來看坤卦六三爻：

> 含章可貞。或從王事，无成，有終。

六三爻的第一句是「含章可貞」，這「含章」二字，歷來沒有合理的解釋。高亨認為，「含」為「戡」之借字，「章」為「商」之借字，「含章」就是「戡商」，也就是「翦商」。〔7〕所以坤卦六三爻的意思是，翦商之事是可以占算的；如果繼續忠於商王，不會有成果，會有終結。

這個推測頗為合理。而且，用「含章」表示「翦商」，未必全是古文字的通假借用，可能也是為了保密。有類似含義的，是訟卦的六三爻：

> 食舊德，貞厲，終吉。或從王事，无成。

高亨認為，「食舊德」就是背叛商王昔日的恩德，〔8〕也就是開啟翦商之謀。占卜的結果是有災害（「貞厲」），但最終會吉利（「終吉」）；反之，也就是如果繼續忠於商王（「或從王事」），則不會有成果（「無成」）。這和坤卦六三爻相同。

《易經》中還有一處「含章」，出自姤卦九五爻：

> 以杞包瓜，含章，有隕自天。

「以杞包瓜」的意義難解，但其重點是「瓜」；「含章」，傳統解釋是瓜上有花紋；「有隕自天」，是說這只瓜從天上落下來摔碎了。按照高亨的解釋，姤卦九五爻是個隱喻，意思是說商朝就像是一只有花紋的瓜，不堪一擊，落地即碎。〔9〕

在六十四卦中，肯定有某個卦象代表的是商朝的崛起；而與它對立的卦，則代表了商朝的滅亡。因此，只要把這些卦找出來，研究各爻的原理，也即每個爻可能代表什麼具體事件或條件（文王會因此代入不同的事物進行推演），就有可能找到滅亡商朝的密碼。

到這裡，我們就可以初步理解為什麼說《易經》的卦爻辭內含各種各樣的事件，甚至難以理解的隻言片語了：這是文王在對自己認知的各種事件進行排列和重組，用不同的卦象（陰陽爻組合）來檢驗它們的吉凶，以便總結出這個世界更深層的運行規律。而限於當時的環境，他必須刻意地使與翦商有關的各種信息變得很隱晦，外人會很難理解，所以我們也就不用對所有卦爻辭都強求解釋了。

《易經》並非文王專門編寫的算命教材，而更像是他自己的練習簿，所以內容駁雜，有大量的私人瑣事。從萌生翦商之念始，文王就反覆將其代入和推算，並隨時驗證、修訂和增補，希望總結出一套最精確的占算方法，而最終目的，當然就是在消滅商朝的戰爭裡運用這套預測技術。

有了對《易經》的上述理解，我們接著來看最前面的乾、坤兩卦。古人對乾與坤是這麼解釋的：乾為天，陽之代表；坤為地，陰之代表。

其實，這一對卦可能還代表了文王最關心的兩個事物：商和周。商是強大的主宰，周是弱小的藩屬，但在各自的生命歷程中，它們會各自走向自己的反面。

元亨，利貞。

初九：潛龍，勿用。
九二：見龍在田，利見大人。
九三：君子終日乾乾，夕惕若厲，无咎。
九四：或躍在淵，无咎。
九五：飛龍在天，利見大人。上九：亢龍有悔。
用九：見群龍無首，吉。

乾卦裡集中出現的意象是龍。從夏朝二里頭文化以來，龍都是王者的象徵。初九爻的「潛龍勿用」是說，龍弱小，潛伏於水下，無所作為。這說的是商族崛起之前的狀態，後面的龍則已經活躍在天地之間：「見龍在田」「飛龍在天」。九二爻和九五爻都有「利見大人」，可能是隱喻周昌或者周族兩次見到商王並受到重視。九三爻曰：「君子終日乾乾，夕惕若厲，无咎。」這可能說的是周族人兢兢業業地侍奉商朝的狀態，也可能是說商朝先王奮發有為時的狀態。到上九爻的「亢龍有悔」，則已經可能是在說商朝雖已強大到極致，但其根基不穩固，埋藏著衰亡的隱患。

和《易經》的其他卦不同，乾、坤兩卦在六條爻辭後，還分別有一條「用九」和「用六」，這可能是因為文王對這兩卦格外重視，所以各增加了一句總結。〈乾〉卦的「用九」是「見群龍無首，吉」，這可能是說文王在殷都生活期間結識各種商朝上層人物，發現他們之間矛盾很深，周族可以找到內應，最終傾覆商朝。在這裡，「吉」當是文王對翦商事業的判斷，而非商朝的國運。

再來看坤卦：

元亨。利牝馬之貞。君子有攸往，先迷，後得主，利。西南得朋，東北喪朋。安，貞吉。

初六：履霜，堅冰至。

六二：直，方，大；不習，无不利。

六三：含章，可貞。或從王事，无成有終。

六四：括囊，无咎无譽。

六五：黃裳，元吉。

上六：龍戰于野，其血玄黃。

用六：利永貞。

坤卦的卦辭中出現了「牝馬」（母馬），但不知其具體代表何事；「君子有攸往，先迷，後得主，利」，應該是說君子（周昌）去往殷都，開始時遭遇各種不幸，但也結識了可以利用之人；而「西南得朋，東北喪朋」，則是說在西南方得到盟友，東北方則喪失盟友。殷都在周原的東北方，這可能是預示商周之間終將反目。卦辭的最終判斷是「安，貞吉」。

六三爻的「含章」（翦商），前文已述，這裡不再贅述；六四爻的「括囊」，字面意思是把口袋（囊）紮起來，這可能是比喻翦商之謀需要嚴格保密；上六爻的「龍戰于野，其血玄黃」則可能是預言周與商最後的決戰，隱喻商朝（龍）將喋血原野；最後的用六爻「利永貞」是結論，說明翦商事業大有前途。

當然，乾、坤兩卦的卦爻辭中也有很多難以解釋之處。比如，「或躍在淵」與「黃裳，元吉」，很可能是文王有意為之的隱語。類似現象在《易經》裡有很多，已經無法亦不必強行求解。

不過，文王並沒有活到商朝滅亡，所以他的推算和驗證持續到了臨死之前。至於文王是先萌生翦商衝動，再從易卦體系尋求支持，還是在研究易卦組對原則時受到啟發而產生的翦商之念，這已經很難判斷。但至少有一點是肯定的：羑里的牢獄生活已經讓文王深切地體會到當一名人牲（孚）的滋味；而在以往，當被要求帶領族人捕獵羌人繳納給崇侯時，他不太可能有如此深刻的切膚之痛。

從獵俘者變成俘，本身就是「易」，而變易的旅程一旦開啟，就會產生難以預測的後果。年過半百的文王深諳世界的不確定性，把人生剩餘的時光大都投入了對《易經》的推算，但同時，他也沒有忽視商人最正統的甲骨占卜技術。這兩套體系和世界觀，文王都不敢偏廢。

第二十一章 殷都民間的人祭

周昌和他的兒子踏入的這座殷都，曾帶給他們無比的震撼。但在西周建立後，周公旦卻將其徹底毀滅，同時也把父兄的記憶永遠地埋葬在了黃土之下。

此後的三千年裡，史家有關殷都的記載，大都只是些不準確的隻言片語。而《封神榜》一類的小說，則試圖用想像力描繪晚商那座偉大的城，甚至還經常把殷都和朝歌混為一談。

直到二十世紀初，盜墓者和考古學者才有機會重新觸摸到殷都。湮沒已久的古城僅是揭開小小的一角，就已經徹底顛覆了三千年以來有關殷都的敘事。的確，僅靠想像力，人類是無法再現殷都曾經的輝煌與殘忍的。但那一切，周昌父子都曾目睹和親歷。

與後世的想像不同，殷都並非那種有城牆保衛、方方正正的城池。在不大的宮殿區外，眾多商人族邑如衛星城般錯落分布。這些族邑有自己的產業和墓地，也都有自己的祭祀傳統和人祭場。

在殷都存世的二百多年間，商人族邑的人祭、人奠基和人殉坑越來越多。對商人來說，在聚會典禮上殺戮異族，不僅僅是給諸神奉獻祭禮，也是讓圍觀者獲得精神刺激和滿足的「盛宴」。比如，多處人祭坑留有蓄意虐殺的跡象，尤其當人牲數量不足，獻祭者還會儘量延緩人牲的死亡，任憑被剁去肢體的人牲儘量地掙扎、哀嚎或咒罵。這種心態，跟觀看古羅馬的角鬥士表演有相似之處。

◆國都大道邊的殺祭場

當周昌父子渡過黃河、北上進入殷都範圍時，他們先要經過一片製陶工業區，透過陶窯冒出的滾滾煙塵，商王華麗的宮殿區已遙遙在望。這座製陶聚落是劉家莊北地，在殷都王宮區以南一公里處的通向王宮的大道邊。

劉家莊北地已經發掘殷商墓葬上千座，絕大多數是沒有青銅隨葬品的貧寒小墓，有青銅禮器和殉人的只有二十多座（盜墓者破壞了一些墓葬，劫餘的數字並不完整）。可見，這個族邑的貧富差距巨大，赤貧者構成龐大的金字塔底端。

這片製陶區南北三百公尺，東西二百公尺，約六萬平方公尺，規模很大，平民和貴族的家宅及墓葬散布周

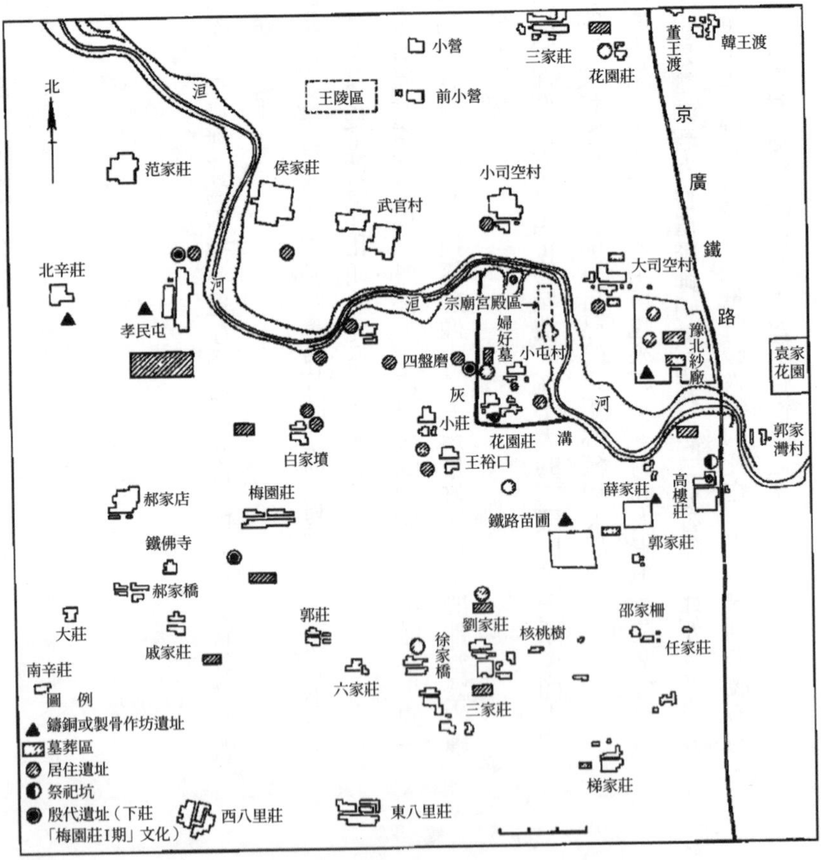

殷墟遺址群分布圖〔1〕

邊，[2]此外，還有大量陶窯以及多座丟棄殘次品陶器的大坑。

作為聚落，在殷墟一期，劉家莊北地的居民還很少，但到二期，出現了眾多房屋和墓葬，這應當有武丁王搬遷王宮的影響。此後，從二期到三期，從三期到四期，墓葬數量均成倍增加，可見殷都的持續繁榮和發展。

這裡還發現了兩條南北走向的大路，向北一直通往商王宮殿區。西側的大路，規模較大，路面上有多條車轍，多數是輪距一．四公尺左右的貨車的，可能是牛或人拉的載重車輛，只有少數是輪距更寬的馬車轍。大路經過溝渠時，有座方木架設的木橋，顯然，它是王宮通往南方的交通主幹道。

在製陶區，有多處較大的長條形建築基址，發掘者推測，這可能是製作陶器的工坊。

此外，還有一座面積較大、工藝考究的住宅F79，殷墟四期建造，應當屬於身分較高的貴族：

一，柱礎石排列規則，勾勒出房屋的基本結構，呈四面圍攏的「回」字形；

二，邊長二十多公尺，總面積約四百五十平方公尺，中央庭院（天井）約十公尺見方；

三，一條南北走向的過廊把庭院分成東西兩部分，西小院有一座

劉家莊北地遺址西大路上的車轍[3]

橢圓形大坑H2479，底部有一具人骨，可能是建築落成後殺祭的人牲，頭部放著一塊刷紅漆的石頭，腳部放一件陶罐；

四，庭院內還有由兩座蓄水坑和一處陶水管構成的排水系統。〔4〕

這座房屋位於製陶工業區東南側，看來它的主人要管理的本部族事務也包括製陶工場。平時，他要參與商王朝廷的議事和典禮；戰爭時，則受命帶著自己的部族武裝出征。

劉家莊北地發現多處祭祀遺址，大多數分布在製陶工業區內，從中可見殷都普通商人族邑的宗教生活。

H77是一座製陶取土形成的大型淺坑，主體部分已被後期破壞：一，殘留六具人骨，底層是兩名男性，中層四人，大體擺放成半圓形，其中可辨認的有一男一女，多數人體殘缺不全；二，出土了較多硬陶和原始瓷殘片，屬於較高端的陶器產

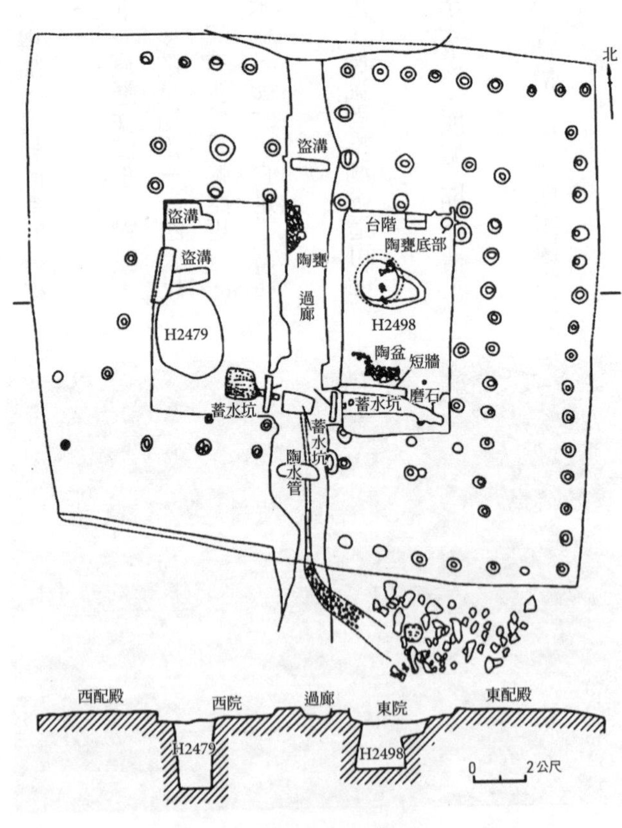

F79平面及剖面圖

業；三，發現兩件殘破的鴞身人面陶塑，以及一枚青銅印章，印章圖案為兩個[圖形]形族徽和一條蟠龍。

除H77，還有四座用人和牛混合獻祭的坑。其中，H1050比較完整，呈橢圓形，有兩枚人頭骨和一段沒有頭與四肢的人軀幹骨，牛骨架完整，牛頭被折彎，應該是塞入坑內時所致。〔5〕H77和H1050這兩座祭祀坑屬於殷墟二期，此時，陶器生產區剛建立不久。

在製陶工業區以西約一百公尺，劉家莊北還有一片密集的祭祀坑區，一條東西向道路（L10）連接著兩條通往王宮的主幹道，祭祀區就在這條道路的南北兩側。目前只發掘了路北很小一部分，發現祭祀坑十八處，包含大量被肢解的人和動物的骨骼，其中人牲多數為青壯年，也有少數兒童，牲畜則是馬最多，還有豬狗牛羊等。

發掘簡報只介紹了其中的一座（H524），且只發掘了表面兩層，第一層中有三名女牲和兩匹雄馬的骨架，第二層有三具人骨、十四具馬骨、九具黃牛骨和五具豬骨。人骨都殘缺不全，有的缺半條腿，有的只有頭骨，其他牲畜骨骼也多不完整，發掘簡報認為，它們大都是被肢解後埋入的，骨頭上的砍割痕跡非常明顯。〔6〕

根據坑中陶片判斷，從殷墟二期到四期的近兩百年裡，L10

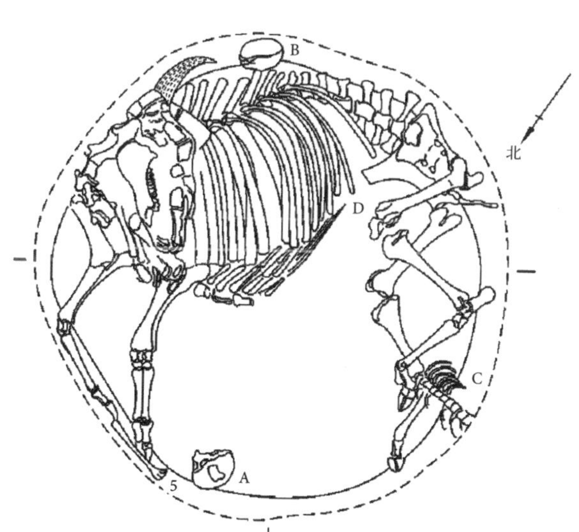

H1050人牛混祭坑平面圖：A、B是人頭骨，C是人軀幹骨，D是牛骨

道路北側的這片祭祀區一直在被使用。目前發掘和報導的只是很小的一部分。

在劉家莊北各祭祀區，用人和牲畜混合且肢解獻祭的特色很明顯。在王陵祭祀區，人牲屍骨大都單獨掩埋，和牲畜在一起的很少，而且肢解的只占總量的較小部分。即便在殷都內外的其他商人族邑，劉家莊北這種祭祀風格的也不太多。

在殷商之前的早商和中商（鄭州商城、偃師商城和小雙橋）遺址，極少發現馬骨和用馬獻祭，到殷商，馬還是比較珍貴，王陵區之外較少發現有用馬獻祭的。這說明：一，劉家莊北聚落應該很富裕，否則難以承擔如此大量的用以殺祭的馬匹；二，不同的商人族邑也有著不同的獻祭風俗。

此外，L10路邊這處獻祭場的位置也有些奇怪，它不僅在L10路邊，還緊鄰通向王宮區、布滿車轍的西大路。劉家莊北的製陶工場並不在這裡，人們為何要把主祭祀區設在這裡？

有學者認為，這可能是「路祭」，向道路之神獻祭。這種說法有一定道理。殺祭儀式具有很強的表演性，西大

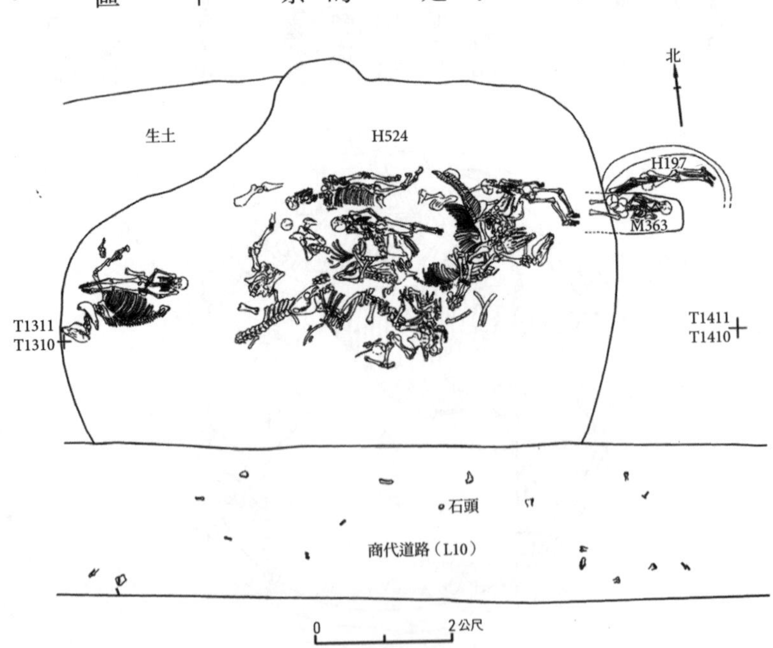

H524平面圖〔7〕

路上滿是往返於王宮區的車隊和人流，在這裡公然殺祭、屠剝人牲和牲畜，有助於路人更深地領略殷商王朝都城的氣象。對於初入殷都的外來者，劉家莊北祭祀場的一幕會相當難忘。

初入殷都的周昌父子，可能也見識到了劉家莊北的這種祭祀，雖然之後他們還會見識更宏大的王室獻祭典禮，但給他們留下最深刻印象的應該還是劉家莊北。滅商後，這個族邑遭到了周人的暴力毀滅，這種懲戒在其他商人族邑很少見到。

◆大司空聚落的殘忍

殷都王宮區向東數百公尺的洹河對岸，是大司空村。一九五八年，村南要興建一座大型棉紡廠，先期進行考古勘察時發現了一座規格較高的殷商聚落，尤其是還發掘出了一片武丁王時期的卜骨，上面刻著「辛貞在衣」四個字。「衣」，就是殷，甲骨卜辭中出現殷都地名的並不多，這是很難得的一片。〔8〕

這短短的四個字刻在牛肩胛骨的頂端（骨臼處），是這片卜骨的簡介，或者叫總目，沒有太多信息量，肩胛骨扇狀的主體部分才是占卜具體事件的，但已經斷裂丟失。

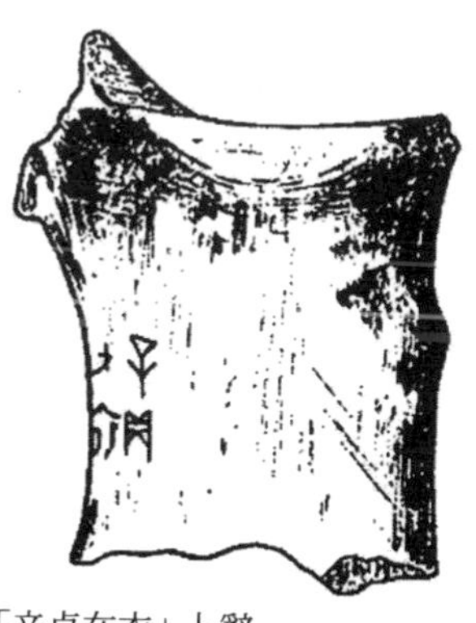
「辛貞在衣」卜辭

殷墟晚期，大司空村已擴張到方圓約一公里，內部很可能被分為若干族邑的居民點。二〇〇四年，考古隊發掘了三百五十四座中小型墓：

一，均分布在各自族邑附近，墓主多數是普通商人，少數是中小貴族。多數規格稍高的墓都已經被盜空，剩餘有殉人的墓四座。

二，共發現九十三件隨葬的主戰兵器：銅戈五十七件，銅戣

（三角形戈）一件，銅矛三十件，銅鉞一件，銅鏃八十七枚，鉛戈三件，鉛矛一件。鉛製的戈和矛不能用於實戰，屬於專門隨葬的明器，可能墓主家經濟拮据，捨不得用實用兵器隨葬。各種隨葬品中，戈的地位最重要，一般放在棺內主人右手邊，呈隨時備戰狀態。

三，從時代特徵看，在殷墟一期，大司空聚落有隨葬品的墓不多，且一般只隨葬一件戈。然後，隨葬品就逐漸多了起來，有些墓隨葬有兩三件戈或矛，且始終有一件戈在棺內主人右手邊。從比例看，大約七分之一的墓隨葬有兵器，考慮到部分墓葬被盜，比例應該還會高一些。

四，發現四座車馬坑，各有兩座相距較近，每座坑中都葬有一輛車、兩匹馬和一名馭手，馬和車身有青銅和螺鈿裝飾。

五，發現一座未被盜的中型墓M303，屬於殷墟晚期，大約是紂王的父親帝乙時期下葬的。墓中有四隻殉狗和四名殉人；有大量陶器、銅器及小件玉器，銅禮器上大多鑄有「馬危」的族徽銘文；有銅戈三十件、銅矛三十八件和銅鏃九十七枚，看來，墓主至少能為七十名下屬提供武裝，加上自備武裝的部族成員，大約會有三百人的規模，屬於比較有實力的軍事貴族。〔9〕

推算一下，倘若大司空村有五個「馬危」這種規模的族邑，就可以組成一支有一千五百人左右的軍隊，戰車可能在十—五十輛之間；倘若殷墟遺址群範圍內有十幾個大司空村這樣規模的聚落，將會有十餘萬人口，可以調集兩萬人左右的軍隊。考慮王陵區商王墓中隨葬的主戰兵器規模一般在數百件，是大司空村M303這類墓葬的十倍，由此判斷，商王自己的親隨武裝規模可能達千餘人，戰車的比例也會比較高，到殷商晚期可能有百輛左右。

在整個商朝控制區內，殷都是最大的聚落群，各地分散的商人聚落—侯國的總人口及能提供的兵力可能在殷都的十—二十倍之間，但很多侯國分布在異族地區，需要鎮撫當地土著，不可能為「勤王」派出全部兵力。這樣估算，在殷商晚期，商王能夠在整個王朝範圍內調集的兵力大約有十餘萬。

考古隊還在大司空村棉紡廠範圍內發現多個拋棄廢骨料的坑穴，推測這裡可能是一座規模較大的骨器作坊：有鋸製骨料的小銅鋸，只有十幾公分長；鑽孔用的銅鑽和石鑽；打磨用的磨石；一個半地穴式的狹小工棚。

骨器原料來自牛、羊、豬、鹿等動物的骨頭和角，沒有發現使用人骨。從各種半成品骨料看，這裡主要生產骨笄：先打磨出圓潤細長的骨桿，再把小塊骨頭加工成蘑菇頭狀的「帽」，有些會做成各種鳥等藝術造型，然後固定在笄桿頂端。

大司空村製骨作坊區大約有一千三百多平方公尺，相當於三個標準籃球場的大小，完全不能和數萬平方公尺的劉家莊北製陶作坊區相比，畢竟骨器在生活中的需求量遠不如陶器大，而且殷都範圍內不止有這一座製骨作坊。

一九五八年，大司空村的考古還只是發掘了很有限的範圍便匆匆讓路給了棉紡廠的建設。由於被廠區疊壓，此後的發掘工作非常零碎。二〇〇四年，在此地發掘出一片殷墟晚期的住宅遺址（C發掘區），面積二千六百平方公尺，有一組多院落的四合院，周邊密集分布著成排的房屋，有些單排房屋長度超過四十公尺，如F23。顯然，

大司空M231車馬坑側後視照片

它們是高級貴族的家宅和祠堂。

為保存建築基址，考古發掘並沒有挖開全部夯土，僅是開挖了幾條解剖溝，便發掘出多處兒童骨骼，說明這些房屋普遍使用幼兒奠基：體型較小的裝在陶罐裡，稍大的直接放在坑中，身上覆蓋陶片，然後在上面構築夯土地基。

如F34地基，有八具童牲；F24，三具；F23，十具；F21，三具；F35，兩具；F36，兩具。目前考古隊在C發掘區共發現十四座建築和八十六具童牲，而這還僅僅是解剖溝的一小部分。

古代嬰兒死亡率高，人們有時會把夭折的幼兒裝在陶罐裡，埋在房屋周邊，新石器時代已經有很多這種遺跡，這不足為奇；但大司空村的不同之處是，嬰兒大都被埋在夯土地基下或者夯築在地基中，說明是在房屋建造前和建築過程中埋下的。顯然，這是人為的、有宗教意義的奠基。

至於這些嬰兒的來源，有學者曾猜測可能是房屋主人夭折的子女，但問題是：一，在新居建築前，不可能有這麼多兒童同時病亡；二，也不可能是把之前的兒童屍體集中起來再利用，因為有些童屍不是裝在陶罐裡，而是用陶片覆蓋的，從骨架的完整性看，並沒有撿骨遷葬的痕跡。

所以，剩下的可能性就是，這些建築的主人擁有較多奴隸，在建築房屋時會使用一些奴隸的幼兒作為童牲。但即使一次搜羅十名嬰幼兒也需要比較大的奴隸人口基數，考慮到C區幾乎每座房子下面都有多名童牲，可見大司空村的貴族們保有的奴隸數量相當可觀。

裝童牲陶罐四隻

和劉家莊北聚落類似，大司空村也有人畜混合祭祀坑與馬祭坑，但數量少得多。大司空村單獨的人祭坑較多，而且殷商各時期的都有，較早的，如祭祀坑H407，屬於殷墟一期，時間上限是盤庚王在洹河北岸建都，最晚可能到武丁王在洹河南岸營建新王宮，坑內埋有四名成人和一名兒童的屍骨，能鑑定出兩名男性和一名女性，其中，男性B的頭和右臂被砍掉，兒童E的右腿被砍掉，不明性別的成人D的骨骼殘缺更多。發掘者推測，這些被獻祭者可能屬於一個或兩個家庭。

同屬殷墟一期的，還有屍骨灰坑H431，坑底有一具八歲左右兒童的屍骨，兩條大腿被砍去，此外，坑內還埋有成年人的零碎肋骨以及各種生活垃圾殘留。這些跡象表明，該坑並非嚴肅的祭祀坑，只是拋屍被虐殺者的垃圾坑。零碎的肋骨顯示，附近居民可能有食人的習慣。

不知為什麼，大司空村被獻祭的人牲和

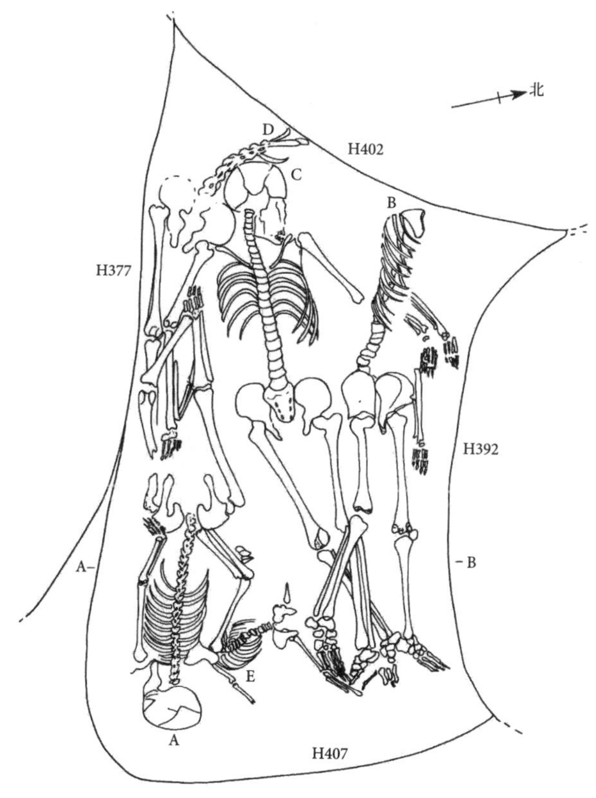

大司空H407祭祀坑

被虐殺者大多都被砍掉了腿，而且這種行為一直延續了二百多年。很可能，這是大司空部族殺祭的一個特徵。

祭祀坑H310（殷墟三期）則保留著更恐怖的一幕。這座坑的坑壁陡直規整，裡面埋有一具被砍掉兩條小腿的屍骨，趴在坑壁上——很可能他被扔到坑內的時候還沒有死，甚至試圖爬出去，直到以這種姿勢被活埋。

祭祀坑H310

H278（殷墟四期）是一座規範的祭祀坑，也保留著虐殺的現場。坑中埋有一具成年男性屍骨，懷中緊抱一具幼兒屍骨。成年男性被從腰部砍斷，下半身和上半身並排放置，大腿和小腿被緊密折疊在一起，腳跟緊貼骨盆；上半身只剩頭部和殘缺的兩臂，頸椎、肋骨和一隻手被砍掉，[10]但他仍用殘餘的胳膊緊抱幼兒。幼兒的小腿和小臂也都被砍掉。顯然，在面臨殺戮時，這名男子不願交出幼兒，殺祭者也不願立刻殺死他們，而是逐次砍掉他們的腿腳，更對這名成年男性實施了剮剝肢解。

殷商有一種斬殺人牲或牛羊的獻祭方式，名「卯」，最早見於甲骨文。有文字學者認為，這是指把人或牲畜對半剖開懸掛。甲骨卜辭中，商王「卯」羌和牛羊的記載很多，但王宮區和王陵區的祭祀坑遺址較少發現這種跡象。

不過，大司空村可能存在「卯」祭的遺存。殷墟四期的H250，是一座非常規範的直筒型祭祀坑，坑底有一具人骨，剁去了小臂和小腿，背部被剁開，砍下了脊椎和腰椎，只埋入剩餘的軀幹和頭部。由於沒有脊柱連接，兩扇肋骨呈自由張開狀。殘骨只能保留很有限的信息，但可以合理推測，這個人的胸腔和腹腔中的內臟肯定也經過了專門的摘除和處理。

此外，祭祀坑H305中有兩具人骨的肋排也被從脊柱處切開：一號只有頭骨、部分脊骨和上臂骨，兩扇肋骨被卸走，不見下半身；二號則被剁成頭部、上身和下身三段，髖骨和脊椎骨被砍掉。這可能也是「卯」祭的一種方式。

在甲骨卜辭中，「卯」祭出現很多，但考古跡象少。這有其自身原因，因為商王執行「卯」祭多在殷墟王陵區，那裡有眾多祭祀坑，部分坑中有大量被肢解過的人體部位，屍骨過多且淩亂，發掘報告不可能提供詳細的文字描寫和繪圖，自然很難從發掘報告中找出「卯」祭跡象。相對而言，大司空村祭祀坑的屍骨較少，故而比較容易辨別砍殺的過程。

看起來，大司空村的人祭現象似乎格外觸目驚心。其實，與其他商人聚落相比，這裡的人祭和殺戮數量並不算出眾。這主要還是發掘報告提供的信息量不同而造成的：大司空村的考古發掘較晚

祭祀坑H278平面圖與局部照片

（二〇〇四年發掘，二〇一四年出版報告），之前的各種殷商遺址則發掘較早，報告的篇幅，尤其對人祭坑和屍骨的描寫相對比較簡略，讀者自然難以復原獻祭時的場景。

大司空村的發掘報告給我們展示的，不只是商代人祭的血腥，屠剝人牲固然是獻祭者給諸神和自己加工食物的過程，但獻祭者似乎也喜歡觀賞人牲被剁去肢體後的掙扎、絕望和抗爭。獻祭是一種公共的儀式和典禮，從這種血腥展示中獲得滿足感的，應該不只是使用刀斧的操作者，更還有大司空村從貴族到平民的廣大觀眾。

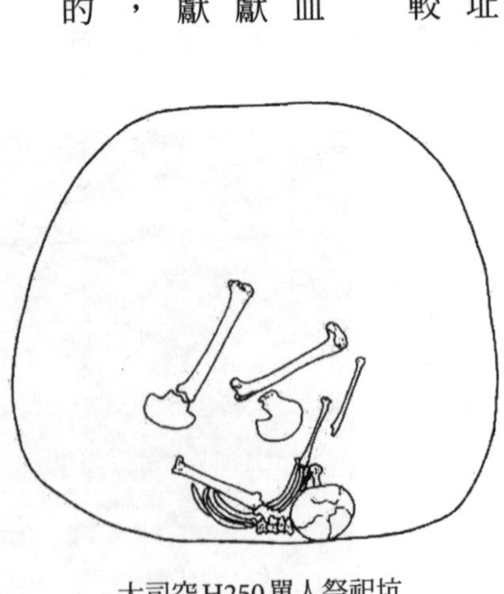
大司空H250單人祭祀坑

其實，在大司空村更早的發掘中，考古工作者曾發現過更為慘烈的祭祀現場，但因為發掘報告提供的信息量較少，所以人們對它們的印象並不太深。比如，一九七一年發掘的一座祭祀坑，裡面埋著身首分離、層層疊疊的屍骨：頭骨三十一顆，軀體二十六具（有些不完整）；經過對五顆較完整的頭骨進行鑑定，有三顆是三名三十歲左右的青壯年男性的，另外二顆則分別是一名四五歲和一名六七歲的兒童的。

這座坑呈近圓形（直徑在二．八—三．四公尺之間，深〇．六公尺），應是特意為祭祀挖的。坑內沒有隨葬品。從埋葬形式看，這些人是三五個一組被拉到坑的西南邊緣砍頭，每組的人頭都相對集中在一起。屍體在被剁截或剔剝之後扔進坑內，相對集中在西南側。

其中有一人的頭顱和身軀相連，發掘者推測，應該是砍頭時沒能完全砍斷的結果。還有一些零碎的兒童肢骨堆在一起，顯然經歷過肢解，但因為原報告過於簡略，無法獲知詳情。

從填土內的殘陶片判斷，這次祭祀發生在殷商晚期。不久，商朝就結束了，這裡再沒有居民，直到戰國才重新有人來定居，所以壓在坑口上面的是戰國文化層。〔11〕

◆大圍溝內的拋屍

殷墟宮殿區外沒有發現城牆，但在最初規劃王宮時，武丁王曾計畫在它的西南兩面挖掘一條L形大壕溝，與流經王宮北面和東面的洹河相連，從而構成閉合的防禦環壕。殷墟的宮殿宗廟區、小屯村占卜師聚居區以及王宮周邊的一些附屬聚落，包括婦好家族的聚落和墓地，都在它的保護範圍內。

走出殷墟宮殿宗廟區的南大門，右手邊是著名的殷墟小屯村，沿著村邊的道路向西走數百公尺，路北有一座大院，是中國社科院考古所安陽工作站。一九五八年，在興建工作站之前，考古隊先對這裡做了探查和發掘，發現了這條環繞宮殿區的大溝。

從後續鑽探的數據看，這條大溝西段長一千餘公

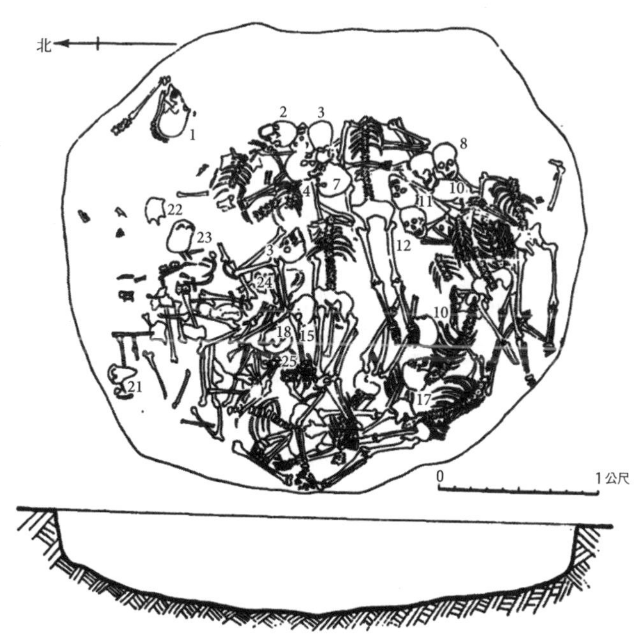

一九七一年發掘的一座祭祀坑平面及剖面圖〔12〕

尺，南段長約六百公尺，但南面並沒有完全貫通，可能武丁認為沒有外來威脅，挖了一大半後放棄了，到武乙王前後（殷墟三期），大溝逐漸被泥沙淤積和居民拋撒的垃圾填平。所以，它最初被考古學者稱為「大灰溝」（垃圾溝），後來又有人稱它為「大圍溝」。

目前，對這條大溝的發掘還很少，主要是用洛陽鏟鑽孔，以判斷其範圍。最主要的發掘是在一九五八年進行的，但也只是試探性地發掘了工作站附近長二十公尺、寬十五公尺的一小塊區域。在這三百平方公尺範圍內，共發掘出二十四具屍骨，發掘報告列舉的，有無頭屍骨一具，無雙腳的兩具，無左腿的一具，雙腿全無的一具，淩亂骨骼一處（可能是個被肢解的人），幼兒屍骨兩具。

所有屍骨都沒有隨葬品和棺木葬具，只有一具骨架上粘附著粗糙紡織物的痕跡，應是裝在麻袋裡扔進溝的。發掘報告推測：「他們大概都是慘遭奴隸主刑戮和被迫害致死的奴隸，然後被隨意挪入溝內的。」[13]但因為發掘報告中沒有這些屍骨的分布圖、照片和線描圖，所以我們難以判斷他們的分布範圍和具體死因。這些屍骨被埋在距離地表一—四．五公尺之間，呈雜亂分布狀態，可能是在多年內多次扔下的。這塊發掘區域只占這條大溝總面積的不到百分之一，難以想像，整條大溝內到底遺棄了多少死者的屍骨。

那麼，向大溝裡拋擲屍體的是什麼人呢？

這條大溝在宮殿區西南三四百公尺遠，王宮內死的人應該不會扔這麼遠。發掘區在大溝外（西）側，所以拋屍人肯定也住在溝外，大約是今考古工作站大院一帶。而工作站臨街的南圍牆正好壓在一座商代建築基址上面，從中有發掘出作為柱子基礎的石塊。發掘報告推測，這座商代建築東西長近二十公尺，南北進深約六公尺，從規模看，應該是家境比較殷實的貴族的家宅，或者是某部族的公共建築，比如祠廟。

這座建築共用了八人奠基：南牆下面埋的是四隻各裝一名幼兒屍骨的陶罐（M1、M2、M3和M4），呈直線排列，彼此相距約二公尺；建築基址裡分築進四具成年人屍骨（M01、M02、M03和M04），散布在房子的南北兩端，頭分別朝向東南西北四個方向，身體延長線呈「井」字造型。屋內有一座灶坑（K1），和其中三具屍骨正構成一個長方形，且分列四角。

頭朝北的M01，頭骨有裂痕，可能是被擊打頭部致死；頭朝南的M03，兩腿間有一枚骨鏃，可能曾被當作射箭靶。這些骨架和作為柱礎的石塊在同一層，應該是建築奠基時埋下的。

這座房屋建成於殷墟三期，武乙王（紂王曾祖父）在位前後，此時，大溝即將被填平，殷都人口正處於持續增長中，這塊曾經荒蕪的土地開始有了聚落。但房屋範圍內出土的物品卻和房屋的規格不太匹配：各種陶製的簋、鬲、盆、罐碎片，石鐮三件，蚌鐮一件，收割用石刀一件，骨鏃兩枚。看來，主人的生活還是以農業為主。〔14〕這也說明，雖然武乙王時期商人還在使用如此「不先進」的石器時代農業生產工具，但已有充足的人牲，且成本低廉。而這正是古公亶父帶領周族人遷居周原的前後。

這一地區的所有建築，隨後都毀於大火，留下大量紅燒土

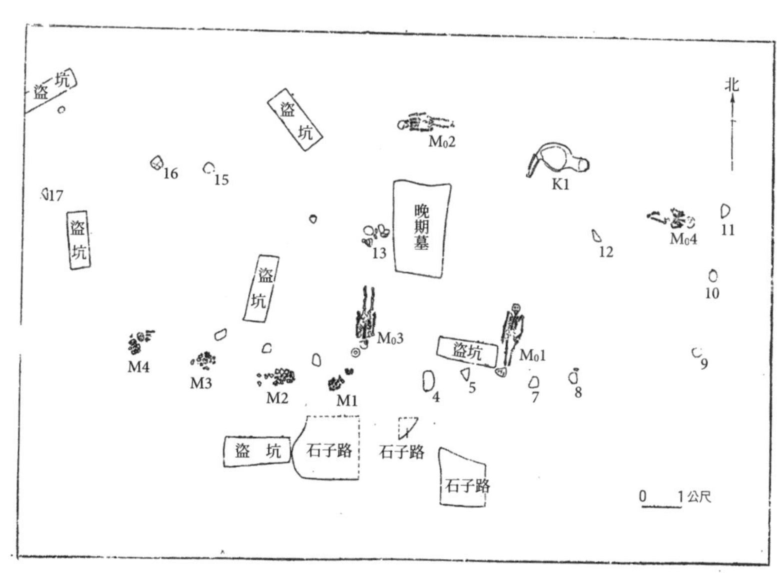

考古所安陽工作站南牆建築基址平面圖

堆積。但根據考古發掘，這些建築彼此間並不相連，不大可能因為一場火災就全部焚毀，很可能有人為因素，也就是滅商後周人對殷都的系統性毀滅。

逐一列舉殷都各族邑的人祭和殺戮現象會令人過於壓抑，這裡只強調一點：以上講述的人殉、人祭和人奠基現象，在各商人族邑中都「大同」，只是個別會因產業或傳統習俗而有些「小異」。比如，王宮南側的苗圃北地聚落，是鑄銅業集中區，所以人牲多是在鑄銅地點被獻祭，有些可能被潑灑過銅熔液，故而有青綠色銅鏽，此外，還有用嬰兒頭骨獻祭鑄銅設備的，這和老牛坡鑄銅遺址的發現類似。〔15〕

在不遠處的新安莊西地聚落，大型取土坑2007AXAH221「有很多人骨、牛骨、馬骨、狗骨、豬骨等，人骨和其他動物骨骼雜亂分布在一起，幾乎無完整個體」，根本無法統計人牲的數量。這種把人和家畜一起殺戮的獻祭方式，和劉家莊北地大路邊的祭祀場很相似。〔16〕

總之，這些商人聚落的總體規律是，伴隨著聚落規模的擴大，人祭和隨意殺戮現象同步增長，並在殷墟末期達到頂峰。〔17〕

◆拒絕人祭的商聚落

在人命如草芥的殷都，也有與眾不同的特例。

製陶聚落劉家莊北以西的戚家莊東，是另一處殷商族墓地。這裡發掘出近二百座商墓，但不論等級高低，都沒有發現殉葬人。

比如M269，隨葬青銅器有禮器二十件，包括鼎四件，甗、罍、簋和斝各一件，尊二件，方彝一件，卣一件，瓿三件，爵二件，觶一件，斗一件，器蓋一件；兵器三十件，包括戈十三件，矛十二件，鉞二件，刀二件，弓形器一件。顯然，墓主屬於高級貴族，多數青銅器上刻有族徽「爰」字，但沒有殉葬人，只用了兩隻狗。

這處墓地殷墟二期時已經存在，但大多數是殷墟四期的帝乙和帝辛兩朝埋下的，隨葬銅器上的族徽主要是「箙」和「爰」。目前，這片族邑聚落的生活區只發掘了一小部分，但沒有發現人奠基和人祭的遺存，算是商文化裡特立獨行的異類。在殷墟遺址群中，目前只發現這一處。〔18〕

此外，經梳理與統計，戚家莊東墓葬用玉比例之高超乎尋常，且無玉質重器，均為小件器物，器形小而雜，不少為邊角餘料製作，存在半成品和紋飾未完工者，有研究者由此推測，生活在戚家莊東聚落的是一個以製作玉器為主業的部族。〔19〕也就是說，最初他們很可能不屬於商族，只是因為有技術特長而遷徙到了殷都，但始終未能接受商人的人祭和人殉文化。

所以，當談論商文化的血腥和殘暴時，我們應當知道，那時也有過戚家莊東的「箙」氏和「爰」氏這樣的聚落與部族。

第二十二章 紂王的東南戰爭

一九九九年，在殷都通往南方的大路邊的劉家莊北聚落，發掘出一座貴族墓葬，編號為劉家莊北M1046。

墓主是一名商朝高級武官，統治著一個叫「䀠」的部族，隨葬有各種銅禮器三十三件，銅戈和銅矛五十多件，此外，還有大量玉器和陶器。這座墓很幸運，從沒有被盜掘過，所有物品和殉人都處在入葬時的位置。

該墓使用了六人殉葬。棺木右側的A是一名少女，頭被砍下，人頭位置放了一件青銅甗，裡面盛著她的頭顱。隨葬的還有被切成大塊的豬肉、牛肉和羊肉，以及一隻煮在銅鼎裡的雞。〔1〕

為何要把人頭放在蒸鍋裡，難道是蒸熟的嗎？通常，殷墟出土的其他人頭大都是光潤的棕黃色，頭骨斷茬呈鋸齒狀，但劉家莊北M1046銅甗裡的這顆卻顏色灰暗，斷茬整齊，說明人頭已經被蒸熟。在這之前，考古隊曾在王陵區M259貴族墓發現隨葬銅甗中裝著人頭，但當時沒有在意，認為它可能是偶然掉落進去

盛人頭青銅甗

的。而劉家莊北的M1046再次出現這種現象，說明殷都確實有蒸食人頭的做法。

王陵區M259屬於殷墟二期，劉家莊北M1046屬於四期，看來這種食人方式一直存續到商朝的終結。〔2〕

經鑑定，劉家莊北M1046銅甗裡的這顆人頭是一位十四五歲的少女的，這裡我們姑且叫她「甗女A」。而對甗女A牙齒的同位素鑑定發現，她生長的主要地區並不是安陽殷都，而是在更東南方，可能是淮河流域；她的牙齒也沒有齲齒現象，說明在生前，食物主要是蛋白質而非澱粉，地位應該較高。〔3〕

那麼，淮河流域部落的上層女子，為何會成為殷都的殉葬人，而且是作為食物而被殉葬？原因可能在於商朝對東南地區的征伐。

◆周文王占算的南征

東方和南方的土著，商人稱之為「夷」。《左傳．昭公二十一年》載：「紂克東夷而隕其身。」這是商王朝終結之前的一場宏大的征服運動，留下眾多甲骨卜辭和銅器銘文。《易經》中也多次提及周昌為紂王占算作戰的吉凶，很可能他也參加了紂王時期某些征伐夷人的戰爭。

比如，離卦上九爻曰：「王用出征，有嘉折首，獲匪其醜。无咎。」意為王得到這個占算結果就出征，有大喜慶之事，斬首很多敵人，還會有些意想不到的收穫，沒有災禍。明夷卦九三曰：「明夷于南狩，得其大首。不可疾貞。」卦名「明夷」比較難解釋，但「南狩，得其大首」的意思較明顯，是說王親征南方，得到了重要人物的首級。商朝俘獲夷方酋長後，一般會保存頭骨，在上面刻字記功，「大首」可能指的就是這種酋長的頭顱。

師卦比較特殊，它的卦爻辭都是關於出征作戰的：

貞丈人，吉，无咎。
初六：師出以律，否臧，凶。
九二：在師中，吉，无咎。王三錫命。
六三：師或輿尸，凶。
六四：師左次，无咎。
六五：田有禽，利執言，无咎。長子帥師，弟子輿尸，貞凶。
上六：大君有命，開國承家，小人勿用。

如九二爻「在師中，吉，无咎。王三錫命」，意思是說，在軍隊中，吉利，沒有災禍，王還多次發布賞賜之命令。看來，周昌的占算曾多次得到紂王獎勵。其他各爻，則都是占算作戰結果的。如六三爻「師或輿尸」，是說軍隊可能要用車輛拉屍體，這是戰敗之兆；六四爻「師左次」，是說軍隊應當向左方運動；六五爻「長子帥師，弟子輿尸」，則可能是說長子指揮軍隊，弟子（侄子）用車拉屍體。這裡的長子和弟子所指不詳，有可能是周昌自己的子弟：長子有可能是指伯邑考，此時負責為紂王趕車，可能有機會指揮非商人的僕從部落武裝參戰；至於侄子，周昌有兩個弟弟虢仲和虢叔，可能他們的兒子也有追隨周昌到殷都的，並且參加了紂王的南征，但「貞凶」，可能是說戰死了。這一卦的卦辭「貞丈人，吉，无咎」，大意是說，占算老年人（可能是周昌自己）的命運，結果吉利，沒有災禍。

商族起源於東南方的夷人，甲骨文裡，「夷」字寫作「人」，這可能是商族還在夷人中混沌未分時的產物，但到他們建立王朝後，「夷」已經是一種很低下的族群稱謂。

在發現的甲骨卜辭中，紂王曾不止一次南征夷人，信息比較多的一次發生在紂王在位第十年，按照帝乙改革過的「周祭」紀年方式，稱為「帝辛十祀」。攸侯「喜」，一個淮河邊的小侯國（名「攸」）的國君，向商王報告說，淮南「夷（人）方」的某個首領（人方伯）叫罾的部落，最近頗不恭順，屢次侵犯攸國，於是，紂王在龜甲占卜後，策畫了這次對夷方的遠征。〔4〕

一九七〇年代，上海博物館曾從民間徵集了一批文物，其中有一塊未經著錄的殷商末期的牛胛骨殘片，文物學家沈之瑜將其釋讀為：「……人方伯罾率……多侯甾伐人方伯……」〔5〕這塊甲骨雖然上下都有缺文，但似乎亦可作為紂王伐罾的一個印證。

甲骨文中出現的地名，絕大多數難以確定具體在何地，但帝辛十祀的這次遠征有點例外，地名中出現了「淮」字（《英藏》二五六三、《合集》三六九六八），而它只能是代表淮河。有了這個基準點，加上部分卜辭中的年月或者干支記錄，我們可以大致復原此次南征的日程和行軍路線。

卜辭顯示，這次南征，紂王集中了多個侯國的兵力，然後從今鄭州一帶渡過黃河。鄭州是商朝前期的都邑，自盤庚王遷都後，黃河以南已人煙稀少，昔日商城也已變成叢林。或許多少有一些不景氣的商人族邑，但原野裡的農舍住的卻多是從東南方搬來的夷人，雖然語言和商人可能有些差別，但比起西土羌人，還是更容易聽懂些。

遠征軍先是抵達商地和亳地（今河南商丘市一帶），然後

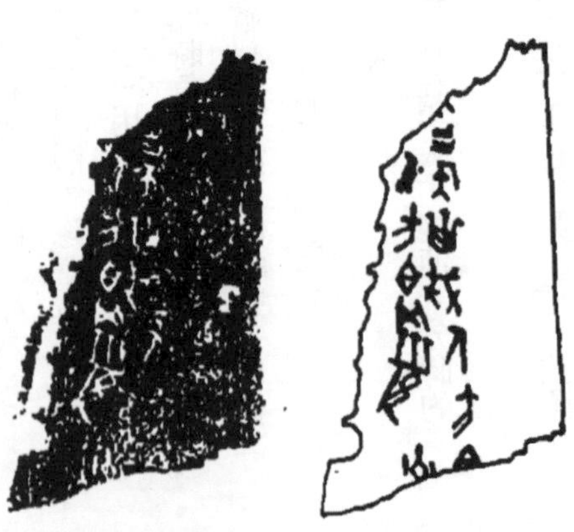

「……人方伯罾率……多侯甾伐人方伯……」

甲骨拓片及摹本〔6〕

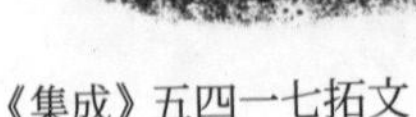

《集成》五四一七拓文

到達淮河沿岸的攸國。借助商朝首創的文書傳送體系，幾個東南侯國的君長之前應該已經接到指令，帶著兵力集結到了這裡，並提前對夷人領地進行過偵察——有個商朝小臣為此製作了紀念戰功的青銅卣，銘文云「……才（在）十月……隹子曰令望人方䍙」（《集成》五四一七），記述的就是對夷人部族的偵察。

沒有發現有關具體戰況的甲骨卜辭，結果應當是大捷，否則事後不會出現記功的銅器。屈原的《楚辭．天問》曰：「梅伯受醢，箕子詳狂。」這位「梅伯」很可能就是夷方伯䍙，「受醢」則是說他被紂王剁成了肉醬（醢）。䍙部族生活在淮南，東周時，這裡是楚國的疆域，很可能當地人的傳說裡還保留了一些歷史記憶，後被屈原記錄了下來。

此外，殷墟還發現過一片人頭骨（《合集》三八七五八），上面有刻辭：「人方伯……祖乙伐。」就是說，這位夷方伯的頭骨是在祭祀祖乙（可能是武乙王）時砍下來的。[7]但因這片頭骨已被打碎，骨片殘缺，難以確定頭骨的主人就是䍙。也有學者推測，把刻字的頭骨打碎可能也是祭祀儀式的一部分。

這次南征，跨越上千里，歷時近一年。路上，經常見到野生水牛（兕），紂王一路都在捕獵。卜辭記載，最多的一次獵獲了二十多頭。

乙巳卜，在□，〔貞〕王田□，亡災。〔獲〕兕廿又□，來征人方。（《合集》三六五〇一）

這次南征俘獲的大量土著，自然會被帶回殷都充當人牲。此時，商人內部的各族邑也都已經發展壯大，其所捕獵的戰俘也會留部分給自己支配。就像劉家莊北M1046墓中的甗女A，應當就是墓主帶領宗族

《合集》三八七五八：「人方伯……祖乙伐。」

武裝參加南征的戰果，甗女A被帶到殷都後，可能先是給主人當了一段貼身奴婢，但主人很快病死了，她的生命也就隨之結束，被作為人牲埋進了槨內。

有很多夷人部落分布在從今山東半島到江蘇、豫南、皖北的大片地區，只滅掉一個部族顯然還不夠。卜辭顯示，紂王可能還發動過一次南征，但這次保留下來的甲骨很少，遠征的目的地不詳。流散海外的晚商青銅器「小臣艅犀尊」的銘文（《集成》五九九〇），也記載了這次南征：「王賜小臣艅夔貝，唯王來征人方。唯王十祀又五，肜日。」文王隨行南征的，很可能就是這一次。

有些貴族記功的銅器為我們提供了更多信息。「作冊般甗」銘文曰：「王宜人方无敄，咸。王賞作冊般貝，用作父己尊。來冊。」意思是說，一位叫「无敄」的夷人首領成了商朝俘虜，被紂王「宜」和「咸」。「宜」，甲骨文字形像案板上放著切碎的肉，即剁成肉醬；〔8〕「咸」，甲骨文字形像鉞和一張嘴，表示剁肉吃。看來，這位「无敄」和「梅伯」的下場一樣，被剁成肉醬吃掉了。

◆ 開拓東南的史族

紂王發動對東南地區的戰爭，可能也受氣候變遷的影響。

「作冊般甗」銘文拓片，《集成》九四四四

「小臣艅犀尊」銘文拓片，《集成》五九九〇自盤庚遷殷以來，殷都已先後經歷九位商王，二百餘年，一直處在繁榮中，面積也在不停地膨脹。殷墟被考古學者分為四期，每一期的商人墓葬數量都會比之前一期增加一倍左右，這意味著相比盤庚—武丁時期，紂王時期的殷都人口已增長八倍。

但這二百餘年間，氣候變冷的趨勢卻越來越明顯。商族人傳統的家畜是水牛〔9〕，偏愛豢養的野獸是大象，且殷都氣候本來就很適合這兩種動物。甲骨卜辭有載，武丁王經常在殷都郊外捕獵野象。不過到殷墟晚期，卜辭中有關兕（野生水牛）和大象的記載就很少了，亞熱帶野生動物正逐漸向黃河以南遷徙，家養的水牛也越來越難以存活。故而，紂王向東南方開疆拓土可能也有把王朝統治重心向南遷移的考慮。

紂王十年和十五年的南征雖然比較成功，但並未立即遷都。可能是黃河以南的欠開發程度讓他有所顧慮。倘若遷都，商人需要在草野茂林中重新開闢田園，工作量遠遠超出當年的盤庚王；而且，現在的殷都居民要比盤庚王時期多很多倍，也比那時更安於舒適的生活。

雖然近期內無法遷都，紂王仍有必要加強對夷人地區的控制，辦法仍是派出商人部族建立新的據點和侯國。在這一輪「征服東南」的運動中，殷都東南三百多公里外建立了一個商人新據點——滕州前掌大。

前掌大遺址出土的很多銅禮器，上面都刻有「史」字族徽。在甲骨文中，「史」是一個非常尊貴的字，寫作，造型是手拿著一支筆，上面是一張嘴，象徵用筆把口頭指令記錄下來。「史」最初應該是商王的貼身書記官，負責筆錄王的命令並下發，後來，當邊地發生戰事而商王又不能親自前去指揮時，通常會指派一名大貴族到前線，擁有王的授權，可以用書面命令調集各部族武裝，這叫「立史」，即為緊急軍務而設立前線指揮部。在甲骨卜辭中，就有「立史于南」和「立

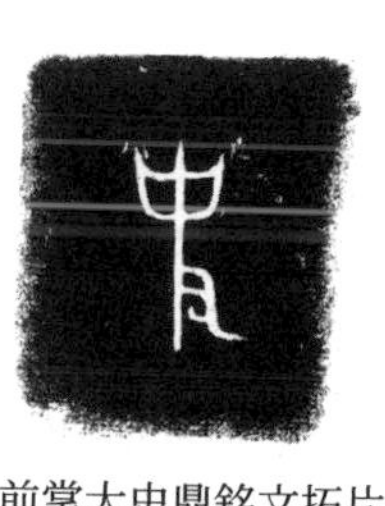
前掌大史鼎銘文拓片，《集成》一〇八一

史于北」的記載。（《合集》五五〇四、五五〇五）

這次紂王派往前掌大的是一個實力雄厚、戰鬥力很強的商人部族，他們的族長有「史」的職權，可以統籌東南夷人地區，也就是整個魯南、蘇北和皖北地區的各商人城邑。他們在前掌大定居下來後，就把「史」作為了自己的族徽。

史氏前掌大遺址，屬於淮河流域，位於今山東省南部的滕州市。該遺址目前發現的建築遺存很少，主要是一百多座墓葬：

一，有兩座中字形雙墓道大墓和一座單墓道甲字形墓，可稱得上方國之君的級別，甚至關中老牛坡的崇國都沒有這種排場。

二，殉人並不算多，上述三座大墓分別殉六人、五人和三人，此外，殉二人的有兩座，殉一人的有四座。和崇國相比，這裡的人殉可謂比較克制。

三，規模較大的墓葬大都已被盜，且破壞嚴重。有些中小型墓則保存較好，不僅棺槨設施齊備，而且有很多帶族徽的青銅禮器。這說明他們有自己的鑄造工廠，技術高超，銅料來源豐富。

四，有五座車馬坑以及四座單獨的殉馬坑。

五，馬坑旁邊有十座小墓，發掘報告推測，這些小墓有「殉人的性質」，但沒有詳細介紹。〔10〕其中四座隨葬四十五件青銅頭盔（胄），保存很好，做工精良，一般在額頭部位鑄出牛頭或虎頭等獸面造型，有的還留有皮質的護腮痕跡。隨葬最主要的兵器是銅戈、銅矛和銅鏃，其中，戈七十一件，矛二十五件。

六，和很多商族墓地一樣，前掌大的墓主中也有相當比例的女性，且隨葬有兵器和酒器，說明她們經常喝酒，也參與戰鬥：M17的墓主是一名三十歲左右的女性，隨葬有銅爵和銅觚，以及銅戈二件；M49的墓主是一名年齡在二十五歲到三十歲間的女性，隨葬有銅觚、銅斝和銅爵，以及銅戈二件和玉戈一件，其中一件銅戈長達三十三公分多，是這片墓地發現的銅戈中最大的；M108的墓主是一名年齡在三十歲到三十五歲間的女性，隨葬有銅爵和銅觚，以及銅戈二件，還有多件較小的作為飾物的玉兵器。

七，M18比較特殊，規模不大，也沒有殉人，但除了整套的銅禮器和兵器（包括戈六件）外，還隨葬了一輛完整的戰車（沒有馬）。此外，一件銅盉上還刻有銘文：「苿擒人方薛伯頑首戈，用作父乙尊彝，史。」這說明墓主名苿，史氏，平生最大的戰果是用戈砍下了夷方薛部族首領「頑」（「人方薛伯頑」）的首級，並製作了這件銅盉以祭祀父親乙。〔11〕

M18屬於史族人的第一批墓地，從這條銘文看，該地之前是夷方薛族的領地（至今前掌大遺址旁邊的河流仍叫薛河）。史族占領這裡並在此定居後，他們建立的方國仍然叫「薛」，族長則稱「薛侯」。史族在這裡立國不久，也許只有十幾年的時間，商朝就被周朝滅亡了。但史族人的生活當時並沒發生太大變化，又持續了兩三代人，然後突然徹底消失，就像他們的到來一樣。

◆徐州北郊的人狗混合祭

對商人來說，淮河流域並不算陌生，這裡一直有商文化的零星小聚落。在前掌大遺址南方五十公里處，便是江蘇銅山丘灣古遺址。〔13〕

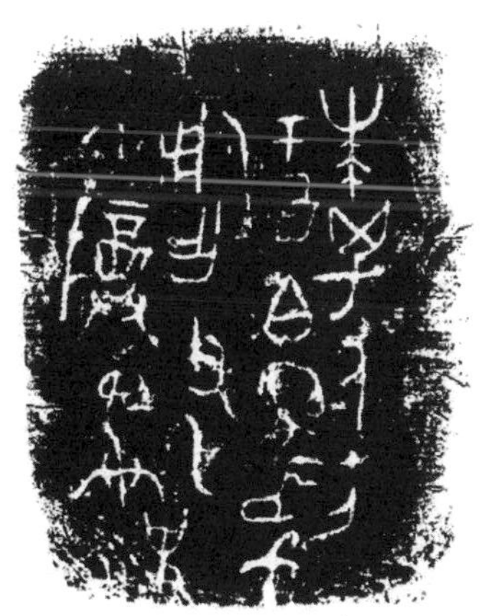

銅盉上的銘文〔12〕　拓本 0 3公分

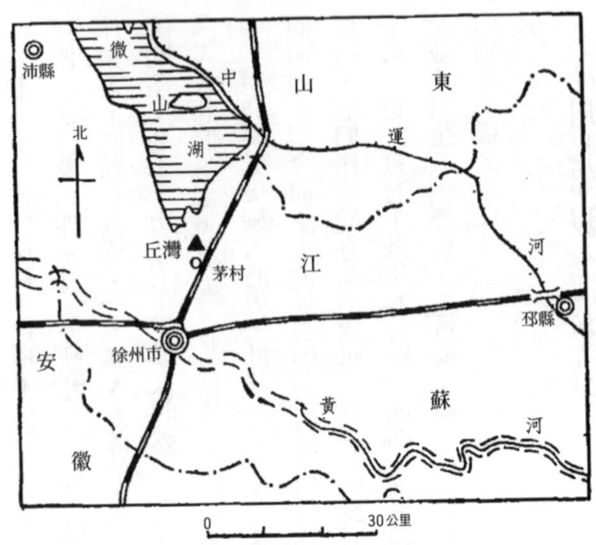

丘灣遺址位置示意圖

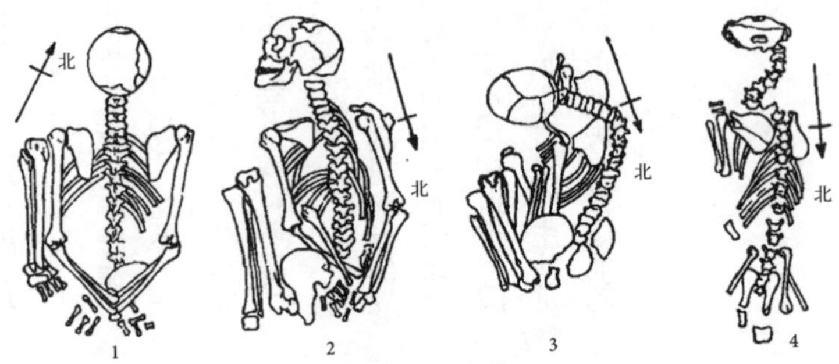

部分殉人和狗線圖

祭祀場中間立石（較低處是第一次獻祭，高處是第二次獻祭）

丘灣聚落分布在向陽的緩坡地帶，面積很小，沒有高等級墓葬，只有生活垃圾形成的地層堆積。遺址地面上有很多柱洞，直徑只有十公分左右，說明當時丘灣人住的是小型窩棚。目前只發現了一小塊地面建築遺存，夯土地基厚一．二公尺，面積僅十五平方公尺，可能是某種公共建築。丘灣人的主要農具和工具都是石製或骨製的，沒有發現青銅禮器和鑄銅遺跡，只有一些小刀、鑿、鏃、魚鉤等小件器物。沒有跡象顯示這裡分化出了顯貴和統治者。

僅憑這些，丘灣遺址很難給人留下什麼印象，但村落中心偏南的小廣場卻發掘出一處殘忍的祭祀場：廣場的中央位置立著四塊狹長的石頭，最中間一塊長約一公尺，下部呈楔形插入土中。石頭可能代表接受祭祀的神靈，因為在它周圍十餘公尺範圍內，分布著密集的人和狗的屍骨。

商代後期，這裡舉行過兩次祭祀：第一次，殉了三人和十隻狗，屍體被一公尺厚的土掩埋了起來；第二次，殉了十七人和兩隻狗，顯然，獻祭者還記得第一次殉人和殉狗的位置，儘量準確地疊壓在了上面。

所有屍骨呈俯身跪地姿勢，雙手大多被反綁在背後，也有個別是雙臂攤開、垂下，可能是被處死後繩索斷了所致。屍體旁邊大都有一小塊石頭，他們可能是被石塊擊打頭部而死，很多頭骨有裂痕和破損。

死者有男有女，有青年，也有壯年。屍骨多數分布在祭台石塊的東北方，其次是西南方。獻祭者沒有挖墓坑，應該是處死人牲後直接堆土掩埋的。在距離石塊稍遠處，還發現了一具整頭牛的骨架，應該也是用來獻祭的。

考古學家俞偉超認為，丘灣人祭祀的對象是中央的石塊，也就是土地之神，所謂社稷的「社」。這也是商人的傳統。甲骨文的「土」字，寫作，是一塊豎立在土地中的石頭，象徵棲居在石塊上的土地之神；有時，上面還會加上代表血液的小點，寫作，意為用血祭祀土地之神。〔14〕

丘灣人的祭祀方式有更早的淵源。早商時代的鄭州商城便有用大量人和狗向「神石」獻祭的祭祀場，但在殷都尚未發現這種祭祀方式。看來，丘灣人是早商時代從鄭州商城分化出來的一支，有可能是九世之亂時期從鄭州遷徙到丘灣地區的。

丘灣遺址的陶器型制和安陽殷墟非常接近，基本涵蓋從殷墟早期到晚期的二百多年，可見，丘灣人雖然不富庶，但不算閉塞，即便在盤庚遷都黃河北之後，也還一直和殷都保持著聯繫。

商人跟西土的羌及周族群涇渭分明，但和東夷族群的關係，以及殷都對東夷地區的控制情況，依然還有很多未知的領域。從甲骨卜辭可見，紂王很關注東夷地區，也投入了很多資源，可能是試圖在商族孕育之地實現王朝的再度更新；但與此同時，顛覆商朝的創意也正在殷商內部萌生。

第二十三章 姜太公與周方伯

羑里囚禁結束之後，文王周昌一度靠易卦預測技能受到紂王的賞識，他在殷都的兒子們應該也頗為顯赫。甚至，他可能就是在這裡結識他的事業合夥人呂尚，也就是後世所謂的「姜太公」的。

但是，隨後發生的伯邑考被殺祭事件，成為商周關係的重要轉捩點。從此，周族不可逆轉地走上了滅商之路。

◆「姜太公」為何有很多名稱

「姜太公」是商周之際的歷史名人，輔佐文王和武王滅商，開創齊國，聲名赫赫。但在史書的記載中，他的身分卻很混亂，稱呼也有很多，如呂尚和太公望，等等。這可能和當時的稱謂習俗以及他本身過於複雜的經歷都有關係。

先說知名度最高的「姜太公」，也就是姜尚。這是戰國以後的人給他的稱呼。姜是族姓，代表廣義的族群，說明他是羌人。不過，按當時西土的習慣，族姓只能用於稱呼女子，不能用於男子，所以「六經」裡不會有姜尚、姬昌、姬發和姬旦等稱呼。但在戰國後，這些禮俗就被忘掉了。

姜尚，又叫呂尚，屬於羌人中的一個呂氏部族。同一個族姓之內，會有許多個氏（氏族、部族），氏才是稱呼男人用的，比如周文王家族，周就是他們的氏。

《史記．齊太公世家》說：「太公望呂尚者，東海上人。」「東海上人」和西土方向正相反。這很可能是因為西周建立之後，為了鎮撫東部地區，呂尚被封到了山東地區的齊國，從而讓司馬遷產生了誤解，以為呂尚的故鄉在東方。

但另一方面，呂尚確實沒有一直生活在西部，他的人生滿是漂泊，這也讓司馬遷難以辨別真偽，於是記錄下了好幾種說法。

一說呂尚曾為商紂王服務，但看到紂王的種種不良行徑後，很是失望，轉而去西土。有一天，他在渭水之濱垂釣，因遇到周文王而受重用。文王說，「我家先君太公（文王祖父亶父）在世的時候，一直盼望可以有你這樣的人振興周邦」，所以，稱呂尚為「太公望」，所謂「吾太公望子久矣」。這裡的「太公」並非指呂尚，而是文王的祖父，只是後世將錯就錯，衍生出「姜太公」以及知名度較低的「呂望」這樣的稱呼。又據說，文王和武王都尊呂尚為師，所以他又被稱為「師尚父」。在沒有戶籍制度的時代，經歷複雜且身分切換多的人，通常名字也多，呂尚就是如此。

還有一種說法：呂尚本來在東海之濱隱居，文王周昌被紂王囚禁羑里之後，散宜生和閎夭久聞呂尚之名而召請其加盟周邦，一起營救周昌。呂尚曰：「吾聞西伯賢，又善養老，盍往焉。」

但上述內容都屬於戰國說客故事的翻版，和商周之際的真實歷史完全不同。在身分世襲的商周時代，不會有民間隱士而一舉成為帝王師的，至少也要出自小酋長家族方有外出活動的資本。

但作為西部羌人，呂尚的身上卻又有明顯的商朝烙印。他的好幾代子孫（齊國國君）採用的都是商人的命名方式——「日名」，也就是以生日的天干命名：「蓋太公之卒百有餘年，子丁公呂伋立。丁公卒，子乙公得立。乙公卒，子癸公慈母立。」（《史記．齊太公世家》）近年出土的一件春秋時期的「豐啟作氒祖甲齊公尊彝」，乃齊侯「豐」紀念先祖「祖甲齊公」的青銅器。「祖甲齊公」就是呂尚，看來他自己的日名是甲，祖甲則是後人對他的尊稱。

為周邦效力之後，呂尚提供了很多軍事謀略，所謂：「太公佐周，實秉陰謀。」他顯然是個「知商派」，不是西土部落環境能培養出來的人物。

從戰國到秦漢，有不止一種文獻提及，呂尚曾經在殷都當屠夫，有人說是屠牛，也有人說他只是「屠佐」，也就是屠夫的助手，地位更低。〔1〕不過，秦漢時人已不知殷都在何處，結果就寫成了「朝歌」：「太公望年七十，屠牛朝歌，賣食盟津。」〔2〕

呂尚和文王周昌的初次見面，似乎發生在殷都的屠宰場。戰國詩人屈原羅列各種古史傳說，寫成長詩《天問》，其中有一句是這樣質問：「師望在肆，（周）昌何識？鼓刀揚聲，後何喜？」翻譯成白話是，呂尚在屠肆裡揮刀宰殺，周昌是怎麼認識他的？聽到他的聲音又為何歡喜？〔3〕

在人類的早期文明中，屠夫職業往往和賤民身分相聯繫。結合呂尚的羌人出身，他可能本是羌人呂氏部落的首領之子，年輕時被俘獲而作為人牲獻給商朝（或許是青年周昌的戰果）。但被送到殷都後，又由於某些偶然原因，呂尚僥倖逃脫了被獻祭的命運，並被某個從事屠宰業的賤民族群接納，然後娶妻生子。這也可以解釋為什麼他的後人的名字有明顯的商人特徵。

在《天問》裡，呂尚是在一家個體經營的肉鋪（肆）工作，但這是屈原根據戰國社會情境的想像，商代殷都的屠宰場還不是這樣。

◆殷都屠宰場的賤民

一九八六年，考古隊在殷墟花園莊南地發掘出一個巨大的廢棄骨料坑（H27），由此可一窺殷都屠夫們的生活。〔4〕H27在宮殿區西南方五百公尺處，橢圓形，長約四十公尺，最深處四公尺，由於部分被現代民房壓住，故而無法發掘，估計總面積為五百五十平方公尺。

坑內堆積的骨頭約有三十萬塊，絕大多數是牛骨，其餘是豬骨、狗骨、鹿骨及人骨。骨頭都是零碎的，沒有利用價值的頭骨、脊椎骨和盆骨較多，適合加工成骨器的肢骨和肋骨很少。

骨坑很大，表層有十幾條車轍印，寬度在十一—十五公分之間，有一對平行的雙輪車轍，輪距一．五公尺，可能是一輛雙轅牛車留下的，其餘車轍都不平行，說明是獨輪車。看來，當時的人應該是用手推車和畜力車傾倒廢骨的。

發掘者推測，大骨坑附近應當有一座屠宰場，剔出的骨頭被分揀後，有用的送到骨器作坊，沒用的則填埋到大坑裡。

從坑內的陶片型制推斷，傾倒骨頭的時間跨殷墟三期和四期，大約從武乙到文丁、帝乙（紂王的父親）的數十年時間。當然，這不代表到紂王時屠宰場就停工了，而只是說這座骨坑已被填滿。但因骨坑緊挨著今花園莊村，目前還無法繼續探測屠宰場的位置。

在殷墟曾發掘多座骨器作坊遺址和廢骨坑，但花園莊南的H27是規模最大的，而且，它距離商王宮殿區很近，很可能是商代後期祭祀牛牲的屠宰地點。

在甲骨卜辭的記載中，用於獻祭的牛和人的數量級大體相當，此外，還有豬、狗和羊。商王陵墓區東側發掘出兩千多座密密麻麻的祭祀坑，埋葬人牲超過萬人，但埋葬整牛或其他家畜的坑卻遠沒有這麼多，這和甲骨卜辭完全對不上。

那麼，這些被獻祭的牲畜都去了哪裡？

一種可能是，祭祀儀式後，多數獻祭用的牛、羊和豬等家畜會被參加者吃掉，而用於獻祭的人牲則多數不會被吃掉，所以會形成王陵區的大量人祭坑。

另一種可能是，獻祭人牲和家畜的場所不一樣。人牲會被押送到王陵區祭祀場處死、填埋，而多數以牛為代表的家畜則是在王宮區附近殺死獻祭，然後是盛大的宴會。

當然，這不代表沒有人牲被吃掉，比如，不僅王陵區祭祀坑中有少數被肢解的人骨，H27廢骨坑中也有些零星散碎的人骨，但總體而言，其數量還是要遠遠低於牛碎骨。

祭品是獻給鬼神的食品，活人也可以參與分享，這是自新石器時代以來的習慣，直到周代依舊通行。《儀禮》記載了周代的幾種祭禮程序，都是先用食物祭祖（供奉給扮演祖先的人），然後由儀式參與者分食。也就是說，分享祭肉是當時公認的禮儀。春秋中後期，孔子擔任魯國大司寇時，就曾因「（季）桓子卒受齊女樂，三日不聽政」且「郊，又不致膰俎（祭肉）於大夫」憤而辭職。

這樣，我們也就能理解商王為何要頻繁地舉行殺牲祭祀了，這不僅是向諸神和列祖列宗貢獻餐食，也是滿足王族成員酒肉之欲的盛大宴會。從武丁朝的甲骨卜辭可見，商王動輒舉行數十甚至上百頭牛的大祭祀。而《史記》記載的商紂王的荒淫無度和酒池肉林（「以酒為池，懸肉為林」），其實正是典型的商王祭祀場面，並不專屬於紂王。

花園莊的這個王室大屠宰場周邊，應該生活著一個賤民村落，村民可能世代要為屠場提供勞役。一方面，大骨坑中有丟棄的生活垃圾，如石斧、收割用石刀、打魚的陶網墜和紡線的陶紡輪等，說明他們還有農業和漁業勞作。另一方面，坑裡出土的農具數量不多，可能居民的部分食物來自屠宰場的下腳料，或用粗加工的骨頭與外面交換。

大骨坑旁邊有十餘座墓葬，都是小型墓，隨葬品較少，五座有腰坑殉狗。其中，M5是一名男子的墓，隨葬一件銅戈和八枚海貝。他可能是這個賤民小族群的首領。

M3是一座祭祀坑，緊挨M5的頭端，裡面埋了兩具被砍掉了手腳的兒童屍骨，頭朝向主人（西），可見，這個賤民小族群也有自己微弱的武裝，還儘量用人牲祭祀自己的頭領。此外，還有兩座墓隨葬了海貝，作為都城，這裡的「商品經濟」應該比其他地區略為發達一些。

至於文王父子在殷都遇到賤民屠夫呂尚的具體情節，現在已經無法考證。雖然都是西土之人，但他們應該沒有太多共同語言：周人和羌人已經連續三代為敵，現在周昌父子已屬商朝上層圈子，呂尚卻是殷都的底層賤民，更何況他們可能還有私仇。

但有一點很清楚，那便是，武王周發後來娶了呂尚的女兒，這位周朝開國王后被稱為「邑姜」：「邑姜，武王后，齊太公女也。」（《左傳．昭西元年》服虔注）這個「邑」字頗不尋常，它並非呂尚家族的天干日名，卻和文王長子周邑（伯邑考）同名。

這應該不是巧合，邑姜的名字很可能就來自周邑。也就是說，周邑才是邑姜的第一任丈夫。周邑不幸早逝後，邑姜這才改嫁其二弟武王周發，但保留了首任丈夫的名字以作為紀念。這也許不符合後世周人的禮法，不過，在文王和武王一代還並沒有後世的禮法。周朝開國後尊周邑為「考」（父），應該也與此有關。

周文王和呂尚的關係，很可能就是從伯邑考和邑姜的相識開始的。伯邑考是紂王的御者，平時住在王宮內，而往西南方散步，穿過占卜師居住區（現代的小屯村）就是屠宰場，很可能某一女子正在撿拾骨頭，偶然遇見了這個看上去有點像西土來客的年輕貴人（和她父親的身世類似），然後開始了一段不尋常的故事。

在一開始，對於周邑和邑姜的戀情，雙方的父親應該都不會贊成。在呂尚眼裡，周族是商朝的無恥幫兇和呂氏部族的仇家；而周昌則指望周邑聯姻一家顯赫的邦國，至少是蘇妲己的母國蘇國的級別，倘若下一任族長夫人出身殷都賤民，且她的父親還是個老羌人，周族在商朝的形象會大打折扣。

但看來周昌不是一個固執的人，對《易經》的鑽研也讓他明白，世界有多種可能性，不如先看看這女子家族的情況，也許會有意想不到的轉機。

在《易經》中，家人卦的主要內容是家庭生活的煩瑣和溫情；而和它成對的，則是睽卦，字義是乖離。睽卦的內容非常詭異，講的是周昌的一次看上去讓人莫名其妙的行程，像是去到了都市中的貧民窟（屠宰場），充斥著骯髒和混亂，而且無知的賤民也對這外來者充滿著敵意。

初九爻曰：「悔亡，喪馬，勿逐，自復。見惡人，无咎。」是說後悔丟失東西。馬丟了，不用追，自己會回來。遇見惡人，沒有災禍。

九二爻曰：「遇主于巷，无咎。」是說（馬）又在巷子裡遇到主人，沒有災禍。

六三爻曰：「見輿曳，其牛掣，其人天且劓。无初有終。」是說見到一輛車困在路上，牛拉不動了。趕車的人額頭刺字，鼻子被割掉了。沒有開端，但有結果。

九四爻曰：「睽孤，遇元夫[5]，交孚。厲，无咎。」是說一個人離開，遇到一個高個子，正在把俘虜綁起來。不順利，也沒有災禍。

六五爻曰：「悔亡。厥宗噬膚。往，何咎？」是說後悔丟失東西。那家人在吃肉皮。去吧，有什麼災禍？

上九爻曰：「睽孤，見豕負塗，載鬼一車。先張之弧，後說之弧。匪寇，婚媾。往，遇雨則吉。」

是說意見不合，看見豬在泥坑裡，有人拉著一車鬼。有人先張開了弓，又放下了弓。不是劫匪，是要成婚。去吧，遇到下雨會吉利。

根據睽卦的卦爻辭，周昌應當是駕車去的屠宰場，還把馬車放在了巷子外，結果馬丟了（「喪馬」），也許是被偷走了），後又在巷子裡找到了（「遇主於巷」）。他看見，有額頭刺字、鼻子被割掉的賤民（「其人天且劓」）正趕著牛車運送骨頭，而且很可能是人骨，因為有一個高個子正在捆綁俘虜（「遇元夫，交孚」）。在篤信算命通神的周昌看來，這簡直是一車鬼魂（「載鬼一車」）。他還看見那家人更不體面，在啃吃肉皮（「厥宗噬膚」），應該是來自屠宰場的下腳料，在羑里地牢裡，周昌也經常吃）。但最後的上九爻，居然以婚事結尾（「婚媾」）。

也就是說，這次到訪屠村，周昌應當是和呂尚達成了共識：此時，周昌已經在密謀「翦商」大業，呂尚表示支持。這標誌著周族要回歸羌人的親友陣營，一起對付強大而殘暴的商朝。

周邑和邑姜應該不會在殷都正式辦婚事，否則這太有損周族在商朝的名聲。一切都可以留待以後。

◆商王冊封「周方伯」

《史記》記載，在周昌的臣僚向紂王進貢大量禮物後，紂王開恩赦免了周昌，為表忠心，周昌又向紂王貢獻了一塊「洛西之地」，於是，紂王賜周昌弓矢和斧鉞，授西土征伐之權，稱號為「西伯」。

> 紂乃赦西伯。西伯出而獻洛西之地，以請除炮烙之刑。紂乃許之，賜弓矢斧鉞，使得征伐，為西伯。（《史記・殷本紀》）

乃赦西伯，賜之弓矢斧鉞，使西伯得征伐。曰：「譖西伯者，崇侯虎也。」西伯乃獻洛西之地，以請紂去炮烙之刑。紂許之。（《史記．周本紀》）

這種賜弓矢和斧鉞並授予征伐之權的做法，並不見於商代的甲骨文和金文，更像是西周以來分封制度的規則，甚至是春秋時期周王室對齊桓公和晉文公等「霸主」的授權。齊國人管仲曾經追溯齊國在周朝諸侯中的地位（當初周王授予太公呂尚征伐之權）：「昔召康公命我先君大公曰：『五侯九伯，女實征之，以夾輔周室！』賜我先君履：東至於海，西至於河，南至於穆陵，北至於無棣。」（《左傳．僖公四年》）結果，這種春秋時人的觀念傳到戰國和秦漢以後，成為書寫文王和商紂故事的母題。

《史記》所說的周昌向紂王貢獻的「洛西之地」，可能在渭河北支流「西洛水」的西側，距周原有點遠，反而比較靠近西安老牛坡的崇國。從當時的形勢看，周族不大可能擴張到這裡，恐怕只是後人的想像。

戰國諸子及司馬遷的敘事總喜歡把商朝的滅亡歸因於紂王的殘暴和道德墮落。《史記．殷本紀》說，紂王曾經創制「炮烙之刑」：「紂乃重刑辟，有炮格之法，炊炭其下，使罪人步其上。」後世學者對此的注解是，這是讓人在火炭燒紅的銅柱上走路：「膏銅柱，下加之炭，令有罪者行焉，輒墮炭中，妲己笑，名曰炮烙之刑。」（《列女傳》釋）其實，這應當是商人慣用的「燎」祭或「燔」祭。火燒祭品的起源非常古老，新石器遺址就經常發現祭壇、炭灰與燒過的骨頭，人類古文明也大都有燒烤獻祭的記載，如《聖經．舊約》。因而，這並不是商紂首創。

《史記．殷本紀》還說，周昌獲釋之後，「獻洛西之地」請求紂王不再使用「炮烙之刑」，「紂乃許之」。這實乃後世的一種道德敘事，並不符合當時的規則。

紂王時期的一大特點是，不僅殺祭異族人牲，也用商人貴族獻祭。前述殷墟後岡H10祭祀坑就埋有數十具貴族屍體，而且填土中亦有大量炭灰和燒過的骨頭。此外，還有史書記載的紂王殺戮王朝重臣並讓人吃掉的行為，所謂「醢九侯」「脯鄂侯」「剖比干」。

> 九侯有好女，入之紂。九侯女不喜淫，紂怒，殺之，而醢九侯。鄂侯爭之彊，辨之疾，並脯鄂侯。
>
> 紂愈淫亂不止……比干曰：「為人臣者，不得不以死爭。」乃彊諫紂。紂怒曰：「吾聞聖人心有七竅。」剖比干，觀其心。（《史記·殷本紀》）

這自然會在商人顯貴和周族等附庸上層引發極大恐懼，形成紂王殘暴的種種傳聞。然而，到西周後，人們已經忘記商人的鬼神血祭文化，只剩紂王個人的種種荒淫故事保留了下來。

根據考古和甲骨卜辭提供的真實歷史背景，周昌可以被商朝稱為「伯」，但說他被封為可以征伐列國的「西伯」，則應當是虛構的。畢竟，老牛坡有商人的崇侯之國，還輪不到周族來任意征伐西土。

從古公亶父遷居周原開始，周人就有拉商朝大旗抬高自己的傳統。如前述，來自摯國的大任和莘國的大姒，皆被周人史詩說成「天之妹」和「自彼殷商」，甚至《易經》中還有「帝乙歸妹」之謂，這樣看來，周昌被宣揚成有征伐西土之權的「西伯」也就是順理成章的了。

不過，紂王確實曾授予周這個小番邦一點正式名分。記錄周昌隨紂王南征的師卦上六爻曰：「大君有命，開國承家，小人勿用。」意思是說，大君發布命令，讓我（周昌）建立國家，世代傳承下去，不要任用小人。

殷墟考古並沒有發現冊封周昌的甲骨記錄，但在周原的「文王大宅」找到了，而且不止一片。先看有殘缺的第一片：

……才（在）文武……王其卲帝天□，典𣍘周方伯？□由正，亡左……

王受有祐。（周原甲骨H11．82）

大意是說，紂王祭祀先王，詢問是否應當「典冊周方伯」；結果是順利，紂王會受到先王的保佑。

在這條卜辭裡，紂王可能祭祀了兩位先王：第一位是「文武□」，可能是其祖父文丁（文武丁）；第二位是「天□」，可能是大甲，商朝第四代王，因為第二片甲骨的卜辭中也出現了大甲。「卲」是祭祀方式，「帝」可能是上帝，也可能是對大甲的尊稱。

再來看完整的第二片：

貞：王其桒侑大甲，𣍘周方伯，𥁕，由正？不左，于受有佑。（周原甲骨H11．84）

這裡是說，舉行占卜，紂王向先王大甲獻祭，詢問是否應當「冊周方伯」；結果是順利，紂王會受到先王的保佑。

「冊周方伯」後面的𥁕字，出自曾任周原考古隊隊長的陳全方先生的臨摹與釋讀。𥁕的甲骨文字形，是一隻手抓著一名女子，下面放著一個接血的盆，

周原甲骨H11.82

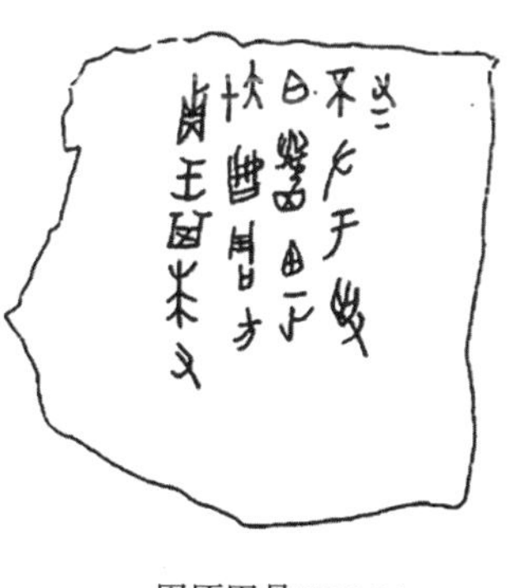

周原甲骨H11.84

一種殺女子獻祭的方式。〔6〕

在《史記》中，亶父和季歷並沒有「伯」的頭銜，只有周昌有「西伯」稱號。所謂「西伯」固然有周人誇大吹噓的成分在裡面，但看來到周昌的確是有了「伯」的頭銜。如前述，倘若前兩代就已經獲此稱號，周人肯定會更誇張地將其載入史書。當然，如上述兩片周原甲骨所載，紂王授予周昌的真正頭銜是「周方伯」，僅是認可周作為一個西方小邦而已。

按理說，冊封儀式應當在殷都舉行，為什麼這些甲骨會出現在周原的「文王大宅」？李學勤先生認為：「這些是周人替商王占卜的龜甲，其年代可定為周文王時……這些片龜甲有可能是從商朝都邑帶回的。」〔7〕但問題是：一，商王冊封周方伯的決策為何要由周人來占卜？截至目前，從未發現商王有把占卜後的甲骨賜給臣下的記錄。二，這兩片甲骨非常小，上面的字小如粟米，根本不適合這種禮儀用途。三，甲骨記載的內容發生在殷都的商王朝廷，但製作風格卻又是周原「文王大宅」的。真可謂謎團重重。

對此，本書的推測是：冊封儀式的確是在殷都舉行的，周昌也目睹了商王占卜和刻寫卜辭的過程，並牢牢地將其記下，待回到周原後，為了獲得商王占卜通神的能力和推進自己的「翦商」事業，他偷偷地模仿了整個過程，包括刻寫卜辭，而且為了保密，他還採用了非常細小的微雕字體。或許在周昌看來，只要能完整地再現祭祀和占卜的過程，也就等於掌握了商人與先王（諸神）溝通的方式，從此，他就可以單獨地聯絡諸神與商朝先王了。

此外，這兩片甲骨上的「周」和殷墟卜辭中的很不同，它的上半部更像是「用」字，而且下面還多了一個「口」。許慎在《說文解字》中對「周」字的解釋是：「從用，從口。」看來，其淵源應該就是周原「文王大宅」的甲骨刻辭。

在甲骨文裡，「用」字有專門的含義，指殺掉獻祭的人或牲畜，如「用羌」或「用牛」，這幾乎是它在商王卜辭中的唯一含義，且使用次數極多。所以，「從用，從口」的「周」也可能是商王室為姬周族特意造的字，象徵其職能就是為商朝提供「用」的人牲，只是目前的材料尚不足以為此提供確證。

◆被吃掉的長子

這兩片周原甲骨上的「冊」字，下面也加了一個「口」。在甲骨卜辭裡，這個字曹更常見的意思是指一種殺牲畜或人祭祀的方式。商王經常𠕋牛、𠕋羊、𠕋羌人獻給列祖列宗。〔8〕但𠕋的字義還有爭議，因為在一片龜甲卜辭裡，武丁王曾經詢問：是否應𠕋一千頭牛，或者是一千頭牛再加一千個人？

> 占：其𠕋千牛？其降𠕋千牛、千人？（《合集》一〇二七正）

千，這個數量實在太大。武丁王時期，征戰頻繁，也許能積攢起一千名俘虜一次性獻祭，且王陵區已發現兩千多座祭祀坑，但要說殺一千頭牛，實在過於誇張，當時殷都的全部人口也不可能一次吃完一千頭牛。所以有學者認為，𠕋只是把備用的祭品登記在冊，留待以後慢慢使用。但問題是，倘若只是登記在冊，又何必通過莊嚴的占卜來決定？

這是甲骨文給我們留下的又一個謎團。

商人𠕋的有兩種意思，一是冊封，一是獻祭；而周原「文王大宅」這兩片甲骨上的𠕋，可能兩種意思兼有，因為周昌的繼承人伯邑考（周邑）成了商紂王的祭品。

伯邑考被殺祭，未見《史記》等比較正統的史書記載，主要見於西晉皇甫謐的《帝王世紀》：

> 囚文王，文王之長子曰伯邑考，質於殷，為紂御，紂烹為羹，賜文王，曰：「聖人當不食其子羹。」文王食之。紂曰：「誰謂西伯聖者？食其子羹尚不知也。」

翻譯為白話就是，文王被囚羑里期間，長子伯邑考在商朝擔任質子，並為紂王趕馬車；紂王想考驗周昌：「倘若周昌是聖人，應該不會吃自己兒子的肉吧？」於是，紂王下令把伯邑考煮成肉羹並賜給周昌。結果，周昌吃了。於是，紂王說：「誰說西伯是聖人？吃了自己兒子的肉還不知道。」《帝王世紀》是西晉時文獻，但此事還有更早的記錄，比如定州西漢墓中出土的《六韜》竹簡。《六韜》的簡文有所缺失，其內容也和《帝王世紀》有所不同：

> ……質子于殷，周文王使伯邑巧（考）……死，有詔：「王必食其肉！□免其血。」文王食其肉，□免其……〔9〕

也就是說，在《六韜》的記載中，紂王並未隱瞞周昌，周昌是知情且被迫吃下了兒子的肉。「免其血」，可能是「飲其血」的誤寫，似乎是茹毛飲血式地生吃。這在當時並不罕見，甲骨文中就有多個用血獻祭的字，而且，後世周人結盟也有「歃血」獻祭的儀式。

而在屈原的《天問》中，周昌吃的則是「醢」，意為肉剁成的醬，也可能是生的：「受賜茲醢，西伯上告；何親就上帝，罰殷之命以不救？」前面一句的意思較明確，是說周昌吃下兒子的肉醬後向上帝控訴；但最後一句「罰殷之命以不救」不甚明瞭，有可能是說上帝會放棄對殷商的支持，紂王最終身死國滅。

可見，從戰國的《天問》到西漢的《六韜》，再到西晉的《帝王世紀》，伯邑考的遭遇一直在隱祕地流傳。

但《帝王世紀》的敘事又有明顯的小說化特徵。比如，從情理上說，在周昌被囚禁期間，紂王應當不會讓伯邑考為自己駕車，這應該是在周昌獲釋後。再如，說紂王烹殺伯邑考賜周昌是為了驗證其是不是「聖人」也當屬戲劇化敘事，在之前的《天問》和《六韜》中都沒有這種情節。

在傳世文獻的語境中，紂王製造的殺祭伯邑考事件的野史色彩過重，很難有合理的解釋。這可能也是《史記》不願採納的原因。但是，根據考古和甲骨文展現的商人的宗教祭祀實踐，伯邑考被烹殺和吃掉卻又是完全正常的。有學者認為，紂王把人肉醬賜給臣下，是商人傳統的一種結盟（兼人祭）儀式，這次把伯邑考的肉醬賜給周昌，應當是冊封周昌為「周方伯」典禮的程序之一。[10]本書第十七章「文王微雕卜辭的記錄」一節介紹的文王地窖中兩片甲骨（H11．1，H11．11），卜辭內容都關於向先代商王獻祭，它們也應當是這次典禮的產物，並且可能是周昌回到周原後的復刻版本。在向諸神敬獻後，參與獻祭的人分食祭品也是分享諸神帶來的福佑。因此，周昌，甚至包括其兒子周發、周旦和周鮮等在內，根本無力對抗紂王的這個決定。為了周邦的生存，他們只能接受商人的宗教禮儀，而且很可能還要儘量表現得心悅誠服和感恩戴德。

如前文所引，《史記．殷本紀》中還有一段與此相似的故事，這便是紂王「醢九侯」「脯鄂侯」「剖比干」。此說雖然可能並不準確，但應該也是紂王用高級貴族獻祭在後世的流變。而且，殷墟後岡H10圓形祭祀坑中屍骨不全的貴族一家，也呼應了這個記載。

史書中未見（應該也不會）記載周昌父子分食伯邑考時的心情。不過在後世，有著名的典故「周公吐哺」流傳千古。所謂「周公吐哺」，說的就是周公旦經常會吐出正在吃的飯食。已經遺忘了真實的商朝是怎樣的後世人卻對此進行了合理化解釋，說是周公忙於招納賢人所致。〔11〕但事實很可能是因被迫吃掉長兄的肉醬，周公留下了嚴重的心理陰影。而且，不只是周公旦，武王周發此後也一直受到噩夢的困擾，「自夜不寐」。〔12〕至於文王周昌，則把心史寫在了《易經》裡。

《易經》的損卦六三爻似乎記錄的就是伯邑考被獻祭的經歷：「三人行，則損一人。一人行，則得其友。」這句爻辭的重點是前面一句，三人結伴同行，但最後損失了一個。這可能是說，文王被囚禁後，包括伯邑考在內的三個兒子趕往殷都營救，但最終損失了一個。如前面章節所述，損卦的卦辭「利有攸往，曷之，用二簋，可用享」說的就是兒子帶著一尊酒和兩陶盆食物去探望地牢中的周昌。

和損卦成對的是益卦，它們的意思正截然相反。益卦主要是說古公亶父接受商朝的招撫，遷居周原，從此開啟了興盛周族的歷程；損卦則主要是說周昌在殷都的慘痛經歷。二者構成商周關係在周族三代人之間的轉折。

此外，《易經》中可能還記載了伯邑考被獻祭的細節。

◆ 關於伯邑考的回憶

前面介紹過剝卦，卦象就像是架起的案板，內容則是人牲被屠剝。類似的還有艮卦，兩個八卦中的☶相重疊，也像是架起來的屠剝案板。

艮其背，不獲其身，行其庭，不見其人。无咎。

初六：艮其趾。无咎，利永貞。

六二：艮其腓，不拯其隨，其心不快。

九三：艮其限，列其夤，厲，薰心。

六四：艮其身，无咎。

六五：艮其輔，言有序，悔亡。

上九：敦艮，吉。

艮，在八卦中代表「山」，據唐人孔穎達注，意思是停止。〔13〕但艮卦的卦爻辭都與「停止」之義無關。在甲骨文和金文中，「艮」的字形像一隻大眼睛在朝身後望，《易經》中用的應該就是這個本意，即痛苦而憤怒地凝視。〔14〕

先看卦辭。「行其庭，不見其人」，說的是走在庭院裡，再也見不到那個人。這裡的「人」，應當是指喪命殷都的長子伯邑考。「艮其背，不獲其身」，則應當是說伯邑考的背部被剖開。當時的「菹醢」，要先肢解，再把一些肉質較好的部位剁成肉醬。

艮卦的爻辭也和前述剝卦類似，列舉了從腳到頭六個部位：先是初六爻的「艮其趾」，趾是腳，意思是把腳砍掉；接著是六二爻的「艮其腓，不拯其隨，其心不快」，意為抽出腸子時，人牲的腳隨之抽搐，最後腿不再動，心也停止跳動；〔15〕再接著是九三爻的「艮其限，列其夤，厲，薰心」，限是腰部，夤是後脊肉，意為先從背部剖開人牲，取出肌肉組織放在一邊，最後掏出心臟，用火燒烤獻祭；〔16〕然後是六五爻的「艮其輔，言有序，悔亡」，輔是面頰，和說話有關，〔17〕意為當屠剝到面部的時候，周昌可能聯想到了某些說錯的話，所以覺得後悔；最後是上九爻的「敦艮」，敦是頭部，意為把頭砍掉。

和艮卦類似的，還有咸卦，它的爻辭中也列舉了身體的各部位，如咸其拇（大腳趾）、咸其腓（腸）、咸其股（大腿）、咸其脢（脊肉）、咸其輔、咸其頰、咸其舌。

亨，利貞。取女，吉。

初六：咸其拇。

六二：咸其腓，凶。居，吉。

九三：咸其股，執其隨。往，吝。

九四：貞吉，悔亡。憧憧往來，朋從爾思。

九五：咸其脢，無悔。

上六：咸其輔、頰、舌。

高亨先生認為，「咸」字通「戉」，咸卦即為用銅鉞斬割人牲獻祭的記錄。[18]從爻辭看，與艮卦和剝卦一樣，咸卦也是描述人牲被從腳到頭肢解的場景的。可能商人獻祭有特定儀軌，屠剝人牲要從腳部開始，依次向上。[19]

其中，咸卦的九四爻比較特殊，它沒有屠剝的內容，說的是心神不寧地走來走去，朋友們都在想念你。這像是在描述周昌回周原後想起伯邑考時的憂傷。[20]

和艮卦成對的是震卦，內容是關於某次雷暴天氣的：

亨。震來虩虩，笑言啞啞。震驚百里，不喪匕鬯。
初九：震來虩虩，後笑言啞啞。吉。
六二：震來厲，億喪貝，躋於九陵。勿逐，七日得。
六三：震蘇蘇。震行，无眚。
九四：震遂泥。
六五：震往來厲，意無喪，有事。
上六：震索索，視矍矍，凶。震不于其躬，于其鄰。无咎。婚媾有言。

在後世《易傳》的解讀裡，震卦被認為代表長子。〔21〕卦辭說，正舉行祭祀，雷聲震動百里，主祭人（或者是文王自己）沒有驚落手中舀香酒的勺子，所謂「震驚百里，不喪匕鬯」。這和三國劉備「聞雷失箸」的表現正好相反。

震卦的卦爻辭多數難以解釋，滿是驚惶情緒，比如，擔心會丟失錢幣（「億喪貝」）；雷暴不會劈到自己，但會劈到鄰居（「震不于其躬，于其鄰」）。尤其上六爻的「婚媾有言」，說的是通婚的親家有怨言，本書猜測，這可能也和伯邑考被獻祭有關，因伯邑考之死，呂尚和周昌之間可能發生了某些爭執。一旦失去周邑和邑姜的婚姻紐帶，兩個家族的聯繫會變得非常微弱，直到周昌次子周發（武王）娶了這位嫂子。接下來的問題是，周昌為何要在《易經》裡記錄兒子被獻祭的這些細節？

可能當時的周昌還沒有否定商人宗教理論的能力，他只能是接受並認為自己的兒子被獻祭給了天界諸神，也許諸神會因此開始青睞周族，轉而不再保佑紂王。至少他要把這種可能性納入《易經》推演的模型之中。

無論怎樣，伯邑考被獻祭，對於他的父親和弟弟們來說，是一次極為驚悚的經歷，但紂王顯然對此深表滿意：周方伯家族為商朝的先祖諸神貢獻了祭品，還和獻祭者一起吃下祭肉，一定會獲得先王諸神的福佑。換句話說，在紂王看來，周邦正在從蒙昧走向開化，在商朝的天地秩序裡找到了屬於他們自己的位置。

◆文王詛咒殷商

不僅長子伯邑考在殷都被獻祭，甚至周昌的父親季歷當年也是這種遭遇，只是保留下來的信息太少。我們很難設身處地地想像周昌對殷都的感受。

《詩經．大雅．蕩》是一首文王控訴商朝的長詩，在其中，文王講述了商王朝的強大、跋扈、縱酒、狂暴和喧嘩。詩裡有很多商紂王的影像，但又不僅僅是紂王，其貴族以至平民都陷入了縱慾、施暴和淩辱他人的依賴症。考慮到後世經學家對此詩的注解大都空泛而不切題，這裡重新翻譯如下：

> 蕩蕩上帝，下民之辟。疾威上帝，其命多辟。天生烝民，其命匪諶。靡不有初，鮮克有終。
>
> 〔那公正全能的上帝，是塵世萬民的依賴；那敏銳威嚴的上帝，他降下的天命是真正的準則。上天創生黎民，天命如此忠厚。一切人都被上天賦予開端，但少有人能夠善終。〕
>
> 文王曰咨，咨女殷商！曾是強禦，曾是掊克。曾是在位，曾是在服。天降滔德，女興是力。
>
> 〔文王說：啊，你殷商啊，現在你強大無敵，現在你驕狂跋扈，現在你統治一切，現在一切都臣服於你。當初，是上天降下的好意，讓你興旺如此。〕

文王曰咨，咨女殷商！而秉義類，強禦多懟。流言以對，寇攘式內。侯作侯祝，靡屆靡究。

〔文王說：啊，你殷商啊，你本該行善，卻強橫充滿怨氣。你聽信各種謠言，重用為惡之輩。你不停興建工程，奉獻祭品，永遠沒有休止。〕

文王曰咨，咨女殷商！女炰烋于中國，斂怨以為德。不明爾德，時無背無側。爾德不明，以無陪無卿。

〔文王說：啊，你殷商啊，你在中土之國昂然自得，引起無數怨恨，卻以為我們只有感激。我們從未見到你的好意，你會慢慢失去支持者；你的好意從未曾顯露，最終沒人會在你身邊。〕

文王曰咨，咨女殷商！天不湎爾以酒，不義從式。既愆爾止，靡明靡晦。式號式呼，俾晝作夜。

〔文王說：啊，你殷商啊，上天不願讓你沉淪在酒中，你卻不肯遵從。你的行為荒唐悖謬，不分陰晴都在縱飲。你狂呼亂叫，白天也沉醉如黑夜。〕

文王曰咨，咨女殷商！如蜩如螗，如沸如羹。小大近喪，人尚乎由行。內奰于中國，覃及鬼方。

〔文王說：啊，你殷商啊，你大醉喧嘩，如眾蟬鳴叫，如滾湯沸騰。不論貴族還是小民，都沉溺在惡行中。你在中土震怒，甚至波及遙遠的鬼方。〕

文王曰咨，咨女殷商！匪上帝不時，殷不用舊。雖無老成人，尚有典刑。曾是莫聽，大命以傾。

〔文王說：啊，你殷商啊，不是上帝改變了意旨，是你殷商不再有當年的品行。你雖然沒有了德高望重之人，也還有昔日留下來的典章先例。這些你都不想遵從，你的大命即將傾倒。〕

文王曰咨，咨女殷商！人亦有言：顛沛之揭，枝葉未有害，本實先撥。殷鑒不遠，在夏后之世！

〔文王說：啊，你殷商啊，就像人們常說的，顛沛覆亡來臨時，大樹的枝葉還未損傷，樹幹會先倒掉。端盆水照照你自己吧，殷商，夏朝滅亡的往事又要重演了！〕

倘若僅有這些文字，它只不過是一篇言過其實的政治宣言而已；但有了殷墟考古，則能看到祭祀坑中的纍纍骷髏、殿堂夯土下蜷曲的奠基人、被拋棄在灰坑中的卑微死者以及屠宰場獸骨坑中混雜的人骨。這就是文王周昌曾經在殷都親歷過的商文明中的庸常生活，泡在泥水裡的豬，成串捆綁的俘，被烹食的方伯……

其實，不需要到過殷都，近在西安老牛坡的崇侯之國也足以讓周人認識商朝，他們蜷伏在這個王朝腳下的歲月已經足夠漫長。

第二十四章 西土之人

獻祭伯邑考後，紂王恩准周氏父子返回周邦，繼續在西土為商朝效力。而返回周原後，周昌很快宣布「受命」（接受了上帝的命令），這意味著他成為上帝授權的人間王者，而使命正是滅亡商朝。就是從這時開始，他成了人們習慣稱呼的「周文王」。

周原遺址的文王大宅和殷墟遺址的宮殿區分別是周人和商人領袖的住宅，兩者規模差別巨大，是雙方實力對比的直接體現。從當時的形勢看，周族滅商的計畫近乎異想天開。

那麼，歷時數百年的龐大商王朝，何以在周昌受命稱王的十餘年後就灰飛煙滅？

文王周昌和武王周發的翦商事業，屬於中國古史進入「信史」時代的開端，很多大事件由此能夠按年度排出順序。但是，若要再現商周更迭的具體過程，還是發現史書充滿很多的缺環及難以解釋之處。

《史記》裡的夏商往事，大多敘事過於程式化，或者說，其中的古代聖王往往言行幼稚，不近實情，如同寫給兒童的啟蒙故事。戰國詩人屈原也深感古史中的經典敘事難以讓人置信，所以他才在《天問》中拋出一連串質疑。

◆羌人盟軍與太公陰謀

伯邑考死後，文王次子周發成了族長之位的繼承人。他要執行父親規劃的翦商事業，而呂尚的作用不可替代，周族需要借助呂尚重新建立和西土羌人的傳統盟友關係。

但呂尚如何離開殷都、返回西土是個難題。戰國秦漢間的文獻說，太公呂尚曾經「屠牛朝歌」，又曾經在黃河邊的孟津（或者棘津）販賣飯食，充當旅店雜工。這反映的可能是呂尚潛行返回西土的行程。我們不知道此行他有沒有帶兒子，但肯定帶上了女兒邑姜。最後，呂尚垂釣渭水遇到文王，是旅程的結束。周人需要隱瞞呂尚來自殷都的事實，必須給他製造一個更安全的來歷。這可能是垂釣故事的由來。

在文王的翦商事業中，呂尚加盟最晚，卻是最重要的智囊謀士。《史記・齊太公世家》說，呂尚給文王提供的主要是用兵的權謀和從內部顛覆商朝的分化瓦解之策：

周西伯昌之脫羑里歸，與呂尚陰謀修德以傾商政，其事多兵權與奇計。故後世之言兵及周之陰權，皆宗太公為本謀。

這些計謀過於隱祕，不會被載入史書，但呂尚的陰謀家和戰略家形象卻由此定型。後世戰國秦漢間出現的一些兵書，如《六韜》《陰符經》《太公兵法》等，都把作者署名為呂尚。

這可能和呂尚作為殷都賤民的生活經歷有關。殷墟花園莊南大骨坑一帶的發掘表明，屠宰場村的賤民部落也有自己的武裝，當商王發動對外征伐時，村裡的男丁可能也會參與。他們不會放過任何劫掠財富的機會，而且行軍作戰中也少不了執行他們本職的屠宰工作。所以，呂尚有機會見識商朝軍隊的徵集、編練和實戰。周族人只打過部落級別的獵俘戰爭，最需要的就是大規模部隊的正規戰爭經驗。

作為殷都屠宰場村的賤民，呂尚有自己的方式來了解商朝宮廷動向。宮廷占卜師用的牛肩胛骨來自屠宰場，他們或者自己去屠宰場揀選最合適的骨料，或者由屠宰場村的內行人揀選後送來。這正是呂尚接觸宮廷占卜師圈子的難得機會，哪怕占卜師的學徒或家奴也有不可替代的作用。而且，凡商王的機要事務皆需要占卜師參與決策，由此，呂尚可以獲悉殷都宮廷中的諸多祕聞。相比而言，一般的外地諸侯都未必有如此高效的信息源。

文王給呂尚的官職是「師」（教導者），這可能模仿自商朝。《帝王世紀》記載：「箕子為父師。」即紂王宮廷裡的「父師」是箕子，「父」可能代表他是紂王的叔父輩。〔1〕

尤其，呂尚和文王又是親家，女兒邑姜現在是武王周發的夫人，對於商周更替來說，這樁婚姻意義重大。也正因此，周人對此事的沉默就更值得玩味。

在周人的史詩中，亶父、季歷和文王三代的夫人（大姜、大任、大姒）都得到了歌頌，但武王的夫人邑姜卻默默無聞。不僅《詩經》，周人的其他文獻也幾乎沒有留下這位夫人的任何記錄。但一些青銅禮器銘文卻記載著這位王夫人在西周初建時的功勳。〔2〕

可能是因為呂尚一言難盡的來歷，以及邑姜曾經更換過丈夫，再加上伯邑考在殷都的死因一直是周昌家族的隱痛，所以在文獻中，邑姜王后只能被隱藏於幕後。但在當時，周邦和呂尚家族的聯姻意義重大，正是借助它，周人才得以重建和各羌人部落的關係。自亶父遷居周原，周和羌人（姜姓戎人）為敵已經超過半個世紀，因此，只有把商朝作為共同敵人，才能實現西土勢力的再度聯合。

呂尚出自羌人中的呂氏部族（居住地點不詳），在其加盟周邦後，呂氏部族成為周人的忠實盟軍，甚至呂氏首領也開始稱王。西土之人正逐漸夢想滅亡商朝後的世界。〔3〕

羌人主要生活在山地，崇拜山嶽之神，有材料顯示，呂氏部落的神山是晉南的霍太山。〔4〕但在晚商階段，一個商人侯國（遺址在今山西靈石縣旌介村以西）卻出現在霍太山南方不遠處，因此，很可能就是這個侯國驅逐了周邊的呂氏部族，迫使他們遷居到了陝北。在羌人的語言裡，神靈所居之山是「太」（泰）山。周滅商後，不僅呂尚被分封到山東地區的齊國，呂氏部族的其他首領還有被分封到河南南陽地區的，如中國和呂國（也稱為甫國），而這些呂氏諸侯國也把山嶽崇拜帶到了新的封地，比如，山東的泰山或許正因此得名。

◆投身上帝信仰

要實現翦商事業，除了世俗意義的「富國強兵」，周昌還需要解決宗教理論上的難題。商王朝一直給上帝和諸神獻祭，歷代商王也都在上帝身邊主持人間事務，周族的翦商事業還能得到諸神的支持嗎？這種「迷信」性質的問題可能不會困擾後世之人，但商代的人卻大都篤信諸神的威力，更何況周昌還熱衷研究通神和預測之術，就更不可能忽視神界的存在。對此，他必須做出合理的解釋。

在周原「文王大宅」窖穴的甲骨上，文王曾經記錄商人祭祀先王的儀式，但從傳世的周人史詩來看，他並未把歷代商王放在重要位置。文王最推崇的是商人的至高神，也就是上帝——他最先把商人的上帝概念引入了周族，認為是獨一無二的上帝主宰著塵世間，而商人信奉的先王、龍鳳和風雨等諸神並沒有進入文王的崇拜體系。

帝乙和帝辛（紂王）兩代商王曾革新商族傳統宗教，把先王甚至自己抬升到「帝」的地位。對此，周昌持完全否定的態度。在他的觀念中，上帝高居天界，和塵世中人，哪怕是商朝先王或周族先公都不

能有絲毫混淆。〔5〕

從這個維度說，周昌更像是推行了一場比較徹底的「一神教」改革。〔6〕不過，在碾子坡時代，周人已經接納少量商人流亡者，也有過只掩埋銅器而不殺牲的祭祀現場。或許，在鄭州商城晚期，商人中的部分「不殺生」宗教改革者就已經進入周族，並把改良過的上帝理念一並帶了過來。但上古往事過於茫昧，在傳世文獻裡，最具決定意義的還是文王周昌。

前述史詩《詩經．大雅．蕩》一開頭先是頌揚上帝的威嚴和崇高，說他是人間主宰，隨後，便是已在上帝護佑之下的文王對商朝的控訴和詛咒。

周人的這種史詩，不只這一首。《詩經．大雅．皇矣》也記載了周昌改造過的上帝：

皇矣上帝，臨下有赫。監觀四方，求民之莫。維此二國，其政不獲。維彼四國，爰究爰度。上帝耆之，憎其式廓。乃眷西顧，此維與宅。

在這裡，上帝是一位居住在天界且富有人格特徵的神靈，當周人還居住在豳地—碾子坡時，他就已經從天上俯瞰大地，觀察各國的民風政情：有些國度（商朝）秩序混亂，這讓他感到厭惡；但他把頭轉向西方，看到古公亶父領導的恭謹的周族人，便決定對其施加保佑，讓周人獲得一塊福地（周原）。

上帝還曾經專門照顧過姜嫄、后稷、亶父、季歷，〔7〕但和他關係最深、交往最直接的，只有文王周昌。在〈皇矣〉裡，上帝曾經多次當面教誨周昌（「帝謂文王」）：「不要背叛我的援助，不要羨慕我施與別人的恩惠，（只要你一心虔誠）就能先上岸……

帝謂文王：無然畔援，無然歆羨，誕先登于岸。

「我對世間萬象看得一清二楚，都會給與相應的結果，只是我不會大聲宣揚出來而已；就像當年，我不會助長夏朝的混亂，讓商朝取代了它。你不要用心揣摩我的想法，就是順應了我的準則。」

帝謂文王：予懷明德，不大聲以色，不長夏以革。不識不知，順帝之則。

簡言之，〈皇矣〉描述的上帝，崇高而孤獨，只有文王能夠與他溝通，獲得他的指示。

經過文王的這次「宗教革新」，周人這才用「上帝」這個外來的新神改造了自己的歷史：從姜嫄的懷孕，直到最近的兩代首領亶父和季歷。而這些傳說被正式寫成文字，應當是在西周建立之後了。

對於當時粗陋無文的周族人，也只有神靈才能讓他們敬畏和服從，進而投身到翦商這樁危險性極高、成功率極低的事業。來自強大商王朝的新神靈，顯然更容易讓西土之人產生敬畏感。重要的是，周昌還壟斷了對上帝的解釋權，只有他能見到上帝，面聆上帝的神諭。這上帝代言人的角色也讓周昌有了神性，而唯有如此，在這趟翦商的冒險旅途中，周族人才能有足夠的信心。

周昌重新闡釋上帝還有一個好處：這是商族的古老信仰，也利於在商人內部找到共鳴，獲取商人貴族的好感。帝乙和紂王兩代商王以「帝」自居，唯我獨尊，侵害了很多商人貴族和宗室的利益，加上紂王又經常殺戮貴族獻祭，使得商朝高層人人自危。

周昌對上帝的很多認知，很可能就來自他在殷都期間與商人上層圈子的交往，特別是箕子。這些人的觀念和紂王有很大的不同。據《史記》記載，周滅商後，箕子曾向武王周發談論過上帝的世間秩序，

和文王的闡釋頗為相近。〔8〕

周昌能夠把商人的上帝觀念引進周族，可能還借助了某些周人傳統的神靈觀念。比如，對「天」的崇拜。天很直觀，它高高在上，是神靈之所居，很多早期族民都有對天神的崇拜和祭祀。因此，在周昌將商人的上帝概念引入周族之後，在他們的史詩和領袖的講話裡，上帝和「天」成了可以互相替換的概念：上帝是天，天也是上帝；上帝的命令是「天命」，上帝的關注就是「天監」。

從殷都歸來後不久，周昌就首次面聆上帝並接受上帝的命令，史稱「受命」。這和他稱王是同一件事，標誌著周族和商朝分庭抗禮的競爭正式開啟。當然，最開始很可能還只是侷限在極少數知情人範圍內。畢竟，周族還沒有和商朝公然決裂的實力，表面上，周昌還要恪盡作為商朝附庸方伯的義務，需要繳納的俘虜也還要定期送往殷都。在稱王的同時，周昌給自己定了「文王」的尊號。用文和武作為王的稱號，也是從商朝模仿而來。〔9〕

在《聖經．舊約》裡，以色列長老摩西帶領族人逃出埃及之後，多次獲得猶太教上帝的當面指示，使以色列成為上帝的立約之民，把族人帶往上帝的應許之地。文王周昌自殷都返回之後，則把商人的上帝闡釋成普世的上帝，從而使自己成為上帝在周族和人間的代言人。

這兩位通神者都改變了各自的文明；所不同的是，摩西是把上帝和特定族群綁定，文王則是解除上帝和特定族群的綁定。

◆《易經》的翦商謀略

即便有了上帝的應許，文王也還是必須處置翦商事業的諸多細節。《易經》裡，藏有一些他的斟酌和計畫。

其一，從周原去往殷都，必須渡過黃河，這對未來的遠征軍是個重大考驗。在周人活動區，最大的河流是渭河，他們雖曾在其上「造舟為梁」（用船架設浮橋），但黃河的水量更大，也更寬，造設浮橋並不現實。《易經》六十四卦中有十卦的卦爻辭出現「利涉大川」或「不利涉大川」，可見文王一直在研究渡河的時機與方法。〔10〕最後兩卦即濟和未濟的爻辭中還有「曳其輪」的描述，說的就是馬車渡河的場景。而這很可能來源於商人的經驗。

文王曾經往返於周原和殷都，也曾追隨紂王的軍隊出征南土，應當見過商人軍隊渡黃河的景象。當時的船還比較小，難以運輸馬車，所以，即濟卦初九爻辭中的「曳其輪」可能是指：先把木材捆綁在車上，然後把馬匹拴在後面，讓馬車像木筏一樣漂渡過河；而「濡其尾」說的是車馬渡河和馬尾浸泡在水裡的場景。即濟卦的上六爻和未濟卦的上九爻還有「濡其首」的描述，應該說的也是馬在渡河。

除了用舟筏或涉水渡河，文王可能還考慮過另一種可能性：趁冬季黃河結冰時過河。坤卦初六爻曰：「履霜，堅冰至。」但在文王的時代，氣候還比較溼熱，黃河下游河段不太可能會結冰，即便有結冰，怕是也難以承受人馬。因此，文王還曾考慮取道陝北，邁過結冰的黃河，然後穿越山西，遠征殷都。

其二，周族的規模很小，僅憑自身是無力對抗龐大的商王朝的，所以，它必須爭取盡可能多的同盟軍。

《易經》的蹇卦和解卦成對，內容皆與派使者聯絡西南的盟友有關。蹇卦的卦辭有「利西南，不利東北」，解卦的卦辭則有「利西南」。以周原為座標，殷都在東北方，而西南方（今陝西漢中、甘肅隴西及四川地區）則有大量土著部族，是文王重點爭取的目標。所以，坤卦的卦辭曰：「西南得朋，東北喪朋。」到後來周武王滅商時，盟軍中確實有蜀、髳、微、盧、彭和濮等西南部族。

此外，關於東北和西南前途的比較，皆出現在上述三卦的卦辭而非爻辭中，說明這個問題在文王心中格外重要。

其三，一個關鍵的軍事策略：「利建侯。」〔11〕

「侯」的甲骨文字形像哨所望樓裡面有一支箭，它有兩層意思：一是軍隊派出的偵察哨；二是為王朝擔任戍衛任務的侯國，所謂「諸侯」。在《易經》中，「建侯」應是第一層意思：豫卦的卦辭是「利建侯行師」，「建侯」和「行師」連用，顯然是指在行軍的時候派出偵察斥候。

文王還曾經觀察和學習商人的戰爭技術，比如師卦，記錄的主要是文王隨紂王南征夷人的內容，其中，初六爻的「師出以律」，說的就是軍隊出征要有嚴格的紀律。這是商朝大兵團作戰的經驗，而周人以前只有部落規模的戰鬥，所以在壯大勢力的過程中，必須學習商朝的軍隊編組和管理。

其四，文王試圖把商人的鑄銅技術引進周原。

《易經》的蒙卦記錄的是文王在殷都和商朝上層的交往，其中，六三爻曰：「見金夫，不有躬，無攸利。」「金夫」，可能指的就是鑄銅技師，所以這句爻辭的意思是說，文王要親自去見這位技師，倘若不表現得謙和一點，就無法獲得利益。可見，文王在殷都的諸如此類活動對周族的成長壯大皆有重要作用。

◆飛鳥是敵人

在《易經》中，還曾經數次出現關於鳥類的記載，且內容都有些詭異。

比如，小過卦：

亨，利貞。可小事，不可大事。飛鳥遺之音，不宜上，宜下。大吉。

初六：飛鳥以凶。

六二：過其祖，遇其妣。不及其君，遇其臣。无咎。

九三：弗過，防之。從或戕之。凶。

九四：无咎，弗過，遇之。往厲，必戒。勿用永貞。

六五：密雲不雨，自我西郊。公弋，取彼在穴。

上六：弗遇，過之，飛鳥離之，凶，是謂災眚。

其中，小過卦曰：「亨，利貞。可小事，不可大事。飛鳥遺之音，不宜上，宜下。大吉。」大意是說，祭祀，占卜結果有利。可以做小事，不可以做大事。飛鳥會向其傳送聲音。不宜向上，宜向下，大吉。

初六爻的「飛鳥以凶」是說飛鳥帶來壞運氣；六五爻的「公弋，取彼在穴」是說用「弋」（繫著絲線的箭）射鳥，鳥進入了「穴」中，但還是被「公」（文王）找到了；上六爻的「弗遇，過之。飛鳥離之，凶，是謂災眚」〔12〕則是說，沒有遇到，錯過了，而遇到飛鳥乃兇險之兆。

文王對於「飛鳥」的奇怪態度，應該和商族人對鳥的崇拜有關。「天命玄鳥，降而生商。」商人認為，鳥是商族的保護神，為上帝傳遞消息的信使，所以在甲骨卜辭的記載中，商王經常用牲畜及人牲向「鳥」獻祭。而這顯然會讓心存翦商之念的文王產生疑心和恐慌，把飛鳥視作兇險的信號，所謂「飛鳥遺之音」，即是擔心鳥類會察覺到自己的謀逆行為，並用某種方式傳遞給商紂王。

既然飛鳥會是商王的耳目和幫兇，周昌就要採取禳解法術，比如，射獵飛鳥。除了上文的「公弋，取彼在穴」，《易經》中還有好幾處用弓箭射鳥的記載。解卦上六爻曰：「公用射隼于高墉之上，獲之，无不利。」意思是說，公在高高的城牆上射隼，成功獵獲，一切均順利。「公」是周人的詞，《易經》中的「公」顯然是指文王本人或周族先君。而「射隼」頗有巫術色彩，因為隼是小型猛禽，沒有食用價值，一般不會是捕獵物件。文王從未試圖塑造過自己的勇武形象，一直強調的是文德，這從他自定的尊號「文王」就可見一斑。所以，這種在高牆上射隼的表演，很可能是一種用巫術對抗魔法的行為，目的是祛除「飛鳥以凶」的超自然力量。

「公用射隼于高墉之上」的「用」字也頗有意義，這裡或可譯為「用這種法術」。倘若沒有這個「用」字，這句爻辭就是一個敘事和陳述句，但有了「用」字，它就不只是一個簡單的事實記錄，還含有記載巫術的施用方法和功效之意。

另一個和鳥有關的是旅卦，其爻辭記錄的主要是旅行中發生的各種怪異事件，比如，旅舍遭遇火災，童僕逃走，攜帶的錢財失而復得。其中，六五爻曰：「射雉，一矢亡。終以譽命。」前兩句容易理解，說的是射獵野雞，射丟了一支箭，但末句的「終以譽命」則非常難以解釋。雉是野雞，屬於常見獵物，射雉而丟失一矢也是常見之事，但下一爻（上九）就不一樣了：「鳥焚其巢，旅人先笑後號咷。喪牛于易。凶。」如前文所述，「喪牛于易」是關於商朝先君王亥的著名故事，而且在歷代商王祭祀王亥的甲骨卜辭中，「亥」字的造型中都有一隻鳥。由此可見，王亥身上很可能有某些鳥神的元素，而「鳥焚其巢」正和王亥的悲劇相呼應：旅人先笑，而後號啕大哭，似乎是王亥被殺於易地的悲劇片段。

要而言之，這些卦爻辭後面隱藏的，應該是文王試圖尋找祛除「飛鳥以凶」的法術，以給商朝造成致命一擊的思慮。

◆明夷卦中的箕子

在《易經》中，明夷卦也和鳥有關。「明夷」的卦名難以理解，它的卦象是離卦在下，坤卦在上，即火在地下，類似「黎明前的黑暗」之意。卦辭很簡單：「明夷，利艱貞。」是指明夷卦適合占算艱難的情況。比如，明朝滅亡後，不甘做清朝臣民的黃宗羲就寫了本《明夷待訪錄》，其字面意思大概是說，忍一忍，總會有轉機的。

初九：明夷于飛，垂其翼。君子于行，三日不食。有攸往，主人有言。

六二：明夷，夷于左股，用拯馬壯。吉。

九三：明夷，于南狩，得其大首。不可疾貞。

六四：入于左腹，獲明夷之心，于出門庭。

六五：箕子之明夷，利貞。

上六：不明，晦。初登于天，後入于地。

明夷卦內容非常隱晦，其中最詭異的內容在爻辭。

初九爻曰：「明夷于飛，垂其翼。」顯然是某種鳥，「于飛」在《詩經》中出現過十多次，都是關於鳥的，有鳳凰、黃鳥、鷺和鴻雁等。六四爻曰：「入于左腹，獲明夷之心，于出門庭。」這可能是說某種東西進入了鳥的左腹，可以獲取它的心。不知道這是不是暗喻文王在商朝有內線，可以獲得紂王的動態。

六五爻曰：「箕子之明夷，利貞。」看來，這好像是說箕子正是文王在商朝的內應。最初，周昌之所以能獲准拜見紂王並進入殷都，正是因為箕子的批准。聯繫史書所載的箕子對紂王的不滿和周昌的翦商目標有一定交集，或許早在周昌在殷都期間，兩人就已經暗通款曲。

初九爻曰：「明夷於飛，垂其翼。君子于行，三日不食。有攸往，主人有言。」前面一句，還是用來隱喻商王朝的那隻鳥，說牠在飛，但翅膀已經無力揮動；後面兩句，則意為君子（周昌或他的親友）急著趕路，三天沒吃飯，此行不順利，主人很有怨言。這像是箕子從殷都發來的密信，「主人」代指商紂王，「三日不食」指傳信人連續有三天沒顧上吃飯。考慮到殷都到周原的里程不止三天，這裡說的可能只是沒吃上飯的時間。

九三爻中有「南狩」，記錄的應該是周昌隨紂王的某次南征，很可能箕子也參加了。

上六爻曰：「不明，晦。初登于天，後入于地。」這也像是關於鳥的內容。

總體來說，明夷卦各爻辭非常晦澀，越是和翦商事業密切相關的，就越是隱約其詞。

在商朝上層，文王的內線應該不止箕子，如前文所述，可能還有蘇妲己和王子武庚，但《易經》中並沒有出現他們的名字，至少沒有公然出現。這也可能是文王用了某種後人看不懂的隱語來指代。相比於箕子而言，蘇妲己和武庚更需要保密。

從現代人的視角看，文王周昌為翦商而推演的「理論」，或許可以分為以下三個層面：

一，宗教的，即他對商人「上帝」概念的重新詮釋和利用。文王的身分類似猶太教的摩西、伊斯蘭教的穆罕默德，身兼部族政治首領與神意傳達者兩重職能。

二，巫術的，即他在《易經》裡對商朝施展的各種詛咒、影射與禳解之術。在上古初民時代，這些行為往往和宗教混雜在一起，不易區分。

三，理性的，或者說世俗的，即各種「富國強兵」的策略和行師用兵的戰術。

但這只是基於「現代」立場的分類，在上古時代，神權充斥人間，巫術雜糅知識，三者之間並沒有截然的界線。如果己方和對方都相信神靈巫術可以改變現實，那它們就真的足以改變現實，而且在認知水平上，文王的周邦和紂王的商朝並沒有本質差別，甚至商人對鬼神世界的沉迷程度還要超過周人。

同樣，對於甲骨卜辭，無論殷墟的還是周原的，我們或許能夠識別出多數常用字，甚至能夠大體判斷每個句子的意思，但無法確知他們為什麼要那麼做，為什麼要那麼想。畢竟，我們很難有設身處地的感受和理解。

在那個時代，人們製造鬼神，被鬼神主宰撥弄，但又逐漸心有不甘。這已不全然是神話時代，已經具有「文明」的一切要素，雖然這「文明」仍在血汙與恐怖中掙扎。

◆文王擴張歷程

《史記·周本紀》載：

> 西伯陰行善，諸侯皆來決平。於是虞、芮之人有獄不能決，乃如周。入界，耕者皆讓畔，民俗皆讓長。虞、芮之人未見西伯，皆慚，相謂曰：「吾所爭，周人所恥，何往為，祇取辱耳。」遂還，俱讓而去。諸侯聞之，曰：「西伯蓋受命之君。」

這說的是文王「受命」稱王那年，有兩個名為虞和芮的小邦發生爭執，約定要到周邦請西伯（文王）

仲裁。但進入周邦領地之後，因為看到這裡的民風謙恭相讓，還沒有見到西伯就自覺慚愧不已而放棄了訴訟，所以愈發使得周邊諸侯相信，文王有「天命」。

當然，正如前文所述，這種道德色彩過濃的故事並不真實。此事在《詩經．大雅．緜》裡只有一句：「虞芮質厥成，文王蹶厥生。」這兩個小邦應當是願意成為周邦的同盟或附庸，並向周邦派遣了質子。後世注家認為，這兩個小邦在黃河大拐彎的內側，今山西省西南部。也就是說，他們向西渡過黃河才能進入關中。那麼，非商朝血統的土著小邦—部落為何如此看重周邦和文王？要知道，此時的周邦，實力還不算強大，遠不如老牛坡的崇國，或者晉南地區的商人侯國。

所以，這很可能是商文化的恐怖和缺少親和力使得西土小邦對商朝侯國只能敬而遠之，更傾向擁戴西部本土的領袖人物。而且，文王已經把土著部落普遍信奉的自然神（如天神）和商人的上帝捏合在一起，不僅宣揚自己能和上帝交流，還擅長占卜和易卦占算——對上古蠻荒時代的部落長老們來說，這肯定有極大的影響力。

此外，關於虞國，有學者認為，它是文王的伯父泰伯和虞仲出走之後建立的。〔13〕若果真如此，說明已經分裂半個多世紀的周族又開始聯合起來。不僅如此，為了擴大實力，周還開始吞併臨近的不服從小邦。

> 明年，伐犬戎。明年，伐密須。明年，敗耆國。殷之祖伊聞之，懼，以告帝紂。紂曰：「不有天命乎？是何能為！」明年，伐邘。明年，伐崇侯虎。而作豐邑，自岐下而徙都豐。明年，西伯崩，太子發立，是為武王。（《史記．周本紀》）

此時，文王的兒子已紛紛長大成人，成為在前方征伐的主要統帥，而文王則用通神和易卦占算能力為其提供指導。

下面，我們來略述一下文王的擴張歷程。

一，受命第二年，伐犬戎。

戎人多是姜姓，和周人有遙遠的親緣關係，這支犬戎應當距離周原不遠。

二，受命第三年，伐密須國，也稱密國。

密地，在今陝西省靈台縣，周原西北方的山地。注家說，它是姞姓之國，也是西部土著部落，當初周族始祖后稷娶的就是姞姓女子。最終，密國被文王征服和兼併。「文王大宅」的甲骨卜辭裡曾經幾次出現密地，比如，某一個秋天，王向西去往密，還準備在密修築一座城池：「今秋，王西克往密。王其往密山。密斯城。」

《詩經．大雅．皇矣》對此描寫較多，大意是說，先是周和密發生了某些糾紛，密人首先進攻，侵入周的領地，文王震怒，組建了整齊的作戰隊伍（「爰整其旅」）迎戰。這可能是從殷都返回之後，周昌首次模仿商朝的軍隊編制作戰。

成功占領密地，讓文王信心大增。看來，上帝確實支持自己，全天下都將臣服於周王：「萬邦之方（楷模），下民之王。」

三，受命第四年，滅黎國。

據後世注家解釋，黎國在今山西長治附近。根據近年此地陸續出土的一些商代青銅器，很可能在文王時代這裡有一個商朝的侯國。

黎國距殷都已不算遠，中間隔著太行山脈，因此，倘若文王此次征伐的是長治地區，會有很多難以解釋之處：

其一，距離周原太遠，中間要經過不止一個商人侯國，先是老牛坡的崇國，東渡黃河之後，還有三個南北連成一線的商人侯國（遺址分別在聞喜縣酒務頭、浮山縣橋北和靈石縣旌介），因此，倘若文王膽敢伐滅其中任何一個，其他侯國肯定不會坐視。

其二，即使黎國只是一個土著邦國，不屬於商朝體系，中途的商人侯國對周軍不加干涉，但征服後的土地對周人似乎也沒任何用處，畢竟這裡和周之間的聯繫實在太遙遠，也太脆弱。

其三，《史記·周本紀》記載，周文王滅耆（《史記·殷本紀》寫作「饑」，《尚書·西伯戡黎》寫作「黎」），引起商朝大臣祖伊的恐慌，並向紂王告警。當然，在《史記》中，祖伊強調是紂王道德墮落引起的種種混亂，並不是周的威脅：王現在過得放縱而殘暴，自尋死路，所以天神已經放棄了對商朝的護佑，商民

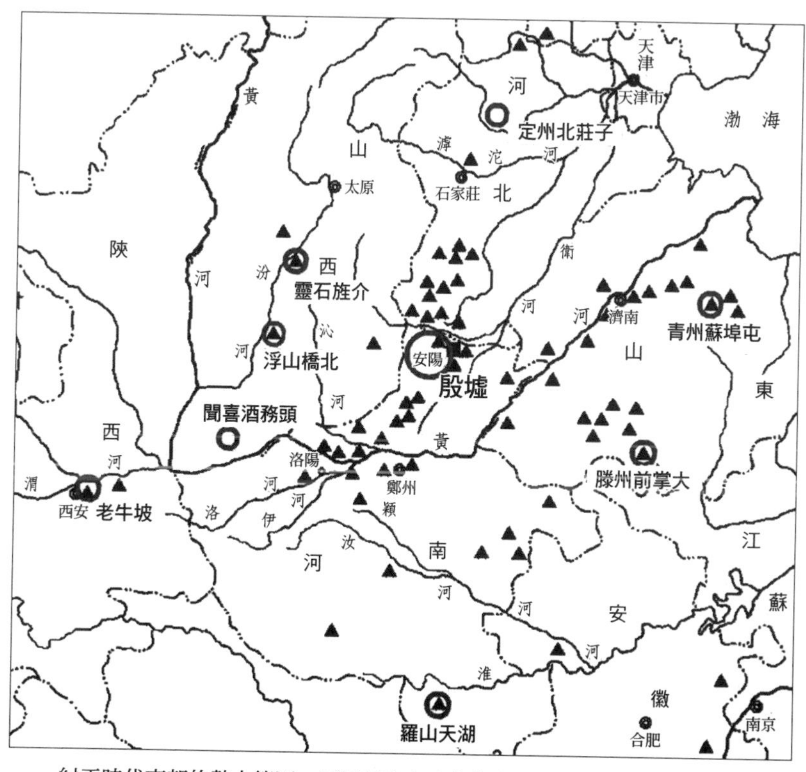

紂王時代商朝的勢力範圍：圓圈是晚商時代的商人侯國和較大殖民點〔14〕

皆在抱怨這個時代怎麼還不結束。而紂王的回答則注定會成為後世的經典：「我生不有命在天乎！」翻譯為白話就是，不是只有天才能決定我的命運嗎？

祖伊和紂王的一問一答都沒提及周滅黎的威脅，很顯然，這是一種離現實很遠的道德敘事，但有一點很明顯，其預設背景是：周滅黎，是對商朝的公然背叛，威脅極大。

四，受命第五年，滅邘國。

注家解釋，邘國在今河南省沁陽市，也就是太行山南麓，黃河北岸，已屬商朝心腹，離殷都只有二百多公里，而且沒有山河險阻，一馬平川。按正常邏輯，無論是周占領這個地方，還是滅亡此地的商人侯國後全身而退，都不是商朝可以容忍的。但史書中卻說，紂王仍然無動於衷。

後人實在難以理解，在商朝的最後幾年，紂王到底處於何種狀態，他為何會對周人如此咄咄逼人的擴張態勢毫無反應。這似乎是個千古之謎，尤其我們試圖復原這段歷史時，會愈發感到其中的荒謬和不近情理。

《帝王世紀》中有一則野史式的記錄，說是紂王和妲己都喜歡飲酒，有一次，宮廷內連續數日縱酒狂歡，結果紂王醒來後竟然不知道當天的干支，已經忘記過去了幾天，只好派人去問箕子。

紂王末期的政治混亂，可能還和他重用異族夷人有關。據《史記．殷本紀》載，紂王末期最重用的人是費中以及蜚廉和惡來父子：「而用費中為政。費中善諛，好利，殷人弗親。紂又用惡來。惡來善毀讒，諸侯以此益疏。」他們都是費氏成員，部族可能在今山東南部的費縣一帶。費地屬於東南夷人地區，紂王曾經多次對其用兵，商末的滕州前掌大方國（史氏薛國）就在費縣以西數十公里處。

據說費氏的祖先是「鳥俗氏」，有位祖先「鳥身人言」，顯然是夷人崇拜鳥的表現，說明和商人文化同源。到西周時，惡來後裔家族被周朝多次遷徙，最終定居隴西，繁衍出了後來的秦族和秦國。（《史記．

秦本紀》）但在商末，他們還是未經遷徙的東夷土著。

看來，在紂王征服東南夷期間，有些夷人部落首領贏得了他的信賴。《史記．殷本紀》載，惡來擅長詆毀別人，導致諸侯對紂王更加疏遠。也許，這也是周族能肆無忌憚征伐商朝勢力的原因之一。

總之，隨著周人勢力的膨脹，應該有越來越多的商人朝貴開始把希望寄託在周族身上。他們或許想的是，倘若能趁著周族的叛亂搞垮紂王，扶植一位正常的新王上位，商朝應該能夠回到往日的正軌。

◆老牛坡—崇國覆亡

文王受命第六年，滅崇侯虎的崇國。

在史詩〈皇矣〉中，崇國受到了上帝的詛咒，他命令文王：「召集你的同盟，集合你的族人，帶上你攻城的鉤梯和衝車，去攻打崇國的城牆！」

> 帝謂文王：詢爾仇方，同爾兄弟；以爾鉤援，與爾臨衝，以伐崇墉！

在文王平生的戰功中，滅崇之戰被歌頌得最詳細：「衝車轟轟作響地撞向城牆，周軍砍下的人頭成堆，捕捉的俘虜成串，他們在戰場上祭祀上帝，徹底毀滅崇國的一切，四方再沒有誰能抵擋周王的大軍！」

> 執訊連連，攸馘安安。是類是禡，是致是附，四方以無侮！臨衝茀茀，崇墉仡仡。是伐是肆，是絕是忽。四方以無拂！

關於崇國在何地，皇甫謐的《帝王世紀》說，「在豐鎬之間」。豐鎬在今西安市西郊，老牛坡商代遺址很接近這個描述。但是，老牛坡離周原比較近，很難想像文王在滅崇之前就敢遠征山西長治（滅黎）和河南沁陽（滅邘）。所以也有史家認為，崇和嵩通假，它應該在河南的嵩山附近。〔15〕從邏輯上講，文王先掃蕩晉南和黃河北，再攻占黃河南岸的商人侯國比較容易讓人理解。

不過這樣的話，考古發現的晉南的三座晚商侯國遺址和老牛坡遺址皆無法對應史書的記載。也許，《史記》所載的文王征伐的順序並不完全準確，而且漢唐注家對黎地和邘地的解釋也未必符合文王時代的地理。概而言之，文王的擴張歷程可能已經湮沒在時光中，永遠無法如實呈現了。

但作為商朝侯國的老牛坡，的確是真實的存在。它立足西土二百年，一直為商朝監控羌人，因此，周人遷居周原後的數十年生息，不可能逃避老牛坡—崇國的掌控。也許這段記憶過於沉重，以致後來的周人絕口不提，但它卻成了史詩中上帝的神諭：崇國必須毀滅！

除了被拋擲在灰坑中的屍骨，老牛坡的晚商墓葬也記錄了商人對西土的統治方式，以及周人最後的回應。在相當於殷墟後期的老牛坡四期，共發掘三十七座墓葬〔16〕：一，屬於同一片族墓區，墳墓排列有序，東北側是六座規格較高的，低級別的則向西南方分布；二，絕大多數高級墓和所有的馬坑都朝向東北方，也就是殷都方向，沒有殉人的低級墓則多朝向西北方；三，有殉人的十九座，有腰坑殉狗的三十座，而且有些高級墓不止有腰坑，還會在墓底四角各挖一狗坑。

先來看沒有殉人的低規格墓葬。這些墓隨葬品很少，墓穴較小，比如M43和M45，都有二層台和腰坑殉狗，墓主身體完整，但沒有頭骨，其中M43還隨葬一件肩部刻有「亞」字的陶罐。在商代銅器中，「亞」字經常和族徽符號一起出現，有軍事長官之義。看來，這位墓主雖然貧寒到沒有青銅器隨葬，但還是很重視自己（或者先祖）的軍事身分。

高規格墓葬的情況則很複雜。老牛坡四期的多數墓葬（二十二座）都遭受過嚴重的人為破壞，高規格墓葬更是無一倖免，不但青銅器等隨葬品被洗劫一空，墓主和殉葬人的骨頭還混雜在一起，且有嚴重缺失。所以，發掘報告只能推測每座墓穴中的最大死者數（按照一人為墓主，其餘為殉葬人來統計）：

> 如86XLIII1M6是一座小型墓，滿坑盡是白骨纍纍，幾無落腳之處，坑內計有頭骨七個、股骨九根、盆骨四個、肱骨七根，其餘碎骨有前臂骨、胸骨、肋骨、脊椎骨、脛骨、腓骨、手骨、足骨等，散亂無序，不成比例，難分個體。〔17〕

雖然規格稍高的墓都被破壞，但破壞者主要針對的是墓穴中央的墓主，所以有些放置在墓穴邊角和二層台的殉人，以及腰坑和角坑裡的殉人與殉狗還沒有被破壞。從存留的骨架看，有些殉人會先被砍去肢體，有些則屍身完整，沒有掙扎的跡象。

先來看一座沒有被毀壞的殉人墓M44：

一，墓穴內有腰坑殉狗。

二，墓主俯身直肢，左側的殉人面向主人，躬身側臥，右側的殉人面朝下，蜷身俯臥。三人骨架保存情況不太好。

三，隨葬品有銅戈二件（其中一件殘），玉戈一件，石戈一件，青銅爵、斝和觚各一件，玉璜一塊，俯臥的殉人身下有銅箭鏃五枚。

再來看M11和M25。

M11共埋葬十人，多數骨架已被毀墓者破壞。墓穴右角落有兩具保存較完好的人骨架，上下疊壓，下面的人側身張口，呈掙扎狀，上面的人則兩腿自膝蓋以下被砍去。隨葬品已被洗劫，只剩銅鏃一枚和小型青銅獸面三十件（青銅獸面可能是綴在衣服上的飾扣）。有一具殉人屍骨沒有被破壞，可能是後人祭祀的產物：殉人骨架散亂，應是肢解後扔進去的，隨葬有一件陶罐。

M25也是共埋十人，墓主和多名殉人的骨架都被後期破壞，淩亂缺失。腰坑中埋有一具殉人屍骨，兩根大腿骨被砍斷。殘餘的隨葬品只有銅鏃三枚，玉環一件。此外，在距離地表一公尺左右，靠近墓坑邊緣，有一具淡紅色人骨架，俯身姿勢，左上臂有骨折傷痕，缺整條右腿，頭骨被扔在背後。發掘者推測，此人應該是在葬禮即將完成、填土快滿時才被處死扔進去的，身上撒滿了朱砂，屍骨被染成了淺紅色。這種給殉人或人牲拋撒朱砂的做法，在殷墟末期的後岡H10祭祀坑也有發現。

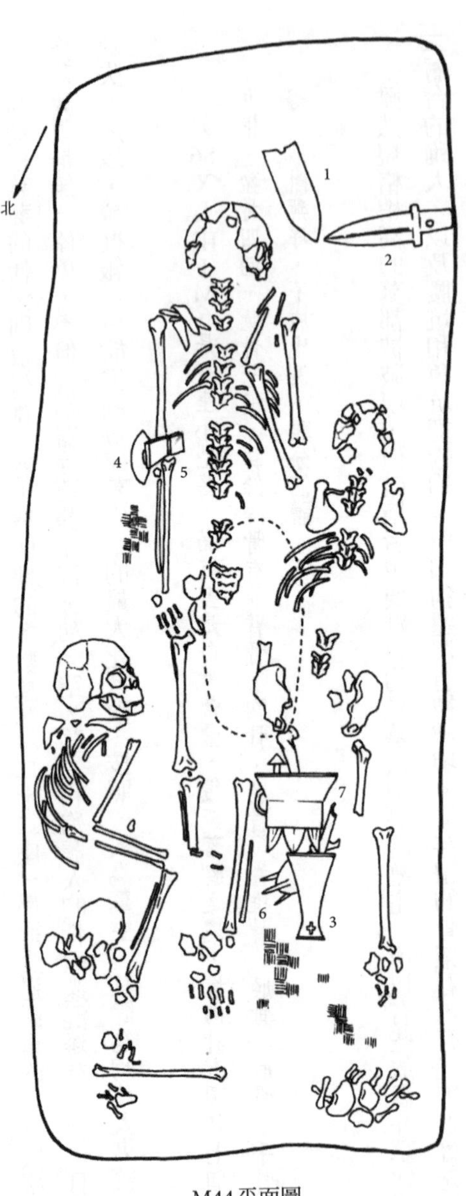

M44平面圖

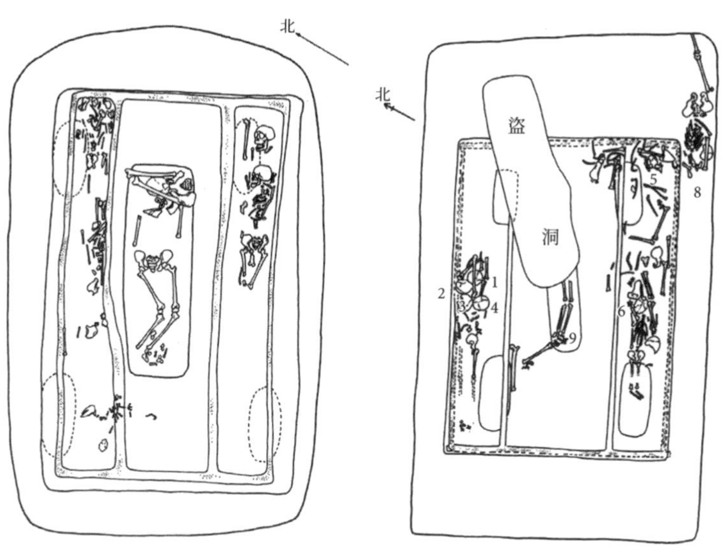

M11和M25平面圖

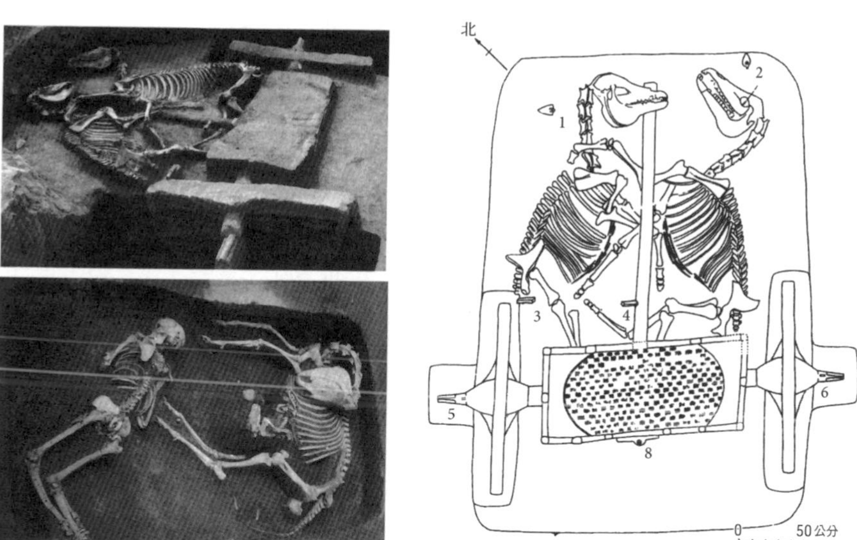

M27和M30照片及M27平面圖[18]

除了墓葬，墓區內還有三座馬坑，分別埋有兩匹馬（M14）、兩馬一車（M27）和一馬一人一狗（M30），馬車造型和殷墟完全相同。這些馬坑應當是某些高級墓的附屬祭祀設施。

根據發掘報告，老牛坡的十九座殉人墓共發現殉人九十七人，平均每座殉五人，殉十人以上的有三座。因為墓區被嚴重破壞，這個數字肯定有所缺失。另外，有個別屍骨是後人祭祀時埋進去的，所以稱為人牲更合適。

在殷墟王陵外的商代遺址中，老牛坡四期墓葬的殉人比例算是比較高的。在殷墟，殉五人的墓葬已經屬於非常高級的貴族。比如，發現銅甗人頭的劉家莊北M1046「亞䏎」墓，殉六人；滕州前掌大的史族薛國墓地，殉人最多的一座也是六人。本書猜測，因為關中是羌族人牲的主要來源，戰俘和奴隸可能在這裡的價值比較低，故而本地統治者可以多「消費」一些。

那麼，是什麼人破壞了老牛坡的商墓呢？毀墓者沒有留下自己的信息，但發掘跡象顯示，毀墓行為就發生在有些墓葬落成後不久。比如M29，規模不大，墓穴長三公尺，裡面用木板搭成箱式槨，木槨雖已被徹底燒毀，但碳化的槨木保存得相對完整。槨能夠被點燃和燒盡，說明當時墓室還很完整，尚未塌陷，否則槨木無法和空氣充分接觸而燃燒。再就是，在老牛坡墓區出土的隨葬品中，器型最晚的屬於商朝末期，之後，墓區就被廢棄，再沒有新墓葬，說明墓葬區被洗劫和廢棄發生在商周兩朝交替之際。

在《詩經．大雅．皇矣》中，周人對崇國的痛恨簡直是切齒的，不僅借上帝之口討伐，攻占之後還要把它徹底毀滅，所謂「是絕是忽」。[19]這應該是他們被崇國統治數十年的一次憤怒大爆發，在這之前，周人雖然一直為商朝捕獵羌人，但這種對同宗盟友的背叛應該讓周人深有負罪之感，對商朝及崇國也就更是憎恨，必須徹底毀滅，不留孑遺。

不過，在〈皇矣〉的記載中，崇國有高大的夯土城牆，周人還動用了攻城車，但老牛坡迄今尚未發現城牆基址。這是文獻和考古尚未對應之處；當然，遺址區西北側還有較多未發掘區域，不排除以後有發現城牆基址的可能。

◆周邦的大學

除上述外，周原甲骨卜辭還記載了一些文王時期的擴張行動，比如「伐蜀」「克蜀」和「征巢」，但這些方國的位置還無法確定，研究者眾說紛紜。比如，後來武王伐商，盟軍中就有「蜀」（《尚書・牧誓》），說明此時蜀已被周人吸納到同盟中，但到武王平定殷都周邊地區時，征伐物件中又出現了「蜀」（《逸周書・世俘解》），這就不太好解釋了，或許當時有重名的方國也說不準。

此外，卜辭中還有「楚子來」，可能是說南方的楚族在那時已經和周人建立了聯繫；還有「虫伯」，有學者認為它是崇侯虎的崇國，[20]但未必成立，因為在商朝的政治序列裡，崇是商人血統的侯國，不能稱為「伯」，按理說，周文王應當分得清這種區別。

攻滅崇國當年，文王在崇國境內的豐地營建了新都城，位於老牛坡遺址以西五十公里處的灃河西側。比起周原，豐京更容易控馭關中盆地，也更便於進攻東方的商朝。

征服多個方國後，周族人也就變成了統治階級，被征服者繳納的貢賦足以養活他們，故而也就可以從農牧業的勞作中解脫出來，一心操練戰爭技能。

根據本書第十三章「大學與王子」，商王在殷都洹河邊建有一座貴族「大學」，文王則加以模仿，在水濱建設了一座軍事訓練中心。顯然文王父子認為，有必要對周族青年子弟進行系統的軍事訓練。

周人的大學也叫「辟雍」或「靈台」。《詩經・靈台》載，這所大學建在「靈沼」地區，不僅有麀鹿、白鳥，還有「魚躍」，明顯是水濱溼地環境。

王在靈囿，麀鹿攸伏。麀鹿濯濯，白鳥翯翯。王在靈沼，於牣魚躍。

周人以前居住的豳地和周原都不是多水地區，但要征服商朝，就必須適應黃河下游的溼地地貌。稍後，周武王又把都城擴建到灃水東側的鎬地，因豐鎬兩地距離很近，鎬京就成了它們的總稱。在周人的史詩裡，鎬京的大學是周族征服四方的起點。

鎬京辟雍，自西自東，自南自北。無思不服，皇王烝哉！

（《詩經．大雅．文王有聲》）

西周建立後的銅器銘文顯示，周天子經常和貴族子弟聚會，比如，在「大池」或「辟池」比賽射箭，甚至乘船射獵大雁。〔21〕這應當是在大學辟雍外面的水域。經過室外比賽選拔之後，再進入「射宮」進行決賽，最後的勝出者有資格參加天子舉行的祭禮。〔22〕

天子將祭，必先習射於澤，澤者，所以擇士也。已射於澤，

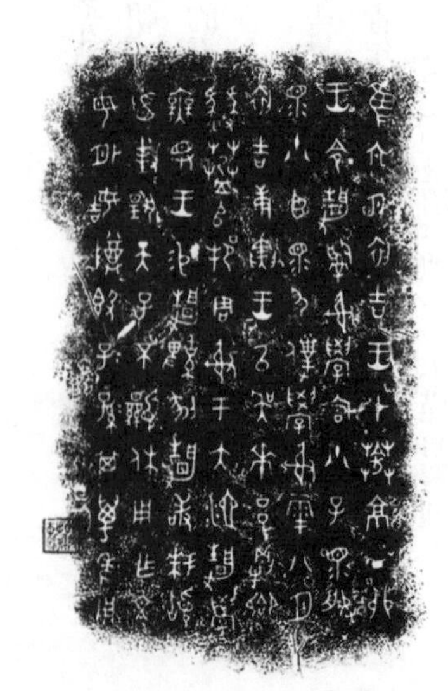

靜簋銘文拓片，《集成》四二七三〔24〕

伯唐父鼎銘文拓片〔23〕

而後射於射宮。射中者得與於祭，不中者不得與於祭。

這種通過射箭競賽篩選祭祀者的做法，在西周似乎不太通行，到春秋就更失傳了。它可能是文王時期的周族從商朝學來的，但只延續了很短的時間。

據殷墟丁組基址和花園莊東的「子」的甲骨卜辭，商代的大學有用人牲進行射獵和搏殺訓練，頗有危險性，也會有一定的淘汰率。但周人似乎從未有過這種記錄。

攻占崇國後的第二年，文王去世。史書中關於他「受命」稱王的時間，有七到十年的不同記載；而倘若加上之前擔任周族族長的時間，則有約五十年。在世時，文王已經立次子周發為繼承人，繼位後，周發自定尊號為「武王」。

文王留給兒子的，是一個和十年前完全不同的周邦，它已經占領整個關中，可能還有晉南和河南地區的一部分，此外還有若干個方國盟友以及隱藏在殷都宮廷裡的紂王反對派。

但即便到此時，周邦和商朝也還沒公然決裂，紂王也還在容忍，甚至是縱容這個西陲番邦的種種危險行徑。孔子曾說，周邦已經占有天下的三分之二，但還是臣服於殷商，這可以叫「至德」！（《論語．泰伯》）比孔子早兩三代的晉國貴族韓厥則說，文王召集那些反叛商朝的國家一起去侍奉紂王，這是懂「權宜」。（《左傳．襄公三十一年》）

現代人已經很難理解這種怪異的商周關係，史書文獻也並未提供更多的信息，倘若非要強行給出一種貌似合理的解釋，我們大概也只能說：紂王的朝廷已經無法正常履行職能。

第二十五章 牧野鷹揚

繼位後短短數年，武王周發就攻滅了殷商王朝。而決定這次王朝更替的「牧野之戰」，聞名千古。

但後人很少知道的是，武王對於翦商事業其實高度緊張。成年後，他一直患有嚴重的焦慮和精神障礙，也許是青年時代的殷都之行和兄長的死對他造成的刺激太過強烈（這是史書缺乏記載的一環），使他後半生都無法擺脫失眠和噩夢的困擾。

周公解夢

文王去世時，周發已經當了近十年的太子，況且文王末期的重要征伐幾乎都是實際統帥，所以他的繼位沒有任何波折。

但武王仍承受著巨大的壓力。他深知商朝的強大和暴戾，一旦真正觸怒它，任何人都難以預料後果；但放棄翦商事業又是不可能的，從西土直到殷商宮廷裡的種種勢力都在促使其加速運行。只是，周邦真的有力量對抗商王朝嗎？

文王的信念，源於他的「受命」以及易卦占算能力。在世時，他屢屢和上帝溝通，但似乎從未考慮讓周發也擁有這種能力。本書推測，武王和他的父親不太一樣，對上帝並沒有十足的信心。他難免要想：

如果真的像父親宣傳的那樣，長兄伯邑考又為何慘死殷都，難道這也是上帝的安排？

所以，武王甚感自己無力繼承父親開啟的這一正義而瘋狂的事業，即便登上了周王之位，也不敢啟用自己的紀年，仍延續著文王受命以來的年號。他沒有通神的能力，只能祈望父親的在天之靈繼續護佑周邦。

武王最信任的臣僚，首先是岳父呂尚，自然由他繼續擔任武王之「師」，負責和商朝有關的一切事務；其次是弟弟周公旦，武王的主要助手。周公的「周」是狹義的地名，取自周旦的封邑，可能在周原西部，「文王大宅」以西約三十公里的今岐山縣周公廟一帶。

從武王繼位到周滅商，時間並不長，只有短短的四五年。關於武王這段時間的工作和生活，西周時人撰寫過一些零散歷史篇章，到孔子編輯「六經」時，符合儒家理念的被他編入《尚書》的〈周書〉，而那些沒有入選的則被匯總成《逸周書》，顧名思義，是這些「散落的周代文獻」沒能進入正式的《尚書》之意。

在傳世的儒家經典中，周滅商可以說是順天應人，毫無懸念。但《逸周書》不同，在它的敘事中，周武王充滿著對翦商事業的恐懼，經常向弟弟周公旦尋求建議和安慰。武王二年一月，他曾對周公旦說：「哎呀，我每天每夜都擔心著商朝，不知道以後到底會怎麼樣，請你給我講講如何履行天命。」

> 維王二祀一月，既生魄，王召周公旦曰：「嗚呼，余夙夜忌商，不知道極，敬聽以勤天命。」（《逸周書・小開武解》）

武王三年，他有次得到情報，說是紂王已經下決心討伐周邦，信息來源很可靠，又是首先召喚周公旦商議對策。

王召周公旦曰：「嗚呼，商其咸辜，維日望謀建功，言多信，今如其何？」（《逸周書．酆謀解》）

還有一次，武王夢到翦商計畫洩露，紂王大怒，從夢中驚嚇而醒，再次派人叫來弟弟周公旦，對他談起了心中的恐懼，說盟友實力弱小，還沒做好準備，周邦現在無力和商朝展開決戰，當初父親稱王及反商的計畫會不會過於不自量力。

維四月朔，王告儆，召周公旦曰：「嗚呼，謀泄哉！今朕寤，有商驚予。欲與無□，則欲攻無庸，以王不足，戒乃不興，憂其深矣！」（《逸周書．寤儆解》）

聯繫當時商朝的境況（商王朝廷已經無法正常履行職能），武王的表現實在過於失常。想來孔子之所以沒有把這些篇章選入《尚書》，可能也是覺得不太嚴肅。然而，結合殷墟考古（包括距離周人很近的老牛坡崇國遺址）呈現的真實商朝，對於文王父子為什麼會有那麼大的心理創傷，以致後半生都無法擺脫，今天的我們或許可以多一些理解。

或者說，武王的驚恐反映的是這樣一個事實：他並不完全相信父親那些溝通上帝的傳說。商王家族世代向上帝獻祭，貢品豐富得無以復加，上帝難道不是會優先保佑商朝嗎？翦商難道不是逆天悖倫之舉嗎？

兄長周發頻頻被噩夢纏繞，但周公其實也沒有什麼辦法，只能嘗試用夢來緩解。他寬慰周發說，母親大姒曾夢到殷都生滿荊棘，這是上天降下的商人將亡之兆，所以，雖然上帝享受了歷代商王的祭祀奉獻，但他不會因這種小小的實惠而偏袒商王。〔1〕

為使自己的解釋圓滿，周公還重新定義了「德」的概念。在周公這裡，「德」已不再是《尚書．盤庚》裡商人的那種無原則的恩惠，而是所有人生活在世間的客觀道德律，如孝悌長幼、中正恭遜、寬宏溫直等。〔2〕上帝只保佑有「德」之人，也會替換掉那種沒有「德」的君王或王朝，以有德之人代之。所以，只要武王努力修「德」，就一定能在上帝福佑之下戰勝商王。

除卻對上帝是否存在以及周邦實力的擔心，武王還有一個隱憂：目前的盟友太少，只要不公開與商朝為敵，就不可能吸引更多的盟軍，但過早公開，又可能招來滅頂之災。這讓武王左右為難，夜不成寐。

維王一祀二月，王在酆，密命。訪於周公旦，曰：「嗚呼！余夙夜維商，密不顯，誰知。告歲之有秋。今余不獲其落，若何？」

周公曰：「茲在德，敬在周，其維天命，王其敬命。遠戚無十，和無再失，維明德無佚。佚不可還，維文考恪勤，戰戰何敬，何好何惡，時不敬，殆哉！」

經過周公一番解夢開導，武王勉強保住了信心，準備採取最穩妥的路線，「夙夜戰戰，何畏非道，何惡非是」。（《逸周書．大開武解》）

周文化和商文化很不同，族群性格也差別很大。商人直率衝動，思維靈活跳躍，有強者的自信和麻木；周人則隱忍含蓄，對外界更加關注和警覺，總擔心尚未出現的危機和憂患。這是他們作為西陲小邦的生存之道。而在陰謀翦商的十餘年裡，這種個性更是表現得無以復加。

至於周公是否逃脫了那段殷都噩夢的糾纏，史書中沒有記載，我們只知道，在被兄長召喚的每個黎明之前，他都從容清醒如白日，除了用餐時偶有失控嘔吐的習慣，他沒表現出任何異常。

顯然，周公也已認真考慮過自己的定位。他知道自己無力獨自承擔父親開啟的這一正義而瘋狂的事業，但這個使命及其帶來的壓力，註定要由他們兄弟二人一起承受。

他對「德」的闡釋，只是作為一個普通人的美好願望：不想殺人，也不願無故被殺，渴望生活在一位聖明君王統治下的安定中。而他的兄長周發卻必須成為那位有「德」君王，不然，整個周族都將死無葬身之地。

如果說武王的使命是成為帝王、翦商和建設人間秩序，那麼，周公的使命就是做這位帝王的心理輔導師，塑造和維護他的神武形象，如此便於願足矣。

◆第一次進攻

繼位兩年後，武王終於和商朝公開決裂。他先是到文王的墓地祭祀，然後率領周軍東出潼關，一輛馬車運載文王靈位，行走在中軍主帥的位置，象徵文王之靈仍在保佑周邦。按照文王在世的禮節，武王一直自稱「小子發」。

軍隊沿著豫西古道而下，抵達洛陽北黃河邊的盟津（孟津）。當時還沒有洛陽城，盟津正是因「八百諸侯會盟」於此而得名。

西土早已不甘忍受商王朝的統治，只等有人率先舉起反商義旗，追隨者自會蜂擁而出。《史記》曰：「諸侯不期而會盟津者八百諸侯。」此時的所謂諸侯，並沒有春秋時期的規模，還只是磓子坡遺址那種新石器水準的農業部落，人口一般在千人級別，能提供的兵力也不過區區百人。

武王的軍隊可能在黃河南岸停留了一段時間，在造船的同時，亦等待各地趕來的盟軍。此時是冬季，但黃河沒有結冰，到一月初，聯軍才分批北渡黃河。

當武王的船隻行駛到黃河中流時，有一條白魚跳到了船艙裡，武王親手捉住它祭祀上天。在迷信的時代，任何偶發的事件都可能蘊含著天降的神意。渡河之後，據說有火光自天而降，停留在武王的帳篷上方，變幻成紅色的鳥形。（《史記．周本紀》）

> 武王渡河，中流，白魚躍入王舟中，武王俯取以祭。既渡，有火自上復于下，至于王屋，流為烏，其色赤，其聲魄云。

《尚書．泰誓》是武王對盟軍發布的講話。泰，有宏大之意。可能在渡河前後，武王各有一次講話。作為戰前動員，武王在講話中強調，商紂的各種惡行不可寬恕：

> ……弗敬上天，降災下民。沈湎冒色，敢行暴虐，罪人以族，官人以世，惟宮室、台榭、陂池、侈服，以殘害于爾萬姓。焚炙忠良，刳剔孕婦。……斮朝涉之脛，剖賢人之心，作威殺戮，毒痡四海。崇信奸回，放黜師保，屏棄典刑，囚奴正士，郊社不修，宗廟不享，作奇技淫巧以悅婦人。〔3〕

從商代考古看，諸如「刳剔孕婦」和「斮朝涉之脛」之類，從早商的鄭州商城和偃師商城到中商的小雙橋遺址，再到後期的殷墟，一直是商人祭祀的常態，西土各族人也早已見識過，但為何武王只把它說成商紂一個人的罪惡？

一種可能是，武王當初控訴的就是商朝的恐怖行徑，但在周公當政時期，為了抹去商文化的陰暗面，修改了武王的講話記錄；另一種可能是，武王為了爭取商人內部的支持者，所以只重點描繪紂王的殘忍無道，所謂孤立極少數，拉攏大多數。

此外，武王講話還強調了商紂的一個罪行，說他不願舉行祭祀，從而得罪了上帝和商朝歷代先王：

> 乃夷居、弗事上帝神祇，遺厥先宗廟弗祀。
>
> ……郊社不修，宗廟不享……
>
> 上帝弗順，祝降時喪。

這就是莫須有的指控了。紂王繼承的正是其父帝乙制定的常態化「周祭」制度：用固定的祭祀日程表祭祀歷代先王，哪怕王不在京城，也會有祭司代為奉獻祭品；上帝（原本）只是商人的神，即使帝乙和紂王的「周祭」裡沒有安排上帝，但按照商人的宗教理念，奉獻給先王的祭品自然有上帝的一份。

但武王必須指控紂王不敬神。因為在上古時代，這是最大的罪惡。既然要把商紂定義為萬惡的獨夫，他就肯定有這一條罪狀。由此，周武王的「反叛」便有了宗教合法性：他是代表天上的上帝和諸神（歷代商王）懲戒紂王，正所謂：「爾其孜孜，奉予一人，恭行天罰。」

經過這一番信誓旦旦的宣講，諸侯皆曰：「紂可伐矣。」但稍後，武王卻突然聲稱：「女未知天命，未可也。」意思是說，「天命」還沒到討伐的時候，於是，盟軍各自班師回家。（《史記·周本紀》）結果，商、周兩王東西對峙的局面又持續了兩年。

這個轉折很不符合情理。不過按現代人的理解，自文王「受命」翦商以來，不合情理的事情已經太多。我們只要知道，那是大地由無數莫測的鬼神統治的時代，所以，我們也不必強行為武王的這一行為做出解釋。

武王的「盟津會盟」已經表明周人的滅商野心，也贏得諸多西土部落加盟。按說到此時，商紂理應正視來自西方的威脅，但他卻還是沒有採取任何行動。與此同時，商朝宮廷裡的內鬥卻愈發激化。《史記．殷本紀》載，微子（紂王庶出的弟弟）數諫紂王不聽後，就逃命躲藏了起來；爾後，紂王「剖比干，觀其心」，「箕子懼，乃詳狂為奴，紂又囚之」。在古史中，這些人都是商朝的忠良之臣，但以商朝當時的形勢看，很可能這其中曾有人試圖發動宮廷政變，推翻紂王。在殷都的動盪衝突中，有些商朝高層亡命出逃，《史記．周本紀》載：「太師疵、少師強抱其樂器而奔周。」

各種文獻對比干之死的記載有所不同。在《史記．殷本紀》裡，是紂王「剖比干，觀其心」；在《楚辭．離騷》裡，則為「比干菹醢」（被剁成肉醬）。根據《易經》的艮卦，這兩者並不矛盾，商王殺重要人物獻祭時有一套完整流程，剖胸取心和熏燒獻祭發生在中間階段，最後才把人牲剁成肉醬。伯邑考當年也經歷了這樣一個完整過程。還有些史料記載，連比干懷孕的妻子也難逃一死，甚至腹中胎兒還被扯出來讓紂王檢視：「紂剖比干妻以視其胎。」[4]看來，紂王殺貴族往往是全家，在〈泰誓〉裡，武王就是這樣抨擊他的：「敢行暴虐，罪人以族。」

對現代人而言，剖腹取胎是極為殘忍的行為，但它可能是商人獻祭的常態。各商代遺址發現的大量人牲屍骨中，青年女性占一定比例，而其中應該會有部分孕婦，之所以從未發現有胎兒遺骨，很可能是在殺祭時被剖腹取出了。作為對比，正常的上古墳墓中常常可以見到死於難產或腹中有胎兒的女性屍骨。

綜上，商紂末年，殷都貴族們已經處於一種難以置信的恐怖之中，因為即便在以鬼神血祭為常態的商文化裡，也少有紂王這種熱衷用顯貴獻祭的做法。可能這才是商朝失控和滅亡的直接原因，周人的威脅原本不值一提。

牧野甲子日

殷都動盪日甚，周武王感到翦商的時機來了。

盟津會盟兩年後的西元前一〇四六年，也就是武王繼位第四年、文王受命第十一年，[5]他再度起兵東征。有好幾種文獻記載武王此次伐商的行軍日程，但年分和月分皆有所不同。總的來說，武王此次起兵是在隆冬季節，決戰則是在冬末春初。

總攻的前期工作在前一年底就開始了。武王三年十一月，周軍主力先出發，但武王不在軍中，領兵的可能是太師呂尚。他們的任務是先到黃河南岸紮營，與各路盟軍集結，並肅清南岸可能出現的商軍。與此同時，使者會將總攻信息通知所有同盟國。

武王四年一月二十日癸巳，武王和少數臣僚從周原（宗周）出發。他輕車簡從，只用了十四天便抵達盟津南岸的軍營。此時，盟軍已集結完畢，《史記．周本紀》載，周軍總兵力為四萬五千人，戰車三百輛，和戰車協同作戰的「虎賁」有三千人。

這一次，周軍來犯的消息終於引起了紂王的重視，他開始調動殷都及周邊各族邑的武裝，準備挫敗西土之敵，進而掃蕩他們在關中的巢穴。但此時殷都的動盪剛過去不久，動員的進度很是緩慢。

而西土盟軍已在黃河南岸停駐一月左右，二月十六日戊午，盟軍全部渡過黃河，一舉進入商朝核心區。河北平原上分布著很多商人族邑，按常理，盟軍應當逐一將其攻占，把戰線穩穩向北推進，但武王卻突然加快節奏，並不理會沿途的商人據點，一路向北直指殷都。經過六天加急行軍，二月二十一日癸丑夜間，盟軍抵達殷都南郊的牧野。[6]這裡是商王室蓄養牛羊的草原，地形平坦，商軍集結地的營火已經遙遙在望。此時，兩軍都已偵知對方主力的位置，開始連夜整隊列陣，準備天亮時一舉消滅對手。史載，這是個多雨的殘冬，盟軍渡過黃河前後一直陰雨連綿，有些河流開始氾濫。而當兩軍連夜列陣時，又下起了雨。

（周武）王以二月癸亥夜陳，未畢而雨……布戎于牧之野。

二十二日甲子淩晨，規模較小的周軍首先列隊完畢，武王全身盔甲戎裝，在陣前宣誓，這便是著名的《尚書．牧誓》。這篇講話不到三百字，簡潔，現場感極強。

武王先是左手執黃（銅）鉞，右手揮動白色犛牛尾（白旄，統帥的號令旗），說：「西土之人，遠來辛苦了！」

時甲子昧爽，王朝至於商郊牧野，乃誓。王左杖黃鉞，右秉白旄以麾，曰：「逖矣，西土之人！」

緊接著，武王一一點名麾下的盟友、將領、軍官，直到「百夫長」，命令他們：「拿起你們的戈，連接好你們的盾牌，立起你們的長矛，現在，我要立誓！」

王曰：「嗟！我友邦冢君御事，司徒、司馬、司空，亞旅、師氏，千夫長、百夫長，及庸，蜀、羌、髳、微、盧、彭、濮人。稱爾戈，比爾干，立爾矛，予其誓。」

然後，武王簡單列舉了紂王的罪行：崇信婦人（妲己），不虔誠祭祀，不善待叔父、伯父和兄弟（比干、箕子、微子等人），重用各部族有罪和道德敗壞之人，放任他們（如東夷的蜚廉和惡來父子）在殷都虐待百姓，惡行累累。

王曰：「古人有言曰：『牝雞無晨；牝雞之晨，惟家之索。』

今商王受惟婦言是用，昏棄厥肆祀弗答，昏棄厥遺王父母弟不迪，乃惟四方之多罪逋逃，是崇是長，是信是使，是以為大夫卿士。俾暴虐于百姓，以奸宄于商邑。

武王自陳：「我周發，這次恭敬地代表上天懲罰商紂；今天的戰事，不是六步、七步就能結束的，諸位努力！不是砍殺四次、五次、六次、七次就能結束的，努力吧，諸位！要兇猛，像虎、貔、熊和羆一樣戰鬥！這裡已經是商都城郊，如果戰敗，我們西土又將會回到商朝奴役之下。努力吧，諸位，今天不盡力，你是活不下去的！」

今予發惟恭行天之罰。今日之事，不愆于六步、七步，乃止齊焉。勖哉夫子！不愆于四伐、五伐、六伐、七伐，乃止齊焉。勖哉夫子！

尚桓桓如虎、如貔、如熊、如羆，于商郊弗迓克奔，以役西土，勖哉夫子！爾所弗勖，其於爾躬有戮！」

武王和他的同盟軍都是「西土之人」，也就是世世代代為殷商提供獻祭原料的羌人，大都有親人在殷都被剔剝和烹食，所以每個人都知道，如果這一戰失利，後果將會是什麼。

文獻中還記載說，武王宣誓完畢即將入列時，襪子帶卻鬆脫了，周圍侍立者無人上前，是武王躬身放下鉞和旄自己繫好的。周圍人還說：「我等不是來幫人繫襪子帶的。」看來，陣前的武王是和各盟邦首領在一起，而非和自己的侍衛下屬。他們是為了滅商而來的，並不是武王的私人屬下。他們很在意這種身分區別。〔7〕

天色漸明，雨勢漸小，對面的商軍陣列逐漸成形。周人史詩的描述是，敵軍的戈矛像森林一樣密集，所謂「殷商之旅，其會如林」。（《詩經·大雅·大明》）《史記》記載，商軍總數為七十萬人：「帝紂聞武王來，亦發兵七十萬人距武王。」〔8〕這一數字明顯過高，不過，商軍數量遠遠超過西土聯軍是毋庸置疑的。

武王的陣前講話雖信心十足，但此時正面臨著兩難的困境。他發起此次遠征的前提，應該是有殷都內部聯絡人的密約：一旦兩軍對陣，聯絡人將趁亂除掉紂王以扭轉戰局，然後推選一位各方都能接受的新商王人選。

但殷都局勢一日三變，最有能力取代紂王的人物，或死，或囚，或逃；而雙方的大軍都是加急趕赴牧野，在沒有星月的暗夜和空前龐大的營地集結。很顯然，一旦武王和殷都內應斷了聯繫，沒有了商人助戰，以現在的實力對比，西土聯軍將被一邊倒地屠殺。

不只是西土之人，即使商人貴族也尚未見識過這種規模的集結和大戰。一個宗族的數百或上千名武士淹沒在巨大的軍陣中，就像森林中的一叢灌木難以尋找。

但武王沒有別的選擇，他只能相信父親描述的那位上帝站在自己一邊，只要全心信任他，父親開啟的翦商事業就能成功，正所謂：「矢于牧野，維予侯興。上帝臨女，無貳爾心！」（《詩經·大雅·大明》）

史書裡，武王的第一個行動是派他的岳父兼老師和戰略陰謀家「師尚父」呂尚「與百夫致師，以大卒馳帝紂師」。（《史記．周本紀》）即使拋開呂尚和武王的私人關係，此時他已年過六旬，鬢髮花白，按理武王是不可能派他去完成這種任務的。而且也沒人知道，為何呂尚就忽然忘記了所有陰謀、詐術和詭計，像一介武夫般怒髮衝冠直向敵陣。

也許，他只是想改變羌人被作為人牲懸掛風乾的命運，畢竟在殷都的屠宰場，他已經看得太多。

呂尚率步兵尚未接敵，武王便帶著他的三百輛戰車衝向商軍陣列，他不能讓岳父如此莽撞地送死，只能投入自己僅有的戰車吸引敵軍。按正常接戰程序，先是會有暴雨般的青銅箭矢射向他們，然後是數倍的商軍戰車席捲而來，將他們碾壓成泥。可以說，這場戰鬥從一開始，武王一方就沒有任何章法和戰術可言。

但商軍陣列卻突然自行解體，變成了互相砍殺的人群。或許是看到周軍義無反顧的衝鋒，商軍中的密謀者終於鼓起勇氣，倒戈殺向紂王中軍。接著，西土聯軍全部投入了混戰。

後世的周人史詩說，「商庶若化」，即是說，商軍隊伍就像滾水沖刷的油脂，瞬間潰散，融化。〔9〕喧囂逐漸沉寂，雨停了，溝壑的積水被血染紅，屍體與兵戈和盾牌沉浮其間。在後人的記憶裡，那個清晨的牧野，「血流漂杵」。

當淡淡的陽光穿透晨霧灑向原野間的縱橫屍骸，近六百年的商王朝已經終結。太公則在那個黎明變成一隻鷹盤旋在牧野上空，而積雲散去的清晨，自此被周人稱作「清明」。

維師尚父，時維鷹揚。涼彼武王，肆伐大商，會朝清明。（《詩經．大雅．大明》）

◆殷都迎來征服者

商軍主力毀於牧野一戰，武王的西土聯軍則只有輕微的損失，而且還獲得商人「謀逆」部族的投誠。在史書中，這些與周人暗通款曲的商人氏族一直隱藏在迷霧中，從未被列舉出姓名。

但無論如何，紂王—帝辛的王朝已走向終結。於是，武王手執一面「大白旗」（太白旗），再次下令整編隊列。在五行星中，太白為金星，而「太白主中國」（《史記．天官書》），所以武王用的可能就是繳獲的紂王帥旗。

西土各邦首領也開始意識到，武王已取代紂王的地位，不再是和他們平起平坐的同盟者了，他們只能屈膝跪拜〔10〕，武王則以手抱拳作揖相答：

> 諸侯畢拜武王，武王乃揖諸侯，諸侯畢從。（《史記．周本紀》）

然後，武王率隊伍向殷都開進。

此時，紂王已隨敗兵逃回殷都，然宮廷秩序已蕩然無存，他也沒有了糾合兵力再戰的信心。不過，紂王採取的是另一種對抗方式，傍晚時分，他登上儲藏寶物的「鹿臺」，把貴重玉器堆在身邊，佩戴五枚「天智玉」，點火自焚而死。

> 紂走入，登鹿臺，衣其寶玉衣，赴火而死。（《史記．殷本紀》）
>
> 時甲子夕，商王紂取天智玉琰五，環身，厚以自焚。（《逸周書．世俘解》）

就這樣，甲子日的清晨，商朝大軍覆滅；入夜，商王殞命。一天之內，中土世界天翻地覆。

紂王焚身而死，後世人大都將其理解為一種走投無路的自絕。其實，按照商人的宗教理念，這是一場最高級的獻祭——王把自己奉獻給了上帝和祖宗諸神。商朝開國之王成湯（天乙）曾經試圖這樣做，而商紂王則首次實踐了它。

紂王曾給諸神貢獻過王族和方伯，現在他貢獻了自己，帶著人間最珍貴的寶玉升往天界，成為具有上帝神性的「帝辛」，然後，他自然要給叛逆的周人降下滅頂之災。

次日晨，周人聯軍開到殷都，在郊外設下營地。紂王身死的消息已經傳開，武王和他的臣僚們現在要面對的是如何接收商朝的龐大遺產，讓商族人接受亡國的事實，儘量避免他們因走投無路而再次暴動。

承認失敗的商朝顯貴已在郊外列隊迎候。武王的群臣向商人宣告：「這是上天降下的福佑！」商人皆下跪，「再拜稽首」（以頭叩地兩次），武王也走下戰車向商人叩拜以為回答。（《史記．殷本紀》）

後世有注家認為，司馬遷的這段記載不準確，武王伐商是正義之舉，怎麼可能會向商人回拜？他昨日在牧野戰場對盟友的跪拜也只是作揖為答，不可能對商人如此恭敬過禮：

> 武王雖以臣伐君，頗有慚德，不應答商人之拜，太史公失辭耳。尋上文，諸侯畢拜賀武王，武王尚且報揖，無容遂下拜商人。（司馬貞《史記索隱》）

這種評論，是因為沒有看到商人內部倒戈對戰局的重大影響：此時商族的規模仍非常龐大，作為征服者的武王絲毫不敢掉以輕心。

對武王來說，最首要的工作是處理紂王燒焦的屍體。他熟悉商人的宗教思維，知道必須用法術對抗法術，化解紂王自我獻祭可能帶來的後果與流言，方法則是表演一次戰鬥和處斬，展現紂王被俘和被殺的全過程：周軍直入鹿臺宮，武王在戰車上對著紂王屍體連射三箭，然後跳下車，用「輕呂」短劍砍殺屍體，最後用銅鉞斬下紂王人頭，懸掛到太白旗之下。（《史記．殷本紀》）

紂王的兩名寵妃已上吊自殺，其中一個是妲己。沒人知道她們是否自願。按照同樣程序，武王「又射三發，擊以劍，斬以玄鉞」，將其頭懸掛在小白旗下。

然後隊伍返回郊外軍營，一路展示旗桿上的人頭，宣稱這是武王的戰果。為了製造輿論，平息謠言，這種儀式性表演極為重要。

紂王囚禁的商人貴族皆被釋放，其中最顯赫的是箕子——武王命召公奭去監牢釋放和安頓箕子。商朝全境尚未平定，武王必須爭取盡可能多的商朝貴族。當初，這些商人反對派只是想借助周人兵力以除掉肆意妄為的紂王—帝辛，然後換一位新的商王。但文王和武王的野心遠不止於此，他們要的是永遠取代商朝的統治。如今，商軍主力雖已覆滅，但投降的商人各宗族勢力依然很大，武王還需要借助他們平定商朝全境，雙方之間定會有一番談判博弈。

就這樣，武王和剛獲釋的箕子便有了一番長談，後被西周時人整理成了〈箕子〉。但很遺憾，這篇文章後來遺失了，只在《逸周書》中保留了篇名。〔11〕也可能是〈箕子〉中所載的雙方談判內容過於露骨，且與後來西周朝的官方敘事口徑大不相同，所以被銷毀了。

不過，武王和箕子的這次長談應該是達成了一些基本共識，比如，紂王的死黨需要全面肅清，商人的王朝可以暫時保留，以及周朝軍隊要長期駐紮殷都等。按照此種安排，商和周是東西並立的兩個王朝，但商必須在周的軍事控制之下。

此外，武王還必須澄清：上帝在人間的統治權已經完全轉移到周朝，也就是到了武王周發之手，今後的商王不再和上帝有任何聯繫，也不能再用「帝」的尊稱。為此，他需要在商王祭祀諸神的「社」（神廟）裡舉行象徵王朝更迭的交接儀式。〔12〕

周人先是維修了神社和紂王宮殿，清理了道路。典禮開始前，一百名武士扛旗幟開路（「百夫荷罕旗以先驅」），武王之弟周振鐸（後封於曹，稱「曹叔」）乘先導車，周公旦執大鉞，畢公高（後封於畢，稱「畢公高」）執小鉞，分立武王兩側，散宜生、泰顛和閎夭各執「輕呂」短劍簇擁武王，衛隊則跟在後面。

進入神社後，武王弟周鄭（後封於毛，稱「毛叔」）、周封（後封於衛，稱「衛康叔」）和召公奭（封邑於召，稱「召公」）分別手捧明水，鋪好草席，拿著玉帛，呂尚則牽著獻祭的牛。一名可能來自商朝的禮儀官尹佚負責宣讀給上帝的稟報詞：「殷之末孫季紂，殄廢先王明德，侮蔑神祇不祀，昏暴商邑百姓，其章顯聞於天皇上帝。」大意是，殷商王朝的末代子孫辛受已經喪失先王成湯秉持的明德，不敬神祇，荒廢祭祀，殘暴對待商國民眾，所有這些罪行都已在這裡書面報告給「昊天上帝」！

接著，武王向代表上帝和諸神的靈位下拜兩次，宣稱：「本人承擔天帝賦予的命令，變革了殷商的統治，這都是上天的意志！」

最後，眾臣奉獻祭品。在《史記》中，典禮至此就結束了。〔13〕

其實，武王還有一通針對商朝貴族的長篇講話，後來被收入了《逸周書》的〈商誓解〉。和牧野戰前的講話一樣，武王先依次列舉發言的聽眾，從殷商朝廷老臣（「伊舊何父」）到「太史比、小史昔」，再到百官和「裡居獻民」（殷都各族邑中的商人）。

武王還是用語氣詞「嗟」開場：「爾等眾人，我知道你們都尊重天命，我來這裡，就是執行上帝威嚴的命令和懲罰，現在，對你等發布新的命令，都恭敬聽著，朕這次要從一說到十，把道理都講明白！」

這種語氣，和《尚書．盤庚》中商王對臣下的呵斥和威脅很是類似。商人極度信仰鬼神，而且認為人和鬼神的唯一聯繫便是祭祀，因此，為了讓商人接受商王朝已經被鬼神拋棄，在這裡，武王使用的是商人習慣的邏輯。

武王先是說：「當初，上帝教誨周族的始祖后稷播種百穀，天下民眾因此獲益；商朝的歷代先王祭祀上帝（與先祖），用的也都是后稷培植的穀物，因為這個原因，上帝和歷代商先王決定讓西土周族顯赫起來！」

> 在昔后稷，惟上帝之言，克播百穀，登禹之績，凡在天下之庶民，罔不惟后稷之元穀用蒸享，在商先誓王，明祀上帝，□□□□，亦惟我后稷之元穀，用告和，用胥飲食，肆商先誓王維厥故，斯用顯我西土。

接著，武王仍把矛頭對準紂王一人：「因為商紂的種種罪惡，上帝很不滿意，於是命令朕的先父文王『消滅掉商朝那個多罪的紂！』我周發作為晚輩，不敢忘掉上帝之命，在甲子這天，終於執行了上天的偉大懲罰。這是上帝的大命，我也不敢違抗，你們更要恭敬！當初在西土時，我早已說過，商朝的所有人都沒有罪過，只有獨夫一人。我現在消滅了他，自然會福佑爾等，你們這些商朝百姓和都城的君子，以後都要服從周的命令！（如果有什麼異常情況）你們商人各家族的邦君都應該報告給我，我對待你們的邦君就像周朝的邦君一樣……」

> 今在商紂，昏憂天下，弗顯上帝，昏虐百姓，棄天之命，上帝弗顯，乃命朕文考曰：殪商之多罪紂。肆予小子發弗敢忘，天命朕考，胥翕稷政，肆上帝曰：必伐之。予惟甲子，克致天之大罰，□

帝之來，革紂之□，予亦無敢違大命。敬諸！

昔在西土，我其有言，胥告商之百無罪，其維一夫，予既殛紂，承天命，予亦來休，命爾百姓里居君子，其周即命，□□□□□□□□□□□□□□□□□□□□□□□□□□□，爾冢邦君，無敢其有不告，見於我有周，其比冢邦君……

最後，武王並不諱言周邦遠比商朝小，自稱「斯小國」，因為他的自信源於上帝的支持：「既然上帝已經鍾意周邦，我們這個小國也不會懈怠天命。我這次說的話，如果你們不放在心上，我還會回來執行上帝的懲罰！你們要恭敬，好好聽從我的話，我不會再說第二遍了！」〔14〕

這篇〈商誓解〉的文辭，比武王在《尚書》和《逸周書》中的其他講話更古奧難懂，卻和商代先王的類似講話很像。另外，武王當時可能是用商族語講話，後世傳抄人未必全懂，所以有很多錯誤和脫漏。儘管如此，我們還是可以從〈商誓解〉中看出，在成功滅商之後，無論是宗教理念還是語言行文，周族上層仍然需要用商人能理解和符合商人習慣的方式來宣講周朝取代商朝的合法性。

在這之前，周族首領就已經在一定程度上「商化」了，對他們來說，語言交流和表達的難度不算大，但要用商朝人的宗教理念來解釋周滅商，則需要更深地進入商人的宗教思維。正是在思考這個問題的過程中，武王對商人宗教的依賴也越來越強，可以說，滅商使得武王更加「商化」了。

◆周武王的人祭大典

在鎮定殷都的同時，武王還派出多支部隊去肅清頑抗的商人。

出征的將領，除了呂尚，多數並不著名，如侯來、陳本、百韋，還有一位叫呂他，可能是呂尚的兒子中的一個。征伐的目標有越戲方、磨、宣方、蜀等，雖不能確定是何地，但這些部隊都在一個月內相繼返回殷都，看來行程不會太遠，應該主要是黃河以北商人族邑最為集中的地區。陸續被斬或俘的商人首領有霍侯、艾侯和佚侯，俘獲戰車近千輛。

據《逸周書．世俘解》記載，被消滅的「九十有九國」，主動投降的「服國六百五十有二」，累計斬首十一萬多，俘獲三十多萬人。算下來，每個被消滅的族邑平均損失四千人左右。這些數字肯定有炫耀戰功造成的誇大。

經過一個多月的征伐，到四月初，周人已基本控制黃河以北地區，加上之前已經占領的晉南和豫西，商朝統治區大部已經平定。尚未征服的是東南方的夷人部落領地，包括山東地區、豫南以及相鄰的蘇皖地區，那裡還分布著或疏或密的商人殖民城邑。它們沒有實力扭轉中原的改朝換代，武王暫時也無法分身去一一征服他們。

為了顯示周朝的武力，讓商人不要再生非分之想，武王還在商王的田獵區進行了一次大規模圍獵。這是歷代商王訓練部隊、炫耀武力和震懾蠻夷的傳統儀式，在甲骨卜辭裡有很多記錄。

商人崇尚武力，王者必須展示自己的勇武方能讓臣民畏服。在這方面，武王的表現毫不遜色，獵獲的野獸幾乎能堆成一座小山。

> 武王狩：禽虎二十有二，貓二，麋五千二百三十五，犀十有二，氂七百二十有一，熊百五十有一，羆百一十有八，豕三百五十有二，貉十有八，麈十有六，麝五十，麇三十，鹿三千五百有八。〔15〕

十幾年前，紂王曾到關中的帛地行獵，這才有了周昌覲見和進入殷都的機會，以及後續一系列天崩地解的變革。如今，則是西土之人在商王的苑囿裡馳騁。

武王還在殷都設立了周廟，用商人典禮祭祀上帝以及周族的列祖列宗。很有可能是用商朝的宮殿改造的，但具體位置已經不詳。

四月二十二日庚戌，清晨，武王在殷都周廟舉行盛大的燎祭。[16]乘車駕到之後，他站在宗廟南門外，由史臣向上帝宣讀獻祭的通知，請上帝蒞臨饗宴。

先是給一百名「大亞臣」（紂王死黨，高級武官）換上專門的祭服（「佩衣」），由武王親自獻祭。執行的方法是「廢」，就是砍斷手腳，任其在血水中翻滾、哀嚎——他們的叫聲要上達天聽，這樣上帝才會滿意地享受祭品。

然後由太師呂尚獻祭另外四十人，他們是忠於紂王的商人氏族首領（家君）、占卜官（貞師）、司徒和司馬等小官吏。

人牲要掙扎到臨死才會被砍下頭顱，然後將其搬運到宗廟內獻祭，其中有些屍體可能還要放到大鼎裡烹煮。之後是商王家族的人頭，紂王的人頭懸掛在大白旗下，妲己和另一個妃子的人頭則掛在一面紅旗之下，由太師呂尚扛著這兩面人頭旗幟進入宗廟。

所有新舊人頭都會被扔到火堆中焚燒，「燎于周廟」，任由焦香的煙氣升入雲端。這是上帝在天界享用祭品的方式。

後面五天，祭祀一直在舉行。

二十三日辛亥，祭祀周先祖。先從古公亶父（太王）開始，接著是其長子泰伯（太伯）、次子仲雍（虞公）和三子季歷（王季），再是文王和伯邑考。在樂隊的伴奏之下，他們的靈位被依次搬運到祭壇之上，由武王手持銅鉞向祖先報告殷商的罪惡已經得到抵償（「維告殷罪」）。最後，「薦俘殷王鼎」，也就是在商王的大鼎裡烹煮俘虜，但數量不詳。

二十四日壬子，武王換上天子專用的「袞衣」來到宗廟，這象徵他已經是正式的王朝主人。這天獻祭的內容不詳。

二十五日癸丑，獻祭了一百名紂王麾下的武士（「薦殷俘，王士百人」）。武王手執銅鉞和戈。樂隊全程演奏。可能是武王親自獻祭。

二十六日甲寅，武王身披紅白戰袍在牧野戰場祭祀戰死的盟軍，樂隊演奏的是萬舞的樂曲。這是商人貴族練習用鉞作戰的樂舞，看來已經被周朝接受。

二十七日乙卯，樂隊演奏「崇禹生開（啟）」（這可能是表現大禹的兒子啟開創夏朝的音樂），武王借此宣告自己冊立太子周頌的決定。周頌此時可能只有兩三歲，在他之前，邑姜只生育過女兒。

儀式上，首先奉獻的是侯來、陳本等征伐周邊斬獲的首級，並搭配現場屠宰的牲畜，「斷牛六，斷羊二」；然後向天（上帝）和后稷獻祭，用的是牛「五百有四」頭；再向其他百神、水土之神獻祭，用豬、羊等牲畜共「二千七百有一」頭。這種規模的獻祭，堪比二百年前的武丁王。

傳世史書幾乎從未記載過上古有人祭行為，所以《逸周書．世俘解》記載的這些周武王實行人祭的記錄才會顯得頗為驚悚。但考古展示的商代（以及更早）各種人祭遺存和甲骨文記錄，與《逸周書．世俘解》的內容非常吻合，可以說，武王的人祭大典完全繼承了商代的人祭和牲祭傳統。

此外，《逸周書．世俘解》還提供了一個信息：在舉行人祭儀式的時候，也會演奏音樂。這是甲骨卜辭沒有記載的內容。

那麼，武王的這次祭祀是一次復仇的特例，還是常態化地接受了商朝的人祭宗教？從《逸周書》記載的武王表現看，很可能是後者。文王創制關於上帝的宗教原理，周公探索關於「德」的理論創新，但武王卻與他們不同，他沒有父親的創新能力，也從未真正信服弟弟的理論，所以只能沿用強大的商朝宗教傳統。

換句話說，在翦商的過程中，武王自己也完成了商化。

◆周公自我獻祭

周人和投降的商人貴族達成的善後妥協是：一，由紂王的兒子武庚祿父繼任商王，統治商朝舊疆。文王在《易經》的蒙卦中記載的那個懵懂少年（「童蒙」），現在大約二十多歲。二，周朝在殷都和周邊地區部署駐防部隊，由武王的三個弟弟管叔周鮮、蔡叔周度和霍叔周處指揮，負責監督殷商舊地的動態，防止叛亂再起，所謂「三監」。

至於較早就和周文王家族結緣的箕子，並沒有在新的殷商朝廷獲得職位。可能是因為他資歷老，或者野心較大，所以周武王比較忌憚，擔心把他放在殷都會難以掌控。《史記．宋微子世家》載，武王把箕子分封到了朝鮮：「於是武王乃封箕子於朝鮮而不臣也。」但商末周初應該還沒有朝鮮這個地理概念。箕子可能是被安置在了河北平原東北部，甚至遼河流域，總之要遠離殷都宮廷。

然後，武王班師返回關中。雖然已經征服商朝並建立周朝，但武王周發還是未能獲得信心。商族人口實在太多，已經投降的未必甘心失敗，還有許多尚未征服的商族方國散布在東南夷人之中，一旦叛亂再起，會很快發展成燎原之勢。

雖然武王一直聲稱是父親文王獲得上帝的天命，爾後才有周朝滅商的壯舉，但其實自己對此一直難以確信——上帝從未降臨在他面前。當初，父親獨自躲在西廂房裡一次次獲得上帝的當面教導，而自己已經擁有天下，但為何上帝從來不現身？尤其是，商紂王用自焚獻祭諸神，他周發又如何提供更能打動諸神的禮物？

《逸周書．度邑解》曰：「維天建殷，厥征天民，名三百六十夫，弗顧，亦不賓滅，用戾於今。嗚呼於憂！」意思是說，商朝開國數百年，王族進入天界的「天民」有三百六十人，如今人間雖然改朝換代，但他們依舊徘徊在殷都上空，隨時可能給周人降下災戾，這是何等的隱憂！以此對照殷墟甲骨卜辭，並沒有發現與武王所擔憂的「商族擁有三百六十位天民」相應的內容。所以，這很可能是帝乙和帝辛兩代商王「周祭」制度的傳聞流變：周祭以一年、十二個月、三百六十天為單位，很容易被理解成每天祭祀一位神靈，每位神主管一年中的一天。

再就是，商王朝擁有無數高超的技術，而周人只是個後起的小學生，就連武王使用的文字都是商人創造的。商的力量幾乎充斥在世間一切人造之物上，無可逃避。那麼，像商朝這樣戲劇性的崩潰和劇變會不會也隨時發生在周朝和自己身上呢？對武王來說，那操縱人間的神意實在是無法捉摸。

自從滅商之後，武王經常患病，身體每況愈下。他的兒子不多，正夫人邑姜生子則更晚，太子周頌還是幼兒，看不出有上帝福佑的跡象。有一次，武王抱病離開關中，去巡視征服的領地，待接受各方國君侯在殷都郊外的朝拜後，又上太行山，眺望這座巨大而邪惡的都邑，嘆息說：「嗚呼，不擅長應對上天，一日之內就會喪命亡國。實在是讓人可怕，不能忘啊！」周公旦這次沒有隨行。返回鎬京的路上，武王身體已經難以支持，整晚整晚地睡不著。他預感自己時日無多。剛抵達鎬京，武王就讓貼身侍衛小子去報告周公。於是，周公趕來詢問：「王已經積勞成疾，怎麼還無法入睡？」

武王讓弟弟坐定，談起了自己憂心的身後事：「商朝雖然在各種詭異的徵兆之下覆亡了，但他們的諸神仍在天界虎視眈眈；那些曾經臣服於紂王的商人，無時無刻不在想著復仇，把我們從西土抹去。我本來想找到上天保佑我們的方法〔17〕，但我的生命不會太長，這個工作只能留給你了。」

武王還說：「我無法完成先祖留下的事業。就像肚子餓了才想到種田一樣，我現在的工作不做好，就會連累先祖，無法讓他們在上帝那裡得到顯赫的位置〔18〕。在我死後，王位就由你來繼承，這件事已經沒有別的選擇，連占卜也不用了。你如果做不好周王的工作，以後也無法面對我和列祖列宗。我相信你不會那樣。」

周公旦聽到這些，非常驚恐，一直哭泣不能說話。武王繼續說：「嗚呼，周旦！我想夷平那殷都，只能倚靠天的助力。我已經考察過了，在黃河的支流洛河和伊河之間，有一塊向陽的盆地，它當初是夏朝人的都城，離天很近了，就給它叫『度邑』（向天界過渡之城）吧。」〔19〕

武王的這番話有很多缺環和跳躍，恐怕不是後世傳抄中的偶然脫漏，而可能是談話內容過於露骨，所以也就不可能在正式文本裡保存下來。

王位兄終弟及，這在商朝很常見，武王有這種考慮也不算出格。但武王的兄弟很多，都已經接受過翦商戰爭的鍛煉，而周公旦並不以勇武著稱，為何會被武王選擇為繼承人？

可能主要是因為他的自信：周公對上帝和鬼神有自己一套基於「德」的理解，曾無數次用這套理論寬慰從噩夢中驚醒的兄長。事實上，武王基於自己的生活經驗，從未真正接受過周公的理念，但武王知道，在周人中，只有周公在試圖掙脫商人的宗教，不再對那些商人的鬼神戰戰兢兢，頂禮膜拜。武王自己無法擺脫，但他認為或者說希望周公能找到出路。

對於新建立的周朝，武王病危是一場重大危機。呂尚，另一位翦商事業的規劃師，也已經垂老多病，自從殷都歸來之後，他就很少在朝廷活動中出現。

但周公真的有一套成熟的宗教解決方案嗎？

儒家經典《尚書．金縢》載，在武王病危期間，召公奭和畢公高提出，應當為武王舉行祭祀，請天界的周先王們施加福佑，延長武王的生命。但周公反對，認為不應當讓先王們為此憂心。然後，周公卻在私下舉行了另一場祭祀，而他自己就是候選的祭品。

周公先是在周宗廟築起三座祭壇，分別代表需要召喚的三位先王亶父、季歷和文王；然後，周公手執玉璧和玉圭立在祭壇下，由史官宣讀給三位先王的祝詞：「諸位先王的元孫周發，〔20〕現在已經病危；先王們在天界有護佑子孫的責任，現在，請由我周旦代替兄長周發進入天界。我如同父親文王一樣仁愛，多才多藝，能侍奉天界的諸位鬼神。元孫周發不如我多才多藝，不會侍奉鬼神。我周旦進入上帝的庭院後，會幫助你們福佑四方，永遠安定周邦子孫，四方民眾都會畏懼我的神威。嗚呼！上天降給周邦的使命不會荒廢，先王們也會永遠安寧。現在，我將用龜甲占卜，如果你們答應我的要求，我就獻給你們玉璧和玉圭，等待你們把我接走；如果你們不答應，我就收回玉璧和玉圭！」

結果，三隻龜甲占卜的兆象顯示都是吉利，先王們同意了周公的懇請。〔21〕

周公的這次自我獻祭儀式，看上去奉行的並不是周公自己提倡的神用「德」衡量人間的理念，而屬於典型的商人宗教邏輯：凡人用祭品（包括物品和人）奉獻給神，以換取神的開心。也就是說，在面臨重大而艱難的抉擇時，周公的做法更保守，或許他認為，更古老的宗教觀念可能更靈驗，也更實用。

周公把自己獻祭給諸神，和紂王走投無路中的自焚原理相似，但他並沒有當場自殺，而是「歸俟爾命」，等待諸神接走自己。這簡直是對諸神法力的某種試探，很難說他虔誠地奉行了商人的宗教理念，反而有些僥倖和「偽善」。不過，這只是剛剛對宗教萌生懷疑的周公邁出的第一步，這時的他還未建構起一套新的世俗道德邏輯。

儀式結束後，周公的這篇祝詞被用金泥密封起來，收藏到了宗廟的櫃子中。之後，它還有更實際的作用，就是維繫和侄子成王的關係。

但武王很快還是病重死去了，終年四十五歲。[22]這是滅商第二年的十二月，武王君臨天下才二十二個月。從此，周朝進入周公攝政為王的特殊階段，而這個新興王朝也將迎來最嚴重的挑戰。

第二十六章 周公新時代

武王周發去世後，周公旦隨即宣布年幼的侄子周頌為繼承人（成王），但真正坐上王位的是周公。在成王親政之前，一切政務由周公負責，他不僅擁有王的全部權力，使用王的全套禮儀，臣僚們也都稱他為王。

> 武王崩，成王幼，周公屏成王而及武王，以屬天下，惡天下之倍周也。（《荀子・儒效》）

輔政期間，周公平定了叛亂，還實行了一系列重要舉措來鞏固新生的周王朝，比如，拆解商人社會，分封周人諸侯，等等。其中，有一項非常重要但後世已經完全忘卻的舉措，就是廢止商朝的人祭文化。《尚書》有八篇周公主政期間發布的講話，被稱為「周初八誥」，記錄的是周公為王朝奠基的諸多工作，從中，我們能夠找到一點周初禁止人祭的蛛絲馬跡。〔1〕而從考古來看，商朝一直繁榮的人祭和人奠基到西周建立時卻戛然而止。文獻和考古兩相對照，本書推測，這場重大變革發生在周公輔政時期。

這場變革幾乎從未被歷史文獻提及，甚至商代無比「繁榮」的人祭行為也沒有被記錄。那麼，周人為何要掩蓋商人的血祭宗教，以及這個宗教是如何被消滅的？

這些都要從周公輔政時期開始講述。

◆東方叛亂

武王死後，周公稱王理政長達七年。這是王朝草創時期迫不得已的選擇：商族人的勢力依舊龐大，他們的傳統是只服從已成年、有能力的王者，所以商朝歷史上經常有兄弟繼承王位。如果現在坐在周王位上的是個幼童，商人會很容易萌生叛亂的衝動。太保召公奭理解這個方案，他是周公最重要的支持者。

周公遇到的最激烈反對，來自駐防殷地的「三監」：管叔、蔡叔和霍叔。他的這三位兄弟認為周公輔政只是故作姿態，後面肯定還要篡權為王。特別是管叔周鮮，有記載說，他在兄弟中排行第三，比周公大，比武王小，如果按照王位兄終弟及的原則，管叔比周公更有資格為王。（《史記．管蔡世家》）

「三監」和關中有密切聯繫，他們的宣傳鼓動傳入了鎬京。《尚書．金縢》載：「武王既喪，管叔及其群弟乃流言於國曰：『公將不利於孺子。』」「公」即是周公，「孺子」即是成王周頌。

而武王臨終前談話的內容可能也有所洩露，比如準備毀滅殷都和屠殺商人的計畫等。管叔等人不能接受毀滅殷都的方案，這裡繁華富庶，比西土的生活好得多，怎能輕易付之一炬？

至於商王武庚，最初他應該還沒有起兵造反的勇氣，但因處在管叔等「三監」的控制之下，也被裹挾進了叛亂，故《史記．管蔡世家》曰：「乃挾武庚以作亂。」此外，山東和蘇北淮河流域的夷人部落，嬴姓的徐、奄等部族，也加入了反周公同盟。〔2〕

紂王時期，商朝曾重點經營東南夷地區，所以這裡的很多部落和商朝關係密切，比如紂王重用的蜚廉和惡來父子就屬於嬴姓夷人，惡來雖在牧野之戰中被殺，但蜚廉卻逃回了家鄉並帶領族人起兵反周。周公輔政元年，整個東方都已脫離鎬京的統治，叛亂者的聲勢越來越大。

關中的周人貴族大都不願再次進行戰爭，認為叛亂者勢力強大，且以「三監」為首，開戰則意味著周族手足相殘，所以最穩妥的方案是妥協，東西分陝而治，把東方殷商舊地全權交給「三監」。但周公和召公反對，堅持要平息叛亂。

周公輔政二年春季，為了讓周人支持這場戰爭，他開始準備全面動員。

周公先是求助於先王之靈，並用文王留下的那只大龜殼占卜，然後發表講話，刻意淡化周人內部的矛盾，強調這主要是商朝殘餘勢力和周朝的較量。

寧王遺我大寶龜，紹天明，即命曰：「有大艱于西土，西土人亦不靜。越茲蠢殷小腆，誕敢紀其敘，天降威，知我國有疵，民不康，曰：『予復！』反鄙我周邦。今蠢（春）今翼日，民獻有十夫予翼，以于敉寧武圖功，我有大事，休？朕卜，並吉。」

翻譯為白話是，文王給我留下了大寶龜，在這個早上，我用它來占卜，先在上面刻上向文王稟報的命辭：「西土遇到了大困難，人心惶惶，那愚蠢的殷商，如今小有積蓄，膽敢試圖恢復它的聲勢。上天給我周邦降下危難，帶走了武王，那些商人知道我國有危機，人民不安定，就說：『我們恢復王朝的時機來了！』他們想讓我周邦臣服。

這個春天的翌祭日（占卜當日），我帶領十名受到民眾推戴的臣僚，準備完成文王和武王開啟的功業，我這件大事業會順利嗎？」我的占卜結果是：一切都會吉利！〔3〕

《尚書．大誥》是現存的周公輔政時期的第一篇講話文稿，其主旨是必須消滅東方叛亂者。但與文王不同，周公沒有親自見到上帝的能力，所以只能在龜殼上釋讀上帝和文王的意旨：「我是文王的孩子，不敢違抗上帝的命令。上天福佑文王，讓我們這個小小的周國興盛起來。文王從來都信仰占卜結果，所以能接收上天的命令。現在，上天來幫助我們，也是通過占卜顯示天意！」

予惟小子，不敢替上帝命。天休于寧王，興我小邦周，寧王惟卜用，克綏受茲命。今天其相民，矧亦惟卜用！

《尚書》所載商周之際王的講話，經常用淺顯的農業生活例子作類比，講道理。周公這篇也不例外。他說，文王開啟的翦商事業，要靠我們這一代人完成，就像父親蓋房子，已經築好了房基，但兒子不願建造屋牆，這房子能完成嗎？就像父親開墾了荒地，兒子卻不願播種，這樣能有收穫嗎？

王曰：「若考作室，既厎法，厥子乃弗肯堂，矧肯構？厥父菑，厥子乃弗肯播，矧肯獲？」

周公帶兵東征，首先指向殷都。史書沒有記載戰爭過程，只提到殷都發生了大混亂和潰敗，「三監」被俘虜，為首的管叔周鮮被處死，蔡叔、霍叔被褫奪封爵，終身囚禁；〔4〕商王武庚則逃亡到北方，被追兵殺死。

對東南夷人的戰爭耗時更久，可能從周公輔政三年持續到四年。這裡地域廣闊，土著部落眾多，周人勢力還未能觸及這裡，所以由周公和召公奭分兵進剿。據《呂氏春秋》載，有些商人侯國使用馴化的大象作戰，但仍被周軍擊潰，逃到了江南地區。為讚美周公的功德，周朝宮廷還專門創作和增加了《三象》舞樂。〔5〕而蜚廉則在失敗後逃到海邊，仍被追殺，最後族人被周朝強制遷徙到西土，後來繁衍出秦族和秦國。〔6〕

武王滅商，雖三月告成，但其實只是開端，因為商朝解體後，大量商人氏族還保留著武裝，尤其東南夷人地區的商人勢力更是毫髮無損。周公這次東征，歷時三年，才算是徹底消滅了商人的軍事實力，把周朝的統治推進到原商朝的全部疆域。周人一度因戰爭而疲憊不堪。《詩經．破斧》這樣歌唱：

既破我斧，又缺我斨。周公東征，四國是皇。

這可能是後方周人忙於勞作的詠嘆。

而從牧野之戰算起，周王朝則經過大約五六年才算是真正建立起了穩定而全面的統治。也只有到此時，周公旦才可能對周朝予以通盤規劃。其中，最重要的工作是處理商王朝的龐大遺留，先要徹底消除商人興兵復辟的可能性，然後廢止他們血腥的人祭宗教。

為此，周公做了兩方面的工作：一，拆分商人族群，消滅其軍事實力和人祭宗教；二，分封各種諸侯國，統治、同化新征服的東方地區。

先來看第一項工作。

◆ 拆分商族

商王朝歷時五百餘年，商族已經枝繁葉茂，是規模最大的族群，而周當時還只能算是西土新興的蕞爾小邦。雖然無法確知當時的人口數字，但據估算，商族人口可能近百萬；商朝控制區內的各種非商族人口，比如眾多土著族邦和被紂王納入統治的部分東南夷人，總數可能是商族人的兩三倍；而在商朝的控制範圍之外及認知範圍之內，各種蠻夷土著的總數也會有近百萬。

經過文王時代的急劇擴張，到武王時期，周族可能在十萬人左右，即便加上西土各同盟族邦，也很難超過五十萬人。況且多數盟邦當時與周的關係並不穩定，周王還難以對他們發號施令。

為了杜絕商族人再度叛亂的可能性，必須把他們拆分，使其散居到各地，難以互相聯絡。首要的，是要把最為顯赫的商人貴族和最重要的家支族邑遷到關中，使其在周人的傳統勢力範圍內散居，斷絕其與故土的聯繫。

武王滅商後，這個工作已經做了一些。有些在紂王時期不得勢的商人貴族已經主動投靠周朝，把家族搬遷到了關中，比如，周原曾發掘出一座名為「微史」的商人家族的青銅器窖藏，著名的「史牆盤」即出土於此，其銘文中講述：武王剛滅商，微史氏的「烈祖」就主動帶著家人搬到了關中，武王命令周公給他們安

史牆盤銘文拓片，《集成》一〇一七五

頓家宅，讓其在周原定居下來。由於是主動投靠，微史氏頗受重用，世代擔任周朝史官，主管文書和檔案。

平定三監之亂後，周公對商族人的搬遷力度更大：從鎬京到周原，再到周邊的川原山谷，在整個關中地區安頓了很多商族聚落。因為他們使用的器物、喪葬習俗和關中土著族群很不一樣，考古已發現很多這種殷商移民的遺址。

遷入關中後，這些商人族邑可以獲得土地並墾殖，族長則有機會在周朝擔任官職，特別是和書寫、文化有關的職位，因為相比商人，周人文化程度較低，需要吸收商人的書面文化和行政管理經驗。

當然，僅靠移民關中，尚不足以消解龐大的殷都人口，而周公的目標是要把殷都徹底抹去。商族的血祭文化和殷都聯繫太多，不僅眾多的商王陵和族墓埋葬著無數殉葬人與人牲，還有無數的甲骨卜辭記載著商人的血腥文化以及讓文王家族心碎的遭遇。所以，必須毀滅殷都，斷絕商人的血祭文化傳承和歷史記憶，讓他們開始新的、正常的、和平的生活。

其實，武王周發已經有了這個規劃。他在病中和周公談話、安排後事時，很重要的一項就是要毀滅殷都（「夷茲殷」），同時把周朝都城向東推進，在中土的洛河之濱營建一座新城。

武王一直活在對商人的恐懼和仇恨之中，但也同時活在對商人宗教理念的癡迷中。在他的計畫裡，可能是要把商人押解到新城規劃之地屠殺祭天，讓他們成為「度邑」的奠基禮。他相信，只要有了這份空前豐厚的祭品，上帝會格外垂青於周王室，給他們降下一條平坦的通天大道。如果武王周發的壽命足夠長，他完全有可能成為像殷高宗武丁一樣以殺戮獻祭著稱的「偉大」君王。〔7〕

當然，周公並不贊同武王的計畫，但他必須消滅商人再度叛亂的可能，並同時改造商人的宗教文化。

◆周公的另一面

輔政第七年，周公開始營建武王設想的新城，但名字換成了平庸的「洛邑」。「度邑」的宗教意義太強，周公不想接受。

這意味著有二百多年歷史的殷都將被徹底摧毀，所有貴賤居民都將被強制遷往洛邑。此時殷都的居民已經大大減少，因為拆分殷商的工作已經實行三年，比如，已經有部分殷民跟隨微子啟到了南方的商丘，建立了宋國；周公新分封的幾個諸侯國也摻入了一定比例的殷民；最後搬遷的，是對周朝最為抵制和最不恭順的，被稱為「殷頑民」。（《尚書．多士》）

為讓「殷頑民」接受現實，順利搬遷，周公還專程趕來監督和督促，並發表了一篇講話，是為〈多士〉；而二百多年前，為動員商人遷往殷都，商王盤庚也曾發表一篇講話，這便是著名的〈盤庚〉。對照這兩篇有關殷都誕生和毀滅的重要文獻，我們可以看到周公和盤庚的某些類似之處。

和人們印象中那個彬彬有禮、拘謹保守的周公不同，〈多士〉展現了他朝三暮四、翻雲覆雨的手腕和威逼利誘、軟硬兼施的能力。周公很了解商人，知道和他們相處的方式，而這恰恰是後人不了解的商人，更是並不真正了解的周公。

周公還是以周王的身分講話。他先是按照標準的官方歷史敘事，回顧了周邦滅商的合法性：「是天—上帝對殷商失望，才命令我周邦滅掉了商朝。各位貴族，不是我小國周邦想主動滅亡你們，而是上天要把你們交給我，如果上帝不給，我們敢主動去要求嗎？」

王若曰：爾殷遺多士弗弔，旻天大降喪于殷。我有周佑命，將天明威，致王罰，敕殷命終于帝。

> 肆爾多士！非我小國敢弋殷命！惟天不畀，允罔固亂。弼我，我其敢求位？惟帝不畀。惟我下民秉為，惟天明畏。

接著，周公講了一套商朝代夏、周朝代商的循環邏輯，說這都是末代之王喪失德行，引起上帝的反感，從而導致天命改移。

一番套話後，周公談到了正題，「有命曰割殷」：「現在，我作為周王，收到了上帝的命令，要廢掉你們的殷都。」

周公也對殷民表示了惋惜和不理解，他說：「我也覺得，上天這樣對待殷人太過分和不近情理，但是，跟你們各位貴族實話實說，我現在必須帶著你們西遷，這不是我自己不想安分，而是天命最新的要求，你們不要想違抗。我不敢耽誤時間，你們也不要埋怨我！……難道是我敢向你們索要（和毀滅）天邑商嗎？我只是可憐你們，這不是我的罪過，是天命的安排！」

> 王曰：猷，告爾多士。予惟時其遷居西爾。非我一人奉德不康寧。時惟天命。無違。朕不敢有後。無我怨！……肆予敢求爾于天邑商？予惟率肆矜爾！非予罪，時惟天命！

接著，周公暗露威脅：「當初，我從討伐東夷的戰場回來，曾經給你們列國之民發布命令，我會光明正大地替天進行懲罰！如今，讓你們搬個距離不遠的家，只是為了方便你們侍奉周朝，（比起殺人）算是輕微多了。」

王曰：多士！昔朕來自奄，予大降爾四國民命，我乃明致天罰！移爾遐逖，比事臣我宗，多遜。

「告訴你們，現在，我肯定不會殺你們，我這話已經重複過好幾遍了。如今，我要在那洛水邊建一座大邑，我考慮天下四方還沒有全部臣服，而你們諸位貴族呢，已經臣服於我周朝，替我奔走服務了，比起那些還負隅頑抗的，自然要好得多，所以（在新城洛邑）你們還會擁有土地，可以安心過日子。

「只要你們恭順，上天也會垂憐你們；你們不肯恭順呢，不只是不能擁有土地，我還會代表天懲罰你們。現在，趕快去建造你們的族邑家宅，繼續過你們的生活，那新洛邑是個長久的安家之地，把你們的孩子們也都帶上，一起搬遷！」

王曰：告爾殷多士——今予惟不爾殺，予惟時命有申。今朕作大邑于茲洛，予惟四方罔攸賓，亦惟爾多士，攸服奔走臣我，多遜。爾乃尚有爾土，爾乃尚寧干止。爾克敬，天惟畀矜爾。爾不克敬，爾不啻不有爾土，予亦致天之罰于爾躬！今爾惟時宅爾邑、繼爾居。爾厥有干、有年于茲洛。爾小子乃興，從爾遷！

周公這番講話的目的是要敦促殷人必須全部、儘快地搬遷，不要有僥倖拖延的想法；同時，他還要安慰人心，告訴他們搬遷的計畫不是集體屠殺的陰謀，所以他強調，四方沒有賓服的方國勢力還有很多，沒有必要現在就動手殺他們。

周公對上帝的觀念也很值得討論。和兄長武王談話時，周公頻頻談到上帝，因為武王無法擺脫對上帝的信仰卻又對上帝是否保佑自己缺乏信心。但武王死後，周公和周人的談話中就較少出現上帝了，必要時多用含糊的「天」來代指上帝。

在周公看來，源於殷商的上帝概念頗有危險性，商文化裡的上帝不僅殘暴，而且難以捉摸。雖然文王曾試圖重新定義上帝，但後繼無人，結果武王被上帝概念搞得神魂顛倒。要把上帝和商人文化徹底切割是很困難的，所以周公認為，應當淡化上帝，儘量少讓祂出現。

和周人談話時，周公講得最多的是「德」。他在後世的形象是道德家，謙謙君子，甚至顯得迂腐不通世故，應該主要就是從這裡來的。但在對商人布置任務時，周公卻又會頻頻談及上帝，因為商人篤信上帝，不用上帝很難震懾他們。有時，周公還會使用露骨的暴力威脅和利益誘惑，這也是因為商人容易理解和接受這些，相反，跟他們講道德，則過於玄遠，無異於對牛彈琴。當然，這是有緊急任務，換作平時，對商人宣講一下道德也無妨。

所以，真實的周公，個性頗為複雜。其一，他經歷過商朝統治和商周易代，深刻了解商人的文化和個性，能在殷都存活下來，自然有世俗的生存智慧。其二，過於慘痛的經歷也讓他對上帝等宗教理念非常警覺，敬而遠之，而對「德」則有著近乎「病態」的追求。

「殷頑民」搬遷後，周人系統而全面地毀滅了殷都，大火之後，富麗堂皇的商王宮殿只剩下了灰燼和坍塌的成堆夯土，而方圓數公里內，數十個族邑聚落無一倖存。在隨後的幾百年裡，這片土地淪為荒野，曾經巨大的城邑永遠從人間消失，只剩深埋在地下的墓葬和無數的甲骨卜辭，以及那些獻祭殉人和奠基人牲。

而執行毀滅殷都任務的周人似乎越來越瘋狂。在殷商高級墓葬的墓穴上方，商人通常會建造一座供子孫祭祀逝者的享堂，所以，周人只要按圖索驥，並不難找到。由此，他們挖掘了商王陵區的幾乎所有高級墓葬，連同十幾代商王及其夫人的墓穴均遭到毀滅性破壞：被挖成鍋底形狀的巨大土坑，直徑十幾公尺，深十餘公尺，槨室中的屍體和隨葬品被洗劫一空。這種規模的破壞行為，絕對超出了盜墓賊的能力和作案條件，它只能是公開的、有組織的集體行為。

劫掠和破壞完墓穴之後，這些巨大的盜坑又被周人填埋，重新變成平地。可見，在將其徹底破壞之後，周人還有意識地要把這裡變成被徹底遺忘之地。

直到三千餘年後，第一代考古人在重新發掘這些墓室時才發現，除了巨大的盜坑之外，遺留的物品已經很少。但幸運的是，他們還是在一座大坑的填土之中發現了半隻被砸斷的石刻人偶，而後又在另一座坑的填土中發現了另一半。這說明，盜坑的挖掘和填埋是同步進行的。

由此，破壞王陵的行動即使不是周公布置的，至少也得到了他的默許。商王朝雖然已經成了歷史，但周人對商朝和歷代商王依然又恨又怕，誰又真的知道他們

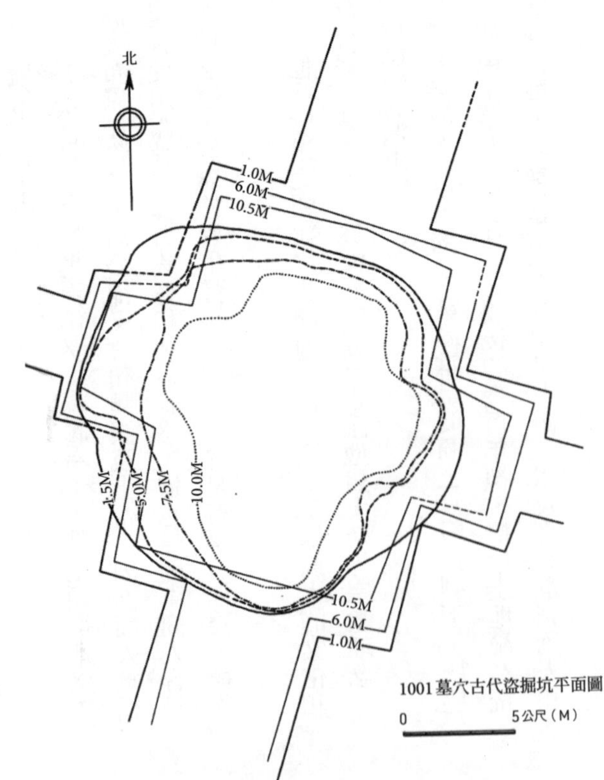

M1001墓穴上面的大型破壞坑平面圖〔8〕：
殷墟王陵區所有商王、王后、高級貴族的大墓的，都遭到了這種毀滅性破壞

會不會在天庭中降禍人間，而掘其墓、揚其屍則可能會切斷他們干預人間的途徑，況且在商朝的統治下，周人經歷了數十年的恐怖，也背負了巨大的良心之債，搗毀商王陵寢或許能讓他們稍微緩解一些。周公這一代人承受的負擔，沉重到無法載入文字。

至於那些被毀滅的商王陵寢中還可能有些什麼奇異的青銅重器，已經難以想像，但有些劫餘依然可以給我們提供一些參照。比如，某些次等墓葬中曾出土零星的劫餘物品，其中就有近一噸重的「商后母戊鼎」，由此推理，王陵中應該有更加巨大且精緻的青銅器。但在後來，無論西周、春秋，還是更晚時代的遺存，都沒有發現如「商后母戊鼎」級別的商代重器，也沒人描述過它們。我們已經無法知曉它們去了哪裡，或許周人出於忌諱和厭惡，把這些掘出的青銅隨葬品熔化成了銅錠或者鑄造成了其他銅器。

殘忍部族的終結

在通往殷墟王宮的大路邊，是擅長製陶的劉家莊北商人族邑。如前所述，這裡曾挖掘出銅甗裡裝有蒸熟人頭的M1046墓葬，有大路邊堆滿人畜骨骸的祭祀場。但殷商解體之後，劉家莊北聚落呈現的是一片倉皇景象。

F79發掘照片

其中的F79是一座貴族住宅，整體呈回字形四合院狀，坐北朝南。整座住宅已被燒毀，散落堆積著坍塌的燒土塊。在東小院內（院落中部偏北），有一深二公尺的袋狀窖穴H2498，本來是儲存粟米的糧窖，但坑底散亂放置了三件刻有銘文的銅禮器，分別是尊二件和斝一件，此外，還有陶罍一件。這幾件器物的表面都沾著黑灰土，被紅色燒土塊掩埋在坑內。

同期，在西大路西側的F22旁邊，也有一座銅器窖藏坑H326，雖然只有三十公分深，裡面卻放置了三件銅器，鼎、斝、卣各一件，有的顛倒，有的正放。坑內還有些空間，可能放置了其他財物，但已經腐朽無存。〔9〕

上述兩座窖藏坑，器物擺放倉促，不像是正規祭祀行為。發掘簡報猜測，考慮到上述窖藏坑年代均屬殷墟文化四期偏晚階段，「如此多的青銅重器在相對集中的時間段內被打碎、棄置或埋藏，加之此時的大型建築被焚毀，這些事件絕非孤立發生，可能與周人滅殷的重大歷史事件有關」。〔11〕

此外，二〇一五年，地產開發商在保護區範圍擅自施工，竟挖出了部分金屬埋藏物，經考古隊搶救性發掘，發現這是一座掩埋大量鉛錠的窖藏坑，編號H25。〔12〕

該坑直徑約一·七公尺，深一公尺，鉛錠在坑底堆積厚度有〇·

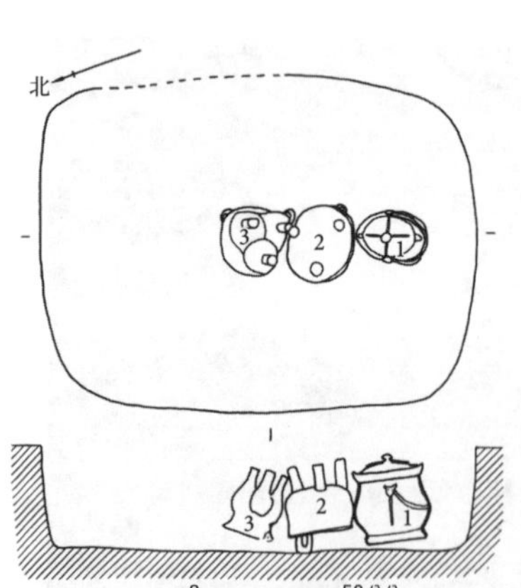

H326平面及剖面圖：
1.銅提梁卣；2.銅鼎；3.銅分襠斝〔10〕

H2498窖穴（俯拍）

五公尺。鉛錠都是薄片狀，「略呈龜背形」，長度十一七十公分，單片重量五一四十公斤。多數鉛錠上都有一個圓孔，可能是為了方便穿繩搬運。坑底先墊了一層草編席子，然後逐層規範放置鉛錠，共有二九三塊，總重量達三四〇四公斤。

這座鉛錠坑緊鄰著一座小房子F1，旁邊還有其他院落附屬建築。鉛錠可能本來儲存在F1之內，最後是主人挖坑把它們掩埋了起來。從填土中的陶片判斷，這座坑屬於殷墟晚期。〔13〕考慮到鉛是鑄造青銅的必需品，劉家莊北聚落雖然不鑄銅，但它東邊卻緊鄰殷墟地區最大的鑄銅產業區（苗圃北地），所以劉家莊北的貴族可能會從事鉛等礦產品貿易。本書猜測，應該是殷都遷徙的消息傳來時，主人急忙掩埋了這批鉛錠。

H25內鉛錠堆放情況

當然，在周公組織的殷都搬遷中，像劉家莊北這種被暴力毀滅的聚落不算多。其他聚落很少有發現倉皇掩埋財物的現象，幾乎所有貴族都帶走了私家財物。新城洛邑出現的殷移民聚落和鑄銅作坊等也顯示多數搬遷是和平的。

劉家莊北之所以如此，或許是因為此地的商人格外地殘忍和熱衷人祭，對搬遷命令也最為牴觸（甚至還和周軍有過小規模衝突），自感未來並不會受到太好的對待，便紛紛掩埋了自家財物。

◆洛邑新城的道德演說

營建洛邑的工作由召公奭負責，在這之前，他住在關中主持留守朝廷。此時，成王可能有十三四歲，已接近親政的年齡。

三月初，召公趕到洛邑，和周公押解來的殷都移民會合。此時的洛邑並非一塊荒野，因為「三監之亂」平定後，周公在這裡部署了一些監控東方的駐防兵力，所以又名「洛師」。（《尚書・洛誥》）

召公和周公的這次相會頗為重要。此時周公輔政稱王已有七年，平定「三監之亂」也已經過去三年。這段時間裡，他主要在東方，很少和成王在一起。對於周公是否願意歸還大政，外界頗有疑心。但周、召二人見面後，周公同意在該年從王位退下，交出權力。按照約定，待洛邑工程完成，成王將在這裡舉行登基儀式，正式建都洛邑。

其實，此時周公真正關心的問題是商人的人祭文化。商王朝雖然終結了，但他們用人牲祭祀、奠基和殉葬的傳統並沒有終止；而且武王在位期間還會舉行商式獻祭，甚至比商人更變本加厲。人祭是一種漫長而頑固的風習，從新石器時代晚期以來算起，已經延續兩三千年，商朝更是將其吸收到了王朝制度之中。想要根除上千年的積習，談何容易。

這次周公與召公的談話，有些被收入了《尚書・君奭》，其中周公說得最多的是王朝興亡更替的教訓。他認為，這背後雖都有天—上帝意志的改變，但唯一能影響天命的因素，是人的「德」，也就是人處理現實問題的準則。所以，周公說，「天不可信」，〔14〕人不能奢望去揣摩天帝的意旨，只需要把世間的義務履行好。

在後世人看來，這屬於老生常談，但周公沒有說出來，或者說了但不能記錄下來的，應當是：不能指望靠祭祀討好天帝和諸神，不僅周人不能這麼做，也要禁絕商人的人祭行為。

當初武王滅商、進入殷都時，曾在紂王的屍首上表演射箭和斬首儀式，這是翦商大業的一幕經典場景，也是武王採用商人巫術和人祭禮儀的開端。據屈原《天問》，當時在武王身旁的周公旦曾表示不滿，覺得武王將要重蹈殷商覆轍，周族未來的命運令人嘆息：

> 到擊紂躬，叔旦不嘉。何親揆發，周之命以咨嗟？授殷天下，其位安施？反成乃亡，其罪伊何？

如今武王已逝，周公和召公成為新王朝的掌舵人，他們要扭轉武王標定的航向。二人這次密談達成的共識，很快就在洛陽的建城典禮上體現了出來：首日，祭祀天帝（郊），用了兩頭牛；次日，祭祀土地之神（社），用了牛、羊和豬各一頭。這和商人及周武王的獻祭作風完全不同。洛邑新城是殷商移民最集中的地區，在這裡舉行典禮，相當於周朝上層給他們現身說法：血腥的人祭宗教應該終結了。〔15〕

歷時七天的祭祀完成後，營建工程開始，所有殷商移民也都投入了勞作之中：「厥既命殷庶，庶殷丕作。」（《尚書．召誥》）這些殷人還保留著原有的宗族組織，召公只需做好規劃，給殷人各氏族的首領（尹）發布任務就行，其餘工作會由殷人自行組織完成。

周公描述的洛邑城名為「新大邑」：「周公初基，作新大邑于東國洛。」（《尚書．康誥》）這正和商人稱殷都為「大邑商」相對，象徵著它是殷都居民的新家園。「新大邑」分布在瀍水的東西兩側，兩地相距數公里：東側主要是殷商移民居住區，西側是周王行宮、宗廟以及周人居住區。在瀍水西岸（今洛陽火車東站附近）有一片周人貴族聚居區，王朝顯貴大都在這裡建造宅邸。墓區出土銅器中有「太保」銘文，說明召公奭家族的部分墓地也在這裡。但因為洛邑城被覆壓在現代洛陽城之下，目前發掘範圍還很有限，尚未發現大規模的宮殿台基。也可能是洛邑的規劃以實用為主，沒有太多奢華的工程，也沒有城牆。

到下半年，新洛邑基本完成，官方名稱為「成周」。有人說，這名字可能寓意周朝的成就，也可能和成王的尊號有關。與之相對，鎬京（豐鎬）被稱為「宗周」，因為資歷更老一些。岐下的周原則單稱為「周」，是最古老和狹義的周地。

周公先是趕赴鎬京向成王報告，並隨成王來到成周洛邑。在這座據說距離上帝最近的城市，成王「加元服」（成人禮），從此開始履行王的職責：接見在洛邑的商人長老和周朝百官，在各種典禮上頻頻露面。周人希望讓殷商移民看到新王振作有為的氣象，所謂：「有王雖小，元子哉！」

此後，周公和召公對少年成王又有幾番關於王朝興衰的說教。和以往不太一樣的是，二人的論說裡新增了一個「小民」概念，指的是構成王朝主體的普通農夫和貴族封邑裡的農奴。按照周公和召公新發展的理論，王應當關注小民的生活，聽取他們的意見，不要（讓貴族）虐待和過度剝奪他們，小民才是王永遠獲得天命眷顧的基礎，所謂：「欲王以小民受天永命。」

> 其惟王勿以小民淫用非彝，亦敢殄戮用乂民。若有功，其惟王位在德元，小民乃惟刑用于天下。越王顯，上下勤恤，其曰：我受天命，丕若有夏歷年，式勿替有殷歷年。欲王以小民受天永命。（《尚書·召誥》）

到年底，成王在洛邑舉行迎接新年的祭祀，奉獻給文王和武王各一頭紅色的牛（騂牛）。[16]看來，周公的新祭祀原則已經成為王朝正式制度。

但不知為何，成王並沒有把洛邑作為真正的首都，不久之後，他又返回了鎬京。和父輩不一樣，成王並沒有和商人共同生活的經歷，但洛邑的主體居民是商人，這可能會讓成王難以適應。結果，武王和周公謀劃的遷都事業並未變成現實。此後，洛邑（洛陽）一直是西周王朝管理東方的軍政中心，其主體是殷商移民，可以組建規模很大的軍隊。西周王朝前期，在洛陽可以調動的兵力是「殷八師」，也叫「成周八師」，每個師兵力數千人；與此相對，在宗周鎬京，周人為主的兵力是「西六師」。

而商人也最終接受了商王朝的終結，在此後的幾百年裡再未試圖復辟。但是，人祭的積習仍難以根除，周公和成王還有很多工作要做。

◆修改歷史記憶

周公輔政時期留下的講話文稿（誥命），幾乎都是把商周王朝的更迭歸因於統治者的個人德行，完全沒有提及商人的人祭宗教，以及其崇尚武力和兇暴的文化品格，似乎商人和周人從來沒有任何區別。在《尚書．無逸》中，周公還把君王的在位時間和他們的德行聯繫起來，認為越是有德的君王，其享國時間越久，比如，商朝的高宗（武丁王）在位長達五十九年，周文王在位長達五十年（包括受命稱王之前擔任周邦族長的時間）。作為商末成長起來的一代人，周公不可能不知道商人的血祭文化，但他卻從未提及，好像它們根本不曾存在。

其實，這背後隱藏著另一個問題：商人的血祭宗教是被周公終結的，但周公所做的遠不止於此，他還要抹殺關於它的記憶，防止它死灰復燃。〔17〕

而忘卻是比禁止更根本的解決方式。為此，首先必須毀滅殷都，拆分商人族群，銷毀商王的甲骨記錄；其次，自古公亶父以來，周人曾經為商朝捕獵羌俘，這段不光彩的歷史也應當被永久埋葬；再次，長兄伯邑考在殷都死於獻祭，他的父親和弟弟們還參與並分享了肉食，這段慘痛的經歷也必須被遺忘。

目前殷墟發現的甲骨卜辭大多是武丁王時期的，屬於末代的帝乙和紂王的數量極少，而且沒有發現任何關於「周」的內容。然而，從常識推測，自古公亶父以來，周邦和商朝有很多交往，尤其是在周滅商之前的幾年，紂王按理會占卜對付周邦的策略。

所以本書猜測，周公很可能曾派人檢查過商朝的甲骨檔案，並銷毀了和周有關的一切內容，包括檔案庫在內的宮殿區也被焚毀和掩埋，即使三千年後有些甲骨被零星發現，也根本找不到涉及周的任何內容。

不僅如此，以周公為首的周朝上層還要重構新版本的歷史：夏人、商人和周人沒有什麼區別，從來不存在人祭行為，王朝的更替只是因為末代君王的德行缺陷。在周公的誥命裡，他一遍遍地重複這套新版的歷史解釋，終於成為西周官方定論。

或者也可以這麼說，在周公輔政時期，周人中已經形成某種明確的「政治正確」：不能批評商人的宗教文化，更不能記錄商人曾經的血祭行為。在文王和武王期間，周人應該還沒有這種忌諱，不然，文王不會在《詩經．蕩》中極度憤怒地控訴殷商王朝的殘暴和墮落；而另一方面，這首詩應該也經過了周公一代人的改造，去掉了關於血祭的那些最為敏感的內容。

西周建立後，被周朝強制遷徙到各地的商人聚落很多，但它們已經很少發生用人獻祭或奠基的行為，至少難以在考古中發現。比較特殊的是洛陽，這裡是「殷頑民」（最頑固的殷商文化傳承者）最集中的地方。

一九七四年，洛陽市北窯村發掘出一座西周前期的鑄銅作坊，規模很大，陶質鑄範碎塊多達數萬塊，發掘報告指出，「早期居住遺存和第一期墓葬，出土陶器同殷墟小屯南地晚期陶器異常接近，時代應該接近殷末，即相當於西周初年」，而且鑄範亦顯示青銅器造型和紋飾沿襲了殷墟末期風格，顯然是從殷都遷徙而來，甚至就是之前殷都王宮區以南苗圃北地的大型鑄銅作坊。

這座鑄銅作坊不僅有來自殷都的鑄銅技術，還有商人特色的人祭行為。比如，編號為F2的就是一座鑄造廠房（東西長十一．二公尺，南北寬七．二公尺），在它的夯土基址周邊，有十二座奠基坑呈環狀分布，坑內共發現人骨架七具、馬骨架三具以及狗骨架兩具；朝東、朝南的兩座房門外也各發現一座祭祀坑，內埋一人和一狗，「奠基所埋的人、獸有活埋時掙扎之狀」。但發掘報告過於簡略，沒有祭祀坑的詳細介紹和平面圖，難以復原當時的細節。

鑄銅作坊緊挨著墓葬區，其中規模最大的是M14，有很長且有直角彎的墓道，其他小墓則分布在它的周圍。發掘報告推測，M14墓主應當是這座作坊的擁有者，但墓穴早已被盜掘一空，連屍骨遺存都沒有，所以無法判斷殉葬人的情況。墓道兩側有祭祀坑，分別是兩座馬坑、一座羊坑和一座人坑：馬坑內各埋有被肢解的馬兩匹，羊坑內埋有四隻羊，人祭坑內埋有一人。[18]和殷墟相比，祭祀用人已經少得多了。

一九七五—一九七九年，洛陽市文物工作隊擴大了對鑄銅作坊遺址的發掘範圍，發現了更多的人祭坑和近三十具非正常死亡的屍骨。比如，大型灰坑H249發現人骨架六具，彼此相隔一—二公尺，呈基本平行的兩排，有的無頭顱，有的頭被砍下來放在身體一側，有的兩臂曲在胸前且腿彎曲，「似捆綁狀」，有半數的人，或胳膊或腿殘缺。

此外，和這些人祭坑一起被發現的，還有一些完整的馬、羊、狗骨架，以及占卜用過的甲骨。發掘報告推測，「每逢開爐澆鑄之前很可能存在有占卜和人祭、牲祭之類的宗教祭祀活動」。[19]這座鑄銅作坊從西周初年開始生產，持續存在半個多世紀，直到大約周穆王時期才被廢棄。

鑄造作坊以北二百公尺處，是周人高級貴族公墓區。這些周人貴族墓雖然規格高，墓穴大，隨葬品多，但都沒有殉葬人，更沒有用人獻祭。此外，這些周人墓葬都是頭朝北方，而鑄銅作坊的墓葬都是頭朝南方，看來，殷人和周人移民都還各自保留著自己的文化習俗，即使比鄰而居，也涇渭分明。〔20〕

另一處祭祀場在今河南科技大學的林業職業學院內，有兩座殘留灰燼的燎祭坑和三十七座埋牲祭坑，多數坑內有完整的馬或牛或豬骨架，還有人和馬、豬、牛、狗一起埋葬的。報告沒有提供人祭數量，從照片看，可能每座坑內不超過一人。〔21〕目前尚未公布更詳細的發掘報告，從人和牲畜混合祭祀的做法來看，與殷墟劉家莊北製陶聚落相似，但肢解分屍的現象已經比劉家莊北少。

這些「殷頑民」的人祭行為難免會引起成王和周公的注意，根據周公的「政治正確」原則，這些事情很難被文獻記錄。為此，周公叔侄需要發明一套新語彙。

這是年輕的成王首次需要面對的困難。

◆成王的憤怒

剛剛親政的成王比較急於走出叔父周公的影響，建立自己的功業。恰好，山東地區的東夷土著又發生叛亂，核心是「三監之亂」時期曾活躍的奄國。當地有兩個周朝剛分封的諸侯國，分別是周公長子的魯國和太公呂尚長子的齊國，朝廷需要為這兩個立足未穩的諸侯提供保護。

於是，年輕的成王便帶兵親征東夷，陪伴在他身邊的是母親邑姜，而周公可能坐鎮鎬京後方。有些周臣僚製作的青銅器銘文記載了太后在東夷戰爭中的活動。在周公輔政和兒子隱居成長的七年裡，邑姜一直靜默無聞，但現在，她不僅在意兒子的安全，也牽掛創建齊國的兄弟（此時呂尚可能已經離世）。

成王親政第五年，第二次東夷戰爭結束後，成王和母后東返，途中經過成周洛陽小住了一段時間。

在這期間，有一位貴族曾獲得成王的接見，之後更是專門製作了一件青銅尊，這就是因「宅茲中國」的銘文而著稱於後世的「何尊」。這也是目前發現的「中國」一詞的最早記錄，它在當時的意思是「中原之地」。〔22〕

返回宗周鎬京後，成王立刻和周公召集會議，對殷周貴族們發布了一個講話，這便是《尚書・多方》。即使周公叔侄刻意控制了情緒，其中包含的對殷商遺民極為深切的反感和厭惡也還是彌漫在文字之間。顯然，成王此行可能看到了一些讓他和周公深為憤怒的現象。

在開篇，周公先向臣僚們轉達了成王的話：「向你們四方列國正式宣告，特別是殷人的君侯、長老和民眾，我很嚴肅地向你們下達王命，你們不是不知道那改朝換代的偉大天命，也不是忘了恭敬祭祀……」

到底是殷人的什麼行為觸怒了成王叔侄，他們卻吞吞吐吐地說不出來，只是訴諸「周公式」的歷史說教，說夏朝和商朝的滅亡都是因為殘酷地虐待人民，濫用各種刑罰，諸如「不肯慼言于民，乃大淫昏」「日欽劓割夏邑」「乃胥惟虐于民」「殄戮多罪」等，故而喪失了天命。而且，周公這次指責的不是夏桀和商紂這兩位末代昏君，而是整個「多士」（貴族階層）。比如，他批評夏朝的貴族們只會虐待人民，有各種不人道行徑：

何尊及其銘文拓片

惟夏之恭多士，大不克明保享于民，乃胥惟虐于民，至于百為，大不克開。

後面成王的發言，怨氣更大，但也更不知所云。按他的說法，「殷多士」，也就是殷商貴族們，雖然已經投降周朝且奔走效力五年，但在自己的家庭和族邑裡仍然「不和」「不睦」，用「凶德」統治，「爾心未愛」（缺乏愛心），不敬重天命，胡作非為。

然後，成王對他們發出兇狠的威脅：「我現在警告你們，再有下次我就要動武，把你們抓起來，用大刑處死！一次不起作用，還會有第二次、第三次！不是我們周朝不慈善，是你們自己招來的報應！」

今爾尚宅爾宅、畋爾田，爾曷不惠王熙天之命？爾乃迪屢不靜，爾心未愛。爾乃不大宅天命，爾乃屑播天命。爾乃自作不典，圖忱于正。我惟時其教告之，我惟時其戰要囚之，至于再，至于三！乃有不用我降爾命，我乃其大罰殛之！非我有周秉德不康寧，乃惟爾自速辜！

那麼，成王叔侄到底是對什麼行為如此憤怒？本書認為，應當是商人群體還殘留的人祭、人殉和人奠基等遺風。考慮到成王歸途中曾在洛陽停留，應該是當地殷商移民的人祭行為讓他感到無比震驚。

在真正的現場發言中，叔侄二人也許會對「殷多士」直言必須禁止人祭行為，但在整理筆錄文獻的時候，人祭卻被替換成了「惟虐」「殄戮」等相對含糊的字眼，似乎殷商貴族們只是喜歡濫施刑罰而已。從現實意義看，這種替換的區別並不大，因為商人對人牲、罪犯、俘虜和奴隸這些概念的區分本身就很模糊。在官方文本的記載中，成王叔侄看似繞開了商人宗教的話題，但嚴禁商人以包括宗教在內的名義隨意殺人的立場非常明確。

根據周公確定的「政治正確」，在正式的文獻裡，他們只能把商朝的滅亡歸因到商紂一人身上，但如今，成王叔侄顯然認為殷商遺民的人祭行為已經不光是商紂能負責的了，有必要對整個商人貴族階層予以斥責。在周初的官方文獻裡，這是非常例外的現象，再考慮《尚書．多方》畢竟是西周的官方版本，我們可以合理推測，當時成王叔侄對殷商遺民發出的威脅應該會更為嚴厲。

相比商朝，西周初年殷商遺民的這類行為已經急劇下降，甚至近於消亡，這應該和周公叔侄的嚴厲態度有直接關係。

◆針對殷人的分封：衛與宋

在周公輔政最後一年，新洛邑建設開工之際，周公旦以王的身分宣布了冊封弟弟周封為衛侯的決定。新生的衛國將統治舊商朝核心區，都城設在廢殷都以南約六十公里的朝歌。雖然殷都已經淪為廢墟，居民也搬遷到關中、洛邑和宋國，但都城之外的商人聚落還有很多。對衛侯周封來說，統治和改造這些殷商舊民依然是一項頗有難度的工作。

周公格外地重視衛國的創建，在冊封典禮上前後三次對周封訓話，後都被收入《尚書》，分別是〈康誥〉〈酒誥〉和〈梓材〉。

這三篇誥命的文辭有些古奧，但基本精神比較明確，即要求周封管理好殷商舊民，還要讓他們改變陋習，成為新民，為王朝繼續贏得天命：「惟助王宅天命，作新民。」

在統治方式上，周公要求周封吸收以往商王的成功經驗（「往敷求于殷先哲王」），多向商人長老諮詢意見；但是在刑罰上，則要求周封必須壟斷刑罰的權力，其他任何人都不能擅自做主，不管是判處死刑還是割鼻子或耳朵這類肉刑。

> 非汝封刑人殺人，無或刑人殺人；非汝封又曰劓刵人，無或劓刵人。（《尚書．康誥》）

前文已述及，周公和周族上層比較忌諱提及商人的人祭和人奠基等宗教行為，把它們籠統地歸入了非法的刑罰。周公對周封的這一要求應當也包含要在衛國境內禁止人祭行為——這已經是劃歸國君獨有的權力，其他任何人的此類行為都是非法的。

在衛國境內，不僅禁絕人祭宗教的工作量比較大，針對殷商舊人謀逆行為的鎮壓力度也很大，所以周公的訓話涉及刑罰的內容很多：要求周封制定刑罰的標準，通過相關的官員發布給民眾，殷商刑罰中有合理性的要保留下來（「汝陳時臬司師，茲殷罰有倫」），有犯罪處刑的要按頒布的標準執行，不要再自己另出新意；但如果有自恃武力搶劫財物和人口以及因搶劫而殺人的，既然他們不怕死，就要一概處死。

> 寇攘奸宄，殺越人于貨，暋不畏死，罔弗憝。（《尚書．康誥》）

商人酗酒的風氣很盛，不僅墓裡隨葬成套酒器，文獻中也多次記載商人酗酒問題嚴重。不過，在重視政治正確的周公口中，商人只是到紂王時期才染上了這種惡習，之前都非常節制。他告誡周封：「在我們西土，文王曾經專門教導，只有祭祀的時候才可以喝酒，而且不能喝醉，所以直到今天，我們西土之人都沒有酗酒的惡習。醉酒誤事，讓人喪失禮儀，荒廢工作，還變得兇狠、殘暴、不怕死；特別是很多人在一起喝酒，臭氣會直達天庭，諸神很不喜歡，而這是商朝滅亡最主要的原因。」

接著，周公命令周封：「一定要嚴厲禁酒，如果跟隨你去的周人聚在一起飲酒，你發現以後不要放過，把他們抓起來送到朝廷，我來處死。如果那些殷商貴族這樣喝酒，你不用殺人，教育他們就行了。你如果不聽我的教誨而把衛國搞亂，那也是要受死刑的！」

在冊封典禮上，兩名王朝官員依次履行給周封授予土地和民眾的儀式，但授予衛國的疆界只列出了南北兩個地標，北境的方位不詳，南方到黃河南岸的滎陽一帶。此外，還有兩小塊飛地，一塊在宗周鎬京附近，一塊在成周洛陽附近，如果周封及後繼者去參拜周王，可以住在自己的京郊領地之內。

授予周封的民眾是「殷民七族」，分別是陶氏（陶工）、施氏（旗工）、繁氏（馬纓工）、錡氏（銼刀工或釜工）、樊氏（籬笆工）、饑氏、終葵氏（椎工）」（《左傳·定公四年》），部族名稱大都和手工業有關，有製陶、冶金、車馬器等，可能是衛國國君的私人產業。但衛國境內的商人總數應不止於此。

此外，雖然最後一位商王武庚祿父未得善終，形式上的商王朝也不復存在，但周公認為仍有必要保留商王室的世系，決定讓紂王一位庶出的兄長微子啟繼承商朝，都城定在商丘，是為宋國。這裡是成湯王滅夏之前的舊居，如今作為商朝傳人之國也比較合適，因此商朝的王族後裔主要就聚居在宋國。

《史記·宋微子世家》載，牧野之戰後，武王聯軍駐紮殷郊，微子啟會主動登門投降示好：「持其祭器造於軍門，肉袒面縛，左牽羊，右把茅，膝行而前以告。」這是春秋時期亡國之君請求饒恕的儀式，商末應該還沒有這種禮儀，可能出自後人的虛構。但微子主動向武王投誠應該是存在的，如前所述，稍後主動到關中投靠並定居的「微史氏」可能也是微子的家族成員，受微子之命主動到關中做人質。

當然，宋國國君不能再稱王，地位比武庚時期也更低，但仍享有一些特殊的禮遇。比如，在西周朝廷的各種典禮上，宋國國君不需要和其他諸侯國君一樣叩拜周王，時人稱為「于周為客」〔23〕，意為做周朝的客人。這是周王室對商王室後裔的優待。

◆周公大分封與新華夏

周公需要鞏固新征服的東方地區，不僅要實現政治上的控制，還要實行文化上的改造，剷除商人血祭宗教的遺留，使其徹底同化於周人的文明。為此，需要把周人派遣到東方，建立一系列諸侯國。用分封侯國的手段控制遙遠地區並不是周人的發明，在商代就已經有一些深入異族之土的侯國，比如周族人最熟悉的老牛坡的崇侯之國。這是蠻荒上古時代的技術條件決定的：人口很少，交通通信不發達，很難用官僚制的地方層級政府管理遠方，只能採用武裝殖民、世襲統治的方式，也就是封邦建國的所謂「封建制」。

滅商後不久，周武王就已經分封了一些兄弟到東方建國，如負責監控殷都的「三監」管叔、蔡叔和霍叔，管叔的封國在今鄭州市（管城區），蔡叔和霍叔的封國不詳，但應該也距離殷商核心區不遠。《史記》還記載：「（武王）封尚父於營丘，曰齊。封弟周公旦於曲阜，曰魯。封召公奭於燕。」但這似乎不太符合當時的局勢，因為牧野滅殷之後，周人的勢力還沒有延伸到山東等東夷地區。不過，另一方面，武王完全有可能對重要的家屬成員進行分封，這是部落社會「戰利品分配」習俗的遺風，有其合理性。有學者注意到，魯國和燕國最初的封地都在河南，魯國在魯山地區，燕國在郾城地區。看來，這是武王滅商之初能夠控制的範圍。〔24〕

但武王在滅商後一年多就去世了，他規劃的很多分封事業還沒來得及實施，然後便是「三監之亂」和周公再度征服東方。因而，冊封諸侯的活動在周公主政時期才真正大規模鋪開。

這就是西周初年的「大分封」，周人稱之為「封建」：「建」是建立國家；「封」字的來歷有些曲折，它的本意是人工築起土堆，但當時尚屬草昧時代，諸侯國之間並沒有明晰完整的疆界，只是在交通要道築起一座大土堆代表國界，所以「封」就是給諸侯劃定統治疆域。

《左傳．僖公二十四年》載，春秋時候，一位名叫富辰的王室大臣勸諫周襄王說：

> 昔周公弔二叔之不咸，故封建親戚，以蕃屏周。

這是「封建」一詞最早的出處，封邦建國之意。武王冊封過的管叔絕嗣，蔡叔和霍叔的後人被周公改封到了別處：蔡國在豫南，霍國在晉南。而之前被封到河南的魯國和燕國，周公又重新規劃了它們的位置。

周公分封親屬的規模很大，春秋時人曾歸納說，文王的兒子輩（周公的兄弟們）建立的封國多達十六個：「管、蔡、郕、霍、魯、衛、毛、聃、郜、雍、曹、滕、畢、原、酆、郇，文之昭也。」其中當然也包括周公自己的魯國。但要注意，這裡面的管國是武王而不是周公分封的，而且存在時間很短。之後，武王的兒子建立的封國有四個：「邘、晉、應、韓，武之穆也」；周公的兒子建立的封國有六個（魯國之外）：「凡、蔣、邢、茅、胙、祭，周公之胤也。」（《左傳．僖公二十四年》）

但上述還不夠全面，那些與王室同宗但親緣關係稍遠一些的封國沒有被列入，比如召公奭的燕國，以及文王伯父仲雍後人的虞國、文王弟弟家族的虢國等。

除了這些周族的姬姓封國，和周人有傳統盟友關係的姜姓族（羌人）也被分封到了東方，如山東有齊國和紀國，河南有呂國和許國。另一個和周族有聯姻關係的西土部族姞姓戎人，也被分封到了河南地區，建立了姞姓的南燕國，只是在後來的史書中，它有時會被人混淆為召公的姬姓燕國。

至於東方原有的、對周朝比較恭順的土著部族，周朝也會承認他們的諸侯身分，比如河南地區嬀姓的陳國，據說是舜帝的後人，在周武王崛起的時候投靠了周——武王滅商的軍隊裡的將領陳本可能就來自陳族。此外，武王還把自己的女兒嫁給了陳族的族長。

周公分封的姬姓諸侯國裡，有些會摻雜一些被拆分的商族人：上述衛康叔獲「殷民七族」；周公自己的魯國則有「殷民六族」，其部族名稱也和手工業有關；燕國都城的貴族墓地分為周人墓區和商人墓區，顯然也有被拆分定居於此的商人。

被分封的各姬姓和姜姓侯國皆設立在新征服的東方地區。因為這些諸侯國要統治原有的土著部落，所以周公特別強調要尊重他們的風俗和習慣法：分封周封到衛國，周公叮囑「啟以商政，疆以周索」（大原則用周人的，習俗用商人的）；分封武王的幼子周虞到晉國（封地在晉南的今翼城一帶），在周人的傳說中，這是夏朝的疆域，當時這裡的主要居民是戎人——周公告誡周虞要「啟以夏政，疆以戎索」（大原則用戎人的，習俗用夏朝的）。

周公輔政時期，最不安定的是山東地區，所以周公自己的魯國和太公呂尚的齊國都在山東。這是他們為鞏固王朝需要承擔的責任。周公主要在朝廷工作，創立魯國的工作是他的長子伯禽完成的；呂尚年事已高，可能分封不久就去世了，所以創立齊國的工作也主要由他的兒子完成。

此外，召公奭的燕國也很遙遠，在今北京市境內。看來王朝重臣的封國都要設在最遙遠的前方，這似乎是周公分封的一項原則。

當然，周公等貴族都有不只一個兒子，但幼子一般不會被分封到外地，而是在京畿獲得一塊封邑，繼承父親在朝廷的職位。從西周到春秋，周朝廷裡一直有周公、召公、畢公擔任大臣，他們大都是始祖的幼子家族。

從地理方位上看，周公輔政時期分封的這些姬姓和異姓諸侯，就像是伸向東方的探索觸角和控制網路：

一，最近的是和關中毗鄰的晉南運城盆地，有晉、韓、耿和霍。它們依託山地，面對平原，控制著山地的礦產資源、交通孔道和平原上的農業區；

二，在太行山南麓，東行折而向北，有原、邘、雍、凡、共、衛、邢和燕。它們一直連接到燕山山脈，鎮守著之前殷商王朝的核心地帶；

三，在黃河東南側和洛陽以東，有東虢、鄶、胙、杞、宋、戴、曹、郜、毛，並一直延伸到山東地區的齊、魯、滕、郕和紀。這個方向還有些異姓的土著族邦，屬於嬴、曹、任、風、妘等姓，但經歷過西周初年的幾次平叛戰爭後，已經沒有實力對抗周朝，對齊、魯等周諸侯也比較恭順。

四，在河南腹地及淮河北側的支流上，則有陳、蔡和蔣。它們控制了東南方的部分夷人地區，為周人繼續向東南和西南擴張埋下了伏筆。

◆跨族婚姻與民族融合

伴隨著周人大分封運動的，是廣泛而持續的民族融合。由此，新的華夏族逐漸成形。

這和周人傳統的「同姓不婚」（族外婚）習俗有直接關係。周人的「姓」是區別種族血緣的概念，它承認不同的族群血緣有區別，但又認為各族群是平等的，不僅可以，而且必須互相通婚。

那些被分封到遠方的周族姬姓諸侯國的國君和高級貴族，都要從外國尋找異姓配偶，而低級貴族則多與本國內的異姓貴族通婚。各族群的貴族由此進入了一張巨大的聯姻之網，異姓侯國的上層逐漸被周人同化，逐漸融入了周朝的政治同盟和文化共同體。他們追求的成功是獲得周天子的冊命，與姬姓諸侯嫁娶通婚，甚至在周王朝廷獲得一個官職。由此，以今河南省為中心，環以陝、晉、冀、魯部分地區，形成了一個跨地域的貴族階級—周文化共同體。

商族人本來沒有「姓」的概念，也不流行族外婚，但被周人征服後，商族人驕傲的自我意識被徹底打碎，與統治者周族通婚自然是他們求之不得的優待。周王室以及周公後裔的魯國，都經常和商王後裔的宋國通婚。

周王室把商人定為「子」姓，這因循了商人的語言習慣，商王甲骨卜辭中的「子」原本就是王子之意。按照周人的習俗，商人的族姓是子，而族姓只能用來稱呼女人，所以商族人的女性都稱為「某子」，比如春秋時衛靈公的夫人以及和孔子有過曖昧傳聞的南子都來自宋國。衛國是周王室的姬姓封國，這是周族人和商族人之間的聯姻。

其他各種東方族群的「姓」，可能也是周人用近乎隨機的方式命名的。隨著西周統治日久以及與周人的通婚，這些族群上層也都接受了周人給自己的姓以及「同姓不婚」的觀念，逐漸進入了周人文化圈。

新興的周文化，是西土周族傳統文化和商文化的融合：一，它繼承了商人的文字體系，但部分語言習慣來自周族；二，它繼承了商人的「上帝」觀念，但又逐漸將其淡化為含義模糊的「天」；三，它嚴厲禁止商人的人祭宗教，拉遠人和神界的距離，拒絕諸神直接干預人間事務；四，周人謹慎，謙恭，重集體，富於憂患意識，這些都成了新華夏族的樣板品格。

◆進入「正常時代」的西周

西周王朝存續二百七十餘年（西元前一〇四六—前七七一），和殷都的壽命基本相同。

關於周人滅商和西周開國，還有一些文獻資料，如《詩經》的史詩、《尚書》的誥命和《逸周書》的記事；但開國後的史書記載卻非常稀薄，我們只知道，從武王到末代周幽王，西周一共有過十二位王，但就連他們的在位時間也大多難以確定。

在文王、武王和周公時期，周人還曾經模仿商王在占卜甲骨上刻字，但後來卻逐漸地不再刻寫卜辭。當然，他們還用甲骨來占卜，只是不再留下卜辭記錄，這使我們缺失了很重要的資訊來源。

周人顯貴大都熱衷鑄造青銅禮器，有些銅器上會鑄造銘文（金文），記載主人認為重要的事件，最常見的是受到周王的接見，或者獲得王賞賜的貝、車服或者土地、官職，少數會記載主人的某次戰功，或者與其他貴族的訴訟和土地交換。受銅器體量的限制，銘文的篇幅都不太大，敘事非常簡略，因此後人對西周貴族社會的認識只能是蜻蜓點水。

西周的主要成就是它的諸侯封國在東方發芽成長，北到燕山，南到淮河，東到山東，西到隴山，形成了以中原為中心的政治文化圈。

在周公時代，向遠方分封如此眾多的諸侯國是一項冒險之舉，這就像是把種子撒向一片未經開墾的土地。在周王朝的蔭庇之下，這些諸侯國基本都存活了下來，但其中哪些能發展壯大，則有很多未知因素。

王朝重臣（如太公呂尚、周公旦和召公奭）的嫡長子封國，會獲得較多的臣民和領土，成為舉足輕重的大國。齊國和魯國在這方面的表現都不令人意外，但召公的燕國實在過於遼遠，在西周朝的多數時間乃至整個春秋時代，它幾乎都是默默無聞，有時甚至還被敵對的土著族群隔斷道路而有上百年和中原音訊不通，它後來在戰國時期能夠重新振興而躋身戰國七雄，肯定不是當年所能預料的。

到春秋時期，很多周人諸侯國已經消失，大多被周邊鄰居甚至自己的兄弟之國吞併。最先靠兼併膨脹起來的是晉國，最初分封時，它還只是運城盆地中各姬姓諸侯中的一個，並沒有受到格外優待，所以也沒人會預料到它在四百年後的急劇擴張。

周公之後的西周王朝，分封新諸侯的工作仍在進行，但規模已經不如開國之初。理論上說，每一代周王都會有不只一個王子，除了繼承王位的嫡長子，其他王子也都可能被分封為諸侯，但在承平時代，被分封到遙遠的陌生土地並不是一件美差——關中地區最為富庶和安全，這裡有掌控巨大資源的朝廷以及顯貴輻輳的社交場，遠勝邊地侯的生活。

西周王朝曾至少三次向南方擴張，把勢力推進到淮河南側及漢江流域，所以又在淮河和漢江流域分封了一些姬姓諸侯國，或者把原有諸侯異地安置，如姜姓的申國，它原在關中，西周末期（宣王時期）被改封到了南陽地區，《詩經．大雅．崧高》記載了宣王此次冊封（遷徙）申國的盛況。

隨著周人占據東方日久，其在西部的親緣部族，也就是姜姓和姬姓的戎人，也逐漸向東遷徙，在東方諸侯列國間定居下來。他們還保留著自己的部落組織，雖也有定居農業，但還是畜牧業占比較大。然而，日漸「文明」和富裕的周人此時已經不太看得起這些粗樸的戎人，或許是因為古老的親緣關係，周人東方諸侯大都對其採取一定的容忍，雙方一般能相安無事。

可以這麼說，西周—春秋時的中原，開發程度還很低，各諸侯國的城邑就像散布在荒野中的零星孤島，有各種土著或東來戎人部族穿插點綴其間。

在長江以南，考古曾發現一些周商元素混合的西周時期聚落，看來周人和殷商遺民還曾經結成遠征小團體深入江南建立據點。但由於迄今在史書和金文裡未見有過記載，很難判斷這些人的目的是什麼。而且，他們並未對南方造成太大影響，很快就消失了，或者被周邊土著同化了。

對西周王朝的威脅主要來自陝北和晉北，銅器銘文記載，「戎」人部落時常侵襲關中核心區。戰鬥中，周軍會繳獲大量馬和馬車，但我們不清楚這些馬車是否雙輪快速馬車，如果是，則代表戎人已有發達的手工業，身處擁有複雜分工的農業文明；如果還只是低速的貨運大車，則代表他們此時還處於萌生中的遊牧文明階段。另外，周人的文獻也沒有提及這些戎人是否屬姜姓或姬姓，所以難以判斷他們和周人是否有親緣關係。

西周社會是典型的身分世襲制，周王任命朝廷高級官員（卿）的選擇範圍很小，基本由十幾個顯赫的家族世代占據著朝廷主要官職。而且，官職本身並沒有薪俸，全靠自家封邑收入，做官只是可以給他們提供獲得更多封邑的機會。各諸侯國內部的權力結構也類似，但規模要比鎬京朝廷小很多倍。

就這樣，隨著統治階層的繁衍，周朝特色的貴族制度逐漸得以形成，其中，最首要的是「宗法」家族制，核心則是嫡長子一系的獨尊地位。

一，周朝各姬姓諸侯（被分封的王室親屬）對周王的效忠服從，是家族兄弟（及其後人）對嫡長兄（及其嫡系後人）的服從。

二，在各諸侯國內部，太子之外的公子被分封為世襲大夫，大夫再繁衍和分封出「士」。

三，非周族的異姓諸侯和貴族則通過婚姻關係被納入家族結構中。周王尊稱同姓諸侯國君為「伯父」，稱異姓諸侯國君為「伯舅」（當然必須是曾經和周王室有過聯姻關係的），伯代表排序。

這套基於血緣宗法制的貴族等級和封建政治秩序，周人稱之為「禮」。不同等級的貴族使用相應的車馬、住宅、衣服、樂器、玉器、酒器和食器組合，喪禮和隨葬品也以此類推。各種典禮儀式上，比如朝見天子、祭祀和宴會等，入場順序以及站或坐的位置由相應的等級身分決定。

典禮可以在不同層次舉行，如諸侯國或大夫家，但基本原則一致。貴族的冠禮、婚禮、喪禮和祭禮也都有各等級的標準規範，幾乎所有禮儀場合都有樂隊伴奏，而樂隊的規模和演奏的樂曲也都有相應規範。所以，周人貴族文化又被稱為「禮樂文明」。

後世周人認為，這套禮樂文明是由周公創立的，到孔子的儒家學派出現後，「周公制禮作樂」的觀念則更加流行。其實，周公當政時最關注的是新興周王朝的各種軍政大事，如廢除血祭、拆分商人和大分封等，還來不及注意過於細節的層面，所以禮樂制度實則是在西周朝逐漸積累和規範起來的，到春秋乃至孔子的時代都還在繼續發展。

到西周後期的厲王、宣王和幽王時期，有些高級貴族家族已經在朝廷中非常活躍。他們在關中擁有封邑，連續數代人擔任周朝高官，和外地諸侯通婚，形成了一張包含各族姓、從京師到各諸侯國的權力之網。

到周幽王時期，貴族諸侯間的派系之爭則更為激化。周幽王試圖疏遠那些長期得勢的姬姓和姜姓諸侯，利用另外一些諸侯國的力量廢黜了來自姜姓申國的王后以及王後生的太子宜臼，引發了周朝的激烈內戰。隨後，北方犬戎部落受邀介入，結果關中和鎬京在混戰中淪為廢墟，幽王被殺。在晉和鄭等諸侯國的支持下，平王宜臼遷都洛陽，幽王倚重的諸侯則被逐一消滅。

從此，中國歷史進入東周—春秋時期，王室權威衰落，中原諸侯開始摸索新的遊戲規則。

第二十七章 諸神遠去之後

相比於商代，周代考古帶給我們的新奇和震撼要少得多，它不再有毫無徵兆而突然崛起的巨大城市，也不再有龐大而用途不詳的倉儲設施，當然，更沒有了堆積大量屍骨的祭祀場。

曾經漫遊黃河南北的水牛、犀牛和亞洲象也迅速消失了，亞熱帶風情永遠地離開了華北。全新世大暖期的頂峰已過，地球正進入下一輪冰期的旅程。

周公的「改制」恭敬地解除了上帝和諸神對世間的掌控，把他們奉送到距離塵世極為遙遠的彼岸世界。諸神遠行似乎也帶走了一切奇偉莫測，留給人間的只有平庸的平和，以及殘留著種種傳說的巨大廢墟。不過，諸神及其神跡並未消失，只是它們不再返回東亞，而在此後的美洲大陸上，瑪雅和阿茲特克等文明將相繼繁榮，且伴隨著盛大的人祭儀式以及精美的圖畫文字、石雕和巍峨的金字塔神廟。

對西周遺址的考古，目前已經發掘的有作為政治文化中心的周原、豐鎬（宗周）和洛陽（成周），以及部分諸侯國的都城遺址。西周的考古成果主要是墓葬，宮殿建築和生活區遺跡則較少，這可能是因為後世在豐鎬和洛陽也多有城邑建造，比如漢武帝就曾下令在長安西郊開鑿昆明池，對西周基址造成了一定程度的破壞。

相對而言，西周遺址中保存較好的是周原，這裡有製作骨器和銅器的作坊遺址以及西周初期的夯土城牆，可以說，周原在整個西周朝都非常繁華，是周人和殷商遺民貴族聚居區。而當西周突然崩潰，逃難的貴族只好把家傳貴重青銅器埋入地下窖穴，結果，它們在地下一睡就是二千七百多年。

西周遺址也更符合後世人觀念裡的「正常」標準：人死之後，安靜地躺在屬於他（她）自己的或大或小的墓穴裡，有或多或少的隨葬品陪伴，但不再有為他（她）獻祭的大量屍骨。

更嚴謹一點說，後世人的這種「正常」觀念，正是周人開創的。

◆人殉遺蹤

周公主政時期，有著上千年傳統的人祭和人奠基習俗迅速地消失了，只有洛陽的「殷頑民」多頑抗了一兩代人的時間。

在周朝的控制範圍之外，人祭行為還有星星點點的存在，比如，有東夷血統的惡來的後人秦族，雖然被周朝幾度遷徙，但秦族首領仍一直頑固地保留著人祭、人殉和人奠基的風習。

與狹義的人祭和人奠基相比，人殉風習更加頑固。西周初年，殷商遺民的人殉現象雖急劇減少，但還是不絕如縷。考古發現，多處西周初期墓葬少部分墓內，依然有殉人，大都伴有腰坑殉狗，銅器銘文也往往有商式族徽或天干名字，典型的商人習俗。所以，有學者認為這些墓葬屬於「殷遺民」。同期的周人墓葬則基本沒有殉人和腰坑殉狗，即使兩片墓區緊密相鄰，喪葬習俗也截然不同。〔1〕

在西周朝，殷商遺民的人殉習俗是逐漸式微的，一直延續了近百年，但最後還是消亡了。而且，各地商人使用殉人的數量也有差別，一般而言，被拆分且和周人比鄰而居的商人聚落，人殉規模較小；商人大量聚居的地區（如宋國），以及未經過周朝征服的商人方國（如史氏薛國），規模則較大。

比如，晉南的天馬—曲村遺址（晉國都城〔2〕）有一片西周初期中小型殷商遺民墓地，其中二十三座埋有殉狗，兩座各殉葬一人；河南新村（衛國）M17中型墓，有一名屈肢殉人，有殉狗，也屬於西周初期殷商遺民墓。

相比而言，在西周諸侯國遺址中，燕國都城琉璃河遺址（位於今北京房山）墓葬的殉人比例很高。一九七〇年代，對琉璃河遺址的大規模考古發掘發現，這裡的西周早期墓葬分為周和商兩個區：周人墓葬在京廣鐵路以東的II墓區，共十六座，沒有殉人；殷商遺民墓葬在京廣鐵路以西的I墓區，共十八座，殉十二人，其中，五座各殉一人，三座各殉二人，一座車馬坑殉一人。經鑑定，這些殉人都是未成年人。到西周中後期，該墓區已經沒有殉人的現象。〔3〕

雖說琉璃河墓葬的殉人數量比起殷商時代已經少了很多，但在已發現的西周諸侯國中還是比較高的，原因何在？這首先涉及本地原有的風俗習慣。琉璃河遺址有夯土城牆的殘留，牆基寬約十公尺（已被西周初期墓葬破壞），說明在召公家族被分封到燕國之前，本地已經存在規模較大的城邑和政權。雖然目前的考古尚未發現古城時期的聚落和墓葬，但根據稍早一些的北京昌平張營遺址，夏代後期和商代前期的張營居民中還流行著食人習俗，說明北京—燕國範圍曾經存在比較殘酷的文化形態，而且很可能和殷商文化之間有密切關係，只是我們還不清楚這種文化和商代後期乃至周初的歷史如何銜接，但它很可能延續到了新興的燕國。

周初的封國中，燕國最為僻遠，周王朝的影響力在這裡已經比較弱，所以當時人殉行為還比較突出，但大的趨勢仍是殷商遺民被周文化改造，所以並非殷商遺民墓區都會有殉人，琉璃河墓區的界限和鐵路也不完全重合。比如，一九八三年在鐵路東側發掘的一片墓區，共發現西周時期的墓一百二十一座，有大中小各級墓葬，還有殉多組車馬的坑，很多伴有殉狗，但都沒有殉人。〔4〕該墓區可能屬於某些較早接受周人理念的商人族群，但因出土銅器的族徽不太統一，數量也不多，難以判斷這支商人的來歷。

再來看關中地區。

在今陝西省寶雞市內的西周初期「弓魚」國墓地，已發掘出數座規格較高的大墓，其中三座有殉人，都是用一名侍妾隨葬男性墓主，侍妾還有自己的小棺槨和部分隨葬品：竹園溝的M3和M7都是只殉葬了一名侍妾；茹家莊的M1則殉人較多，不僅墓主和侍妾都有雙層棺槨，還發現殉葬者骨架七具，有四具裝在木匣（棺）中，此外，墓道口上層還有一具被肢解的青年女性屍骨。

該墓地的部分隨葬青銅器具有明顯的漢中特徵，說明「弓魚」家族應該出自漢中，可能是在周文王時期作為周人的同盟部族遷入關中的。從商代到西周前期，漢中一直有較強的獨立性，王朝很難掌控，再加上這種盟友身分，看來周族在一開始也是只好對它的人殉習俗持容忍態度。不過進入西周中期後，這裡的墓葬就不再有殉人習俗。

在關中盆地西北緣的甘肅靈台縣白草坡遺址，有一處西周初期的「潶伯」墓地，其中，M2填土中埋有殉人一名、殉狗二隻，隨葬青銅器有銘文「亞夫」，明顯是商式青銅器；M3亦有殉人一名、殉狗一隻。由此，這個「潶伯」可能是被周人冊封和遷徙到關中的殷商部族。而在關中盆地東北緣的陝西省涇陽縣高家堡，也有一處西周初期的「戈」氏貴族墓區，其中兩座墓內亦各有一名殉人，且「戈」氏族徽也曾在殷墟出現，說明他們也是被周人強制遷徙到關中的殷商遺民。

白草坡的潶伯墓區和高家堡的戈氏墓區的文化層堆積都不厚，也沒有發現成規模的城邑和居住區遺址，看來這裡原本比較荒涼，只是到了西周初期才有一些殷商貴族移民攜帶著祖傳青銅器突然遷來，甚至還有一些部族成員和奴婢，但家境已經遠不如商朝時期。特別是戈氏族墓地，隨葬的都是最必要且使用過的青銅器，缺少玉器等奢侈品，成套器物還被分別葬入了不同的墳墓，顯然已屬家道中落，只是又要努力維持著體面而已。潶伯和戈氏墓區的存在時間不長，可能後來他們又遷走了，原有的人殉風俗也就在顛沛中和周人的壓力下逐漸失傳。

在各諸侯國中，作為商朝嫡傳後裔的宋國比較特殊。

在宋國都城商丘以南數十公里的鹿邑縣太清宮鎮，有一座兩條墓道的中字形大墓，隨葬銅器銘文有「長子口」字樣，墓主是一名六十歲左右男性，棺木下方有腰坑，內殉一狗一人，殉人是一名四十多歲的男性；此外，南墓道殺祭一人，墓室內南部殉八人，東、西二層台和東、西棺槨之間各殉一人，能辨認性別的有二男四女，都是青壯年。[5]殷墟中期花園莊東M54的墓主是「亞長」，這位「長子口」可能就是他的後裔。[6]該墓人殉規模較大，不過，宋國的殉人墓迄今還只發現這一座。

作為商人的方國遺存，今山東滕州的前掌大遺址比較典型。它屬於殷商末期剛出現的商人「史」氏的薛國，延續至西周前期。前掌大共發現殉人墓九座，殉人車馬坑五座，共殉二十八人。這些殉人墓和車馬坑，少數屬於商代末期，多數屬於西周前期。從各種跡象看，西周王朝建立之初，並未能把統治延伸到史氏薛國，這裡的商人也沒有主動挑戰周王朝，所以他們的生活方式又延續了數十年。

史氏和新建立的宋國有聯姻關係。M110中的一件銅器有銘文「宋婦彝史」（宋婦觚，前掌大M110：2），說明這是史氏為從宋國娶來的夫人製作的器物：稱貴族女性為「婦」（商婦甗，《集成》八六七），和殷墟甲骨卜辭的習慣相同；按周人習慣，則應稱「宋子」。史氏薛國和宋國都出自商王族，這是商人族內婚傳統的表現。

進入西周後，商人的史氏薛國又存在了三代人，大約六七十年，然後就徹底消失了。在文獻和考古中，史氏薛國徹底消失後，當地土著的姒姓薛國卻重新出現，並存續到春秋晚期，且一直作為魯國的附庸，衷心歸化於周人文化圈。可能在西周前期的昭王或者穆王時，周朝幫助姒姓的土著薛國復國，而商人史氏則被周朝強制遷徙，或者逃亡到了更遙遠的東南方，從此永遠消失。

以上是殷商遺民在西周初年保留人殉的情況，總體特徵仍是減少，到西周中後期幾乎完全消失。不過，和基於原始宗教向神奉獻的人祭與人奠基不同，用人殉葬是一種更為個人化的思維，富貴者希望把妻妾和奴婢帶到彼岸世界繼續侍奉自己，所以人殉在古代一直不絕如縷，直到清代。〔7〕只是稍為幸運的是，後世的人殉規模已經遠不如商代。

◆人祭記憶的暗流

周公執政時期不僅禁止人祭、人奠基和人殉行為，同時還禁止在書面文獻中提及商人的這些風俗，結果，剷除人祭的記錄也和人祭行為一起消失了，只剩下了地層中那些無法銷毀的遺跡。

但是在文字記錄之外，人們還有口傳的歷史記憶，這是朝廷禁令難以銷毀的。可以合理推測，有關商代人祭行為的記憶仍會在周朝的民間和貴族中私下流傳，成為和官方意識形態很不同的暗黑歷史記憶。

到春秋中期，商朝滅亡四五百年後，周王室的權威已不復存在，各諸侯國的自主性空前增加，關於人祭的暗黑記憶也開始浮出地表，甚至變成個別諸侯國的官方行為。

西元前六四一年，志大才疏的宋國國君襄公試圖擴張自己的影響力，命令邾國去攻打鄫國。這兩個小國均為東夷系，位於今魯南地區棗莊市附近。結果，邾國人俘虜了鄫國國君，並將其獻祭給了「次睢之社」，即次睢的土地之神。

有學者考證，次睢在今徐州市附近，離商朝後期的丘灣社祀遺址不遠。〔8〕宋襄公這麼做的目的，是要震懾東夷，使其臣服於宋國，《左傳．僖公十九年》曰：「宋公使邾文公用鄫子于次睢之社，欲以屬東夷。」這裡的「用」，為殺祭之意，和殷商甲骨卜辭中大量的「用羌」「用俘」完全相同。這表明，在春秋列國中，關於商人獻祭的細節知識並未完全失傳。

但另一方面，宋襄公的行為在當時也屬離經叛道，他的兄長司馬子魚就說：「在古代，用牲畜祭祀都是不合理的，更何況用人？祭祀是為了求神保佑人，如果殺人獻給神，神會來吃嗎？搞人祭的國君會不得好死的。」

從司馬子魚的話來看，當時的宋國早就已經不用人祭祀了，而且已經重構了一套「古代」的仁義祭祀模式——在這種版本的敘事中，商人自然是不用人祭祀的。可以說，宋襄公兄弟二人的言行正是官方和暗黑兩種歷史共存的表現。

西元前五三二年，魯國也出現了使用人牲的現象。當時掌握魯國實權的貴族季平子帶兵討伐莒國後，把俘獲的俘虜獻祭給了「亳社」。莒屬於東夷部族，位於今山東省東南部的莒縣，在周人到來之前，魯國都城曲阜曾是商朝在東夷地區的據點，所以建有亳社。

《左傳．昭公十年》對此事記載是：「秋七月，平子伐莒，取郠，獻俘，始用人於亳社。」其中的「始」字，說明在季平子之前，被分封到魯國的周人一直是用周人方式祭祀亳社，從未有過人祭行為；但到季平子時，卻忽然開始要用商人的方式祭祀。和宋襄公一樣，季平子也受到了當時人的詛咒。一位魯國貴族說：「周公之靈恐怕再也不會來享用魯國的祭祀了，因為周公只接受有道義的後代的祭品。」

西元前五三一年，楚靈王滅蔡國，用蔡國太子獻祭崗山之神，史書亦記下了楚國貴族申無宇對靈王的批評：「楚子滅蔡，用隱太子于岡山。申無宇曰：『不祥。五牲不相為用，況用諸侯乎？王必悔之。』」〔9〕

這幾次人祭事件顯示，在春秋中晚期，人祭活動曾在官方層面有過局部復活。其中，宋為商人之後，楚是南蠻，其復興人祭或尚可理解，而魯國國君（包括季氏）乃是周公後人，復活人祭實在頗不尋常。從淵源上，當初周人禁絕人祭所採取的「只做不說」的方式，應該也有一定的責任（因為沒有形成確定

的歷史結論），隨著歲月流逝，後人很可能對隱祕流傳的人祭歷史產生了誤讀。〔10〕

當然，春秋的人祭回潮並未成為主流，可能有以下兩個原因：其一，戰國時期的社會重組和政治變革。由於列國兼併戰爭的威脅日漸增加，各國都進行了變法運動，廢除貴族制，實行君主集權和官僚制，國家的首要目的是富國強兵，在國際競爭中獲勝。而這需要官僚機器用理性、功利的方式管理社會，人祭自然屬於不可容忍和必須取締的行為。

戰國初期魏國西門豹治鄴的史事，呈現的就是新興官僚政治和民間傳統文化的碰撞。當時鄴縣還有「為河伯娶婦」的風俗，本質上是把少女奉獻給漳河水神的人祭行為。鄴縣在殷墟以北十五公里，所以這種風俗很可能是殷商宗教的殘餘。到西門豹時代，普通的鄴縣人已經不願為祭祀承擔如此高昂的代價，只是苦於無法對抗地方菁英「三老」和女巫聯手主導的民間權力結構。為此，時任鄴令的西門豹表面上遵循本地宗教理念，實際卻找藉口把女巫及其弟子和三老先後投入了漳河，從此，這裡再無人敢復興人祭宗教。〔11〕

其二，以孔子為代表的儒家逐漸興起，開始提倡仁政和愛人。當時還有製作陶人俑隨葬和埋入祭祀坑的習俗，結果遭到孔子詛咒：「始作俑者，其無後乎！」孟子對此的解釋是，孔子討厭這種模擬用人殉葬的行為，「為其象人而用之也」。（《孟子．梁惠王章句上》）和多數人不同，孔子的職業是整理上古史的學者，他很可能是在晚年破解了商周之際的一些隱祕往事，擔心用陶俑隨葬會喚起人們對人祭時代的記憶。

就這樣，伴隨著商朝的滅亡，人祭宗教亦逐漸消失。不過，商文明並非只有人祭宗教，還有一些其他的特質，比如，創造漢字和基於漢文數字的運算體系，完善夏人的青銅技術，引進西來的家馬和馬拉戰車，都對後來的中國有著重要的奠基作用。此外，商人還探索了古中國的諸多地域，甚至研究過人骨的各種利用方式，但隨著商朝覆亡，這種探索精神和技術狂熱也消失了，或者淪為被上層社會漠視的末流小技，在其後的三千年裡一直未能復興。即便作為商王室傳人的宋國，也未能保留這些特質。

商文明很複雜，有著殘酷、奔放、奇幻和科技理性等諸多層面，以及那些我們已經無法認知的部分。只是早在三千年前，它們就已經被徹底忘卻。

尾聲：周公到孔子

自五千年前的仰韶文化晚期以來，黃河中下游靜態的部落生活漸被戰亂、征服和群體殺戮打破，華夏舊（早期）文明與國家由此產生。

從孕育到成熟，華夏舊文明跨越兩千年。和同期的其他古代人類文明一樣，它們都屬於神權與王權合一、宗教主導的社會。如果一直延續下去，歷史將充斥族群壁壘、殺戮與獻祭。

但周滅商後，以殺戮和人祭為特色的華夏舊文明戛然而止，取代它的，是周公營造的新華夏文明。周公消滅了舊華夏文明及其相關記憶，打破了族群血緣壁壘，讓塵世生活遠離宗教和鬼神世界，不再把人類族群的差異看作神創的貴賤之別。這是華夏文明最徹底的一次自我否定與重生。

在三千年前的古人類文明中，只有華夏獨自走出了神權的掌控，成為一個「異類」。這是一種過於早熟的世俗文明，一直持續到今日。

◆ 儒家起源與人祭文明

使華夏文明突然轉向的根源，是周公一代人無法言說的恐懼，就像武王周發的驚夢。他們可能都在殷都生活過，不僅目睹了商人的血腥獻祭，甚至兄長伯邑考的慘死。恐懼使武王更加依賴人祭宗教，而周公則極端憎恨人祭宗教，勢必將其徹底滅絕。這是兄弟二人截然不同的解脫路徑。

後世人對周公的認識，有事功和制度文化兩方面：事功，主要是周公輔佐成王、平定三監之亂，為西周王朝奠定開局；制度文化，主要是周公「制禮作樂」，確立西周的政體，包括諸侯列國分封格局和貴族等級制度。在考古發現商朝的遺址與人祭文化之前，人們對周公的理解只能達到這種程度。

但事實上，周公最重要的工作是消滅商人的人祭宗教，以及與之配套的弱肉強食的宗教價值體系。他不僅阻止了周人模仿和繼承這種宗教文化，也在殷商遺民和東夷族群中根除了它。尤其關鍵的是，周公還抹除了與商朝人祭有關的記憶，甚至也隱藏了自己禁絕人祭行為的種種舉措。這是為防止人祭宗教的死灰復燃和捲土重來，也是為掩蓋周人曾為商朝捕俘人牲的那段不光彩的歷史。

為了填補人祭宗教退場造成的真空，周公發展出了一套新的歷史敘事、道德體系和宗教理念。這主要體現在《尚書》的幾篇誥命中：

一，淡化商人對「帝」的崇拜。在商朝末期，「帝」已經和商王身分重疊，商王具有「帝」的神性。但周滅商後，王已經不能身兼「帝」之名號，對周人來說，帝在高高的天庭之上，不會化身為世間凡人。

雖然我們還不能完全確定這個原則就是由周公確立的，但從《尚書》的幾篇誥命可以發現：在對殷商遺民講話（如〈多士〉）時，周公會頻頻引用上帝的命令來威嚇和誘導商人，這是因為商人格外信奉上帝，只能因勢利導；但在對周族自己人講話時，如冊命弟弟周封為衛侯的三篇誥命，周公卻極少談到上帝，尤其是對族人談論現實和規劃未來時，他從不動用上帝進行論證，更不涉及其他的神靈。這顯然是一種有意識地「敬而遠之」，讓現實和神界保持距離。從這些跡象看，周朝人「疏遠」上帝或其他諸神的傳統的確是由周公奠定的。

二，為減少神界對現實的干預，周公會儘量用「天」的概念來代替「帝」，因此，上帝發布的命令（「帝命」）變成了含糊的「天命」。

天命的觀念在後來的中國一直存在，但人們已經忘記了它的緣起。〔1〕「天」無形無像，無言無行，不容易被賦予擬人化的個性。在《詩經》裡，上帝曾頻頻給文王下達命令，如命令文王攻打崇國，武王滅商據說也是來自上帝的意旨，但後世周王已經無法接收神界的具體指示，所以改稱為「天命」後，它變成了一種更為抽象的、近乎隱喻的道德規訓。

當然，周公時代還不可能有科學主義的無神論認知，神界即使被放置得比較遠，也不會和王朝政治完全絕緣。比如，西周的王就被稱為「天子」，也就是天的兒子，而這是連商代甲骨文也沒有的詞，但無論怎樣，「天」還是過於含糊，周人及其以後的歷代王朝從未給「天子」增加更具體的神性定義與功能。即便秦始皇使用「皇帝」尊號，其直觀用意也是強調自己和六國之王的不同，雖有強調王者尊貴的這一層神性之意，但也使「帝」落入凡塵，並不比「天子」概念更神祕。

三，周公宣稱，王者應當愛民、德治和勤勉，這樣才會受到「天命」青睞，長壽享國；如果王者殘暴對待庶民和小人，天命就會轉移到更有德的候選君王身上，從而改朝換代。〔2〕

本質上，周公的這樣一種政治—道德體系是一種「性善論」的社會模型，迴避了統治者對民眾的征斂和暴力統治，認為王者的使命是護佑和教化萬民，進而把道德倫理推進到一切人群中。〔3〕商朝人對此則是直言不諱，承認暴力的必要性。

按照周公的理論，夏商周都是根據「天命」建立和更迭的，夏朝和商朝的多數君王，特別是開國君王，勤政愛民，得到天佑，只是因為末代的夏桀和商紂道德淪喪，這才天命轉移，改朝換代。經過周公改造，商朝殘酷的人祭行為被隱去，由此，周人之前的暴力時代也成了和周朝同質的德治王朝。

和周公的理論相配套，周人還重新創造了一套上古聖王的歷史，堯舜禹的溫情禪讓從此成為華夏世界的標準版歷史敘事，更早版本的商人的「創世記」和上古史則被取代和湮沒，未能流傳下來。當然，也可能有某些與周公原則不太衝突的內容被納入了周人的歷史敘事，但這些已經不易分辨。

孔子和儒家最推崇周公，而周公思想是儒家文化的源頭。周公思想的產生和形成，主要源於對人祭宗教的恐懼，以及消滅人祭宗教的需要。這是後人從未勘破的祕密。

◆周公構建世俗道德體系

對於宗教之於商周兩朝的作用，以及之於人的影響，孔子曾有過一番頗不尋常的總結：

殷人尊神，率民以事神，先鬼而後禮，先罰而後賞，尊而不親。其民之敝，蕩而不靜，勝而無恥。周人尊禮尚施，事鬼敬神而遠之，近人而忠焉，其賞罰，用爵列，親而不尊。其民之敝，利而巧，文而不慚，賊而蔽。〔4〕

大意是說，殷商統治者尊崇神，要求民眾必須敬神，對鬼神的重視程度超過正常禮俗，對民眾的刑罰多於獎賞，多威嚴而缺少親和力。這造成了民眾性情躁動不安、爭強好勝、缺少羞恥感的缺點。

周朝統治者則推崇世俗的禮儀，對民眾比較寬容，雖然敬拜鬼神，但不讓它們干預人間事務，更重視人間的世俗秩序和信用，人間的身分等級則依據爵位高低有所區別，有親和力，但缺少威嚴。這造成了民眾趨利且心計巧詐，善於掩飾欲望和自我包裝，心中少有真誠，奸滑而有欺騙性的缺點。

孔子描繪的殷周之區別，在古代文獻裡可謂獨家，不僅如此，現代考古學展示的商代文化和孔子的總結也非常一致。

因為周公掐斷了神對人間的直接干預，這意味著華夏世界不會再有主導性宗教，以神的名義頒布的道德律條（如摩西十誡、佛家五戒）也無從產生，所以周人必須另行尋找一套用於世俗生活的道德原則。這種世俗道德的原理，是「推己及人」，也就是把自己放在他人的位置上考慮，從而決定自己對待他人的方式。

在《詩經．小雅》中有一首〈巧言〉：「秩秩大猷，聖人莫之。他人有心，予忖度之。」翻譯為白話就是，世間的偉大秩序啊，是古代聖人規劃的；別人心裡怎麼考慮的，我設身處地想一下也就知道了。

再到春秋晚期，孔子則用了一個字來定義人和人之間的道德標準，這便是「仁」。他的學生樊遲問他仁的含義，孔子曰：「愛人。」（《論語．顏淵》）而實現仁愛的方法，則是「恕」：「己所不欲，勿施於人。」（《論語．衛靈公》）人類的一切道德原則和行為規範，都可以從這八個字推導出來。所以，孔子從不教育學生們不許殺人，不許偷搶……因為這都已在「己所不欲，勿施於人」的原則裡了。

把他人等同於自己來對待，其實是人類固有的（但不是唯一的）一種思維和基本道德律，在宗教文化中，它可能會被教義遮蔽，卻一直存在。

◆如何掩蓋《易經》的本意

從周公到孔子，包含了西周和春秋，時間跨度五百年。我們很難斷言，這五百年是否足以讓華夏徹底忘卻殷商時代的真相。

從今天往前倒推五百年，是十六世紀初葉，明代中國的嘉靖年間；一五二一年，西班牙殖民軍攻占阿茲特克帝國，中美洲曾經繁榮的人祭文明開始蕭條，並迅速被歐洲的天主教取代。天主教會曾經系統性地摧毀中美洲人關於人祭宗教的抄本、神廟與記憶，但當時的殖民親歷者還是記錄下了阿茲特克人祭的諸多細節，一直流傳至今。

當然，周朝和最近五百年的世界有很多不可比之處。在沒有經典文本敘事的前提下，零碎的、口耳相傳的民間記憶很容易走樣失真，以致消亡。上古能進行書寫記錄和傳承的人很少，基本集中在「朝廷」生態圈內。周文王時代的一些真實片段之所以能夠流傳下來，是因為有文本記錄，哪怕是在小範圍人群中的，甚或長期無人問津的，也會有被再次發現的機會。

如前文所述，周公銷毀了商朝諸多甲骨文記錄，也禁止殷周貴族書寫真實的歷史。但周公唯一不敢銷毀的，是文王留下的《易經》。這不僅是出於對父親的尊重，也因為《易經》是周人對翦商事業（起步）的記錄，裡面很可能包含著父親獲得的天機，銷毀它也就是對父親和諸神的不敬。

周公的辦法是對《易經》進行再解釋，具體方法則是在文王創作的卦爻辭後面加上一段象傳進行說明。象傳不再鼓勵任何投機和以下犯上的非分之想，全是君子應當如何朝乾夕惕，履行社會責任的勵志說教，和文王卦爻辭的本意完全不同。[5]比如，乾卦的象傳是「天行健，君子以自強不息」，坤卦的象傳是「地勢坤，君子以厚德載物」，遠比文王卦爻辭清晰易懂，而且富於積極和勵志的色調。

春秋時，有位晉國貴族韓宣子訪問魯國，參觀太史官收藏的典籍，發現其中就有《易象》（應當是《易經》和《象傳》的合稱）。韓宣子因此感嘆：「周禮盡在魯矣！吾乃今知周公之德，與周之所以王也！」這是周公寫作《象傳》的間接證據。[6]但另一方面，這一記載也說明，儘管《易象》保存在魯國朝廷，但並不太普及，哪怕是晉國執政的高級貴族也只是首次見到。

到春秋中後期，已經開始有使用《易經》占算的史料記錄，而且還有了其他的卦爻辭版本。比如，有的爻辭裡就出現了「千乘」一詞，〔7〕意思是一千輛戰車，但在文王的時代，即便商王朝也是很難集中起一千輛戰車的，這只能是春秋時期創造的詞。

文王《易經》的內容本就很晦澀，所以春秋時期的貴族用它占算時，大都已經不知道或者說不再關注它的本意。其中比較明顯的例子就是《易經》中的「貞」字，它的本意是甲骨卜辭中的「占」，但春秋時人卻已經將其誤解為「貞正」「貞操」之意了：「隨，元亨，利貞……棄位而姣，不可謂貞。」（《左傳・襄公九年》）

那麼，春秋時期的貴族會忘記《易經》中的文王事蹟嗎？這是個令人疑惑的問題，畢竟，這些貴族多是文王和周公的後裔。後世可以拿來比較的是，明初洪洞大槐樹和南京珠璣巷移民的後人也可能已經不記得先祖當年的具體生活經歷，保留至今的多是族譜文本中有記載的內容。

如前所述，春秋時期有少許恢復人祭行為的個案，這說明五百年前的風俗記憶仍可以潛流傳承。是不是《易經》也造成了某種暗黑記憶的保存？這背後藏著太多我們無法破解的謎團。

◆孔子破解周公

魯國執政者季平子用莒人俘虜獻祭的那一年，孔子二十歲，正在季平子的采邑裡從事基層小吏工作，所以，這次人祭在曲阜造成的恐怖傳聞，肯定會對孔子有所影響。

孔子雖是魯國人，但他的先祖出自宋國國君家族，所以他是商人後裔。而當孔子從事文獻整理與學術工作後，他的身分自然會讓他對商周之際的歷史產生很大興趣。

在《論語》和《禮記》裡，孔子經常比較殷、周乃至夏三代的文化制度異同，類似什麼「殷之大白，周之大赤」等。(《禮記．明堂位》)當然，這些比較的結果自然是，商周制度大同小異。

子曰：「殷因於夏禮，所損益，可知也；周因於殷禮，所損益，可知也；其或繼周者，雖百世可知也。」(《論語．為政》)

孔子還說：「周監（鑑）於二代（夏商），鬱鬱乎文哉！吾從周。」(《論語．八佾》)這都和周公奠定的官方歷史論調完全相同。

但是，前述孔子關於「殷人尊神，率民以事神，先鬼而後禮，先罰而後賞，尊而不親。其民之敝，蕩而不靜，勝而無恥」的描述，卻又是西周和春秋時期絕無僅有的，不僅不符合周朝官方的政治正確，而且孔子的資訊來源也是個謎。

我們至少知道的是，在孔子的春秋時代，上述「殷人」的特徵早已經消失。宋國是商王族的繼承者，但宋國上層已被周人完全同化，有時固然爭強好勝，但主要還是為面子，或者說是周人文化裡的「貴族精神」，絕對不是為了利益的「勝而無恥」。

以比孔子早一百多年的宋襄公為例，他最著名的事蹟是和楚國的「泓之戰」。宋襄公風格甚高，不肯攻擊正在渡河及未成列的楚國軍隊，結果慘敗，受傷而死，而且死前還振振有詞地自我辯護，闡述道義是戰爭的首要原則：「君子不重傷，不禽二毛。古之為軍也，不以阻隘也。寡人雖亡國之餘，不鼓不成列。」(《左傳．僖公二十二年》)可見，宋襄公絕對不是「無恥」，而是恥感過分發達。至於崇拜鬼神的程度，宋國人也不比春秋列國更嚴重。

但前述孔子關於商周文化之別的評價顯示，即便是在周公五百年之後，應該也還存在著碎片化的關於商朝的真實歷史記憶。考慮到孔子是專職搜集歷史文獻的學者，待他收集起足夠多的關於商朝的碎片化知識後，是有可能逐漸拼合出一些「非官方」版本的真實歷史的。

其實，這在《論語》裡有些跡象。

在周公版的歷史中，商人從沒有過殘忍的人祭宗教，商朝的滅亡只是因為紂王—帝辛個人的道德墮落，但孔子的學生子貢卻試圖為紂王「翻案」：

> 紂之不善，不如是之甚也。是以君子惡居下流，天下之惡皆歸焉。（《論語．子張》）

大意是說，紂王的惡行並不像人們傳說的那樣過分，這就像是一個地方被當成了垃圾場，人們就專門往那裡丟垃圾，紂王的形象也是被這樣堆積出來的。

在《論語》中，這段話是和子貢為晚年孔子辯護的幾段話放在一起的。子貢是孔子晚年最信賴的學生，孔門十哲之一，複姓端木，殷商舊地衛國人，所以很可能也是商人後裔。這麼說來，他和孔子可能有遙遠的同族親緣。據此，這師徒二人顯然交流過一些官方版之外的商代祕史。子貢這段話被載入《論語》，說明編輯《論語》的孔門弟子認可其權威性。

而孔子很可能就是從《易經》開始探索真實的商代的。從可靠的文獻史料看，孔子平生從不關注「算命」問題，也從未給自己或別人占算過命運，不管是用甲骨還是易卦。孔子最常談論的是詩、書、禮、樂，但他幾乎從未對《易經》發表過評論。

然而，到了晚年，孔子卻突然對《易經》產生了興趣，他說：

> 加我數年，五十以學易，可以無大過矣。

《論語．述而》裡的這則記載很可靠，但具體含義有爭議。有人將其解讀為：「我如果能多活幾年，比如五年或十年，用來學習《易經》，就不會有大錯誤了！」或者：「如果這幾年我能重新再來一次，我會從五十歲開始學習《易經》，也就不會有大錯誤了！」

不管是哪種解釋，這都是孔子晚年才會有的感慨。《史記》與此相關的記載是，孔子晚年頻繁地研讀《易經》，結果編竹簡的皮條磨損嚴重，經常斷裂，所謂「韋編三絕」。

> 孔子晚而喜易，序彖、繫、象、說卦、文言。讀易，韋編三絕。曰：「假我數年，若是，我於易則彬彬矣。」（《史記．孔子世家》）

《禮記．禮運》還記載，孔子曾對弟子言偃（子游）說：

> 我欲觀殷道，是故之宋，而不足徵也，吾得《坤乾》焉。

為之做「正義」的唐代學者孔穎達認為，這部《坤乾》是殷商（宋）人版本的易卦占算書，「謂得殷家陰陽之書也」，它的坤卦排在乾卦前面，和《易經》相反，所以稱為《坤乾》。

這個說法已經難以驗證，但在此之前，孔子肯定有機會讀到文王的《易經》。如前所述，韓宣子訪問魯國，「觀書于大史氏，見《易象》與魯《春秋》」，而孔子離開魯國去宋國，發生在他五十七歲這年，也就是說，從五十歲到五十六歲期間，他一直身處魯國高層，完全有條件讀到官方收藏的周公注解版《易經》。

作為周公後人，魯國人對《易經》的理解可能非常陽光，完全沿用周公〈象辭〉的曲解，從而使孔子沒有意識到它的史料價值。但當在宋國得到《坤乾》時，孔子卻可能會獲悉某些保存於《易經》中的真實的商周之際歷史，畢竟，作為商人後裔的宋國最有可能保存這種暗黑記憶。

司馬遷認為，《易傳》裡的〈繫辭〉是孔子所作。其實，這應當是孔門弟子記錄的孔子觀點。〈繫辭〉對《易經》（文王卦爻辭）的來歷有個推測，認為它是殷商末期周族興起時的產物，內容主要是周文王和商紂王交往的事件，所以充滿了危機之辭，所謂：

> 《易》之興也，其當殷之末世、周之盛德邪？當文王與紂之事邪？是故其辭危。

此外，〈繫辭〉還認為《易經》的作者充滿了憂患之情：

> 作《易》者，其有憂患乎？

這種理解已經很接近真實的文王時期，而和周公的〈象辭〉很不一致，說明五十七歲之後的孔子已發掘出越來越多當年被周公隱藏的真相（商朝的血祭文化）。但是，孔子沒有繼續點破真相，而是頻繁地翻檢《易經》，以致「韋編三絕」。或許，孔子正是想從隱晦而雜亂的文王卦爻辭中復原出盡可能多的內容。

今天的我們對商代的有效知識主要來自出土的遺址和甲骨文，而這只是商代極為有限的局部片段，猶如管中窺豹；而孔子通過收集當時的口述史與文獻（孔子能見到的文獻要比今天多得多）也同樣可以建立起一部分有效知識。因此，孔子對商代的認知和現代人的認知應當存在一些交集，但也會有互不重合的部分。

可以合理推測，孔子應該就是在逐漸認知真實商朝文化的過程中，更加理解了周公當年為何一定要埋葬商朝的真歷史而重構一套夏商史。

孔子是商王族後裔，他應該會感念周公給了商人生存的機會，還替他們抹去了血腥人祭的記憶，讓子孫後代不必活在羞辱中。周公的這些寬容而偉大的事蹟，被他自己掩埋五百年，又終被孔子再次破譯。這或許才是他衷心服膺周公的根本原因。

孔子甚至常常夢到周公，而周公本以為武王解夢著稱。只有到臨終前，孔子才感慨很難夢到周公了：

> 甚矣吾衰也！久矣吾不復夢見周公。（《論語．述而》）

在傳統的歷史敘事框架中，孔子夢周公這件事不是那麼容易讓人理解，甚至有些人還會覺得這是不是有點虛假，但將其放在真實的商周之際的歷史背景中就好理解了：越是接近商文化的殘酷真相，孔子就越是對周公有真正的理解和感激。換句話說，從民族間的征服與殺戮走向和解與融合，孔子是受益者，也是這段隱祕史的破譯者。他有太多想說又不能明說的，只能在夢中傾訴。

◆附錄：孔子晚年編輯「六經」

孔子晚年最重大的工作，是編輯儒家經典「六經」。這是按照周公精神對歷史文獻進行的一次前所未有的系統整理。「六經」成書後，從上古到孔子時代的歷史敘事的權威版本就此誕生，也標誌著周公開創新華夏、埋葬舊華夏的工作得以正式完成。而孔子則以此向周公致敬，並參與、發展了周公的事業。

本書目的之一是再現夏商周更迭的歷史，所以使用了「六經」中的很多史料素材，但也對有些史料進行了辨析，指出其不可靠或刻意作偽之處。

「六經」具體是指《詩經》《尚書》《儀禮》《樂經》《易經》《春秋》。其中，《詩經》《尚書》《易經》包含大量商周易代時期的史料。在「六經」成書之前，社會上傳抄流行的主要是單篇文章，真偽混雜，品質良莠不齊。為此，孔子選擇了最可信且符合周公精神的彙編成書，而不符合這兩點的篇章就逐漸失傳了。《詩經》記載了周族從姜嫄、后稷以來的多篇史詩，包括周族早期歷史、文王確立翦商大計、武王的滅商戰爭、周公平定三監叛亂以及對商文化的改造等，屬於經過周公修訂的官方正式版本。

孔子繼承周公事業的用心，則主要表現在他對《尚書》的編輯和選裁上。

書是文獻之意，《尚書》就是古代的文獻。按時間順序，《尚書》分為《虞書》（堯舜禹時期）、《夏書》、《商書》和《周書》。在收入「六經」之前，《尚書》中各篇都是單行本，基本規律是越古老的越不可信，內容大都是西周及之後的人按照周公重寫上古歷史的精神，虛構了堯舜禹和夏商時期的很多帝王故事和講話稿，基本是周公式的道德說教，不具備史料價值。當然，也會有個別真正的商代文獻，比如盤庚遷都的講話稿，內容上和周公精神牴觸不大，或者已經被周公授意刪削過，所以保留了下來。總之，這些真真假假的篇章被孔子分別收入了《尚書》的《虞書》《夏書》和《商書》部分。

而《周書》部分，則多數是周朝的官方文獻，作偽的成分較少，而且肯定符合周公精神，所以在整部《尚書》裡，商末周初這部分占的比重最大。

以上是孔子認為符合周公精神、被收入《尚書》的文稿。此外，在西周朝，還有人寫了一些關於商周之際的歷史篇章，他們顯然部分了解那段真實的歷史，但並不完全遵循周公精神，所以和周公版文獻很不一樣。比如，有些文稿記載，滅商之前的武王生活在對商朝的恐懼之中，經常夜不成寐，需要周公的寬慰，但裡面記載的周公的長篇大論有明顯的虛構成分，因為兄弟二人的深夜談話不可能被如實記錄下來。還有的文稿記載了武王滅商後曾大量屠殺商人俘虜進行獻祭，但關於人祭過程的描寫不僅完全符合殷墟甲骨卜辭的記錄，而且比卜辭更細緻，這顯然也不符合周公精神。

這些稍有違背周公精神的歷史篇章，並沒有被孔子收錄進《尚書》，但經過孔門的彙集、抄寫和校勘，也形成了一個彙編本，被命名為《逸周書》，意思是「未能收入《尚書．周書》的文獻」。開始的時候，《逸周書》可能只保存在孔門內部，只有少數弟子說得清這部離經叛道的書的來歷。而到了戰國之後，真正的商代歷史已經被徹底遺忘，以「六經」為代表的周公版歷史成了唯一的存在，所以《逸周書》雖然沒有失傳，但在此後兩千多年的歷史裡，處境一直比較尷尬，不太受學者重視。只有到現代考古學誕生和商代遺址發掘後，人們這才發現，它的有些內容居然很符合商文化的本來面貌。

至於《易經》，孔子雖然很精準地選擇了文王而非春秋時流行的其他版本（如本書所述，文王的《易經》隱含的商末往事很多，周公的〈象辭〉其實是對文王原意的掩蓋和曲解），但卻繼續奉行周公的原則，在給弟子講授《易經》時，儘量避開商末的真實歷史，重點從《易經》文本引申出宇宙秩序和社會倫理。這些講授被他的學生整理成〈文言〉〈繫辭〉〈說卦〉〈序卦〉等篇章，與周公《象傳》合編在一起，被稱為《易傳》（對《易經》的解釋）。〔8〕文王的《易經》和之後的《易傳》，則被後人合稱為《周易》。因此，要還原文王時代的歷史，必須研究文王《易經》本身，而非《易傳》，這樣才能避免周公和孔子刻意製造的誤導。

在孔子生活的春秋時代，周王室早已喪失權威，諸侯列國並不真正關心所謂文化建設或王朝合法性問題，編輯「六經」可以說完全是孔子個人的追求，但此舉確實繼承了周公的事業，實現了周公的目的：掩埋真正的商文化，用重構的道德歷史建構華夏文明起源。

周公在事實上扭轉了歷史進程，改變了人們的認知；孔子則把這一切文本成果匯總起來，形成蓋棺定論的「六經」經典，傳遞給後世：華夏文明的源頭就是如此，再無其他。

當然，孔子編輯「六經」的作用不止於此，其中還保存了從西周創立直到孔子時代的文化成果，這就是周人貴族社會的詩歌（《詩經》）、禮俗（《儀禮》）和歷史（《春秋》）。

可以說，「六經」是截至孔子時代的符合周公精神的華夏世界社會歷史知識的總集，不僅是儒家學派的基石，也是傳統時代的人們了解商周及更早時代的幾乎唯一資訊源。換句話說，「六經」決定了華夏新文明獨有的內核與特質，是華夏新文明的原始程式碼。孔子時代尚還保留著一些關於真實商文化的口傳記憶，但到戰國初年，伴隨著各國的變法運動，貴族社會逐漸瓦解，新的集權君主制和官僚制國家機器建立了起來，而在這巨大的社會動盪和重組中，即便稍有文化的人也都只能忙於適應大變革，無人會留心渺茫的上古歷史傳說。就這樣，有關商文化的殘餘記憶終於徹底失傳。

戰國時期的諸子百家爭鳴，還曾先後出現道、墨、法、名、兵等學派，但它們所擁有的古典知識根本無法和儒家相提並論，何況其對上古歷史的認識也只能來自儒家「六經」，因此，即使對儒家理論有所不滿，也無法脫離儒家知識走太遠。

概而言之，周公時代變革的最大結果，是神權退場，這讓中國的文化過於「早熟」；戰國時代變革的最大結果，是貴族退場，這讓中國的政治過於「早熟」。而在其他諸人類文明中，神權和貴族政治的退場，都發生在西元一五〇〇年之後的所謂近現代時期。

周公和孔子的努力維持了兩三千年，直到考古學家的鏟子挖出夏、商遺址，被「六經」等古文獻掩蓋和誤讀的歷史真實，才得到重新詮釋與復原。

我們被考古學改變的認知，不只是夏商。

後記

這本書的內容，也許會讓人覺得有些陌生，甚至不適。不過，從「學術史」的角度來說，它也有很多年的醞釀過程，以及幸運的環境。

對歷史有些了解的人，大都知道商朝存在人祭行為，但關於人祭的消亡，用心探究過的人還不多，可能大都默認它伴隨著歷史的「進化」歷程而自然淡出了吧。這方面我有點幸運，能接觸到一些較前沿的專業知識：我本科就讀於北京大學的文科實驗班，當時和歷史系的兩位同學交流得比較多，一位是和我同級的韓巍兄，一位是高一級的林鵠兄，他們都是先秦史方向，後來拿的也是考古學的學位。韓巍的碩士論文是關於西周初年殷商遺民的喪葬習俗的，裡面提到當時的殷商遺民還保留著「腰坑殉狗」及殉人的傳統，跟同時的周人墓葬截然不同。那時我常聽韓巍聊起這些，所以就有了一些這樣的認知：商文化與周文化很不一樣。由此推論下來，商人的人祭習俗，也應當是在周朝的大環境裡被禁絕的。林鵠兄的碩士論文則是關於周人的族姓觀念的，他認為，商人等東方族群本來沒有族姓，周人滅商之後才賦予了他們族姓，這個觀點我也用到了本書中。所以，本書的很多緣起可以追溯到本世紀初。

後來，在清華大學歷史系讀研究生時，我本想進入上古史領域，不過最終畢業論文的題目選的卻是中古史，關於魏晉南北朝的南北戰爭，因此告別了上古史若干年。到二〇一二年夏，畢業論文已經完成，又想起了昔日關注的上古史的很多問題。有一次，和研究生同窗、對攝影和影視造詣較深的曲直兄聊天時，又說起了商代人祭，他便推薦我去看梅爾．吉布森（Mel Gibson）的《啟示》（*Apocalypto*，二〇〇六；台譯：阿波卡獵逃），一部關於阿茲特克文明的人祭題材的電影。我看了之後的感覺是，和商朝的考古有許多呼應之處，而且電影還提供了直觀的視聽效果，讓我似乎看到了商紂王、周文王時代那些活生生的畫面。這種身臨其境的現場感很重要，它讓殷墟人祭坑中的纍纍枯骨再次復活起來，所以我那時便準備動手寫一篇文章，這便是後來的〈周滅商與華夏新生〉。

很巧的是，當時林鵠兄和我住得很近，他那時已拿到芝加哥大學的人類學博士學位（西方的考古學屬於人類學），正在清華大學歷史系做博士後。所以，那個夏天我們又能常在一起聊了。有一次，我們一起騎車去韓巍在蔚秀園的家，在頤和園路上又聊起了商周變遷，驚奇地發現我們居然想到一起了，都猜測周公在廢除人祭的歷史轉折上有關鍵作用。當天，林鵠兄便把他的一篇與此相關的會議報告發給了我，其中考古部分的內容被我用到了〈周滅商與華夏新生〉一文中。這篇文章發在二〇一二年的《讀庫》第五期。

回想起來，我能進入這個領域，受惠於韓巍和林鵠之處頗多。

博士畢業後，我到新疆大學工作，其間幾度想把〈周滅商與華夏新生〉一文寫成專書，因為我想寫一系列有關中國古代歷史的書，展現中國歷史這條巨流之河如何從遠古匯聚、奔湧而下，而用新石器到商周之變做開篇最合適——從頭寫下來，也免去了每次交代歷史背景的麻煩。我曾寫過孔子，寫過劉寄奴（劉裕），也都算是這個系列中的部分。

按我最初的計畫，寫上古，就不能再侷限於商周之際，要從新石器開始，把中國早期文明產生的全過程，以及人祭宗教的來龍去脈都寫出來。這意味著考古學的內容會占一大半，難度很大，畢竟進入一個新領域需要時間成本，像王國維、郭沫若、陳夢家等先賢「觸類旁通」的學科拓荒時代早已過去，現代學術的數量積累已經很大，學者的研究方向也都變得深而窄，學術生涯大都只能在博士論文的基礎上生發、拓展，進而成為特定領域的「專家」。換句話說，到中晚年又另起爐灶、做大跨度跳躍的可能性，已經很低了。我曾幾度嘗試，只感到無暇亦無力再進入新石器與夏商的考古世界。不過，當時也形成了少量文字積累，如本書中關於藁城台西商代遺址的一章。

到二〇一九年春，韓巍贈了我一系列多年收集的考古報告與上古文獻。而在這年，我對《周易》也有了新的發現，原來其中有大量的周文王個人經歷的記錄，於是便再度萌生了書寫上古史的念頭。二〇二〇年疫情初起時，我辭去教職，獲得了自由時間，先在安陽、洛陽小住過一段時間，看過殷墟和二里頭遺址後，搬進了成都郊外的一處租住房屋，再次進入了新石器和上古世界。

我喜歡一個人在地廣人稀的地方遊歷，讓自己融入未曾見識的風光之中。在進入成堆的考古報告之前，我也曾想像，那會是一趟去往原始時代的新奇旅行，但未曾料到，探究人祭之源會如此令人壓抑。我搞過戰爭史，史書中固然充滿戰爭、死亡，但文字過濾掉了感性直觀的認知，很難讓人產生「代入感」。而面對慘死屍骨的照片，嘗試還原人祭殺戮現場，進入殺人者與被殺者的心理世界，我常感到無力承受。

這是一場無法解脫的恐怖之旅，猶如獨自走過撒滿屍骨的荒原。

那時也經常問自己，用一輩子裡這麼長一段時間，搞這種陰沉苦悶的工作，值得嗎？無奈中也安慰自己：寫史寫到這種狀態，怕也是一種難得的經歷……

僅憑千載之後的殘骨照片、發掘線圖和文字描述，做一點設身處地的想像，就已經如此不堪重負，那個時代的親歷者又會如何？

所以，最後統稿時，我拿掉了基本成形的關於新石器時代的部分，只用了一章做簡短介紹，不然，全書會更漫長和壓抑，我可能無法堅持到最後。

如果是討論上古時代的人的衣食住行，比如住的房子、使用的器物、種植的莊稼，會覺得他們和我們現代人差別不大；但如果是探究人祭問題，我總覺得無法理解他們，看得越多，就越是感覺陌生。因此，關於人祭宗教的起源，以及早商時期人祭規模突然增加的根源，本書嘗試做出的解釋註定是粗疏而平庸的，這種宗教的信奉者如果有機會發言，應該能提供更高明的說法。

進入人祭的領域後，我最關注的，其實是哪些古人群沒有人祭遺存，或者比較少。我寧願相信陶寺和二里頭古國的人祭都不太多，也認為商朝中期還曾發生過一場反人祭的上層宗教改革。證據也許還不算多，但總應該有那麼一點東西，讓人維持哪怕微茫的希望。

我曾長期有一個困惑，那就是孔子對商周之變是否知情。之前十餘年裡，我寫過兩個版本的孔子傳記，都曾重點討論孔子編輯的「六經」及其反映的上古社會，但彼時尚未找到關於人祭記憶的證據，總有難以言表的遺憾。而這次，經過對《周易》的解讀，我逐漸推測到，孔子晚年應當是接觸到了商周之際的部分歷史真相，儒家「六經」也和後世慣常的認知很不一樣。這是我之前很難想像的歷史維度。

本書利用了較多考古學領域的發掘成果，應當對考古人的工作致謝。除了本書正文中引用的報告和著作，不能不提及考古學大家嚴文明先生：他不僅對新石器時代的人祭有深入且獨到的觀察，如邯鄲澗溝遺址的頭蓋骨剝皮現象、新沂花廳遺址的族群征服與人殉等，而且對中國文明起源的論述尤為深刻——從「大兩河」(長江和黃河兩大流域）文化互動的過程來觀察中國早期文明的萌生。這要比文明起源的「中原中心論」或「多元論」更為深入。本書雖然未收錄新石器時代部分，但關於夏朝—二里頭稻作為主的討論，也有受嚴文明先生啟發之處。稻作農業在華北新石器晚期的作用，及其與中國早期文明的關係，可能會是一個越來越顯著的學術問題。

本書的寫作過程難免壓抑，但回首再看的話，通過大量考古發掘報告，對中國早期文明的起源歷程做一次鳥瞰式的巡覽，也是頗為難得的經歷。如果說有什麼宏觀的感受，那就是：我覺得中國文明的重要特點是體量太大，這是黃河、長江流域及周邊的宜農地理環境決定的；但地理也決定了古中國比較封閉，和其他文明的交流不那麼便捷，缺少參照物，獨自「摸黑走路」的過程有點漫長。換句話說，要想從那個時代走出來，主要靠文明內部的自我調節的話，付出的代價會格外大。

在本書寫作期間，應該感謝的師友還有很多。大學時代的舊交杜波兄，在我移家成都後提供了很多幫助。昔日老杜入蜀為客，今日老杜蓉城作主，皆令人感喟唏噓。研究生時的同窗、陝西師範大學的牛敬飛兄，為我查閱圖書資料提供了諸多幫助。二〇二〇年初，我有緣探訪周原遺址，包括深鎖在紅磚院牆中的「文王大宅」基址，彼時就投宿在牛敬飛兄家中。帶我觀摩周原遺址的，還有陝師大的王向輝兄。春寒雨雪時節，在牛兄書房縱論商周舊事，切磋上古學問，是寫作期間一掬難得的開心，也讓我想起錢鍾書先生的一句話：「大抵學問是荒江野老屋中，二三素心人商量培養之事。」

還有很多曾經幫助我的師友，這裡無法一一列舉，他們對我最大的支持，其實是心理上的，讓我意識到除了祭祀坑裡的屍骨，這世界上還有別的東西。

也許，人不應當凝視深淵；雖然深淵就在那裡。

注釋

引子

1 黃展岳：《古代人牲人殉通論》，文物出版社，二〇〇四年，第七五頁。這三座多人祭祀坑分別是後岡H10、大司空村祭祀坑和小屯南地H33，其中，後岡H10和大司空村祭祀坑屬於殷墟末期，小屯南地H33祭祀坑的時期則不詳。相關發掘報告見中國社科院考古所《殷墟發掘報告（一九五八—一九六一）》，文物出版社，一九八七年，第二六五頁；安陽市博物館〈安陽大司空村殷代殺祭坑〉，《考古》一九七八年第一期；中國社科院考古所安陽工作隊〈一九七三年小屯南地發掘報告〉，《考古學集刊》（第九集），科學出版社，一九九五年。

2 郭沫若：〈安陽圓坑墓中鼎銘考釋〉，《考古學報》一九六〇年第一期。

3 中國社科院考古所安陽發掘隊：〈一九五八—一九五九年殷墟發掘簡報〉，《考古》一九六一年第二期。

4 中國社科院考古所：《殷墟發掘報告（一九五八—一九六一）》，第二七九頁。以下關於H10祭祀坑的基本內容主要見於該書，不再詳注。

5 在考古發掘報告中，「H」是「灰坑」的簡稱，灰坑多數是古人的垃圾坑，但也可能是儲物窖穴、祭祀坑等，因為在發掘坑的表面時，考古工作者還不容易了解坑的具體性質，一般要發掘到底部才能判斷坑的具體用途，所以多籠統命名為「灰坑」並編號，但最初賦予的編號一般不再修改。類似的簡稱，還有房子（F）、墓葬（M）和井（J）等。

6 貝，甲骨文作[illegible]，見《合集》一一四二三正。《尚書．盤庚》：「茲予有亂政同位，具乃貝玉。」孔穎達疏：「貝者，水蟲。古人取其甲以為貨，如今之用錢然。」貝殼作錢已是習慣，東周以後，貝幣才逐漸被各種金屬貨幣取代，雲南一些少數民族地區更是沿用貝幣直到明代。

7 杜金鵬：〈安陽後岡殷代圓形葬坑及其相關問題〉，《考古》二〇〇七年第六期。後岡H10平面圖出自該文，不再詳注。

8 中國社科院考古所安陽發掘隊：《一九五八—一九五九年殷墟發掘簡報》。

9 在殷墟王陵區的祭祀坑中曾發現埋入銅器的，比如一九七六年發掘的M229，裡面有大小兩件銅鼎和兩件陶器，還有一名被綁腿活埋的兒童。但這種祭祀坑數量很少，多數都是埋人牲。參見安陽亦工亦農文物考古短訓班、中國社科院考古所安陽發掘隊〈安陽殷墟奴隸祭祀坑的發掘〉，《考古》一九七七年第一期。

10 https://thepaper.cn/newsDetail_forward_10696914.

11 當然，通貨膨脹是必然的。到西周，據何尊記載，周成王有一次賞賜一位叫何的臣下三十朋：「何易（賜）貝三十朋。」（《集成》六〇一四）至春秋時期，《詩經．小雅．菁菁者莪》曰：「既見君子，錫（賜）我百朋。」貌似已經動輒百朋了。

12 裘衛盉（西周中期），《集成》八四五六。

13 郭沫若：《甲骨文合集》，中華書局，一九九九年，三二〇九三條，以下簡稱《合集》。商代甲骨卜辭中的「羌」，主要是山西、陝西地區的土著居民，這些人在周代逐漸匯聚成為華夏族。在後世的漢語中，「羌」字又演變成漢人對位居西方的少數族群的稱謂，這和商代的「羌」已經不是同一種人。參見童恩正〈談甲骨文「羌」字並略論殷代的人祭制度〉，《四川大學學報》（哲學社會科學版）一九八〇年第三期；王平、顧彬《甲骨文與殷商人祭》，大象出版社，二〇〇七年，第八七頁。

14 陳志達：《殷墟》，文物出版社，二〇〇七年，第一一九頁。一九三四—一九三五年，在王陵區發掘祭祀坑一二二一座，是對祭祀坑發掘最集中的一次，但由於後來的戰爭和動盪，這批發掘成果未能出版報告，所以詳情不得而知。

15 唐際根、湯毓贇：〈再論殷墟人祭坑與甲骨文中羌祭卜辭的相關性〉，《中原文物》二〇一四年第三期。

16 李峰對王陵區祭祀坑中人牲的估測數字是三萬：「至少有三萬個人以這種方式在王陵區進行的宗教祭祀活動中被殺死。」參見李峰《早期中國社會和文化史概論》，劉曉霞譯，臺灣大學出版中心，二〇二〇年，第九二頁。

17 考古人將二百多年跨度的殷墟分為四期，據宋鎮豪估算的四期的人口規模分別是：一期不詳，二期七萬人，三期十二萬人，四期十四萬六千人。本書以此為基礎推測，在王陵區投入使用的二百年裡，殷墟生活過的人口總量約一百萬人。參見宋鎮豪《商代史論綱》，中國社會科學出版社，二〇一一年，第一三六頁。

18 二〇二二年一月十八日，「文博中國」線上發布〈殷墟商王陵區新發現二個圍溝、四百餘座祭祀坑〉：此次新發現祭祀坑四百六十座以上，多數用洛陽鏟探出人骨骼，還有一座長二十八公尺、寬六公尺的長方形大坑。這些坑目前尚未正式發掘。

19 關於殷墟已發現的商墓總數，兩部出版時間相近的專著得出的數字稍有差距：宋鎮豪的《商代史論綱》估計總數約八千五百座；陳志達的《殷墟》則估計約四千四百座，還有二千多座尚未整理的不包括在內。如果《殷墟》中已整理和未整理的兩者相加，和《商代史論綱》的估計尚有二千座左右的差距。究其原因，應當是《殷墟》只統計「長方形豎穴墓」，即正式埋葬的成人墓，沒有包括祭祀坑和灰坑葬（拋屍亂葬）；《商代史論綱》是在「人口」一章討論墓地總數，意味著它把包含所有（成年）人口的埋葬形式都統計了進來，多出的這二千多座，正是當時所知王陵區祭祀坑的總數。所以，如果統計殷墟範圍正常埋葬（而非被殺祭）的成年人數量，應以陳志達《殷墟》的數字為準，可暫定為六千五百人左右。參見宋鎮豪《商代史論綱》，第一三六頁；陳志達《殷墟》，文物出版社，二〇〇七年，第一〇六頁。

20 〔英〕史蒂文．米森：《史前人類簡史》，王晨譯，北京日報出版社，二〇二一年。

21〔美〕戴爾・布朗主編：《愛琴海沿岸的奇異王國》，李旭影譯，華夏出版社，二〇〇二年，第九四、九八頁。
22〔西班牙〕貝爾納爾・迪亞斯・德爾・卡斯蒂略：《征服新西班牙信史》，江禾、林光譯，商務印書館，一九九一年。
23 高亨釋為：「乃武王克商之兆，所占之事，自為可行，故曰含章可貞。」參見高亨《周易古經今注》，中華書局，一九八四年，第一六七頁。高亨認為，這是周武王姬發滅商時的占卜辭。其實，它很可能在周文王時期就已經有了，是對未來之事的占算。
24 Gideon Shelach, "The Qiang and the Question of Human Sacrifice in the Late Shang Period." *Asian Perspectives*, Spring 1996, pp. 1-26.

第一章◆新石器時代的社會升級

1 鞏啟明：〈姜寨遺址發掘回顧〉，《中國文化遺產》二〇一〇年第一期。
2 中國社科院考古所寶雞工作隊：〈一九七七年寶雞北首嶺遺址發掘簡報〉，《考古》一九七九年第2二期；中國社科院考古所：《寶雞北首嶺》，文物出版社，一九八三年。
3 甘肅省文物工作隊：〈甘肅秦安大地灣901號房址發掘簡報〉，《文物》一九八六年第二期；鍾曉青：〈秦安大地灣建築遺址略析〉，《文物》二〇〇〇年第五期。
4 石峁古城的發掘還處於起步階段，古城全貌尚未得到揭露，但已經發現了殘忍而且大規模的人祭現象。參見孫周勇、邵晶〈瓮城溯源：以石峁遺址外城東門址為中心〉，《文物》二〇一六年第二期；陝西省考古研究所《發現石峁古城》，文物出版社，二〇一六年。
5 浙江省文物考古研究所：《良渚古城綜合研究報告》，文物出版社，二〇一九年，第三五四、三六四、四四〇頁。
6 中國社科院考古所：《西安半坡：原始氏族公社聚落遺址》，文物出版社，一九六三年，第一八頁。
7 河南省文物研究所、中國歷史博物館考古部：《登封王城崗與陽城》，文物出版社，一九九二年。
8 中國社科院考古所安陽工作隊：〈一九七九年安陽後崗遺址發掘報告〉，《考古學報》一九八五年第一期。
9 到殷商後期，這裡又出現了恐怖的H10圓形三層祭祀坑，不過和龍山時代相隔已有一千餘年。
10 河南省文物研究所、中國歷史博物館考古部：〈登封王城崗遺址的發掘〉，《文物》一九八三年第三期。
11 至少是石器時代還不需要，到鐵器時代，隨著華北人口密度增加，有些旱作地區也需要灌溉設施來提高產量。
12 石峁遺址有中心宮殿建築區「皇城台」，有周邊石砌圍牆，雖然目前只在城牆東門和皇城台分別發現密集的人頭祭祀坑以及部分屍骨坑，尚未發布詳細的發掘報告，但僅從東城門祭祀坑看，石峁古國的人祭行為已經有很大規模。

第二章◆大禹治水真相：稻與龍

1《史記・五帝本紀》。現存關於大禹的記載，主要來自《尚書》、戰國諸子和司馬遷的《史記》。

2 中國社科院考古所：《二里頭：一九九九—二〇〇六》第一冊，文物出版社，二〇一四年，第一五〇頁。有關二里頭考古的基本資訊及圖片，未注明出處的皆出自該書，不再詳注。

3 這裡採用的是較低的稻米千粒重數值，二里頭稻米和粟米顆粒重量比實際應遠超過八倍。二里頭浮選結果並未介紹糧食顆粒的平均體積、重量，但王城崗遺址的浮選有體積：粟粒「均呈近圓球狀，直徑多在一．二公釐以上」，稻米「平均粒長是四．四七公釐，平均粒寬為二．四一公釐」，計算可知，粟米平均體積約零點九立方公釐，稻米平均體積近二十立方公釐，是粟米的二十倍，所以八倍的重量估值屬於相當保守。參見趙志軍〈河南登封王城崗遺址浮選結果及分析〉，《植物考古學：理論、方法與實踐》，科學出版社，二〇一〇年，第一四八頁。

4 中國社科院考古所：《二里頭：一九九九—二〇〇六》第三冊，第一三〇一頁。這是等比例顯示的圖片，在有些浮選統計論文裡，各種糧食照片的比例不同，顯示的顆粒大小都近似，更容易使人忽視千粒重問題。

5 趙志軍：〈偃師二里頭遺址浮選結果的分析和討論〉，《農業考古》二〇一九年第六期。

6 北京大學震旦古代文明研究中心等：《新密新砦》，文物出版社，二〇〇八年，第五二二、五二三頁。新砦一期資料中粟和黍被合計在一起，但這兩者的千粒重相差較大，難以進行合併折算，所以這裡只用了第二期資料。

7 根據中國社科院考古所《二里頭：一九九九—二〇〇六》第四冊彩版一改繪。

8 趙志軍：《偃師二里頭遺址浮選結果的分析和討論》。

9 北京大學考古文博學院：《洛陽王灣：考古發掘報告》，北京大學出版社，二〇〇二年，第七二頁。

10 袁飛勇：《煤山文化研究》，武漢大學二〇二〇年博士論文。關於新砦陶器所屬文化類型及分布範圍，學術界有不同的劃分方式，本書採用的是較廣義的一種。

11 杜金鵬、許宏主編：《二里頭遺址與二里頭文化研究》，科學出版社，二〇〇六年，第一一二、一三七頁。常淑敏：《二里頭王都的龍文化研究》，中國社科院研究生院二〇一四年碩士論文。

12 二〇〇二是發掘年分，V是發掘區編號。

13 王青、趙江運、趙海濤：〈二里頭遺址新見神靈及動物形象的復原和初步認識〉，《考古》二〇二〇年第二期。

14 朱乃誠：〈二里頭綠松石龍的源流：兼論石峁遺址皇城台大台基石護牆的年代〉，《中原文物》二〇二一年第二期。

15 同上。

16 同上。

1 《史記．夏本紀》裴駰集解引《汲塚紀年》曰：「有王與無王，用歲四百七十一年矣。」《汲塚紀年》就是《竹書紀年》。

2 仇士華：《^{14}C測年與中國考古年代學研究》，中國社會科學出版社，二〇一五年。

3 趙海濤、張飛：〈二里頭都邑的手工業考古〉，《南方文物》二〇二一年第二期。

4 中國社科院考古所二里頭工作隊：〈河南偃師市二里頭遺址宮殿區5號基址發掘簡報〉，《考古》二〇二〇年第一期。

5 許宏：〈二里頭：中國最早的「核心文化」〉，《世界遺產》二〇一五年第八期。

6 杜金鵬、許宏主編：《偃師二里頭遺址研究》，科學出版社，二〇〇五年。

7 中國社科院考古所：《偃師二里頭：一九五九年—一九七八年考古發掘報告》，中國大百科全書出版社，一九九九年。

8 這個「圓坑」在一九七二年和二〇〇一年兩次被發掘，分別編號為1972VH80和2001VH1。

9 這種建築落成後再埋入的人牲，性質介於奠基和人祭之間，這說明兩種人祭方式間並沒有太明確的界限。

10 中國社科院考古所：《二里頭一九九九—二〇〇六》第二冊，六二五頁。

11 中國社科院考古所二里頭工作隊：〈河南偃師市二里頭遺址宮殿區1號巨型坑的勘探與發掘〉，《考古》二〇一五年第十二期。

12 同上。

13 中國社科院考古所：《偃師二里頭》，第二四一、二五一頁。

14 鄭光：〈偃師二里頭遺址〉，《中國考古學年鑑．一九九六》，文物出版社，一九九八年，第一六七頁。

15 杜金鵬：〈二里頭遺址第二期考古的主要成就〉，《中原文物》二〇二〇年第四期。

16 同上。

17 岳洪彬：〈偃師二里頭遺址〉，《中國考古學年鑑．一九九五》，文物出版社，一九九六年，第一六三頁。

18 《說文》曰：「卜，灼剝龜也。象灸龜之形。一曰象龜兆之從（縱）橫也。」卜，最早見於甲骨文，本義為灼甲骨取兆以占吉凶。

19 參見許宏等〈二里頭遺址聚落形態的初步考察〉，《考古》二〇〇四年第一一期；朱芃宇《中原地區二里頭文化時期墓葬研究》，河南大學二〇二〇年碩士論文，第一六頁。

20 李志鵬：〈二里頭文化祭祀遺跡初探〉，《三代考古》第二輯，科學出版社，二〇〇六年。

21 中國社科院考古所：《新密新砦》，文物出版社，二〇〇八年，第二二四頁。

22 中國社科院考古所：《偃師二里頭》，第四一頁。

23 杜金鵬：《二里頭遺址第二期考古的主要成就》。

24 中國社科院考古所：《中國考古學．夏商卷》，中國社會科學出版社，二〇〇三年，第一一二頁。

25 杜金鵬：《二里頭遺址第二期考古的主要成就》。

26 圖片分別引自許巨集《二里頭：中國最早的「核心文化」》和《世界遺產》編輯部〈二里頭新探〉，《世界遺產》二〇一五年第八期。

27 關於中國早期文明認定標準的討論，可參考張光直〈論「中國文明的起源」〉，陳星燦整理，《文物》二〇〇四年第一期。

28 在缺少青銅技術的人類文化中，黑曜石可以部分代替青銅兵器的功能：它是火山噴發形成的玻璃質岩石，斷茬鋒利，價值較高。在上古中東地區以及歐洲殖民者入侵前的中南美洲，黑曜石都曾是高端兵器原料。但中國的黑曜石較少，在新石器時代幾乎沒有它的蹤跡。

29 許宏：《東亞青銅潮》，生活．讀書．新知三聯書店，二〇二一年，第六〇頁。

30 參見《左傳．襄公四年》，《史記索隱》引用時有所增減。另可見《史記正義》引《帝王世紀》。

第四章◆異族占領二里頭

1 《史記．夏本紀》。《史記．殷本紀》：「夏桀為虐政淫荒，而諸侯昆吾氏為亂。湯乃興師率諸侯……遂伐桀……桀敗於有娀之虛，桀奔於鳴條，夏師敗績……湯既勝夏……於是諸侯畢服，湯乃踐天子位，平定海內。」

2 陳國梁：〈合與分：聚落考古視角下二里頭都邑的興衰解析〉，《中原文物》二〇一九年第四期。

3 〔日〕西江清高、〔日〕久慈大介：《從地域間關係看二里頭文化期中原王朝的空間結構》，杜金鵬、許宏主編：《二里頭遺址與二里頭文化研究》，科學出版社，二〇〇六年。

4 但也有學者認為，東下馮是獨立於二里頭的文化。參見張立東〈論輝衛文化〉，《考古學集刊》（十），地質出版社，一九九六年；常懷穎〈從新峽遺址再論二里頭與東下馮之關係〉，《文物季刊》二〇二二年第一期。

5 戴向明等：〈山西絳縣西吳壁遺址二〇一八—二〇一九年發掘簡報〉，《考古》二〇二〇年第七期。

6 侯衛東：〈論二里頭文化四期中原腹地的社會變遷〉，《中原文物》二〇二〇年第三期。

7 一般認為夏商易代發生在西元前一千六百年前後，碳十四測年的精度很難體現五十年範圍的差別，所以這個小差別目前只能忽略。

8 趙海濤：〈二里頭遺址二里頭文化四期晚段遺存探析〉，《南方文物》二〇一六年第四期。

9 參見中國社科院考古所二里頭工作隊〈一九八四年秋河南偃師二里頭遺址發現的幾座墓葬〉，《考古》一九八六年第四期。

10 中國社科院考古所：《二里頭：一九九九—二〇〇六》第一冊，第二五七頁。

11 關於2004ＶＨ305灰坑，詳見中國社科院考古所《二里頭：一九九九—二〇〇六》第一冊，第四一七頁。

12 新牆編號Q3，詳見趙海濤《二里頭遺址二里頭文化四期晚段遺存探析》。

13 程露：〈也談肥西大墩孜出土的青銅斝和鈴〉，《東方博物》第二五輯，浙江大學出版社，二〇〇七年。

14 秦讓平：〈安徽肥西三官廟遺址發現二里頭時期遺存〉，《中國文物報》二〇一九年八月二三日；方林：〈肥西三官廟遺址出土青銅兵器的年代及相關問題〉，《文物鑑定與鑑賞》二〇二〇年第十期下。
15 這件「半月形銅鉞」更像是五千多年前長江下游的多孔石刀，在南京北陰陽營和安徽薛家崗都有發現。
16 方林：《肥西三官廟遺址出土青銅兵器的年代及相關問題》。
17 戴向明：〈夏文化、夏王朝及相關問題〉，《江漢考古》二〇二一年第六期；中國先秦史學會等：《夏文化研究論集》，中華書局，一九九六年。
18 《毛詩序》：「有正考甫者，得商頌十二篇于周之大師。」

第五章 ◆ 商族來源之謎

1 傅斯年：〈夷夏東西說〉，《國立中央研究院歷史語言研究所集刊》外編，第一種，《蔡元培先生六十五歲慶祝論文集》，下冊，一九三四年。
2 王震中：《商族起源與先商社會變遷》，中國社會科學出版社，二〇一〇年；北京大學震旦古代文明研究中心等：《早期夏文化與先商文化研究論文集》，科學出版社，二〇一二年。
3 但在《史記》裡，司馬遷又給簡狄和姜嫄安排了同一位丈夫，半神的帝王帝嚳。這屬於春秋之後的改編版，在《詩經》的商、周兩族史詩裡，都沒記載這兩位女子有丈夫。
4 《國語．魯語上》與《禮記．祭法》。還有記載說，夏朝帝王少康、杼委派冥去治理黃河，結果殉職被淹死。見於《今本竹書紀年》：「帝少康十一年使商侯冥治河」，「帝杼十三年商侯冥死於河」。但《今本竹書紀年》是不可靠的文獻，它關於上古的事件都有準確紀年，可信度反而降低。有研究者認為，《今本竹書紀年》是南宋以後的人偽造的。
5 《史記．殷本紀》中，冥的兒子是「振」，振的兒子是「微」。王國維發現，「振」就是《山海經》中的「王亥」，甲骨卜辭中也多次出現祭祀「王亥」，所以「振」是「亥」的誤寫。「微」在《竹書紀年》中寫作「殷主甲微」，甲骨卜辭中寫作「上甲」。
6 參見中國社科院考古所《小屯南地甲骨》，一九八〇年，一一一六條。以下簡稱《屯南》。
7 韓江蘇、江林昌：《〈殷本紀〉訂補與商史人物徵》，中國社會科學出版社，二〇一〇年，第六三頁。
8 傅築夫：〈殷代的游農與殷人的遷居〉，《中國經濟史論叢》上冊，生活．讀書．新知三聯書店，一九八〇年，第四六頁。
9 張光直：〈中國相互作用圈與文明的形成〉，《慶祝蘇秉琦考古五十五周年論文集》，文物出版社，一九八八年。
10 胡厚宣：〈甲骨文商族鳥圖騰的遺跡〉，《歷史論叢》第一輯，中華書局，一九六四年；〈甲骨文所見商族鳥圖騰的新證據〉，《文物》一九七七年第二期。顧頡剛：〈鳥夷族的圖騰崇拜及其氏族集團的興亡〉，《古史考》第六卷，海南出版社，二〇〇三年。
11 顧頡剛：〈周易卦爻辭中的故事〉，《燕京學報》一九二九年第六期。

12 常玉芝：《商代宗教祭祀》，中國社會科學出版社，二〇一〇年，第一五六頁。

13 參見常玉芝《商代宗教祭祀》，第二二頁。

14 中國社科院考古所：《殷墟婦好墓》，文物出版社，一九八〇年，第一五九頁。

第六章◆早商：倉城奇觀

1 《史記．殷本紀》等史書記載，商朝曾經五次遷都，最後一次是盤庚王遷殷。殷都遺址（殷墟）已經有了充分的考古發掘，至於前面四座都城在哪裡，卻一直沒有定論，和目前的考古發現也無法完全吻合。

2 示意圖改編自中國歷史博物館考古部《垣曲商城（一）：一九八五—一九八六年度勘察報告》，科學出版社，一九九六年，第五頁。

3 李維明：〈鄭州二里崗早商骨刻字元與毛土祭祀〉，《中國文字博物館集刊》二〇二一年九月。

4 尤柔螭的一篇文章〈二里崗遺址牛骨刻辭〉(http://www.kaogu.cn/cn/kaoguyuandi/kaogubaike/2013/1025/34220.html)有這樣的概述：一九五三年發現於河南省鄭州市貨棧街的屬於二里崗商文化期的兩片牛骨，分別為牛的肋骨和肱骨。現下落不明，不知所蹤。原骨曾由陳夢家先生鑑定研究，相關資料刊發於《文物參考資料》（一九五四年）及其著作《殷墟卜辭綜述》以及一九五九年出版的《鄭州二里崗》報告中。其中牛肱骨刻辭僅有一字，今各家考釋多讀為「又」字。而牛肋骨刻辭，陳夢家先生認為有十字，李學勤先生也認為有十字，但李維明先生認為各家釋文漏掉一字，應為十一字。全文原十字釋文為：「又土羊乙丑貞從受十月。」李維明先生將其釋為：又，毛土羊，乙丑貞，比（及）孚，七月。陳夢家先生認為該刻辭不是卜辭，而是習刻文字，時代為殷墟時期。後來河南省考古工作者認為，該牛骨出土於經過擾動的二里崗期的地層中，應屬商代早期。目前大多數學者認同此觀點。

5 賈世傑等：〈鄭州商城遺址炭化植物遺存浮選結果與分析〉，《漢江考古》二〇一八年第二期。

6 中國社科院考古所：《夏縣東下馮》，文物出版社，一九八八年。

7 馬金磊：〈運城鹽池在史前考古學研究中的作用〉，《科教導刊．電子版》二〇一三年第四期。但該論文沒有列出檢測樣本的具體資料，所以目前少有學者採用。

8 中國社科院考古所：《偃師商城》第一卷。

9 洛陽博物館：〈洛陽戰國糧倉試掘紀略〉，《洛陽考古集成．夏商周卷》，北京圖書館出版社，二〇〇五年。

第七章◆人祭繁榮與宗教改革運動

1 河南省文物考古研究所：《鄭州商城：一九五三—一九八五年考古發掘報告》，文物出版社，二〇〇一年，第四七七頁。

2 中國社科院考古所：〈河南偃師商城商代早期王室祭祀遺址〉，《考古》二〇〇二年第七期。

3 中國社科院考古所河南第二工作隊：〈河南偃師市偃師商城宮城祭祀D區發掘簡報〉，《考古》二〇一九年第一一期。

4 同上。

5 中國社科院考古所：《河南偃師商城商代早期王室祭祀遺址》。

6 根據前引兩篇發掘簡報，B和C區的使用時間是偃師商城商文化的第一期1段至第三期5段，D區為第一期2段至第三期5段，A區的使用時間為第二期3段至第三期6段。偃師商城共分為三期，7段。

7 中國社科院考古所：《偃師商城》第一卷，第四二八頁，K1祭祀坑平面、剖面圖也來源於此。

8 河南省文物考古研究所：《鄭州商城：一九五三—一九八五年考古發掘報告》。以下有關鄭州商城的基本資訊及圖片，凡未注明出處的，皆出自該報告，不再詳注。

9 鄭州商城分為四期（二里岡下層一、二期和二里岡上層一、二期，為行文方便，本書只用四期序號），前三期基本和偃師商城同步，屬於早商二百年時間。鄭州第四期屬於中商階段，城市主體和宮殿都已經廢棄，但商城內外還有零星的聚落。第四期的時間跨度可能有七八十年，又可分為前後兩期。碳十四測年的精度範圍尚無法達到數十年維度，故上述時間段都是概略的估值。

10 郝本性：〈試論鄭州出土商代人頭骨飲器〉，《華夏考古》一九九二年第二期。

11 同上。

12 接受人祭最多的，可能是商王的歷代先祖，但因為早商時期極少發現甲骨卜辭，所以我們對於商王獻祭的物件並不完全明確。

13 中國社科院考古所等：《夏縣東下馮》，文物出版社，一九八八年，第一五五頁。

14 中國歷史博物館考古部、山西省考古研究所：〈一九八八—一九八九年山西垣曲古城南關商代城址發掘簡報〉，《文物》一九九七年第十期。

15 劉士莪：《老牛坡》，陝西人民出版社，二〇〇一年，第六七頁。

16 張國碩：〈鄭州商城銅器窖藏坑性質辨析〉，《中原文物》二〇一八年第一期。

17 河南省文物考古研究所、鄭州市文物考古研究所：〈鄭州南順城街青銅器窖藏坑發掘簡報〉，《華夏考古》一九九八年第三期。

18 安金槐：〈再論鄭州商代青銅器窖藏坑的性質與年代〉，《華夏考古》，一九九七年第一期；張國碩：〈鄭州商城銅器窖藏坑性質辨析〉。

19 河北省文物研究所：《北福地：易水流域史前遺址》，文物出版社，二〇〇七年。

20 孫新民、孫錦：〈河南地區出土原始瓷的初步研究〉，《東方博物》二〇〇八年第四期。

21 商代中葉這個蕭條期，被有些學者劃入「中商」階段，但對於中商涵蓋的具體時段又有不同意見，有人把殷墟的最初幾十年（洹北商城階段）也劃入中商範圍。本書把殷墟階段全都劃入晚商，所以中商階段更短一些。

22 河南省文物考古研究所：《鄭州小雙橋：一九九〇—二〇〇〇年考古發掘報告》，科學出版社，二〇一二年。以下有關小雙橋遺址的基本資訊及圖片，凡未注明出處的，皆出自該報告，不再詳注。

23 對小雙橋遺址的有機物碳十四測年顯示，遺址使用的時間為西元前一四三五—前一四一二年。這個時段劃得有點窄且略有偏早，綜合考慮，它基本屬於距今三四〇〇—三三〇〇年範圍內。

24 季惠萍：〈被遺忘的隞都：鄭州小雙橋遺址〉，《大眾考古》二〇一八年第十二期。

25 「我」、「义」（義）兩字的甲骨文造形，像是一把三齒斧狀兵器。目前還未發現雙齒或三齒兵器，但在商代它們應當存在過。

26 陳旭：〈鄭州小雙橋商代遺址即隞都說〉，《中原文物》一九九七年第二期。

27 鍾華：〈河南省鄭州市小雙橋遺址浮選結果及分析〉，《南方文物》二〇一八年第二期。

28 Gideon Shelach, "The Qiang and the Question of Human Sacrifice in the Late Shang Period."

29 良渚文化的時間和空間跨度都比較大，但「良渚古國」特指杭州市餘杭區的良渚古城共同體，它有堆土興建的大型「城牆」（土堤）、宮殿區和水壩，檢測發現，這些設施的建造時間在距今五〇〇〇—四九〇〇年之間，而在距今四八〇〇年之後，王宮區建築廢棄，也不再有王級別的墓葬，顯示古國的王權已經解體。此後，古城範圍內一直人煙較多，但只能維持部落權力結構。參見浙江省文物考古研究所《良渚古城綜合研究報告》，文物出版社，二〇一九年。

第八章◆武德淪喪南土：盤龍城

1 湖北省文物考古研究所：《盤龍城》，文物出版社，二〇〇一年。盤龍城遺址分為七期，一期到三期基本相當於二里頭文化—夏朝時期，四期中段出現商人拓殖現象，七期是商人拓殖時代的尾聲。有關盤龍城考古的基本資訊及圖片，未注明出處的皆出自該書，不再詳注。

2 由於長期的自然和人工破壞，現存的盤龍城城牆只有兩三公尺高。另外，發掘報告記載，有些地段牆基寬約二十公尺，由此被有些文章轉引為城牆寬二十公尺，這可能是不確切的，牆基和城牆的寬度可以有較大差距。

3 在F1北側還有一座建築的遺跡，被發掘者定名為F3，但建築史學者楊鴻勛認為，F3遺跡不是房屋建築，而是帶廊簷的圍牆，並由此推斷F1、F2兩座建築都是被廊簷圍牆包圍的。復原圖就是按照廊簷圍牆院落繪製，但周圍一圈廊簷是否存在，還缺乏進一步證據。楊鴻勛：《盤龍城商方國宮殿建築復原研究》，湖北省文物考古研究所《盤龍城》。

4 胥衛華：〈湖南岳陽市銅鼓山遺址出土商代青銅器〉，《考古》二〇〇六年第七期。

5 江西省文物局：〈瑞昌銅嶺礦冶遺址發掘獲重大成果〉，《中國文物報》一九九二年一月一九日。

6 張昌平：〈關於盤龍城的性質〉，《江漢考古》二〇二〇年第六期。

7 盤龍城產的青銅器上也是這種窄條形饕餮紋。

8 武漢市博物館：〈一九九七—一九九八年盤龍城發掘簡報〉，《漢江考古》一九九八年第三期；武漢市考古文物研究所：〈商代盤龍城遺址楊家灣十三號墓清理簡報〉，《漢江考古》二〇〇五年第一期。

9 張煜珧已經注意到，夏商時期的山川祭祀存在「南方用器、北方用牲」的差別。張煜珧：《夏商周祭祀遺存研究》，西北大學二〇一九年博士論文。不過這種差異開端的時間更早，它們也不一定只是對山川的祭祀。

10 張煜珧：《夏商周祭祀遺存研究》。

第九章 ◆ 三千三百年前的軍營：台西

1 河北省文物研究所：《藁城台西商代遺址》，文物出版社，一九八五年。以下有關該遺址的基本資訊和圖片，未注明出處的，皆出自該書，不再詳注。

2 一同出土的有豬的下顎骨，以及一具老年婦女的零散骨骼：人頭和一條腿已經脫離身體。她大概是一名為軍營服勞役的土著農婦，可能因觸怒某位青銅武士而被砍成數段，然後被扔進了垃圾坑中。

3 北京市文物研究所：《昌平張營》，文物出版社，二〇〇七年。有關該遺址的基本資訊和圖片，未注明出處的，皆出自該書，不再詳注。

4 這些含人骨的灰坑編號是：29、33、62、70、78、83、84、99、103、105、106、107。

第十章 ◆ 殷都王室的人祭

1 參見顧頡剛〈尚書盤庚三篇校釋譯論〉，《顧頡剛古史論文集》卷九，中華書局，二〇一〇年。

2 朱彥民：《殷墟都城探論》，南開大學出版社，一九九九年，第一〇〇頁。

3 中國社科院考古所安陽工作隊：〈河南安陽市洹北商城宮殿區I號基址發掘簡報〉，《考古》，二〇〇三年第五期。

4 中國社科院考古所安陽工作隊：〈河南安陽市洹北商城宮殿區二號基址發掘簡報〉，《考古》，二〇一〇年第一期。

5 張國碩：〈盤庚遷都來龍去脈之推斷〉，《鄭州大學學報》（哲學社會科學版）二〇〇四年第6期。

6 中國社科院考古所安陽工作隊：《河南安陽市洹北商城宮殿區I號基址發掘簡報》。

7 中國社科院考古所：《中國考古學．夏商卷》。

8 中國社科院考古所安陽隊：〈一九八七年安陽小屯村東北地的發掘〉，《考古》一九八九年第10期。

9 中國社科院考古所：《殷墟的發現與研究》，科學出版社，二〇〇七年。石璋如：《北組墓葬》（一九七〇年）、《中組墓葬》（一九七二年）、《南組墓葬附北組墓補遺》（一九七二年）、《乙區基址上下的墓葬》（一九七六年），均為（臺北）「中研院」史語所出版。

10 中國社科院考古所安陽工作隊：〈一九七三年小屯南地發掘報告〉，《考古學集刊》第9集，科學出版社，一九九五年。

11 石璋如：《殷墟建築遺存》，（臺北）「中研院」史語所，一九五九年；陳志達：《殷墟》，文物出版社，二〇〇七年。

12 中國社科院考古所：《殷墟的發現與研究》。
13 梁思永、高去尋：《侯家莊．1550號大墓》，（臺北）「中研院」史語所，一九七六年，第二五頁。
14 以上詳見郭寶鈞〈一九五〇年春殷墟發掘報告〉，《中國考古學報》第五冊，一九五一年。
15 梁思永、高去尋：《侯家莊．一五五〇號大墓》。
16 中國社科院考古研究所：《中國考古學．夏商卷》。墓穴中央挖有方形墓室（槨室），二層台上有大量殉人屍骨，這些屍骨在底片上進行了描色以便觀察。
17 圖片來自「中研院」史語所。
18 安陽亦工亦農文物考古短訓班、中國社科院考古所安陽發掘隊：〈安陽殷墟奴隸祭祀坑的發掘〉，《考古》一九七七年第七期。以下引用該報告的文字和圖片不再單獨注明出處。
19 郭寶鈞：《一九五〇年春殷墟發掘報告》，第四五頁。
20 王平、顧彬：《甲骨文與殷商人祭》，大象出版社，二〇〇七年，第八八、九七頁。
21 唐際根、湯毓贇：〈再論殷墟人祭坑與甲骨文中羌祭卜辭的相關性〉，《中原文物》二〇一四年第三期。
22 中國社科院考古所安陽工作隊：〈安陽武官村北地商代祭祀坑的發掘〉，《考古》一九八七第十二期。
23 同上。
24 于省吾先生認為，「奚」字「像人的頂部，髮辮直豎，用手捉之」，而「𢧵是從戌奚聲的形聲字，係用斧鉞以斫斷奚奴頭，是殺戮之意」。參見于省吾〈殷代的奚奴〉，《東北人民大學人文科學學報》一九五六年第一期；胡留元、馮卓慧《夏商西周法制史》，商務印書館，二〇〇六年，第八八頁。
25 姚孝遂：〈商代的俘虜〉，《古文字研究》第一輯，中華書局，一九七九年，第三七一頁。
26 中國社科院考古所安陽工作隊：〈一九九八年—一九九九年安陽洹北商城花園莊東地發掘報告〉，《考古學集刊》第十五集，文物出版社，二〇〇四年。
27 中國社科院考古所安陽工作隊：〈一九八二—一九八四年安陽苗圃北地殷代遺址的發掘〉，《考古學報》一九九一年第一期。
28 同上。
29 中國社科院考古所安陽工作隊：〈殷墟259、260號墓發掘報告〉，《考古學報》一九八七年第一期。
30 胡厚宣、胡振宇：《殷商史》，上海人民出版社，二〇〇三年，第一六五—一六六頁。胡厚宣還劃分出了武丁之前的三位商王盤庚、小乙和小辛的卜辭，也有少量人祭記錄，共一百人。但殷墟卜辭的時代劃分尚未有公認的完整方案，有學者認為殷墟甲骨中沒有早於武丁的，這些卜辭應屬於武丁及之後。

31 學者董作賓的《殷曆譜》首先提出了祖甲、帝乙、帝辛時期的周祭現象，他稱之為殷商的「新派宗教」。另參見常玉芝《商代宗教祭祀》，中國社會科學出版社，二〇一〇年，第四二七—四六七頁。

第十一章 ◆ 商人的思維與國家

1 《尚書．召誥》，它雖然是周人的文獻，但體系是商人理念的延續。
2 韓江蘇、江林昌：《〈殷本紀〉訂補與商史人物徵》，第三一二頁。
3 字形摹寫及隸定來自李宗焜《甲骨文字編》，中華書局，二〇一二年。
4 鄭若葵：〈殷墟大邑商族邑布局初探〉，《中原文物》一九九五年第三期。
5 張光直：《商文明》。
6 《英藏》一五〇正：「辛巳卜，貞：登婦好三千，登旅萬，呼伐羌。」
7 《粹》五九七：「王乍（作）三自（師），右、中、左。」
8 石璋如：〈第七次殷墟發掘：E區工作報告〉，《安陽發掘報告》第四期，一九三三年，第七二二頁。
9 何毓靈：〈論殷墟手工業布局及其源流〉，《考古》二〇一九年第六期。
10 石璋如：《第七次殷墟發掘：E區工作報告》，第七二二頁。

第十二章 ◆ 王后的社交圈

1 中國社科院考古所：《殷墟婦好墓》，文物出版社，一九八〇年。
2 梁思永、高去尋：《侯家莊．1001號大墓》，（臺北）「中研院」史語所，一九六二年；《侯家莊．1004號大墓》，一九七〇年，第三三—三五、一三三—一五四頁。
3 中國社科院考古所安陽工作隊：〈殷墟259、260號墓發掘報告〉，《考古學報》一九八七年第一期。
4 卜辭中的「二告」，可能是解釋當初的預測為何沒實現，這涉及兆紋的解讀，現在已經無法完全了解。
5 《東京》九七九：「貞：妣己害婦好子？」
6 《合集》九四正、《合集》二六〇七，以及郭沫若《卜辭通纂考釋》別一，科學出版社，一九八三年。另，卜辭中還記載婦好也曾主持燎祭，《合集》二六四一：「貞勿乎婦好往寮。」
7 《合集》七〇九正。歷代商王的卜辭都時常占問「肩凡」問題，大概和他們負責祭祀有關。另，有些學者將「肩」釋讀為「骨」。
8 《合集》六四一二：「乎婦好伐土方。」

9 《合集》八〇三五：「貞：翌辛亥乎婦姘宜於磐京？」意思是令婦姘在磐京舉行「宜祭」。

10 《合集》六五八五：「勿乎婦姘伐龍方。」

11 《尚書．無逸》：「其在高宗，時舊勞於外，爰暨小人。作其即位，乃或亮陰，三年弗言。其惟弗言，言乃雍。不敢荒甯，嘉靖殷邦。至於小大，無時或怨。肆高宗之享國五十有九年。」

12 《史記正義》引《竹書紀年》：「自盤庚徙殷至紂之滅，七百七十三年，更不徙都。」這個時間無疑太長了，有學者認為「七百」當是「二百」之誤。

13 《太平御覽》卷八三引《帝王世紀》。

14 《合集》二三四七七：「癸亥〔卜〕，貞：兄庚歲⋯眔兄己叀（惠）⋯」「貞：兄庚歲眔庚〈兄〉己其牛。」

15 《合集》二八二七八：「⋯小王父己。」

16 《合集》三五八六五：「〔己〕（糸希）卜，貞：王〔（賓）〕且（祖）己祭，〔亡尤〕。」

17 陳絜：〈小屯M18所出朱書玉戈與商人東進交通線〉，《故宮博物院院刊》二〇一九年第三期。關於釋義，學界說法不一。可參見中國社科院考古所安陽工作隊《安陽小屯村北的兩座殷代墓》；吳雪飛〈安陽小屯18號墓出土玉戈朱書考〉，《殷都學刊》二〇一六年第二期。

18 參見中國社科院考古所安陽工作隊《安陽小屯村北的兩座殷代墓》，第五一五頁。

19 以上關於M17和M18的考古資訊、資料及圖片，未注明出處的，皆來自中國社科院考古所安陽工作隊《安陽小屯村北的兩座殷代墓》。

20 以上關於房屋和祭祀坑的發掘報告及圖片出自中國社科院考古所《安陽小屯》，世界圖書出版公司，二〇〇二年。

第十三章◆大學與王子

1 中國社科院考古所：《殷墟花園莊東地甲骨》，雲南人民出版社，二〇〇三年。以下簡稱《花東》。殷墟有兩個花園莊，一個在洹河北岸的洹北商城內，一個在洹河南岸的宮殿區南側（已整體搬遷），出土H3甲骨坑的在洹河南。

2 商代已有大學，如《合集》三五一〇：「右學。」《合集》二〇一〇一：「丁巳卜，右學。」《禮記．王制》記載：「殷人養國老于右學。」鄭玄解釋說：「右學，大學也。」《屯南》六〇：「于大學尋。」

3 關於這位「子」的具體身分，學者們有不同的解釋。有人認為是王室近親，但又認為「子」沒有祭祀盤庚王的卜辭，說明他是盤庚之前的王繁衍出的旁支。本書認為，這種推測方式可能有問題，因為盤庚一代有四位兄弟當過王（陽甲、盤庚、小辛、小乙），盤庚之外三王的後裔不當王自然就不會祭祀盤庚，但這不影響其作為王子的尊貴地位。花園莊東地「子」的卜辭裡從未提及「父」，很難確定他的父親是誰。

4 《花東》二〇六。

5 《花東》五〇。

6 中國社科院考古所：《殷墟小屯村中村南甲骨》，雲南人民出版社，二〇一二年，四八九條。

7 《屯南》六六二。另可參見宋鎮豪〈甲骨文中的樂舞補說〉，《海南大學學報》（人文社會科學版）二〇二〇年第四期。

8 中國社科院考古所：《安陽殷墟小屯建築遺存》，文物出版社，二〇一〇年。以下有關小屯建築丁組遺存的基本資訊、資料及圖片未注明出處的，皆出自該書，不再詳注。

9 按照發掘報告的描述，這種器物坑有對稱的兩座，但另一座已經被後世破壞，只剩了一些陶片。

10 王恩田：〈武父乙盉與殷墟大型宗廟基址F1復原〉，《中原文物》二〇〇六年第一期。

11 李競恆：《干戈之影：商代的戰爭觀念、武裝者與武器裝備研究》，四川師範大學電子出版社，二〇一一年。

12 中國社科院考古所：《安陽殷墟花園莊東地商代墓葬》，科學出版社，二〇〇七年。以下凡有關M54的基本資訊及圖片，未注明出處的，皆出自該書，不再詳注。

13 《安陽殷墟花園莊東地商代墓葬》發掘報告稱，這三個人頭「並未放置在二層台上，而是放置在二層台內」。此描述有些難以理解，「二層台內」有兩種可能，一種是夯築在二層台的土內；另一種是在二層台側面掏出壁龕、放置人頭。

第十四章 ◆ 西土拉鋸戰：老牛坡

1 劉士莪：《老牛坡》，陝西人民出版社，二〇〇一年。以下有關老牛坡考古的基本資訊及圖片未注明出處的，皆出自該書，不再詳注。

2 西安半坡博物館、藍田縣文化館：〈陝西藍田懷珍坊商代遺址試掘簡報〉，《考古與文物》一九八一年第三期。

3 《合集》六八一二正，以及《合集》六八一三、六八一四、六八一五、六八一六、六八一七、六八二一、六八二二。

4 徐中舒先生認為這裡的周方是姜姓所建的女國，即母系社會的姜嫄國。參見徐中舒《周原甲骨初論》，載《徐中舒歷史論文選輯》（下冊），中華書局，一九九八年，第一四二三頁。另可參見俞紹宏等〈甲骨文「周」箋識〉，《大連大學學報》二〇一五年第一期。另外，董珊先生認為，周原這個地域在不同的時代有不同姓的族群進入並建立國家政權，這些先後成立的國家可以使用同一國名「周」，並用此國名來命名自己的國族。參見董珊〈試論殷墟卜辭之「周」為金文中的妘姓之琱〉，《中國國家博物館館刊》二〇一三年第七期。

5 王光永：〈陝西省岐山縣發現商代銅器〉，《文物》一九七七年第十二期；羅西章：〈扶風美陽發現商周銅器〉，《文物》一九七八年第十期；齊浩、張天宇：〈周原遺址新見京當型銅器墓淺識〉，《中國國家博物館館刊》二〇一五年第一一期。

6 周原甲骨H11：84有「冊周方伯」。

7 《合集》二八一六。《乙》八八九四：「貞：婦周。」

8 尹盛平：《周文化考古研究論集》，文物出版社，二〇一二年，第一一頁。

9 古文字學家對該字有不同的釋讀，有人釋讀為「蒙」字，但胡厚宣認為是「崇侯虎」，見胡厚宣〈卜辭中所見之殷代農業〉，《甲骨學商史論叢二集》上，臺北大通書局，一九七二年影印本上冊，第五二頁。韓江蘇、江林昌：《〈殷本紀〉訂補與商史人物徵》，第四七八頁。

10 《詩經．大雅．文王有聲》。《史記．周本紀》：「明年，伐崇侯虎。而作豐邑，自岐下而徙都豐。」

11 《老牛坡》，第三五九頁。

12 《合集》二三五六〇的這片甲骨圖片模糊，多數字難以辨認，此釋文來自胡厚宣《甲骨文合集釋文》。

13 漢中地區發現的這類面飾更多，屬於當地土著發展起來的青銅文化。

14 《詩經．大雅．皇矣》：「以爾鉤援，與爾臨衝，以伐崇墉。臨衝閑閑，崇墉言言。執訊連連，攸馘安安。是類是禡，是致是附，四方以無侮。臨衝茀茀，崇墉仡仡。」

第十五章◆周族的起源史詩與考古

1 《國語．鄭語》中，鄭桓公和史伯對話，史伯說「周棄能播殖百穀蔬」。鄭國出自周王室，是后稷—棄的直系後人，可見周人都知道自己的始祖名棄。

2 漢魏以來，學者理解的「周原」多在岐山縣和扶風縣之間，但這只是狹義的周原。史地學家史念海認為，上古周原的範圍更大：「當時的周原包括現在陝西省鳳翔、岐山、扶風、武功四個縣的大部分，兼有寶雞、梅縣、乾縣、永壽四個縣的小部分。」史念海：〈周原的歷史地理與周原考古〉，《陝西師範大學學報》（哲學社會科學版）一九七八年第二期；尹盛平：《周原文化與西周文明》，江蘇教育出版社，二〇〇五年，第一〇七頁。

3 《左傳．宣公三年》。這是一位鄭國大臣的發言，鄭國出自周王室，此語應有依據。

4 中國社科院考古所：《南邠州．碾子坡》，世界圖書出版公司，二〇〇七年。以下有關該遺址考古的基本資訊、資料及圖片未注明出處的，皆出自該書，不再詳注。

5 「稷」到底代表什麼糧食，古人有不同說法，有的認為是某種粟，也有的認為是高粱。這是學術史上的一樁公案，清代學者程瑤田、王念孫都屬於高粱派。

6 唐代經學家孔穎達在給《詩經．大雅．公劉》做注解時，已經提出了這個疑問。

7 見《國語．晉語》。晉國出自周王室，這個說法雖然未必真實，但屬於周人給自己創造的更顯赫的始祖。

8 徐中舒：〈周原甲骨初論〉，載《徐中舒歷史論文選輯》（下冊），中華書局，一九九八年，第一四二三頁。

9 後來姬姓周族又發生過類似的一幕，亶父的長子泰伯和次子仲雍「竄入荊蠻」，留下的幼子季歷則繼承了族長。

10《山海經》：「叔均乃為田祖。」《詩經．小雅．甫田》：「琴瑟擊鼓，以禦田祖，以祈甘雨。」《詩經．小雅．大田》：「去其螟螣，及其蟊賊，無害我田稚！田祖有神，秉畀炎火！」《周禮．春官宗伯》：「凡國祈年于田祖，龡豳雅，擊土鼓。」

11《山海經》：「稷之孫曰叔均，是始作牛耕。」《周禮．春官宗伯》鄭玄注：「田祖，始耕田者，謂神農。」《詩經．小雅．甫田》鄭玄注：「田祖，先嗇也。」《禮記．郊特牲》鄭玄注：「先嗇，若神農。」

第十六章◆成為商朝爪牙：去周原

1《史記．殷本紀》：「帝武乙無道，為偶人，謂之天神。與之博，令人為行。天神不勝，乃僇辱之。為革囊，盛血，昂而射之，命曰『射天』。」

2 白川靜注意到了周人崇拜天的現象，他認為武乙侮辱天神是為了「侮辱周人之信仰」。但本書認為，在武乙時代姬周族還非常弱小，商朝人恐怕不會注意到它有什麼信仰，更不至於蓄意侮辱其信仰，史書也沒有記載武乙辱神之事發生在關中。如武乙想侮辱周族，用后稷做靶子似乎更合適。武乙之事從發生到記錄成文，中間經歷了較長的流變，從西周開始，宗教觀念裡的帝與天已經混淆不分，所以才會把武乙羞辱的上帝記錄成天神。〔日〕白川靜：《西周史略》，袁林譯，三秦出版社，一九九二年，第一五頁。

3 見《孔叢子．居衛第七》。該書是西漢初年作品，司馬遷寫《史記》時可能部分取材於此。

4 高亨認為，「依」通「殷」，此爻內容可能涉及為殷商而搬遷，「武乙與古公亶父年代亦相值，則《易》所記蓋武乙亶父故事，所謂公即古公亶父歟？」見高亨《周易古經今注》，中華書局，一九八四年，第二八一頁。

5 這裡的「古公亶父」，曾被認為是亶父的全稱。也有學者認為，「古」是表示追溯的「當年」之意，「公亶父」是稱呼，其中「公」又表示長者尊稱，「亶父」是日常用的稱呼。

6 益卦之「用凶事，无咎，有孚」。

7 也許他們本是同一個部族，只是後來的古文字用了兩種寫法而已。

8 尹盛平：《西周史徵》，陝西師範大學出版社，二〇〇四年，第六一頁。

9 西晉時期，有人盜掘戰國魏王墓，挖出了很多竹簡，當時的學者釋讀和整理了這些竹簡，定名為《竹書紀年》，但在印刷術普及之前，此書失傳，只有被唐宋著作引用過的一些句子保留了下來。

10《史記》等傳世史書寫作「太丁」，「文丁」是甲骨卜辭的寫法。

11 但在春秋時期，黃帝的傳說被製造出來之後，任姓和姬姓都被列為黃帝之子。這可能是後世周人在抬高自己母系先祖的地位。見《國語．晉語四》：「凡黃帝之子，二十五宗，其得姓者十四人，為十二姓：姬、酉、祁、己、滕、箴、任、荀、僖、姞、儇、依是也。」

12 劉向《列女傳》卷一：「大任者，文王之母，摯任氏中女也。王季娶為妃。大任之性，端一誠莊，惟德之行。及其有娠，目不視惡色，耳不聽淫聲，口不出敖言，能以胎教。溲於豕牢，而生文王。文王生而明聖，大任教之，以一而識百，卒為周宗。君子謂大任為能胎教。」

13 來自「夏商周斷代工程」的《夏商周年表》。參見胡厚宣、胡振宇《殷商史》，第六三〇頁。

14 董作賓：《殷曆譜》，（臺北）「中研院」影印本，一九六四年。

第十七章◆周文王地窖裡的祕密

1 《史記．殷本紀》。另《史記正義》引《括地志》說，「古莘國在汴州陳留縣東五里，故莘城是也」。其地在今河南省中部，接近商文化核心區，離夏都二里頭也不太遠，所以這個說法比陝西合陽說更可取。

2 古史中關於周昌父子年齡的記載多不可靠，比如說周昌活了九十多歲、他十五歲開始生子，等等。這種說法可能來自對《尚書．無逸》的誤讀，因周公說「文王受命惟中身，厥享國五十年」，後人便錯誤地理解為文王「受命」擔任商族族長後又活了五十年。其實「受命」是指文王決心反商和稱王，而「享國」是指他擔任周族族長。「受命」發生在周昌從殷都獲釋之後，之後數年他就去世了。

3 《史記．燕召公世家》沒有記載召公奭的世系，只說他「與周同姓，姓姬氏」。皇甫謐《帝王世紀》說召公是「文王庶子」，即大姒之外的妾所生，但此說不確，因為召公家族又被稱為召伯，周人的「伯」必須是嫡長子。

4 陳夢家：《殷墟卜辭綜述》，科學出版社，一九五六年，第二八七頁。

5 西周初有「匽侯旨鼎」，銘文有「匽侯旨初見事于宗周，王賞旨貝廿朋，用作姒尊彝」。這位匽侯旨是召公奭的兒子或孫子，被冊封為燕（匽）侯，在獲得周王的賞賜之後，為祭祀母親或祖母「姒」鑄造了銅鼎——這位「姒」很可能是和大姒一起嫁到周族的姐妹。召公家族其他銅器還提到有一位「父辛」，雖不能確認是誰，但由此可見，召公家族一定程度上已經商化。參見曹斌等〈匽侯銅器與燕國早期世系〉，《江漢考古》二〇一六年第五期。

6 史書和甲骨卜辭中都沒有商王在位的具體年數，這是「夏商周斷代工程」推論的時間。參見胡厚宣、胡振宇《殷商史》，第六三〇頁。

7 陝西周原考古隊：〈陝西岐山鳳雛村西周建築基址發掘簡報〉，《文物》一九七九年第十期。以下凡該基址的基本資訊、資料及圖片，未注明出處的，皆出自該書，不再詳注。

8 平面圖改繪自陳全方《周原與周文化》，上海人民出版社，一九八八年。原圖繪製較早，當時還沒有發現西廂房內的H31窖穴。復原圖摘自楊鴻勛《宮殿考古通論》，紫禁城出版社，二〇〇九年。

9 李學勤：〈西周甲骨的幾點研究〉，《文物》一九八一年第九期。

10 陳全方：《周原與周文化》，第一一〇頁，圖版第六四頁；徐錫台：《周原甲骨文綜述》，三秦出版社，一九八七年，第一一四頁。

11 「西」字，陳全方釋為「茲」，徐錫台釋為「是」，都是指示代詞。「獲」字，徐錫台認為該字左邊是「舟」部，釋為「般」；但摹本顯示是鳥形的「隹」，應從陳全方釋為「獲」。

第十八章◆《易經》裡的獵俘與獻俘

1 《易傳．雜卦》：「〈中孚〉，信也。」《雜卦》可能是孔子門徒的作品，屬於戰國前期。

2 高亨：《周易古經今注》，第一七六頁。高亨將《易經》約三分之一的孚字解釋成「俘」，其餘的或解釋成「罰」，或按傳統解釋成「信」。本書認為，《易經》中幾乎所有的孚字都可釋讀為俘。在春秋時期創作的《詩經》中，「孚」字確實有信用之意，但《易經》卦、爻辭產生的時間更早，屬於商代末期，需要用甲骨文和商代考古成果來解釋。

3 高亨：《周易古經今注》，第二五六頁。

4 小畜卦六四爻辭，孔穎達正義：「信能血去、懼除，乃得无咎。」

5 高亨認為，隨卦上六說的是文王周昌被釋放回周原後祭祀西山。參見高亨《周易古經今注》，第一七六、二一三頁。這可能是因為高亨先生沒有注意到隨卦全是關於捕俘和獻俘的內容。

6 陳全方：《周原與周文化》，第一三七頁。

7 《史記．宋微子世家》：「紂為淫泆，箕子諫，不聽。人或曰：『可以去矣。』箕子曰：『為人臣諫不聽而去，是彰君之惡而自說於民，吾不忍為也。』乃被髮詳狂而為奴。」

8 高亨認為，觀卦卦辭說的是祭祀用人牲。他的解釋是，盥的程序後，遲遲未「薦」牛牲，是因為準備使用大個頭的人牲：「祭不薦牲，乃因有俘，可殺之以當牲也。故曰盥而不薦，有孚顒若。」這種解釋的預設前提是，薦牛牲是正常的，薦人牲不正常，但在商代，「薦」人牲是很常見的行為，不構成轉折關係。參見高亨《周易古經今注》，第二一九頁。

第十九章◆羑里牢獄記憶

1 中國社科院考古所安陽工作隊：〈一九八〇—一九八二年安陽苗圃北地遺址發掘簡報〉，《考古》一九八六年第二期。以下凡該遺址考古的基本資訊、資料及圖片，未注明出處的，皆出自該文，不再詳注。

2 張亞初：〈從商周八卦數字記號談筮法的幾個問題〉，《考古》一九八一年第二期。

3 晁福林在〈商代易卦筮法初探〉中解為豐卦，不知是否筆誤，《考古與文物》一九九七年第五期。

4 蕭楠：〈安陽殷墟發現「易卦」卜甲〉，《考古》一九八九年第一期。

5 孔穎達解釋為：「窒，塞也。惕，懼也。」

6 《漢書．地理志》說，蕩陰縣「有羑里城，西伯所拘也」，漢代蕩陰就是後世的湯陰。

7 王弼對「習」的解釋是「謂便習之」，意為熟能生巧。孔穎達正義借鑑了《彖辭傳》，認為是重疊的險阻：「謂上下俱坎，是重疊有險，險之重疊，乃成險之用也。」這種解釋比王弼的更合理。

8 王弼對「枕」字的注是「枝而不安之謂也」，即緊張得手足無措之狀。

9 王弼注「坎不盈」意為「險不盡矣」；「祗」意為「辭也」。

10 孔穎達正義對「行有尚」的解釋是「以此行險，事可尊尚，故云『行有尚』也」。高亨認為，「維心」當作「維之」，意思是「捉得敵方俘虜，用繩縛之，殺之以享祀鬼神，故曰有孚維之享」。但商人用俘心獻祭很常見，在艮卦九三爻中有更詳細的記錄。參見高亨《周易古經今注》，第二四二頁。

11 《左傳·襄公三十一年》：「紂囚文王七年，諸侯皆從之囚，紂於是乎懼而歸之。」

12 「紱」，孔穎達的解釋是「祭服也」，即祭祀時專用的服裝。

13 「說」，孔穎達解釋為「喜說」，就是喜悅。

14 孔穎達對「有言不信」的解釋是「若巧言能辭，人所不信」，這是把「言」理解成花言巧語，難以取得別人信任。此說可備參考。

15 王弼對「碩果不食」的注：「處卦之終，獨全不落，故果至於碩而不見食也。」

16 《左傳·成公十一年》。蘇國在溫地，是現在的河南焦作一帶，這裡接近殷商腹地，蘇國可能在紂王時期比較受重視。

17 《易經·家人》。意為「王讓周昌在殷都安置了家宅」。

18 《易經·粹》及《易經·渙》。意為「王讓周昌在殷都安置了祖廟」。

19 《易經·晉》。孔穎達正義：「介者，大也。」

第二十章◆翦商與《易經》的世界觀

1 參見宋鎮豪《夏商社會生活史》，中國社會科學出版社，二〇〇五年，第五三〇頁。

2 顧頡剛：〈周易卦爻辭中的故事〉，《燕京學報》一九二九年第六期。收入《顧頡剛古史論文集》卷一一，中華書局，二〇一〇年。

3 有學者認為個別的卦辭出現更晚，屬於周公時代產物，如晉卦辭：「康侯用錫馬蕃庶，晝日三接。」意思是說，康侯（周公的弟弟衛康叔周封）被天子賜予了很多馬匹，一天之內得到三次接見。但不能排除文王時期有名為「康侯」的殷商貴族。再如爻辭中曾出現「箕子」，有學者認為是周滅商之後的記錄，其實文王已經有可能和箕子打過交道並記錄下來。

4 「周易」這個詞的含義發生過擴大。春秋時期的史書，如《左傳》，說的「周易」只是文王卦爻辭。孔子弟子編輯《周易》時，把他們對卦爻辭體系的很多解釋也彙編了進去，比如《繫辭》《文言》等。這些解釋被稱為《易傳》或《十翼》（十種對卦爻辭的解釋），導致《周易》的內容擴大。為了特指文王卦爻辭，現代學者稱其為《易經》，以表示和《易傳》的區別。本書也用《易經》代表文王卦爻辭體系，不涉及後來的《易傳》。

5 孔穎達《正義》：「唯升高陵以望前敵，量斯勢也，縱令更經三歲，亦不能興起也。」

6 〔美〕夏含夷：〈結婚、離婚與革命——《周易》的言外之意〉，李衡眉、郭明勤譯，《周易研究》一九九四年第二期。

7 高亨釋為：「乃武王克商之兆，所占之事，自為可行，故曰含章可貞。」參見高亨《周易古經今注》，第一六七頁。高亨認為這是周武王滅商時的占卜辭，其實它很可能是在周文王時期就已經有了，是對未來之事的占算。

8 高亨認為，食為蝕之借字：「食舊德，謂虧損其舊日之德行也。」參見高亨《周易古經今注》，第一七八頁。

9 高亨釋為：「戡商有隕自天，言武王之克商，乃是天隕滅商祚也。」參見高亨《周易古經今注》，第二八七頁。

第二十一章◆殷都民間的人祭

1 中國社科院考古所：《安陽殷墟小屯建築遺存》，文物出版社，二〇一〇年。

2 中國社科院考古所安陽工作隊：〈河南安陽市殷墟劉家莊北地製陶作坊遺址的發掘〉，《考古》二〇一二年第十二期。

3 中國社科院考古所安陽工作隊：〈河南安陽市殷墟劉家莊北地二〇〇八年發掘簡報〉，《考古》二〇〇九年第七期。照片中的方形柱是發掘時隔梁的殘留，古代並不存在。

4 中國社科院考古所安陽工作隊：《河南安陽市殷墟劉家莊北地二〇一〇—二〇一一年發掘簡報》。

5 同上。

6 中國社科院考古所安陽工作隊：《河南安陽市殷墟劉家莊北地二〇〇八年發掘簡報》。

7 同上。

8 中國社科院考古所：《殷墟發掘報告（一九五八—一九六一）》，第二〇〇頁。

9 中國社科院考古所：《安陽大司空：二〇〇四年發掘報告》，文物出版社，二〇一四年。以下有關該遺址的基本資訊、資料及圖片，未注明出處的，皆出自該書，不再詳注。

10 發掘報告記載兩隻手都被砍去，但從照片來看，應為一隻手的手骨。

11 安陽市博物館：〈安陽大司空村殷代殺祭坑〉，《考古》一九七八年第一期。

12 同上。

13 中國社科院考古所：《殷墟發掘報告（一九五八—一九六一）》，第九四頁。

14 同上，第九八—九九頁。

15 同上，第五五頁。

16 中國社科院考古所安陽工作隊：〈河南安陽市殷墟新安莊西地二〇〇七年商代遺存發掘簡報〉，《考古》二〇一六年第二期。

17 如想了解殷都各族邑人祭的基本情況，可參閱陳志達《殷墟》，文物出版社，二〇〇七年；以及楊謙《儀式與晚商社會》，山東大學博士論文，二〇一六年。

18 安陽市文物工作隊：〈殷墟戚家莊東269號墓〉，《考古學報》一九九一年第三期；中國社科院考古所：《殷墟的發現與研究》，科學出版社，一九九四年，第一三八頁。

19 參見曹芳芳〈殷墟戚家莊東墓地墓主身分辨識〉，《考古》二〇一四年第四期。

第二十二章◆紂王的東南戰爭

1 中國社科院考古所安陽工作隊：〈安陽殷墟劉家莊北一〇四六號墓〉，《考古學集刊》第一五輯。

2 殷墟發掘的銅甗蒸人頭不只這兩處，有些因為沒有發表報告而不為外界所知：「在青銅甗中發現人頭骨的現象，目前可能發現了三到四例。」參見何毓靈〈殷墟：揭開商代貴族墓的祕密〉，《新京報．書評週刊》二〇二一年十二月三十一日。

3 考古學者唐際根「一席」專欄演講：《洛陽鏟下的商王朝》。

4 《合集》三六四八二；羅琨：《商代戰爭與軍制》，中國社會科學出版社，二〇一〇年，第三一〇—三一七頁。

5 沈之瑜：〈介紹一片伐人方的卜辭〉，《考古》一九七四年第四期。

6 同上。

7 胡厚宣：〈中國奴隸社會的人殉和人祭〉（下篇），《文物》一九七四年第八期。

8 劉桓：〈无敄鼎、般甗與晚殷征人方之役〉，《甲骨集史》，中華書局，二〇〇八年，第九五頁。

9 一九四八年，學者曾對當時安陽殷墟出土的動物骨骼進行鑑定，其中水牛骨數量極多，在千頭以上。參見楊鍾健、劉東生〈安陽殷墟之哺乳動物群補遺〉，《中國考古學報》第四冊，一九四九年。

10 中國社科院考古所：《滕州前掌大墓地》，文物出版社，二〇〇五年。有關該遺址的基本資訊及圖片，未注明出處的，皆出自該書，不再詳注。

11 這裡的「薛伯」，學界一般釋讀成「灉伯」。但本書認為，根據拓本字形，應是水字旁加「薛」字。關於此銘文已有的釋讀成果，參見馮時《前掌大墓地出土銅器銘文匯釋》，載《滕州前掌大墓地》（上冊）。

12 中國社科院考古所：《滕州前掌大墓地》，圖二一八。

13 南京博物院：〈江蘇銅山丘灣古遺址的發掘〉，《考古》一九七三年第二期。有關該遺址的基本資訊及圖片，未注明出處的，皆出自該文，不再詳注。

14 俞偉超：〈銅山丘灣商代社祀遺跡的推定〉，《考古》一九七三年第五期。

第二十三章 ◆ 姜太公與周方伯

1 《尉繚子．武議》。另，《說苑》卷八：「太公望，故老婦之出夫也，朝歌之屠佐也，棘津迎客之舍人也。」

2 在西周初年，殷都被周公強行廢棄，周公同時分封了一個弟弟（康叔周封）建立衛國，管理商朝故地，衛國的都城建在朝歌，致後人誤以為朝歌就是殷都。

3 《詩經．大雅．文王》孔穎達正義引皇甫謐（即《帝王世紀》）：「（文王）未受命時已得太公。」受命即文王從殷都返回周原之後稱王。

4 中國社科院考古所安陽工作隊：〈一九八六—一九八七年安陽花園莊南地發掘報告〉，《考古學報》一九九二年第一期。有關殷墟花園莊南地考古的基本資訊、資料及圖片，未注明出處的，皆出自該發掘報告，不再詳注。

5 「元夫」，高亨認為「元」是「大也」。參見高亨《周易古經今注》，第二七一頁。

6 陳全方：《周原與周文化》，第一一一頁。

7 李學勤：《西周甲骨的幾點研究》。

8 王宇信：〈周原廟祭甲骨「周方伯」辨析〉，《文物》一九八八年第六期。

9 河北省文物研究所定州漢墓竹簡整理小組：〈定州西漢中山懷王墓竹簡〈六韜〉釋文及校注〉，《文物》二〇〇一年第五期。

10 代生，江林昌：〈出土文獻與《天問》所見商末周初史事〉，《四川師範大學學報（社會科學版）》，二〇一二年第一期。

11 《史記．魯周公世家》載，周公戒伯禽曰：「我文王之子，武王之弟，成王之叔父，我于天亦不賤矣。然我一沐三捉髮，一飯三吐哺，起以待士，猶恐失天下之賢人。子之魯，慎無以國驕人。」

12 《史記．周本紀》：「武王征九牧之君，登豳之阜，以望商邑。武王至於周，自夜不寐。」

13 孔穎達正義：「艮，止也，靜止之義。」《易傳．說卦》：「艮為山。」

14 段玉裁《說文解字注》認為艮字是「若怒目相視也」，高亨認為：「艮者顧也……顧為還視之意，引申為注視之意。」參見高亨《周易古經今注》，第三二一頁。

15 孔穎達正義：「腓，腸也……腓動，則足隨之，故謂足為隨。」

16 孔穎達解釋：限，為「身之中，人帶之處」，就是腰帶部位；夤，是「當中脊之肉也」，後脊背上的肉；「薰，燒灼也」。

17 王弼注：「故口無擇言，能亡其悔也。」

18 高亨：《周易古經今注》，第二五〇頁。

19 李鏡池較早注意到了《易經》各卦這種從腳到頭的敘事順序，參見李鏡池《周原探源》，中華書局，一九七八年，第五四頁。

20 憧，《說文解字》解釋為「意不定也」。

21 《易傳．序卦》：「主器者莫若長子，故受之以震。」《易傳．說卦》：「震為雷、為龍……為長子。」

第二十四章◆西土之人

1 《漢書．五行志上》：「降及于殷，箕子在父師位而典之。」顏師古注：「父師，即太師，殷之三公也。箕子，紂之諸父而為太師，故曰父師。」

2 「令簋」銘文記載周成王（武王和邑姜之子）征伐山東地區，邑姜可能坐鎮齊國並賞賜留守臣僚。參見許倬雲《西周史》，生活．讀書．新知三聯書店，一九九五年，第一二二頁。

3 李學勤：〈試說青銅器銘文的呂王〉，《文博》二〇一〇年第二期。

4 陳槃：《春秋大事表列國爵姓及存滅表撰異》，一九六六年，上海古籍出版社，第八二二頁。

5 陳夢家發現，甲骨卜辭裡商人的上帝是冷漠、高高在上的，與人間保持著極大距離，「是自然的主宰，尚未賦以人格化的屬性」。參見陳夢家《殷墟卜辭綜述》，中華書局，二〇〇四年，五八〇頁。這可能主要是帝乙改革之前的情況，從帝乙改革開始，商王也有了「帝」的身分元素，這從帝乙及其子帝辛（紂王）的名號可見一斑。

6 到文王之子周公當政時，《詩經》裡的史詩才最後定型。這場「一神教」改革是文王還是周公的創意居多，我們已經無法分辨，但從熱衷通神的程度來講，多數創意可能屬於文王。

7 〈皇矣〉：「帝遷明德，串夷載路。天立厥配，受命既固。」「帝作邦作對，自大伯王季。」

8 《史記．周本紀》：「武王已克殷，後二年，問箕子殷所以亡。箕子不忍言殷惡，以存亡國宜告。武王亦醜，故問以天道。」《尚書．洪範》：「惟十有三祀，王訪於箕子。王乃言曰：『嗚呼！箕子，惟天陰騭下民，相協厥居，我不知其彝倫攸敘。』箕子乃言曰：『我聞在昔，鯀堙洪水，汨陳其五行。帝乃震怒，不畀洪範九疇，彝倫攸斁。鯀則殛死，禹乃嗣興。天乃錫禹洪範九疇，彝倫攸敘。初一曰五行，次二曰敬用五事，次三曰農用八政，次四曰協用五紀，次五曰建用皇極，次六曰義用三德，次七曰明用稽疑，次八曰念用庶征，次九曰向用五福，威用六極。』」

9 文王、武王、成王三代的尊號都是活著的時候就有了，學界稱為「生稱謚」。可能是周公晚年決定，王死後才能由繼承人為之選定謚號。參見《逸周書．謚法》。另，文王稱王後，又尊其祖父亶父為「太王」，父親季歷為「王季」。

10 這十個卦是需、訟、同人、蠱、大畜、頤、益、渙、中孚、未濟。

11 豫卦辭，屯卦辭、九五爻辭。

12 「離」同「罹」，遭遇，和《離騷》同意。

13 尹盛平：《西周史徵》，陝西師範大學出版社，二〇〇四年，第六一頁。

14 根據中國社科院考古所《中國考古學．夏商卷》的「晚商文化分布示意圖」改繪。

15 楊寬：《西周史》，第七六頁。

16 《老牛坡》發掘報告的統計是三十八座墓葬、二座馬坑，這應該是把一座埋一人一馬的埋葬坑計入了墓葬，但這個與馬埋在一起的人沒什麼隨葬品，顯然不是真正的墓主，而是和馬一起殉死的馬僮，所以本書將其計入馬坑而非墓葬。

17 參見劉士莪《老牛坡》。

18 劉士莪、宋新潮：〈西安老牛坡商代墓地的發掘〉，《文物》一九八八年第六期。

19 鄭玄注：「忽，滅也。」

20 參見陳全方《周原與周文化》，第一二八—一三二頁。

21 伯唐父鼎銘，參見中國社科院考古所灃西發掘隊〈長安張家坡M183西周洞室墓發掘簡報〉，《考古》一九八九年第六期；張政烺〈伯唐父鼎、孟員鼎、甗銘文釋文〉，《考古》一九八九年第六期；袁俊傑〈伯唐父鼎銘通釋補證〉，《文物》二〇一一年第六期；袁俊傑〈論伯唐父鼎與辟池射牲禮〉，《華夏考古》二〇一二年第四期。靜簋銘，《集成》四二七三。

22 參見宋鎮豪《商代社會生活與禮俗》，中國社會科學出版社，二〇一〇年。

23 銘文大意：乙卯這天，周王在葊京舉行祼祭。周王祓祭辟池之舟，親臨祓祭舟龍，祓祭辟舟、舟龍的禮儀完畢。伯唐父向周王報告船體完好，船隻準備就緒，周王到達，登上辟池之舟，王親臨祓祭白旗，在辟雍大池行射牲禮，用射牲之弓矢射牛牲和斑紋虎、貉、白鹿、白狼等野牲，祓祭白旗、射牲的禮儀完成。周王稱讚並嘉獎伯唐父，賜給他一卣秬鬯酒、二十朋貝。伯唐父答揚周王的休美，因而用來作了這件祭奠先輩某公的寶器。

24 銘文大意：唯六月初吉，王在葊京。丁卯，王令靜司射學宮，小子及服及小臣及夷僕學射。雩八月初吉庚寅，王以吳來呂剛合豳師邦君射于大池。靜學（教）斁。王賜靜鞞剢。靜敢拜稽首，對揚天子丕顯休，用作文母外姞奠簋，子子孫孫其萬年用。

第二十五章◆牧野鷹揚

1 《逸周書．大開武》中所載夢境是商國生葛，但《太平御覽》卷三九七引《周書》則是「太姒夢見商之庭產棘」。此事應載於《逸周書．程寤》篇，但傳世本只存篇名，正文缺。參見黃懷信等《逸周書匯校集注》（修訂本），上海古籍出版社，二〇〇七年，第二六二、一一四一頁；李學勤主編《清華大學藏戰國竹簡（壹）》，中西書局，二〇一〇年，第一三五頁。

2 《逸周書．寶典解》：「九德：一孝子畏哉，乃不亂謀；二悌，悌乃知序，序乃倫，倫不騰上，上乃不崩；三慈惠知長幼，知長幼，樂養老；四忠恕，是謂四儀，風言大極，意定不移；五中正，是謂權斷，補損知選；六恭遜，是謂容德，以法從權，安上無慝；七寬弘，是謂寬宇準德以義，樂獲順嘏；八溫直，是謂明德，喜怒不隙，主人乃服；九兼符，是謂明刑，惠而能忍，尊天大經。九德廣備，次世有聲。」

3 這篇《泰誓》在後世有爭議，它可能經過魏晉時人的改造，不過，諸如紂王「刳剔孕婦」和「斫朝涉之脛」的記載，在皇甫謐的《帝王世紀》中也有。

4 《尚書．泰誓》孔穎達疏引皇甫謐《帝王世紀》。

5 本書武王伐紂的時間表主要參考羅琨《商代戰爭與軍制》，第三三四—三五八頁。

6 《史記正義》引《括地志》云，牧野在朝歌（今河南淇縣）南郊。但是，《括地志》此論的前提是認為殷商都城在朝歌，故其關於牧野的說法自然也不可信。

7 《帝王世紀．山海經．逸周書》，遼寧教育出版社，一九九七年，第三四頁。在更晚的古羅馬共和國時期，當羅馬執政官（統帥）帶領軍隊出征時，執政官的衛隊並非來自羅馬的士兵，而是由各同盟城邦的青年顯貴組成，這顯然是為了強調羅馬和同盟城邦的緊密關係。周武王此舉可能和羅馬人有相同用意。

8 《史記．周本紀》。但殷墟甲骨文記載的商代用兵至多一萬人，故七十萬明顯與實際不符。

9 參見《逸周書．武寤解》。此篇是四言詩，內容都是描寫牧野之戰征服商朝的經過，但題目「武寤解」與內容無關，可能是傳抄錯亂所致。「武寤」的意思是武王驚夢，這種內容在《逸周書》中出現過多次，故而容易導致抄寫人發生錯亂。

10 在盔甲戎裝時，跪拜可能是單膝跪，然後摘頭盔低首致敬，而非以頭叩地。

11 傳世的《尚書》中那篇著名的〈洪範〉也是武王和箕子的對話，但內容富有學理性，和當時緊張的軍政局勢完全無關。

12 《逸周書．克殷解》和《史記．周本紀》均有記載這次武王向諸神稟報的儀式，而《史記》很可能取材於《逸周書》。

13 以上詳見《史記．周本紀》。

14 以上詳見《逸周書．商誓解》。

15 《逸周書．世俘解》，這段文字中有些錯字，如「貓二」可能是「豹二」。

16 在《逸周書．世俘解》中，人祭內容被分為了兩處，而且可能存在錯簡。學者對此有過多種解釋，如存在商曆和周曆的區別，以及中間可能有閏月等。關於這些祭祀舉行的地點也有爭議，有人認為是在關中的周原，但也有人認為當時時間不足以返回周原。可參見楊寬《西周史》，第一〇六頁；黃懷信等《逸周書匯校集注》（修訂本），第四二一—四四三頁。本書採用祭祀在殷地舉行的觀點，且根據祭祀日干支相連的特點，將祭祀日程復原為連續六天。

17 即消滅盡可能多的商人，但文本記載不可能如此露骨。

18 可能會被歷代商王壓制、欺辱。

19 以上詳見《逸周書．度邑解》。

20 「元」，表示嫡傳的繼承人之意。

21 以上詳見《尚書．金縢》。亦可參見《周武王有疾周公所自以代王之志》，最早文本出自《清華大學藏戰國竹簡（壹）》，在傳世《尚書》目錄中依文內「金縢之匱」一句，簡稱為《金縢》。

22 《真誥》卷十五注引《竹書紀年》：「（武王）年四十五」。

第二十六章◆周公新時代

1 《尚書》的「周初八誥」是〈大誥〉〈康誥〉〈酒誥〉〈梓材〉〈召誥〉〈洛誥〉〈多士〉〈多方〉。其中〈多方〉晚一些，已經在周公奉還大政後成王親政的第五年。

2 如《尚書大傳》中舉出的「奄君、蒲姑」，是山東部族；《逸周書．作雒解》記載有「殷東徐、奄及熊盈」；《尚書．大誥序》和《史記．周本紀》有「淮夷」。

3 釋文參考楊寬《西周史》，第一四九頁。

4 蔡叔、霍叔的繼承人後來都獲得了封國，管叔則沒有後裔傳承。

5 《呂氏春秋．古樂》：「成王立，殷民反，王命周公踐伐之。商人服象，為虐於東夷。周公遂以師逐之，至於江南。乃為三象，以嘉其德。」

6 《孟子．滕文公章句下》：「周公相武王，誅紂伐奄，三年討其君，驅飛廉於海隅而戮之，滅國者五十，驅虎豹犀象而遠之，天下大悅。」這裡說的「相武王」是錯的，當時已經是成王繼位，周公攝政稱王。《逸周書．作雒解》：「凡所征熊盈族十有七國，俘維九邑。俘殷獻民，遷于九畢。」九畢方位不詳，應在周人控制嚴密的西土。這也是秦人先祖嬴姓東夷被遷徙到西部的由來，只是司馬遷寫《史記．秦本紀》時已經不了解這段來歷，以為秦族一直生息在西土。

7 如前文所述，武丁的這個真實形象沒能流傳到周以後的時代，只保留在了甲骨文裡。

8 梁思永、高去尋：《侯家莊．一〇〇一號大墓》，（臺北）「中研院」歷史語言研究所，一九六二年。

9 中國社科院考古所安陽工作隊：〈河南安陽市殷墟劉家莊北地二〇〇八年發掘簡報〉，《考古》二〇〇九年第七期。

10 同上。

11 中國社科院考古所安陽工作隊：《河南安陽市殷墟劉家莊北地二〇一〇—二〇一一年發掘簡報》。

12 中國社科院考古所安陽工作隊：〈河南安陽市殷墟劉家莊北地鉛錠貯藏坑發掘簡報〉，《考古》二〇一八年第十期。有關H25窖藏坑的基本資訊及圖片皆出自該簡報。

13 何毓靈：《論殷墟劉家莊北地鉛錠貯藏坑性質》，載中國社科院考古所夏商周考古研究室主編《三代考古》（第八輯），科學出版社，二〇一九年。

14 《尚書・君奭》：「周公……又曰：『天不可信，我道惟寧王德延，天不庸釋于文王受命。』」此語大意是，天命有去留，只要我們能信守文王的德行，上天降給文王的大命就能一直保持下來。

15 王暉：〈周初改制考〉，《中國史研究》二〇〇〇年第二期。

16 《尚書・洛誥》：「戊辰，王在新邑烝，祭歲，文王騂牛一，武王騂牛一。」

17 以往較少有學者注意到人祭記憶被人為抹殺的問題，只有童恩正有過一點猜測：「在文獻中有關殷代人祭的記載，由於奴隸社會和封建社會史家的有意隱晦，我們所見的已經不多，但古籍中偶然亦保存了一些痕跡……」參見童恩正〈談甲骨文「羌」字並略論殷代的人祭制度〉，《四川大學學報》（哲學社會科學版）一九八〇年第三期。

18 洛陽博物館：〈洛陽北窯村西周遺址一九七四年度發掘簡報〉，《文物》一九八一年第七期。

19 洛陽市文物工作隊：〈一九七五—一九七九年洛陽北窯西周鑄銅遺址的發掘〉，《考古》一九八三年第五期。

20 洛陽市文物工作隊：《洛陽北窯西周墓》，文物出版社，二〇〇二年。殷墟時期的商人墓葬，其實沒有固定的朝向，不同的遺址各有其規律。而北窯商周兩族墓葬頭向的不同，似乎是兩者有意互相立異。

21 周立、石豔豔：〈洛陽西周早期大規模祭祀遺存的發掘〉，《中國文物報》二〇一六年六月十七日。

22 何尊銘文的製作時間是「五祀」，有學者認為這是周公輔政第五年、洛陽剛剛建成的時間。其實周公營洛邑是在輔政第七年，對此《尚書》有明確記載。成王親政後開始重新紀年，何尊和〈多方〉的五祀都是成王親政的年分。

23 《詩經・周頌・有客》：「有客有客，亦白其馬。」《左傳・僖公二十四年》：「皇武子曰：『宋先代之後也，于周為客。』」

24 許倬雲：《西周史》，第一五〇頁。

第二十七章◆諸神遠去之後

1 韓巍：《西周墓葬的殉人與殉牲》，北京大學二〇〇三年碩士論文。下文有關西周初期墓葬的基本資訊未注明出處的，皆出自該文，不再詳注。

2 天馬—曲村遺址為晉國早期都邑，是鄒衡先生於一九八二年首先提出的。

3 北京市文物研究所：《琉璃河西周燕國墓地》，文物出版社，一九九五年。

4 北京市文物工作隊：〈一九八一—一九八三年琉璃河西周燕國墓地發掘簡報〉，《考古》一九八四年第五期。

5 河南省文物考古研究所、周口地區文化局：〈河南鹿邑縣太清宮西周墓的發掘〉，《考古》二〇〇〇年第九期。

6 參見楊升南〈商代的長族：兼說鹿邑「長子口」大墓的墓主〉，《中原文物》二〇〇六年第五期。

7 黃展岳：《古代人牲人殉通論》。

8 俞偉超：《銅山丘灣商代社祀遺跡的推定》。

9 《左傳・昭公十一年》。杜預注：「用太子者，楚殺之為牲，以祭岡山之神。」

10 此外，在河南登封王城崗還有一例春秋時期的疑似人祭遺存。一條春秋時期開挖的壕溝內，有一直徑約一・五公尺的近圓形坑H68，坑底南北兩側分別埋有一具小豬骨架，北側豬架上方則是一具呈掙扎狀的兒童屍骨。發掘報告認為，坑中的兒童不像是正常死亡，「是否與祭祀有關，尚待討論」。參見北京大學考古文博學院、河南省考古研究所《登封王城崗考古發現與研究（二〇〇二—二〇〇五）》，上冊，第三八一頁；下冊，圖版一二〇。在四千年前的龍山時代，王城崗就已經有了夯土小城和宮殿，並使用了較多的人奠基，H68灰坑則出現在龍山古城之後約一千五百年，規模很小，很可能是民間巫師祕密舉行的禳祭，但也在一定程度上說明，關於人祭的知識仍在民間悄悄流傳。

11 《史記・滑稽列傳》褚少孫所作增補。雖然秦漢之後的王朝法律已經不允許獵俘殺祭，但人祭宗教也曾在民間遷延了較長時間。直到漢魏時期，宋襄公曾經獻祭的「次睢」神社仍存在，又被稱為「食人社」；也有祭祀者會花錢雇窮人充當人牲，祭祀時把人牲捆綁在神社前，如同屠宰的牲畜。不過從文獻記載來看，也許漢魏時的人祭只是程序性表演，而非真正殺人、食人。參見《續漢書・地理志》注《博物記》曰：「縣東界次睢有大叢社，民謂之食人社，即次睢之社。」《藝文類聚》卷五九引《從征記》：「臨沂厚丘間，有次睢里社，常以人祭，襄公使邾子用鄫子處。相承雇貧人，命齋潔，祭時縛著社前，如見犧牲，魏初乃止。」

尾聲：周公到孔子

1 杜勇：《尚書・周初八誥研究》，中國社會科學出版社，一九九八年，第二〇六頁。另，在《尚書・盤庚》中，盤庚的發言中也有「天命」，但陳夢家認為，「商人稱『帝命』，無作天命者，天命乃周人之說法……此亦戰國宋人之擬作」。參見陳夢家《尚書通論》，中華書局，一九八五年，第二〇七頁。本書認為，〈盤庚〉中的「天命」可能有西周之後的改動，但該文主體仍是盤庚時代的作品。

2 周公這方面的理論主張在《尚書・無逸》篇中體現較多。

3 按後世孔孟儒家的學說，能夠完成這種角色的王者，就是「聖人」。在周公時代的文獻中，「聖」字出現得還不多，在《尚書・多方》篇中，成王云「惟聖罔念作狂，惟狂克念作聖」，但其含義較模糊。

4 《禮記・表記》。這裡區分了鬼和神，鬼指死者（先祖）的魂靈，神指上帝等至高神或自然神。

5 「象傳」分大、小兩種，解釋卦辭的是「大象傳」，解釋爻辭的是「小象傳」。此外，還有一種解釋卦辭的「象傳」很可能也是周公所作。

6 《左傳・昭公二年》：（韓宣子訪問魯國）觀書于大史氏，見《易象》與魯《春秋》，曰：「周禮盡在魯矣！吾乃今知周公之德，與周之所以王也！」關於《易傳・象傳》的作者，史書有不同說法，《史記》認為是孔子所作。參見李學勤《周易經傳溯源》，長春出版社，一九九二年，第四六頁。

7 秦國占卜師卜徒父說：「其卦遇《蠱》，曰：『千乘三去，三去之餘，獲其雄狐。』乃大吉也！」這裡引用的卦爻辭不屬於文王《易經》。參見《左傳．僖公十五年》。

8《史記．孔子世家》說，孔子晚年為《易經》撰寫了很多種注解，所謂《十翼》或《易傳》。但司馬遷這個說法有些問題，因為《十翼》並不都是孔子所寫，如《彖傳》和《象傳》可能是周公作品。其他篇章裡常出現「子曰」，孔子自己肯定不會這樣寫，它們應當是孔門弟子編寫的。《周易》經傳的詳細知識，可參考廖名春《周易經傳十五講》，北京大學出版社，二〇一二年。

翦商
殷周之變與華夏新生

翦商／李碩著.
—初版.—臺北市：麥田出版：英屬蓋曼群島商家庭傳媒股份有限公司城邦分公司發行，2023.07
面； 公分
ISBN 978-626-310-446-4（平裝）
1.CST: 文化史 2.CST: 中國
630 112005229

印　　刷　前進彩藝
書封設計　莊謹銘
電腦排版　黃暐鵬
初版一刷　2023年7月
初版八刷　2024年7月
定　　價　新台幣680元
ISBN　978-626-310-446-4

作　　者　李　碩
文字編輯　何維德
責任編輯　何維民
版　　權　吳玲緯
行　　銷　闕志勳　吳宇軒　余一霞
業　　務　李再星　李振東　陳美燕
副總編輯　何維民
總 編 輯　劉麗真
發 行 人　涂玉雲

出　　版

麥田出版
115台北市南港區昆陽街16號4樓
電話：(886) 2-2500-0888　傳真：(886) 2-2500-1951
麥田部落格：blog.pixnet.net/ryefield
麥田出版Facebook：www.facebook.com/RyeField.Cite/

發　　行

英屬蓋曼群島商家庭傳媒股份有限公司城邦分公司
地址：115台北市南港區昆陽街16號4樓
網址：http://www.cite.com.tw
客服專線：(02)2500-7718; 2500-7719
24小時傳真專線：(02)2500-1990; 2500-1991
服務時間：週一至週五09:30-12:00; 13:30-17:00
劃撥帳號：19863813　戶名：書虫股份有限公司
讀者服務信箱：service@readingclub.com.tw

香港發行所

城邦（香港）出版集團有限公司
地址：香港九龍土瓜灣土瓜灣道86號順聯工業大廈6樓A室
電話：+852-2508-6231　傳真：+852-2578-9337
電郵：hkcite@biznetvigator.com

馬新發行所

城邦（馬新）出版集團【Cite(M) Sdn. Bhd. (458372U)】
地址：41, Jalan Radin Anum, Bandar Baru Sri Petaling, 57000 Kuala Lumpur, Malaysia.
電話：+603-9057-8822　傳真：+603-9057-6622
電郵：cite@cite.com.my